프랑스의 정체성

프랑스의 정체성

초판 1쇄 발행 2021년 5월 12일

지은이 페르낭 브로델
옮긴이 안옥청·이상균

펴낸이 김선기
펴낸곳 (주)푸른길
출판등록 1996년 4월 12일 제16-1292호
주소 (08377) 서울시 구로구 디지털로 33길 48 대륭포스트타워 7차 1008호
전화 02-523-2907, 6942-9570-2
팩스 02-523-2951
이메일 purungilbook@naver.com
홈페이지 www.purungil.co.kr

ISBN 978-89-6291-900-4 93920

L'IDENTITÉ DE LA FRANCE

프랑스의 정체성

공간과 역사

푸른길

차 례

역자 서문 ... 8

『프랑스의 정체성』 서문 ... 11

제1권 공간과 역사 ... 29

제1장 다양성의 나라 프랑스 ... 33

I. 우선 기술하고, 보고, 보게 하라 ... 34
지역(régions)과 고장(pays)의 조합, 프로뱅스(provinces) ... 39
길을 떠나라, 그리고 눈으로 보고, 다양성을 열거하라 ... 50

II. 가능한 범위에서 다양성 설명하기 ... 59
각양각색의 유럽과 프랑스 ... 59
국지기후와 국지환경 ... 66
지방경제는 어떻게 보전되었을까? ... 69
국가와 사회도 다양성 유지에 기여 ... 74
도시의 수만큼 다양한 사회 방정식 ... 80
지방에 대해 말하자면 ... 82
랑그도크(Langue d'oc)와 랑그도이(Langue d'oïl) ... 89
로컬 스케일에서: 셀 수 없이 다양했던 방언들(18세기) ... 97
방언과 지명을 통한 선사 시대 지리의 조명 ... 104
문화인류학적 관점에서 본 공동체들: 프랑스의 단일성에 대한 반증 ... 110

III. 가변적인 척도로서의 거리 ... 118
마침내 모자이크 프랑스를 설명하다 ... 126
다양성과 역사 ... 130

그렇다면 오늘날에는? ... 134

제2장 정주 체계: 마을, 읍, 도시 ... 137

I. 마을(villages)로 떠나 보자 ... 141
마을의 다양성을 넘어 ... 141
하나의 모델로서의 마을 ... 151
'재산 가치'가 있는 숲 ... 158
뒤바뀐 세계로서의 숲 ... 160
피난처로서의 숲 ... 161
이상적인 마을: 모든 것을 생산하다 ... 162
피할 수 없는 개방 ... 166
사람들의 이동과 교류 ... 168

II. 행정 체계 설명하기: 읍(bourg) ... 174
하나의 모델로서의 읍 ... 175
1790년의 공드르쿠르/뫼즈와 그에 속한 마을들: 직업에 관한 증언 ... 180

III. 행정 체계 설명하기: 도시(villes) ... 195
도시란 무엇인가? ... 196
간단한 사례들 ... 205
브장송과 지역적 우위의 문제 ... 206
교통의 요충지, 로아네 ... 221
교통의 요지에 위치한 로안 ... 229
자본주의와 봉건주의 ... 244

도시 안의 도시 ... 249
19세기와 20세기의 로안 ... 250
산업과 상업의 두 마리 토끼를 잡은 도시, 라발 ... 253
한 가지 도시 모델을 제시하는 캉 ... 263
대도시의 위상 ... 272
파리는 다른 도시들과 같은 도시였나? ... 276
오늘날의 마을, 읍, 도시 ... 284

제3장 무엇이 오늘의 프랑스를 있게 했을까? 지리적 조건? ... 289

I. 프랑스라는 '지협'의 역할을 과장하지 말라 ... 291
1850년 이전의 론강 ... 294
지협과 프랑스의 단일성 ... 303
국경 하천으로서의 론강 ... 308
리옹의 운명 ... 315
오늘날의 강: 론강으로부터 라인강까지 ... 323

II. 파리, 일드프랑스, 그리고 파리 분지는 어디에 있나? ... 329
파리 분지가 갖는 우선권 ... 331
그런데 왜 파리인가? ... 334

III. 본질적인 검증: 국경 ... 338
경계와 국경, 그리고 고단한 삶 ... 339
베르됭 조약(843년) ... 342
국경이 정해졌던 주요 시기들: 1212, 1213, 1214, 1216년 ... 345
자연발생적 국경들 ... 347
바다는 서두른다고 잡히는 것도 아니고, 결코 길들여지는 법이 없다 ... 353

IV. 조사와 연구는 유용한가? ... 360
북동부 지역과 동부 지역의 국경들 ... 361
왜 메스인가? ... 368
느리게 진행되는 전쟁 ... 369
전쟁에 대해서는? ... 378
메스는 불평을 해야 할까? ... 380
두 번째 여행: 툴롱을 사수하라 ... 382
교훈이라면? ... 400

V. 공간과 역사: 맺는 말 ... 407

주 ... 411

역자 서문

페르낭 브로델Fernand Braudel(1902~1985)은 2세대 아날학파를 이끈 역사학자로서 커다란 명성에도 불구하고 그의 대표적인 저서들이 국내에 모두 소개되지 못했다. 이 가운데 『물질문명과 자본주의』, 『지중해: 펠리페 2세 시대의 지중해 세계』는 최근까지 번역되어 국내에 알려져 있다. 이번에 소개하는 『프랑스의 정체성L'identité de la France』은 저자가 서문에서 밝히듯 총 네 부분으로 구성될 예정이었으나, 미완의 상태로 전 3권으로 편집되어 저자의 사후인 1986년에 출판되었고, 이 책은 그중 첫 번째에 해당한다. 저자는 이 책을 통해 한 국가의 역사를 보편적인 세계사적 관점에서 파악하려고 했으며, 역사, 지리, 사회, 문화 등 여러 분야의 경계를 자유롭게 넘나들며 서술하고 있다.

『프랑스의 정체성』은 오랜 시간 오늘날 프랑스에 해당하는 영역에 살아온 수많은 사람들의 일상과 삶, 그들이 남긴 유산을 살펴보며 프랑스의 정체성에 대한 물음의 답을 찾아가는 과정이라 할 수 있다. 고유한 특색을 가진 각 지방의 다양한 문화들을 통해 보이는 프랑스의 다양성과 이러한 다양성을 잘 아우르며 하나의 국가로 통합되어 가는 과정에서 단일성과 다양성의 현실이 어떻게 경쟁하고 타협하고 있는가를 잘 보여 주고 있다. 이는 본문에서 제시한 프랑스 북부 지방과 남부 지방의 언어 간의 커다란 차이, 각 지방의 다양한 방언, 그리고 일드프랑스 지방의 언어가 오늘날의 프랑스어로 정착된 사례를 통해서도 알 수 있다.

기존의 저서들처럼 연구자로서 철저하게 연구 대상과 거리를 두면서도 이 책에는 저자의 삶, 프랑스에 대한 애정과 고민이 곳곳에 묻어나 있어 여타의 딱딱한 학술서보다는 독자들에게 쉽게 다가갈 수 있을 것이라 생각된다. 페르낭 브로델은 1902년에 로렌Lorraine 지방의 작은 시골 마을인 뤼메빌앙오르누아Luméville-en-Ornois에서 태어나 어린 시절을 전통적인 농촌 마을에서 보냈는데, 이 책에는 농촌사회에 대한 관심과 그가 살아온 20세기 동안 이러한 전통사회가 빠르게 변화해 가는 모습이 잘 묘사되어 있다. 이는 생의 끝자락에 선 역사학자 페르낭 브로델 스스로의 정체성에 대한 물음으로 이해해 볼 수도 있을 것이다.

이 책에는 수많은 지명과 인명이 등장할 뿐 아니라, 우리에게 생소할 수 있는 용어 및 정보들이 산재해 있어 좀 더 정확하게 정보를 전달하기 위해 번역하는 과정에서 난해하거나 모호한 사항들을 하나하나 찾아가며 확인을 했고, 독자들의 이해를 돕기 위해 소수의 용어에 한해 역주의 형식으로 간단한 설명을 달았다. 하지만 이러한 별도의 설명은 가급적 자제하고자 했는데, 역자들의 주석이나 별도의 설명이 많아지면 저자가 의도했던 고유한 논지 전개상의 흐름을 훼손시킬 수도 있다고 판단했기 때문이다. 그리고 이 책의 저자는 참고문헌을 별도로 제시하지 않았고, 본문의 내용에 대한 출처를 미주의 형태로 남겼는데, 역자들은 독자들의 학술적 편의를 위해 이러한 형식을 그대로 살려 두고자 했다. 즉 저자가 작성한 미주의 순서 등의 정보가 최대한 그대로 보존되도록 원저의 형식대로 옮겨 놓았다.

프랑스의 행정구역은 레지옹région, 데파르트망département, 아롱디스망Arrondissement, 캉통canton, 코뮌commune 등의 순으로 조직되어 있는데, 이들 행정구역 명칭을 한국식 명칭으로 번역하는 것은 무리가 있을 것으로 판단되어, 이 책에서는 독자들의 오해와 혼동을 방지하기 위해 프랑스식 발음과 표기 방식을 그대로 살리고자 하였다. 다만, 레지옹의 경우는 행정구역을 지칭하는 경우에만 프랑스식 발음으로 표기하고, 그 외의 경우에는 '지역'으로 번역하였다.

『프랑스의 정체성』의 한국어판 출간은 다음과 같이 크게 두 가지 측면에서 의의를 둘 수 있을 것이다. 먼저, 이 책의 출간은 한국 독자들에게 프랑스 아날학파, 특히 페르낭 브로델의 연구 전통을 쉽게 접할 수 있게 하는 데 기여할 것이다. 그동안에는 언어적인 문제로 인해 영어판이나 일어판 책을 읽었던 독자들도 많았을 터인데, 이 책은 그러한 불편함을 해소시켜 줄 수 있을 것이다. 둘째, 역사학이나 역사지리학을 전공한 학자들의 연구 역량 향상에 크게 기여할 것이다. 예컨대 아날학파의 연구 전통이나 방법론적 틀을 활용하여 한국의 사례를 살펴본다면, 장구한 역사를 통해 형성된 우리 민족의 정체성에 대한 물음에 더욱 논리적이고 풍부한 설명을 제공할 수 있을 것으로 사료된다.

이 책은 프랑스나 프랑스사에 직접적으로 관심 있는 독자들뿐만 아니라 역사학, 지리학, 지명학, 사회학, 민속학, 정치학 등을 전공한 연구자들이 비록 분야는 다르더라도 아날학파의 연구방법론을 통해 새로운 아이디어를 얻을 수 있기를 바라면서 일독을 권하고 싶다. 특히 역사학이나 역사지리학을 전공한 학자들에게는 사고의 확장에 더욱 유용하리라 생각된다.

끝으로, 출판업계의 어려운 사정에도 불구하고 이 책의 출판을 기꺼이 응낙해 주신 (주)푸른길의 김선기 사장님과 원고를 꼼꼼하게 검토해 주신 관계자 여러분께 감사드린다. 아무쪼록 이 책을 통해 한국의 많은 독자와 연구자들에게 새로운 영감과 연구의 활력을 줄 수 있기를 바란다.

2021년 4월

안옥청, 이상균

『프랑스의 정체성』 서문

역사는 스스로를 이해시키는 법이 없다. 그저 흘러갈 뿐이다.

장 폴 사르트르[1]

분명히 말하지만, 필자는 조국 프랑스를 사랑함에 있어 쥘 미슐레Jules Michelet 못지않은 열정을 갖고 있음을 서두에 밝혀 두고 싶다. 프랑스의 미덕과 잘못을 굳이 따지고 싶지 않고, 흡족한 부분과 못마땅한 부분 역시 가리고 싶지 않다. 이 책의 어느 부분에도 필자의 열정이 사심이 되어 개입되지 않기 위해 거리를 두려고 많은 노력을 기울였다. 무의식중에 미묘하게 필자의 판단이 흐려질 수도 있다는 생각을 하며 끊임없이 경계하고 면밀한 검토를 거듭했지만, 그럼에도 글을 써내려 가면서 어쩔 수 없이 드러나는 필자의 약점에 대해서는 그때마다 양해를 구하려 한다. 마치 타인의 나라, 타인의 조국, 타인의 국가를 논하듯, 그렇게 프랑스를 대하려고 부단히 노력했다. 샤를 페기Charles Péguy의 표현을 빌리자면, "이방인의 시선으로 프랑스를 보아라"[2]. 게다가 역사학자라는 직업이 점점 개인의 정서가 배제된 무색무취의 건조한 역사학을 추구하는 경향이 있다. 이것은 어쩌면 다른 인문학과의 교류를 기꺼이 허용하면서도 인문학과 같은 불완전한 과학과는 구별되고 싶은 몸부림일지도 모른다.

'관찰자'가 관찰 대상으로부터 가능한 한 철저하게 거리를 두어야 한다면, 이는 역사학자가 그의 개인적인 목소리를 내서는 안 된다는 이야기일 것이다. 지난날 필자의 연구 방식을 돌이켜 보면 철저하게 관찰자적 자세를 견지하고자 노력했다고 생각한다. 예컨대 지중해나 자본주의[3]에 관해 쓴 필자의 책들을 보면, 분명 프랑스를 멀리서, 때로는 지나치게 멀리서, 필자와는 별개로 존재하는 현실을 대하듯 관찰하고자 했다. 이 모든 과정을 거치고 뒤늦게 이 책을 집필하기에 이르렀지만, 즐거운 확신을 가지고 임하였다. 역사학자는 자기 자신의 나라에 관한 역사를 다룰 때에만 그의 연구에 몰입할 수 있으며, 거의 직관적으로 역사의 변천과 굴곡들, 그리고 독창성과 과오를 파악할 수 있다. 아무리 명석한 연구자라 하더라도 다른 나라의 역사를 연구할 때는 이러한 통찰력이 발휘되지 않는다. 그런 의미에서 필자는 가장 소중한 연구를 위해 인생의 노년기를 아껴두었던 것이 아닌가 하는 생각이 든다.

객관적인 연구를 담보한다는 이유로 연구자의 열정을 배제하는 것은 단순한 문제가 아니다. 왜냐하면 이러한 열정은 연구자로서의 존재 자체이며, 연구자의 경험과 사회적 입지를 내포하기 때문이다. 또한 어떤 대상을 향한 분노의 표출이나 열렬히 심취하는 것 모두 열정의 문제이며, 개인의 '성향'이나 삶 자체, 나아가 자신이 몸담고 살아가는 시대의 여러 문제들을 제고하는 일에도 '열정'이 개입된다. 이폴리트 텐Hippolyte Taine의 『현대 프랑스의 기원Les Origines de la France contemporaine』은 저자 스스로의 입장과는 상관없이 저자의 열정이 완전히 배제되지 못했다는 평가를 받는다. 그의 표현을 빌리자면, 예컨대 "허물을 벗은 한 마리 곤충처럼"[4] 그의 출신 배경으로부터 완전히 벗어나서 사물이나 대상을 객관적으로 바라보는 데에는 결코 이르지 못했다. 반면, 알렉시 드 토크빌Alexis de Tocqueville은 그의 저서 『앙시앵 레짐과 프랑스혁명L'Ancien Régime et la Révolution française』[5]에서 상당 부분 관찰자적 자세를 견지했던 것으로 평가받는다. 필자는 이 책을 집필하는 동안 적절한 수준에서 나 자신과의 거리 두기를 할 수 있기를 기대해 본다.

저자로서 느끼는 또 한 가지 고민은 프랑스의 역사를 다루는 다수의 저작들이 이미 소개되어 있는 상황에서 또 한 권의 책을 추가하는 것이 과연 어떤 의미를 가질 것인가 하는 점이다. 1615년에 출간된 『프랑스의 역사 보고Thrésor des histoires de France』는 저자 코로제G. Corrozet의 사후 1583년에 처음으로 출판된 이후 수차례에 걸쳐 증보판이 나왔는데, 과연 이 책에서 다루지 못한 내용이 더 남아 있을까? 이미 15세기 후반에 로베르 가갱Robert Gaguin은 자신의 저서 『연대기의 바다와 프랑스의 역사를 비추어 주는 거울Mer des croniques et miroir historyal de France』을 출간하기도 했다. 오늘날은 프랑스의 역사에 관한 서적들의 대양이 되었다. 손쉽게 찾아서 읽을 수 있는 훌륭한 책들 또한 많다. 미슐레Michelet[6]의 저작은 견줄 만한 비교 대상이 없을 정도이며, 라비스Lavisse[7]의 저서는 최근에[8] 개정된 것으로 이 분야에서는 빼놓을 수 없는 귀중한 자료임에 틀림없다. 로베르 필리프Robert Philippe[9] 또한 내용의 우수성 측면에서는 여타의 책들에 뒤지지 않는다. 이렇게 언뜻 떠오르는 책들만 해도 그 가치를 헤아리기 어려울 정도이다. 지금 언급한 책들은 필자가 자주 참조하는 유용한 자료들이다. 그 밖에도 뛰어난 균형 감각으로 필자의 마음을 사로잡은 자크 마돌Jacques Madaule[10]의 『프랑스의 역사L'Histoire de France』, 뤼시앵 로미에Lucien Romier[11], 니콜라 요르가Nicolas Iorga[12], 에른스트 쿠르티우스Ernst Curtius[13], 외젠 카베냐크Eugène Cavaignac[14] 등의 평론, 쥘리앵 방다Julien Benda의 『국가 수립 의지에 반영된 프랑스인들의 역사 스케치Esquisse d'une histoire des Français dans leur volonté de former une nation』(1932) 등이 있다. 특히 뤼시앵 페브르Lucien Febvre가 1946년과 1947년에 콜레주 드 프랑스Collège de France에서 강의한 내용을 정리한 『명예와 조국Honneur et patrie』은 하마터면 영원히 잃어버릴 뻔했던 명저이다. 운이 좋게도 필자는 1956년 8월에 수사본 원고를 구할 수 있었다. 최근 10년 동안만 보더라도 프랑스사와 관련된 놀랄 만한 수준의 단행본, 연구 논문, 박사학위 논문 등 엄청난 양의 연구 성과가 쏟아져 나와 이 분야에 대한 우리의 지식을 풍부하게 해 준다.

또한 학문적 측면에서 논의할 만한 가치가 충분한 책도 많은데, 대부분은 역사 속의 무수한 '사건'들을 지양하면서 보다 장기적인 전망을 제시하고 있다. 몇몇 소논문, 통념에서 벗어난 서적들도 나름 우리가 확신하고 있는 지식에 의문을 제기한다든가, 익숙해진 사고방식에 저항한다는 측면에서는 그 가치를 인정해 주어야 할 것이다. 이러한 수준의 생산적인 문제 제기가 총체적인 관점의 전환을 가져올 수는 없다고 하더라도, 적어도 틀에 박힌 사고방식을 환기시켜 주는 데 그 역할이 충분하지 않았나 생각한다.

서두에서 제기한 물음으로 다시 돌아가 보자. 앞서 언급했던 방대한 양의 문헌 목록에 필자가 또 한 줄을 추가해야 할 것인가? 30여 년 전 뤼시앵 페브르는 『프랑스의 역사Histoire de France』 프로젝트를 추진했지만, 충분히 연구에 몰입할 시간을 갖지 못했다. 수많은 어려움에도 불구하고, 뤼시앵 페브르가 이러한 프로젝트를 시작했던 것과 같은 이유로 필자 또한 이 작업에 뛰어들었다. 최근 반세기를 되돌아보면, 역사학자의 소명은 근본적으로 달라졌다고 본다. 따라서 과거의 문제나 그와 관련된 이미지들도 이전과는 완전히 다른 것이 되었다. 물론 과거의 문제들이 다시 거론되기도 하지만, 더 이상 기존의 방식으로 재현되지 않는다는 것이 중요한 변화일 것이다. 따라서 우리가 정확히 어느 지점에 위치해 있는지를 우선적으로 고려할 필요가 있다. 과거가 현재를 비추어 주는 거울일 뿐만 아니라 현재를 구성하면서 여전히 그 안에 살아 숨 쉬는 무엇이라면, 프랑스의 과거를 규명하는 것은 현재를 살고 있는 프랑스인들, 그들 자신의 존재에 대한 물음이기도 하다. 이런 맥락에서 필자가 잘 아는 한 역사학자는 다음과 같이 말한 바 있다. "많은 이들이 역사를 성벽에 가두는 작업을 해 왔다. 이제 우리는 성문을 열고 역사를 성벽 밖으로 꺼내는 것으로 새로운 역사학을 시작해야 할 것이다."[15]

이러한 혁명적인 개방은 새로운 문제 제기로부터 시작되었고, 지리학, 정치경제학, 인구통계학, 정치학, 인류학, 민속지학, 사회심리학, 문화연구, 사회학

등과 같은 다양한 인문학 분야의 학제간의 교류를 가능하게 해 주었다. 역사학은 그동안 수많은 새로운 관점으로부터 조명을 받아 왔고, 그러한 새로운 질문을 허용했다. 그 어떤 조명도 간과해서는 안 되는데, 그동안 역사학자들은 이를 항상 염두에 두지는 못했다. 실제로 우리 중 누구도 이것을 실행할 만한 역량을 갖추고 있지도 않았지만, 능력이 미치든 못 미치든 간에 이제는 종합적인 역사totalisation historique에 관해 논해야 하는 상황에 이르렀다. 다시 말하면, "종합적인 역사"[16]를 통해 "총체적인 역사만이 진정한 역사일 수 있다."[17]라는 사실을 밝혀야만 한다. 미슐레가 이미 언급한 바와 같이, "모든 것은 서로 연결되어 있으며, 모든 것은 서로 한데 뒤섞여 있다"[18].

그러나 인문학 제 분야의 모든 관점으로부터 프랑스의 역사를 검토해야 한다면, 역사학자로서는 매우 곤란한 일이 아닐 수 없다. 즉 역사학자 스스로가 충분히 숙지하지 못한 방법론으로 연구에 임해야 하는 상황에 놓이기 때문이다. 이런 경우는 예전에 한 번도 다루어진 적이 없는 연구 문제를 가지고 오류에 빠지거나 미로 속을 헤매게 될 가능성이 있다. 이러한 과정을 거쳐 도출된 결과가 어떠할지는 대략 상상이 되는데, 예상치 못한 결과에 놀라거나 각 분야의 전문가들로부터 무시를 당할 수도 있다. 예컨대 프랑스가 단일국가로서의 통일성을 갖추게 된 역사적 배경을 살펴본다고 한다면, 잔 다르크의 활약이 결정적인 것도 아니었고, 프랑스대혁명 역시 결정적인 요인이었다고 단언할 수는 없을 것이다. 그보다는 철도 교통체계를 통한 프랑스 전 지역의 연결과 초등교육의 확대 정책이 더 큰 요인으로 작용했다고 보는 것은 어떨까? 이러한 주장은 아직까지는 다수를 설득하기보다는 반감을 불러일으킬 소지가 더 클 수 있다. 사실 근대적 개념의 '조국'이라는 인식은 16세기에 이르러서야 나타나기 시작했고, 국가의 체계가 처음으로 갖추어지는 계기는 대혁명이며, '민족주의'라는 용어는 발자크Balzac[19]의 글에 처음으로 등장했다는 사실을 감안한다면 각각의 주장은 가설일 뿐 어느 하나가 더 강한 설득력을 갖고 있다고 보기는 어렵다.

모든 국가는 구성되고 있거나 재구성되는 과정 중에 있을 뿐 완성된 국가는 없다. 미슐레[20]는 다소 시적인 감성으로 다음과 같이 말했는데, 국가는 단순한 인물에 비유될 수 없고, 복합적인 현실을 반영하는 "인물"에 비유되어야 할 것이다. 여기서 이 "인물"은 하루, 일주일, 일 년으로 이어지는 연대기적인 역사로는 파악할 수 없는 대상이다. 자크 블로크모르항주Jacques Bloch-Morhange[21]에 의하면 짧은 기간의 역사로 제한하는 것은 서사적 역사, "프랑스의 역사 드라마feuilleton de l'histoire de France"의 취약점이다. 우리는 어린 시절 흥분된 마음으로 그 유명한 말레이삭Malet-Isaac[22]의 책을 읽으며 서사적 역사를 암기하다시피 습득했다. 그러나 이미 성인이 된 사람에게는 서사적 역사와는 다른 형태의 역사 기술이 필요하다. 즉 좀 더 긴 시간을 관통하는 역사를 통해 반복적인 일들, 놀라울 만큼 축적된 사건과 수 세기에 걸친 역사의 무거운 책임들을 명확하게 규명하는 것이다. 그리고 오늘날 우리의 삶과 밀접한 관련이 있으면서도 미처 인식하지 못하고 있는 유산들에 대해서는 뿌리 깊은 역사만이 우리에게 무언가를 설명해 줄 수 있을 것이다. 이는 마치 정신분석학에서 무의식의 흐름을 분석해 낸 방법과도 유사한 것이다. 아널드 토인비Arnold Toynbee는 "콜럼버스나 바스쿠 다가마 이후의 4~5세기는 눈 한번 깜박이는 정도의 시간과도 같다."[23]라고 언급한 바 있는데, 과장된 표현처럼 보일 수도 있겠지만, 비상식적으로 촘촘하게 시간을 재단해 온 기존의 전통과는 단절을 선언하는 것으로 볼 수 있다. 따라서 필자는 오늘날 역사학자들이 시간의 틀을 확장시키고, 말리노프스키Malinowski[24]의 표현처럼 "비공식적이고 잘 알려지지 않은 삶들"을 추적하는 일에 피에르 보노Pierre Bonnaud가 『근원의 무게pesanteur des origines』를 통해 보여 준 것과 같은 열정적인 태도로 임하는 것을 보면서 개인적으로 흐뭇하게 생각한다. 그러나 장기적인 역사 연구가 추구하는 바를 이루기 위해서는 방대한 자료와 광범위한 경험이 토대가 되어야만 한다.

필자는 앞에서 이폴리트 텐의 『현대 프랑스의 기원』과 알렉시 드 토크빌의

『앙시앵 레짐과 프랑스혁명』을 언급한 바 있는데, 이들의 뛰어난 저작에 대해 감히 오류를 지적한다면, 먼저 프랑스의 진정한 태동을 양자 모두 공통적으로 18세기 계몽주의 시대로부터 비롯된 것으로 보고 있다는 것이다. 이들은 또한 대혁명 중에 일어난 일련의 유혈사태와 봉기를 통해 비로소 프랑스가 태어날 수 있었다고 주장한다. 즉 대문자 R로 시작하는 대혁명Révolution은 스스로도 모르는 사이에 모든 역사학도들에게 마치 일종의 바이블처럼 자리 잡고 사상적 토대로 인식되었다. 필자는 물론 과거의 특정 사건을 우상화하거나 숭배하는 것에 반감을 느낀다. 더 큰 우려는 이러한 우상화가 역사 연구에서 시간 인식을 축소시킨다는 점이다. 예컨대 앙시앵 레짐과 프랑스대혁명을 아주 근접하거나 거의 동시대에 일어난 것처럼 착각하도록 만들 위험성이 있다. 마치 손을 뻗으면 닿을 수 있는 것처럼 말이다. 그러나 갈리아족이 로마에 정복되기 이전부터 오늘날에 이르기까지 엄청난 층위로 구성된 프랑스의 역사 전체가 꾸준하게 영향력을 행사하고 있는 것이다. 루이 16세의 프랑스란 이미 '노년'이 되어 버린 프랑스라 해도 전혀 과언이 아닐 것이다. 이런 맥락에서 시어도어 젤딘Theodore Zeldin의 저서 『열정의 프랑스 역사Histoire des passions françaises』[25]가 1848년부터 시작된다는 것은 심히 유감스러운 일이 아닐 수 없다. 우리의 역사가 그토록 젊단 말인가? 우리 안에 있는 열정이 이제 막 태어나기라도 했단 말인가? 명석한 사회학자이자 경제학자인 로베르 포사르트Robert Fossaert가 아코디언을 연주하듯 프랑스의 과거를 압축하는 것에 대해서도 문제를 제기하지 않을 수 없다. 그는 다음과 같은 기술을 서슴지 않았다. "마치 한 마리 어린양과도 같은 신비한 대상인 갈리아는 지금의 프랑스와는 거의 관련성을 찾을 수 없다. 오늘날의 프랑스는 오랜 세월 맥을 이어 왔다기보다는, 역사의 어느 시점에서 새로 태어났다고 보는 편이 옳을 것이다."[26]

필자는 다음과 같은 질문을 던지면서 이 책의 집필을 시작하고자 한다. 역사는 시간을 거슬러 아득히 먼 과거까지 올라가야 하지 않을까? 선사 시대와 그 이후의 역사는 단절된 것이 아니라 연속된 선상에 있으며, 우리의 도시와 촌락은 기원전 3,000년 전 이 땅에 그 뿌리를 두고 있지 않은가? 갈리아족은 프랑스가 확장될 영토의 밑그림을 진작에 그렸던 것이 아니었던가? 5세기 무렵 라인강으로 진출한 게르만족의 대이동은 수 세기가 지난 오늘날까지도 그 흔적이 생생하게 남아 있지 않았던가? 두 개의 언어권으로 나누어져 있는 벨기에가 대표적인 사례가 될 것이다. 갈리아족과 오랫동안 멀리 떨어져 소수민족으로 살아온 이들은 갈리아족과는 전혀 다른 특징을 보이고 있는데, 그러한 배경에서 그들만의 고유한 언어를 지킬 수 있었던 것이다. 예컨대 혈액의 역사27를 따라 거슬러 올라가 보면, 아주 오래전 '게르만족의 이동'이 오늘날 우리의 핏줄과 삶에도 그 흔적을 남겨 놓지 않았는가? 언어는 물론 신앙 또한 심연의 역사를 따라 거슬러 올라가다 보면 그 기원을 찾을 수 있지 않겠는가? 이 책을 통해 이러한 문제에 함께 귀를 기울이고 진지하게 생각해 볼 것을 제안한다.

프랑스의 역사를 논할 때 현재의 프랑스 영토, 즉 '헥사곤hexagone(역자주: 육각형 모양의 프랑스 영토에서 유래된 프랑스의 별칭)'만을 근거로 한다면 분명 문제가 있을 것이다. 안으로는 지역région, 지방province, 고장pays이 오랫동안 자율적으로 존재해 왔고, 밖으로는 유럽과 유럽 외 지역이 함께 공존해 왔다는 점을 유념해야 하기 때문이다. 마르크 블로크Marc Bloch는 "프랑스의 역사라는 것은 존재하지 않는다. 다만 유럽의 역사만이 있을 뿐이다."28, "진정한 의미에서 유일한 역사는 보편적인 역사이다."29라고 말한 바 있다. 여기에 우리는 다음과 같은 말을 덧붙일 수 있을 것이다. "유럽의 역사는 없다. 다만 세계의 역사만이 있을 뿐이다!" 폴 모랑Paul Morand의 표현을 빌리자면, "나는 다만 지구상에 놓인 육각형 모양의 프랑스를 알 뿐이다"30.

실제로 유럽을 포함한 세계를 함께 고려하지 않은 채 프랑스사만을 논하는 것은 불가능하다고 본다. 외부 세계는 우리를 떠밀기도 하고 때로는 와해시키기도 했다. 그렇다면 우리는 외부 세계에 대해 선한 이웃이기만 했던가? 1827

년 에드가르 퀴네Edgar Quinet는 다음과 같은 말을 남겼다. "근대 사람들에게 있어 큰 영광은 보편적인 역사를 구상했다는 것이다."[31] 이 문장은 한동안 그 의미가 모호하다는 평가를 받기도 했으나 지금에 와서는 의미가 보다 명확해졌다. 즉 외부 세계의 중요성이 점점 커지는 가운데 그 어떤 국가도 소통을 중요시하지 않을 수 없게 되었고, 다른 국가의 소유를 빼앗거나 그 자신의 역사를 지울 수도 없게 되었다. 하지만 교류를 통해 서로 섞이는 과정이 있었다고 해서 그것이 곧 자연스러운 융화를 뜻하는 것은 아니다. 젤딘은 다음과 같이 말한다. "프랑스가 경험하고 있는 가장 급격한 변화라고 한다면 그것은 프랑스인들이 더 이상 그들의 운명을 스스로 통제할 수 없게 되었다는 사실이 아니겠는가?"[32] 그러나 필자의 입장은 망설임 없이 "아니오"이다. 유럽을 비롯한 외부 세계의 운명과 뒤섞인 프랑스사의 모호함은 필자의 연구에 많은 어려움을 주었지만, 이러한 경험은 중요한 깨달음으로 이어졌다. 즉 프랑스 역사는 그 자체로도 멋진 탐사일 뿐 아니라 그 자신의 모험을 떠나서 유럽과 세계로 연결되는 중요한 의미를 갖고 있기 때문이다.

필자는 이 책을 통해 장기간의 시간 속에서 프랑스-유럽-세계로 이어지는 공간에 대해 다시 한 번 진지하게 고민해 볼 것을 제안한다. 이러한 시간과 공간을 통해 다양한 실험과 효율적인 비교, 또는 대조 작업이 가능해진다. 여기서 다양한 실험이란 다름 아닌 추정되었던 사실을 확인하는 작업을 말한다. 즉 검토할 필요가 있는 요소들을 임의로 바꾸어 가며 같은 과정을 되풀이하는 작업이 될 것이다. 시간을 거슬러 올라가면서 이렇게 역사적 사실들을 추적한다면, 프랑스는 마치 "시공간을 넘나들며"[33] 각종 연구와 비교가 이루어지는 실험실이 될 것이다. 이러한 시도를 통해 우리 역사학자들은 연속성의 관점에서 역사 속의 반복적인 어떤 규칙들을 파악할 수도 있고, 깊이 있는 역사 연구는 회고적인 사회학이 될 수도 있다. 사실 이런 형태의 연구는 인문학 전반에 걸쳐 필수적이다. 이런 맥락에서 장 폴 사르트르는 망설임 없이 다음과 같이 말하고 있다. "변증법적 논리와 인문적 실천은 역사 연구를 통해서만 비로소 꽃을 피운다. 현재 이루어지고 있는 사회학의 연구 대상은 거대한 역사 속의 일시적 순간에 불과하다."[34] 에밀 뒤르켐Émile Durkheim 또한 미래의 상황을 예견이라도 하듯 다음과 같이 말한다. "역사학적 인식과 사회학적 인식 간에 미묘한 뉘앙스의 차이가 날 때가 조만간 오지 않을까?"[35] 물론 뒤르켐이 말한 '조만간'이라는 시점이 아직 도래하지는 않았다. 두 학문 분야의 조우를 가능하게 하는 유일한 방법론이 있다면 그것은 바로 비교역사학une histoire comparative이 될 것이다. 이는 역사적인 틀 안에서 유사성을 찾으려는 시도인데, 모든 사회과학 이론들의 주장을 뒷받침하기 위해 동원되는 방법이기도 하다.

필자는 이 책을 쓰면서 각 장마다 부분적인 역사가 아닌 전체사로서의 프랑스사를 파악하고자 노력했고, 이를 위해서는 다양한 인문학 분야의 도움이 필요했다. 앞서 언급한 바와 같이 지리학, 인류학, 인구통계학, 정치경제학, 정치학, 문화연구와 문화심리학, 사회학, 국제관계학 등의 분야로부터 많은 도움을 청하고자 했다.

물론 이와 같은 방법론은 일반적이지도 않을뿐더러 어쩌면 일종의 도박처럼 여겨질 수도 있다. 각각의 인문학 분야는 고유의 영역이 있으며, 그들이 설명할 수 있는 범위는 대체로 제한적이다. 그러나 각 분야에서 연구 대상으로 삼고 있는 사안들이 현실 사회의 총체적인 문제들을 다루고 있다는 사실은 부인하기 어려울 것이다. 즉 인문사회과학 전반에 걸쳐 그 어떤 분야라도 타 분야의 구성요소들을 제외시키고는 연구가 제대로 이루어질 수 없을 것이다. 다시 말하면, 각각의 학문 분야는 개별적인 고유성에 따라 정의되는 동시에 그 학문을 둘러싼 외부적 요소에 의해 영향을 받는다. 예컨대 한 분야의 빛이 비추는 영역은 늘 다른 분야들의 영역에 맞닿아 있을 수밖에 없다. 몽파르나스 타워 위에서 보는 파리와 노트르담 대성당 꼭대기에서 보는 파리의 풍경은 결코 동일하지 않지만, 우리는 도시 전체로서의 파리를 인식한다. 로베르 포사르트가 말한 것처럼,

참된 실제 또는 실제를 추구하는 과정은 종합적이다. 실제는 모든 사회현상 일반[36]을 담고 있으며, 종합적이지 않은 것은 결국 인문학에 속한다고 보기 어려울 것이다. 그렇다면 과연 역사 연구는 다른 학문 분야보다 더 종합적이라고 말할 수 있는가? 역사학은 현재의 사회과학 일반의 문제를 지나간 역사를 대상으로 분석과 해석을 실행하는 유일한 분야가 아니었던가?

우리가 이 연구를 통해 하고 있는 내기는 위험성과 가능성을 동시에 내포하고 있다. 사실 전체 프랑스사 연구는 제한된 특정 학문 분야만이 감당해 낼 수 없는 대상이 되었고, 따라서 우리의 이러한 시도를 기다려 왔던 것일지도 모른다. 여기서 우리가 한 가지 감수해야 하는 문제라면 이 책의 각 장마다 반복적으로 언급되는 서술 방식인데, 관찰을 하다 보면 다른 방식으로 언급되는 과정이 반복될 수도 있다. 결국 연구자로서 필자가 할 수 있고 또 해야 하는 것은 발견한 것들에 관해 말하고, 발견을 통해 이해한 바를 진술하는 것이다. 지리학 연구를 가정해 보자. 연구 과정에서 어떻게 정치, 경제, 사회, 문화 등을 논하지 않을 수 있겠는가? 관찰할 수 있는 모든 대상은 하나의 덩어리를 형성하고, 관찰자는 끈기 있게 램프를 밝혀 이것을 비추어야 한다. 이런 이유로 필자는 각 학문 분야의 경계에 대해 크게 개의치 않으면서 관찰과 직접적인 평가에 임하기로 했던 것이다. 사실 그러한 경계들도 따지고 보면 인위적으로 만든 것이 아니었던가?

독자들이 느끼게 될 또 다른 어려움은 먼 과거와 가까운 과거, 그리고 과거와 현재를 끊임없이 왕복하며 여러 시간이 혼재되는 필자의 서술 방식일 것이다. 과거는 언덕, 산, 단층 등의 장애물 또는 지형적 차이로 인해 현재와 매끄럽게 이어지지 못했는데, 길과 도로를 통해 연결을 시도한다. 과거는 어쩌면 미지의 상태로 우리 주변을 떠다니며 우리도 모르는 사이에 과거에 붙들려 있는지도 모른다. 한 사회학자는 다음과 같이 말했다. "과거라는 파도는 우리에게 밀려오는데, 그 어떤 사회현상도 과거와는 별개로 상상될 수 없다."[37] 필자는 이 책을 통해 프랑스의 과거라는 심해의 흐름을 추적하고 살펴보고자 한다. 마치 강이 바다로 흘러가듯 과거가 어떤 식으로 현재 속에 그 존재를 드러내고 있는지 알아보고자 한다.

완벽하게 중립적인 책 제목을 찾기는 쉽지 않다. 이 책의 제목을 '프랑스의 정체성'이라고 정한 것은 적절했을까? 책의 제목을 정하고 매우 흡족했지만, 수년 동안 끊임없이 고민했다. 제목 자체가 이미 앞에서 언급한 모든 문제점을 포함하고 있는 데다가 제목의 모호함 같은 또 다른 문제가 제기될 수도 있기 때문이다. 제목에 관한 일련의 질문들이 쏟아진 후 답을 하면 곧바로 다음 질문이 제기되는 등 끝없는 질문공세를 야기하는 제목이다.

그렇다면 과연 '프랑스의 정체성'이라는 말은 무엇을 의미하는가? 극도로 과장된 표현인가? 아니면 하나의 문제 제기인가? 프랑스를 프랑스 자체로 파악한다는 것인가? 바다의 침전물이 시간을 두고 쌓여서 단단한 해저 지층이 된 것처럼, 프랑스의 역사 또한 오랫동안 층층이 쌓인 하나의 퇴적물로 보아야 하는 것인가? 요컨대 시간의 흐름 속에서 형성된 잔여물, 혼합물, 퇴적물을 모두 포함할 수 있을 것이다. 그것은 어쩌면 시간 속에서 살아남기 위해 버티고 투쟁하는 자신과의 싸움일지도 모른다. 만약 어느 한순간이라도 멈추었더라면 무너지고 사라져 버렸을지도 모른다. 현재 존재하는 모든 국가는 끝없는 투쟁으로 존재의 대가를 치렀는데, 합리적인 방향으로 진화하기 위한 투쟁일 수도 있고, 타민족과 맞서 싸우기 위한 투쟁일 수도 있으며, 우수한 민족으로 인정받기 위한 투쟁일 수도 있고, 엘리트 또는 항상 그렇지는 않지만 대중들이 상징적인 표상를 통해 자신들의 존재를 확인해 온 모든 과정일 수도 있다. 때로는 다양한 형태의 시험, 신앙, 변론, 알리바이를 통해 스스로를 자각하는 과정이 될 수도 있고, 때로는 표류하는 무의식의 심연에서 스스로의 존재를 확인하고 각종 이데올로기, 신화, 판타지를 통해 재확인될 수도 있을 것이다. 요컨대 국가의 정체성은 특정한 단일성에 기초하며, 이러한 특성을 반영하고 주어진 조건에 적응한다.

우리는 이쯤에서 복잡한 현실을 지나치게 단순화하는 모든 언어적 표현을 경계해야 한다는 것을 지적할 필요가 있다. 프랑스를 하나의 담론, 하나의 방정식, 하나의 공식에 대입한다거나 하나의 이미지, 하나의 신화로만 설명하려는 시도는 무의미한 것일 수도 있다. 레몽 루도르프Raymond Rudorff38의 저작은 실망스럽게도 이 나라의 치부를 지적하면서 진실을 제대로 전달하지 못했는데, 이 또한 단순화에 대한 경계가 소홀했기 때문이었던 것으로 판단된다.

솔직히 말해서 우리 프랑스인 중에 누가 작금의 프랑스에 대해 고민하지 않을 수 있겠는가? 비극이 끊이지 않았던 과거에도 마찬가지로 사람들은 언제나 나라의 운명에 대해 고민했을 것이다. 비극적 사건들은 그때마다 역사에 엄청난 상처를 남기곤 했다. 마치 비행기를 타고 여행할 때 짙은 회색 구름 사이로 난 한 줄기 우울한 빛의 구멍을 통해 지상의 풍경이 보이는 것과 흡사하다. 아물지 않은 상처, 우울한 빛깔의 구렁텅이들이 역사를 채우고 있다. 더 멀리 거슬러 올라가지 않더라도 1815년, 1871년, 1914년… 1940년 스당Sedan(프랑스의 도시명)에서는 죽음의 종소리가 울렸고, 전대미문의 패전으로 아수라장이 된 상황에서 또다시 됭케르크Dunkerque(프랑스의 도시명)의 비극으로 이어진다. 이러한 끔찍한 상처들도 시간이 흐르면서 아물고 딱딱한 흉터로 변하며 서서히 잊혀진다. 국가는 일개 '개인'이 아니며, 이는 모든 공동체의 삶에서 저항할 수 없는 규칙이다.

필자는 1940년 여름의 패전을 직접 경험하면서 많은 다른 사람들처럼 다음과 같은 고민에 빠졌다. 운명의 아이러니처럼 전쟁의 폐허 속에서도 태양은 여전히 빛나고 꽃은 만개했으며 살아 있다는 기쁨은 그 어느 때보다 컸다. 불의의 침략에 대항하다 패배한 프랑스는 마치 거세게 몰아닥친 모래바람 뒤에 남겨진 먼지와도 같았다. 그렇다 하더라도 진정한 프랑스, 뿌리 깊은 프랑스는 여전히 우리 뒤에 살아남았다. 당장 내일이라도 세계를 파괴할 무서운 무기를 사용하지만 않는다면 프랑스는 계속해서 살아남을 것이다. 그리고 우리는 계속해서 걱정하고 고민하면서 극적인 사건들로 역사를 채워 갈 것이다. 춤추듯 타오르는 불꽃을 지켜보는 심정으로 바람 잘 날 없는 날들을 근심스럽게 지켜보겠지만, 그 또한 시간 속에서 잊혀질 것이다. 지금은 멀게만 느껴지는 당시의 전쟁 무렵부터 필자는 줄곧 이 땅에 깊게 뿌리내린 한 세기라는 역사의 비탈을 힘들게 올라가고 또 그렇게 계속 걸어가야만 하는 프랑스에 관해 고민했던 것이다. 바로 이러한 생각들로부터 '프랑스의 정체성'이라는 모호한 제목이 탄생했고, 필자는 어느덧 이 제목에 익숙해진 것 같다.

스페인의 사례는 파란만장한 프랑스의 역사를 이해하는 데 적지 않은 도움을 주었다. 이 책을 읽는 독자라면, 필자가 왜 스페인의 사례를 의미 있게 바라보는지 알 수 있게 될 것이다. 스페인 역시 많은 비극을 겪었고, 여러 번에 걸쳐 존재의 위협을 받았다. 예컨대 1898년 미국과의 전쟁에서의 패배는 스페인의 위상이 크게 실추되는 결정적인 전환점이 되었다. 오랫동안 대제국으로 군림했던 스페인의 찬란한 역사가 막을 내리는 순간 스페인의 자존심도 함께 꺾여 버렸다. 이런 어두운 정국 속에서 스페인 지식인들 사이에서는 소위 '1898년 세대 génération de 1898'라 명명되는 지성 운동이 거세게 일어났다. 이 운동은 스페인이 직면해 있던 당시의 위급한 상황을 진단하고, 함께 앞날을 고민하고자 했던 공동체적 성찰로부터 시작되었다. 미겔 데 우나무노Miguel de Unamuno는 『스페인의 본질L'Essence de l'Espagne』[39]로, 앙헬 가니베트Angel Ganivet는 『이데아리움Idearium』[40]으로 이 운동에 참여했다. 훨씬 나중의 일이지만, 오르테가 이 가세트Ortega y Gasset는 스페인의 운명에 대한 그의 비관적 견해를 무척추동물의 이미지로 묘사하기도 했다.[41]

필자는 이들의 활동을 지지할 뿐만 아니라 이들의 문제의식과 필자의 고민이 맥을 같이하고 있음을 인정하지만, 이들이 남긴 교훈에는 동의하기 어려운 부분이 있다. 앞서 말했듯이 필자는 프랑스의 '본질'이라는 것이 따로 있다고 생각하지 않는데, 스페인의 경우도 마찬가지일 것이다. 모든 단순화된 표현은 우선 경계할 필요가 있다. 같은 이유로 쇠퇴라는 개념 속에 실질적인 내용이 있다고 생각하지 않는다. 다만 필자는 지금까지 우리가 재고해 보지 못한 모든 선험적 판단에 대해 보다 합리적인 새로운 연구를 시도해 보고자 한다. 이러한 접근을 통해 프랑스의 유구한 역사가 어떤 식으로 뿌리내려 왔는지, 또한 어떤 흐름을 만들어 왔는지, 그리고 프랑스를 넘어 세계사의 흐름에 어떻게 동참해 왔는지에 관해 파악하고자 한다. 필자는 이러한 작업에 지나친 기대나 실망의 여지는 두고 싶지 않다.

『프랑스의 정체성』은 총 네 부분으로 구성된다.*

I. 공간과 역사(지리학적 관점에서 보는 프랑스사)

II. 인간과 사물(인구통계학 및 정치경제학적 관점에서 보는 프랑스사)

III. 국가, 문화, 사회(정치학, 문화연구, 사회학적 연구에 기초한 프랑스사)

IV. 세계 속의 프랑스(외교사적 에피소드와 함께 책 전체를 종합하는 결론 장)

이러한 순서는 논리적인 흐름을 따르지 않았다. 제목이 그렇듯 목차의 순서 역시 완벽하게 중립적일 수는 없을 것이다. 전통 기하학의 원순열처럼 전체의 흐름에 아무런 지장을 주지 않으면서 목차의 순서를 바꾸는 것이 가능할까? 조르주 귀르비치Georges Gurvitch는 모든 연구가 두꺼운 베일이 서서히 걷히듯 이해하기 쉬운 내용에서 출발하여 점점 더 난해한 방향으로 진행되어야 한다고 언급한 바 있다.[42] 즉 단순한 내용에서 복잡한 내용으로, 그리고 피상적인 내용에서 심오한 내용으로 말이다.

프랑스의 정체성을 밝히는 과정에서 필자는 무의식중에 이러한 순서를 따르고 있었는지 자문해 본다. 지리학적 연구는 시각적 측면에서 각자가 눈으로 볼 수 있는 것으로부터 출발한다는 점에서 비교적 구체적인 작업이라 할 수 있다.

* 저자는 본래 I장부터 IV장까지 기획했지만, 그중 I장과 II장만 저술되었다(총 3권으로 구성).

바다를 파악하기 위해 바닷물을 직접 마셔 보는 방식의 작업은 결코 아니니 오해가 없기를 바란다. 인구통계학은 학문으로 정립된 지 그리 오래되지 않아서 내적으로 풀어야 할 문제들이 있지만, 어쨌든 접근 방식이 복잡하지는 않다. 경제학은 인문학 중에서도 가장 과학적인 학문으로 오랜 기간 누적된 경제학 원리와 방법론은 역사학자에게 유용한 도구를 제공한다. 국가와 관련된 문제는 좀 더 복잡해지고, 문명이라는 것은 어디에나 그 손길이 닿지 않은 곳이 없어 훨씬 어려워진다. 사회는 우리 인문학으로는 무엇이라고 정의하기가 쉽지 않고 이해하기도 어려워 문제는 점점 심각해진다. 목차의 마지막 부분인 '세계 속의 프랑스'에 이르러서야 다시 기반이 튼튼한 지대로 되돌아오게 되지 않을까? 과거의 전통적인 역사학에서 모든 에너지를 소진하고 기진맥진한 상태가 되도록 다룬 주제가 아니었던가? 그러나 오늘날 우리는 더 이상 과거와 같은 눈으로 사물을 보지 않는다. 필자의 경우에는 점점 더 확신을 가지고 프랑스의 운명이 전 세계의 흐름을 구성하는 한 요소였다는 사실을 깨닫고 있다. 우리를 둘러싼 강대국들의 패권이 비단 오늘날에만 해당되는 것은 아니며, 원하든 원치 않았든 간에 과거에도 늘 그러했다. 단적인 예로 고대 로마의 통치하에 있던 갈리아족의 운명을 생각해 보자. 갈리아 시대의 상황에 대해 페르디낭 로Ferdinand Lot[43]는 "프랑스 역사에서 가장 끔찍했던 비극"이라고 표현한 바 있다. 이후에는 어떠했던가? 전 유럽이 십자군 전쟁에 휘말려 있을 때 프랑스 또한 예외는 아니었다. 또한 16세기 이전부터 이미 유럽에 뿌리내리기 시작한 자본주의 경제체제는 유럽의 다른 지역과 마찬가지로 프랑스도 완전히 잠식했다. 오늘날에도 이 나라는 거세게 술렁거리는 전 지구적 파도 속에서 불확실한 나날을 보내고 있지 않은가?

과거와 현재는 어떤 방법으로도 분리될 수 없는 불가분의 관계에 있다. 그리고 양자는 미래로 가는 한배를 탔다. 쥘리앵 그라크Julien Gracq에 의하면, "역사는 본질적으로 미래가 현세대에게 보내는 일종의 빚 독촉장과 같은 것이 되고 말았다"[44]. 장 폴 사르트르의 말을 빌리자면, "시간이 변증법적 논리를 따르지 않는다면, 즉 미래의 그 어떤 행위를 거부한다면 현실처럼 논리도 무너진다."[45] 결국 "오늘의 문"[46]을 열고 미래로 나아갈 때, 우리에게 현재라는 시간은 미래로 연장될 수 있는 가능성 안에서만 의미를 갖게 될 것이다.

역사는 이처럼 지나간 과거의 확실성을 떠나 앞날에 대한 불확실성에 대해 과감하게 부딪칠 것을 요구한다. 조제프 샤페Joseph Chappey는 역사적 고찰의 자연스러운 흐름에 대해 다음과 같이 설명한다. "드러난 역사적 사실로부터 감추어진 역사적 사실로 이동하는 과정"[47], 또는 드러난 역사적 사실로부터 잠재된 미래의 역사로 이행하는 것이 아니겠는가? 프랑스의 정체성에 대해 고민할 때, 특히 그 역사의 두께를 통해 살펴볼 때 필자를 가장 고통스럽고 불안하게 만드는 것 중의 하나는 다름 아닌 내일의 프랑스가 아니겠는가? 어제와 오늘의 모순된 힘이 서로 뒤엉켜 역사의 두께를 만들어 왔다. 이 힘들은 내일도 여전히 작용하여 그 시기도 이유도 모른 채 모든 것들이 건설될 수 있는 기초가 되거나, 모든 것들을 파괴할 수 있는 요인이 될지도 모른다.

다행히도 다음에 출판될 두 권의 책들—II. 프랑스의 탄생, III. 프랑스의 운명—은 별도의 설명이 필요하지 않을 것 같다. 이전에 모든 역사학자들이 이미 다루었으나 결론이 상이한 문제들을 시간의 순서에 따라 순차적으로 검토하고자 한다. 게임의 규칙이 늘 그렇듯이, 이 또한 프랑스 역사에 차곡차곡 쌓여 있는 보물들을 활용하여 필자의 빚을 청산하려는 필자만의 방법일 것이며, 동시에 이 책을 통해 필자가 의도한 목적을 달성하고자 하는 방법일 것이다. 만약 『프랑스의 정체성』이 프랑스의 운명을 어느 정도 설명해 낼 수 있다면, 또는 설명의 토대라도 마련할 수 있다면 필자가 하고 있는 내기는 이긴 것이나 다름없다. 적어도 필자의 노력에 대한 정당한 결과라고 생각한다.

1981년 10월 2일 레 퐁티유(오트사부아)에서

저자는 독자들에게 책 소개하는 것을 결코 서두르지 않는다. 자신의 책을 좀 더 오랫동안 곁에 두고자 하는 의도 때문일까? 필자가 프랑스의 역사를 집필하게 된 동기는 앞서 언급한 이유도 있지만, 1984년 8월 장시간 방송을 준비하며 장클로드 브랭기에Jean-Claude Bringuier가 던진 집요한 질문들에 대해 답하고 싶은 의도도 있었다. 또한 필자가 제안하는 역사의 형태가 폭넓은 독자들에게 받아들여질 수 있음을 스스로 증명해 보고 싶은 마음도 있었다. 정확하고 적합한 문제의식을 갖는 것만으로는 충분하지 않고, 실제 사실에 그 문제를 적용시킬 수 있어야만 한다. 한 젊은 역사학자가 자신의 방식대로 다음과 같이 언급한 바 있는데, 필자는 적절한 표현이라 생각한다. "많은 실제 사례 앞에서 규칙은 무너진다."48 필자는 다음과 같이 두 가지 측면을 명확하게 밝힐 수 있지 않을까 생각한다. 즉 하나는 일반적이고 이론적인 역사적 측면이고, 다른 하나는 프랑스의 역사적 측면이다. 필자에게 있어 이 두 가지 관점은 모두 소중하다.

1985년 7월 11일 타예Taillet에서

제1권 공간과 역사

「공간과 역사」 편을 구성하는 3개 장은 모두 하나의 주제를 중심으로 전개된다. 본격적으로 논의를 시작하기에 앞서 필자는 전체를 아우를 만한 이러한 정신이 무엇인가에 대해 먼저 명확하게 밝히고자 한다. 프랑스의 역사와 영토 사이에서 실타래처럼 얽힌 복잡한 관계를 풀어내기 위해서는, 프랑스를 지탱해 온 물리적인 틀로서 토지 환경이 말해 주는 프랑스의 역사에 관해 설명할 필요가 있다.

오늘날 지리학자들의 연구는 다양한 방식으로 이루어지는데, 지리학이라는 학문의 영역 안에서 새로운 지리학적 요소들을 탐색하는가 하면, 다른 자연과학이나 인문학과의 관계 속에서 지리적 요소들을 살피기도 한다. 그러나 이 책에서는 프랑스의 과거를 재검토하고 재해석하는 방법으로서 지리학적 관점을 활용하고자 한다. 이는 지리학적 관점에서 보더라도 충분히 기여할 만한 여지가 있을 것으로 사료된다. 경관과 공간은 단지 현재에 주어진 조건이 아니라 대부분은 과거로부터 이어져 온 잔유물이기 때문이다. 시간 속에서 여러 형태의 지평선이 그어지고, 상황이 바뀌면서 지평선의 형태 또한 변한다. 요컨대 대지는 사람의 피부처럼 이렇게 지나간 상처들의 흔적을 간직하고 있다.

오늘날에도 과거의 빛깔을 유난히 강렬하게 간직하고 있는 도시들이 있다. 베즐레Vézelay, 오툉Autun의 도심 풍경을 바라보노라면 잠시 과거로 회귀한 듯한 착각마저 든다. 또한 도시화나 현대화가 미처 닿지 않은 시골 마을들은 아직도 과거의 모습을 보여 주고 있다. 포레Forez[1], 비고르Bigorre[2], 루에르그Rouergue[3], 푸아투Poitou의 가틴Gâtine[4], 바르쉬르센Bar-sur-Seine, "바르 세카네Bar séquanais"[5]를 비롯한 많은 지역이 여전히 과거의 경관을 간직하고 있다. 오늘날에는 라인Rhin강과 론Rhône강의 수위를 인간의 힘으로 조절할 수 있으나, 과거 야생 상태의 강에서는 배를 띄우기 위해 뱃사공들의 수고와 희생이 요구되었다. 현재의 관점에서 사물을 보는 습관은 잠시 접어 두자.

그러나 앞으로 논의될 내용들이 모두 과거로 거슬러 올라가기만 하는 것은 아니다. 과거에서 다시 현재로, 현재에서 다시 과거로 왕복하기를 반복할 것이다. 지리적 관찰을 토대로 한 이와 같은 연구는 풍부한 사실들이 하나둘 쌓여 그 두께를 통해 시간성과 입체감을 도출하는 데 활용 가치가 있다. 또한 시간을 두고 쌓인 퇴적물을 구별함과 동시에 비교할 필요가 있다. 지극히 현재적이면서 동시에 과거 회귀적인 작업을 통해서만 지리는 과거와 현재 사이에 명확한 정보를 제공해 준다. 이러한 지리적 관점에서 바라보는 대상은 주로 대지terre, 주변 환경milieu, 자연환경environnement, 생태계éco-système 등과 같은 것들인데, 이러한 조사를 통해 우리는 고문서에서 얻는 것과 같은 많은 양의 정보를 획득할 수 있다.

앞으로 이어지는 3개 장에서 우리는 다음과 같은 문제를 다루고자 한다.

먼저, 프랑스의 다양성과 '다원적' 측면과 관련된 증언들을 검토하고자 한다. 독립적으로 존재했던 '지방'에 관해 살펴보고, 이어서 프랑스라는 나라의 모자이크를 구성하는 다양한 색과 형태의 퍼즐 조각들에 관한 증언을 듣고자 한다. 제1장인 '다양성의 나라 프랑스'[6]는 다원적인 측면을 '시각화'를 통해 보여 주는 장이 될 것이다.

그러나 다른 한편으로 각각의 퍼즐 조각들은 강력한 시멘트를 바른 것처럼 단단하게 고정되어 있으며, 서로를 구속하기도 하고 서로의 차이를 보완해 주기도 한다. 또한 고장과 지역, 마을과 읍, 읍과 도시, 지방과 국가 사이에 교류를 원활하게 하고 결속시켜 주는 통로가 되기도 한다. 이것이 바로 우리의 두 번째 장인 '정주 체계: 마을, 읍, 도시'에 관한 내용이다. 도시와 시골의 모습을 통해 지역 공동체 간의 긴밀한 관계의 형성과 이를 통한 보다 포괄적이고 일관된 전체를 만들어 가는 과정을 알아보고자 한다.

마지막 단계에서는 이러한 모든 것들의 거대한 종합인 국가에 관해 살펴보고자 한다. 통합된 프랑스, 전체로서의 그림은 어떤 방식으로든 건축되고, 완성되고, 시간 속에서 지속된다. 프랑스라는 공간 그리고 자연환경은 마찬가지로 변화를 겪으며 만들어진다. 이렇게 프랑스는 프랑스 땅에서, 유럽의 한 부분에서, 세계의 한 지점에서 만들어졌다. 바로 이러한 과정을 거쳐 마침내 우리는 마지막 장인 '무엇이 오늘의 프랑스를 있게 했을까? 지리적 조건?'에 이르게 된다.

오래전 필자가 공부하던 시절의 '교육 방식'처럼 이 책을 구성하는 3개 장을 이끄는 논의의 길잡이는 공간, 사람, 역사가 될 것이다. 독자는 필자가 언제나 길잡이의 바른 순서를 따르지 않을 수도 있음을 양해해 주기 바란다. 필자가 기술하는 모든 내용이 종합적으로 잘 전달되기를 바라는 마음에서 때로는 두서없이 여러 사례를 한꺼번에 늘어놓기도 했다. 그런 과정에서 이야기가 곁길로 빠지거나 흐름이 매끄럽지 않은 부분에 대해서는 미리 양해를 구한다. 과연 어떤 저자가 독자를 설득하기 위해 이와 같은 욕심을 쉽게 자제할 수 있겠는가?

제1장

다양성의 나라 프랑스

우리가 그림을 그릴 때 대상을 먼저 관찰하고 밑그림을 그리는 것처럼, 프랑스에 대한 연구 또한 마찬가지이다. 프랑스의 역사를 연구하다 보면 금세 단일 민족 국가로서의 프랑스는 존재하지 않는다는 사실을 알게 될 것이다. 단일성으로 볼 수 있는 그 어떤 단서를 찾았다 싶으면 이내 사라지고 없다. 그곳에는 수백수천 개의 프랑스가 시대를 초월해 존재하고 있을 뿐이다. 이제는 다양하게 존재하는 프랑스를 받아들이자. 그렇게 한다고 해서 불쾌할 것도 없고, 두려워할 일도 아니다.

I.
우선 기술하고, 보고, 보게 하라

프랑스가 다양성의 국가라는 말은 다소 진부하게 들릴지도 모른다. "세상에서 프랑스만큼 다원적인 나라는 드물다"[1] 또는 "다른 지역에서는 볼 수 없는 … 특색이 완전히 다른 공간들이 모자이크처럼 공존하는 나라"[2] 등과 같은 표현은 다양한 성격의 '지역성'[3]을 강조하는 것처럼 느껴진다. "산행을 하는 사람들의 눈에는 끊임없이 변하고 있는 이 나라의 경관이 더 잘 목격될 것이다."[4] 각각의 마을village, 계곡vallée, 고장pays, 도시ville, 지역région, 지방province 또한 저마다 그들만의 고유한 특성을 지니고 있다. 특히 브레pays de Bray, 코pays de Caux와 같은 로컬 수준의 작은 단위는 갈리아 시대의 파귀스pagus에서 유래된 이름들이다. 여기서는 경관적 특징만을 논하는 것이 아니다. '삶과 죽음을 대하는 방식이나 부모와 자식, 부부, 친구, 이웃 관계 등 기본적인 인간관계를 정의하는 데 필요한 원칙'[5]과 같은 고유한 문화적 특성도 포함된다. 특정 지방의 특권, 방언, 민속, 건축양식(돌, 용암, 벽돌, 벽토, 나무 등의 재료적인 측면), 의복 등을 비롯한 모든 요소들은 지금보다 과거에 차이가 더 두드러지지 않았을까? 도량형의 경우, 지역적 특징들은 현대인의 눈에는 훨씬 기이해 보일 것이다. 라부아지에Lavoisier(1787)에 따르면, "페론Péronne 지방에서는 페르슈perche(역주: 길이를 재는 단위로 지역과 시기에 따라 달랐으며, 대개 10~22개의 발의 길이에 해당)의 크기와 수에 따라 17가지 종류의 측량단위, 즉 아르팡arpens을 사용하고 있었다"[6].

괴상하고 다양한 계량형의 문제는 행정 관리들에게는 끔찍한 일이었을지도 모른다. 일례로 1684년 푸아투Poitou 지방의 한 관리는 포도주 보관 용기의 크기를 통일해 달라는 요청을 받고 다음과 같이 답했다고 한다. "말도 안 되는 일이다! 푸아투 지역 시장에서 통용되는 베리Berry, 리무쟁Limousin, 보르들레Bordelais의 용기를 제외하고, 푸아투 지역 고유의 용기만 본다 하더라도 동네마다 이름도 크기도 다른 용기들이 제각각 사용되고 있으며, 그 종류는 일일이 기록하기에도 버거울 정도이다. 이런 상황에서 용기를 통일하다니, 그것은 불가능한 일이다!"[7]

또 다른 예로 같은 지방의 시장에서 아주 간단한 곡식 거래의 영수증을 발행할 때 거쳐야 하는 일련의 복잡한 과정을 상상해 보자. 우선 밀가루, 호밀, 귀리의 거래량을 각 도시, 성읍별 계량단위들로 표시해야 했을 것이고, 그 수량을 모두 비교 가능한 통합 단위인 마르marc로 다시 환산해야 했을 것이다. 문헌을 보면 한 달에 두 번씩 새롭게 책정된 곡식 가격이 미리 인쇄된 용지에 기록된 상황을 알 수 있다.

의복의 경우도 사정은 비슷했다. 당시에는 인접한 지역들 사이에도 전혀 다른 양식의 의복들이 존재했다. 브르타뉴Bretagne 지방의 경우, 코르누아이Cornouaille에서는 붉은색, 레옹Léon에서는 파란색, 트레고르Trégor[8]에서는 보라색 계열의 옷을 즐겨 입었다. 1878년까지만 해도 모르방Morvan 지방에는 여전히 '신분에 따른 의복 양식'이 정해져 있었다. "여자의 경우, 나이에 상관없이 줄무늬 모직물 옷을 입었고, 하얀색 모직 양말에 양피를 덧입힌 나막신을 신었다. 머리에는 넓고 두꺼운 인디언 모자를 쓰고, 뒤로 쪽찐 머리를 하고 다녔다."[9]

주택 또한 지방의 전통에 따라 다양한 건축양식의 차이를 보인다. “주택의 형태가 들려주는 이야기에 귀를 기울여라.”[10] 이는 각각의 산지 마을마다 고유한 건축양식이 있었던 쥐라산맥 지역에서 예부터 전해 내려오는 말이다.

이와 같이 모든 지방색들은 시대가 바뀌면서 변화하거나 때로는 희미해지는 일도 있었다. 그러나 완전히 사라진 경우는 드물며, 오히려 후대에 와서 그 차이가 한층 더 두드러지는 경향을 보이기도 했다. 예컨대 전 오를레앙Orléans 주교였던 루스티저Mgr Lustiger 파리 대주교가 오를레앙에 머물렀을 당시의 일화에 따르면, “내가 ‘오를레앙 교구’라는 말을 하자, 가틴Gâtine 사람들이 내게 일제히 ‘우리는 오를레앙 출신이 아닙니다!’라고 외쳤다.”[11]라는 이야기가 전해진다.

“프랑스는 다양성의 나라이다.”[12] 뤼시앵 페브르의 이 말은 후속 세대와도 공감대를 형성한다. 같은 이야기의 반복 같지만, 필자는 표현을 조금 바꾸고 싶다. “프랑스는 다양성이다.” 외형이나 호칭의 문제를 떠나, 구체적인 사실 속에서 우리는 프랑스의 다양성을 경험할 수 있다. 오늘날의 프랑스가 프랑스일 수 있는 것은 다양성의 승리라고 말해도 과언이 아닐 것이다. 유사한 사례를 찾을 수 없을 만큼 프랑스는 다양성으로 특징지어지는 나라이다. 영국, 독일, 이탈리아, 스페인도 그들의 입장에서는 어느 정도 다양성이 존재한다고 말할지 모르겠지만, 의심의 여지 없이 프랑스에 견줄 바가 못 된다. 1900년의 프랑스를 연구한 외국인 역사학자 유진 웨버Eugen Weber는 프랑스라는 손바닥 안에는 수없이 많은 낱알의 프랑스가 따로따로 존재하며, 이러한 낱알들은 언제라도 서로 독립할 준비가 되어 있고, 서로를 미련 없이 잊을 수 있는 관계에 있다고 말한 바 있다.[13]

자코뱅 당원들이 꿈꾸던 절대로 나누어지지 않을 하나의 통일체[14]인 프랑스에서는 개밀 뿌리처럼 강한 생명력을 가진 반대파들의 세력도 약해지고 사라질 수 있을 것으로 믿었던 시절이 있었다. 이 두 세기 사이에 우리는 얼마나 파란만장한 역사를 경험했던가! 전제군주제는 아니었지만 자코뱅 당원들이 추구했던 나라도 군주제 못지않은 중앙집권적 체제를 갖춘 단일국가 프랑스였다. 게다가 교통수단이 때맞추어 놀라운 속도로 발달되었고, 표준어는 전국적으로 확대되었다. 우리가 표준어라고 부르는 언어는 기원후 1000년부터 일드프랑스île-de-France 지역에서 사용하던 방언으로, 19세기의 산업화와 함께 표준어로서의 위상이 높아졌다. 더욱이 "영광의 30년"[15]이라 불렸던 1945~1975년 사이의 시기에 일어난 일련의 수많은 변화들은 프랑스라 불리는 수백수천 색깔의 모자이크 캔버스 전체를 하나의 단일한 색으로 두텁게 칠해 버렸다. 그럼에도 불구하고 본래의 색들은 완전히 사라지지 않았다. 에르베 르 브라Hervé Le Bras와 에마뉘엘 토드Emmanuel Todd가 1981년에 저술한 내용을 인용하자면, "산업화는 프랑스의 다양성을 없애지 못했다. 두 저자의 탁월한 솜씨를 보여 준 각종 지도 분석을 보면, 가족 구조와 자살 현황, 출산율과 이혼율, 결혼연령의 변화부터 알코올 중독 문제에 이르기까지 수백 가지의 지표들이 지역과 지역 사이에서 일관성 없는 추이를 보인다"[16]. 심지어 정신장애 인구에 관한 통계마저도 이해할 수 없는 지역차를 보인다. 여타 지표들은 말할 것도 없고 지극히 일상적인 통계 수치들만 따져도 결국 같은 결론에 이르렀다. 즉 프랑스의 단일성singulier은 복수성pluriel을 극복하지 못했던 것이다. 이브 플로렌Yves Florenne의 장난기 섞인 표현처럼, 프랑스는 "하나이면서 여럿"[17]이었다. 이러한 맥락에서 "출신 지역의 배경을 모르고서는" 그 지역에 사는 농부를 묘사할 수 없다고 했던 지오노Giono의 말이 무슨 뜻이었는지 이해할 수 있을 것 같다. 즉 한 명의 농부를 묘사하려면, 그가 사는 마을 환경을 반드시 알아야 한다는 이야기이다. 모든 마을은 고유의 개성을 지니고 있으며, 그곳에 사는 농부는 그 마을과 한몸을 이루고 있기 때문이다. 그 마을이 프로방스Provence의 산간 마을이건, 카마르그Camargue의 평야이건 간에 그 지역에 사는 사람이면 누구나 '그 지역의 나무, 야생의 꿀벌, 모래 더미, 소, 양, 말[18]과 함께 정을 나누며 산다.' 이제 우리는 프랑스의 단일화가 임박했음을 예견했던 사람들의 생각이 틀렸다는 것을 확실히 알 수 있다. 1838

년 스탕달Stendhal은 다음과 같이 예언한 바 있다. "모든 지역색은 시간을 두고 서서히 프랑스 땅에서 모습을 감추게 될 것이다. 앞으로 50년 후쯤이면 프로방스 사람도, 프로방스 언어도 자취를 감추게 될 것이다."[19] 뛰어난 선견지명으로 명성이 자자했던 스탕달마저도 이 부분에서만큼은 실력 발휘를 제대로 하지 못했던 것 같다.

반면, 지리학자, 역사학자, 경제학자, 사회학자, 문필가, 인류학자, 정치학자 중에는 마치 자신의 취향에 따라 원하는 것을 고르는 듯한 태도로 프랑스의 다양성을 논하는 이들이 있다. 일단 다양성을 지지하는 쪽으로 의견을 표명하고 나면 당연히 단일한 프랑스에 대해 집중할 일만 남았다는 듯이 말이다. 그들은 프랑스의 다양성에 관해 논하는 것은 오직 프랑스의 단일성이라는 심층을 향해 나아가기 위한 중간단계 정도로 여기는 태도를 보인다. 언제나 본론으로 들어가면, 그 심층에는 다양성이 아닌 단일성이, 실제가 아닌 이상이, 파리에 대한 거부감이나 경계심이 아닌 국가적인 관점에서 프랑스의 역사를 해석하고자 한다. 다음은 익명의 두 젊은 역사학자가 쓴 글에서 발췌한 내용이다. "우리 나라는 예로부터 다양성의 나라로 유명했다. 우리는 그 어떤 나라보다 다양한 경관, 사고방식, 인종, 주거양식과 그만큼 다양한 치즈를 가지고 있다."[20] 언급된 목록에 빠진 내용이 많다 하더라도 이런 자각은 학자적 측면에서 보아도 좋은 출발점이라 할 수 있다. 그러나 이런 자각을 가지고 출발한 역사학자들도 금세 프랑스의 다양성을 잊고 이전에 배운 대로 익숙한 경로로 되돌아가는 경우가 많다. 심지어 한 수필가는 다음과 같은 표현도 서슴지 않았다. "수 세기에 걸쳐 이질적인 요소들을 흡수해 왔으면서도 진정 하나이자 분리될 수 없는 내 조국 프랑스. 이것이 바로 기적이다. 무엇이든 전체 안에 녹일 줄 아는 나라이면서 동시에 그 하나하나의 독창성을 잃어버리지 않는다."[21] 물론 필자도 프랑스가 하나로 단결되기를 바라고 또 그 과업을 능히 이룰 수 있는 가능성이 있음을 부인할 생각은 없다. 그러나 하나의 통합체로 나아가는 것을 저지하는 요소나 주체는 비단 외국의 이민자들뿐만 아니라—세계 각지에서 이들의 문제를 논할 때 멜팅팟melting pot을 언급한다—예전부터 쭉 프랑스였던, 프랑스를 구성하고 있는 프랑스 안의 다양한 프랑스인 것이다. '함께 녹인다'는 것은 확실히 지나친 표현일 것이다!

여하튼 다양성이냐 단일성이냐의 논쟁에서 첫 단추를 잘 채우는 문제는 매우 중요하다. 여태까지 축소시키려고만 했던 다양성의 범위를 제대로 짚고 넘어가지 않는다면 프랑스 역사 연구의 과제를 제대로 파악하기 어려울지도 모른다. 때로는 타협으로, 때로는 증오와 다툼으로 무의식 속에서 꾸준히 경험해 온 오해와 긴장, 그리고 대립의 문제를 파악하는 것은 쉬운 일이 아니다. 집에 불이 날 가능성은 늘 잠재해 있다. 즉 과묵한 사람으로 알려진 역사학자 마르크 페로Marc Ferro는 다음과 같이 짧게 그의 생각을 피력했다. "프랑스가 간과해서는 안 될 한 가지 과제가 있다면 그것은 오직 내란의 문제일 것이다."

지역régions과 고장pays의 조합, 프로뱅스provinces

전혀 예상하지 못한 이질적인 이미지의 프랑스를 마주하게 된다면 당황해하지 않을 프랑스인은 거의 없을 것이다. 예컨대 20, 30, 40km의 거리마다 자연 풍경, 사람들의 외형과 생활양식이 달라지는 것을 목격하게 된다면 어떤 프랑스인이 그러한 상황을 익숙하게 대할 수 있겠는가? 우리는 모두 어떤 지역에 대한 소속감을 가지고 있기 때문에 출신 지역을 말할 때 단지 어떤 지방 출신이라고 짧게 말하지 않고, 어떤 지방에 위치한 특정 도시의 출신이라고 말한다. 우리가 태어나고 자란 지역의 지리적 환경은 우리 정체성의 일부를 말해 주기 때문이다. 그렇다면 파리처럼 익명의 대도시에서 태어나고 자란 사람은 특별한 소속감과 애향심이 없는 것일까? 그렇다고만 볼 수는 없다. 왜냐하면 파리라는 도시 역시 과거에는 여러 성읍과 마을들이 각양각색으로 뒤섞여 있던 공간이었으며, 누군가의 고향이었기 때문이다. 또한 내부적으로는 노동자 출신이든 부르

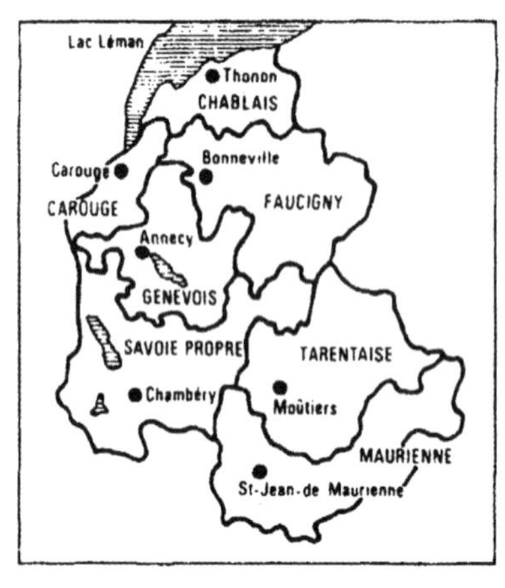

프로뱅스와 그의 '고장들': 18세기 사부아(Savoie)

전체 프로뱅스는 각각의 독립된 작은 단위의 고장으로 나누어졌는데, 이들의 대다수는 오늘날까지 남아 있다.

출처: Paul Guichonnet, *Histoire de la Savoie*
지도 출처: F. Braudel, *Civilisation matérielle, économie et capitalisme*, Ⅲ, p.242.

주아든 지식인이든 간에 계층별로 그들이 이룩해 놓은 전통이 있다. 다니엘 로슈Daniel Roche는 『파리 사람들Le Peuple de Paris』이라는 저작에서 "나는 다섯 세대에 걸쳐 파리에 살고 있는 사람이다."**22**라고 말했다. 이것은 분명 그의 지방색을 보여 주는 일종의 증명서와도 같은 것이다.

독특한 지방색은 프랑스에 머물고 있는 대다수의 거주민에게 스며들어 있으며, 앞서 말했듯이 그러한 개성은 여전히 살아남아 있다. 각 공동체의 본질적인 특성은 이웃 지역과의 접촉이 있더라도 절대로 희석되지 않을 뿐만 아니라 오히려 뚜렷한 '차이'로 남아 있다. 놀랍게도 이러한 상황은 지리적 관점으로 명확하게 설명된다. 빠른 성장을 겪은 지방일수록 다른 지방에 비해 큰 변화폭을 보이며 지극히 특수한 방식으로 진화했다. 성장 속도의 차이는 지역 간의 새로운 차이들을 만들었다. 이러한 지역차는 아주 오래전부터 지속적으로 일어났던 일이며, 그러한 흔적 또한 곳곳에서 찾아볼 수 있다. 뫼즈Meuse 지방의 오르누아Ornois, 사부아Savoie 지방의 포시니Faucigny, 루시용Roussillon 지방의 발르스피르Vallespir, 비상부르Wissembourg와 아그노Haguenau의 숲 사이에 위치한 북부 알자스Alsace du Nord, 그리고 동쪽으로 유유히 흐르는 라인강은 필자가 비교적 잘 알고 있는 곳으로서 이들 지방의 풍경을 보고 있노라면 마치 누군가가 눈앞에서 그들의 이야기를 들려주는 것처럼 그 역사가 생생하게 그려진다. 책을 펼치면 이야기가 전개되듯 눈앞에 펼쳐진 풍경에는 그곳 사람들의 삶이 반영되어 있다. 경관을 통해 그 지방 사람들의 삶의 모습이 필자의 시야에 총체적으로 들어온다. 경관의 범위는 그리 넓지 않아서 어렵지 않게 한 바퀴를 돌 수 있다. 그 지방에 관한 거의 모든 것을 보고 이해할 수 있게 해 준다. 경관은 현재의 삶뿐만 아니라, 과거의 이야기도 들려준다. 우리보다 앞서 다녀갔던 여행자들의 경험담을 근거로 지나간 사건들의 개연성을 부여할 수도 있다. 당시의 여행자들은 지금의 우리가 보는 것과 거의 비슷한 광경을 보았을 것이다. 여기서 '거의'에 해당하는 차이들은 사소한 것이지만, 바로 이런 사소한 차이 때문에 우리는 '예스러움'을 느끼고 '예스러움'에 매료되는 것이 아닐까?

진정한 프랑스의 역사는 바로 이렇게 각종 진한 색들로 얼룩덜룩하게 칠해진 프랑스일 것이다. '복수'의 프랑스는 끝없이 단일한 프랑스와는 배치될 수밖에 없다. 프랑스의 단일성을 바라는 사람들은 전통과 역사를 왜곡해서라도 모든 지역적 특수성을 지워 버리고, 하나의 통일된 프랑스를 주장하고 싶어 할 것이다. 그러나 하나의 프랑스란 존재하지 않으며, 여러 '프랑스들'이 있을 뿐이다. 지오노Giono가 주장했듯이, 한 지방 내에서도 유일한 하나의 브르타뉴는 없으며, 여러 브르타뉴들이 있을 뿐이다. 또한 프로방스Provence에도 여러 프로방스들이 있고, 부르고뉴Bourgogne에도 마찬가지로 여러 부르고뉴들이 있으며, 로렌Lorraine, 프랑슈콩테Franche-comté, 알자스Alsace 등도 모두 마찬가지이다.

프랑슈콩테는 필자가 특히 잘 알고 있는 지역 중 하나이다. 필자는 군대에서 만난 세 친구들과 함께 처음으로 프랑슈콩테의 땅을 밟았던 1926년의 그날을 아직도 생생하게 기억한다. 이들 중 한 친구는 지리학자였는데, 안타깝게도 이미 세상을 떠났다.[23] 브장송Besançon 인근의 발다옹Valdahon 기지에서 출발하여 걷기도 하고, 자전거를 타면서 그 일대를 여행했다. 그랑벨Granvelle 가문의 고향으로도 유명한 오르낭Ornans에서부터 루Loue 계곡을 따라 오르면서 보았던 당시의 풍경은 지금도 잊히지 않는다. 낭튀아Nantua의 클뤼즈cluse(역주: 쥐라Jura의 방언으로 산협을 뜻하는 말) 일대를 통과하여 발세린Valserine과 벨가르드Bellegarde로 가던 도중에는 론Rhône강의 절경인 '페르트Perte'를 볼 수 있었다. 이어서 통과한 젝스Gex 지방은 알자스만큼 아름답다는 칭찬을 듣기에 부족함이 없었다. 긴 여정 끝에 마침내 포시유Faucille로 향하는 완만한 언덕에 다다랐을 때에는 그동안의 고단했던 여정에 대한 보상이라도 받듯 제네바Genève의 일출을 감상할 수 있었다.

그때 이후로 필자는 거의 매년 쥐라산맥 인근 지방을 돌아보곤 했다. 매번 흥분과 감동 없이 지나친 곳이 없을 정도로 점점 더 이 지역에 푹 빠져들었다. 아르부아Arbois, 샤토샬롱Château-Chalon, 퐁타를리에Pontarlier, 생클로드Saint-Claude, 생타무르Saint-Amour, 루스Rousses에서, 생푸앙Saint-Point의 호수에서, 실랑Sylan의 작은 호수에서 눈앞에 펼쳐진 광경에 매료되곤 했다. 심지어 필자는 진한 초록색이 섞인 듯한 섬세한 파란색이 날카롭게 빛나는 풀밭의 색감만 보아도 여기가 쥐라인지 아닌지 구분할 수 있게 되었다. 쥐라의 풀밭은 확실히 알프스의 풀밭과는 다르다. 알프스 일대의 들판은 노르스름한 색깔이 풀색과 섞여 부드러운 느낌을 준다. 지리학자들의 분류에 따르면, 서쪽으로는 손Saône강과 쥐라 평야가 있고, 동쪽으로는 쥐라의 숲이 우거진 언덕과 초원이 있는데, 앵Ain 골짜기의 멋진 풍경을 떠올릴 수 있다. 이처럼 가지각색의 토양과 기후, 특산물, 주민들의 생활모습은 행정구역을 다시 정비해야 할 필요를 느끼게 한다. 오두Haut-Doubs와 앵 계곡 상류, 로메Romey, 미주Mijoux, 미에주Mièges 골짜기 등은 좁은 지역에 서로 인접해 있으면서 보완적이지만, 하나의 공동체로 통합될 수 없는 분명한 차이들을 보이고 있다.[24]

프로방스 또한 하나의 프로방스일 수 없음은 두말할 필요도 없다. 아무리 같은 날씨와 같은 하늘을 공유한다 할지라도, 건조한 기후에 잘 적응하는 초원이 전 지역에 고루 퍼져 있다 할지라도, 사람이 살지 않는 에름herm(프랑스 남서부 지역의 마을 단위)들이 공통적으로 발견된다 할지라도, 이것만으로 하나라고 말하기에는 너무 많은 차이가 존재한다. 한눈에 보아도 프로방스 남부는 지중해와 론Rhône 지역으로 통하고, 북부는 절반 이상의 면적이 알프스로 이어지지 않았던가?

프로방스 저지대를 구성하는 요소는 거의 등질적이다. 즉 산과 언덕, 석회암 고원, 침식 후에 드러난 단단한 기반암, 아담한 언덕과 초원, 그리고 두 개의 큰 산자락 모르Maures와 에스테렐Estérel을 에워싸고 자리 잡은 분지 등. 그러나 이러한 지형 요소들은 변덕스럽게 제멋대로 돌출된 형태로 자리 잡고 있다. 전체적으로 보면 그리 풍요롭지 못한 고지대의 자연환경이 있고, 저지대로 갈수록 아담한 초원, 분지, 하천이 분포되어 있어 각종 경작지가 조밀하게 분포하는 것처럼 보인다.

프로방스 고지대는 참나무와 소나무가 빽빽하게 들어찬 원시림, 가시덤불 숲, 잡목 숲으로 덮여 있다. 잡목 숲지대는 과거 무분별한 개간 또는 인간의 거주로 황폐해진 곳도 있지만, '이들이 스러진 자리에 등대풀과 수선화가 한가득 피어 있고, 그늘 아래에는 이제 막 돋아난 어린 풀들이 자라고 있다.'[25] 이러한 고지대가 사실은 한때 프로방스 경제에서 중요한 부분을 담당하고 있었다는 사실을 생각하면, 이곳은 태생적인 불모지가 아니라 시간을 두고 점차 훼손된 것임을 알 수 있다. 1938년까지만 해도 이 지대가 이렇게까지 황폐하지는 않았다. 한 지리학자가 당시의 풍경을 기술한 내용을 보면, "생트빅투아르Sainte-Victoire 북부 산야는 봄마다 상뷔크Sambuc 지방 특유의 녹색 참나무, 백색 참나무가 빽빽하게 우거진 숲이 절경을 이루었는데, 가난한 벌목꾼들만이 고요한 숲의 절경을 맛본다. 일꾼들은 각자 할당된 일을 하는데, 나무꾼은 나무를 베고, 석회 가마공은 빵집 화덕 또는 석회 가마에 땔감으로 쓰일 장작만 따로 고른다. 망치를 손에 든 여인네들은 나뭇가지를 쳐서 껍질을 벗긴 후 석탄 제조공에게 전달한다. 여기서 나무는 조각조각 잘린다. 한편, 수레꾼들은 나무껍질을 모아 종크

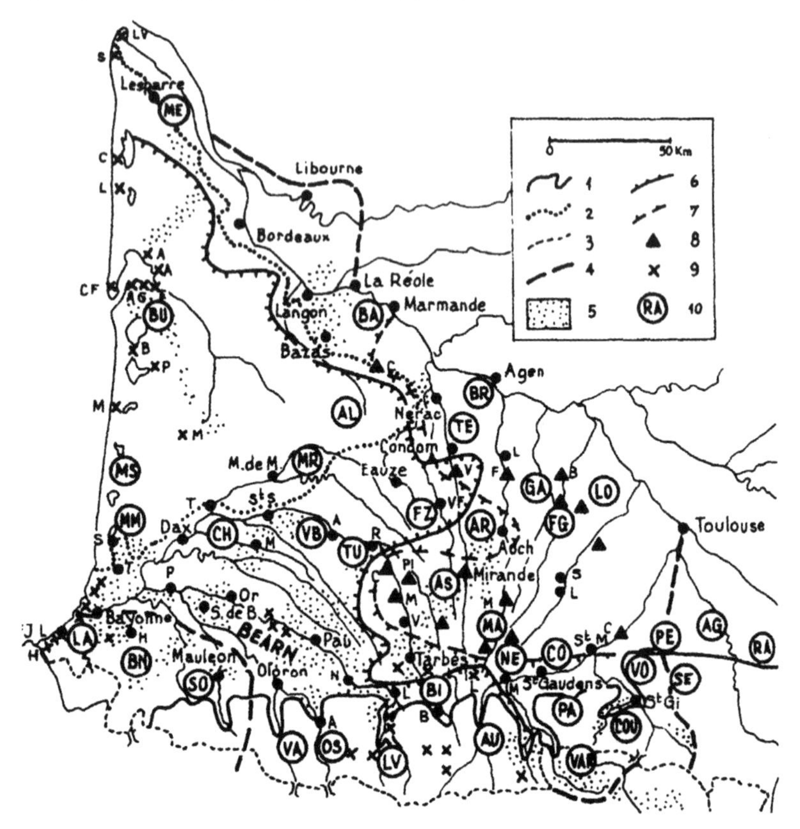

이 지도는 고장 또는 지방의 기원을 설명해 주는 사례로, 이는 동시에 지리적·역사적·민족적·지명학적 측면에 관한 정보를 제공한다.

지도 출처: Pierre Bonnaud, *Terres et langages*, II, p.364.

1. 피레네산맥 외곽선
2. 랑드 숲의 경계
3. 지역 경계
4. 가론(Garonne)강의 경계와 일치하지 않는 경우의 가스콩(Gascon)어의 한계
5. 지명 어미 -os와 -ein의 주요 분포
6. 지명 어미 -ac와 -an 분포의 경계
7. 성곽도시, 성 주변 도시, 중세 초기의 봉건 마을이 밀집한 지역의 경계
8. 성곽도시, 성 주변 도시 등이 마을 네트워크에 통합된 지역
9. 프랑스 국가 체계의 틀 내에서 발전한 도시, 읍 외 다양한 거점들(각종 산업, 관광지 등)
10. 지명 약자 목록:

AG: Aganaguès
AL: Albret
AR: Armagnac
AS: Astarac
AU: Aure (Vallée d')
BA: Bazadais
BI: Bigorre
BN: Basse Navarre
BR: Bruilhois
BU: Pays de Buch
CH: Chalosse
CO: Comminges
COU: Couserans
FG: Fézensaguet
FZ: Fézensac
GA: Gaure
LA: Labourd
LO: Lomagne
LV: Lavedan
MA: Magnoac
ME: Médoc
MM: Marenne
MR: Marsan
MS: Marensin
NE: Nébouzan
OS: Vallée d'Ossau
PA: Pays d'Aspe
PE: Pédaguès
RA: Razès
SE: Sérounès
SO: Soule
TE: Tenarèze
TU: Tursan
VA: Vallée d'Aspe
VAR: Val d'Aran
VB: Vicq Bilh
VO: Volvestre

가스콩어가 통용되었던 37개 '고장'을 보여 주는 이 지도가 유용한 것은 그 복잡한 양상을 보여 주고 있기 때문이다. 좀 더 자세한 사항은 P. Bonnaud의 저서를 참조하라. 왜냐하면 이 복잡한 양상은 당시의 지리적 구획 상태[깊은 계곡에 가로막혀 소통의 어려움으로 구획된 산지 마을, 황무지에 의해 바다와의 접촉이 단절된 지역, 아키텐(Aquitaine) 평지]를 이해하게 해 줄 뿐만 아니라, 역사적인 배경에 기반한 언어적·민족적 분리에 대한 이해를 돕기 때문이다. 특히 개별화된 아키텐의 부족 체계는 골족(Gauls)의 유입, 로마의 성장, 이베리아 난민의 대량 유입, 툴루즈(Toulouse)에서 시작된 중세 봉건사회의 동화정책, 그리고 가장 최근의 프랑스 국가 체제하의 경제 투자에 이르기까지 다양한 '북방과 동방으로부터의 억압'을 지속적으로 경험했다. 가스코뉴 지역은 선사 시대까지 거슬러 올라가는 기나긴 역사가 흐르는 동안 내적 요인에 의한 분화와 외부 요인에 의한 분화를 끊임없이 겪었다.

Jonques 또는 페롤Peyrolles에 있는 가죽 가공에 필요한 타닌을 채취하는 공장까지 운반한다."[26] 이것은 오늘날에는 찾아볼 수 없는 옛 벌목 현장의 풍경으로 피에르 구루Pierre Gourou가 프로방스 산간 마을을 묘사한 내용이다. 흔히 프로방스 마을들이 산의 능선을 따라 높은 곳에 자리 잡았던 것으로 알고 있지만, 실제로는 각종 경작지가 있는 산 아래 저지대와 숲으로 덮인 고지대 사이의 중간 지대에 터를 잡았던 것이다.[27] 그런데 숲이 점차 활용 가치가 없어지면서 마을들은 하나둘씩 산 밑으로 내려오기 시작했고, 결국 오늘날과 같이 산 아래에만 마을이 형성되는, 이른바 '하산 이주déperchement' 현상이 나타나게 된 것이다. 물론 지금도 산 중턱에 머무르면서 경사진 산지에서 포도밭을 경작하는 한편, 산 아래쪽에서는 곡식을 재배하는 농가도 심심치 않게 찾아볼 수 있다.[28]

지중해를 따라 발달한 도시들이 대개 그렇듯이, 고대 프로방스의 경제는 밀 농사, 관목(올리브, 아몬드, 포도) 재배, 양 중심의 목축이 주를 이루었다. 자갈이 많이 섞인 건조한 토양은 관목을 재배하기에 최적의 조건이었다. 잦은 봄비는 밀 농사에 도움이 되었고, 가을비 덕분에 지중해의 석회질 토양에서도 풀이 잘 자랄 수 있었다. 이렇게 "가축을 위한 방목장이 마련되었던 것이다"[29]. 프로방스가 이렇게 주어진 자연조건에서 생존하며 생존 방식에 따라 구역이 구분되었듯이, 프랑스의 거의 모든 지역이 주어진 자연조건 속에서 제각기 살길을 찾았던 것이다.

그러나 18세기에 지역 통합이 진행되면서 프로방스의 다양한 지방 경제는 차례대로 특화되었다. 예컨대 아르크Arc 분지 일대는 밀 재배로, 아를Arles 일대는 목축업으로, 카시Cassis에서 툴롱Toulon에 이르는 지역은 대규모 포도 재배 지역으로 특화되었다.

장 지오노Jean Giono는 알프스 프로방스 지방의 고지대에 위치한 라라뉴Laragne 부근, 방투 드 뤼르Ventoux de Lure와 시스테롱Sisteron 사이의 독특한 분위기의 마을들을 좋아하여 이 지역을 구석구석 돌아다니며 이 땅의 아름다움을 예찬한 바 있다. 지역에 따른 특성화 현상은 이곳에서도 발견된다. 그는 다음과 같이 기록하고 있다. "이곳의 농부들은 흔히 생각하는 평범한 농부의 모습, 손에 쟁기를 든 모습이 아니다. 이들은 농사를 지으면서 동시에 목축을 하기 때문이다. 이들은 목축 기술을 익히고 개발하는 것에 관심을 갖는다. 아직 양을 지켜줄 기계를 개발하지는 못했지만… 가족이나 자신들의 생계를 위해 최소한의 경작지를 남겨 두고 밀, 보리, 감자, 각종 채소를 재배한다. 그러나 이마저도 쉽지 않아 생계를 해결하지 못하는 농부들 중에는 결혼도 하지 못하고 혼자 사는 경우도 많다. 독신으로 사는 농부의 경우 일 년에 한 달 정도 밭일을 해서 얻는 양식으로 생계를 해결한다."[30] 양을 기르는 일은 곡식 재배와 달리 외부와의 접촉을 필요로 했고, 농부들은 목축업을 시작하면서 외부와 교류하는 생활방식에 적응했던 것이다.

이번에는 노르망디 지역으로 올라가 보자. 노르망디 역시 전체를 하나의 모습으로 설명할 수는 없으며, 적어도 두 지역으로 나뉜다. 북쪽으로는 루앙Rouen을 포함하여 바다로 뻗어 나가는 오트노르망디Haute-Normandie가 있고, 남쪽으로는 캉Caen을 비롯한 내륙으로 이어지는 바스노르망디Basse-Normandie가 있다. 이처럼 노르망디는 크게 남과 북 두 지역으로 나누어지지만, 이외에도 지역 간에 눈에 띄는 차이들이 존재한다. 프레데리크 고센Frédéric Gaussen이 아르망 프레몽Armand Frémont의 걸작 『노르망디의 농부들Paysans de Normandie』(1981)을 비평한 글에서 발췌한 내용에 따르면, "오주Auge에는 푸른 초원이 있고, 굽이진 센Seine강 주변은 울창한 숲이 발달했으며, 오른Orne과 비루아Virois는 작은 나무숲으로 에워싸인 전원 풍경이 펼쳐져 있고, 코탕탱Cotentin에는 황야가, 코Caux와 벡생Vexin 지역에는 밀밭이 있다"**31**. 그 외의 지역들을 다 열거할 필요는 없겠지만, 언뜻 생각나는 지명만 해도 족히 열은 넘는다. 예컨대 프티 코Petit Caux, 브레Bray, 보베지Beauvaisis, 마드리Madrie, 뇌부르그Neubourg, 루무아Roumois, 우슈Ouche, 베생Bessin, 울름Houlme, 세우아Séois, 알랑송Alençon의 농촌, 팔레즈Falaise의 농촌, 이무아Hiémois, 파세Passais, 캉의 평야, 아브랑생Avranchin, 봅투아Bauptois, 코를루아Corlois 등과 같다. 과연 프레데리크 고센의 다음과 같은 표현은 참으로 적절했다고 본다. 즉 "노르망디에는 각 '고장'마다 다른 유형의 사람, 다른 방식의 삶이 있다. 따라서 고장마다 그들은 각기 다른 역사를 만들어 간다."**32** 이 말의 순서를 뒤집으면, 각각의 역사는 독특한 유형의 사람과 고유의 환경을 만든다. 이 때문에 한 '고장'의 개성이 지속될 수 있는 것이다. 오늘날 급속도로 진행되고 있는 도시화의 물결이 전통적인 지방색을 흐리고는 있지만, 이는 어디까지나 표면적인 덧칠에 불과하다.

한 고장이 하나의 행정구역으로 분류되는 지방을 꼽는다면 단연 가스코뉴Gascogne가 첫 번째일 것이고, 그다음으로는 샹파뉴Champagne가 될 것이다.

이 지역에는 엇비슷한 특징을 가진 30개 이상의 마을들이 오밀조밀 모여 있다. 에르베 필리페티Hervé Fillipetti에 따르면, “아직도 Porcien(포르시앵), Perthois(페르투아), Rémois(레무아), Sénonais(세노네), Bassigny(바시니)와 같은 마을들은 전통적인 마을의 이름과 그 경계를 간직한 곳이 있기는 하지만, 이 외 다수 마을

부르고뉴에 속한 ‘고장’들

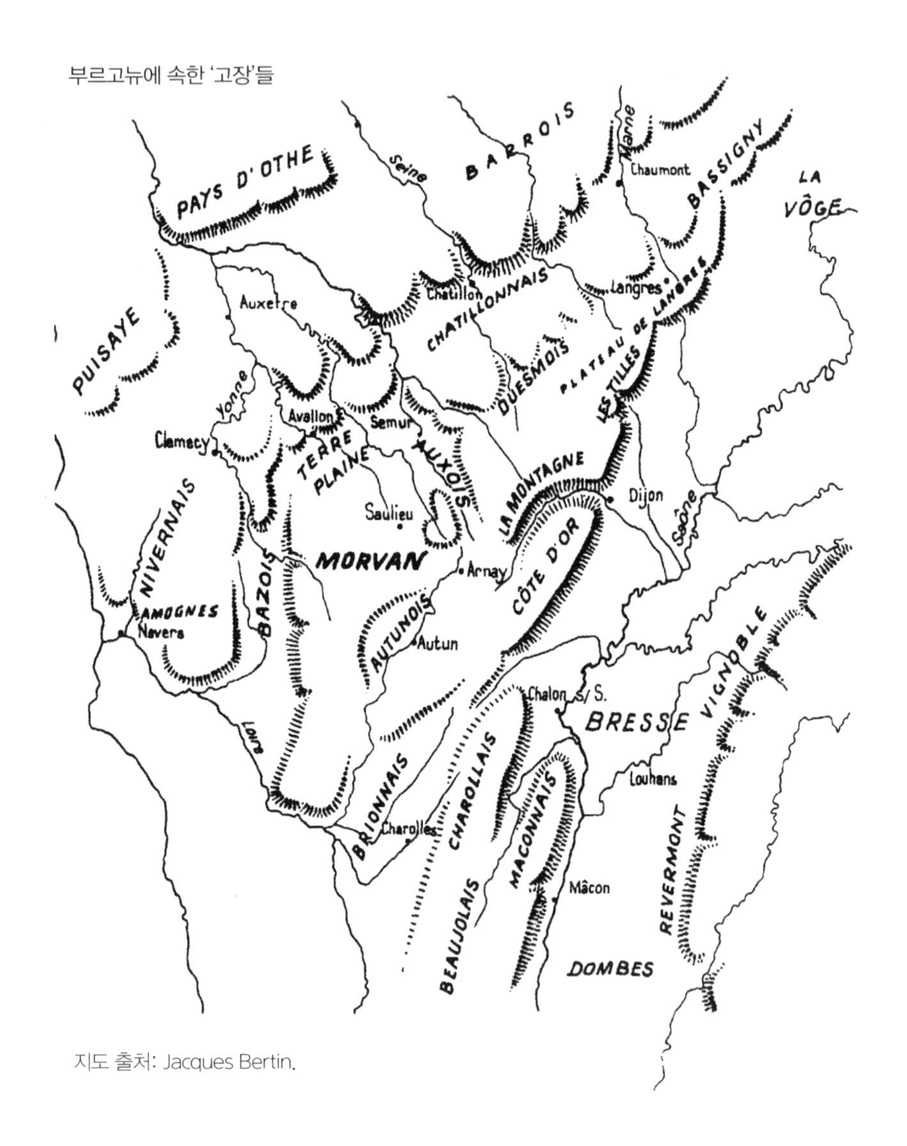

지도 출처: Jacques Bertin.

들은 더 이상 고유성을 갖고 있다고 보기 어려울 것이다. 오늘날 누가 아르스제 Arcesais, 브리앙누아Briennois, 아트누아Atenois를 각각 독립된 마을이라 생각하겠는가?"[33] 프로비네Provinais와 발라주Vallage도 마찬가지이다. 고유한 마을이 사라진 것처럼 고장도 사라지지 않았을까? 마을 고유의 공간과 실체를 복원하려면 즉시 면밀한 조사에 착수해야 하지 않을까?

한편, 가장 작게 구분된 최소 지역단위는 그 자체로 또다시 더 작게 구분되지는 않는가? 포강gave de Pau 또는 라브당Lavedan은 피레네Pyrénée 산지에 속한 지역으로, 산어귀에는 바레주Barèges 골짜기, 코트레Cauterets 골짜기, 아장 Azun 계곡, 에스트렘 드 살Estrème de Salles, 바취르게르Batsurguère, 다방테그 Davantaygue, 카스텔루봉Castelloubon[34] 등과 같은 서로 다른 7개의 '촌락들'이 형성되어 있다.

우리는 여기서 전통적인 토지 구획의 일관성을 간과했던 저자들의 문헌을 참고할 때는 특별히 신중을 기할 필요가 있음을 지적하고자 한다. 앙리 포시용 Henri Focillon은 로마네스크 건축양식이 유행하던 시대에 관해 다음과 같이 표현한 적이 있다. "삼단 부르고뉴, 한 세기 반의 역사를 거쳐 다시 하나가 되다."[35] 부르고뉴에 위치한 로마네스크 양식 교회들의 삼단 건축을 생각하면 삼단이라는 표현이 얼른 납득될지 모르나, 이 지역의 지리와 역사를 생각하면 '하나가 되었다'라는 말은 옳지 않다. 앙리 뱅스노Henri Vincenot[36]로부터 영감을 받은 스케치를 보면, 부르고뉴는 전형적으로 서로 다른 특징을 가진 마을들이 모여 형성된 지역이다. 프랑스의 단일성을 주장하는 사람이라면 부르고뉴를 하나의 부르고뉴로 논하는 데에 거리낌이 없을지 모르겠지만, 부르고뉴는 단일한 성격의 지역으로 설명할 수 없는 지역들 중 하나이다. 수많은 지층이 층층이 쌓여 산을 이루듯, 꼭대기만 보면 한가지 색깔인 듯 보이지만, 밑으로 내려갈수록 다양한 색깔이 발견되는 것과 비슷하다. 앙드레 지그프리드André Siegfried가 그의 제자들에게 "영국이 섬이라는 사실을 잊지 말자."라고 고집스럽게 반복했던 것처럼, 필자는 다음과 같은 말을 강조하고 싶다. "프랑스는 다양성 그 자체라는 사실을 잊지 말자!"

길을 떠나라, 그리고 눈으로 보고, 다양성을 열거하라

프랑스의 다양성을 논할 때 이론적 담론은 사실 별 도움이 되지 않는다. 스스로 직접 다채로운 빛깔과 향을 느끼고, 손으로 만져 보고, 현지인이 먹고 마시는 것을 맛보아야 한다. 롤랑 바르트Roland Barthe**37** 식으로 말하자면, 미슐레Michelet는 프랑스사만 게걸스럽게 먹은 것이 아니라, 날것 그대로의 프랑스를 먹은 것이다. 즉 프랑스 전역을 돌아다니며 오감으로 직접 체험하여 스스로를 살찌운 것이다. 뤼시앵 페브르Lucien Febvre 역시 끝없는 열정으로 이 일에 몰두했던 사람이다. 필자 또한 나름대로 그에 못지않은 열정을 가지고 있다고 자부한다.

오늘날 자동차의 대중화로 프랑스의 구석구석을 직접 경험하는 것은 그렇게 어렵지 않은 일이 되었다. 비행기는 구름 위로 이동하기에 우리가 원하는 풍경을 자세히 볼 수가 없다. 반면, 자동차는 도로의 양옆을 볼 수 없게 만든 고속도로만 아니라면 효율적인 답사가 가능하다. 제네바Genève, 안마스Annemasse, 포시니Faucigny를 거쳐 본빌Bonneville, 그리고 높은 교각 위에 건설된 마치 뱀이 허공을 기어가는 듯한 형상의 고속도로를 지나 샤모니Chamonix와 몽블랑Mont-Blanc의 터널에 이르는 구간은 달리면서 멋진 바깥 풍경을 감상할 수 있다. 그렇지만 일반적으로 지리 답사에 가장 이상적인 도로는 지방도이다. 지방도는 대체로 구불구불한 지표의 굴곡을 따라 만들어져서, 지방도를 따라 달리다 보면 하나의 흐름이 끊어지는 것을 곳곳에서 보게 된다. 필자와 취향이 비슷하다면, 바로 이렇게 경계가 되는 지점들을 신경 써서 살펴보게 될 것이다. 예컨대 주택 지붕의 형태와 재질의 변화, 우물 등과 같이 사람들이 눈여겨보지 않는 건축물의 특성은 우리가 알고 싶어 하는 많은 비밀을 밝혀 주는 중요한 단서가 된다. 꼼꼼한 관찰자라면 알자스Alsace 지방의 주택 건물에서 공통적으로 볼 수 있는 특이한 모양의 표식을 발견할 수 있을 것이다. 이 표식은 악한 기운을 막아 준다는 속설 외에 다른 의미는 없는데, 그럼에도 거의 모든 집에서 발견된다. 또한 샹파뉴 지방의 주택 지붕 위에는 괴상한 모양의 풍향계가 비죽 솟아 있는데, 이 표식은 여행자들의 호기심을 자극하기에 충분하다. 이러한 표식은 알면 알수록 흥미롭다. 왜냐하면 로렌 지방에서는 옛 영주 또는 그에 버금가는 부자의 저택에서만 이와 같은 풍향계가 발견되기 때문이다. 사실 필자의 고향에는 마을 전체에서 단 한 집만이 그러한 풍향계를 달고 있었다. 그렇다면 신분제도가 철폐된 이후에 샹파뉴 지방의 농부와 장인들은 평등을 선포하는 차원에서 이러한 풍향계를 달기 시작했던 것일까? 거기에 직업을 알리고 싶은 의도 또한 내포되어 있었던 것은 아닐까? 왜 하필 샹파뉴 지방에서만 그러한 현상이 나타나고, 다른 지방에서는 비슷한 사례가 발견되지 않았을까?

이러한 유형의 문제를 다루기 위해서는 지역과 지역을 구분하게 해 주는 차이들, 그리고 그러한 차이의 대비가 두드러지게 드러나는 경계 지점을 주의 깊게 살펴야 한다. 에르베 필리페티가 농촌의 가옥에 대해 쓴 책에는 다음과 같은 구절이 있다. "아주 작은 마을과 마을의 경계를 나누고 구분하는 것이 다소 억지스럽게 보일지는 몰라도, 실제로 그 경계는 애매모호한 것이 아니라 분명하게 드러난다. 농부들 스스로가 만든 이러한 차이는 그들이 일구어 놓은 삶의 터전 곳곳에 꼼꼼하게 새겨져 있다. 하천을 건너거나 숲을 지나면, 언덕 너머에는 우리 마을과는 전혀 다른 마을들이 있다."[38] 프랑스의 농촌 마을에 대한 면밀한 조사를 기반으로 오늘날에도 여전히 존재하는 마을과 마을 간의 경계와 그러한 차이를 잘 보여 주고 있으며, 주택과 마을 공동체와의 관계, 주택과 토지와의 관계, 주택과 기후와의 관계, 주택과 건축재료와의 관계, 주택과 마을 단위의 사회조직과의 관계, 주택과 산업과의 관계 등을 대단히 훌륭하게 분석했다. 이런 관점에서 그의 저서는 과거 프랑스를 다루는 책들 중에 가장 탁월하다는 평가를 받는다. 그의 연구는 이전의 프랑스 농촌 마을을 재현시켰다 해도 과언이 아닐 것이다.

지금까지 우리는 검은 소나무와 비스듬한 초원, 그리고 쥐라산맥의 일부를 깎아 만든 도로 등 그 지방의 일부를 살펴보았다. 조금 갑작스럽겠지만, 지금부터는 서쪽으로 방향을 틀어 낮고 평평한 브레스Bresse 지방의 마을들을 살펴보고자 한다. 이 지방은 숲과 강을 찾아보기 힘든 풀만 무성한 평야지대이다. 앞서 산간 지방에서는 크고 튼튼한 주택, 높은 돌담, 그리고 쥐라 산지 일대에서 생산된 곡물 보관 창고의 아치형 대문 등을 보았다면, 이곳 평야지대에서는 벽돌 주택, 목골연와조(역주: 목조의 기둥을 노출시키고 틈새를 흙이나 벽돌로 메우는 건축양식) 형태로 건축된 농장, 기와지붕과 늘어진 처마 아래로 길게 엮어진 옥수수 등을 볼 수 있다. 이러한 차이는 여행자들에게 완전히 새로운 세상에 온 듯한 인상을 주기에 충분하다.

파리Paris에서 오를레앙Orléans으로 가는 길을 떠올려 보자. 에탕프Étampes를 지나면서 우리는 초목으로 둘러싸인 쥐인Juine강 유역을 빠져나온다. 예전에는 이 일대에 배가 다녔으며, 하천 유역에 방앗간이 즐비했다. 강을 따라 얼마쯤 가다 보면 보스Beauce의 드넓은 벌판에 수직으로 쭉쭉 뻗은 밀밭과 크림슨 클로버가 가득 펼쳐져 있는 것을 볼 수 있다. 세상에서 가장 아름다운 평야가 있다면 바로 여기가 아니고 어디이겠는가? 반면, 아름다운 평야의 풍경과는 대조적으로 교회를 중심으로 옹기종기 모인 "답답하고, 정감 없이 버려진"**39** 이곳 마을들은 그다지 아름답지 못하다.

연극을 관람할 때 막간에 잠깐의 휴식 시간처럼 차를 타고 대략 15분 정도 달리다 보면, 완전히 다른 세상이 펼쳐진다. 예전에 샹파뉴 지방은 '이가 들끓는 땅(역주: 석회질 토양으로 농사를 지을 수 없는 가난한 지역이라는 의미에서 유래)'이라 불렸는데, 이 지역은 군인들이 많이 거주하고 있으며, 마이Mailly의 대규모 군부대 역시 잘 알려져 있다. 비 오는 날 그 일대를 걷는다면 식물이 없는 땅에 석회 가루만 하얀 앙금으로 남아, 그 위로 하얀 발자국이 선명하게 새겨지는 것을 볼 수 있을 것이다. 내 기억에는 아직도 하얗게 찍힌 낡은 군화 발자국의 이미지가 선명하게 남아 있다. 이곳은 옛날에 오트샹파뉴Haute-Champagne라 불렸던 곳으로, 여행자들은 18세기[40]에 이미 "시야에서 벗어난 시골"이라는 표현을 사용했다. 이 일대는 볼만한 나무 한 그루 없고, 샘조차도 찾기 힘든 곳이었다. 상황은 오늘날에도 크게 다르지 않는데, 특히 서쪽의 팔레즈 드 일드프랑스falaise de l'île-de-France 경계 지역에 자리 잡은 샹파뉴 지방의 포도원 경작지로부터 내려가는 길에 서서 보면 "석회질 사막"[41] 같은 묘한 풍경이 보이지 않던가? 하지만 이렇게 '가난한' 샹파뉴에도 몇 개의 계곡이 있고, 하천과 우물을 중심으로 마을이 형성되어 있다. 목조 기둥 또는 외벽에 타일이 발린 초라한 집들이 단조롭게 줄지어 서 있고, 충적토 대지 위에는 풀들이 아무렇게나 자라는 것을 볼 수 있다. 이러한 풍경은 당시의 힘겨운 삶을 짐작할 수 있게 해 준다. 그러나 이전의 프랑스 어디에서나 삶이 힘겹지 않았던 곳이 있었을까? "나무를 구할 수 없었던 농부들은 빵을 굽는 화덕을 지필 장작 대신 밀과 호밀을 낫으로 베어 추수한 후에 남은 짚을 가져다 땔감으로 써야 했다. 브리Brie 지방이나 평야 지역에서는 스물다섯 또는 서른 단의 나무 장작을 조금씩 구입해서 써야만 했다. 그나마도 돈이 없는 농가에서는 '마른풀'을 태우거나, 개자리풀, 엉겅퀴 등의 풀뿌리를 모으고, 메밀짚, 유채 나뭇가지를 가져다 겨울을 나야 했다. 연세가 지긋한 어른들로부터 어릴 적 추위를 피하기 위해 지하 창고나 마구간에서 밤을 지샌 일들에 관한 추억을 듣곤 한다."[42] 헐값에 매매되었던 이곳 석회암 지역의 불모지에는 19세기와 20세기에 접어들어 소나무를 심었는데, 최근에는 그때 심은 소나무들도 베어 버리고 경작지로 만드는 작업이 한창이다. 각종 비료와 기계 장비 덕분에 이제는 제법 그럴듯한 밀밭[43]으로 탈바꿈되었다.

그러나 우리는 이런 샹파뉴 지방에서 놀라운 반전을 경험할 수 있다. 석회질의 황폐한 땅을 벗어나 동쪽으로 불과 몇 걸음만 옮기면 '습한 샹파뉴'라고 불리는 점토질 지대로 들어서게 된다. 이 별명에 걸맞게 이 지대에는 초원, 숲, 그리고 일 년 내내 마르지 않는 강줄기와 늪지대가 있다. 주택은 방습을 위해 벽마다 기이한 모양의 판자가 덧대어져 있거나 지붕을 넓게 얹어 주택 전체를 최대한 깊이 덮을 수 있게 했다. 이 지방을 지나 조금 더 지나가면 아르곤Argonne이라는 마을이 나온다. 어둡고 깊은 숲 속에 자리 잡은 이 마을은 겉으로 보기에는 외부로부터 분리된 천연 요새처럼 생겼지만, 이것은 단지 외관이 주는 느낌일 뿐이다. 오늘날에는 더 이상 프랑스를 보호해 줄 테르모필레Thermopyles와 같은 천연 요새는 없을 것이다. 북쪽으로 아르덴Ardennes, 남쪽으로는 오트Othe 숲지대가 있으며, 파리 방향으로 가면 앞서 언급했던 브리의 포도밭(팔레즈 드 일드프랑스 경계 지역)이 있는데, 이 일대에서는 멋진 포도원, 풀 뜯는 양떼, 석조 주택이 모인 아담한 마을들을 볼 수 있다.

이쯤 되면 길을 가다 목격하는 웬만한 반전적 변화에 놀라지 않게 될 것이다. 가끔씩 저 멀리 나무 한 그루가 보이고, 더 이상 황폐할 수 없을 것 같은 피카르디Picardie의 석회암지대에서 계곡 쪽으로 조금 내려가면 선사 시대 유적지를 만나게 된다. 녹음이 우거진 숲 사이로 잔잔한 물줄기들이 흐른다. 오랫동안 프랑스의 국경은 솜Somme의 늪지대를 중심으로 정해졌었는데, 이 국경이란 것이 불완전한 자물쇠를 채워 둔 것마냥 불안하기 짝이 없는 것이었다. 예컨대 1557년 스페인은 프랑스 북부 지역에 있는 생캉탱Saint-Quentin을 차지하고, 그 결과 콜리니Coligny는 고립되고 만다. 1596년 스페인은 다시 아미앵Amiens을 점령하지만, 이듬해에 앙리 4세Henri IV가 재탈환한다. 1636년 전쟁이 일 년 넘게 지속되던 와중에 스페인이 코르비Corbie의 성벽을 뚫고 전진을 거듭하여 마침내 파리를 위협하는 상황에까지 이르렀다.[44] 당시에는 많은 요새들이 허술했던 것 같다. 집중 포격, 성벽의 빈틈, 예상치 못한 돌격 등의 요인으로 성벽 수비는 금세 무너지곤 했다. 포탄은 종종 마을의 중심부까지 날아 들어왔다. 그나마 며칠이라도 버틸 수 있었다면 그것은 보초병들 덕분이었을 것이다. 당시 보초병의 주된 역할은 비상사태 발생 시에 벨을 울리는 것이었다.

지붕 재료의 분포

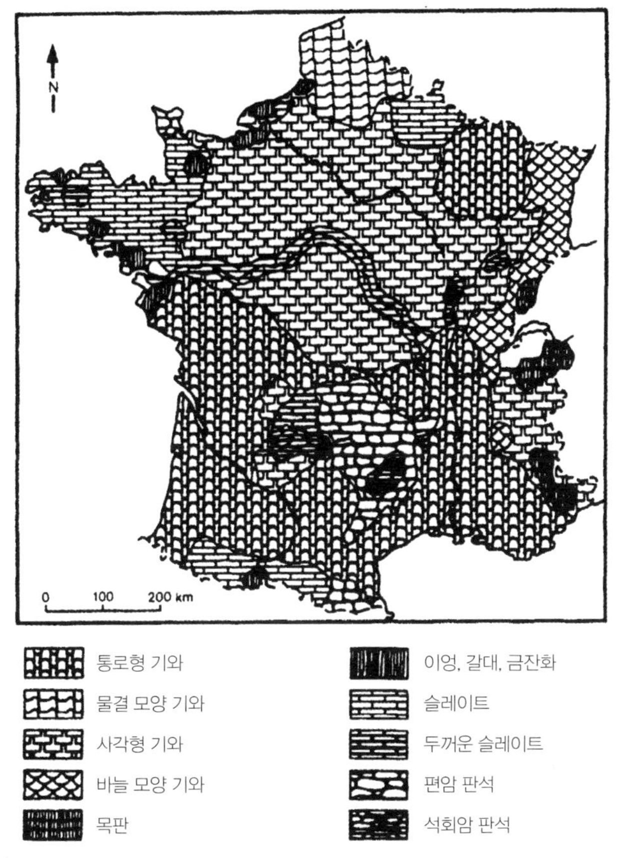

지도 출처: Jean-Robert Pitte, *Histoire du paysage français, I, A la découverte des villages de France*.

필자는 최근에 본Beaune에서 출발하여 오툉Autun을 지나 모르방Morvan 국립공원을 천천히 통과하여 베즐레Véselay까지 여행을 한 적이 있다. 본의 언덕길에 질서정연하게 자리 잡은 포도밭을 구경하노라면 눈이 호강하는 것을 느낀다. 마시프상트랄Massif Central(중앙 대산지)로 접어드는 입구에는 놀레Nolay라는 마을(재래시장 하나, 교회 하나, 16세기 스타일의 주택 몇 채가 있는 작은 마을)이 있는데, 여기서부터는 조금 전과는 전혀 다른 세상을 경험할 수 있었다. 포도나무는 거의 찾아볼 수 없고, 나무 또는 울타리로 둘러싸인 광활한 초원에는 샤롤Charolles 태생의 흰 소떼가 풀을 뜯고 있었다. 주민들의 삶은 다소 고풍스러운 분위기를 띠고 있었다. 이러한 지방색은 오퉁에서 가장 두드러지게 나타났는데, 조용하고 아름다운 오래된 마을들이 기품 있게 느껴졌다. 이곳의 대지는 개방적이고 편안한 인상을 주었고, 퀴르Cure를 가로질러 조성된 세통Settons 호수는 오늘날에는 볼 수 없는 광경이지만 과거에 유량을 조절하여 파리 방향으로 장작이나 뗏목을 실어 나르는 역할을 했다고 한다.

아직 화창한 10월의 한낮이었는데도, 모르방 국립공원의 입구를 통해 안쪽으로 들어가자 빽빽한 침엽수림이 그늘을 만들어 어두웠다. 9월까지만 해도 다갈색 고사리를 채취하려는 사람들로 가득했던 숲길은 벌써 사람들의 발걸음이 끊어져 한적했다. 고사리가 나지 않는 숲은 더 이상 쓰임새가 없어진 것일까? 그러나 이내 숲 한편에는 놀라울 만큼 높게 쌓여 있는 장작더미가 보인다. 일꾼들은 보이지 않았고, 멈춘 기계 장비만 보였다. 가만히 살펴보니 숲의 굴곡을 따라 곳곳에 채소밭이 있었다. 각각의 채소밭 주변에는 서너 채의 집이 모여 있었다. 북쪽 방향으로 걸어가면서 서서히 기와지붕을 슬레이트로 대체한 집들이 보이기 시작했다. 밀과 호밀 농사를 짓거나 감자를 재배하는 소박한 마을들도 나타났는데, 무엇보다 인상적인 것은 덤불숲으로 일부는 나무로 둘러싸인 초원이었다. 이 일대는 대서양의 비가 자라게 한 서부 프랑스의 무수한 초원 가운데 하나일 것이다. 어느 마을도 특별한 중요성을 갖거나 구심점이 되지 않는 소박한 형태의 모습이었다. 그래도 대표적인 마을을 굳이 꼽으라면 오퉁과 아발롱Avallon을 들 수 있다. 이 마을들은 외부와의 교류는 원활하지만 모르방 지방의 내부에서는 그리 중요한 역할을 하지 못한다. 자클린 보나무르Jacqueline Bonnamour[45]는 학자들의 관심 밖에 있던 이 지방에 관한 논문을 발표했는데, 저자는 이 논문을 통해 '이곳은 소외될 수밖에 없는 고장인가?'라는 의문을 제기한 바 있다. 이보다 반세기 이상 앞서 모르방 지방의 두 가지 특징을 분석했던 논문

46이 있는데, 주된 연구 내용은 다음과 같다. 첫째, 최근 이 지방의 인구가 감소한 사실과 그에 따른 주거지의 황폐화이다. 과거와 비교하면 오늘날 이 지방 인구는 절반 이상 감소했다. 둘째, 인구 감소로 야생의 자연 생태계가 비교적 잘 보존되었다는 사실이다. 비달 드 라 블라슈Vidal de la Blache는 베즐레를 지나면서 보이는 산봉우리로부터 모르방에 속하며, 이들 석회암 산봉우리 중의 하나가 모르방으로 들어가는 길목의 역할을 한다고 말한 바 있다. 그러나 막상 전망대에 올라서서 보면, 비달이 거대한 산처럼 묘사했던 봉우리는 하나의 작은 언덕(정상의 높이가 902m)에 더 가깝다는 것을 알 수 있다. 그럼에도 겨울의 막바지에 모르방은 눈과 얼음으로 뒤덮여 있지만, 베즐레와 오툉에서는 벌써 과실나무에 꽃봉오리가 피어오르는 것을 볼 수 있다.

지역을 이동할 때마다 나타나는 예상치 못한 광경에 놀라움을 표현하는 것으로 지리 답사의 임무를 다했다고 할 수는 없을 것이다. 어쨌든 내 나라의 영토와 자연의 다양성을 확실히 파악한 것은 사실이다. 프랑스의 철학자 에르네스트 르낭Ernest Renan도 이 문제에 있어 자유롭지 못했던 것을 보면, 그 역시 타고난 지리학자는 아니었던 것 같다. 1852년 9월 에르네스트는 지중해 연안의 세트Sète를 뒤로하고 툴루즈Toulouse와 가론Garonne으로 향하면서 다음과 같은 감상을 남겼다. "시골 마을은 다시 초록빛으로 물든다. 여름 동안 메말랐던 프로방스에는 강이 넘칠 정도로 물이 흘러 밭 전체에 물을 댄다. 올리브나무는 사라졌다. 프로방스의 포도나무는 이제 포도를 생산하는 도구일 뿐이다. 이제 우리가 프로방스에서 보는 모든 것은 북부 지역에서 보는 것과 다를 바 없는 것들뿐이다."47

마지막으로, 필자가 겪었던 두 가지 당황스러웠던 일에 대해 소개하고자 한다. 작년의 일이었다. 루시용Roussillon의 콩플랑Conflent 지방에는 테트Têt라는 골짜기가 있는데, 필자는 거기서 또 한 번 예상치 못한 광경을 목격했다. 지중해 인근의 메마른 황무지 한가운데에 포도원이 있는데, 그곳으로부터 수 킬로미터를 가고 있던 중이었다. 도로를 우회하자마자 갑자기 눈앞에 오트사부아Haute-Savoie에서나 볼 수 있는 듯한 푸른 초원과 키가 큰 침엽수림이 나타났던 것이다. 두 번째는 장 지오노Jean Giono가 남부 카마르그Camargue 지방을 야생의 자연으로 묘사한 것을 읽고 나서인데, 사실상 누구도 쉽게 발견할 수 없었던 풍경이다. 왜냐하면 차를 타고 여행하는 사람이면 으레 아를Arles을 통해 빠져나가도록 되어 있는데, 자동차 도로에서는 이러한 야생의 자연을 놓칠 수밖에 없다. 이 같은 야생의 공간에는 세계 각지에서 모아 놓은 듯한 각종 새와 곤충, 파충류로 가득하다. 물이 도처에 있어 일 년 내내 마를 일이 없고, 모래가 두텁게 깔려 있으며, 각종 야생동물과 황소, 말이 살고 있다. 이곳 사람들 역시 야생의 상태로 살고 있는 듯한 인상을 주는데, 각설탕**48**을 연상시키는 흰색의 작은 사각 주택이 그들의 집이다. 카마르그의 야생의 자연은 다른 무엇보다도 필자의 호기심을 자극했다. 최근 이곳에 조성된 멜론밭이나 농사가 한창인 논에 홍학떼가 난입하여 피해를 입힌 일도 있었는데, 그런 문제는 야생의 자연만큼 필자의 관심을 끌지는 못했다.

그러나 이쯤에서 이야기를 마무리해야 할 것 같다. 사실 브르타뉴, 루아르Pays de la Loire, 푸아투Poitou, 귀엔Guyenne 등 프랑스의 모든 지방이 이야기 보따리로 가득하지만… 독자들도 각자 필자와는 다른 독특한 경험을 했을 것이기에 필자의 역할은 주제에 관한 일반적인 정보를 제공하는 것으로 충분하다고 생각한다. 이 장에서 필자가 그 역할을 충실히 해냈는지의 여부는 독자의 판단에 맡기겠다.

II.
가능한 범위에서 다양성 설명하기

프랑스의 다양성을 살펴보고자 한다면 우선 제각각 흩어져 있는 조각들을 찾아 퍼즐을 맞추듯 면밀하게 검토하는 작업부터 시작해야 한다. 이러한 작업은 지리학뿐만 아니라 정치, 경제, 문화 등 다양한 분야의 관점에서 모두 검토해야만 전체적인 윤곽을 파악할 수 있는 만큼 접근이 쉽지 않다. 어느 한 분과의 이야기만 들어서는 부분적인 사실을 확인하는 것 이상의 결과를 기대할 수 없기 때문에, 우리는 각각의 학문 분야의 정보를 종합하는 능력을 갖추어야만 한다. 어쨌든 이 장에서 다루는 내용은 어디까지나 첫 번째 시도에 불과하다. 이 장을 통해 핵심적인 문제를 짚어 내고 그것으로부터 논의의 전체적인 윤곽을 그릴 수 있다면 그것으로 충분하다. 우리가 굳이 어떤 해답을 찾아야만 한다면, 그것은 어쩌면 이 책의 모든 논의 과정에서 자연스럽게 발견되리라 믿는다.

각양각색의 유럽과 프랑스

유럽에서 프랑스가 차지하는 영토의 크기는 유럽이라는 큰 그림의 한 조각에 불과하다고 말해도 과언은 아닐 것이다. '유럽'이라는 공동체 개념은 역사적으로 끊임없이 프랑스를 압박했으며, 이 땅에서 유럽의 입지를 굳히고 유럽적 정체성을 공고히 해 왔다. 프랑스는 서쪽 끝자락 공간에 자리 잡고 있어 드넓은 유럽의 중앙부와 동유럽의 대륙적인 성격과는 다르면서, 동시에 북해와 남쪽으로는 지중해와 흑해 사이에 위치하여 대조적인 기운들이 마모되면서 마침내 서로 섞여 버리는 지점이 바로 여기 프랑스이다.

고대 유럽 산맥은 프랑스의 아르덴Ardennes을 지나 보주Vosges, 중앙 산악지대인 마시프상트랄Massif Central을 거쳐 브르타뉴의 낮은 아르모리크Armorique 고원까지 확장된다. 우리는 높이 솟은 산봉우리들이 만드는 능선과 저지대의 평야가 만드는 지평선이 조화롭게 펼쳐지는 한 편의 파노라마를 볼 수 있다. 먼 옛날에는 높이 솟아 있던 땅이 수천 년의 시간이 흐르면서 침식되고 깎여 '준평원'으로 변화되었는데, 이러한 '준평원'들은 일시적으로는 닳고 닳아 빈약하고 척박한 땅으로 보일 수 있다. 그러나 곧 제3기 습곡작용이 일어나면서 신기(新期) 산악지형은 '청춘'의 힘을 회복했다. 바로 이러한 과정을 거치면서 단층 지형, 함몰된 지형, 무수한 산과 언덕, 깊게 파인 계곡, 비옥한 충적토, 화산 분출 등이 오늘날의 오베르뉴Auvergne 및 블레Velay와 같은 지역을 형성했던 것이다. "마시프상트랄은 불로 만들어진 작품이다."**49**라고 표현될 정도로 이 지역은 과거에 화산활동이 활발했으며, 그중에서도 블레는 기원후 580년 무렵까지도 여전히 화산활동이 일어난 것으로 추정된다. 퇴적층이 두텁게 쌓인 지형이 함몰되어 조성된 비옥한 땅이 넓게 펼쳐져 있는데, 대표적인 예가 '파리 분지Bassin Parisien'이다. 파리 분지의 면적은 약 140,000km^{2}에 달하며, 이는 프랑스 국토 면적의 4분의 1을 넘어서는 규모이다.

고대 산악지형으로부터 위와 같은 과정을 거쳐 형성된 땅들 중에 가장 큰 비중을 차지하는 곳은 "프랑스의 한가운데에 위치한 요새"**50**, 마시프상트랄이다(총면적 85,000km^2). 이곳으로부터 여러 갈래의 물줄기가 흘러나가고, 사람과 도로도 사방으로 뻗어 나간다. 프랑스의 기원과 방어 측면에 관련해서 역사학자들이 더 자주 이 부분에 질문을 던졌어야 했는데 충분히 그러지 못했다. 마시프 상트랄의 지형은 지방과 지방을 분리시키는 장벽으로서 역할을 하기도 했지만, 동시에 두 지방을 연결시켜 주기도 하고, 정기적으로 이주해 오는 사람들을 먹여살리기도 했다. 이 지역은 예로부터 프랑스에서 인구이동이 가장 빈번한 곳이었다. 프랑스의 저술가 장 앙글라드Jean Anglade는 이 산지 공간에 대해 다음과 같이 평가했다. "과연 이 성곽에서는 사람들이 제각기 다른 수단을 이용해서 떠나는군요! 나귀와 노새를 타고 떠나는 사람, 자동차를 타고 알리에Allier 또는 루아르Loire 지방의 전나무 숲으로 떠나는 사람, 거룻배를 타고 로Lot 지방으로 향하는 사람… 무엇보다 도보로 여행하는 사람…."[51] 요컨대 우리가 생각하는 것 이상으로 중앙의 산악지대는 프랑스에 사는 사람들의 삶에 많은 영향을 미쳤다. 지방과 지방 사이를 연결시켜 주기도 하고, 어떤 지방은 사방이 산으로 가로막혀 고립되는 결과를 초래하기도 했지만, 다른 한편으로는 외부의 침입으로부터 보호가 되는 장점도 있었다.[52] 백년전쟁의 막바지에 부르주Bourges 영주가 위기의 순간에 극적으로 자신의 성을 지킬 수 있었던 것은 명백히 이러한 지형적 조건 덕분이었을 것이다.

고대 산악지형이 형성되는 과정에서 융기와 침강이 반복되고, 제3기 습곡작용은 프랑스의 국경지대를 이루고 있는 쥐라, 알프스, 피레네와 같은 어마어마한 자연 성벽을 만들었다. 한눈에 보아도 아찔한 규모의 험준한 산맥들이지만, 사람들은 일찍부터 곳곳을 왕래하는 교통로를 만들고 삶의 터전을 일구었다. 이탈리아반도의 아펜니노산맥처럼 도저히 극복할 수 없는 특수한 지역을 제외하면, 이곳의 자연은 생명체가 살아가기에 그다지 열악한 환경은 아니었다. 제3기 습곡작용을 통해 형성된 서유럽 지역의 산악지대는 지구상에서 인간의 손을 가장 많이 탄 땅일 것이다. 그중에서도 특히 알프스에서는 평상시 짐승들이 짐수레를 끌고, 한겨울에는 썰매를 이용했는데, 중간중간 규칙적으로 자리 잡은 마을들은 각종 교류와 상업활동이 발달하는 데 크게 기여했다. 비슷한 자연조건을 가진 칠레의 산티아고 지역과 비교하면 알프스의 문명은 더욱 돋보인다. 필자는 기차로 한 번, 비행기를 타고 세 번 정도 칠레의 산티아고 고원지대에 위치한 안데스 산지 일대를 다녀온 적이 있는데, 이곳은 일 년 내내 눈으로 덮여 있다. 칠레의 파렐로네스에서 겨울 스포츠를 즐기면서 나무 한 그루, 집 한 채 찾아볼 수 없을 정도의 황량한 사막의 풍경은 필자의 기억 속에 쓸쓸하게 남아 있다. 산티아고 대자연의 고독함과는 반대로, 필자의 고장 알프스는 한층 더 따뜻함을 느끼게 해 준다.

이상의 내용을 요약하면, 프랑스의 지형은 다음과 같이 세 가지 유형으로 정리된다. 첫째, 전체적으로 고르게 평평하면서 군데군데 돌출되어 있는 고대 산악지대, 둘째, 침식작용으로 가라앉은 저지대의 평야, 마지막으로 알프스와 같은 험준한 산지이다. 물론 프랑스의 지형을 이렇게 세 가지 유형으로 분류하는 것은 본론으로 들어가기 전에 대강의 틀을 잡기 위한 것에 지나지 않는다.

세 가지 유형의 지형 분류와 함께 반드시 살펴보아야 할 또 하나의 자연조건으로는 기후가 있다. 프랑스에 영향을 주는 기후 또한 세 가지가 있다. 먼저, 독일과 유사한 동쪽의 대륙성기후, 영국과 유사한 대서양 쪽의 해양성기후, 그리고 프랑스 남동부를 감싸고 있는 지중해성기후가 있다. 이러한 기후의 차이는 프랑스 각 지역의 차이를 만드는 데 큰 영향을 미쳤다. 이쯤에서 기후, 토질, 지형에 따라 결정될 수 있는 모든 것에 관해 생각해 보자. 농업, 주거양식, 음식문화, 생활양식, 통신수단, 에너지자원 등… 수많은 것들이 앞서 말한 세 가지 요소로부터 영향을 받는다. 이와 관련하여 피에르 데퐁텐Pierre Deffontaines은 프랑스는 "기후와 식생의 투쟁"**53**의 결과물이라고 표현한 바 있다. 또한 지형, 토양, 특히 지나간 과거와 산 경험의 투쟁이라고도 말할 수 있을 것이다.

프랑스의 기후를 이야기하자면, 북부와 남부의 뚜렷한 차이가 가장 먼저 연상될 것이다. 예컨대 남부 지방 특유의 포도나무, 올리브, 밤나무, 오디나무의

몇몇 남쪽 식물의 북한계선

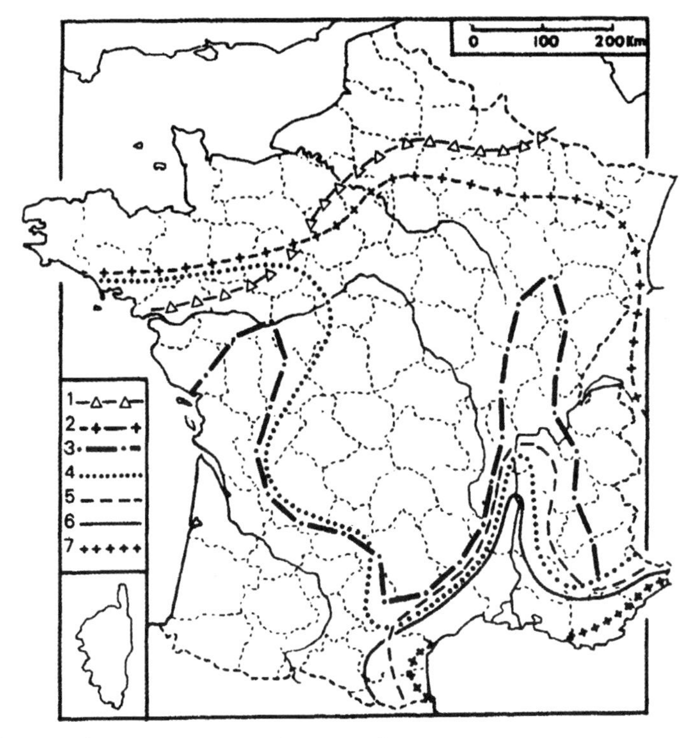

범례: 1. 포도나무, 2. 밤나무, 3. 옥수수(개량종 이전), 4. 녹색 참나무, 5. 오디나무, 6. 올리브, 7. 유자수

출처: P. Pinchemel, *La France, Milieux naturels, populaires, politiques*.

북한계선 하나만 보더라도 명백해진다. 시간적으로 한참 나중에 유입된 것이기는 하나 아메리카 대륙에서 건너온 옥수수도 남쪽 지방을 특징짓는 요소가 되었다. 밀에 관해서는 따로 언급할 필요가 없을 것이다. 밀은 선사 시대로부터 이어진 긴 역사 속에서 어떤 종류의 기후에도 적응할 수 있는 식물이 되었다. 따라서 밀 재배는 오늘날 프랑스의 거의 모든 지역에서 가능해졌다.

프랑스에서 포도 재배는 기원전 120~100년 사이에 로마에 의해 점령당했던 프랑스 최남단 나르본Narbonne 지방에서 시작되어 빠른 속도로 북부 지방으로 전파되었다. 포도 산업이 빠르게 성장하게 된 배경에는 포도주 문화가 있다. 역사적으로 포도주에 대한 수요는 늘 넘쳐났다. 고급 포도주에 대한 욕심도 커져서 부유한 사람들에게 포도주는 최고의 사치품이었다. 포도주는 또한 사제들이 즐겼던 술이기도 했다. 성찬식에 필요한 포도주는 아주 소량이었을 텐데, 교회의 포도주 소비량은 이상할 정도로 많았던 것은 익히 알려진 사실이다. 이러한 배경에서 포도밭은 프랑스 전역으로 확대되어 북부에 위치한 솜Somme**54** 지방에까지 이르렀다. 로마 상인들은 일찍부터 갈리아족의 포도주 문화를 발전시켜 한 항아리에 담긴 포도주가 노예 한 명과 교환될 정도로 비싼 값에 팔렸다. 이 일을 두고 한 역사학자는 포도주 덕분에 로마인들은 갈리아 지방을 정복할 수 있었다는 농담을 하기도 했다. 이는 나중에 영국과 프랑스가 럼주**55**를 이용해 불쌍한 아메리카 원주민들을 손쉽게 다룰 수 있었던 것과 흡사하다.

일반적으로 프랑스 남부에 정착한 식물들은 북부의 자연환경과는 잘 맞지 않는다. 그런 이유로 잡종 옥수수 개량종을 제외한 그 어떤 식물도 이 나라 전체에 분포하지는 않는다. 이러한 사실은 이상한 일이 아니며 오히려 자연의 이치에 맞는 일일 것이다. 북쪽에 사는 사람이 지중해로 여행을 간다면, 여정 중에 새로운 자연과 산물을 발견할 수 있을 것이다. 예컨대 론Rhône**56**강 변을 따라가다가 발랑스Valence 남쪽과 알프스 계곡 주위에서 낮은 담으로 둘러싸인 올리브밭, 향이 좋은 식물들을 보게 될 것이다. 또한 납작한 지붕의 황금색 석조 주택도 신기하게 보일 것이다. 남부 특유의 눈부신 하늘은 두말할 필요도 없다. 필자에게도 이러한 광경들은 매번 가슴 벅찬 감동과 잊을 수 없는 경험이었다.

하지만 예나 지금이나 남부의 자연환경에 완전히 익숙해진 북부 사람은 많지 않은데, 그들이 알고 있는 북부의 환경과 너무 다른 탓일 것이다. 1787년 5월 당시 유명인사였던 영국인 아서 영Arthur Young이 몽텔리마르Montélimar를 방문했을 때, 올리브나무 그늘에 서서 다음과 같이 말했다고 한다. “사람들은 이곳에서 처음으로 석류나무, 유태Judée라고 불리는 가시나무, 무화과나무, 녹색 참나무를 볼 수 있다. 또한 역겨운 모기떼도 빼놓을 수 없다. 오베르뉴, 블레, 비바레Vivarais의 산지를 통과하면서 필자는 프라델Pradelles과 튀에이Thueyts 사이에서 파리떼와 오디나무를 발견했다. 엄청난 수의 파리떼가 내는 소리는 남부의 자연환경에서 가장 참기 어려운 것이다. 파리떼를 만나는 것은 스페인, 이탈리아 그리고 프랑스 남부에서 경험하는 가장 지독한 고문 중의 하나이다. 파리떼는 사람을 무는 것도 찌르는 것도 아니며 상처를 입히는 것도 아니지만, 머리가 아플 정도로 윙윙거리며 힘들게 한다. 눈, 코, 입, 귀 가리지 않고 얼굴을 에워싸며 윙윙거린다. 파리떼는 모든 음식, 과일, 설탕, 우유에도 달라붙는다. 늘 떼로 몰려다니기 때문에 누군가 계속 파리떼를 감시하며 쫓지 않으면 도저히 식사를 할 수 없을 정도이다."[57] 한 세기 전인 1662년 장 라신Jean Racine은 그의 고향 발루아Valois로부터 아주 멀리 떨어진 위제스Uzès에서 성직자로 임명을 기다리는 동안 교회에서 좋은 거처를 마련해 주었음에도 불구하고 그 지방에서 큰 불편을 느꼈다. 한편, 랑그도크Languedoc 지방의 딸들은 분명 예쁜 눈을 가졌는데 브르타뉴 사투리만큼이나 '프랑스어'와는 거리가 먼 랑그도크 지방 특유의 방언을 쓰고 있는 것을 듣게 된다면, 그 지방의 여인들이 아무리 아름답다 하더라도 그들의 좋은 이미지는 금세 사라지고 만다. 또한 한여름의 찌는 듯한 무더위를 어떻게 참을 수 있을까? 장 라신은 친구에게 보내는 편지에 다음과 같이 표현하고 있다. "여름날 밭일하는 일꾼들은 하나같이 악마의 자식들처럼 까맣게 그을려 있네. 그들은 일을 하다 지치면, 뜨거운 햇살이 내리쬐는 땅바닥에 그대로 드러누워 잠시 눈을 붙이고는 다시 일어나 일을 한다네. 나는 창밖으로 이러한 풍경을 지켜볼 뿐 절대로 밖에 나가지 않아. 지금 바깥공기는 불에 달아오른 오븐의 열기나 다름없다네."[58] 그는 결코 적응할 수 없는 남부 지방의 모든 것에 대해 당황스러움을 표현하고 있다. 무더위, 매미 소리는 물론이고 심지어 "햇빛에 그을린 농부들이 밀을 수확하면서 다정한 태도로 그에게 인사를 건네는 것조차 불편하게 느껴질 정도였다"[59].

국지기후와 국지환경

이와 같이 기후에 따라 지역을 구분하는 것은 개괄적인 소개를 위해서는 유용할지 모르겠지만, 지역의 실체를 있는 그대로 파악하는 데에는 별 도움을 주지 못한다. 누군가가 주거환경을 이야기하면서 정확하게 어느 지역의 어느 도시에 살고 있는가에 관해 말하지 않고, 단지 알프스에 산다거나 마시프상트랄에 산다고 말하는 것은 아무런 의미가 없다. 막시밀리앙 소르Maximilien Sorre는 국지적인 지형과 기후의 중요성을 강조했는데, 그를 따르는 지리학자들은 "국지성 기후micro-climats라는 개념이 가장 유용하고, 현실적이다."라고 말한다. 막시밀리앙 소르는 국지성 기후에 관한 연구의 필요성을 다음과 같이 주장했다. "기후는 한 장소가 가진 개성, 즉 그 장소가 다른 장소와 구별되는 측면을 가장 잘 보여 주는 지표이다. 아주 근소한 고도의 차이, 같은 언덕의 이 비탈과 저 비탈의 차이, 고원의 경사, 일조시간, 대기의 근소한 변화, 온도, 강수량 등 모든 미세한 차이들이 환경에 변화를 가져온다. 심지어 식물의 분포와 인간을 포함한 동물의 생리에도 크게 영향을 미친다. 국지성 기후는 기상학에 정확한 정보를 즉각적으로 제공하는 필수적인 정보원이다."**60**

이 점에 관해서라면 누구나 여행 중에 국지성 환경에 관한 신기한 경험을 했을 것이다. 필자의 경험을 이야기하자면, 알프스 산지의 오포시니Haut-Faucigny에는 보낭Bonnant의 물줄기가 모여 만들어진 몽주아Montjoie 골짜기가 있는데, 이 골짜기는 아르부아Arbois산과 미아주Miage를 마주 보고 있다. 거의 사방이 산으로 둘러싸여 있는 이 골짜기는 상반된 자연을 가르는 경계지대를 이룬다. 동쪽의 높은 산악지대는 가뭄에 시달리는 반면, 서쪽의 알프스 저지대인 프레알프스Préalpes는 강수량이 풍부한 지역으로 유명하다. 예컨대 이 좁은 지역의 토질은 빗물을 재빨리 흡수하고 배출시키는 특성이 있어 폭우가 내려도 빗물이 한곳에 고이지 않고 늘 건조한 상태를 유지한다. 필자가 살고 있는 발르스피르Vallespir의 국지성 기후를 소개하자면, 우선 이 지방은 세레Céret와 피레네를 마주 보고 있는 아스프르Aspre에 위치해 있고, 이곳을 지도에서 찾아보면 북서풍의 영향권에 속하는 것을 알 수 있다. 알다시피 북서풍은 울부짖는 듯한 소리를 내며 지붕과 벽을 뒤흔들 만큼 강한 소용돌이를 동반하기 때문에 늦가을까지 버틴 참나무 잎도 이 바람에 와르르 떨어지고 유연한 가지 또한 견디지 못하고 부러져 버릴 정도이다. 그러나 이렇게 험악한 북서풍도 발르스피르와 그 이웃 마을인 세레에 다다를 즈음이면 그 힘이 다해 완전히 기세가 꺾이고, 마지막 남은 바람은 부드럽고 상쾌한 날씨를 예고한다.

마찬가지로 북서풍에 못지않게 강한 미스트랄mistral(역주: 프랑스 남동부에 부는 강한 바람)로부터 언덕과 골짜기가 프로방스 지역의 마을과 해안을 지켜 준다. 한편, 라인강 유역의 프랑크푸르트Frankfurt에 살던 괴테Goethe는 "북부 알자스에는 황홀한 봄이 프랑크푸르트보다 왜 더 일찍 찾아오는가?[61]"라고 놀라움을 표현하기도 했다.

많은 지리학자들 사이에서 국지성 기후 개념이 '제대로 인정받지 못하고 발전되지 못한 것'은 유감스러운 일이 아닐 수 없다. 우리 자신이 살고 있는 각 지역의 기후, 지형, 생태환경을 고려하지 않은 채 큰 지역단위의 기후로 일반화시켜 설명하는 것은 올바른 이해를 돕지 못한다.

땅은 살아 있어서 아주 미세한 환경의 변화에도 반응하며 시시각각 움직이고 변한다. 따라서 이웃하고 있는 땅과 정확히 같은 성질의 지표면, 같은 성질의 지층을 공유하는 경우는 매우 드물다. 그나마 넓은 범위에 걸쳐 비교적 비슷한 상태로 분포하는 것이 석회질 지형인데, 그 대표적인 예가 파리 분지이다. 석회질 지대의 땅은 한번 갈아엎으면 물빠짐이 좋아지고 빗물이 토지 깊은 곳까지 침투하여, 경작지로 이용할 경우 배수가 원활하다는 장점이 있다. 또한 가뭄에도 땅속 깊은 곳에 남아 있던 물이 삼투압 현상에 의해 지표면으로 올라와 식물이 마르지 않을 정도의 수분을 공급해 준다. 이 같은 특징을 가진 석회질 토양과 극단적 대비를 보이는 토양이 점토질이다. 점토질의 토양은 쉽게 갈라지지 않아 땅을 갈기가 어렵다. 이러한 토질의 땅에서 수레가 진흙탕에 한번 빠지면 좀처럼 벗어나기가 어렵다. 석회질 지대인 코Caux 지방에서 북쪽으로 조금만 이동하면 점토질이 풍부한 브레Bray가 나오는데, 지리학자들은 이곳을 '침식분지'라고 부른다. 점토질의 왕국 브레에는 다행히 연못과 시내가 있어 풀과 과일나무가 잘 자란다. 특히 사과나무, 배나무가 많아 봄에는 하얀 꽃들이 만발한 진풍경을 볼 수 있다.62

서로 다른 지표면, 지층, 국지성 기후들이 오밀조밀 모여 이루어진 모자이크와 같은 프랑스는 각양각색의 아주 작은 조각들로 이루어진 퍼즐을 연상시킨다. 사람들은 이 구석 저 구석을 가꾸는 일꾼이 되어 정원을 돌보고 밭을 재배하며 과수원과 마을을 가꾸어 간다. 이러한 과정에서 사람들은 어느 한 공간도 서로 같지 않음을 깨닫는다. 자연환경을 무대에 비유한다면 사람들은 무대 위에서 연기하는 배우처럼, 때로는 연출하는 감독처럼 자연을 이용하고 변화시키는 활동을 한다. 그러나 또 다른 관점에서 보면, 사람들의 모든 활동은 자연의 보호 속에서, 자연조건의 제약 속에서 이루어진다.

필자는 프랑스와는 전혀 다른 북유럽의 단조로운 자연을 떠올려 본다. 눈으로 하얗게 덮인 드넓은 대지는 한 폭의 그림처럼 기억 속에서 쉽게 잊히지 않는다. 또한 브라질이나 마다가스카르와 같은 열대지방의 적색 토양지대에서 경험하는 붉은 먼지더미도 유럽인인 필자에게 매우 특별한 기억으로 남아 있다. 모든 자연이 붉은색 일색이어서 나무를 비롯하여 눈에 보이는 모든 것이 붉은색을 입었고, 여행자의 옷차림, 얼굴빛, 머리카락마저도 붉은색으로 물든다. 아르헨티나의 팜파스(대초원)로 기차 여행을 떠나 보는 것은 어떨까? 기차에 몸을 싣고 수 시간을 달려도 마치 정지해 있는 듯한 착각을 일으킬 정도로 같은 풍경이 끝없이 이어지는 것을 경험할 수 있다. 이렇게 다른 지역들과 비교해 보면 프랑스의 지리가 다양하게 발전한 데에는 그럴 만한 이유와 배경이 있었음을 이해하게 된다.

지방경제는 어떻게 보전되었을까?

산업혁명 이전까지 프랑스의 각 지방은 고유의 경제권을 가지고 있었다. 지역경제는 그 지역의 특성에 맞게 발전해 왔기 때문에 지방색을 효과적으로 보여주는 한 요소였고, 동시에 지역 간의 차이인 다양성을 더욱 두드러지게 하는 중요한 요인이었다.

프랑스라는 공간 전체는 다양한 움직임과 상황이 연출되는 무대와 같다. 홍수와 같은 갑작스러운 상황이나 끊임없이 지속적으로 일어나는 여러 요인은 경제에 영향을 미친다. 그러나 이러한 사실이나 움직임은 더 높은 차원에서도 진행되는데, 여기에서 역사의 중요성을 인식하게 된다. 이번 장에서는 소규모 자급자족 위주의 지역경제를 중심으로 살펴보고자 한다. 각 지역경제는 산출량과 가격, 또는 배분하는 자원의 양에 따라 유동적인 지역 인구에 대한 책임을 갖고 있었다.

의식주는 인간 생존에 절대적인 조건이었다. 전근대의 프랑스인들은 예외적인 몇몇 경우를 제외하고는 대부분의 지역에서 비슷한 수준의 의식주 생활을 영위했다. 지역별 균형이 유지되었던 것은 각각의 지방들이 고유의 인구, 관습, 생활양식을 유지하고자 노력했기 때문이다. 그러나 이러한 균형은 어려움에 직면하여 깨지기도 했는데, 끊임없이 인내하고 노력하여 다양한 해결책을 찾고자 시도했다. 예컨대 인구가 급속도로 증가했을 때에는 개간을 통해 경작지를 확대시키거나, 메밀, 옥수수, 감자와 같은 토지생산성이 높은 새로운 작물을 재배하기도 했다. 또한 포도 재배, 염료식물 재배, 가축 사육 등 수익성이 높은 경제작물과 축산업을 시도하기도 했다. 이러한 해결책들은 거의 대부분 자연환경을 이용하는 방법이었다. 그러나 자연과 크게 상관없는 상업, 운송업, 공업 등의 활동도 없었던 것은 아니다. 상업활동은 생활에 필수적인 교환도 있었고, 이윤을 추구했던 매매도 존재했다. 농부들은 경우에 따라 운송업을 겸하기도 하고, 장사꾼이 되기도 했다. 이러한 산업은 인접한 도시와 연계되어 더욱 효과적이었다. 시골 지역에서 나타난 다양한 형태의 산업은 가난 극복을 위한 노력으로, 산업혁명의 모태가 되었던 공업 및 초기 수공업의 형태라고 볼 수 있다. 예컨대 북부 빌디외레푸알Villedieu-les-Poêles의 숲지대에서는 주물 제조업[63]의 초기 형태가 나타났고, 길이 험하기로 유명한 남부 마시프상트랄의 제보당Gévaudan에서는 값싸고 두꺼운 모직물 제조업의 초기 형태가 나타났다….[64] 그 외에도 이와 유사한 사례들은 아주 많다. 가난을 극복하는 과정에서 수많은 신종 직업이 여기저기에서 생겨났다. 또한 결혼연령을 늦추는 방식으로 출산율을 감소시키는 등 생존을 위해 관습, 전통을 바꾸는 경우도 있었다.

이 모든 해결책들은 전근대 시기에 미시적 지역경제를 보존해 주었고, 각각의 마을은 생존에 필요한 만큼만 개방과 교류를 했기 때문에 지역의 고유성 및 다양성은 보존될 수 있었다.

로컬 사회의 폐쇄성은 장단기 이주 노동자에 의한 인구 증가나 지속적인 위기에 직면해서 지역경제의 장애 요인이 되기도 했다. 그러나 경제위기를 계기로 작은 지방들도 점차 개방하여 더 넓은 지역과의 인구이동이 시작되었는데, 처음에는 시냇물과 같은 작은 물줄기가 점점 규모가 커지면서 큰 강줄기가 되어, 마치 프랑스 전역을 통합하는 '수로 체계système hydrographique'와도 같은 것이 되었다. 이것은 수 세기에 걸쳐 필요에 따라 자연스럽게 점진적으로 형성되어 중세 말 무렵에는 가시적으로 드러났다. 시간이 경과할수록 그 흐름은 더욱 견고해지고 확장되어 프랑스 전역에 이르렀다. 19세기에 들어서면서 철도 교통의 발달로 이러한 흐름은 더욱 활기를 찾았다. 1970년대에 이르러 비로소 이러한 유형의 인구이동은 줄어들었고, 과거와 같은 이유와 경로, 규칙성을 상실하게 되었다.

과거의 이주는 가난을 극복하기 위한 하나의 방편이었다. 이주민들은 마시프상트랄로부터, 알프스로부터, 피레네로부터, 쥐라로부터, 파리 분지의 외곽 지역에서 타 지역으로 이동하곤 했다. 즉 '가난한 프랑스'라고 불리던 지역으로부터 보다 나은 지역으로 살길을 찾아 이주했던 것이다.

이주민들이 찾아간 지역은 당연히 도시가 건설되는 곳이나 재건되는 곳, 또는 농산물이 풍부한 평야지대였다. 이곳에서 이주민들은 추수기나 포도 수확기에 수확물 운반과 타작에 필요한 노동력으로 충원되었다. 그러나 여기서 우리가 주목하고 싶은 측면은, 그들의 여행이나 도착지라기보다는 이러한 이주가 지역 균형에 미치는 영향이다. 예컨대 '크리스마스는 연로하신 부모님과 함께, 부활절은 당신이 원하는 곳에서'와 같은 속담이 만들어질 정도였는데, 타지로의 이주와 귀환은 출신 지역 주민들에게는 산소호흡기와도 같은 역할을 했다. 식량이 부족한 상황에서 일부 주민들이 떠남으로써 먹여 살려야 할 인구가 감소했고, 귀환 시에는 외지에서 번 돈을 가지고 돌아와 세금을 납부하거나, 생필품을 구입하고, 소규모의 농업에 활용되어 지역경제를 활성화시켰다.

이주노동 현상이 가져다주는 결과가 항상 성공적이었던 것은 아니다. 예컨대 오리야크Aurillac시가 있는 오트오베르뉴Haute-Aubergne에서는 아주 일찍부터 오랫동안 이주노동 현상이 지속되었는데, 이들은 주로 스페인 쪽으로 이동했고 상당히 성과가 좋았다. 성공의 요인을 살펴보면, 당시 산간 마을들은 자연환경의 혜택을 더 받은 바스오베르뉴Basse-Aubergne에 비해 훨씬 외부에 개방적이었다.**65** 오트사부아Haute-Savoie의 포시니Faucigny에는 몽주아Montjoie 골짜기가 있는데, 이곳에서도 비교적 긍정적인 성과를 거두었다. 생제르베Saint Gervais, 생니콜라 드 베로스Saint-Nicolas de Véroce, 콩타민Contamines의 주민들은 이미 14세기 무렵부터 알자스와 독일 남부로 이동하곤 했다. 또한 이들 마을의 주민은 한 번 개척한 가톨릭 지역으로의 여행길을 반복해서 이용했는데, 그들 중 일부 사부아Savoie 주민은 엄청난 재산을 축적할 수 있었다. 훨씬 나중인 레장스Régence(1715~1723, 역주: 5세의 어린 나이에 왕위에 오른 루이 15세를 보필하여 필리프 2세가 섭정했던 기간) 시기에는 파리로 향하는 이주민의 긴 행렬이 이어졌는데, 당시의 이주민들은 대부분 육체적으로 힘든 짐꾼, 이삿짐 운송업자, 부역자, 굴뚝 청소부, 하인 등으로 일했고, 단체로 모여 살면서 빈민가를 형성했다. 가난했던 이주민들은 돈을 모아 출신 지역으로 귀향했는데, 1758년에는 약 15,250프랑에 해당하는 돈이 지역경제로 흘러 들어왔다.[66]

반면, 전혀 다른 결과를 보여 주는 이주 사례도 있었다. 예컨대 리무쟁Limousin과 오베르뉴의 경계에 위치한 위셀Ussel의 주민들은 외딴 협곡이나 광활한 황무지에서 힘겨운 삶을 살았는데, 1830년경이 되어서야 이 고장에 리옹-보르도 구간에 역마차가 다닐 수 있는 도로가 만들어지면서 돈을 벌 수 있었다.[67] 그러나 생미셸Saint-Michel에서 생장Saint-Jean으로 일시적 또는 영구적으로 이주해 공장이나 공사장에 취업했던 청년들은 반드시 출신 지역에 부를 가져다준 것은 아니었다.[68] 삼부회의 진정서(1789년)에 따르면, 그 고장에 남아 있던 주민들은 "수프와 빵만을 먹으며 연명했다."[69]라고 한다. 또한 1762년에 리무쟁 관리가 튀르고Turgot에 전달한 보고서에 따르면, 리무쟁 북부 마을에서는 슬픈 종소리가 울리고 생파르두라크루아지유Saint-Pardoux-la-Croisille의 주민들 중 다수는 매년 고향을 등지고 먹을 것을 찾아 풍요로운 지역으로 이주하여 직업군인이 되는 경우가 많았다고 한다. 예컨대 직업군인이 되어 스페인으로 떠나는 인구가 가장 많았고, 그렇지 않으면 프랑스의 다른 지방에서 벽돌공, 기와공, 제재공 등으로 일했다. 그러나 이들 중 돈을 벌어 귀향한 인구는 열에 두 명도 채 되지 않았다. 질병이나 여행길의 고단함으로 인해 귀향을 포기하는 경우도 많았고, 방탕한 생활로 인해 가진 것을 모두 탕진하는 경우도 많았다. 설사 그들이 무사히 귀향했다 하더라도 청년들의 부재로 이미 황폐해진 고향의 경제를 과연 얼마나 회복시킬 수 있었겠는가?[70]

사람들의 이주 문제는 각 지방별로 동일한 양상을 보이지는 않았다. 특정 직업을 가진 사람들이 이주를 시작하여 관례로 굳어지는 경우가 많았고, 단지 가난 때문에 가방을 싸는 식의 단순한 성격은 아니었다. 사부아 지방의 마글랑Magland 마을 주민들은 오랫동안 대대로 남부 독일에 가서 시계를 파는 행상을 했었다. 그러한 그들의 삶의 방식에는 특별한 이유가 있어서가 아니라 그저 할아버지와 아버지가 그런 일을 하면서 살았기 때문에 그들 또한 그렇게 살았던 것이다.[71] 그들의 이주가 어떤 성격이었든, 동기나 여정이 어떠했든 간에, 이러한 모든 형태의 인구이동은 프랑스의 다양성에 새로운 균형을 가져왔고, 그러한 다양성이 유지되는 과정에 영향을 미치는 요인이 되었다.

경제적인 원인이 사람들의 이주에 직간접적으로 영향을 미쳤다고 말할 수 있다. 이것은 오늘날도 마찬가지일 것이다. 프랑스 경제체계의 특수성으로 인한 빈자리를 채우기 위해 해외에서 대규모의 이민자가 유입되고 있다. 예컨대 북아프리카 이주민, 포르투갈 이주민, 스페인 이주민, 아프리카 흑인 노동자들이 프랑스로 유입될 수 있는 것은 우리의 경제나 사회가 이들을 허용하거나 필요로 하는 부분이 분명히 있기 때문이다. 이는 과거에도 마찬가지였을 것이다. 이주는 일정 조건을 필요로 하며, 1900년대 초에 그랬던 것처럼 그 조건이 사라지면 이주도 중단된다.

그러나 실제로 인구이동은 결코 중단되지 않았다. 이동을 부추기는 다른 요인들이 생기면서 인구이동량은 오히려 증가했다. 상당히 오랜 기간 동안 이미 도시로의 인구이동은 꾸준히 증가하는 추세였지만, 1950년대를 기점으로 도시로의 인구집중 현상은 이전과는 비교할 수 없을 정도로 빠른 속도로 진행되어 사실상 농촌은 무인지대가 되다시피 했다. 1970년대 이후부터 많은 사람들은 '파리와 프랑스의 사막화', '투르Tours 외곽 지역의 사막화', '클레르몽페랑Clermont-Ferrand과 오베르뉴 지역의 사막화'라는 표현을 습관적으로 사용할 정도로 도시로의 인구집중 현상은 심각한 수준에 이르렀다.[72]

시골 마을들은 놀라울 정도로 황폐해졌고, 그와는 반대로 도시는 인구 과부하에 따른 사회적 혼란과 무질서로 몸살을 앓았다. 이렇게 크뢰조Creusot 주변의 부르고뉴Bourgogne 마을들, 로렌Lorraine의 제철 공장 주변 마을과 트루아Troyes 주변의 상파뉴 마을들이 황폐해졌다. 지방의 도시들이 이런 양상을 보였다면 과연 파리의 상황은 얼마나 심각했겠는가? 파리에는 프랑스 전국에서 모여든 사람들로 가득했는데, 19세기 중반 이후 파리 거주자의 3분의 2가 파리 출신이 아닐 정도였다.[73] 도시로의 인구집중 현상은 조금도 완화되는 기미가 보이지 않으며 지속적으로 심각해지기만 한다. 도시 공간은 터질 듯한 상황에서도 오히려 점점 더 많은 인구를 집어삼키고, 한번 삼킨 인구는 좀처럼 다시 내뱉지 않는다.

그러나 이렇게 과도한 인구의 도시집중 현상도 프랑스 지방의 다양성을 사라지게 하지는 못했다. 예상과는 달리, 촌락에 남은 주민과 새롭게 농촌에 정착한 사람들이 지방의 부를 함께 나누며 발달된 기술을 바탕으로 지역의 산업을 새롭게 부흥시키는 사례도 생겨났다. 예컨대 바스크Basque 지방의 에스플레트Espelette 마을의 경우, 인구가 크게 감소했음에도 1981년 당시 이 마을의 경작지는 질적으로나 양적으로 놀랄 만한 생산성 향상을 보여 주었다. 즉 300헥타르 이상의 황무지가 개간되어 경작지 면적은 40% 증가했고, 경운기의 보급으로 경작 방식은 훨씬 수월해졌다.[74] 물론 도시화로 인해 피해를 입은 사례도 나타났다. 대도시 부근의 많은 농촌 마을들은 도시 변두리로 흡수됨에 따라 공장지대로 변모했으며, 산간 마을의 목축업 규모도 크게 축소되었다. 근대의 도시경제로 인해 큰 변화가 일기는 했지만, 전통적인 프랑스 촌락의 모자이크와 같은 다양성은 그대로 유지되었고, 오히려 경제성장과 함께 그들의 특징은 더욱 뚜렷하게 드러나고 있다.

국가와 사회도 다양성 유지에 기여

힘에 의한 프랑스의 통합을 예상했지만, 어떠한 권력도 프랑스의 다양성을 지우고 단일화하는 데 성공하지 못했다. 프랑스의 다양성은 건드리고 밟을수록 더 끈질기게 자라나는 잡초와 같아서 정치적인 영역, 사회적인 영역, 문화적인 영역에서도 단지 외형적인 것에 불과한 단일화에 실패했다.

앙시앵 레짐의 마지막 몇 세기 동안 군주제의 권력 세력은 완전히 통합된 하나의 왕국을 건설하기 위해 정치·행정 조직을 개편하는 등 중앙집권체제를 강화하는 데 힘썼으나, 그러한 과정에서 많은 어려움과 장애에 부딪히고 반대 세력의 공격을 받기도 했다. 앙시앵 레짐은 자신의 오랜 과거로부터 무분별한 시스템을 이어받아 혼란스럽고 제대로 조직되지 않았으며, 다양한 권력구조, 무질서한 행정, 무기력한 정부에 의해 운영되었다. 따라서 정부의 통치력은 프랑스 사회 전반에 전혀 미치지 못했다. 우리 시대의 지식인 알랭 투렌Alain Touraine은 "주인의 목소리la voix de son maître"**75**라는 표현을 통해 당시 프랑스 사회에서는 합리적이고 체계적인 권력조직의 영향을 찾기가 어렵다고 말한다. 조르주 귀르비치Georges Gurvitch의 말을 빌리자면, 어떤 측면에서 심지어 오늘날에도 우리는 '글로벌'한 사회**76**, 하나로 통합된 사회, 즉 일정한 규칙과 관습, 유사한 조직을 가진 사회에 살고 있지 않는다는 것이다. 단일화된 사회로의 여정

5대 징세 영토

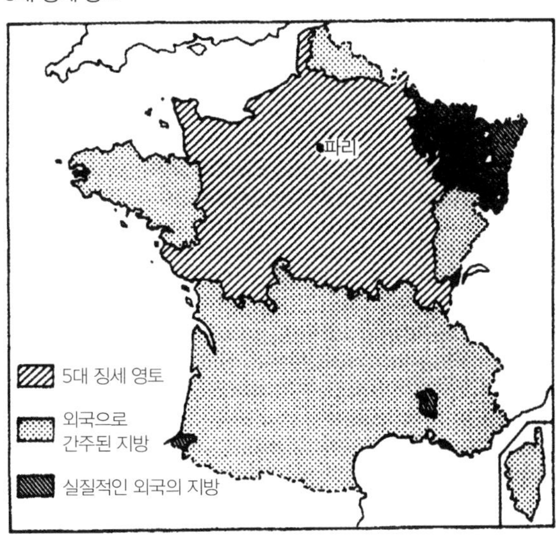

프랑스대혁명 때까지 콜베르(Colbert)가 1664년 세금 통합을 추진한 5대 징세(Cinq Grosses Fermes) 영토를 제외한 프랑스의 기타 지역은 '내부의' 관세장벽으로 구분되어 있었다.

은 멀었으며, 프랑스가 이러한 사회를 이루어 낸 것은 상당히 최근의 일이다.

프랑스는 수직적 구조를 보든, 수평적 구조를 보든 간에 하나가 아닌 다수의 사회로 구성되어 있다. 과장해서 말하면, 여러 가지 변수를 지닌 사회가 같은 공간에 자리 잡고 있었다는 점에서 과거의 모든 영토 구분은 일종의 사회적 구분으로 볼 수도 있을 것이다. 공간과 위치는 한 사회를 한정하는 틀 또는 조건이기도 하고, 더 나아가 그 사회의 존재 이유를 말해 주는 요소이기도 하다. 어떤 사회 내에서 사람들 간에 맺고 있는 관계를 보면, 사회 구성원들이 그 사회를 어떻게 유지시켜 나가는지를 알 수 있다. 여기서 이러한 영토 구분은 다름 아닌, 마을village, 읍bourg, 도시ville, 지방province과 같이 세분된다. 이러한 모든 사회적 구분을 통해 가장 중요한 정보가 제공되며, 그 사회의 위계질서 또한 드러난다. 전근대의 어떤 사회도 평등하지 않았고, 늘 피라미드와 같은 형태로 사회가 구성되어 있었다. 피라미드의 꼭대기에는 언제나 뚜렷하게 드러나는 지배계층이 있어 그 지역 사회를 실질적으로 다스리고 있었다. 지배계층은 또한 매우 작고 은밀한 권력집단과도 연결되어 있었는데, 권력집단은 지배계층을 떠받치고 지배세력은 이들 집단을 보호해 주는 등 상호보완적인 관계에 있었다.

모든 사회조직에서 가장 기본이 되는 것은 마을이다. 토지 면적, 인구 등 규모 측면에서 가장 작고, 교회 중심의 중세 봉건 시대를 아우르는 오랜 역사를 자랑한다. 마을은 영토 및 공동의 재산을 소유하고 있으며, 이러한 것들을 지키기 위해 마을 공동체는 함께 감시하고 방어했다. 마을 단위로 주민들은 거의 자급자족적인 경제를 유지했다. 모든 마을은 고유의 관습, 축제, 노래, 언어 습관 등 이웃 마을과는 확연히 구별되는 특징을 보였다. 마을마다 의회, 시장, 조합장, 행정관 등 갖가지 명칭의 지도자들과 법관이 있었다. 작가 레티프 드 라 브르톤Rétif de la Bretonne은 부르고뉴 지방의 작은 마을인 사시Sacy를 예로 들며 다음과 같이 말했다. "사시 마을은 마치 대가족처럼 자치적으로 마을을 운영하고 있었다."[77] 또한 마을마다 영주와 사제가 있었고, 두 사람의 권위는 상당히 강력했다. 이폴리트 텐Hippolyte Taine에 따르면, "앙시앵 레짐 시절에 일정한 영역마다 수천 명의 마을 주민과 영주 가문이 살았고, 이들의 집에는 영주라는 표식이 있는 풍향계가 달려 있었다. 또한 마을마다 교구와 사제가 있었고, 24~28km(6~7lieues)마다 남성회, 여성회가 조직되어 있었다"[78].

실질적인 권력을 행사하는 영주와 사제 이외에 개개인의 일상적인 삶에 영향을 미치는 마을 내부의 위계질서가 존재했는데, 소위 "마을을 지키는 수탉"[79]으로 불리던 부유한 농민과 다른 한편에는 가난한 농부들이 있었다. 1789년경 마을에서 가장 여유로운 생활을 했던 사람들을 파리 분지와 프랑스 동부에서는 '자작농laboureur'이라고 불렀고, 프로방스 지방에서는 '집사ménager'라고 했으며, 이곳저곳에서 아이러니하게도 '부르주아bourgeois'라는 용어를 사용하기도 했다. 이들은 소작 농민이 아니었으며, 농장을 소유했거나 귀족 가문, 교회의 일을 대신 맡아보는 사람들이었다. 이들은 여러 대의 쟁기, 소와 말, 암소 열댓 마리, 수십 마리의 양, 수레, 쇠스랑, 굴림대 등의 각종 기구, 철제 마차를 소유했으며, 하인과 일꾼들을 고용하여 농사를 지었다. 한 역사학자의 다소 과장된 견해에 의하면, 이들은 10헥타르에서 드물게는 무려 20헥타르 이상의 밭을 소유한 경우도 있었다.[80] 반면, 가난한 농부들은 손바닥만 한 밭을 경작하고 있었는데, 쟁기도 수레도 없어 필요할 때마다 부유한 자작농들에게 빌려야만 했다. 그들은 농기구를 빌리는 대가로 일손이 많이 필요한 추수기에 노동력으로 임대료를 지불했다. 이러한 소농과 부농 사이의 교환과 협업은 프랑스 동부 지방에서는 1914년까지 이어졌다. 필자의 어릴 적 고향 마을에서도 소농과 부농 사이에 복잡한 관계가 얽혀 있었고, 때때로 갈등과 다툼도 있었던 것으로 기억된다. 일용직 노동자, 인부, 자작농들이 서로 맺고 있던 관계는 마을 전체의 긴장과 균형을 형성했다. 거의 비슷한 수의 인부와 자작농이 있었는데, 인부들은 마치 자작농을 위해 사는 존재처럼 여겨지곤 했다. 1790년 뫼즈Meuse 지방에는 이러한 관계가 두드러지게 나타났다.[81] 하지만 1768년 메스Metz 인근에는 자작농보다 배가 많은 소작인들이 있어[82] 마을 단위로 보면 뫼즈 남부 지방보다 더 많은 소출을 낼 수 있었지만, 빈부의 격차가 심해 사회갈등으로 이어질 조짐도 보였다.[83]

하지만 여기까지의 정보만 가지고 상황을 지나치게 단순화시켜서는 안 된다. 프랑스에는 수천 개의 마을이 있었고, 이웃한 마을조차도 서로 닮은 구석을 찾아보기가 어려울 정도로 각각의 마을은 저마다 독특한 특징을 갖고 있었다. 시간과 공간의 변화에 따라, 마을 단위의 사회는 커지고 안정을 누리다가 어느 순간 쇠퇴하기도 했다. 가난한 마을들은 봉건체제하에서 영주의 억압을 견뎌야 했고, 따라서 발전은 더디게 진행되었다. 예컨대 제보당Gévaudan에서는 망드Mende의 사제가 막강한 권력을 갖고 있었는데, 사람들은 그를 '왕 또는 왕에 가까운 존재'로 생각했다.[84] 그렇다고 마을 공동체가 아무런 권한이 없었던 것은 아니며, 함께 모여 의논하고 결정하는 일들은 허용되었다. 이와 반대로 대도시 인근에 위치한 보스Beauce, 브리Brie와 같은 몇몇 마을들은 빠르게 성장하며 놀라운 부를 축적할 수 있었는데, 이곳에서는 이미 초기 자본주의 시장경제의 모습이 나타났다. 법제도에 관해서도 지역별로 차이가 많았다. 남부에서는 성문법에 기초하여 법이 집행되었다면, 북부에서는 주로 관습법에 따라 법집행이 이루어졌다. 이 외에도 경제활동의 차이를 비롯해 다양한 차이들이 존재했다. 도시의 경우, 마을 단위보다 훨씬 복잡했지만 큰 흐름은 비슷했다.

1787년의 공식 문서에 기록된 도시를 살펴보면 1,099개에 달하는 크고 작은 도시들이 있었는데, 이들 도시는 11~12세기 사이에 전국적으로 자리 잡은 봉건체제의 틀에서 대부분 벗어나 있었다. 당시 유럽 전역에 퍼진 자치도시 운동mouvement communal의 영향으로 도시들은 시기와 장소에 따라 복잡하고 다양한 상황에 처해 있었다. 캉Caen이나 아라스Arras처럼 자치도시가 성공적으로 정착될 수 있었던 도시들도 결과만 보면 성공적인 사례라고 할 수 있지만, 그 과정은 몹시 복잡했다. 그렇다고 해도 이러한 도시들이 오랜 기간 영향력을 행사하던 영주의 세력으로부터 완전히 벗어났다는 것을 의미하는 것은 아니었는데, 이들 도시의 초기 행정조직은 힘이 약했고 폐쇄적인 구조였기 때문이다.

'자치도시'가 정착된 이후에도 도시에서 영주의 통치가 여전히 이어졌다는 사실을 증명하는 것은 어렵지 않다. 대표적인 예로 로안Roanne시는 푀이야드 공작duc de la Feuillade과 로아네 공작duc de Roannais의 갖가지 요구로 인해 상당한 어려움을 겪은 사실이 기록으로 남아 있다. 또한 라발Laval시는 시장의 장기 집권과 오랫동안 트레무알 공작duc de la Trémoille이 정해 놓은 규칙에 의거한 행정으로 골머리를 앓았다. 1722년에 도시가 공식적으로 시장 선출과 시의회 조직에 관한 권리를 요구하자, 1729년 왕의 자문위원회는 칙령을 통해 이를 거부했다. 그런데 영주는 부정되었던 라발 시민들의 권리를 수용하는 관대한 결정을 내렸다.[85] 그러나 이후에도 여러 도시 공간을 자신의 영지처럼 여기고 계속해서 권력을 행사했다. 돈이나 노동력으로 납부해야 하는 각종 세금을 부과했고, 거주 이전에 관해서도 개입했으며, 집에서 반죽한 빵을 반드시 정해진 제빵기사에게 굽는 일을 의무 지우는 등 기존의 규칙을 지키도록 강제했다.[86]

영주의 속박에서 벗어나는 과정은 왕의 속박에서 벗어나는 과정에 비하면 비교적 순조로웠다고 할 수 있다. 왕실의 세제 정책은 도시에 세금을 부과하고, 결정권을 제한하여 왕권에 귀속시키기를 원했다. 따라서 왕실 재정이 부족할 때마다 도시의 재정을 탐냈다. 숱한 사례 중 일부를 소개하자면, 1647년 12월 21일에 정부는 도시의 세금 징수 권한을 두 배로 강화시킴으로써 결과적으로 도시가 정부에 납부해야 하는 세금이 인상되었고, 1771년에는 매관제도를 부활시켜 개별 도시가 그들의 행정관료를 임용하려면 정부로부터 관료 임명권을 구입하도록 하는 법령을 만들기도 했다.

경우에 따라서는 왕이 지방 영주에게 특권을 양보해야 하는 경우도 있었다. 왕실은 오랜 기간 통행세의 증세를 막기 위해 많은 애를 썼다. 1437년 샤를 7세 Charles VII는 하천 소유주가 임의로 부과하는 부당한 통행세 일체를 폐지했다.

그와 같은 문제는 1669년, 1677년, 1789년에도 발생했고, 결국 하천 소유주들은 영주들로부터 통행세 부과에 관한 허가를 받아야 했다. 1789년의 기록에 의하면, "이 일로 인해 영주들은 관할지역에서 더욱 막강한 권한을 행사할 수 있었다"**87**. 왕실이 지방 영주에게 밀려난 또 다른 사례로는, 1683년 봄에 푸아투Poitou와 라무아뇽 드 바스빌Lamoignon de Basville의 지방 감독관이 푸아티에Poitiers시에 주민세를 도입했으며, 감독관이 자리에서 물러난 이후에도 주민세를 도입한 것은 그의 큰 성과로 인정되었다. 그러나 도시의 절반만 계산해도 일년에 7,000리브르livre 이상의 어마어마한 세금이 징수되었어야 하는데, 실제로 주민세를 거두어들인 곳은 극히 일부 지역에 한정되었을 뿐이다. "행정관료들이 눈치를 볼 수밖에 없었던 생틸레르Saint-Hilaire, 몽스티에뇌프Monstierneuf, 앙기타르Anguitard 영주들과 그 외 작은 영주들의 관할 지역에서는 결코 주민세를 적용할 수 없었다." 다시 말하면, 왕은 이들의 영토에서 결코 왕권을 제대로 행사할 수 없었던 것이다!**88** 1695년 앙굴렘Angoulème에서 일어난 일은 우습기까지 하다. 왕과 영주 가운데 누가 세금을 거두냐는 문제가 아니라 누가 비용을 지불해야 하는가에 관한 문제가 발생했던 것이다! 당시 앙굴렘시의 성벽이 몹시 낡은 상태여서 빠른 시일 내에 보수를 해야 하는 상황이었는데, 과연 성벽의 공사 비용을 지불해야 하는 사람이 왕인지 당시 영주였던 기즈Guise 부인**89**인지에 관한 논란이 일어나기도 했다.

도시의 수만큼 다양한 사회 방정식

앞에서 몇몇 사례를 살펴봄으로써 근세 도시의 상황이 어떠했는지에 대한 대략적인 윤곽이 잡혔을 것이다. 모든 도시는 지방 감독관, 영주, 세무 관료의 감시하에 각종 의무를 이행해야 했고, 영주권에 왕권까지 이중으로 도시를 구속하는 가운데 시민들은 이중의 법질서를 준수해야만 했다. 결국 도시는 다수의 권력이 서로 맹렬히 싸우는 무대가 되었다. 당시는 영주의 권한이 쇠퇴하는 중이었지만 전통적으로 행사해 온 특권들은 여전히 막강했고, 왕권이 점차 강화되는 과정에 있었지만 전통적인 관습을 건드리는 것은 왕으로서도 조심스러운 일이었다. 도시 행정권은 도시에 거주하는 부자들의 지지도에 따라 약화되기도 하고 강화되기도 했다. 흔히 도시 행정권이 민주적인 과정을 거쳐 형성되었을 것이라고 여겨지는 것과는 달리, 실제로는 힘이 있는 몇몇 가문에 의해 결정되었다. 물론 선거제도는 유지되었지만 당시의 선거는 거의 눈속임일 뿐이었다. 서로 강력한 연대를 맺은 몇몇 유력한 가문이 대대로 시장의 직위를 독점했다. 이는 마르세유Marseille, 리옹Lyon에서 두드러지게 나타났고, 그 밖에 대부분의 도시들도 사정은 비슷했다. 파리의 시장 선거 역시 완벽한 시나리오에 의해 진행되었으며, 한바탕 웃음을 터뜨리게 만드는 우스꽝스러운 연극이었다. 선거에는 시장 후보만큼이나 특권계층에 속한 이들이 출사표를 던졌다. 가장 아래쪽에는 전문 기술이 없는 노동자들이, 그 위에는 전문 기술자들이, 그리고 피라미드 가장 꼭대기에는 지방의 엘리트들이 자리 잡았다.

지방 관료들이 도시민의 일상에 직접적인 영향력을 행사하지 못했을 거라고 생각하는 것은 잘못이다. 라발Laval시에서는 루이 15세Louis XV의 통치 기간부터 상인, 자산가들이 큰돈을 들여 그들의 집을 현대식 주택으로 개조하기 시작했는데, 주로 대규모 외벽 공사와 창문 설치가 이루어졌다. 그런데 주택 공사를 위해서는 지방 관료들의 허가를 받아야만 했다. 지금도 공사 허가 문제로 불평하는 사람들이 있을 텐데, 프랑스인들은 아주 오래전부터 이와 같은 문제를 겪으며 살아왔다![90] 이것은 결코 과장된 표현이 아니다. 1689년 11월 1일 베륄Bérulle의 지방 감독관이 쓴 다음과 같은 내용의 편지가 남아 있는데, 이것은 아마도 리옹시 관료들의 실태를 가장 잘 보여 주는 자료라 할 수 있다. “어제 한 부르주아가 찾아와 불평을 늘어놓았다. 집 대문을 닫다가 문설주가 쓰러져 수리를 시작했는데, 시에서 보낸 사람들이 찾아와 문설주를 부수었다고 한다. 이유를 들어 보니 그가 시청에 공사 허가를 받지 않았던 것이다.” 이 사건에 개입한 지방 감독관도 부르주아와 시청의 갈등을 해결해 주지는 못했다![91]

외형적으로는 서로 닮은 듯하지만, 자세히 들여다보면 도시의 숫자만큼이나 다양한 관습과 '사회 방정식équation sociale'이 존재했다는 것을 알 수 있다. 즉 몽토방Montauban은 양모를 생산하는 대표적인 도시였는데, 이 도시에서 가장 상위 계층을 이루는 이들은 양모 생산업자, 양모 판매업자였다. 이들 대부분은 개신교 출신이었는데, 가장 화려한 호텔, 유명한 문학 사교장, 사냥터 등은 모두 이들의 차지였고, 화가를 후원하는 일이나 고급스럽다고 할 만한 취향은 모두 이들과 관련이 있었다. 렌Rennes은 행정 및 의회의 도시였고, 이 지방의 수도였다. 툴루즈Toulouse 또한 행정도시로서 부유한 농촌을 배경으로 발달했다. 캉Caen은 비옥한 토지의 중심에 자리 잡은 도시로 대지가 주는 혜택을 풍성하게 누리는 곳이었다. 루앙Rouen, 낭트Nantes, 보르도Bordeaux, 마르세유는 거대한 항구도시로서 해상무역을 중심으로 발달한 도시들이다. 뒹케르크Dunkerque는 항구로서의 특권을 가장 많이 누린 도시 중의 하나이다. 이곳에서는 아무도 직접세나 간접세를 내지 않고 우표값을 지불하지도 않는다. 열댓 가문이 중심이 되어 이 도시 행정을 좌지우지한다.[92] 파리에 관해서는 무슨 이야기를 할 수 있을까? 또한 파리가 의식하고 경쟁할 만한 먼 도시 리옹에 대해서는 어떤 이야기들이 있을까? 도시마다 고유한 사회질서와 독특한 운명을 갖고 있다.

지방에 대해 말하자면

각 도시의 특수성은 도시를 둘러싸고 있는 지방의 특수성으로부터 기인한다. 오랜 세월 동안 새로운 땅을 차지하기 위한 끊임없는 전쟁과 정략결혼, 분쟁과 갈등의 중재를 통해 프랑스 왕국은 하나로 통합되었다. 일단 땅을 차지한 후에는 그 영토를 효과적으로 통치하기 위한 왕정체제가 들어섰는데, 공식적으로든 비공식적으로든 행해졌던 그러한 모든 일들은 의도한 대로 흐르기도 하고, 전혀 예상치 못한 결과를 낳기도 하면서 프랑스의 역사로 통합되었다. 이러한 역사를 한마디로 요약하면, 지배자와 피지배자 사이의 '타협의 역사'라고도 할 수 있을 것이다. 프랑스에 통합된 각 지방들은 그러한 의도만큼 공통의 상황과 체제를 만들지 못했다. 각자 자신들의 지방을 위한 권리를 주장했고, 고유의 전통, 때로는 과거로부터 물려받은 부조리한 관습마저도 유지하고 지키려는 '자유'를 고집했다.

왕정은 개별 지방의 특성을 있는 그대로 받아들이기로 결정을 내렸다. 각 지방 사회에 적응하고 타협을 통해 왕정에 필요한 것을 얻고자 하는 의도였다. 평화, 국법 존중, 곡물 유통, 국세 납부, 공공 행정기관 설치 등이 왕의 요구였는데, 세금에 관해서는 지속적인 저항이 있었다. 예외적인 것이 규칙이 되듯, 왕은 콜베르Colbert 때부터 또는 그 이전부터 존재하던 특권과 편법, 전통과 시스템을 받아들이는 데 익숙해졌다. 이는 사실 왕정을 위해서도 국민을 위해서도 명백히 부정적이었으나, 각 지방의 반발을 피하기 위해 지방마다 비일관적인 방법을 적용했다. 가장 쉬운 방법은 기존의 제도를 유지하고, 기회가 되어 이러한 제도들이 스스로 사라지기를 기다리는 것인데, 예를 들어 노르망디(1655년)와 오베르뉴(1651년)에는 오래된 지방정부가 존재했다. 때로는 중앙정부에 대항하여 스스로를 방어하고자 지방단위의 공동체들은 서로 간에 연합을 꾀했다. 돌Dole 지방의 재정 전문가들과 브장송Besançon 의회의 유능하고 능숙한 법적 전략에는 감탄을 금할 수 없다.

지방은 중앙정부에 대항하면서 힘을 키웠다고도 볼 수 있다. 어떤 지방은 재정권과 조세권을 갖고 그들의 정부를 유지했다. 이는 납세자와 왕 사이에 파워게임과 같은 문제였으며, 항시적으로 타협이 필요했던 사안이다. 지방의회는 훨씬 공격적으로 지방에 대한 방어권을 행사하기도 했다. 여기서 주목할 것은 프랑스에서는 왕정체제가 수립된 이후에도 상당 기간 중앙정부는 전통적인 지방 행정기구들을 크게 건드리지 않고 계속 유지될 수 있도록 내버려 두었다는 점이다. 어떤 기관은 이름뿐인 듯하다가도 어느새 부활하여 상당한 영향력을 갖기도 했다. 예컨대 선거기구, 헌병대, 재판 관할구역, 상급재판소, 열댓 개의 하급 사무관청 등이 바로 그러한 사례이다. 왕권도 이러한 작은 지방 기관에서는 거의 영향력을 행사하지 못했는데, 각 지방은 이러한 기관들을 얻기 위해 비용을 지불했고, 따라서 이들은 지방의 이익을 위해 움직였다.

17세기에 이르러 왕정체제는 크게 위협을 느끼기 시작하는데, 이는 국민들 사이에서 왕실에 대한 불만이 확산되었기 때문이다. 왕실은 이 문제에 대처하기 위해 우선 지방 감독관들을 새로이 파견하고 거의 무제한적인 권한을 부여했다. 이들의 공식적인 직함은 '사법, 경찰, 재정에 관한 지방장관'이었는데, 이들은 영역의 제한 없이 사실상 거의 모든 사안에 대해 개입할 수 있는 권한을 갖고 있었다. 당시의 재정 전문가였던 로Law는 프랑스를 실질적으로 다스렸던 것은 30명의 지방장관이었다고 지적하며, 다음과 같이 말했다. "프랑스인들에게는 국회도, 정부도, 행정관료도 없다. 사실 왕이나 총리도 없는 것이나 마찬가지이다. 백성들의 부와 가난, 행복과 불행은 오로지 각 지방에 파견 나가 있는 지방장관들에게 달려 있다."**93** 물론 이 중 다수는 중앙정부에 충성하는 사람들이었고 유능한 행정관들이었다. 그렇기 때문에 이들이 보인 태도의 변화에 놀라지 않을 수 없다. 예컨대 1750년 이후 경제성장과 함께 전국적으로 근대화의 태동이 시작되고 수많은 공공사업이 진행될 무렵, 지방관들은 점차 중앙정부보다는 관할지역의 이익을 더 보호하려는 태도를 보이면서 베르사유에 맞서 지방 사회의 편에 섰던 것이다. 한편으로는, 달리 방도가 없었다고도 볼 수 있다. 1703년에 이미 브르타뉴의 감독관 베샤멜 드 누앙텔Béchameil de Nointel은 다음과 같은 내용의 편지를 쓴 적이 있다. "신중해야 한다. 이 지방 사람들은 다른 지방과는 구별되는 고유의 의식구조를 가지고 있어서, 다른 지방과 같은 방식으로 통치를 해서는 안 된다."**94** 한번은 에스트레Estrées 군사령관이 브르타뉴 출신의 두 신사가 중앙정부의 요구에 대항하여 지방정부를 옹호한 사실에 대해 두 사람을 처벌했는데, 베샤멜 드 누앙텔은 오히려 사령관의 태도를 비난하는 입장을 취했다. 또한 메스의 감독관도 시민들의 요구에 민감하게 반응하고 있었다. 예컨대 1708년 그는 왕실에 "메스시가 뮌스터Münster 조약(베스트팔렌 조약) 이전까지 누렸던 정치적인 독립 상태를 잊지 못하고 있다."라는 내용의 보고를 올렸는데,[95] 즉 앙리 2세Henri II가 메스 지역을 점령한 것은 1552년의 일이지만 실질적으로 프랑스 영토로 편입된 것은 1648년에 뮌스터 조약이 체결되면서부터였던 것이다.

18세기에는 프랑스 사회가 빠른 속도로 발전하고 있었는데, 당시 지방단체들은 점점 더 많은 권리를 획득해 가고 있었다. 물론 돌이켜 보면 시간이 흐르면서 그러한 권리들의 의미가 상실되었지만, 당시에는 그 과정에서 부조리한 결과를 초래하기도 했다. 훗날 시민혁명에 의해 강력한 중앙집권체제를 이루어 모든 지역적 권한을 잃게 되었는데, 이는 이미 혁명 이전부터 지방분권주의가 심각했던 문제로부터 그 원인을 찾을 수 있다. 1782년에 기록된 어떤 문서를 통해 우리는 당시 지방들이 갖고 있던 막대한 권한에 대해 파악할 수 있다. 예컨대 리옹 북부에 위치한 트레부Trévoux 마을을 포함하여 손Saône강을 따라 자리 잡은 일부 지방을 '프티 프랑 리오네Petit Franc Lyonnais'라고 부르는데, 이 지방은 상당한 특권을 누리고 있었다. 이 문서를 기록한 익명의 저자의 설명에 따르면, "만약 우리가 행정체계의 보편적인 원칙, 즉 모든 행정의 기본을 이루는 통일성과 질서를 고려한다면, 한 왕국의 모든 백성들은 같은 법의 지배를 받고, 동일한 권리를 누리며, 같은 의무를 져야 할 것이다. 그런데 10km 남짓밖에 되지 않는 프랑스 중심부의 한 도시가 면세권을 가지고 있었다는 것은 참으로 놀라운 일이 아닐 수 없다. 이는 분명 인근 마을들이 매우 시기할 만한 일이라 사료되며, 따라서 경계를 이루는 지역에서는 이웃 마을과의 분쟁이 끊이지 않았다"[96].

상식적으로 개별 지방이 중앙정부에 소속되는 것이 지방 사회를 발전시키는 데 훨씬 유리할 것으로 생각되는데, 당시 프랑스에서는 왜 개별 지방들이 중앙집권화에 그토록 저항했던 것일까? 우리는 그러한 이유를 지역 공동체에 뿌리를 둔 애향심으로부터 찾을 수 있다. 당시 사회는 국가 단위의 민족주의적 감정, 즉 애국심이 형성되기 이전이었기 때문에 개별 지방을 근거로 한 애향심이 애국심을 대신하고 있었다. 그렇듯 지방에 근거를 둔 소속감은 시간이 흐르면서 오늘날의 지방자치주의적 의식sentiment autonomiste으로 발전했다. 프랑스대혁명 이전까지 지역적 소속감은 사람들의 의식 속에서 상당히 큰 영향력을 미치고 있었다. 그러나 대혁명을 기점으로 모든 지역주의는 완전히 힘을 잃게 된다. 앙시앵 레짐 말기 개별 지방들에 대한 왕정의 태도를 어떻게 이해하면 좋을까? 토크빌Alexis de Tocqueville과 몇몇 역사학자들의 견해와 같이, 과연 그 당시에 중앙집권체제가 확립되었다고 보는 것이 맞을까?

프로뱅스province는 오래전부터 공식적인 경계나 "행정구역으로서의 기능은 거의 하지 않았는데, 지방관이 머무르는 제네랄리테généralité(역주: 프랑스 절대왕정 시기의 행정구역)가 이를 대신했다"**97**. 이와 같이 왕정체제하에서 기존에 존재하던 경계에 다른 새로운 경계획정을 결정했는데, 이는 혁명 이후 과거의 구식 행정구역을 지우기 위해 도입된 데파르트망département이라는 새로운 행정구역으로 바뀌게 된다. 그런데 이 두 가지 정책을 비교하는 것은 무리가 있는 것일까? 1750년 이후 프랑스 사회는 비약적인 발전을 이루었는데, 이 시기에는 왕권 강화와 동시에 지방의 특수성도 점점 더 중요해졌다. 각 지방에는 그 지역 사회를 이루고 지지해 주는 구성원의 조직체계가 필요하다. 지방 사회는 지속적으로 개별 지방에 부유한 유지나 사회적으로 영향력 있는 인사들로 구성된 작은 사회적 네트워크를 강화했으며, 공공의 이익이라는 명분하에 이들의 특권은 유지되고 보호되었다.

지역 사회의 자치를 잘 보여 주는 예로 부르고뉴 지방을 들 수 있다. 디종Dijon 의회를 구성하는 의원들, 부르고뉴를 다스리는 소수의 지배층이 없었다면 부르고뉴는 존재했을까? 이들은 무리한 요구를 하는 정부나 회계감사원에 맞서 지방의 자치권을 어렵게 지켜 낼 수 있었다. 그럼에도 이들은 일반적으로 생각하는 것과는 달리 중앙정부에서 임명된 사령관과 좋은 관계에 있었는데, 1754년부터 1789년까지 부르고뉴의 사령관이었던 콩데Condé 왕자가 그 대표적인 예이다. 이는 사령관의 권한을 이 지방에서 대행했던 지휘관과의 관계를 보면 알 수 있다. 지방관의 경우에도 이들과 큰 갈등이나 해결할 수 없는 문제에 직면하지는 않았다.

지방의 특권층은 예를 들어 부르고뉴 지방 전역에서 쌓아 온 그들의 명망이나 재산(토지, 숲, 포도원, 건물, 대장간, 금리 등)을 기반으로 지방의회를 독점했다. 이들 특권층은 철저하게 구별된 자신들만의 소수 사회를 유지하기 위해 그들끼리의 각종 연대, 결혼 등을 통해 명문 가문을 공고히 하고자 했다. 어쩌다 부유한 상인이나 신흥 부르주아가 자신들만의 특권 사회에 발을 들여놓을 기미가 보이면 즉시 불쾌감을 표시하며 접근을 차단하곤 했다. 그러나 신흥 자산가는 이전부터 법복귀족noblesse de robe(역주: 프랑스 절대왕정기 사법관계의 관직을 사서 귀족의 신분에 오른 신흥 귀족으로 오래된 봉건귀족인 대검귀족noblesse d'épée과 구별된다)의 장벽을 가볍게 넘는 양상을 보인다. 이들 가운데에는 몇몇 오랜 귀족 가문의 자손도 있었는데, 유명한 샤를 브로스Charles Brosses(1709~1777) 법관의 가문이 그 대표적인 예로 이 집안은 1495년 포르누Fornoue에서 살해된 어느 귀족의 후손이었다.

이처럼 지방 사회는 철저한 카스트caste, 즉 계급사회였으며, "지방의회의 의원들은 그들의 직위와 권한을 자녀에게 세습하는 일도 마다하지 않았다. 그들은 형제, 인척, 사돈 등의 혈연관계를 의회로 끌어들여 그들의 입지를 굳히려 했다". 따라서 의회 내에 자리 잡은 혈연관계의 규모가 클수록 더 막강한 권력을 행사할 수 있었다. 특권층끼리의 정략결혼으로 점철된 특권 사회는 오랫동안 안정적으로 자신들의 특권을 유지할 수 있었다. 이들의 사교 모임은 날이 갈수록 늘어났고, 서신이나 방문 등을 통한 교제 또한 활발하게 행해졌다. "특권층의 구성원들은 무도회, 음악회, 연극, 오락, 부를 과시하기 위한 사교 파티, 100

명 규모의 만찬" 등 각종 모임을 통해 서로 간의 친분을 돈독히 했다. 1785년 3월 30일 훗날 루이 17세Louis XVII가 되는 노르망디의 공작이 태어났을 때 교회에서는 종을 울려 그의 탄생을 알렸고, 졸리 드 베비Joly de Bévy 의회장은 110명의 하객이 참석한 성대한 만찬을 열었으며, 자신의 저택 앞에는 "두 통의 와인 드럼통을 설치하여 백성들에게 무료로 포도주를 공급했다"[98].

먼저 자신들의 권익을 보호하고, 지방의 자치권을 지키는 데 앞장서는 이들 지방 특권층의 모습은 렌, 툴루즈, 그르노블Grenoble, 보르도에서도 찾아볼 수 있다. 그르노블을 포함하는 지방은 프랑스 남쪽의 국경지대에 위치하고 있어 지방의 독자적인 관습과 권리를 강하게 지켜 오지 않았던가? 그르노블 의회는 바로 이러한 지방의 이익을 위해 그르노블 시청, 도시 공동체, 각각의 마을 공동체를 움직이는 본부의 역할을 했다. 1679년에 에르비니Herbigny 지방관은 다음과 같이 썼다. "나는 매일 그르노블에 사법경찰을 두어야 할 필요성을 느끼고, 시청에서 일어나고 있는 일들에 대한 정보를 의회에서 보고받는 것을 없애야 한다고 생각한다. 그르노블 의회는 지방의 권익을 지키기 위해 왕국 내에서 가장 잘 운영되는 조직이다. 그들 중 한 의원이 어떤 사건에서 이익을 얻고자 할 때, 의회는 늘 그 사람의 편에서 결정한다."[99] 이는 결코 과장된 내용이 아니다. 이 사실은 스페인 왕위계승전쟁이 한창이었던 1707년에 테세Tessé 육군 원수가 겪은 에피소드를 통해서도 확인할 수 있다. 토리노Torino를 앞에 두고 전투에서 패배한 프랑스 군대는 어렵게 귀환했다. 그 당시 프랑스 국왕은 서신을 통해 테세를 프랑스 남동부 군대를 관할하는 사령관으로 임명하고, 이 사실을 그르노블 의회에 알리는 절차를 거쳐야 했는데, 테세는 왕명이었던 만큼 그르노블 의회의 기대에 부합한 예의를 갖추지 않았던 것 같다. 그라몽Gramont 의장은 사소한 문제로 트집을 잡아 테세가 부당하게 의회의 한자리를 탐하고 있는 것으로 고발하기에 이르렀다. 처음에는 상황을 제대로 파악하지 못하고 당황해하다가, 사흘간 사부아Savoie의 군대를 순찰하고 돌아오는 길에 의회가 자신의 세력이 커지는 것을 견제하고 있는 것을 눈치채고 분노를 터뜨린 것으로 전해진다. 그의 모든 권력은 국왕의 승인을 받은 것으로 감히 어느 누구도 침해할 수 없는 것임을 주장하며 왕에게 직접 개입을 요청한다. 결국 그에게 시비를 걸었던 그라몽 의장은 정식으로 사과해야 했고, 그것으로 사건은 일단락되었다. 이러한 유형의 세력 다툼은 당시 지방의회에 소속되었던 특권층의 사고방식을 잘 보여주고 있다.[100]

보르도 의회 또한 콧대가 세기로 유명했다. 의회는 대대로 포도원을 경영하는 보르도 유지 가문으로 구성되어 있었는데, 1608년에 앙리 4세Henri IV가 보르도 귀족들에게 보낸 서신에서 다음과 같은 내용이 발견된다. "당신들은 내 백성들이 억압을 받는다고 말하지만, 백성을 억압하는 것은 바로 당신들이 아닌가? 보르도에서 가장 많은 재산을 소유한 자가 아니면 누가 소송에서 이긴단 말인가? 보르도의 일꾼 중 보르도 의회의 의장이나 의원이 소유한 포도밭에서 일하지 않는 일꾼이 과연 몇이나 되는가? 농부들 중에 밭을 소유하고 있는 자가 얼마나 되는가? 큰 부자는 모두 보르도 의회 의원들이 아니었던가?"[101] 1558년 리옹 의회의 경우 30여 명의 의회 구성원들이 거의 대부분 상업에 종사하고 있었는데, 리옹 교회의 사제는 이들을 도시의 지배자라고 비난하기도 했다. 한편, 루이 15세Louis XV 통치 기간 중 랑그도크Languedoc 지방의 몽펠리에Montpellier의 재정 전문가들은 파리로 가서 수세조합Ferme générale(역주: 국가에 세액을 대납한 후 수수료를 얹어 세금을 징수하던 조직)을 거의 장악하다시피 한다.[102] 이들이 거두어들이는 세금은 프랑스 국부에서 아주 큰 비중을 차지하는데, 권력이 옮겨 가는 방향은 한 치 앞도 예측할 수 없다!

랑그도크Langue d'oc와 랑그도이Langue d'oïl

지금까지 우리는 프랑스가 지리적·사회적·경제적인 면에서 하나의 통일체를 이루고 있지 않았던 것을 살펴보았는데, 과연 문화적으로도 통일된 측면이 없었던 것일까? 프랑스에서 하나의 '문명civilisation'이 형성되었다고 본다면, 그것은 지배계층이 누렸던 고급 엘리트 문화를 말하는 것이다. 하지만 정확하게 말하면, 프랑스에는 수 세기에 걸쳐 대립해 온 두 가지의 큰 흐름이 있었는데, 두 흐름은 두 개의 서로 다른 언어 사용으로 확연히 구분된다. 하나는 화려한 승리의 역사를 자랑하는 북부 프랑스의 문명civilisation d'oïl이고, 다른 하나는 식민지로서 오랫동안 억압받던 남부 프랑스의 문명civilisation d'oc이다. 프랑스의 북부는 오랜 세월 동안 풍부한 물적 자원을 바탕으로 남부 프랑스를 지배하는 양상을 보였다.

필자는 남부 프랑스와 북부 프랑스에 대해 동일한 애정을 가지고 있으며, 가능한 한 차별 없이 공평하게 이 주제를 다루고자 한다. 필자가 프랑스의 단일화를 추구하는 것처럼 보일 수도 있겠지만, 역사를 검토하는 측면에서는 그렇게 하지 않을 생각이다.

남부 지방과 북부 지방 사이에는 이 둘을 가르는 깊은 골이 있는데, 이 경계를 따라 각각 서로 다른 언어를 사용했다. 그 경계선은 가론Garonne강이며, 경계면은 가론강 변에 자리 잡은 라 레올La Réole로부터 마시프상트랄Massif Central, 알프스를 포함하여 바르Var 분지까지 이어져 있었다. 그러나 지명학, 방언학의 연구 성과를 반영한 최근의 새로운 역사지리적 방법론을 적용하여 더 엄밀한 조사를 해 본다면, 남북을 나누는 문화 경계선은 이보다 훨씬 북쪽으로 올라갈 수 있고, 거의 루아르Loire강까지 올라가야 한다는 결론에 이른다. 피에르 보노Pierre Bonnaud에 따르면, 북부 프랑스와 남부 프랑스를 가르는 경계는 하나로 정할 수 없으며, 프랑스 메디안France médiane 또는 로마니 메디안Romanie médiane은 다양한 경계를 갖는다. 수많은 대립의 역사를 거치는 동안 때로는 남쪽으로 내려오기도 하고 때로는 북쪽으로 올라가기도 했으나, 확실한 것은 리무쟁Limousin, 오베르뉴Aubergne, 도피네Dauphiné와 같은 넓은 지역을 남부 프랑스에서 분리해서 또 다른 언어적 경계로 보기도 한다.

이 문제는 잠시 접어 두기로 하고, 중요한 것은 과거에 프랑스가 이러한 경계를 중심으로 나누어져 있었다는 사실이다. 일반적으로 북부 지방에서 행해지는 일들이 남부 지방에서 동일한 방식으로 행해지지 않았으며, 이는 남부 지방에서도 마찬가지였다. 출생과 관련된 의식, 생활양식, 사랑하는 방식, 결혼, 생각하는 방식, 신앙, 웃음, 식생활, 의복, 건축 기법, 논밭의 배열, 사람을 대하는 방식 등 문명이라고 부를 수 있는 모든 측면에서 북부와 남부는 서로 달랐다.[103] 남부에 위치한 또 하나의 '다른' 프랑스는 과거에도 있었고, 지금도 있으며, 앞으로도 계속 이어질 것이다.

북부 프랑스 사람들은 이러한 또 다른 프랑스를 발견할 때마다 요란스럽게 그 차이에 관해 떠드는데, 놀라움으로 시작한 경험담은 종종 불쾌감으로 끝이 난다. 정말 유감이다!

앞서 우리는 라신Racine이 위제스Uzès에서 겪은 불편한 경험에 대해 언급했는데, 그는 발랑스Valence를 지나는 순간 그 지역 사람들과 의사소통이 안 되는 것에 대해 불만을 토로했다. 사실 프랑스 곳곳에는 수많은 사투리가 존재한다. 그러나 북부 사람들끼리는 서로 다른 사투리를 쓰더라도 소통에 큰 문제가 없는데, 남부의 경계를 넘는 순간 북부인들은 언어의 장벽에 부딪힌다. 라신이 라퐁텐La Fontaine에게 보낸 서신에 의하면, "모스크바 사람이 파리에 왔을 때 통역이 필요한 것처럼, 나 또한 통역의 필요성을 느낀다. 어제 있었던 일이다. 못이 필요해서 삼촌의 하인에게 200~300개의 못을 사 오라고 시켰는데, 그 사람이 다녀와서 내민 것은 성냥 세 상자였다. 이보다 더 답답할 노릇이 있겠는가?" "나는 이 고장 사람들의 말을 전혀 알아들을 수가 없다. 내 말을 못 알아듣는 것은 이들도 마찬가지이다."[104]

북부와 남부 지방은 말 그대로 두 개의 다른 세상이다. 1707년에 런던에서 출판된 책에도 이와 관련된 내용이 등장하는데, 제목은 『신에 의해 행해진 신비하고 다채로운 세상 이야기Récit des diverses merveilles nouvellement opérées par

Dieu』이다. 저자는 세벤Cévennes 지방의 개신교도 즉 위그노였는데, 그는 이들 가운데 특별히 '영적인 사람들' 즉 순수하고 악의가 없는 사람들이 신의 감동을 받고 프랑스어로 설교하는 것을 지켜보았다. 이것은 기적 중의 기적이다. "이 동네 농부가 프랑스어로 연설을 하는 것은 프랑스인이 생전 처음 영국에 가서 즉시 영어로 이야기하는 것만큼이나 어려운 일이기 때문이다."**105** 세벤 사람들은 평소 성경을 프랑스어로 읽고 마로Marot가 프랑스어로 지은 시편의 찬양을 노래했기 때문에 가능한 일이었다고 설명하는 이도 있는데, 그것을 감안한다 하더라도 이는 기적이 아닐 수 없다.

파리 태생으로 노르망디에 근거를 둔 소설가이자 역사학자인 프로스페르 메리메Prosper Mérimée는 신뢰할 만한 명석한 관찰자였다. 그는 1836년에 증기선을 타고 짧은 시간 내에 론Rhône 지역까지 여행한 적이 있다. 처음으로 아비뇽Avignon을 둘러본 그는 외국에 있는 느낌이라고 고백했지만,**106** 이국적인 느낌을 싫어하는 것 같지는 않았다. 사실 그는 후에 칸Cannes에 정착하여 1870년에 생을 마감하는 순간까지 그곳에서 살았다. 지중해의 딸인 코르시카Corse섬을 프랑스의 문학계에 소개한 그의 저서 『콜롱바Colomba』는 1840년에 출판되었다.

뤼시앵 페브르Lucien Febvre는 낭시Nancy에서 태어났지만(1878년), 그의 가문은 뼛속까지 프랑슈콩테Franche-Comté 출신이다. 그는 노년에 프랑스 남서부 지방에 머물렀는데, 1938년 7월 20일에 그곳에서 받은 문화적 충격에 관해 다음과 같이 묘사했다. "나는 요양을 위해 이곳 코트레Cauterets에 도착하기까지 프랑스의 여러 도시, 즉 리모주Limoges, 페리괴Périgueux, 아쟁Agen, 무아사크Moissac, 오슈Auch, 루르드Lourdes를 지나왔는데, 과연 프랑스라고 표현해도 될까? 우리 북동부 사람들에게 이곳은 실로 멀고 먼 이방의 나라가 아니었던가! 이스탄불의 성 소피아 성당을 떠오르게 하는 페리괴의 생프롱Saint-Front 성당, 귀스타브 쿠르베Gustave Courbet의 그림 속 쥐라Jura를 재현한 듯한 인상을 주는 에지Eyzies 인근의 자연은 프랑스에서 볼 수 있는 가장 섬세하고 매력적인 풍경 가운데 하나였다. 반면, 무아사크 지방 사람들은 그들의 영혼을 한 바구니의 포도와 맞바꾸어 버렸다. 무아사크를 빛냈던 생피에르Saint-Pierre 성당, 조각상, 종탑의 매력은 완전히 퇴색되었다. 오슈와 같은 도시는 마치 아테네의 아크로폴리스처럼 웅장하고 호전적이며 열정이 넘쳐흐른다. 오늘날에는 고요한 적막 속에 신비스럽고 독특한 분위기를 연출하고 있는데, 이 모든 것들은 몹시 이국적인 느낌을 주며, 아주 먼 나라에 와 있는 것 같은 착각을 일으킨다." 로렌의 왕자[107]라고 불리던 리요테Lyautey 장군은 남부 지방에 대해 다음과 같이 아주 짧게 고백했다. "베지에Béziers에서 기분이 좋지 않았다."[108]

남부 지방과 북부 지방 간의 차이는 다음 세대에도 없어지지 않고 반복되었다. 1872년 에르네스트 르낭Ernest Renan은 인상을 찌푸리며 다음과 같이 이야기했다. "내가 잘못 생각하는 것일 수도 있겠지만, 나의 의식 속에 점점 더 역사 인류학적 관점이 생겨났다. 영국과 프랑스 북부 지방의 유사한 점은 날이 갈수록 점점 더 많아 보인다. 프랑스인들에게 만약 경솔한 이미지가 있다면 이것은 전적으로 남부 지방 사람들 때문일 것이다. 만약 랑그도크와 프로방스 지방을 제외한다면, 프랑스인들은 조금 더 성실하고 활동적이며 개신교도이자 의회주의자로 보였을 것이다."[109] 남부 사람들 때문에 그러한 명성에 흠이 생겼다! 파리는 남부 지방이 아닐뿐더러 브르타뉴는 더욱 남부 지방과 무관한데, 이 지역 사람들이 16세기에 가톨릭교를 고수했다는 사실을 기억한다면 르낭의 가설은 참으로 어이없을 따름이다! 반면, 이들 도시에 비해 훨씬 남쪽에 있는 님Nîmes과 세벤에서는 오히려 프로테스탄트 정신이 강하게 일어나지 않았던가? 르낭처럼 뛰어난 지성의 소유자가 이러한 견해를 가지고 있었다는 것은 비통하다 못해 그의 이러한 지성 때문에 더욱 화가 치밀어 오른다.

이와 같이 북부 사람들은 종종 어떤 거리낌도 없이 이 지방의 미덕을 칭송하며, 프랑스의 역사가 그들에게 허락한 정치적·경제적 우월성보다는 이러한 미덕으로 모든 것을 설명하려고 했다.

이쯤에서 남부 지방에 대한 좀 더 긍정적인 목격담을 들어 보는 것은 어떨까? 스탕달Stendhal은 아주 밝은 어조로 다음과 같이 고백한 바 있다. "나는 온전히 남부 사람이 되었다. 솔직하게 말하면, 나는 남부 사람이 되는 데 큰 어려움을 느끼지 않았다."**110** 스탕달은 1783년 그르노블Grenoble에서 태어났으며, 그 순간부터 적어도 절반은 남부 사람인 것이다. 확실히 그르노블은 북부가 아니다. 또한 스탕달은 스탕달일 뿐이다. 스탕달은 또 다른 남부 지방인 이탈리아를 열정적으로 사랑했다. 사실 남부 프랑스는 이탈리아와 "매우 긴밀한 관계"**111**에 있는 지역이 아니었던가? 우리는 또 다른 증인으로서 화가 고흐Van Gogh를 떠올려 볼 수 있을 것이다. 그러나 그 역시 애매한 측면이 있다. 전형적인 북부 사람인 고흐는 파리에서 힘겨운 두 해를 보내고, 1888년 2월 아를Arles에 정착한다. 그는 아를의 자연과 그 색깔에 즉시 매료되었고, '거대한 바위, 장미꽃이 만발한 공원, 선명한 코발트색의 하늘'에 완전히 반하고 말았다. 그는 동생에게 다음과 같은 내용의 편지를 보낸다. "나는 이곳의 자연을 영원히 사랑할 것이다. 지금까지는 주로 혼자서 시간을 보냈지만, 전혀 외롭지 않았다. 강렬한 햇빛과 그 빛 아래 보이는 자연의 모습은 너무나 황홀하다. 이러한 햇빛의 매력을 느끼지 못하는 이가 있다면 참으로 불행할 것이다." 몹시 견디기 힘든 미스트랄mistral과 같은 강한 바람조차도 아름다워 보일 정도로 그는 아를의 자연에 매료되었다. 그렇지만 현지 사람들과 현지의 생활은 감상의 대상으로만 여길 수는 없었을 것이다. "내가 프로방스 사투리를 말할 줄 모르는 것은 참으로 안타까운 일이야. 지금까지 나는 이곳 사람들과 조금도 친해지지 못했어. 여러 날을 보냈지만, 누구와도 대화를 나누지 못했지. 식당이나 카페에서 주문조차 제대로 할 수 없었어. 첫날부터 지금까지 조금도 나아진 것이 없어." 이것은 실제로 고흐가 겪은 당혹스러운 경험에 대한 기술일 뿐, 여기서 그의 광적이고 비극적인 사건의 어떤 실마리도 찾을 수 없다. "사실을 말하자면, 아를에 정착하고 얼마 지나지 않은 1888년 3월 알제리의 보병들, 사창가 사람들, 첫 입교식을 하러 가는 아를의 어린아이들, 또한 마치 위험한 코뿔소를 연상시키는 사제, 압생트 absinthe라는 허브를 넣은 독한 증류주를 즐기는 그 지방의 술꾼들 … 그들은 마치 또 다른 세계의 사람들 같다고 쓰고 있다."[112]

우리는 앞에서 북부 사람들이 남부 지방에 대해 남긴 독설과 불만 등에 관해 살펴보았는데, 공평을 기하기 위해 이번에는 남부 사람들이 북부 사람들을 비웃고 조롱했던 기록을 살펴볼 차례이다. 필자는 남부 언어를 사용하는 사람들로부터 최대한 관련 정보를 얻으려고 많은 노력을 기울였지만, 충분한 자료를 찾을 수 없었다. 연극 중에 등장하는 단어 하나, 속담 하나, 욕처럼 쓰이는 단어 등 손에 잡히는 사례는 얼마 되지 않았다. 이 점에 대해 16세기 스페인 사람들의 이야기처럼 선명한 사례는 없다. 그들은 강한 우월감을 드러내는 네덜란드 또는 영국에서 불행했다. 스페인 사람들이 받은 인상에 의하면, 이 나라 사람들은 버터 요리에 불평을 토로한다, 겁이 많아 오줌을 지린다,[113] 지방 토박이를 싫어한다. 스페인 왕이 런던에 보낸 어느 사절은 숙소에서 한 발자국도 나오지 않았는데, 그에 대해 1673년 '불만 공화국 관리'라는 별명을 붙여 주며 다음과 같이 말했다. "그는 영국식 관습을 전혀 받아들이려 하지 않고, 오직 자기 방에만 틀어박혀 누구와도 대화를 나누려 하지 않는다."[114] 맞는 측면도 있지만, 스페인은 남부 유럽 중에서도 극단의 남부에 위치하는 반면, 영국은 북부 유럽 중에서도 북부의 특성이 가장 강하게 나타나는 국가인 점을 고려할 때 스페인 사절이 느꼈을 이질감이 어느 정도였는지는 어렵지 않게 짐작할 수 있다.

그렇다면 남부 프랑스 사람들은 북부와의 차이에 대해 익숙해져 있었을까 아니면 체념한 것일까, 또는 단지 관심이 없었던 것일까? 오늘날 남부 문화가 깨어나서 봄철에 나뭇가지들이 자라는 것과 같다고 하면 지나친 것일까? 또는 북부 지방이 오래전부터 정치적·경제적·사회적으로 우월했기 때문에 남부 사람들은 북부 사람들과의 논쟁을 아예 포기했다는 이야기는 설득력이 있을까? 수도의 명성과 북부 지방의 명성을 혼동한 남부 사람들의 기가 꺾여 서로 간에 대화가 어려워진 것이라고 설명하는 이들도 있다. 1842년에 남부 프랑스의 옹호자였던 마리라퐁Mary-Lafon은 『남부 프랑스의 정치, 종교, 문학의 역사Histoire politique, religieuse et littéraire du Midi de la France』라는 책을 통해 '프랑스인', 즉 북부 사람들을 조롱하거나 비웃는 것은 아니었지만, 중세의 우아한 문화를 꽃피우고 자유를 사랑했던 남부 사람들에 비해 북부 사람들은 "루아르 건너편의 기사들chevaliers d'outre-Loire"**115**이라는 표현이 말해 주듯 야만적이고 폭력적이었다는 사실을 암시하는 것처럼 보인다. 사실 야만성과 폭력성은 종종 전쟁을 승리로 이끄는 비결이 되기도 하는데, 이는 자코뱅당 산악파Montagnards의 공포정치가 다수 남부 출신의 '진정한 혁명가들'이었던 지롱드 당원Girondins들을 쫓아 버린 것을 떠오르게 한다. 마리라퐁은 그러한 사실을 고발하고 있다. 그런데 사람들은 쉽게 승리자를 조롱하지 않는가? 남부의 끝에 위치한 툴롱Toulon 지방에서 남부 이외의 프랑스인들에 대해 침략적인 이방인에게 갖는 적대적인 감정을 갖고 있는 것은 아닌지 의심된다.

북부 사람들에 대해서는 예로부터 부유하고 격식을 중요시하며 융통성이 부족한 것 같은 이미지를 갖고 있는데, 스탕달은 그러한 이미지를 다음과 같이 꼬집어 말했다. "행복은 억양과 함께 사라진다는 말이 있다." 론을 따라 남부로 내려가면서 즐거워진다. 즉 "순박함과 자연스러움은 발랑스에서 제대로 빛을 발한다. 이곳에서야말로 진짜 남부 프랑스를 만끽할 수 있다. 나는 이렇게 즐거운 분위기에 저항할 수 없었다. 격식 차리기에 바빴던 차가운 파리와 비교하면, 이곳은 정반대의 특징을 가지고 있다. 파리에서는 대화를 하는 상대방과 상대방이 원하는 것을 존중한다." 그러나 이곳은 다르다. 대화하는 각자가 자신의 감정에 더 충실하다. 상대방에게 자신의 귀족적인 이미지를 보여 주려 하지 않으며, 상대방의 사회적 지위를 고려하여 억지스러운 예의를 갖추려 하지도 않는다. 탈레랑Talleyrand이라면 이곳을 경험하는 순간 분명 이렇게 말했을 것이다.

"프랑스에서는 더 이상 아무도 예의를 갖추지 않는군!"

스탕달은 여행 중에 사흘을 보케르Beaucaire의 장터에서 보내면서 장터 사람들의 흥겨움을 즐길 수 있었다. "보케르에서는 파리식 점잖은 말투를 들을 수 없다. 리옹이나 제네바의 거리에서 만나는 사람들은 파리 사람들 같지 않다. 신경이 날카롭지도 않고, 우울하지도 않으며, 의심이 많지도 않다. 보케르에서 만나는 사람들이 날카롭거나 우울하지 않은 것은 이 장터를 찾는 대부분이 남부 사람들이기 때문이다."[116]

남부와 북부 간의 이러한 차이는 오랜 세월이 흐른 오늘날에도 완전히 없어지지는 않았다. 불과 몇 해 전에 남부의 작은 읍소재지인 아르미상Armissan 읍장이 역사학자인 필자의 친구에게 다음과 같이 말했다고 한다. "로제니Laugé-nie, 당신이 노루즈Naurouze 땅에 들어서는 순간 당신은 프랑스를 떠난 것이나 다름없소. 당신은 다만 남부 지방에 있는 것일 뿐 더 이상 프랑스에 있는 것이 아니오." 물론 오늘날에는 북부든 남부든 모두가 같은 프랑스어를 사용한다. 그럼에도 필자는 오늘도(1985년 7월 31일) 텔레비전을 보다가 놀라운 이야기를 들었다. 시나리오 작가인 미셸 오디아르Michel Audiard가 방송에 출연하여 자신은 영화 대본에서 단 한 번도 은어를 사용한 적이 없으며, 늘 전형적인 파리의 일상 언어를 사용해 왔다고 말했는데, 이 말을 들은 다른 출연자가 그에게 다음과 같이 말했다. "루아르 남쪽에 사는 시청자들을 위해서는 자막이 필요할 것 같아요!" 그 말은 지금도 남부와 북부 사이에는 여전히 언어의 장벽이 있다는 말이 아닌가?

로컬 스케일에서: 셀 수 없이 다양했던 방언들(18세기)

지금까지 살펴본 내용이 분명 전부는 아니다. 지역구분에 따라 큰 틀에서 문화적 특성을 설명하는 것이었을 뿐, 그 속에 감추어진 더 작고 세세한 다양성들에 관해서는 모두 다룰 수 없었다. 좀 더 자세하게 들여다보면, 각각의 지역은 독특하고 고유한 특징으로 가득 차 있으며, 하나하나 따져 본다면 놀라움을 금할 수 없다. 어느 지방의 관습, 생활양식, 의복, 속담뿐 아니라 유산 상속의 방법까지 속속들이 안다고 해도 무지개의 무궁무진한 색상은 보지 못한 것과 다름없다. 1790년에 그레구아르Grégoire 신부는 지방의 방언 연구를 위해 여러 조사를 했는데, 특히 베르트랑 바레르Bertrand Barère는 방언은 혁명 이념을 전파하는 데 걸림돌이 되고 '대중의 의식'을 계몽하는 데 방해가 되는 장애물로 여겼다. 그의 연구는 프랑스에 얼마나 다양한 방언이 존재했는가를 보여 주는 것이었다. 흔히 프랑스 언어권을 크게 둘로 나누어 프랑스 남부 언어권langue d'oc과 프랑스 북부 언어권langue d'oïl에 관해 이야기하는데, 사실 이는 지나친 단순화가 아닐 수 없다. 국경지대만 보더라도 완전히 외국어처럼 들리는 바스크어basque, 브르통어Breton, 플라망어flamand, 독일어allemande 등이 있다. 루아르 남부에 있는 지방만큼이나 북부 지방에도 지방마다 각각의 방언이 속하는 언어권이 있었으며, 더 작은 단위의 지방에도 수없이 많은 방언이 존재했다. 그레구아르 신부는 프랑스의 모든 방언을 크게 30여 종으로 분류했다.**117** 그러나 각 지역별로 더 작은 단위의 공동체별로 세분되면서 방언의 형태도 달라진다. 1792년 12월 1일에 코레즈Corrèze 데파르트망의 정부 기관에서는 정치 관련 기록을 계속해서 방언으로 번역할 필요가 있는가에 대해 회의적인 견해를 밝혔다. 쥐이악Juillac 캉통canton(역주: 프랑스의 행정구역으로 우리나라의 '시, 군'을 세분화한 것이며, 지방선거의 선거구 역할을 한다)에 있었던 어느 번역관은 다른 캉통의 억양은 고려하지 않았는데, 이들의 억양은 다소 차이를 보이다가 대략 28~32km 정도 떨어지면 그 차이가 심각해진다."**118** 이 같은 사실을 만족스럽게 여겼던 사람이 있는데, 이는 보르도Bordeaux 의회의 변호사 피에르 베르나도Pierre Bernadau로, 그는 그레구아르 신부에게 다음과 같은 편지를 썼다. "주변 마을들에 관해 제가 가진 지식을 활용한다면, 주민들이 마을별로 사용하는 모든 특수언어들을 종합하여 하나의 중간언어를 만들 수 있고, 저는 이 중간언어로 '인권선언'을 번역할 수도 있을 것 같습니다…."119 이 편지를 쓸 때, 그의 머릿속에는 이미 하나의 세계어esperanto가 구상되어 있었는지도 모른다!

그 밖에 몇 가지 구체적인 사례를 살펴보자면, 귀엔Guyenne과 가스코뉴Gascogne 지방의 언어인 가스콩어는 랑그도크나 프로방스 방언과는 전혀 다르다. 가스콩어는 가론Garonne강을 사이에 두고 "이쪽 편의 방언과 저쪽 편의 방언은 확연한 차이를 보인다"120. 또한 각각의 커뮤니티마다 고유한 의사소통 방식을 발전시켰다. 따라서 오슈Auch에서 툴루즈Toulouse로 또는 몽토방Montauban으로 이동하는 길에서 우리는 소통의 장벽에 부딪히게 된다. 보르도의 방언 전문가에 따르면, 보르도 지방에서는 "모든 방언을 크게 두 종류로 묶을 수 있다". 그러니 더 이상 세부적인 차이는 논할 필요가 없다! 랑드Landes 지방에서는 "각 교구마다 다른 언어를 사용해서 의사소통에 어려움이 많다"121.

또한 북부는 어떠한가? 부르고뉴 방언의 경우, 디종Dijon에서 본Beaune으로, 샬롱Chalon, 브레스Bresse, 모르방Morban을 지나면서 차이가 뚜렷해진다. 마코네 방언은 "마을별로 억양이나 발음, 단어의 어미 등에 차이가 있다"122. 살랭Salins 부근에서는 상황이 더욱 심각해서, "마을마다 완전히 다른 언어를 사용했으며, 이웃 마을의 방언을 전혀 알아듣지 못할 정도였다". 또한 특이한 것은 "2km(0.5lieues) 정도 거리의 도시 내부에서도 서로 다른 방언과 생활양식을 갖는 확연하게 다른 두 지역으로 나누어져 있다"123. 브르타뉴 방언인 '브르통어breton'는 도시와 시골에서 동시에 통용되었는데, 이 언어를 국어로 통일해서 사용한다는 것은 상상하기도 어려운 일이었다. 트레기에Tréguier 브르통어와 레옹Léon 브르통어는 같지 않아서 문법체계를 똑같이 적용할 수 없었다. 특히 발음상의 차이가 컸는데, "브르타뉴 출신의 사람조차도 20리유lieue, 즉 80km 정도 떨어진 거리에 있는 마을 사람과 대화하려면 상대방의 브르통어에 관해 공부할 필요가 있었다"124.

프랑스의 옛 방언들을 조사하는 것은 어쩌면 쓸데없는 일처럼 여겨질 수도 있는데, 현재의 프랑스어는 프랑스의 모든 지역에서 공통적으로 사용된 언어가 아니었다는 사실을 알 필요가 있다. 디드로Diderot가 집필한 『백과사전L'Encyclopédie』에는 다음과 같이 기술되어 있다. "방언은 올바른 언어 사용은 아니지만, 거의 모든 지방 도시에 이러한 방언이 존재한다. 제대로 된 언어를 사용하는 지역은 수도 파리뿐이다."[125] 다른 한편으로 지역마다 방언의 차이 또한 수없이 많고 다양하다. 1708년 라 셰타르디La Chétardie[126]는 종교교육에 관해 다음과 같이 말한 바 있다. "교구마다, 학교마다 다른 방식의 종교 수업을 해야 할 것이다."[127] 지역과 지역 간의 소통 면에서도 루아르 북쪽과 남쪽은 뚜렷한 차이를 보였다. 예컨대 국경 부근의 북부 지방, 브르타뉴, 플랑드르Flandre 지역, 그리고 동부 지역을 제외한 그 외의 북부 지방에서는 프랑스어를 일상적으로 사용하지는 않았지만 듣고 이해하는 수준에서는 큰 문제가 없었다. 각종 공식 문서, 사제의 설교, 학교 수업 등은 모두 표준어로 이루어졌다. 방언은 시골에서는 일상생활의 언어였고, 도시에서는 서민층의 언어였다. 그러나 프랑스 북부 지방에서는 방언이 빠른 속도로 사라졌다. 그와는 정반대로 남부로 내려오면 상황은 많이 달라지는데, 거의 모든 지역에서 방언의 사용은 절대적이었다. 도시에서도 시골에서도 고유한 방언이 사용되었으며, 모든 사회계층이 방언을 사용했다. "지식인과 부유층 역시 방언을 사용했던 것이다." 이는 아베롱Aveyron[128]의 다음과 같은 편지 내용을 통해 자세히 알 수 있다. 만약 일부 상류 부르주아 계층이나 저명한 학자들이 프랑스어를 말한다고 해도 대다수의 지역 주민들은 전혀 알아듣지 못했을 것이다. 가스코뉴의 방언 사용에 관해 오슈로부터 발송된 어느 익명의 편지[129]는 다음과 같이 증언하고 있다. "관습법과 공증서류는 모두 '엉터리 라틴어'로 쓰여 있다."

사실 프랑스어가 전국적으로 통용될 수 없었던 것이 자연스러운 일이 아니겠는가? 오슈에서 몽토방을 지나면서 대화에 어려움을 느끼는 것이 오히려 더 자연스러운 일이 아니겠는가?[130] 언어의 장벽은 상상하기 어려울 정도로 심각했

방언 분포도

완전한 프랑스어 사용권

대다수 프랑스어 사용, 일부 지역 방언

1835년 프랑스어 사용 지역

출처: Abel Hugo, *La France pittoresque*, (Paris, 1835), I, p.16.

거의 모든 지역이 프랑스어 사용하지 않음

50% 이상이 프랑스어 사용하지 않음

중요한 비율이 프랑스어 사용하지 않음

프랑스어를 사용하지 않는 지역 그룹

상당수 방언 사용

의심 지역

1863년 방언 사용 지역

출처: *Archives nationales*, 7^{17} 3160, ministère de l'Instruction publique "Statistique: Etats divers".

1835년 프랑스어는 많은 북부 지방에서 사용되었다. 1863년 당시 교육부(Ministère de l'Instruction publique)의 공식 조사에 의하면, 방언을 사용하는 지역은 프랑스 전역에서 큰 비중을 차지했다.

지도 출처: Eugen Weber, 1983, *La Fin des terroirs*.

다. 예컨대 알프스 남부 출신인 알베르Albert 신부는 다음과 같은 경험담을 남겼다. "몇 년 전에 오베르뉴의 초원지대를 여행했는데, 길을 가면서 마주치는 그곳 주민들의 말을 전혀 알아들을 수 없었다. 프랑스어로 말해 보았고, 내가 살던 지역의 방언으로도 말해 보았으며, 라틴어로도 시도해 보았지만 소용이 없었다. 결국 말하는 것을 포기하고 그들이 하는 말을 들어 보았으나, 나 역시 그들의 말을 전혀 알아들을 수 없었다."[131] 상황이 이러하니 15세기 무렵 남부의 아를Arles이나 타라스콩Tarascon 교구의 신자들이 브르타뉴나 샬롱쉬르마른Châlons-sur-Marne 출신의 신부를 맞이했을 때 왜 그토록 불만을 터뜨릴 수밖에 없었는지 이해가 된다. 사실상 신부의 설교를 전혀 알아들을 수가 없었던 것이다![132]

프랑스어가 지방으로 퍼지게 된 중요한 요인은 인구의 이동에 기인한다. 15세기에 남부 도시 아를로 이주하는 북부 사람들의 수가 많아졌는데, 이들은 당연히 아를 방언을 알아들을 수가 없었을 것이다. 이들 이주민 덕분에 프랑스어는 아를에서 통용되기 시작했고, 상류층과 서민계층 모두에게 전파되었다. "이렇게 해서 아를에서는 1503년부터 시의회 회의록을 프랑스어로 기록하기 시작했다. 아를은 프로방스 지방에서 처음으로 프랑스어 사용을 시도한 도시였는데, 이는 1539년에 프랑스어 사용을 시작한 빌레르코트레Villers-Cotterets보다도 앞선 일이었다."[133]

인구의 이동은 18세기 말 무렵 많은 방언들이 프랑스어의 영향을 받아 변화되었던 현상도 설명해 준다. 이와 관련해서는 전국 각지의 사람들과 주고받았던 그레구아르 신부의 편지가 중요한 자료로 남아 있다. 도시에서는 매매 활동에 편리하다는 장점 때문에 프랑스어를 사용하는 분위기가 더 빨리 확산되었으며, 보르도의 경우는 예전에는 가스콩어를 사용했던 도매상들이 점차 표준어를 사용하며 '사투리는 이제 생선 파는 여자들, 짐꾼, 하녀들이나 쓰는 말' 정도로 여기게 되었다. 수공업자들도 모두 프랑스어를 사용했다.[134]

이와 같이 전국적으로 방언 사용이 점차 줄고 표준어 사용이 점점 확대되었다. 대부분의 전문가들은 이러한 변화가 50년 정도 시간을 두고 이루어졌다고 보는데, 일부는 30년 만에 되었다고 주장한다. 변화의 요인, 즉 근본적인 소통의 변화에 대해서는 대부분 상업의 발전과 대규모 도로 공사를 그 요인으로 꼽는다. 18세기에 기술자들의 위상을 높여 주었던 대규모 다리, 도로 공사는 이후의 시대와 비교했을 때 과연 어떤 의미가 있었던 것일까? 도로 및 철도 교통의 발전도 중요하지만, 이보다는 학교교육이 표준어 확산을 가능하게 한 결정적인 요인이었다. 그러나 시골 구석구석까지 프랑스어 사용이 일반화된 것은 하루아침에 이루어지지 않았다. 피에르 보노Pierre Bonnaud의 기록에 의하면, "남부 지방의 농민들은 1850년대까지도 프랑스어 사용에 상당히 소극적이었다"[135]. 『보물섬』의 작가인 영국 소설가 로버트 루이스 스티븐슨Robert Louis Stevenson은 1878년 당나귀를 타고 오트루아르Haute-Loire 지역을 여행한 적이 있다. 그는 여행 중에 만난 사람들과 아무 문제 없이 대화를 나눌 수 있었는데, 그렇다고 해서 당시에 이 지역에서 사투리를 쓰지 않았다고 상상해서는 안 된다. 같은 해 8월 그가 퓌Puy에서 40km 떨어진 모나스티에Monastier라는 도시를 여행할 때 만났던 사람들과의 대화 내용은 참으로 흥미롭다. 그는 우연히 레이스를 제조하는 여인들을 만났는데, 여인들은 낯선 여행자인 그에게 다음과 같이 물었다. "영국인은 사투리를 쓰나요?" 그가 아니라고 대답하자, 여인들은, "아! 그러면 표준어(프랑스어)를 쓰나요?" "아니요, 그렇지 않아요, 프랑스어로 말하지 않아요." 이 말에 여인들은 이렇게 결론을 내리고 말았다. "그러면 사투리를 쓰는 거네요."[136]

일부 지역에서는 프랑스어 사용이 훨씬 늦어졌다. 1902년 정부에서 표준어 사용을 의무화하는 시행령을 발표한 이후에도 브르타뉴에는 표준어로 설교하는 것을 거부한 신부들이 많았다. 루시용Roussillon의 일부 지역에서는 오늘날에도 여전히 카탈루냐어를 사용하고 있다. 그리고 이 언어를 더 이상 사용하지 않는다 하더라도 루시용 지역 주민이라면 누구나 이 방언을 듣고 이해하는 데에는 문제가 없다. 전 와인협회 회장이었던 앙드레 카스트라André Castera는 1983년에 있었던 장 로제니Jean Laugénie와의 인터뷰에서, 남부 프랑스 지역의 방언들이 해체된 것은 1950년대 말이라고 설명한다. 그에 따르면, 이러한 방언의 해체는 과거 교육자들의 표준어 교육에 기인한 것이 아니라, 텔레비전을 비롯한 각종 대중매체의 영향 때문이라는 것이다. 또한 표준어 사용이 세련된 도시인과 상류층의 언어라는 사회적 지위 향상과 결부되면서 사람들은 자발적으로 표준어를 선택했던 것이다.

방언과 지명을 통한 선사 시대 지리의 조명

사투리(좀 더 나은 표현으로, 방언 또는 지방어)는 단지 18세기나 19세기와 관련된 사실만 알려 주는 것은 아니다. 방언학과 지명학은 언어학자들에 의해 활발하게 연구되는 분야이며, 프랑스의 아득한 과거를 추적하는 과정에서도 놀라울 정도로 풍부하고 귀한 정보들을 제공해 준다. 하지만 프랑스의 방언이나 지명에 관해 지리학자는 물론이고 가장 뛰어난 역사학자들도 아직까지 제대로 된 연구를 수행하지 못하고 있다. 이런 상황에서 젊은 지리학자인 피에르 보노는 지리학과 역사학적 측면에서 방언과 지명에 관한 연구를 처음으로 시도했다.

방언과 지명은 시간의 흐름 속에서 많은 변화를 겪는데, 이러한 변화는 중요한 사실들을 파악하는 단서가 된다. 연대기순으로 방언과 지명을 탐색하는 것은 쉽지 않은 작업이다. 특히 각각의 정보를 그에 맞는 시간과 장소에 연결시키는 것은 보통 어려운 문제가 아니다. 그렇지만 어려움을 감수하고 도출한 연구 성과는 우리에게 많은 수수께끼를 풀게 해 준다. 예컨대 가장 최근의 연구 성과는 표준어 확산과 관련된 것이었는데, 이 연구는 프랑스 역사의 가장 오래된 부분까지 조명해 주고 있다.

피에르 보노의 연구는 당시로서는 흔치 않은 학제간 연구를 시도했다는 측면에서 높이 평가받고 있다. 그의 연구는 우선 시간 속에 어지럽게 흩어져 있는 지표들을 찾아내어 그 순서를 파악하는 것으로 시작하여, 어떤 지명이 다른 지명보다 더 먼저 붙여진 것인지를 파악한다거나, 어떤 방언 구역이 지리적으로 정확히 어디에 위치했는가를 밝혀내는 작업이었다. 하지만 많은 지표들은 시공간 속에서 명확한 질서를 가지고 정리되지 않는다. 수목학 전문가 또한 이와 유사한 방식으로 연구하는 사람들인데, 이들도 해당 식물의 절대적인 연대와 상세한 분포지를 밝혀낼 수 없기 때문에 언제나 상대적인 정보만을 이용한다. 역사적 연대표에 어떤 사건을 정리하는 것은 최근의 역사라도 어려운 일인데, 더군다나 선사 시대까지 거슬러 올라간다면 연구는 더욱 미궁 속으로 빠질 수밖에 없다. 다음으로 맞닥뜨리는 문제는 연구 결과를 가지고 과거에 대해 인식하고 있던 기존의 이미지를 수정하는 것이다. 피에르 보노의 연구에서 또 하나 주목할 점은 많은 언어학적 기호를 통해 서로 다른 뿌리를 가진 '종족들'을 구분하는 측면에서 큰 성과를 거두었다는 점이다. 멀고 먼 옛날에 처음으로 프랑스 땅에 정착했던 종족들은 제각기 '영토'라는 개념을 가지고 그들의 영역을 서로 다른 풍경과 문화적 속성으로 차별화했다. 개별 종족들은 세월의 풍파를 겪으며 많은 변화를 겪었지만, "각 종족의 특성은 그 어떤 어려움 속에서도 사라지지 않았다." 바로 여기에 프랑스의 다양성을 설명하는 열쇠가 있다. 적의 침입 또는 정부에 의해 이러한 다양성은 위협을 받기도 했는데, 중앙정부는 파리를 중심으로 전국을 통합하고자 시도해 왔다. 예컨대 수도 파리의 언어를 표준어로 정하여 언어를 통일하고, 오랜 시간에 걸쳐 지방색을 흡수하는 작업, 즉 통일을 추구해 왔다.[137]

피에르 보노의 연구는 기존에 갖고 있던 우리의 지식에 의문을 제기하고 방사선을 투과시키듯 감추어진 역사를 비추는 것이었다. 일차적으로는 토지와 긴밀한 관계 속에서 살아가는 시골 마을들의 과거를 조명하고 있다. 수백, 수천 년 동안 사람들은 자신을 둘러싸고 있는 환경과 끝임없이 상호작용을 하고 있는

데, 우리는 그러한 이야기를 숨죽여 듣는다. 인간은 오늘날에도 여전히 환경의 영향을 받으며 살 수밖에 없는 운명이며, 어떻게든 환경을 잘 이용하여 삶을 보다 풍요롭게 영위하기 위해 끊임없이 주거와 환경 간의 변증법적 관계를 숙고한다. 제한된 조건 속에서 살아가는 우리의 삶은 일종의 게임과도 같다. 삶을 둘러싼 사회경제 구조는 저항에 부딪힐 때마다 또는 유리한 조건을 만날 때마다 그러한 변수에 따라 다양한 방식으로 진화해 왔기 때문이다. 이처럼 인간이 정주하고, 그러한 정주 시간이 지속됨에 따라 인간 집단의 삶의 양식은 깊이 뿌리내리게 되어 결국 수 세기를 거치는 동안 삶의 공간은 문화로 채워진다.

그러나 삶의 공간이 문화로 채워지는 과정을 과거의 어느 특정 시점에 단 한 번으로 되는 것처럼 생각해서는 안 될 것이다. 인간이 대지 환경에 기반을 둔 존재이긴 하지만, 절대적으로 대지 환경에 종속되었음을 의미하는 것은 아니다. 우리 스스로를 '정착하는 인간homo stabilis'이라고 정의할 수 있을지는 몰라도, 한곳에 '고정된 인간homo immobilis'이라고 부를 수는 없다. 인간은 필요한 것을 생산하기 위해 자연에 순응하기도 하고, 물리적인 환경에 맞서 끊임없이 투쟁을 계속해 왔다.

게르만 민족의 대이동 말기, 즉 카롤링거 왕조 시대까지만 해도 프랑스 땅에 살았던 많은 종족들의 절반 정도는 이동하며 살았을 가능성이 있다. 선사 시대에 유럽 중심부 지역에 살던 사람들에 의해 조성된 프랑스의 곡창지대는 그 시기에 터만 닦았을 뿐 수확물을 안정적으로 얻은 것은 훨씬 나중의 일이다. 따라서 당시 사람들의 대부분은 산과 평지를 이동하며 목축으로 생계를 유지하면서 반유목 생활을 했다.

다시 말하면, 프랑스의 다양성을 의미하는 '모자이크'된 풍경은 시간의 흐름 속에서 변화하고 재편되었다. 피에르 보노에 따르면, "현재 마을 공동체는 그들의 역사적인 근원을 거슬러 올라가 보면 옛 공동체를 그대로 유지하는 마을은 단 한 곳도 없다"[138]. 과거로 거슬러 올라갈수록, 우리는 프랑스의 다양한 측면을 발견할 뿐이다. '고장pays'이라 일컫는 기본 공동체들에 관한 진실, 여러 고장들이 다양하게 결합되어 형성된 '지역région'에 관한 실체도 드러난다. 프랑스 중부에 자리 잡은 리무쟁도, 저자가 특별히 관심을 갖고 있는 오베르뉴도 전혀 다른 모습으로 피에르 보노의 책에서 재발견된다. 이 두 지방은 흔히 남부 프랑스로 분류되지만, 사실 남부 프랑스와 여러 가지 면에서 구분되는 독특한 중부 프랑스를 이루고 있다. 그뿐만 아니라 위세가 당당한 북부 프랑스와도 많은 차이를 보인다. 필자는 개인적으로 로베르 스페클랭Robert Specklin**139** 이 남부와 북부 지방 사이에 그린 이 독특한 프랑스의 심장부, 즉 고대 로마제국의 국경지대limes에 관한 피에르 보노의 고찰이 궁금하다. 푸아투만에서 제네바 호수까지, 다시 북부 프랑스 영역과 단절을 표시하는 오베르뉴 북쪽까지 고대 로마 시대에 이 지역은 영토를 가르는 국경이었다.

물론 피에르 보노에게 이것은 단지 평범한 한 가지 사례에 불과할지도 모른다. 프랑스 전국에 이와 비슷한 경계들은 얼마든지 있기 때문이다. 필자는 다만 그의 훌륭한 저서에서 발견한 생생하고 새로운 이미지들을 필자의 프랑스 역사 이야기에 끌어온 것이다.

피에르 보노는 선사 시대를 전공하는 역사학자들의 도움으로 다음의 사실을 발견했다. 선사 시대 '프랑스'는 크게 두 갈래의 인구 유입을 보였는데, 하나는 유럽 중앙으로부터 이동해 오는 인구였고, 다른 하나는 지중해로부터 이동해 오는 인구였다. 당시 중부 유럽 지역은 일찍부터 곡물 재배가 발달해 있었다. 따라서 곡물 생산을 바탕으로 한 앞선 경제체제가 갖추어져 있었다. 피에르 보노는 중석기 시대에 농업이 가장 발달한 지역으로 중부 유럽을 꼽는다. 발달된 농사 기술을 익힌 숙련된 농부들이 점차 서유럽으로 이주하면서 서유럽에 농사 기술이 전파되었다고 보고 있다. 반면, 지중해로부터 북상한 인구는 빈 땅을 찾아 이주한 경우인데, 목축을 했던 이들에게 비어 있는 땅을 발견한다는 것은 가축에게 풍성한 풀을 먹일 수 있다는 의미였다. 즉 이들은 야생의 목초지를 찾아

메디오로만 메리디오날(medioromane meridionale) 지역

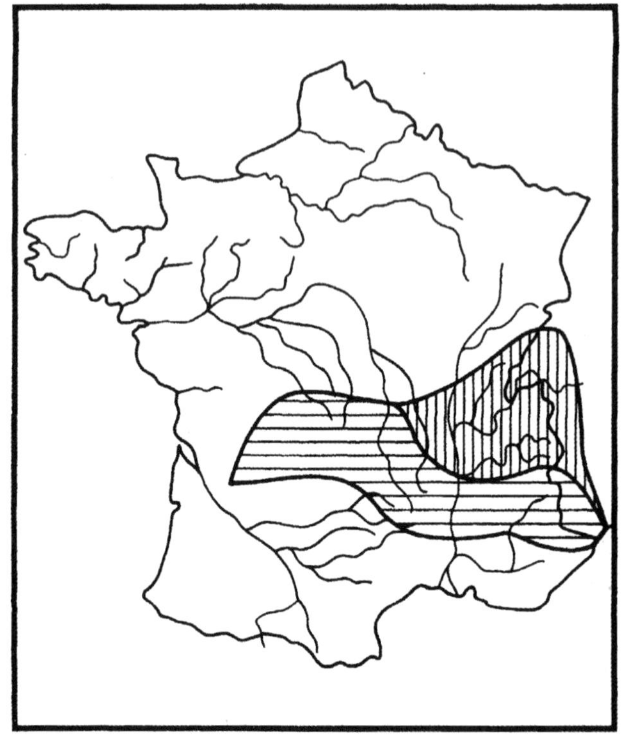

수평선이 표시된 지역은 피에르 보노가 남부 지방과 분리해서 메디오로마니 메리디오날(médioromanie méridionale)이라고 부르는 지역으로 리무쟁, 오베르뉴, 도피네가 이에 속한다. 그 위쪽 경계선은 일반적으로 남부와 북부 지방을 나누는 경계선이며, 수직선으로 표시된 것은 프랑코프로방살(franco-provençal) 지역을 의미한다.

출처: Pierre Bonnaud, *op. cit., II*, p.188.

계속 이동하는 유목민이었다.

오늘날 우리가 흔히 분류하는 두 개의 프랑스, 즉 북부와 남부 프랑스의 역사는 아주 먼 옛날로 거슬러 올라간다. 또한 피에르 보노가 섬세하게 지도상에 경계를 표시한 과거의 '기본적인 공동체들'은 여전히 존재한다. 프랑수아 지고François Sigaut는 다음과 같이 쓰고 있는데, "프랑스 국립통계경제연구소 I.N.S.E.E.에 의하면 현재 프랑스 땅에는 총 473개의 '농업지역'이 있다. 오늘날의

400년경 갈리아 지방 중앙에 위치한 고대 로마제국의 국경지대(limes)

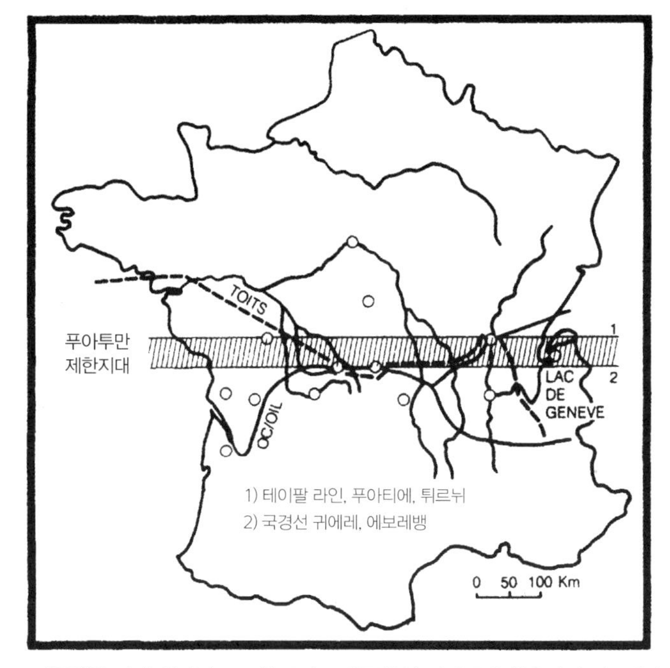

로베르 스페클랭은 지명, 역사와 고고학적 자료, 항공촬영 사진 등을 활용하여 지도상에 갈리아 지방을 나누는 약 50km 폭의 고대 로마제국의 국경지대를 그렸다. 4세기 게르만 민족의 대이동을 막기 위해 로마인들은 이 국경지역을 강화했으며, 사르마티아인들을 이용해서 이 지역을 지켰는데, 이후 6~7세기경에는 프랑크의 군사지역(marche franque)이 된다.

지도 출처: Robert Specklin in: *Acta geografica*, 1982.

사정이 이렇다면 과거에는 얼마나 더 많았겠는가? … 부르보네Bourbonnais에서 루시용Roussillon에 이르는 지역, 오니스Aunis에서 보주Bauges에 이르는 지역까지, 옛 프랑스에는 100여 개가 넘는 경작제도가 있었을 것이다. 이 주제에 관해서는 추후에 다시 다루고자 한다. … 그러나 이 주제에 관한 한 정확한 사실을 규명할 과학적인 조사 연구 방법을 아직 찾지 못했기 때문에 지금으로서는 직관적인 사실들을 주장할 뿐, 그 유효성을 인정받지 못하고 있다"**140**. 우리는 과거 프랑스의 왕들처럼 통일 왕국을 상상하고 건설하는 데 바람과 파도에 맞서 투쟁하듯이 어려움을 겪고 있다.

문화인류학적 관점에서 본 공동체들: 프랑스의 단일성에 대한 반증

지금까지 살펴본 것처럼 프랑스의 다양성을 보여 주는 기록은 수없이 많다. 특히 다양한 문화의 근원들이 그들의 흔적을 새겨 놓아 프랑스 문화는 다양한 얼굴을 갖고 있는 것이다. 그렇다면 과연 프랑스는 어떻게 이러한 다원적인 환경 속에서 서로 분리되지 않고 살 수 있었던 것일까?

옛 문화의 뿌리를 찾는 연구에서 최근 큰 기여를 하고 있는 분야는 바로 인류학이다. 사람의 두개골을 조사하고 인종을 연구했던 과거의 인류학이 아니라, 최근 젊은 학자들이 두각을 나타내고 있는 문화인류학이 바로 그것이다.

우리 시대 문화인류학자들의 주된 관심사는 다름 아닌 혈연 공동체이다. 장 루이 플랑드랭Jean-Louis Flandrin이 지적한 바와 같이, 현대사회에서 가족 질서가 위기에 봉착했다는 진단은, 달리 말하면 그 사실이 위협적일 만큼 사회를 유지하는 데 가족 공동체의 중요성이 크다는 말도 된다.[141] 가족은 사회를 구성하는 최소 기본 단위로서 모든 것이 가족으로부터 비롯되고, 모든 문제는 우선적으로 가족 환경에 기인한다. 한 무리의 꿀벌떼는 철저하게 조직을 위해 헌신하는 벌의 특성으로 유지되는데, 만약 일벌들이 결혼을 하고 새끼를 낳는다면 꿀벌 조직의 질서는 어떻게 달라질까? 이것은 인류학자, 정신분석학자들 이전에 이미 역사학자들이 중요하게 다루었던 주제이지만, 새로운 학문 세대의 활발한 연구 덕분에 한층 더 풍부하고 예리한 지식을 얻게 되었다. 그 결과 제자리에 앉아 통계와 지도만을 들여다보고, 통계와 지도에 매여 있던 우리 역사학자들이 드디어 몸을 움직여 현기증 나는 과거로의 시간 여행을 하기 시작했다.

『프랑스의 발견*L'invention de la France*』의 저자 에르베 르 브라Hervé Le Bras, 에마뉘엘 토드Emmanuel Todd와 같은 신세대의 연구 방법론을 이해하기 위해서는 몇 가지 선행지식이 필요하다.

우선 서구인들에게 가족, 즉 혈연 공동체는 오늘날까지도 세 종류로 분류된다. 좁은 의미의 가족(부모와 미혼 자녀, 흔히 핵가족이라 불리는 것)이 그 첫 번째이고, 넓은 의미의 가족이 다시 두 종류로 분류된다. 직계가족famille-souche 또는 famille-maison은 부모, 자녀, 손자, 손녀로 이어지는 여러 세대를 수직적인 구조로 묶는다. 직계가족은 로마 전통의 가부장제도pater familias를 따르는 권위적인 공동체이며, 일반적으로 각 세대마다 한 자녀가 결혼과 상속을 통해 가족의 대를 잇는다. 따라서 상속 자녀의 결혼은 가문의 통제를 받고 만혼인 경우가 많으며, 나머지 다른 자녀들은 독신으로 살거나 재산을 찾아 집을 떠난다. 두 번째 형태인 부계가족famille patriarcale은 수평적인 구조로 아버지와 같은 어른을 중심으로 결혼 여부와 상관없이 모든 자녀들을 결속시킨다. 여러 번의 결혼에 의해 형성된 가족을 자연스럽게 포함하여 형제애를 통해 점차 더 큰 공동체를 형성해 가는 특징이 있다. 이러한 가족 개념이 확대되어 "부족 또는 지역 공동체를 형성하기도 한다". 직계가족과 부계가족을 구분하는 가장 중요한 기준은 평균 결혼연령이다. 직계가족의 경우 결혼 시기가 상당히 늦고 독신 인구의 비율이 높은 특징을 보이는 반면, 부계가족에서는 결혼을 일찍 하는 편이고 독신율이 낮다. "결혼은 가족 공동체를 유지시켜 주는 중요한 요소로서 인류학 연구의 핵심 주제이다. 이는 마르크스 이론에서 계급투쟁이 차지하는 중요성에 비할 수 있을 것이다."[142] 마지막의 비유는 가볍게 웃고 넘기기 위한 것이다.

유럽은 앞서 살펴본 세 종류 혈연 공동체의 구성 방법에 따라 비교적 명확하게 구별된다. 핵가족 유형을 중심으로 발달한 사회는 영국에 널리 분포되어 있고, 직계가족 형태의 사회는 독일에, 부계가족 유형의 사회는 이탈리아반도에 두드러지게 분포한다. 프랑스는 유일하게 이 세 가지 유형이 섞인 양상을 보인다. 우리는 여기서 다시 한 번 프랑스는 유럽의 각종 다양성을 포함하고 있으며, 유럽의 축소판이라는 말이 전혀 과장이 아님을 확인할 수 있다. 이웃 나라에서는 국가나 민족의 특징으로 설명되는 것들이 프랑스에서는 한 지역의 특징이 되는 경우가 많다. 남부 프랑스에는 직계가족이나 부계가족과 같은 확대가족 유형이, 브르타뉴, 알자스, 플랑드르를 제외한 북부 지방에는 핵가족 형태의

다양한 가정의 분포 비율이 높은 45개 데파르트망(1975년)

a. 농부

b. 농촌 가정

c. 도시 가정

지도에서 볼 수 있듯, 오늘날에도 여전히 확대가족 유형과 핵가족 유형이 지배적인 지역으로 나누어져 있다. 이러한 현실은 프랑스 역사에서 언어, 문맹률, 생활수준, 소유 형태, 도시화, 종교, 정치적 성향 등 다른 대립적인 요소로 대체해도 확인할 수 있다.

지도 출처: H. Le Bras, E. Todd, *L'Invention de la France*, 1981.

사회가 발달했다(도표 참조). 남부 프랑스는 공동체주의적인 문화가 발달했으며, 알자스와 브르타뉴 지역은 특히 권위주의적인 특징을 보인다.

흥미로운 사실은 이러한 가족 유형들이 오랜 기간 지리적으로 같은 분포도를 보인다는 것이다. 이 분포도는 거의 고정적이어서 인류학자들에게 지속성을 가진 정보를 제공한다. 즉 한 지역에서 장기간에 걸쳐 나타난 문화적 현상을 고찰할 수 있게 해 준다. 그러나 물론 여기에도 예외가 있어 도시화와 공업화 과정에서 지역의 고유성이 파괴된 일부 지역의 경우에는 지속적인 문화의 흐름을 찾아보기 어렵다. 이렇게 문화적인 단절을 경험한 사회의 구성원은 절망, 우울증, 정신적 방황 등을 겪을 수밖에 없다. 심한 경우 자살이나 알코올 중독으로 이어지기도 한다. 19세기 가톨릭교회는 정신적인 안정을 바라는 사람들에게 큰 위안이 되었던 것으로 보인다. 특히 독신 인구의 비율이 높았던 권위적인 가족 사회에서 가톨릭교회의 역할은 중요했다. 또한 개인보다 공동체를 중시했던 사회에서는 방황하는 사람들의 정신적 안정을 책임지는 역할을 공산당이 담당했다.[143] 그 당시 공산당은 오늘날의 정당과는 많이 달랐으며, 공동체 구성원들의 생활 안정에 크게 기여하는 특성을 가지고 있었다. 가족 질서가 무너지거나 갑작스럽게 변형된 사회에서 종교 질서나 정치 질서가 그 역할을 대체해서 고집스럽게 지역 문화의 다양성을 지켜 온 사실은 아주 놀랍다. 문화적인 파괴와 그에 따른 상처는 치유되고 회복되어 다시 새로운 생명력으로 이어진다.

서로 다른 가족 형태를 갖는 지역들은 다양한 사회현상과 상관관계를 보여준다. 조금 전 우리는 가톨릭교회와 공산당이 특정한 가족제도를 갖는 지역에서 번성했던 사실에 관해 이야기했는데, 1974년, 1978년, 1981년의 선거 결과에서 나타난 상관관계는 더욱 놀라운 사실을 말해 준다. 즉 공동체 유형의 사회였던 지역은 계속적으로 좌파적 정치 성향을 나타내었던 반면, 직계가족 형태의 사회였던 지역은 우파적 정치 성향을 보여 주고 있다. 프레데리크 르 플레 Frédéric Le Play가 '불안정한 가족'이라고 부르던 핵가족 형태의 사회였던 지역들은 좌파와 우파 성향을 왔다 갔다 하는 경향을 보였다.[144]

물론 혈연 공동체 유형에 따른 지역분류를 확인하는 데에는 선거만 있는 것은 아니다. 비록 다소 차이는 있지만, 이러한 사실은 성, 이주 상황, 노인이나 장애인에 관한 인식, 영유아 인구수, 종교 활동, 매춘, 윤작, 토지제도, 상속 방법, 건축양식, 16세기부터 시들해진 주술 행위, 문맹률 등의 각종 지표를 통해서도 확인할 수 있다. 이것들은 모두 프랑스 역사를 지탱하는 보이지 않는 기반을 구성하는 요소들이며, 바로 이러한 기반 위에서 프랑스의 모든 역사가 세워진 것이다. 따라서 역사의 구조를 파악하기 위해서는 반드시 이러한 기반을 면밀하게 살펴볼 필요가 있다. 북부 프랑스, 그리고 부유한 파리 분지 , 리무쟁, 푸아투에서는 거의 찾아볼 수 없는 마을 공동체 질서가 남부의 도피네, 오베르뉴, 귀엔, 가스코뉴, 랑그도크, 프로방스에서는 널리 뿌리내렸던 것을 보면서 어떤 역사학자가 놀라지 않을 수 있겠는가?[145]

프랑스가 여러 갈래로 나뉘어 있었다는 것을 보여 주는 증거는 충분히 많다. 그런데 그 이유를 묻는다면 역사가 그렇게 정해졌기 때문이라고밖에는 답할 수 없을 것이다. 변화하는 역사의 시간 속에서 우리는 실패와 좌절을 경험했다. 에르베 르 브라와 에마뉘엘 토드는 연구 중에 끊임없이 놀라고 감탄하지 않을 수 없었고, 그 과정을 즐겼던 것 같다! 이들은 프랑스의 다원화된 문화가 거의 서기 500년경 클로비스Clovis와 프랑크 왕국 수립까지 거슬러 올라간다고 주장하고, 게르만 민족의 대이동과 이로 인해 여러 민족의 영토가 재편된 사실이 다양성을 촉진시켰던 것으로 보고 있다.[146] 이들의 주장을 받아들이는 것이 옳은가?

문화인류학 연구가 실증적인 자료를 근거로 과거를 추적하고 탐사하는 작업을 멈추지 않는 한, 우리 역사학자들은 매우 큰 도움을 기대할 수 있을 것이다. 이들의 연구에서 필자는 역사적 재고찰을 가능하게 할 연구를 기대하고 있다. 파리 분지를 예로 들어 설명해 보자. 파리는 핵가족 형태의 가족 유형에 속한다. 모Meaux를 중심으로 16~18세기까지 핵가족 형태의 공동체들이 널리 퍼져 있었다. 미슐린 볼랑Micheline Baulant은 모를 둘러싼 지역에 관해 이야기하면서 "조각조각 흩어진 가족들familles en miettes"[147]이라는 표현을 사용하기도 했다. 이 표현은 조르주 프리드만Georges Friedmann의 『조각조각 흩어진 노동Le Travail en miettes』이라는 유명한 책의 제목으로부터 빌린 것으로, 당시 유행했던 표현이다. 깨지기 쉬운 핵가족의 성질, 불안정성은 사회의 보호를 받지 못하는 상황에서 그 연약함을 명백하게 드러낸다. 부부 중 한 사람이 사망할 경우 핵가족은 즉시 깨지고 고독한 개인만 남는다. 이것은 파경이고 비극이며 삶을 지속할 수 없는 절망을 의미한다. 이를 뒷받침하기 위해 미슐린 볼랑은 배우자의 사망 직후에 많은 미망인들이 어떤 긴박한 필요성에 떠밀리듯 재혼을 서두르는 현상을 이야기한다. "니콜 피카르Nicole Picard는 1739년 6월에 그의 여덟째 아이를, 1741년 8월에 아홉째 아이를, 1744년 5월에 열째 아이를 가졌다. 이 기간 중에 그녀의 두 남편이 세상을 떠났고, 그녀는 두 번 재혼을 했다."[148]

더 오랜 과거로 거슬러 올라가면 중세 시대까지 이어지는 연속성을 관찰할 수 있다. 사람들은 흔히 핵가족에 관해 근대 사회 및 경제가 낳은 근대적 가족 제도라고 생각하는데, 영국의 사례는 이러한 일반적인 상식에 의문을 제기하며 전혀 다른 결과를 보여 주고 있다. 10여 년 전에 피터 래슬렛Peter Laslett은 16세기 이후부터 영국은 핵가족을 가족의 기본 형태로 제도화시켰다는 것을 밝혔다.[149] 영국은 중세 시대에도 대가족을 제도화한 적이 없었다는 앨런 맥팔레인Alan Macfarlane의 주장을 함께 고려할 때, 수 세기에 걸쳐 영국은 지속적으로 핵가족화된 사회였다고 볼 수 있을 것이다.[150]

만약 파리 지역도 11, 12세기에 이르는 먼 과거에 영국과 비슷한 상황에 있었다면, 우리는 루아르Loire, 센Seine, 솜Somme 지역에서 일찍부터 봉건제도가 비약적으로 발전할 수 있었던 사실을 좀 더 쉽게 이해할 수 있을 것이다. 핵가족은 확실히 대가족보다 유연하기 때문에 지역사회를 봉건제도화시키는 데 있어 저항이 미약했을 것이다. 봉건제도는 단순히 토지와 부역을 화폐처럼 사용하여 매매하는 관계에만 기인하지는 않는다. 봉건제도는 토지 사용 외에도 인간관계, 생활양식, 문화를 모두 포함하는 사회 질서였다.

이와는 반대로 루아르 남쪽에는 대가족제도가 튼튼하게 뿌리를 내렸는데, 그 원인이나 형태는 다양했다. 대가족제도는 개인들의 재산alleu(역주: 봉건 시대의 자유지를 가리키는 말)을 보호하고 도시나 마을 공동체와 같은 지역사회의 자유를 수호하려는 의지가 강했기 때문에 봉건제도가 발달하는 데 걸림돌이 되었다. 여기서 우리는 루아르 북부와 남부의 차이를 다시 한 번 절감한다. 핵가족은 세대마다 새롭게 만들어지는 불안정한 가족이며, 전통에 얽매이지 않고 환경의 변화에 훨씬 개방적이다. 그래서 '근대화'의 바람이 불었을 때에도 아주 유연하게 적응할 수 있었다. 북부 프랑스는 이처럼 일찍부터 적응력이 강했고, 국가의 간섭이 시작되었을 때에도 유연하게 대처할 수 있었다. 국가와 혈연 공동체는 언제나 경쟁구도에 있었기 때문이다.[151] 이런 관점에서 보면 우리는 영국의 핵가족화를 헤이스팅스Hastings 전투(1066년)로 대표되는 노르만Norman 정복으로부터 초래된 결과로 볼 수도 있지 않을까?

핵가족제도를 약하고 개방적인 것으로 보는 관점은 설득력은 있으나 어디까지나 가정에 불과하다. 미국 사회학자 리처드 세넷Richard Sennet은 정반대의 가설을 주장하고 있는데, 그는 핵가족이 사회 변화에 큰 걸림돌이 될 수 있다고 주장한다.[152] 반면, 조르주 뒤비Georges Duby는 핵가족화에 대한 또 다른 가설을 세웠다. 즉 "전통적인 대가족 질서가 해체된 것은 자본주의의 발달로 인한 결과였고, 구체적으로는 가족 질서로부터 해방시켜 자본주의 시스템이 필요로 하는 노동력을 얻기 위함이다."[153] 다른 이론들과 비교할 때 핵가족화 현상을 훨씬 나중 시기에 나타난 것으로 해석하는 입장이다. 이와 관련하여 우리는 관습법에 대한 조사를 통해 얻어지는 구체적인 증거와 문헌 자료를 확보하기 전에는 연구의 진전을 기대할 수 없을 것이다. 1632년경 랭스Reims의 한 부르주아가 남긴 일기에서 다음과 같은 내용이 발견되었다. "내 결혼에 지나친 기대를 걸고 있는 할아버지께 '결혼을 하는 사람은 할아버지가 아니라 저예요'라고 말했다."[154] 우리는 이 기록을 어떻게 이해해야 할까? 동시대인보다 앞선 17세기 청년의 근대적인 발언으로 받아들여야 할까, 아니면 전통적으로 핵가족 문화가 강한 상파뉴Champagne 출신 청년의 자연스러운 표현이었다고 보아야 할까?

이제 막 성과를 내기 시작한 인류학 연구를 통해 과거가 얼마나 밀접하게 현재와 얽혀 있는지를 볼 수 있다. 오랜 시간 뿌리를 내린 프랑스의 다양성을 마주하며, 에르베 르 브라와 에마뉘엘 토드는 다음과 같은 결론을 내렸다. "다양한 민족과 문명을 한데 엮어 '만들어 내지' 않았더라면, '프랑스는 존재하지 않았을 것이다'."155 프랑스는 실제로 너무나 많은 장애물을 뛰어넘어야 했고 분리의 위험을 견뎌야 했다. 그러한 과정을 거쳐 지금 우리가 딛고 선 이 땅만큼이나 단단하고 두터운 역사의 덩어리가 빚어진 것이다.

III.
가변적인 척도로서의 거리

지금까지의 논의에서는 공간을 불변의 요소로 가정했다. 그러나 공간은 실제로 가변적인 요소이며, 한 지점과 다른 한 지점 사이의 진정한 거리계수는 사람의 이동속도에 따라 달라진다. 오늘날에 비해 이동에 엄청난 제약이 따랐던 과거의 사람들은 공간에 갇혀 살았고, 고립된 생활을 할 수밖에 없었다. 오늘날의 기준에서 보면 '육각형' 모양의 프랑스는 세계지도에서 작은 부분을 차지하고 있을 뿐이지만, 과거에는 끝없이 펼쳐진 거대한 공간이었다. 길은 가도 가도 끝이 보이지 않았고, 가는 곳마다 이동을 가로막는 장애물이 끊임없이 나타났다.

플린 르 죈Pline Le Jeune은 『트라이아누스를 기리며Panégyrique de Trajan』에서 갈리아 영토를 말하며 "거의 경계가 없는"**156**이라는 표현을 사용한 바 있다. 프랑스가 끝없이 넓게만 느껴졌던 것은 루이 11세 시대에도 마찬가지였다. 당시 샤를 르 테메레르Charles le Téméraire가 영주로 다스리던 부르고뉴도 1982년의 프랑스 전체 면적보다 열 배, 스무 배는 더 넓게 느껴졌을 것이다.

이처럼 과거의 거리 기준을 고려할 때, 백년전쟁이라 불리는 긴 전쟁 기간 동안 단 한 번도 프랑스 전체가 전쟁의 소용돌이에 휘말린 적이 없었다는 사실은 어쩌면 자연스러운 일일 것이다. 30년 이상 지속되었던 위그노전쟁(1562~1598) 때도 마찬가지이다. 그 시대에 거리는 그 자체만으로 이미 장애물이었고 방패였다. 거리가 멀다는 사실은 요새보다 강한 방어 수단이었고, 그 어떤 법보다도 실질적인 금지 수단이었다. 카를 5세(샤를 캥Charles Quint)는 이처럼 이름 없는 적과의 싸움에 패하여 두 번이나 뼈아픈 후퇴를 한 일화로 유명하다. 즉 1536년 7월 그가 프로방스 공격을 감행했을 때, 너무 험난하고 오랜 여정으로 군대가 이미 지쳐 버려 마르세유Marseille[157]를 눈앞에 두고 후퇴하고 말았다. 1544년에 마른Marne으로의 길이 열려 작은 요새인 생디지에Saint-Dizier[158]를 단숨에 점령하고, 좁은 강을 따라 모Meaux까지 다다른 후, 그 지방의 상점을 약탈했다. 그러나 이곳을 마지막으로 오랜 여정에 지친 그의 군대는 더 이상 전진할 수 없었고, 결국 나머지 모든 지역을 포기했다. 그리고 크레피앙라오누아Crépy-en-Laonnois[159]에서 평화협정을 신속하게 체결하는 데 매우 만족스러워했다. 그러나 그의 야심을 물려받은 아들 필리프 2세Philippe II는 다시 정복 전쟁을 시작했다. 1557년 8월 10일 생캉탱Saint-Quentin[160]에서 몽모랑시Montmorency 총사령관을 꺾고 승리를 거둔 후, 필리프 2세의 군대는 파리로 진격했다. 이때 스페인의 유스테Yuste 사원에서 노후를 보내고 있던 늙은 황제는 아들의 군대가 프랑스의 수도를 향해 전진해야 할지 어떨지를 고민하며 걱정이 많았다고 한다. 당시로서는 거의 불가능한 일이었다는 것을 그가 진정 몰랐다는 말인가? 아니나 다를까, 승리한 군대는 전투지 너머로 더 이상 나아가지 않았다.

그로부터 두 세기 반이 흐른 뒤에도 거리로 인한 제약은 크게 달라지지 않았다. 예컨대 1814년 나폴레옹과 그의 젊은 부대가 연합국 군대를 상대로 벌인 전투는 그 정도의 거리가 아니었다면 생각할 수 없는 일이었다. 연합군 군대가 계곡을 지나 파리로 천천히 전진했던 반면, 나폴레옹은 그사이 주어진 시간을 이용해서 엔Aisne 계곡에서 마른 계곡으로, 혹은 오브Aube 계곡으로 진격하며 적

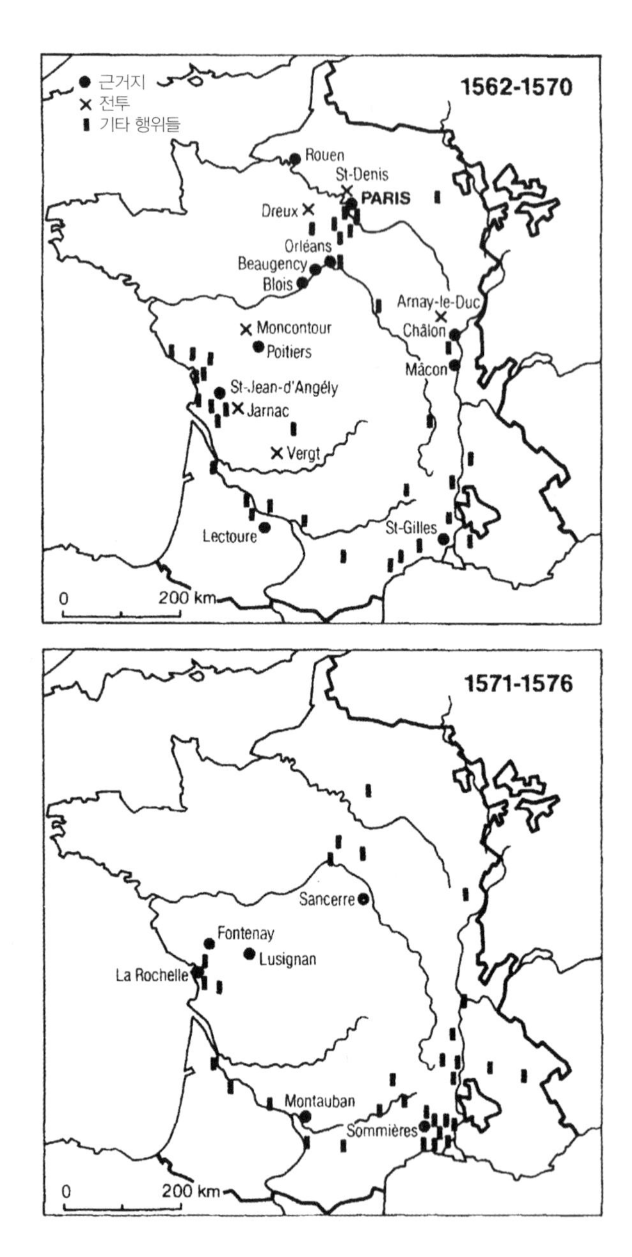

종교전쟁은 프랑스 왕국 전체를 하루아침에 전쟁의 소용돌이에 몰아넣지 못했다.
라비스(Lavisse)의 『프랑스의 역사(L'Histoire de France)』에서 앙리 마리에졸(Henri Mariéjol)은 중요한 충돌을 폭력적인 사건으로만 기록했다. 이는 지나치게 단순화한 것이다. 종교전쟁은

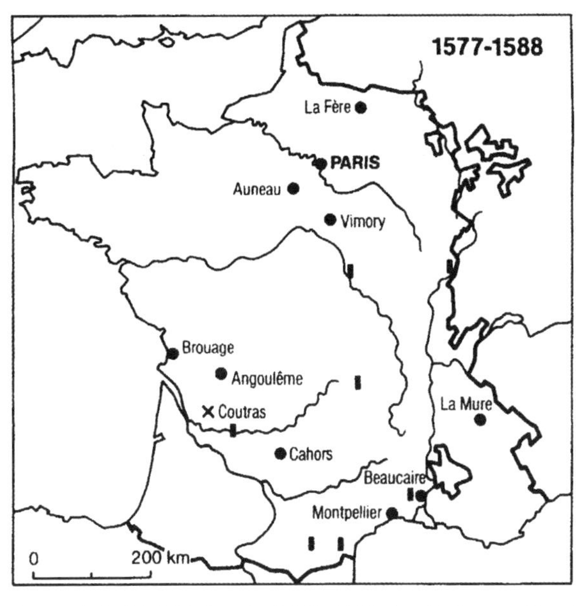

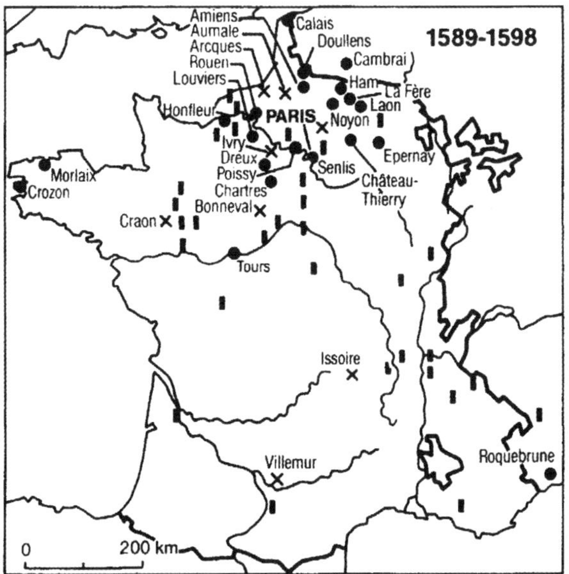

프랑스 전역에서 동시에 일어나지 않았으며, 이에 저항하며 영향을 받지 않은 지역도 있었다. 마지막 무렵인 앙리 4세 때에는 프랑스 북부 지방이 주된 격전지였다.

출처: F. Braudel, *Civilisation matérielle, op. cit., III*, pp.278–279.

들보다 빠르게 움직였다. 그럼에도 나폴레옹은 그곳에서 많은 어려움을 만나 전의를 상실하고, 결국 적의 물결에 밀려 쫓기듯이 파리로 돌아왔다. 외교관 탈레랑Talleyrand(1754~1838)은 일찍이 나폴레옹의 전략이 위험하다는 것을 간파하고 있었다. 투르 뒤 팽Tour du Pin 후작 부인은 그와 나눈 대화를 다음과 같이 전하고 있다. "내게 아무것도 묻지 마시오. 당신의 황제는 이미 끝났소." 이 말에 그녀는 다시 물었다. "끝났다니, 그게 대체 무슨 말이오?" 그러자 그는 말했다. "황제는 곧 침대 밑에 몸을 숨겨야 할 것이오!" 참다못해 그녀는 이것저것 묻기 시작했다. 그러나 그는 짧은 한마디로 답을 끝냈다. "그는 모든 무기를 잃었소. 끝났다는 말이오. 그게 다요."[161] 나폴레옹은 대포, 군용 마차, 탄약, 수레를 포함하여 전쟁에 필요한 모든 물자를 잃었다. 또한 그의 군인들을 잃었다.

1870년 프로이센·프랑스 전쟁에서 프로이센 군대는 철도를 이용했는데, 이것은 매우 혁신적인 일이었다. 당시 젊은 장교였던 포슈Foch는 이 패배를 잊지 못했다. 그가 지휘관이었다면 피레네Pyrénées까지 전투를 계속했을 것이고, 그랬다면 험준한 지형을 이용하여 적을 물리칠 수도 있었을 것이라는 판단에서였다. 1914년에 포슈는 또다시 보병을 이끌고 전쟁에 참여했다. 마른 지역에 도달하기 전 오랫동안 군대가 은둔해 있을 수 있었던 것도 보병전이었기 때문에 가능했다. 그러나 1940년 5월과 6월 기계화에 성공한 적의 군대는 단 몇 주 만에 프랑스군을 무너뜨렸다.

과거의 프랑스는 눈으로 보기만 해도 관리하기 어려운 공간임을 알 수 있다. 넓은 영토는 이동하기도 감시하기도 어렵다. 역사적인 큰 사건들 속에서 이를 확인할 수도 있지만, 일상 속에서 흔히 일어나는 다양한 사건을 통해 더 잘 알 수 있다. 이런 맥락에서 필자는 1523년에 일어난 부르봉Bourbon 총사령관의 도주 사건을 이야기하고자 한다. 국왕의 지시를 받은 요원들이 끈질기게 추격했지만, 그는 대자연 속에 사라져 버렸고 론Rhône강을 무사히 건너는 데 성공했다. 이러한 추격전에서 론강과 같은 자연조건은 매우 불리한 장애물이 아닐 수 없다. 이보다는 덜 극적인 일화 하나를 더 살펴보자. 1619년에 에페르농 공작duc d'Épernon과 그의 수행원들은 특별한 여행을 감행한다. 모략가로 알려진 그는 앙리 3세Henri III의 특별한 총애를 받는 사람으로서 파란만장한 젊은 시절을 보냈다. 1554년에 출생하여 이미 노년의 나이였지만, 메스Metz 지방의 총독직을 맡고 있었다. 왕의 명령으로 그는 관할지역에서 잠시도 자리를 비울 수가 없었다. 그러나 어느 날 이 명령에 불복종하는 사건이 발생한다. 1619년 1월 22일 새벽, 동이 트기도 전에 그는 50명의 기사와 40명의 친위대를 거느리고 길을 떠났다. "또한 식사 관리인과 시종들이 말을 타고 뒤따랐으며, 짐을 가득 실은 15마리가량의 노새도 있었다." 이 원정의 목적은 블루아Blois 성에 갇힌 마리 드 메디시스Marie de Médicis 왕태후를 구출하는 것이었다. 프랑스 동쪽 지방을 가로질러 서쪽 지방까지 가는 여정이었는데, 우리에게 흥미로운 것은 정치적인 이야기가 아니라 이 험난한 여행이다. 그들은 비교적 빠른 시간 안에 목적지에 도달했다. 겨울이었고 도로는 닦여 있지 않았으며, 그들은 휴식을 위해 자주 멈추어야 했을 뿐 아니라 여러 번 강을 건너야 하는 어려움에 처해 있었다. 노새의 걸음은 느린 데다가 디종Dijon과 같은 대도시를 피해 우회해야 했기 때문에 빠른 길도 지날 수 없었다. 대도시 근처에서 발견된다면 그들의 원정은 곧바로 륀Luynes시와 루이 13세Louis XIII에게 알려져 왕태후 구출 작전은 수포로 돌아갈 것이기 때문이다. 이러한 불리한 여건에서 그들은 하루에 적어도 40km 이상을 이동해야 했다. 적지 않은 일행이 무려 한 달 동안 지속적으로 이동했음에도 불구하고 들키지 않았다는 사실은 기적과도 같은 사건으로 회자된다. 그러나 달리 생각하면 프랑스의 광활한 대지에서 한 무리의 행렬을 찾아내기란 짚더미 속에서 바늘을 집어내는 것과 같은 일이었을지도 모른다. 루아르Loire강을 건널 때에는 로안Roanne과 드시즈Decize 사이에 수심이 얕은 곳을 골랐고, 알리에Allier 지방의 비시Vichy를 지날 때에는 다리로 강을 통과할 수 있었다. 그리고 마침내 2월 21일과 22일 밤 사이 왕태후는 창문으로 빠져나와 탈출에 성공

했다.[162]

필자는 이런 종류의 일화들을 접할 때마다 마치 누군가의 일상을 직접 들여다보는 것처럼 남다른 재미를 느낀다. 루이 14세Louis XIV가 마드리드Madrid에 파견한 특사 니콜라 메스나제르Nicolas Mesnager에게 무슨 일이 있었던 것일까? 1708년 봄, 그는 급히 스페인을 향해 출발했다. "9일을 쉬지 않고 걸어 30일 저녁이 되어서야 나는 이곳 바욘Bayonne에 도착했다. 여러 번 길을 잘못 들어섰고 무질서한 역참들로 인해 예상보다 많은 시간이 걸렸다. 여기서 다시 출발하여 마드리드로 가야 한다. 한 번 혹은 두 번 교대할 노새밖에 얻지 못했기 때문에 마드리드까지 열이틀은 걸릴 것 같다."[163] 1800년에는 도로 감찰관이 전국을 순회한 일이 있었는데, 그가 탄 마차는 500km를 가는 동안 여섯 번은 고장이 났다. 매번 수리하는 데 오랜 시간이 걸렸다. 열한 번 정도 바퀴가 진창에 빠지는 사고를 겪었고, 그때마다 진창에서 마차를 꺼내기 위해 마을까지 가서 소를 구해야만 했다.[164]

말을 타고 먼 길을 가는 것보다 더 고생스러운 일은 찾아보기 힘들 것이다.[165] 그렇다면 역마차를 이용하는 것은 더 나은가? 1794년 비상식량을 찾아 길을 떠나야 했던 불운한 농업진흥청 직원은 고백하기를, "시작이 좋지 못했다. 내가 탄 역마차는 상리스Senlis 근처에서 바퀴축이 부러지고 말았다. 지체할 수 없어서 나는 콩피에뉴Compiègne까지 걸어갔고, 그곳에서 다른 마차를 타고 누아용Noyon으로 출발할 수 있었다"[166].

뱃길은 또 다른 종류의 모험이었다. 1799년 마르보Marbot 장군은 이탈리아군의 한 사단을 지휘하게 되었다. 파리에서 출발하여 리옹에 도착했을 때, 그는 나폴레옹의 군대와 맞닥뜨릴 위험에 처했다. 나폴레옹은 이집트에서 귀환하는 길이었고, 대중의 환호 속에 막 수도로 가려는 참이었다. 마르보 장군은 하는 수 없이 육로를 포기하고 아들과 함께 배에 올랐다. 하지만 당시 론강의 뱃길은 몹시 험해서 결국 위기에 처한 가운데 아비뇽Avignon에서 배를 내리기로 결정했다. 더욱이 엑상프로방스Aix-en-Provence 지방에는 강물이 한참 불어나고 있던 뒤랑스Durance강이 기다리고 있었다. 평범한 나룻배로 통과하기는 불가능한 지역이었다. 강물이 하강할 때까지 기다리며 시간을 버리는 수밖에 달리 방법이 없었다.[167]

루아르강에 배를 띄우는 것도 언제나 위험이 도사리는 모험이었다. 툭하면 모래톱에 배가 좌초되곤 했다. 1675년 9월 세비녜 후작 부인Madame de Sévigné은 낭트Nantes로 가기 위해 오를레앙Orléans에서 배를 탔다. (당시에는 배를 통한 여행이 한창 유행이었다.) 그러나 여행 도중 딸에게 쓴 편지에, "아! 미친 짓이었어."라는 소감을 적었다. "강물이 너무 얕아서 배는 자주 모래톱에 부딪혀 운항이 중단되곤 한다. 이 지루한 여행을 선택한 것을 후회하고 있어." 배가 멈춘 날 저녁이면 강가에 마련된 임시 초막에 다른 여행자들과 함께 누워 배 여행에 관한 불평을 하면서 시간을 보냈던 것이다. 그로부터 150년이 흐른 1838년, 스탕달은 낭트로 가기 위해 투르Tours에서 최신의 증기선을 탔다. 그러나 출발한 지 10분도 채 안 되어, "우리는 루아르섬Île de la Loire으로 이어지는 모래톱에 부딪혀 멈추어 서고 말았다". 추위와 안개 속에 갇혀 옴짝달싹 못하는 상태에서 "루아르강을 빠르게 지나는 큰 배와의 충돌을 간신히 피했다. 결국 좌초된 배는 8마리의 말을 이용해서 끌어낼 수밖에 없었다"[168]. 1842년 알리에 지방에서도 비슷한 처지에 놓인 증기선을 끌어내기 위해 12마리의 소가 동원되었다.[169]

1750년 이후로는 프랑스 전역의 육상교통로가 비약적으로 발달했다고 알려져 있다. 그렇다면 구체적으로 어떤 발전이 있었던 것일까? 꼼꼼하기로 유명했던 스탕달은 1838년에 파리에서 보르도까지 가는 데 정확히 71시간 45분이 걸렸다고 기록했다.[170] 그러나 그로부터 2년 후 또 다른 기록에는 다음과 같은 내용이 있다. "서신을 전달하는 심부름꾼들이 파리에서 마르세유까지 가는 데 14일이 소요되었다."[171] 1854년에도 여전히 파리와 지중해를 연결하는 철도는 완성되지 않았고 크림 전쟁으로 향하는 군인들은 리옹까지 기차로 이동한 후,

리옹에서 발랑스까지 도보로 이동해 그곳에서 다시 기차를 탈 수 있었다.[172] 1917년까지도 유럽에 철도가 갖추어지지 않은 지역이 있었다면 믿을 수 있겠는가? 1917년에 카포레토Caporetto에서 연합군이 처참하게 패배하자 프랑스는 이탈리아 지역에 군대를 파견했는데, 이들은 철도가 완성되지 않은 지역을 통과하는 데 엄청난 고생을 해야 했다. 샤를 8세Charles VIII, 프랑수아 1세François Ier 또는 나폴레옹 시대에 그랬던 것처럼, 어떤 부대는 알프스산을 걸어서 넘어야만 했다![173]

위의 사례들은 주목할 만한 가치가 있는 것일까? 아니면 1765년부터 1780년 사이에 '비약적인 육상교통의 발전'이 있었고, 전국적으로 이동시간이 최대 절반까지 감소했다고 기록된 자료를 더 신뢰해야 하는 것일까? 필자의 소견으로는 다양한 사건들이 보여 주고 있는 일상에서 벌어지는 이동의 어려움이 더 신빙성이 있다고 여겨진다. 사건들 속에는 이동의 한계, 교통 효율성의 한계가 드러나 있다. 그리고 이 한계들은 철도, 자동차, 트럭, 고속도로, 비행기에 이르기까지 계속되는 교통의 혁명으로 극복되었다.

마침내 모자이크 프랑스를 설명하다

마을, 읍, 도시, 고장, 지역, 지방이라는 공간의 확장과 제도, 문화, 방언, 다양하고 오래된 여러 기원들에 대해 살펴보면서 필자가 의도하는 바를 이해했을 것이다. 이 모든 것들은 거의 고립된 공간에서 평화롭게 살았다. 가장 작은 단위의 마을들도 기적처럼 그들 고유의 삶을 영위하지 않았던가? 왕정은 모세혈관의 집합이 아닌 동맥처럼 전국적인 교통망을 구축하기를 원했다. 국가의 입장에서 생각하면 이러한 시도는 당연한 것이 아닐까? 그 결과 대부분의 "일명 지방 도로라고 불리는 무수한 시골 도로들은 형편없는 상태에 놓여 있었다"[174].

1789년에 제출된 삼부회의 청원서를 보면, 프로방스의 한 작은 마을—드라기냥Draguignan 근처에 있는 샤토두블Châteaudouble 마을—로부터 다음과 같은 청원이 제기되었다. "원활한 상업활동을 위해 큰 도로에서 멀리 떨어진 소규모 마을과 마을 사이를 잇는 도로 공사를 허가해 주시기 바랍니다!"175 '곁가지 도로'로 불리는 지방 도로의 사정은 그다지 좋지 못했다. 일드프랑스île-de-France 지방의회(1787년)에서 한 연설자는 다음과 같이 발표하였다. "많은 농부와 마차꾼들이 물자를 가득 실은 수레를 끌고 옆마을까지 이동합니다. 그런데 한 해의 절반 정도는 비가 내리고, 이러한 우기에는 도로 사정이 좋지 않아 수레를 끄는 소와 말이 두 배로 필요합니다. 이 때문에 운송료가 크게 증가하여 소비자의 부담은 커지고 공급자의 수익은 줄어드는 상황입니다."176

1792년 코레즈Corrèze 지역에서는 30km(7~8lieues) 정도의 거리는 마을 간의 교류에 심각한 장애로 여겨졌다. 이 정도의 거리부터 언어의 차이도 커진다. 물론 거리 그 자체보다 그로 인한 소통의 부재가 원인이었다. 한 민속역사학자가 1783년에 앙브뤼누아Embrunois의 문제를 다룬 책을 출판했는데, 다음과 같은 내용이 발견된다. 평야지대에서 수 킬로미터 거리마다 "언어와 관습의 차이가 나타난다면", "이곳(오트알프스Hautes-Alpes)에서는 작은 골짜기 하나만 건너도 완전히 다른 세상을 만난다". "이는 분명 이편 골짜기의 주민과 저편 골짜기의 주민 사이에 교류가 거의 없었으며, 산간지대라는 지형적인 어려움 때문에 서로 단절되어 있었다는 것을 뜻한다."177

고립된 지역으로 말하자면, 브르타뉴를 빼놓을 수 없다. 프랑스인들에게 브르타뉴는 섬과도 같았다. 이 지역에서는 도시에서조차 방언인 브르통어Breton로 설교를 했고, 학교가 있는 시골 마을에서는 브르통어로 읽기 수업(드물게는 쓰기 수업도 존재)이 진행되었다. 때때로 라틴어로 진행되는 수업도 있었다. 그러나 신기하게도 도시 근교뿐 아니라 시골의 브르타뉴 사람들 중에도 "프랑스어를 사용할 줄 아는 주민들이 있었다". 앙주Anjou의 경계지역을 먼저 떠올리겠지만, 그곳만의 이야기는 아니다. "해안가를 따라 자리 잡은 마을들에는"178 프랑스어를 사용할 줄 아는 주민들이 있었다. 예로부터 브르타뉴의 선박들이 가까운 곳은 물론이고 스페인, 지중해 등 먼 지역까지 오가며 활발한 상업활동을 해왔다는 사실은 잘 알려져 있다. 만약 이들이 브르통어밖에 말하지 못했다면 어떻게 곳곳을 다니며 장사를 할 수 있었겠는가?

오트사부아Haute-Savoie에서도 유사한 상황이 일어나지 않았을까? 18세기 여행자들은 이 지역에서 프랑스어를 사용하는 것을 보고 놀라지 않을 수 없었다. 포시니Faucigny, 샤블레Chablais, 모리엔Maurienne, 타랑테즈Tarentaise와 같이 접근이 어려운 산간지역에서 프랑스어가 통할 것이라고는 별로 기대하지 않았기 때문이다. 특히 1720년부터 여기저기 학교가 생겨나기 시작했는데, 간혹 아주 작은 촌락에도 학교가 생겼다. 이것은 일종의 새로운 형태의 유행으로, 이전처럼 종교적인 자선 활동을 하는 대신에 사부아에 사는 어린이들에게 교실과 선생님을 제공하는 것이었다. 프랑스어를 말하고 읽기 위해 부모들은 한 달에 단지 6~8솔sol(역주: 왕정 시대에 사용되던 돈의 단위)을 부담했으며, 쓰는 것을 배우기 위해서는 4솔을 더 지불해야 했다. 프랑스어를 가르치는 학교는 40~50명에 이르는 학생들로 꽤 인기가 있었다. 이러한 상황이 하나도 놀라울 것이 없는 것은, 대부분의 이민자들은 북부 지방 출신으로 리옹이나 파리 또는 독일에서 좋은 직업을 얻기 위해서는 '세상의 거의 모든 지역에서 통용되는' 프랑스어를 아는 것이 유용하다는 것을 인지하고 있었던 것이다. 1750년경 보포르Beaufort 근처의 프라즈Praz 마을에서 보고된 보고서의 내용이다.[179]

결과적으로 사부아 주민들은 이민을 갈 필요가 있었기 때문에 소통을 위해 프랑스어를 배웠다. 방언은 특히 고립된 환경에서 번성하고 유지된다. 방언 사용을 축소하고 프랑스어를 '공화국의 표준어'로 만들기를 원했던 프랑스대혁명가들은 바푸아투Bas-Poitou 관리들에게 먼저 무엇을 지시했던가? "마을과 마을, 읍과 읍, 도시와 도시 사이를 잇는 도로를 연결하고 소통을 원활하게 하라."는 것이었다.[180] 더 이상 좋은 방법이 있었을까? 그러나 1947년까지도 피레네 아스프Aspe 계곡의 레스퀑Lescun 인근 작은 마을 러르Lhers에서는 시신들을

'노쇠에 끈으로 매어' 아쿠Accous의 묘지까지 이동했다. 어떤 도로도 존재하지 않았다.[181]

이러한 상황에서 아무도 프랑스가 여러 세기 동안 "나누어져서 거의 전체가 유기적인 연결 없이 여러 지역을 단순하게 나열한 공간"이었다는 사실에 놀라지 않는다.[182] "소우주의 집합체로 필요할 때는 오랫동안 스스로 충족시킬 수 있었다."[183] "모두가 동일한 종교, 정치체제하에 있으면서도 일정 부분 독립성을 유지하는 마을이나 도시와 같은 작은 '나라'들이 모여 이루어진 모자이크와 같다. 상대적으로 대중들의 문화적 자립성은 도시나 시골 공동체의 응집을 위해서나 각자에게 세상에 대한 일관된 설명을 하기 위해, 또는 삶의 어려움에 대비하기 위해 필요했다."[184]

이렇게 제한된 시야에서는 사회적인 관계 또한 좁다. 자크 뒤파키에Jacques Dupâquier는 다음과 같이 쓰고 있다. "과거에 대부분의 프랑스인은 그들이 만나는 모든 사람들의 이름을 알고 있었다. 마찬가지로 상대방 또한 그들을 알고 있었다. 그들은 교회, 저녁 모임, 결혼식, 행사에서 서로 만났다. 그들은 서로 돕고 서로를 감시했다. 마을 사람들은 혼인, 부자, 친구 관계로, 심지어는 증오하는 관계로 항상 누구와 관계를 맺고 있었다. 프랑스의 시골 마을은 만약 세금과 임대료를 지불하기 위해 돈을 벌고, 젊은 사람들이 일자리를 구하고, 사촌이 아닌 여성과 혼인하는 세 가지 필요성만 없었다면 자신들의 마을을 벗어나지 않고 고립된 분자들의 집합체로 존재했을 것이다." 교회는 늘 마을 사람들을 살피고 이러한 관습을 지키도록 독려했다.[185] 사람들은 좋든 싫든 그들이 잘 아는 사람들과 함께 마을에서 지냈다. 레티프 드 라 브르톤Rétif de la Bretonne의 아버지에 관한 일화를 통해 전형적인 시골 사람들의 태도를 볼 수 있다. 그는 파리를 피했다. 그리고 다음과 같이 말했다. "아, 인산인해를 이루는군!", "이웃에도 모르는 사람들뿐이고, 심지어 우리 집에도 모르는 얼굴들이 있어."[186]

스위스, 스페인, 영국, 독일, 이탈리아 등 유럽 전체에서 이와 비슷한 상황이 전개되었다. 피사Le contado de Pise는 대표적으로 이질적인 성격이 강한 지역이다.[187] 역사학자 조반니 젤댕Giovanni Zeldin은 베네치아Venise의 영광스러운 역사가 아닌, 가르드Garde 호수 주변에 옹기종기 모여 있는 작은 마을들에 사는 개개인의 삶에 관심을 갖고 있었다.[188] 즉 그는 "수직적인 역사를 말하는 것이 아니었던가?" 역사가 마치 우물 속 깊은 아래쪽까지 내려가서 끌어올릴 수 있는 것처럼 말이다.

다양성과 역사

오랜 시간 형성되어 온 각각의 특수성은 큰 영토라는 물리적 거리로 인해 보존되었고, 다양성은 그러한 상황이 낳은 결과에 다름 아니다. 하지만 긴 세월에 걸쳐 형성된 다양성은 역사의 힘이 되었다. 과거 프랑스의 분열과 고립 상태는 지역적인 차원만큼이나 일반적인 차원에서도 지배하려는 모든 시도에 유리한 조건이었다고 필자는 확신한다. 지배체제가 싹을 틔우고 금세 성장했다면 그것은 그 지배구조가 그 능력을 능가하는 어떤 결정적인 장애물을 만나지 않고 집단적인 저항에 부딪히지 않았음을 의미하는 것이다. 왕조가 어떤 지역이나 지역의 일부를 병합하고자 할 때 항상 저항에 직면하기 마련인데, 영토의 한 지점에서 지향하는 방향으로 단계적으로 전투를 치른다. 마찬가지로 프랑스대혁명 당시 지롱드Gironde당의 반란(1793년)은 여러 지역에 걸쳐 많은 산발적인 전투를 유발했지만, 표면적이었을 뿐 결코 지역 주민들이 깊숙이 관여하지 않았다. 군대가 있었던 북부와 동부는 심지어 아무런 저항의 움직임을 보이지 않았다. 프랑스의 정치적·사회적·종교적 갈등을 부추긴 것은 언제나 배신보다는 다수의 무관심과 다수의 타성 때문이었다.

모든 국가는 분열되어 있고 분열된 상태로 존재한다. 프랑스는 이 원칙을 지나치게 잘 보여 준다. 예컨대 가톨릭 대 프로테스탄트, 예수회 대 얀선Jansen파, 성직자 대 평민, 왕당파 대 공화당파, 좌파 대 우파, 반드레퓌스파 대 드레퓌스파, 레지스탕스 대 나치 협력자 등과 같이 분열은 프랑스라는 한 지붕 밑에서 언제나 존재했으며, 통합은 단지 포장에 지나지 않았다. 많은 다양성은 결속력의 약화를 초래하기 마련이다. 이는 오늘날도 마찬가지이다. 어떤 논객의 말처럼, "프랑스는 통일된 조화를 이루는 나라가 아니다. 이 나라는 네 발이 모두 다른 리듬으로 움직이는 한 마리의 말을 닮았다"[189]. 이러한 말의 이미지는 과장된 면도 있고 완전히 정확하지도 않지만, 필자에게는 이 표현이 와닿는다. 불행한 사실은 이 모든 물리적·문화적·종교적·정치적·경제적·사회적 분열이 동시다발적으로 일어나 오해, 적대감, 의심, 다툼, 내전을 일으킨다는 사실이다. 이러한 내전은 삶의 터전을 잿더미로 만들고 끝이 난다. 그리고 아주 작은 바람에도 금세 다시 불타오른다.

그래서 어떤 역사가는 다음과 같이 말한다. "프랑스는 다른 어떤 것보다 내전만큼은 뛰어나게 잘한다. 1914년 제1차 세계대전이 발발했을 때 프랑스는 처음으로 애국심을 발휘해야 하는 길게 지속되는 진짜 국가 간 전쟁을 경험했다. 이 외에는 군사적으로 프랑스에 가장 큰 성공을 가져다준 외부와의 대립에 대해 항상 내부의 갈등이 얽혀 있었다. 이는 1939~1945년 사이 제2차 세계대전 당시에도 그랬고, 프랑스대혁명과 제정 기간에도, 잔 다르크Jeanne d'Arc 시절 부르고뉴와의 관계에서도, 앙리 4세와 가톨릭, 그리고 리슐리외Richelieu 추기경의 시절에서도 볼 수 있다. 1870년에도 한 정당이 공개적으로 또는 비밀리에 국가를 이끄는 정치인들이 실패하기를 원했다."[190] 이쯤 되면 깊이 있는 미슐레Michelet의 평가를 인정해야 하지 않을까? "프랑스는 본질적으로 분열적이다. 프랑스는 항상 분열과 불화 속에서 살고 있다."[191] 쥘리앵 방다Julien Benda의 이러한 끔찍한 고찰이 정당하다면 프랑스의 역사는 "항구적인 드레퓌스 사태"를 겪었다고 볼 수도 있지 않을까?[192] 국경과 국민들을 통합하는 데 유난히 오랜 시간이 걸렸던 프랑스를 알고자 한다면 외부와의 전쟁보다 내전을 이해하는 것이 더 적합하다는 것을 인정해야 하지 않을까? 어느 날 토론 중에 장 게에노

Jean Guéhenno는 1914년 페기Charles Péguy 사건을 옹호하려는 필자와 대립했던 일이 있다. 후일 그는 "이 전쟁(1914~1918)은 나의 관심사가 아니다."라고 말한다. 운명이 그를 1914년에 발발한 전쟁에서 놓아주지 않았지만, 그는 "한 번도 진심으로 그 자신의 전쟁이라고 받아들일 수 없었다**193**". 고백하건대 과거에 필자는 그와 같은 관점을 이해할 수 있는 마음의 준비가 되어 있지 않았다. 내전에 관한 한 필자의 이해는 부족하다. 아마도 '조국Patrie'을 '국가Nation'보다 우위에 둔 브르타뉴 출신의 장 게에노와는 반대로, 필자는 프랑스라는 통일국가를 중시하는 동부인으로서 개인의 자유는 이 통일성에 달려 있고 통일성이 함의하는 신중함에 달려 있다는 사실을 잘 알고 있기 때문일 것이다. 여기서 필자의 입장을 정당화하기 위한 변론을 하려는 것이 아니라, 단지 물려받은 역사적 유산과 개개인의 축적된 경험들이 이러한 입장을 가지도록 만들었다는 것을 말하고자 하는 것이다. 앞으로 인용할 몇몇 페이지는 틀림없이 이에 대해 설명해 줄 수 있을 것이다. 이 부분을 다시 읽을 때마다 필자는 심리적 고통을 느낀다. 다음은 16세기에 개신교도이며 양심 있는 지식인이었던 프랑수아 드 라 누François de la Noue가 기록한 내용이다.

1562년 6월로 돌아가 보자. 메디치 가문 출신의 카트린Catherine de Médicis 여왕과 나바르Navarre 왕, 그리고 콩데Condé 왕자는 보스Beauce 지방의 투리Toury 근처에서 가톨릭교와 개신교의 '회담'을 마련한다. 주로 '영주와 귀족들'로 구성된 두 진영은 약 800보 거리를 사이에 두고 마주했다. 한편은 앙빌Anville 총사령관의 주도하에, 다른 편은 로슈푸코Rochefoucauld 백작의 주도하에 회합이 성사되었다. "약 반 시간 정도 서로를 주시하기만 했다. 이들 중에는 상대 진영에 있는 자신의 형제, 삼촌, 사촌, 친구 또는 전 배우자를 보고 싶어 했고, 상부에 요청해서 어렵게 허락을 얻어 낼 수 있었다. 상호간에 만나는 것을 경계했었는데, 왜냐하면 서로 비난하거나 싸우는 것을 두려워했기 때문이다. 비록 양 진영은 서로 대립되는 양상을 띠고 있었지만, 다툼이 오가는 대신에 그들은 인사와 포옹을 하며 친족 간의 연대, 혈육의 정을 보여 주었다. 나바르 왕의 진영 사람들은[194] 붉은색 벨벳 상의를 입고 붉은색 깃발을 들었고, 콩데 왕자의 진영은 하얀색 상의를 입고 하얀색 깃발을 들고 있었다. 가톨릭교도들은 상대 진영이 신앙의 길을 잃었다고 생각하며 회심하기를 원했고, 비참한 내전을 고집하지 않도록 설득했다. 내전이 계속된다면 혈육 간에 죽고 죽이는 참상이 벌어질 수밖에 없음을 경고했다. 그러나 상대 진영은 경멸 속에 대답했다. 만약 그들이 방어하지 않았다면 몇몇 개신교 단체가 프랑스 곳곳에서 잔인하게 처형당했듯이 같은 방식으로 희생당했을 것이라고 단언했다. 요컨대 각자 평화를 원하며 상대방이 평화적으로 합의해 줄 것을 요청했다. 이 자리에 있던 그 누구도 이 사태를 좀 더 깊이 있게 고찰하지 못했다. 그들은 단지 의견의 일치를 보지 못한 회담 정도로 생각하며, 이 회담이 장차 어떤 비극의 씨앗이 될지 전혀 예상하지 못했다. 전투의 시작을 알리는 지도자들의 제스처만 있으면 그들이 나눈 감격의 인사와 포옹은 곧 잔혹한 혈투로 바뀌게 될 것이었다. 형제와 친구를 바라보던 그들의 눈은 곧 분노로 앞을 보지 못할 것이며, 형제라고 해서 용서는 없을 것이다. 반대 진영에 있던 열댓 명의 친구들은 친형제처럼 지내며 서로를 아끼던 사이였다."[195] 그로부터 6개월 후 12월 19일 드뢰Dreux 전투가 벌어졌고, 양 진영은 적군이 되어 마주 섰다. 프랑수아 드 라 누의 기록에 의하면, "양 진영은 굳은 자세로 마주 섰다. 그들이 마주한 상대는 스페인인도, 영국인도, 이탈리아인도 아닌, 그들의 가족이고 친구였던 용맹스런 프랑스인이라는 사실을 한 번 더 통감했다. 한 시간 안에 전투가 시작되고 그들은 서로를 죽일 참이었다. 공포스러운 일이었지만 이것이 그들의 사기를 꺾지는 않았다. 군대가 뒤섞여 서로가 위험에 내몰리기 전까지 그들은 이렇게 서 있었다"[196].

이러한 비극적인 텍스트는 과거에 일어난 다른 고통스러운 사건으로 너무 쉽게 각색될 수도 있지 않았겠는가? 한 늙은 신사가 했던 말을 떠올려 볼 수 있다. 대혁명이 다가오는 것을 보며 마리앙투아네트Marie-Antoinette의 과거 시종이었던 알렉상드르 드 틸리Alexandre de Tilly 백작에게 비극을 예견했는데, 틸리 백작은 오히려 다음과 같이 말했다. "이보게, 이 나라는 어차피 비극으로 이루어진 국가라네."197

그렇다면 오늘날에는?

광활한 영토로 분열되어 있던 과거의 프랑스는 빠른 속도로 가까워졌고, 시간이 지날수록 '육각형' 모양의 영토로 축소되어 그 안에 갇히게 되었다. 진정한 의미에서 프랑스는 여전히 유럽이라고 하는 '공동의 시장marché commun'을 형성하는 데 성공하지 못했다. 프랑스는 그의 식민지 제국을 상실하면서(1962년) 어마어마한 영토를 잃어버렸다. 그리고 여전히 거대한 아프리카 대륙의 심장인 차드Tchad 땅에 착륙하지 못한 것을 아쉬워하며 제국주의 시절을 그리워한다.

모든 것은 놀라운 속도로 변하기 시작했다. 비행기로 1시간 30분이면 파리에서 알제Alger의 메종 블랑슈Maison Blanche(역주: 현재 다르엘베이다Dar el-Beida의 프랑스 식민지 시대의 명칭)의 공항까지 갈 수 있다. 50년 전만 해도 이 공항은 너무나 작았다. 필자가 타고 있던 시속 200km 속도의 아주 작은 비행기가 착륙할 때 고도를 낮추기 위해 한쪽 날개를 기울이고 다른 쪽 날개를 기울이며 얼마나 오랜 시간 공을 들여야 했는지 기억한다. 파리와 제네바 간의 이동은 오늘날 1시간도 걸리지 않는다. 쥐라산맥 위로 오르는 순간 곧 레만Leman 호수가 보이고 알프스와 몽블랑의 윤곽이 나타난다. 파리-페르피냥Perpignan 사이는 1시간 10분이면 된다. 공중에 떴나 싶으면 곧 다른 대륙의 향기가 느껴진다. 제2차 세계대전 이전까지 이동을 좋아하지 않았던 프랑스인들이 갑자기 전 세계를 돌아다니기 시작한 것은 비좁다고 느꼈기 때문일까?

필자가 이 글을 쓰고 있는 지금 프랑스 퀼튀르France Culture 라디오 방송(1981년 2월 8일)은 필자의 글과 반대되는 내용을 전하고 있다. 로제르Lozère의 양치기와 양떼에 관한 방송인데, 낯선 음악, 방울 소리, 여기저기 뛰어다니는 개, 양몰

이를 하는 양치기의 소리, 그리고 그를 따라 줄지어 선 양떼는 거리가 멀어지면서 들리지 않는다. 이 모든 것은 과거 시간의 속도를 이야기한다. 프랑스는 적어도 아직은 덜 빠른 속도에서 더 빠른 속도로, 이어서 가장 빠른 속도로 이어지는 여러 단계의 시간이 층층이 존재한다. 찬란하면서도 너무나 위협적인 그러한 속도는 여전히 전부는 아니다. 그렇다! 산속에서 내딛는 걸음은 얼마나 큰 즐거움인가! 로제르산 비탈에서 양치기의 소리를 듣는 것, 그것은 과거의 시간, 과거의 공간이다!

제2장

정주 체계: 마을, 읍, 도시

프랑스는 복수와 단수 사이에서 살아왔고, 오늘날도 여전히 그렇게 살고 있다. 복수의 성격과 다양성은 잡초처럼 강한 생명력을 지니고 있고, 단수와 단일한 경향은 즉흥적이면서 동시에 계획된 의도—단지 의지만이 아닌—가 있는 것처럼 보인다. 프랑스는 다른 모든 나라들과 마찬가지로 이러한 대립이 원인이 되어 양극으로 나누어지거나 과격한 방향으로 흐르기도 한다.

역사가들은 일방적인 시각을 경계하고, 두 가지 측면을 동시에 고려하는 것이 필요하다. 에르베 르 브라Hervé Le Bras와 에마뉘엘 토드Emmanuel Todd는 약간 농담 섞인 어조로, 프랑스는 존재하지 않았고 고안해야 한다고 말한다. 그러나 프랑스는 오래전부터 존재해 왔고, 그것은 신화가 아니다. 프랑스가 스스로 만들어진 것은 이미 오래전의 일이다. 장 폴 사르트르Jean Paul Sartre가 분명히 말한 것처럼, 프랑스는 "하나로 통합될 수 없다"[1]. 그것은 맞는 말이지만 정확하지는 않다. 만약 프랑스가 단일하게 되는 데 어려움이 있다고 해도, 그렇게 할 수 없다고 해도, 다수로 존재할 수는 없다. 프랑스는 유럽에서 정치적·문화적 측면에서 가장 빠르게 단일화한 국가 중 하나이기는 하지만, 제일 먼저는 아니다. 여기에는 무의식 속에 드러나지 않는 수많은 힘이 작용했는데, 역사 또한 항상 올바른 선택을 하는 것은 아니다.

필자는 앞장에서 '다양성의 나라' 프랑스를 보여 주면서 시작했는데, 그렇게 한 것은 아주 잘한 일이라 생각한다. 그것은 필자가 좋아하는 프랑스의 가장 아름다운 얼굴이다. 그것은 하나뿐인 프랑스의 아름다움이고, 슬프게 하는 모든 이유로부터 필자를 자유롭게 해 준다.

그러나 제2장부터는 다양성에서 단일성으로 관심을 전환해야 하고, 또 하나의 측면인 단일화된 프랑스를 가능하다면 여러 현실 속에서 살펴보고자 한다. 왜냐하면 프랑스는 '1,000년 동안 40명의 왕들이 만들어 낸' 작품만은 아니다. 그들이 역사 속에서 기억되고 있지만, 그것은 왕들의 수고만은 아니다.

프랑스는 부분적으로는 스스로 형성된 것일지도 모른다. 왜냐하면 공간이 분리될 때가 있었다면 또한 합쳐질 때가 있는 것이고, 끊임없이 분리와 결합이 반복되었기 때문이다. 하지만 이러한 창조자는 보완적인 요소를 필요로 한다. 예컨대 곡물 생산 지역과 목축업이 이루어지고 있는 지역 사이에, 또는 곡식 생산자와 포도주 생산자 사이에 연결은 필수불가결하다. 마찬가지로 "언어, 문화, 물질문명 그리고 기술 수준이 아주 다른 공동체들"[2] 간의 문화적 다양성은 상당한 효과를 낼 수 있는데, 이것은 장애물도 쉽게 뛰어넘게 한다. 다시 말하면, 그들이 아무리 다르거나 또는 적대적일지라도, 모든 공동체가 그들의 안식처

안에서만 완전히 차단된 채로는 결코 온전히 살 수 없다. 즉 완전한 자급자족 체제는 결코 찾아볼 수 없다. 살기 위해서는 아주 조금이라도 반드시 외부를 향해 문을 열어야만 한다.

1721년 8월에 발표된 바에 따르면, "[마르세유를 중심으로 페스트가 창궐할 때에] 전체 프로방스Provence 지방에서 10개 마을만이 페스트가 침투되지 않은 것으로 밝혀졌다. 그러나 [⋯] 마을 주민들은 어디서도 생필품을 구할 수 없었기 때문에 배고픔과 또 다른 고통으로 우울할 수밖에 없었다. 그 누구도 들어오거나 나가지 못하도록 군대가 모든 길목을 지키고 있었는데, 이를 어길 시에는 사형에 처해졌다"[3]. 그해는 프랑스를 마지막으로 페스트의 공포에 떨게 했는데, 엄청나게 급증하여 여름에는 프로방스를 넘어 도피네Dauphiné와 랑그도크Languedoc까지 퍼졌다. 모든 프랑스군은 냉혹하고 교활한 적을 상대로 싸우느라 거의 기진맥진해 있었다. 유일한 방어는 방어선과 바리케이드를 치고, 페스트의 확산을 막는 것이었다. 이로 인해 마을과 도시, 모든 지역의 일상생활은 위협을 받게 되었다. 1721년 여름 도피네는 통곡 소리로 가득했다. 방역선이 도피네를 외부로부터 차단시켰고, 그 지역은 문자 그대로 폐허가 되었다.[4] 게다가 몇 달 뒤 베르위크의 공작duc de Berwick이 왕정으로부터 바랑그도크Bas-Languedoc의 위쪽 지역을 격리시키라는 명령을 받고[5] 방어선을 구축하자, 이 지방은 공포에 휩싸였다. 이러한 상황에서 바랑그도크의 지방정부가 개입했고, 곳곳에서 심각한 기아 문제를 거론하여 명령이 철회되도록 하는 데 성공했다.

이러한 사건들이 우리의 문제를 충분히 보여 주는 것일까? 프랑스의 삶, 그들의 일상의 리듬은 개방과 연결을 필요로 한다. 프랑스의 깊은 역사는 이렇게 조용하고 지속적인 움직임과 통제로 채워졌다. 사실 아무도 그것을 요구한 이는 없다. 그들 스스로 지역들을 통과하며 부분들을 연결시켰다.

가장 아랫 단계인 마을과 읍에 사람들이 정주하는 것은 모든 것을 의지하고 살아갈 기반을 형성하는 것이다. 영토의 이 끝에서 저 끝까지 근본적으로 크게 다르지 않은 모델들이 끊임없이 재생산되어 모인다. 마치 작은 행성들이 태양을 중심으로 둘레에 자리 잡고 있는 것처럼, 시장이 서는 읍을 중심으로 마을들은 원을 그리면서 모인다. 일반적으로 캉통canton은 읍과 마을들을 포함한 크기에 해당한다. 캉통 역시 사람들이 정주하는 기초 단계가 되는데, 이들 역시 크고 작은 도시 주위로 모이게 된다. 캉통 또한 좁은 지역에 해당하는데, 뤼시앵 갈루아Lucien Gallois6 때의 지리학자들이 말한 것처럼 '고장pays'이라 부른다. 고장은 어느 정도 활동적인 도시를 중심으로 모여 일정한 역할(항상 그런 것만은 아니지만)을 하기도 하고, 그런대로 성공을 거두면서 지역région과 지방province의 틀 안에 자리 잡았다. 이러한 구조는 만들어져 가는 과정에서 채워지고, 그런대로 완벽해졌고, 국내시장과 국가의 기반으로 인식되었다.

시장이 작동하기 위해서는 이용할 수 있는 수단과 강력한 힘이 있는 큰 도시가 필요했다. 파리는 일찍이 규모 면에서는 괴물 도시였다. 그럼에도 곧장 프랑스 전체를 이끌어가지는 못했다. 지금은 자신의 역할을 그런대로 해 나가고 있고, 프랑스는 흔들리면서도 나아간다. 정상에서 본다면, 끝없이 이어진 철도처럼 프랑스의 역사도 계속해서 되풀이되고 있는 것은 아닐까?

I.
마을(villages)로 떠나 보자

만약 프랑스를 구축하는 일관된 시스템이 있다면, 첫 번째 미션은 그것을 기술하고 증명하는 일일 것이다. 이러한 첫 번째 시도 이후에 할 일은 그러한 움직임 안에서 어떻게 재편되는가를 살펴보는 것이다. 필자는 프랑스의 다양성을 지워야 한다고 말하는 것이 아니다. 우리가 하고 있는 작업이 완벽하게 성공하기는 쉽지 않을 것으로 예상되는데, 너무나 많은 줄들이 짧고 약하고 팽팽하게 당겨져서 끊어지기 십상이다.

이 장에서는 깊이 있게 설명하지 않고, 먼저 상황을 기술하는 데에 집중하고자 한다. 이것은 첫 번째 여행이자 하나의 탐사이다. 그리고 시스템을 단계별로 소개하려고 하는데, 우선 첫 단계에서는 거대한 농촌의 기저에 놓인 수많은 마을과 촌락에 관해 소개하고자 한다.

마을의 다양성을 넘어

여기서 우리는 전형적이라 할 수 있는 프랑스 마을에 관해서는 말할 수 없다. 분명한 것은 많은 형태의 마을들이 있다는 것이다. 다양성, 복수성이 여기에서 그러한 당위성을 갖는다. 그에 대한 수많은 이유가 있는데, 첫째, 마을의 형태는 목축, 곡물 재배, 포도밭, 올리브나무, 뽕나무, 밤나무, 사과나무, 작은 산업 또는 그 외의 다른 활동과 같은 각 마을의 주된 생산활동에 따라 달라진다. 예컨대 포도 재배 마을은 첫눈에 알아볼 수 있지 않을까? "창고에 적합한 어둡고 서늘한 공간을 위해 값비싼 땅을 아끼고자 건물들을 옹기종기 밀집해서 짓는다. 그와는 정반대로 농부들의 마을은 넓은 평야 위에 쭉 펼쳐지게 형성되었다."[7]

다른 한편으로 직조공, 구두제조공, 마구제조인 등이 일하는 작업장에는 문을 열어 두었다. 사용되는 재료, 지역의 기후와 수원에 따라 다양한 전통적인 건축양식(집단 가옥, 안뜰이 있는 가옥)이 존재한다. 예컨대 태양과 바람을 차단할 수 있도록 좁은 길들로 이어진 고지에 자리 잡은 프로방스 마을, 농장의 마당으로 쓰이는 큰길에 가옥들이 연속적으로 줄지어 있는 로렌 마을, 이와는 대조적으로 소유지 한가운데에 지어진 고립된 가옥들이 여기저기 흩어져 있는 브르타뉴 마을 등이 있다.

마지막 두 가지 사례—브르타뉴 마을과 로렌 마을—는 분산된 주거 형태와 밀집된 주거 형태이다. 자주 언급되지만, 이러한 문제는 종종 목격된다. 의심의 여지 없이 우리는 근원과 원인들에 대한 큰 부분을 놓치고 있다. 따라서 그러한 문제는 해결될 것 같지 않다. 또한 역사는 우리에게 이야기해 줄 수 있는 모든 것을 전해 주지 않는다.

앙드레 들레아주André Deléage는 분산된 주거 형태와 집중된 주거 형태를 '거리를 둔 주거 형태habitat espacé'와 '밀착된 주거 형태habitat rapproché'로 부르는 것을 선호했다.[8] 그리고 카를 람프레히트Carl Lamprecht(1878)는 먼 살리카Salica 법전 시대에 두 개의 상반된 도프 시스템-호프 시스템Dorfsystem-Hofsystem[9]을 언급했는데, 이것은 마을 시스템과 농장 시스템[10]을 의미한다. 두 가지 시스템은 에스코Escaut의 남쪽 고장에 프랑크 살리족의 정착보다도 전에 나타났다.[11]

분산된 인구(촌락, 마을, 코뮌 구역), 1891년 데파르트망 기준

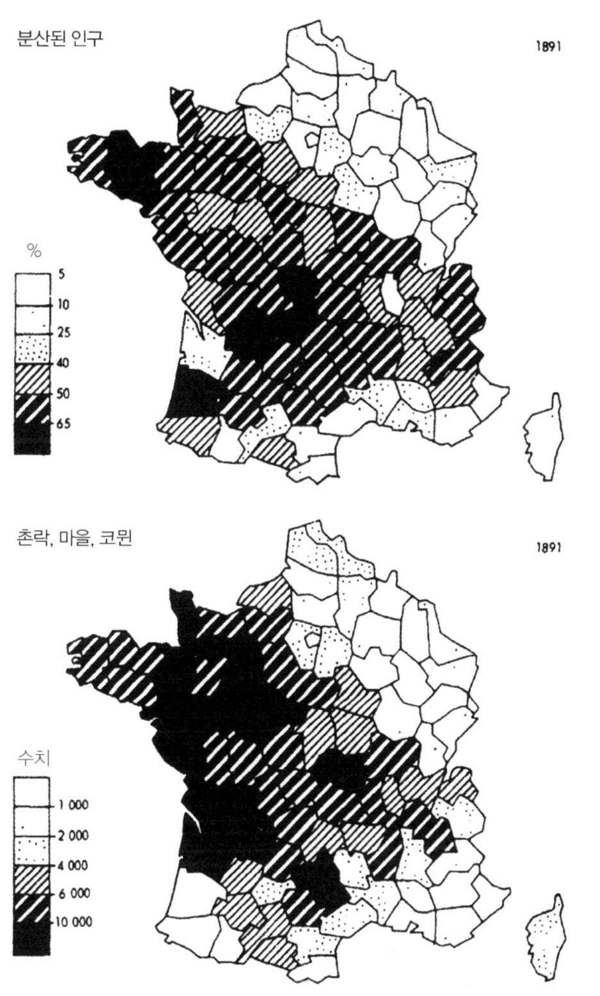

출처: Résultats statistiques du recensement de la population française, 1891(B.N.).
지도출처: Françoise Vergneault.

가장 모호하고 어려운 것은 농장과 마을 사이의 단계에 대한 명칭인데, 의심의 여지 없이 적어도 몇몇 집들이 모여 있거나 또는 그렇지 않은 촌락 형태hameau가 이에 해당할 것이다. 촌락은 비옥하지 않은 땅이나 산간지대, 척박한 지역에

서 경작할 수 있는 땅을 바탕으로 형성된 기초적인 정착 형태이다. 활용할 수 있는 좁은 땅에 띄엄띄엄—필자가 사는 루시용Roussillon의 아스프르Aspre와 같이—농장이나 농가가 정착한 것이다. 1891년의 인구조사에 따르면, 프랑스에는 36,144개의 코뮌(도시, 읍, 크고 작은 마을)이 있었는데, 실제로는 491,800개의 "촌락, 마을, 코뮌 구역section de commune"이 있었던 것으로, "이것은 단지 지리적으로 표현했을 뿐이다. 분산된 인구는 다양한 코뮌을 구성한다". 따라서 하나의 코뮌 주변에 일정한 그룹을 형성하여 자리 잡은 촌락들은 평균적으로 13개 이상 존재한다는 것을 의미한다.[12]

게다가 프랑스 전 국토에 걸쳐 인구분포는 매우 불균등하게 분산되어 있어 이러한 평균치 자체는 별다른 의미가 없다. 이 점에 대해서는 잠시 후에 다시 논하고자 한다(앞 페이지의 도표 참조).

먼저, 분산과 집중의 대립은 이미지가 보여 주는 것처럼 항상 명확하지 않다는 것을 말해 두고 싶다. 다시 말하면, 한편에는 교회를 중심으로 집중된 가옥의 집단이 있고, 다른 한편에는 각자 자신의 소유지를 갖는 분산된 농장들이 있다. 적어도 다음과 같은 두 가지 형태의 분산(의심의 여지 없이 더 있겠지만)이 있다. 첫 번째는 마을 집단 외부(특히 농장들)와의 거리가 가까운 경우이고, 두 번째는 아주 초라한 중심지와 모호한 경계를 이루는 농장과 촌락의 이미지를 보여 준다.

로렌 지방의 마을들처럼 밀집된 마을 형태에서도 이들과 동떨어진 작은 마을이 존재하는데, 적게는 몇몇 농장으로부터 때로는 촌락에 이르기도 한다. 15세기 동쪽 지방의 어떤 마을의 영주가 화폐가치의 하락으로 불리한 상황에 처해졌는데(소작인의 소작료가 통화로 고정되어, 수입이 많이 감소하게 되었다), 마을의 영역 밖에서 손실을 만회할 방법을 찾았다. 영주의 '비축 창고'로부터 또는 두 소유지 사이에 소유 여부가 불분명하여 관리가 허술한 공간이나 때로는 버려진 땅들을 확보하여 새로운 경영을 했다.

샹파뉴Champagne의 베리Berry 지역 또한 마찬가지로 "백년전쟁 동안 방치된 땅을 재경작했다"[13]. 이후 19세기에 제2제정(1852~1870) 시대 자본 농장의 확산은 19세기 초 농촌인구의 급증, 즉 노동력이 과잉되었기 때문에 가능했는데, 이는 프랑스 여러 지방의 농촌지역의 삶에 영향을 미쳤고 농민 착취라는 결과를 낳았다. 피카르디Picardie의 서쪽 지역, 노르망디Normandie의 몇몇 지역, '푸아투Poitou의 평야지대'에서 벌어진 일들은 이와 같거나 혹은 다른 이유 때문이 아니었을까? 우리는 여기서 큰 마을과 마을에서 떨어진 농장들, 그리고 그 사이사이의 마을들을 만나게 된다.[14]

상황이 아주 다른 경우도 있다. 마을 주변에, 때로는 읍의 형태로 농장들은 중심지와 일정한 거리를 두고 원을 그리며 형성되었다. 론강 유역의 프로방스나 바다 쪽으로 향한 바스프로방스Basse-Provence도 이런 경우에 해당된다. 여기서 바르셀로네트Barcelonnette의 높은 평야지대처럼 흩어진 인구가 없는 알프스로 이어지는 오트프로방스Haute-Provence는 제외한다.[15] 바스프로방스 지역에서는 곡물 창고, 시골집 그리고 농가들은 다른 이름으로 불리지만, 같은 것을 의미한다. 흔히 지주의 거주지와 함께 있는 경작 가옥을 둘러싼 영역은 토스카나 소작 농가의 반타작 소작제도mezzadria와 흡사하다. 넓게는 신세계의 플랜테이션 거주지 또한 이와 유사하다.

프로방스의 역사 아틀라스atlas historique de Provence에는 엑스Aix의 북쪽이면서 뒤랑스Durance강의 왼쪽에 위치하고, "뤼베롱Lubéron의 노출된 경계지역에 인접한"[16] 로뉴Rognes라는 큰 마을을 예로 들고 있다. 1954년 로뉴에는 여전히 610명의 집단 거주자와 363명의 분산된 거주자를 합한 총 973명이 살고 있었다. 예전에는 더 많은 인구가 거주했다(1765년 1,652명, 1855년 1,561명, 1952년 1,052명). 이것은 규모나 역할로 볼 때 프랑스 동쪽 지방의 읍에 비견될 수 있는데, 커다란 영토가 이를 증명한다(8,166헥타르). 하지만 읍이나 큰 마을은 지금으로서는 우리의 관심 대상이 아니다! 중요한 것은 농가들이 바스프로방스 산간지대의 동쪽에서 서쪽으로 줄지어 비탈진 곳을 벗어난 안전지대인 외곽에 점진적으로 정착하는 것이다. 1485년에 5개, 1500년에 15개, 이러한 움직임은 이어졌다. 결과적으로 도시 지주들이 이득을 보는 '자본주의'로의 변화를 가져왔는데, 이는 13세기 피렌체Florence 주변에서 일어난 것과 지난날 메를Merle 박사가 밝힌 푸아투의 가틴Gâtine 지방 연구에서 볼 수 있었던 것과 유사하다.[17]

같은 맥락에서, 역시 프로방스 지역의 브리뇰Brignoles 남쪽으로 15km 정도 떨어진 가레울Garéoult이라는 큰 마을에 관한 예외적인 연구 결과를 소개하고자 한다.[18] 16세기에 이 마을은 '흩어지기' 시작했다. 즉 경계에 농가들이 정착하기 시작했다는 것이다. 이것은 일반적인 과정일까? 이러한 사례를 일반화시켜도 되는 것일까? 농가와 시골집은 마을 토지의 분할 또는 확장, 그렇지 않으면 주변 지역의 토지 경영의 결과로 볼 수 있다. 왜냐하면 농가와 시골집은 종종 마을의 경계, 황무지, 열악한 양들의 방목장 주변에 지어지는데, 사육자에게는 확실하고 필수적인 이익을 제공한다. 여하튼 이러한 외딴 농장들은 마을로부터 완전히 독립적일 수 없는데, 규모 면에서 곡물 창고, 시골집 또는 농가와 같은 작은 단위와 비교하면 마을은 괴물이라 할 수 있다. 그리고 확실히—증거들이 여기에 있는데—외딴 농가는 여기에서도 그렇고 다른 곳에서도 마찬가지로 근처 도시에서 온 '자본주의'가 자리 잡은 것이라 볼 수 있다. 마을이나 읍에 거주하는 풍부한 노동자로부터 '농장' 유지를 위한 노동력을 공급받는다. 이들은 여름날 매일 새벽에—안달루시아Andalousie와 시칠리아Sicile 지역과 같이—'자작농' 혹은 그 근방 지주의 집 입구에서 기다렸다. 역설적으로 거의 도시와 같은 환경에 살고 있던 농촌의 노동자들은 도시 문화의 영향을 받았으나, 대부분의 프로방스 지주들은 농촌에 살았다. 프로방스의 사례는 외곽 지역의 농가에 관한 상황을 쉽게 이해하는 데 도움이 되지 않을까?

게다가 이러한 분산은 때때로 마을의 중심을 뒤흔들어 절반 이상이 없어지기도 하고, 촌락과 모호한 경계에 있는 외딴 경작지만을 남겨 놓기도 한다. 마시프상트랄Massif Central의 광활한 지역에서도 이와 같은 상황이 목격된다. 카미자르Camisard 전쟁이 한창이었던 1703년 3월 29일 한 기병 하사는 몽트르벨Montrevel 사령관으로부터 "미알레Mialet 코뮌에 속한 1개의 교구와 7개 촌락의 모든 주민들을 납치하라는 명령을 받았다"[19]. 아르모리캥Armoricain과 바리무쟁Bas-Limousin의 작은 숲에 위치한 마을들 역시 이러한 경우에 속한다.

아르모리캥 산지에는 수많은 '폐쇄된 경작지'와 외딴 가옥이 나무로 둘러싸인 영역의 중심에 있다. 무엇보다도 이러한 기초적인 단위들은 그들 스스로 살아간다. 지난날 농부들은 단지 농기구만을 만든 것이 아니라, 그들의 옷, 신발까지 직접 만들었다. 동시에 외딴 농가들은 중심지, 촌락, 마을, 읍과 관계를 유지했다. 우리가 흔히 읍이라 칭하는 용어는 프랑스 전역에서 하나의 의미만 갖지는 않는다.

어쨌든 이러한 중심지는 오랫동안 교회 주변에서 일반적으로 특권을 가진 적은 수의 사람들이 사는 몇몇 가옥으로 이루어졌으며, 주말장과 항상 시끌벅적한 큰 장이 설 때만 활기를 띤다. '중심'에 사는 특권계층과 외딴 농가의 농부들 사이에는 중요한 사회적 차이가 명백하게 존재했다. 1790년 2월 26일자 편지는 샤토뇌프뒤파우Châteauneuf-du-Faou에서 "겨우 사인 정도 할 줄 아는 도시로부터 멀리 떨어져 살고 있는 농부 [나는 이 비난을 강조한다]"[20]를 시장으로 임명한 부적절함을 고발하고 있다. "같은 시대의 한 문서에는 [브르타뉴의] 농부들이 사는 환경적인 고립을 다음과 같이 설명하는데, 바브르통어[le bas-breton]는 잘 아는 사람도 별로 없고 인쇄물도 드물어서 교육과 문명발달에 오랫동안 장애가 되었다."[21]

적어도 멘Maine이라는 고장에는 숲마을의 전형적인 시스템이 있었을까? 로베르 라투슈Robert Latouche의 이론에 따르면,[22] 11세기 유럽에서는 전반적으로 인구가 증가했고, 이러한 시스템이 자리를 잡았을 것으로 보았다. 그러면 서쪽의 아르모리캥 지역과 북쪽의 고원과 평원에 있는 곡물밭, 파리 분지의 동쪽 사이에는 왜 그리도 차이가 있었던 것일까? 왜 한편에는 오랫동안 최소한으로 축소된 중심지로부터 멀리 떨어진 곳에 집을 짓고 외부 세계와 느슨하게 연결된 마을 사람들이 있고, 다른 한편에는 열린 들판openfield 한복판에 서로 밀집된 가옥이 들어찬 큰 마을들이 있었던 것일가?

로베르 라투슈에 의하면, 작은 숲으로 변한 이러한 지역들은 원래는 거대한 산림지역으로 "사람이 살지 않는 지대vacua ab omni habitatore humano"**23**였다. 로마령 갈리아에서는 이런 열악한 공간에 예외적으로 그들의 도시villae를 건설했는데, 이 거대한 국가 소유의 경영은 퓌스텔 드 쿨랑주Fustel de Coulanges가 선호했던 연구 주제였다. 결과적으로 영주들은 비워진 새 공간에 뒤늦게 종교적인 건축물들을 세웠다.**24** 그리고 이것은 적어도 어려운 여건에서 이루어졌다.

사실상 흔히 서쪽의 숲지대는 침투할 수 없는 점토 토양의 저주 상태에 있었는데, 이것은 농촌의 커다란 주거밀집 지역을 형성하는 데 방해가 되었다. "습한 분지는 경작할 수 있는 땅을 여럿의 작은 조각으로 나누었고", 도로가 정비되지 않아 이동의 어려움이 있었다. 또한 점토 성분은 농기구의 작동을 어렵게 했다. 이러한 이유들이 "거주지 주변 농부들의 활동 영역"**25**을 최대한 제한했다. 게다가 브르타뉴의 움푹한 도로 위에는 자동차가 아주 드물게 지나다녔다. "19세기 중반 코르누아이Cornouaille의 넓은 교구에서는 궂은 날씨에 외딴 농가에서 읍까지 왕복하는 데 하루는 족히 걸렸는데, 웅덩이 때문에 여행자들은 속도를 늦출 수밖에 없었다."**26** 여행자들은 또한 웅덩이에 빠져 익사할 위험까지 감수해야만 했다. "19세기 전반에 걸친 배수시설의 설치와 점차적인 도로 공사로 이러한 점토질 토양의 피해가 줄어들고, 상황은 크게 개선되었다. 그러나 농촌의 주거환경은 이미 토지 소유주가 원하는 형태로 자리 잡았다."**27**

요컨대 이러한 황무지의 놀라운 증가는 브르타뉴 지방에서 교구의 면적이 큰 이유를 설명해 준다(프랑스 전체 평균 12km² 또는 13km², 브르타뉴 평균 25km²). 통계에 의하면, 2,000~5,000명이 거주하는 지역이 때로는 불합리하게 도시의 범주 안에 분류되었다. 17세기 크로종Crozon이라는 도시에는 5,000~6,000명의 주민이 살았는데, 그들은 100km²에 흩어져 있었다.28 그러나 이러한 지역이 '도시'의 형태를 띠지는 않았다.

바리무쟁Bas-Limousin—넓게는 현재의 코레즈Corrèze까지—역시 유사한 특징을 보인다. 땅의 메마름이 거주지 사이의 간격을 두게 했다. 그러나 동일한 조건에서도 제각기 다르고 독특한 일들이 벌어졌다. 모든 코뮌, 모든 교구들은 마치 군도처럼 보인다. 즉 섬들은 대개가 별 볼일 없는 코뮌의 소재지를 둘러싸고 불규칙하게 배치된다. 읍(마을의 집합체란 표현을 피하기 위해)보다는 촌락이 "농촌 조직체의 기본 단위"에 더 가깝다.29 알랭 코르뱅Alain Corbin의 설명에 의하면, "10~20개의 집들이 광장 주변에 정렬되지 않은 채 흩어져 있는데, 이들은 진흙투성이의 골목길로 연결되어 있다. 예전에 촌락은 하나로 통합되지 않았다". 즉 시야에는 네댓 개의 농장이 사거리 주변이나 길가에 들어선 풍경이 들어온다. "몇몇 촌락들은 중요성으로 보아서는 코뮌의 소재지를 능가하지만, 시청, 학교, 교회와 같은 기관이 때때로 존재하지 않는 경우도 있었는데, 이들 기관은 코뮌을 형성하는 다른 촌락에 분산되어 있었다."30

여기서 부인할 수 없는 사실은 시골의 문명화를 늦춘 것은 좁은 촌락의 속성 때문이다. 한편, 이것은 우리가 앞서 인구조사와 관련하여 언급했던 '코뮌 구역'과 같은 것이다. 그들은 철저한 자율성을 중시하는 가부장적 가족에 의해 점유된 농가들로 이루어진 문명이었으며, 공공의 것이라고밖에는 볼 수 없는 재산을 소유하며 여전히 공동체 생활을 영유했다. 이들 촌락의 문명에서 일반적으로 공동 소유의 척박한 땅은 가축 사육을 위한 경로나 일시적인 개간을 위해 사용되었다. 공동 소유지에는 모두에게 공통적으로 필요한 설비가 갖추어졌다. 공동 세탁장, 고기를 잡기 위해 비워 둔 저수지, 화덕, 농민들의 방앗간 등이다. 이러한 상황에서도 특이한 문화는 끈질기게 살아남았다. 예컨대 9월 중순부터 사순절 전 일요일까지 의식처럼 행해졌던 시골 지역의 저녁 모임은 1914년까지, 심지어 제2차 세계대전 직후까지도 남아 있었다. 3시간 동안 지속되는 긴 모임은 대접하는 집주인이 "타다 남은 장작을 재 위에 올려놓는"[31] 신호를 보내면 중단되었다.

이와 같이 아득한 옛날로부터 흘러간 시대의 유산들은 오늘날까지 남아 있다. 그것은 명확하게 밝히려는 모든 시도를 어렵게 한다. 즉 문제가 제기되었던 역사는 흔치 않고, 뒤늦은 이러한 행위나 표현을 통해 겨우 이해될 수 있다. 그러나 마을, 촌락, 읍, 고립된 농장은 역사 전체를 아우르는 아주 오래된 창조물들이다. 다시 말하면, 아주 오래된 선사 시대로부터 수 세기에 걸쳐 유지되어 온 고유한 역사를 지닌다. 이와 같이 전체를 보기 위해 필요한 거리 두기는 우리가 잘못된 방향으로 빠지는 오류를 범하게 할 수도 있다. 왜냐하면 결국에는 모든 것이 가정hypothèse으로 귀결되기 때문이다.

피에르 보노Pierre Bonnaud는 모든 농촌인구의 정착 이전에 수 세기 동안 유목 또는 반유목 상태가 존재했다고 보는데, 필자 또한 이에 동의한다. 프랑스의 몇몇 지역에서는 8~9세기에 와서야 이러한 혼란이 잠잠해졌다. 게다가 어느 정도 의무적으로 공동생활을 했던 시기 또한 있었다. 몇몇 지역의 경우, 이러한 제약은 20세기까지 계속되었다.

에마뉘엘 르 로이 라뒤리Emmanuel Le Roy Ladurie와 앙드레 지스베르그André Zysberg[32]의 최근 논문에서 으-제네바Eu-Genève 선 또는 생말로-제네바Saint Malo-Genève 선을 통해 구체적인 연결점의 이중적인 의미를 명확하게 밝히고 있다. 연결점은 덜 흩어진 거주지역과 촌락, 외딴 마을이 지배적인 지역을 나눈다(143쪽 참조). 이러한 연결점이 또다시 분리의 역할을 하는 것에 대해서는 아무도 놀라지 않는다. 프랑스의 전체 역사는 이러한 경계를 따라 나누어졌고, 1891년의 인구조사는 분산된 인구분포를 이미 파악하고 지도로 제작했다. 그러나 프랑스의 북동쪽과 동쪽 지역에는 성인들의 이름을 딴 마을들이 드물거나 거의 없었던 반면, 나머지 지역에는 상대적으로 많이 남아 있었던 사실에 대해 의문을 갖지 않을 수 없다. 사실 성인의 이름을 상기시키는 지명들은 뒤늦게 나타났다. 이들은 8, 9세기경에 나타났는데, 1000년 이후로는 근대 유럽의 탄생과 함께 증가했다. '성인의 이름을 따지 않은' 프랑스 북쪽과 동쪽 마을은 그들이 오랜 역사와 이른 번영을 누렸다는 것을 의미한다.

이러한 설명은 오늘날 선사 시대 연구자들의 중요한 이론 중 하나로 우리를 초대하는데, 피에르 보노의 방언학 또한 이에 속한다. 피에르 보노의 연구에 따르면, 파리 분지 지역의 대부분은 아주 이른 기원전 4000년부터 중부 유럽의 농경민족으로부터 영향을 받았다. 중부 유럽의 농업기술은 일찍부터 도입되었는데, 기본적인 밭은 물론 주거환경에 관한 모델도 도입되었다. 발굴 과정에서도 확실하게 드러나듯 50~200명이 거주하던 큰 마을이 있었는데, 이 마을에는 집들이 그룹을 지어 모여 있었다. 반면, 농업이 상당히 이른 시기에 보급되었던 지중해 연안의 남부 프랑스에서는 그 어떤 것도 반유목 생활에 길들여진 구성원의 습관을 빠르게 바꾸지는 못했다.[33]

따라서 농촌 거주지의 다양성은 큰 틀에서 보면 역사가 이르거나 늦는 것으로부터 설명된다. 그들의 공간에 대한 인식은 시간과 변화하는 환경에 적응하는 것이었다. 모든 형태의 인구분포는 한번 자리를 잡으면 유지하려는 경향을 보이고, 필요에 따라 변화와 변동을 시도할 경우에는 대가를 치러야 했다.

하나의 모델로서의 마을

마을의 형태는 잠시 잊고 마을의 역할만을 생각한다면, 차이점은 줄어들고 어떤 모델의 윤곽이 잡히게 될지도 모른다. 즉 밀집된 마을이나 분산된 마을, 또는 큰 마을이나 단순한 촌락, 더욱이 외딴 경작지와 같은 작은 단일 농가에 대해서도 마찬가지이다.

모든 마을은 공간을 점유하고 있다. 피에르 드 생자코브Pierre de Saint-Jacob[34]는 "농사를 지을 수 있는 숲 속의 빈터clairière culturale"에 관해 이야기한다. 마을은 "기본적인 단위로서 토지라는 생산요소의 점유"[35]를 허용한다. 사실 땅, '토지', '공동 경작지'는 가옥의 밀집보다 더 중요하다. 집들은 부서지거나 없어질 수 있지만—추후에 일어날 수도 있고, 이미 일어났다—토지는 살아남는다. 근교의 주거밀집 지대나 도시 또는 마을들이 그러한 토지에 들어섰다.[36]

대개 1,000헥타르 정도 되는 마을의 토지는 독일의 농업경제학자인 튀넨Thünen의 이론처럼 거리의 제약에 따라 다르게 이용된다.[37] 즉 거리의 제약은 같은 시간 동안에 노동, 시간, 비용을 더 많이 소비하게 하기 때문에 마을을 중심으로 연속적으로 원을 그리며 여러 구역으로 형성된다. 예컨대 집에서 가까운 밭과 멀리 떨어진 밭에서 재배되는 작물은 다르다. "중심부의 농경지와 경계 부분의 경작지 간의 거리가 멀면 멀수록 외곽의 척박한 땅에는 상대적으로 손이 덜 가는 농작물을 재배하는 것이 유리하다."[38] 폴 뒤푸르네Paul Dufournet는 사부아savoie의 마을에 대해 다음과 같이 썼다. "부족한 퇴비, 열악한 도로 사정, 부족한 교통수단, 수레를 끄는 동물의 감소로 인해 마을에서 가까운 거리의 토지를 더 잘 살피게 되었고, 결과적으로 더 빠른 순환으로 관리가 잘되었다."[39]

가장 특혜를 받은 땅들은 마을 가옥의 가장자리를 따라 '띠'처럼 두른 모양으로 형성된다. 이곳은 텃밭, 농가의 작은 뜰 또는 작은 농지, 대마밭, 과수원의 구역이었지만, 항상 벽으로 둘러싸인 것은 아니었다. 봄에 로렌 지방의 마을들은 자두밭의 "흰 꽃들로 수놓은 테이블보"를 펼쳐 놓은 것처럼 보인다.[40] 그것은 파리 근교의 농촌 마을도 마찬가지이다. 야외의 나무들이 꽃을 피우기 훨씬 이전부터 가옥의 벽은 과일나무들의 꽃들로 뒤덮인다. 다음은 1787년 3월 중순 무렵에 아르쾨이Arcueil와 카샹Cachan에서 기록된 내용이다.[41]

정원과 과수원은 정성스러운 보살핌을 받는 등 반복적인 작업의 혜택을 받는 구역이다. 한가한 시간이 주어지면 농부는 나무를 손질하고, 땅을 갈고, 여분의 퇴비를 손수레에 싣고 문을 연다. 또한 정원은 항상 새로운 식물이 적응하기에 자연스러운 장소였다. 옥수수, 감자, 콩과 같이 해외에서 들여온 획기적인 작물들의 첫 묘목은 이곳에서 재배되었을 것이다.

정원 너머에는 큰 구역이 시작되는데, 경작이 가능한 땅 전체는 공동경작지terroir, finage라고 지칭될 것이다. 필자의 눈에도 그것은 마을의 공간 전체를 의미하는 것처럼 보인다.

과거 프랑스의 동부와 북부에서는 경작지가 여전히 마을을 둥글게 에워싸는 형태로 구분되었을 것이다. 즉 3개의 윤작지 혹은 계절에 따라 구분되는 경작법은 매년 번갈아 가면서 3년의 윤작 리듬에 따라 농사를 짓는 것이었다. 밀 또는 호밀, 귀리 또는 보리(3월),[42] 휴경지와 같은 순서로 말이다. 로렌 지방에서는 경작하지 않고 휴경 중인 땅을 '갈아엎은 땅versaine'이라고 부른다. 그다음 해가 되면 주기를 바꾸어 밀은 지난해 휴경지에서 재배하고, 귀리는 밀을 재배했던 땅에서, 지난해 귀리를 재배했던 땅은 휴경지가 된다. 3년의 윤작지는 초여름에 그들의 색깔을 통해 멀리서도 알아볼 수 있었다. 노란 밀밭, 연초록의 귀리밭, 휴경지, 그리고 이 휴경지에는 10월과 11월에 밀의 파종을 미리 준비한 밭갈이의 흔적이 보인다. 휴경지는 때때로 그 이미지를 본떠 '어두움sombre'이라고도 불린다.

2년을 주기로 하는 경작지에서는 토지를 단지 두 부분으로만 나누어 윤작을 한다. 즉 곡물 재배지와 휴경지가 각각 곡괭이질과 삽질로 경작될 수 있는 공간의 절반을 차지한다.

그러나 예전에 경작지는 어디든 미개간지나 숲과 경계를 이루며 구별되었다. 여행자와 경제학자들은 경작되지 않는 땅을 실망스럽게 바라보았다. 앙주 구다르Ange Goudar는 나라의 절반이 버려졌다고 생각했다.[43] 이러한 땅이 세 번째 구역을 형성했는데, 모든 것들 가운데 가장 넓었다. 그곳은 10년, 20년 또는 30년마다 부분적으로만 경작되었다.

라틴 농학자들은 경작하지 않은 땅을 '살투스saltus'라고 불렀는데, 그것은 경작된 땅을 의미하는 '아제ager'의 반대말이다. 역사가들은 좋건 나쁘건 간에 오랜 세기를 걸쳐 대립해 온 이 두 단어를 습관적으로 사용하면서 이러한 대립의 지속성에 관해 논했다. 한편, 영국 사람들은 'outfield'와 'infield'로 구별하고 있다.

다음과 같은 많은 땅들이 'saltus'에 속한다. 즉 황무지, 야생식물이 자라는 언덕, 재배를 멈춘 포도밭과 오래전 포도밭의 고랑을 따라 심어진 과일나무들이 끈질기게 살아남은 곳, 또한 오래전에 정원사의 정성스러운 손길로 다듬어져 동유럽 왕족의 산책길을 이루던 정원의 소사나무 묘목의 열은 흐트러진 채 버려진 옛 울타리는 엄청나게 커졌다. 거기에 더해 "잡목, 덤불, 잡초들이 뒤엉켜서"[44] 무성한 수풀의 형태를 이룬다. 그리고 숲이 이에 해당된다.

토양과 기후에 따라 야생의 풍경은 당연히 차이가 난다. 로마 문명에서 겨우 벗어난 중세의 아키텐Aquitaine 지방에서 'saltus'는 "경작하지 않은 땅 이외에도 다양한 자원이 있는 숲, 늪지대, 흐르는 물, 연안의 퇴적물까지 포함한다"[45]. 론 강이 흐르는 사부아 지방에서는 오늘날 "경작하지 않은 땅에는 바위, 암석, 고인물, 자갈더미, 돌더미, 척박한 땅, 방목지, 덤불숲"[46], 그리고 숲과 그 외의 것들까지 포함된다. 오베르뉴에서 경작하지 않은 땅은 척박한 땅, 덤불숲, 잡목림 지대를 포함하며, "심리적으로 'saltus'는 '산', 야생동물이 사는 숲 그리고 두려움을 의미하고, 'ager'는 평야와 안전을 의미한다"[47].

오래전 코뮌들은 잘 사용되지 않던 공간과 경계를 정하는 일에 그다지 관심이 없었다. 예컨대 1789년 가을이 되어서야 뫼즈Meuse 지방에 속해 있던 보네Bonnet라는 큰 마을의 주민들은 "보네 마을 공동체의 숲과 오르냉Ornain 골짜기 인근에 있던 보Vaux 수도원의 숲"에 대한 측량을 요구하고, 이들 간에 경계를 정하는 것을 인정받았다.[48] 프랑스대혁명 초기에 이러한 경계 설정은 의심의 여지 없이 규칙으로 정해졌다. 어쨌든 1790년 루아르 지방의 높은 골짜기에서는 이러한 규칙들이 의무화되었다.[49]

사실 'saltus'는 이웃 마을과의 경계보다는 마을 내부의 경작된 땅과 그렇지 않은 땅 사이를 구분하는 경계로서 더 유용했다.

경작을 하다 보면 종종 이 같은 내부의 경계를 위반하기도 했는데, 이러한 상황들은 매번 경계를 의무화하게 했다. 개간은 이렇게 시작되었다. 랑그도크Languedoc에서 상대적으로 풍요로웠던 1500~1640년 사이에 황무지의 일부가 변두리의 '개간지ager'로 변경되어 포도밭으로 바뀌었다.[50] 끔찍했던 1709년 10월 프로방스에서는 혹한으로 인한 식량 부족의 재난이 발생했고, 농민들은 개간과 파종을 멈추지 않았다. 자연스러운 반응이었을까? "르 브레Le Bret의 지방관에 의하면, 이번 해는 예년보다 더 많이 파종할 수 있을 것으로 예상된다. 왜냐하면 겨울에 죽게 된 사람들이 더 척박하고 돌이 더 많은 소나무 숲을 개간하고 파종했기 때문이다."[51]

오늘날의 상황은 완전히 뒤바뀌었다. 비경작지인 'saltus'는 스스로 커졌다. 황무지가 눈에 띄게 부쩍 늘어 "문둥병처럼 퍼졌다"[52]라고 뤼시앵 가숑Lucien Gachon은 오베르뉴의 심성암 지대에 대해 언급하면서 기술한 바 있다.[53] 황무지는 "시골 풍경의 황폐함을 잘 보여 준다. 새로운 건물들은 세워지지 않은 채 도처에 폐허가 된 농장과 방앗간만 보였다". 사람들이 자취를 감춘 버려진 지역에는 가시양골담초, 히스, 금작화로 뒤덮였다. 방학 동안 아이들에게 이곳은 발견의 세계, 유사 모험의 세계였다. 양들, 염소들, 양봉장, 개암나무의 작은 숲, 또 다른 숲의 출현, 땅속에 숨었다가 놀라서 급히 튀어나와 달아나는 사냥감, 또아리를 튼 독사 등의 볼거리로 가득했다.

그러나 지난날 마을들로서는 'saltus'가 무료로 이용할 수 있는 자원의 보고였다. 오랫동안 살면서 경험을 통해 마을 사람들은 'saltus'의 사용법을 터득했다. 라르작Larzac 고원의 남쪽에 위치하면서 로데브Lodève와 인접한 화산암 지대인 에스캉도르그Escandorgue[54]에서 우리는 인간이 얻을 수 있는 모든 것들이 있는 것에 놀라움을 금치 못했다. 예컨대 양치류와 잘게 썰린 회양목으로 만들어진 동물들의 건초더미, 염소와 양들의 먹을거리, 도토리를 이용한 돼지의 사육, 개암나무 열매, 자두, 산수유 열매, 야생 버찌, 너도밤나무 열매, 자작나무 열매, 딸기, 버섯, 야생 꿀, 그리고 요리에 사용되었던 풍부한 야생 허브 등으로 넘쳐났다. 사냥 또는 밀렵도 잊어서는 안 된다. 예컨대 전통 조리법은 산토끼를 "개암나무 가지로 만든 꼬치에 끼워 잘 달구어진 깔때기 모양의 구멍 난 철통에 넣고 돼지기름을 발라 구워 피와 간을 갈아 마늘을 섞은 소스와 함께 먹는다"**55**.

다시 말하면, 예전에는 숲은 말할 것도 없고 황무지든 뭐든 불필요한 공간이란 없었다. 숲에서는 '야생식물 채취'가 이루어졌고, 동물들도 그들의 먹이를 찾았다. 돼지들을 규칙적으로 떡갈나무와 너도밤나무 숲으로 데리고 갔다. 양, 소, 말과 같은 모든 동물은 여러 달을 휴경지, 황무지, 숲에서 거의 야생의 상태로 자유롭게 살았다. 또한 푸아투와 브르타뉴의 늪지대에는 말들이 방목되었다. 말들은 자연 속에서 스스로 살아남았다! 겨울에 땅이 얼면 발굽질을 해서 풀을 뜯어먹었다. 종마들을 암말들과 함께 풀어 놓은 상태여서 번식도 잘 되었다. 말들은 사나운 종마들과 함께 지내므로 늑대의 공격으로부터 보호되었다. 가축은 이렇게 자유로운 방목으로 야생화되었다. 프랑스의 문필가 시외르 드 구베르빌 Le Sieur de Gouberville은 1556년 5월 17일자 일기에 다음과 같은 내용을 기록했다. 셰르부르Cherbourg 인근의 메닐앙발Mesnil-en-Val 숲에서 그에게 필요한 말을 얻는 것은 흔한 일상이었기 때문에, 친구들과 함께 말몰이를 계획했다. "우리는 흑마 한 마리를 잡아 집으로 끌고 왔다."**56**

말 무리는 그들의 사는 방식을 터득했던 것일까? 보주Voges에서는 자연적이든 인위적이든 간에 나무가 없는 정상부에 그루터기가 남아 있는 밭들이 있었는데, 4월부터 10월까지 '마케르macaire'라고 불리던 목동의 감시하에 큰 무리의 짐승들이 모였다. 1698년의 한 증언에 따르면, 그루터기가 있는 밭까지 "젖소들이 봄철에 스스로 풀을 뜯기 위해 올라갔다가, 10월이 되면 스스로 돌아온다"**57**.

따라서 처음으로 이동 목축을 고안했던 것은 인간이 아니라 동물이 아니었던가? 장 앙글라드Jean Anglade는 마시프상트랄(중앙 대산지)에 대해 다음과 같이 말하고 있다. "인간과 젖소 중 누가 처음으로 마시프상트랄에 도착했는지는 아무도 모른다!"[58]

진짜 야생동물은 빠른 속도로 번식한다. 사슴, 노루, 늑대(19세기 중반까지도 위험했고, 그 이후에도 여전히 위험하다)로부터 수확물을 지키기 위해서는 사냥만이 유일한 방법이었다. 이러한 이유로 파리 주변에서는 왕과 대영주들이 숲의 사냥권을 지켰다. 그러나 불행하게도 때로는 이러한 권리행사를 등한시하여 너무나도 많은 짐승들이 숲을 벗어나 평원에 출몰했다. 여러 차례에 걸쳐 파리의 지방관 펠리포Phélipeaux는 그가 관할하는 '데파르트망'의 숲속에 사냥감이 빠르게 번식하고 있음을 알렸다. 30~40마리의 암사슴 무리로부터 급속도로 번식되고 있다.[59] 농부들로서는 이러한 상황에서 그들의 땅을 지키는 것이 "왕에게 지불하는 비용보다" 더 많았을 것이다.[60] 여전히 수도 근처에서 일어난 일인데, 아르장송Argenson 후작이 사는 세그레Segrez의 사람들은 큰 재앙에 대해 다음과 같이 불평했다. "사냥감인 토끼가 포도와 곡물, 사람들이 수확한 모든 과일을 먹어 치운다(1750년 3월 25일)."[61] 1787년 3월에도 같은 내용의 불평을 볼 수 있는데, 이번에는 산토끼들이 문제였다. 망트Mantes 인근의 리메Limay에서는 부이용Bouillon 공작이 여러 해 동안 출몰하는 토끼들을 방치했다가 큰 피해를 보았다.[62] 센Seine강 가장자리의 목초지와 생제르맹Saint-Germain의 숲 사이에 있는 아셰르Achères, 가렌Garennes, 프로망빌Fromanville에 땅을 갖고 있는 마솔Massol은 다음과 같은 불평을 늘어놓았다. "사람들이 몇 해 동안 들여온 야생동물들이 … 그 수가 너무나도 빨리 증가하여 내 땅을 다 망가트렸다." 수확물은 전혀 없었다. 소작인들은 그곳을 떠나겠다고 위협했다. 해결책이 없었다. 그래서 이를 불쌍히 여긴 왕은 그 땅을 사들이는 은혜를 베풀었다! 이러한 경우에 "황갈색fauve(역주: 이 단어는 '야수'라는 의미도 있다)"이라는 수식어는 사슴, 노루, 산토끼와 같은 색상의 사냥감과 연관이 있다. 또한 "검정색"의 짐승이라고 하면

멧돼지, "붉은색"의 짐승은 여우를 상기시킨다.

이러한 재앙은 프랑스 전역에서 볼 수 있었다. 1789년 삼부회의 진정서에는 이 문제가 자주 거론되었다. 드라기냥Draguignan 인근 프로방스의 작은 마을 공동체인 브로베Brovès에서는 왕에게 "개인들이 적어도 그들의 땅에서 덫을 놓거나 총으로 수확물을 망쳐 놓는 모든 동물들을 잡을 수 있게 해 달라고 요구했다. 프로방스에서는 의회의 규칙에도 불구하고, 목에 나무판을 채우지도 않은 채 개들이 가축 무리를 지키는 데 사용되고 있었다"[63].

물론 농부들은 허가와 상관없이 사냥감을 사냥했고, 덫을 놓았다. 그러나 과거 프랑스에서 밀렵은 혹독한 벌을 받는 범죄였다. 노르망디 삼부회의 진정서에 적힌 것처럼, 농부들로서는 밀렵 감시인이 "게으르기 때문에 항상 비열한" 적이었다.[64]

'재산 가치'가 있는 숲[65]

오늘날 우리가 쉽게 잊고 있는 것은 지난날 숲의 경제적 가치이다. 목축의 장소로서 숲의 역할에 대해서는 이미 언급했다. 마찬가지로 숲속의 나뭇잎들은 건초(느릅나무와 떡갈나무 잎)가 부족할 때 짐승들을 먹이기 위해, 또는 짚더미를 채우기 위해(너도밤나무 잎), 또는 땅을 비옥하게 하기 위한(낙엽, 회향목 나뭇잎) 목적으로 채취되었다. 숲은 요리나 난방, 또는 주조업, 대장간, 양조장, 정유공장, 유리 제조공장과 같이 엄청난 양의 열을 필요로 하는 곳에 연료를 제공했다. 숲은 통 제조업, 쟁기, 짐수레, 마차, 말굽, 그 밖에도 셀 수 없이 많은 기구, 집, 배, 기계를 만드는 데 필요한 재료를 제공해 주었으며, 나무 톱니바퀴가 필요한 압착기, 펌프, 윈치의 제작 재료를 제공했다.

모든 농부들은 나무꾼이 되어 가을에 일손이 남을 때는 가지치기와 나무베기에 동원되었다. 1900년경 부르고뉴bourguignon의 '산간지역'에서는 농업의 한 절기가 끝나는 시점인 감자 수확 후, "사람들은 해 뜨기 전에 출발했다. 지름길인 가파른 오솔길을 오르는 데 30분이 걸렸다. 먼저 도착한 사람이 오른쪽에서 '오! 오귀스트-' 하고 외치면, 오귀스트가 '오!' 하고 답했다. 또는 왼쪽에서 '오! 드니-' 하고 외치면, 드니가 '오!' 하고 답했다." 그런 다음에 "이번에는 도끼들이 답하기 시작했다. 조용한 나무 다듬는 소리, 뚜렷하고 평평하게 울리는 장작 패는 소리". 그러는 동안 "감자와 콩 그리고 돼지비계가 들어간 스튜" 도시락은 숯으로 덮인 따뜻한 곳에 놓여 있었다.[66]

황무지를 개간하는 많은 농부와 목재를 구매하는 사람들에 의해 나무는 일찌감치 부족해졌고, 가격은 계속 상승했다. 16세기부터 숲은 '재산 가치가 있는 것'으로 선호되었다. 오래된 상인 가문 출신의 피에르 세귀에Pierre Séguier는 1554년 파리 의회의 대표가 되었다. 빈틈없는 그는 가문의 땅을 넓히는 데 자신의 전 생애를 바쳤다. 특히 숲을 구입하는 데 전력을 쏟았다. 그가 긁어모은 엄청난 수입이 알려졌을 때 놀라지 않은 사람은 없었을 것이다![67] 1715년부터 나무의 가격은 급격히 상승했는데, 왕정체제의 마지막 20년 동안은 특히 더 가파른 가격 상승 곡선을 그렸다. 당시 파리에서는 난방으로만 일 년에 200만 톤 이상의 나무가 소비되었다.[68]

이처럼 과거의 숲은 오늘날보다 인간과 더욱 밀접한 관계에 있었다. 많은 관찰자들에게 숲은 자연의 선물처럼 보여졌다. 인간은 그러한 선물을 취할 수밖에 없었다. 그러나 그것은 절반의 진실이다. 루이 14세부터 오늘날까지 숲 경계의 상대적인 불변성에 대해서는 왜곡될 가능성이 있다. 왜냐하면 그 어떤 것도 긴 세월 동안 변하지 않는 것은 없기 때문이다. 더욱이 "삼림이 우거진 지역의 지명은 예전의 풍경을 재구성하는 데 도움이 되는데, 그것은 우리가 학교에서 도표를 통해 배웠던 것과는 사뭇 다르다"[69]. 인간은 숲에 무거운 짐이 된다. 빽빽한 숲도 인간의 필요와 활동에 맞출 수밖에 없다. 아르곤Argonne은 해면암 지층으로 이루어진 곳에 위치한다. 그러나 아르곤은 오를레앙의 숲과 같이 끔찍한 개발은 이루어지지 않았다. 이는 "굴곡이 심하고 통신과 교통수단이 열악하여 현지에서의 소비 외에는 개발이 불가능했기 때문이다." 그 대신 유리 제조공장이 여기저기 생겨났다.[70] 마을의 위협적인 경제개발이 숲을 포위한 사실을 잊어서는 안 된다. 결국 국가는 도처에서 균형을 되찾기 위해 노력할 수밖에 없다.

뒤바뀐 세계로서의 숲

숲은 한때 정반대의 세계였다. 산적, 강도, 무법자들의 천국이었다. 사드Sade 후작이 쓴 쥐스틴Justine의 모험담[71]으로 유명한 파리 근교의 봉디Bondy 숲은 제2제정하에서 크게 벌목되었다. 그러나 위험이 도사리는 아르덴Ardenne의 음침한 숲은 언제나 두려움의 대상이었다.[72] 특히 이 숲을 통해 "세당Sedan에서 부이용Bouillon까지" 가는 모든 길목에서 "도둑이 출몰한다는 이야기는 많은 사람들을 두려움에 떨게 했다". 메스Metz와 생트므누Sainte-Menehould 사이의 음침한 숲 역시 종종 살인자들의 은신처가 되었다.[73] 마찬가지로 노르망디에 있던 왕실 소유의 숲에서도 "사람들은 강도와 살인에 노출되어 있었는데"[74], 이러한 문제는 1712년에 "마차가 다닐 만한 큰길chemins ferrez"이 만들어지면서 해결되었다. 그런데 노르망디는 왕국에서 가장 경비가 삼엄한 지역 중 한 곳이었다! 파리에서 더 가까운, 피티비에Pithiviers 인근의 이예브르르샤텔Yèvre-le-Châtel 마을에는 왕실 관할의 작은 경찰 초소가 있었는데, 그곳의 경찰관은 다음과 같이 당시의 상황을 말하고 있다(1694년). "퐁텐블로Fontainebleau와 오를레앙의 숲을 통과하는 큰길에서 잡은 살인자와 도둑에 비해 여전히 많은 수가 남아 있다." 그래서 그 경찰관에게 일을 계속하게 했는데, "아이러니하게도 절도와 불량한 문제에 연루되어 있던 몇몇의 경찰들을 감옥에 집어넣어야만 했다!"[75]

마을 근처의 숲에는 범법자들이 모여들었고, 전통적으로 소금 밀매업자의 거래와 행동을 보호하는 은신처로 이용되었다. 종종 탈영병들은 그들과 공모하는 농부들로부터 말을 빌려 이 숲에서 저 숲으로 신속하고 조심스럽게 이동하는 모험을 감행했다. 놀랍게도 그들은 탈주 시에만 무기를 사용했다.

그런데 소금 밀매업자는 더욱 대담해졌다. 1706년 한 무리의 소금 밀매업자들은 약간의 거리만 두고 여러 그룹으로 나뉘어 소금을 실은 짐수레를 끌었다. 그들은 마을 주민들에게 강매했고, 사지 않으면 집을 불태우겠다고 위협했다. "그들은 확신에 찬 얼굴로 걸어갔다. 1706년 7월 노장쉬르센Nogent-sur-Seine 근처까지 그들을 뒤쫓아간 한 징세 청부인에 따르면, 그들은 숲길을 택하지 않고 일반 길로 다녔으며, 그렇게 마을 입구까지 갔다."[76]

피난처로서의 숲

그러나 전시에는 상황이 달라졌다. 숲은 가장 약한 사람들의 피난처로 활용되었던 것이다. 마지막 전쟁 동안 방데Vendée의 슈앙Chouans이나 베르코르Vercors의 레지스탕스를 떠올려 보자. 1814년 러시아의 카자크가 동부 지방에 이르러 동레미Domremy에 있는 잔 다르크Jeanne d'Arc의 생가에서 대들보를 단칼에 베어 냈을 때, 마을 사람들은 그들의 조상이 30년전쟁 시기에 약탈을 피해 피난했던 것처럼 숲으로 도망쳤다. 로렌 지방에서는 이러한 약탈이 너무나도 오랫동안 지속됨에 따라 농부들은 오랫동안 집을 떠나 야생적으로 변했고, '숲의 늑대들'이 되었다. 그들은 왕을 보필하는 장교와 군인들까지 강탈하는 상황에 이르렀다. 이런 상황에서 1643년[77] 로렌의 주지사였던 페르테세느테르Ferté-Senneterre 시대에는 소위 인간 사냥이란 말이 등장할 정도로 사형 집행이 크게 증가했다.

다른 사례로 빈민, 구걸하는 사람, 떠돌이들은 마을 숲의 가장자리인 '공유지'에 정착하곤 했다. 그들은 가족과 함께 나뭇가지, 흙, 짚으로 지어진 오두막집에 머물렀다. 일반적으로 마을 사람들은 그들을 "오두막에 사는 사람들"이라 부르면서 받아들였다.[78] 그러나 그들 중 몇몇은 숲을 개간하여 번영하기에 이르렀다. 점차 영구적인 집들이 생겨나면서 그에 따른 탄원, 소송, 그들에 대한 위협이 발생하기 시작했다. 18세기 앙제Angers의 루아르Loire강 가장자리는 예전에 숲의 일부였다가 이후에 버려진 '습지gâtine'와 같은 곳인데, 이러한 미개간지가 그러한 사례이다. "2세기 전부터 공유지에 몰래 생기기 시작한 가건물들이 증가하여 오늘날의 촌락이 된 것이다. 명칭상에는 그들의 과거를 떠올리게 할 만한 흔적이 없기에 그들의 비참했던 근원을 의심할 필요는 없다. 하지만 오두막loge이라는 단어는 18세기에 나무꾼과 석탄제조공들이 지냈던 숲속의 오두막집을 지칭했던 말이고, 신세계, 캐나다, 미시시피, 카옌과 같이 식민지를 연상시키는 단어들도 있다."[79] 사실 초라한 아메리카나 초라한 개척자들의 지대가 아닐까!

이상적인 마을: 모든 것을 생산하다

마을의 특징 중 하나는 모든 것을 자체적으로 생산한다는 것이다. 마을 인구가 충분한 경우(500명 이상의 주민이 거주)에는 생물학적 존속을 위해 결혼할 상대를 마을 내에서 찾는데, 부득이한 경우에는 이웃 마을에서 찾기도 하고, 더 드물게는 마을에 정착하고 있는 이주민 중에서 상대를 택하기도 했다. 대체로 이러한 문제는 자체적으로 해결하는 경우가 많았다. 18세기에 파리 근교의 포도 재배지인 로맹빌Romainville에서는 동족결혼의 특징을 보인다.[80]

그래서 마을은 고립되어 살아가는 경향이 있다.[81] 마을에는 그들만의 제도, 영주, 공동체, 공공의 재산, 축제, 사회성, 풍속, 사투리, 이야기, 노래, 춤, 속담, 그리고 필연적으로 이웃 마을에 관한 농담이나 조롱도 있었다. 코트도르Côte-d'Or와 그에 속한 마을들에 관한 이야기는 흥미롭다. 예컨대 마을들은 염소 새끼, 개구리, 돼지, 늑대, 빈 봉투, 배에서 나는 소리 등과 같은 별명이 붙여졌던 것이다. 마지막 두 별명은 이쉬르티유Is-sur-Tille의 사람들을 지칭하는 별명이었다.[82] 이웃을 비웃고 싶어 하는 욕망, 조롱, 조소로 가득 찬 노래뿐만 아니라 끝없는 소송으로 이어지는 증오는 작은 마을에만 있었던 것이 아니다. 큰 마을에서도 과장, 심술궂은 언행과 같은 문제들이 있었다.

종종 젊은 사람들은 "카바레의 소란꾼들"과의 싸움에 휘말렸고, 때로는 거친 폭력도 서슴지 않았다. 1780~1790년 사이 로데Rodez 주교의 적극적인 개입에도 불구하고 리비냐크르쉬페리외르Livinhac-le-Supérieur(현재는 리비냐크르오Livinhac-le-Haut로 명칭이 변경되었다) 마을 주민과 플라냐크Flagnac 마을 주민은 10년 동안 대립했다. 아베롱Aveyron에서는 1890년 이전까지 이런 종류의 다툼이 끊이지 않았다.[83]

증오 또는 악은 서로를 구별 짓고, 정체성을 확인하게 해 주었다. 위세를 과시하기 위해, 가장 높은 곳의 종을 갖기 위해, 가장 아름다운 교회를 세우고, 가장 잘 꾸며진 제단을 위해 수많은 다툼이 벌어졌다.[84] 독립과 자율에 대한 열망 역시 거기에 있었다. 마을은 스스로 살아가기 위해 스스로 충족시킬 수밖에 없었다. 모두가 집 짓는 것을 도왔고, 타작도 함께 했으며, 연못에서도 함께 고기를 잡았고, 짐수레의 바퀴도 함께 달았다. 나무 바퀴에 두르게 될 빨갛게 달아오른 철테는 물에 내던져지는 순간 불꽃을 튀기고, 식은 철테는 조여진다.[85]

이렇게 자립하려는 노력은 다양한 방식으로 표출되었다. 마을은 종종 공공의 재산, 방목장, 숲 등을 가지고 있었다. 마을은 곡식을 빻기 위한 방앗간도 가지고 있었고, 그들의 빵을 굽기 위한 평범한 화덕(때때로 마을 사람들이 지주로부터 다시 사들인)도 소유하고 있었다. 지역에 따라 올리브나 포도, 호두 등의 열매를 큰 용기에 넣고 갈거나 압축하기도 했다. 그리고 우리의 상상 이상으로 마을은 스스로 여러 가지 서비스를 갖추었고, 다양한 분야의 2차 산업도 운영했다. 조제프 크레소Joseph Cressot는 과거를 회상하는 그의 책에서 1900년경 고향 마을의 장인들을 떠올렸다. 랑그르Langres 부근의 마을로 그 시절에도 여전히 포도를 주로 재배했다. "나의 양 손가락으로는 그것들을 다 셀 수가 없었다. 방앗간 주인, 축융공, 제재소 주인, 구두수선공, 나막신 제조인, 수레를 만드는 사람, 장제사, 목수, 석공, 기름판매상, 직조공, 통 제조공, 유명한 접골사에 이르기까지…"[86] 부지런한 모든 장인은 "숙련공"들이었다. 석공은 "채석장에서 돌을 고르고 채취하는 것에서부터 지붕에 화산암을 올리는 것까지 집에 관련된 모든 것을 할 줄 알았다"87. 그들이 어떤 직업을 갖고 있다고 해서 자신의 밭이나 정원, 또는 몇몇 작은 가축을 갖는 것은 문제가 되지 않았다. 그렇지 않으면 그들이 어떻게 살아갈 수 있었겠는가?

장인 중에는 그 특징적인 행태로 인해 스스로를 다른 사람들과 구별 짓게 하기도 했다. 예컨대 대장장이는 12세기부터 공동체에서 지배적인 인물이었다. 경우에 따라서는 무리의 두목이 되기도 하고, 때로는 악을 행하기도 했는데, 납으로 된 귀고리를 달고 있어 이들을 구별할 수 있었다.88 제빵사는 뒤늦게 등장했는데(19세기 전에는 없었다), 오랫동안 기다려 온 흰 빵의 승리를 알렸다. 카바레 주인은 대중문화를 제공하는 필수적 요원으로, 정보 제공자, 공동 축제의 기획자, 대금업자, 경우에 따라서는 고리대금업자이기도 했다. 종종 교회의 반대에도, "그의 집은 거리와 촌락의 사람들이 일상적으로 모이는 장소였다"89.

"활동적인 사람"들은 마치 일종의 방어를 하는 것처럼, 그들이 살고 있는 마을의 자율성을 강화하려는 듯한 인상을 준다. 바리무쟁Bas-Limousin의 촌락들에서도 이와 같은 노력이 보인다. 사람들은 일상적인 일 외에도 공동체에서 그들의 지식을 제공하고 협력한다. 돼지 잡는 사람, 돼지의 혀를 검사하는 사람(돼지의 기생충 감염을 알아내는 검사관), 이발사, 중개인, 식물이 갖고 있는 치료 성분을 아는 사람 등.90

한 마을의 장인이나 유사 장인들의 수를 파악할 수 있을까? 우선 중요한 순서에 따라 나열하는 것은 가능하다. 18세기 퐁투아즈Pontoise91에서 17km 떨어진 에르몽Ermont에는 거주민의 대다수가 농부, 포도 재배자, 더 많은 비율의 '농부 겸 포도 재배자', '날품팔이하는 농민' 등으로 구성되어 있었고, 그 외에도 통제조업자, 대장장이, 정육점 주인, 돼지고기 장수, 구멍가게 주인, 카바레 주인, 서기(마을의 공증인), 산파, 학교 교사 등이 있었다. 여기서 날품팔이하는 농민은 하인을 가리키거나 다른 곳에서는 'brassier'라고도 불렸다. 이 정도 수준의 업종을 보유한 규모라면 읍bourg에 해당되거나, 거의 적어도 500여 명의 주민과 가게 주인들, 그리고 현지에 소유지를 갖고 있는 몇몇 파리의 부르주아를 포함하는 큰 마을에 해당된다.

모르방Morvan에 있는 생디디에쉬르아루Saint-Didier-sur-Arroux**92** 역시 읍이지만, 그럼에도 우리는 주저하게 된다. 이는 한 사람당 3~4헥타르를 갖고 있다고 가정할 경우 3,000헥타르의 공유지에 750~1,000명의 주민들이 살고 있었다는 이야기가 된다. 1865년경에는 950명이었던 것에 반해, 1975년에는 단지 353명만이 살고 있었다.

하지만 20세기 초에는 이곳에 50명 정도의 장인이 있었다. 이 숫자는 많아 보인다. 이러한 수치가 읍의 기능을 했다는 것을 의미하는 것일까? 사실 생디디에Saint-Didier 근처에 있던 4~5개의 촌락은 이곳과 긴밀한 관계를 맺으며 살고 있었다. 그러나 더 진전된 연구도 없이 어떻게 결론을 도출할 수 있겠는가? 산으로 겹겹이 둘러싸인 모르방의 북에서 남으로 깊게 파인 아루Arroux 골짜기는 중요한 길이었다. 생디디에는 북쪽으로부터 20km 정도 떨어진 오툉Autun과 남쪽으로부터 15km 정도 떨어진 툴롱쉬르아루Toulon-sur-Arroux 사이에 위치한다. 도시인 오툉과 큰 읍인 툴롱은 그들의 영향권에 작은 도시들을 거느리고 있었다. 목축업을 주로 하는 이 고장에 가축시장이 지속적으로 열림에 따라, 이 지역의 마을들은 명백하게 지역의 중심부에 위치했던 것이다. 1813년 오툉에서는 가축시장이 13번 열렸는데, 그 가운데 한 번은 7월 31일부터 한 달 내내 지속되었고, 툴롱쉬르아루에서는 같은 해에 8번 열렸다. 그러나 생디디에에서는 두 번밖에 열리지 않았는데, 시끄러운 가축시장의 한편에서는 이 지역의 일상적인 물물교환이 이루어졌다. 인력시장 또한 그곳에서 생겨났고, 뒤늦게 정착되었다(1874년). 결국 생디디에는 다른 마을보다 더 고립된 작은 마을이 아니었을까? 결과적으로 다른 마을보다 더 그들의 필요를 채우는 것이 급선무가 아니었을까?

피할 수 없는 개방

모든 마을의 노력에도 불구하고, 그들 스스로의 힘만으로는 충분하지 않았을 것이다. 주민들은 영주에게 내는 납부금, 국가 세금, 그리고 '간접세'에 필요한 돈을 구하기 위해 '잉여분'을 장이나 이웃 읍의 시장에 내다 팔아야만 했다. 왕정체제하에서 간접세는 외부로부터 강요된 것으로 마을 경제와는 관련이 없었다. 18세기 리무쟁의 목축업에 관한 연구[93]에 의하면, "세금 낼 돈을 마련하기 위해" 사람들은 장이 서는 날에 읍이나 도시로 버터와 채소, 달걀, 가금류, 살아 있는 짐승, 양모, 나무 등을 가지고 갔다.

거기에는 짐수레와 보행자들의 행렬이 있었다. 읍의 빵집에서 빵을 사고, 정육점에서는 부위별로 잘게 썬 고기를 샀을 것이다. 이처럼 18세기에 현재의 오트사부아Haute-Savoie의 알프스 산지에 위치했던 발로르신Vallorcine에서는 산골 주민이 정육점에 가기 위해 발레Valais의 마르티니Martigny까지 내려왔다. 얼마나 놀라운 하산인가! 읍에서는 조미료, 직물, 도구, 철물류도 샀다. 고리대금업자는 그곳에서 손님을 받았다. 그러나 19세기에 이르러서는 갈수록 마을의 유력자나 여인숙 주인이 고리대금업자의 자리를 대신했다.[94]

아주 적은 양을 생산하여 교환을 하기에는 턱없이 부족했던 농촌에서 도시나 읍의 기업가의 주문을 받아 생산했던 가내수공업은 10배가량의 이윤이 남는 큰 수입원이었다. 특히 방직과 축융 산업은 18세기에 농촌을 잠식했다. 예컨대 포레즈Forez에서는 생쥘리앵몰랭몰레트Saint-Julien-Molin-Molette가 테르네Ternay의 작은 강에 물레방아를 설치해 기름 짜는 기계, 곡식 빻는 기계, 날을 가는 기계, 납 광석을 가는 기계, 비단을 짜는 기계 등과 같은 산업을 활성화시켰다.[95]

또 다른 수입원으로는 수레가 있었다. 밭일이 없을 때 농부들은 연결 도구와 수레를 가지고 운송업자의 역할을 했다. 이러한 활동은 규칙적인 이동과 놀라운 전문성을 띠게 되었다. 프랑스 왕국의 지배를 받았던 바루아 서쪽 지역Barrois mouvant의 랭베르쿠르오포Rembercourt-aux-Pots 마을은 제1차 세계대전 초에 고통을 받았던 곳인데, 호화스러운 교회만이 그곳의 옛 번영을 간직하고 있을 뿐이다. 그런데 이 마을에는 16세기 전부터 네덜란드와 이탈리아까지 이르는 국제 운송에 기여했던 '짐수레'가 있었다.[96] 쥐라 고원에 위치한 오르즐레Orgelet는 요새 같은 교회가 있는 오랜 성곽도시로 운송 수단인 짐수레와 연결 도구를 프랑스 전역에 보냈다. 오트피레네Hautes-Pyrenees에 있는 시우타Cieutat와 오순Ossun의 주민들은 캉팡Campan 골짜기에서 생산되는 유제품을 툴루즈Toulouse와 그 외의 지역까지 운반하는 일을 전문화했다. 살Salles, 블랭Belin, 상귀네Sanguinet의 목축업자들은 아르카숑Arcachon 분지의 신선한 물고기를 보르도Bordeaux까지 운반하기도 했다.[97]

또한 짧은 거리를 위한 전문 운송인들도 있었다. 예컨대 바스코레즈Basse-Corrèze에는 '투르탈리에tourtalhier'라 불렸던 중개인들이 있었는데, 이들은 "일주일에 한두 번 당나귀나 짐수레를 끌고 손님을 위해 물건을 사러 마을로 갔다"[98]. 사부아Savoie에는 '바를로티에barlotier'라 불렸던 농업과 위탁업(심부름꾼)을 같이 하는 사람들이 있었는데, 이들은 옆 마을에서 열리는 7일장에 버터나 치즈, 가금류, 송아지, 양들을 운반했다. 돌아오는 길에는 손님들로부터 의뢰받은 '장'을 보았다. 예컨대 울 털실은 양모, 커피, 설탕, 석유 등과 교환되었다. 최근에는 일주일에 한 번씩 수송 차량이 산간 마을을 운행하기 시작하면서 기존에 존재했던 운반업자들의 일은 중단되었다.[99]

그러나 농민의 수송 도구는 종종 부대의 물자 공급 시 정부의 징발 대상이 되었다. 이러한 징발 조치는 어떠한 사정을 보아주는 것도 없이 이루어졌다. 심지어 절박한 추수철에도 이미 내려진 명령은 번복되지 않았다. 1695년 베르됭Verdun에서는 1,400대의 짐수레가 필요한 밀과 귀리를 알자스의 군부대까지 운반했다.[100] 1709년 여름 북부 지방의 군대는 "계속된 비로 도로가 엉망이 되었음에도" 랑드르시Landrecies 방면으로 농민 수송단을 보냈다가 위험에 빠뜨렸다.[101] 이 일로 "많은 말들이 죽고, 다른 것들은 탈진하거나 과도한 피로에 시달렸다. 이런 상황임에도 불구하고, 계속해서 발랑시엔Valenciennes까지 이 대열을 끌고 가게 함에 따라 급기야 농민들은 돌아가는 길에는 더 이상 수송할 수 없는 상태에까지 이르렀다". 그 밖에도 1744년경에는 알프스의 군부대 수송을 위해 도피네와 프로방스에서 농민들이 짐꾼으로 징집되는 일이 있었다.[102]

대도시 인근에서 마을들은 자급자족을 더 쉽게 포기했는데, 그들은 유제품, 채소, 과일 재배를 특화하여 부유해졌다. 18세기의 파리 중앙시장은 이른 아침부터 인근 마을에서 채소를 싣고 온 짐수레들로 가득했다. 마을들은 저마다 전문화되기 시작했다. 예컨대 베술Vesoul 인근의 앙들라르Andelarre 마을에서는 돌이 풍부했고,[103] 에르몽은 파리 근교의 다른 마을처럼 수도의 아이들을 돌보는 보모 역할로 전문화되었다. 하지만 불쌍한 아이들은 종종 태어난 지 얼마 지나지 않아 죽기도 했다. 따라서 그 아이들에게 겨우 세례를 줄 시간밖에 없었다.

아르장트네Argentenay, 레진Lézinnes, 파시Pacy, 비로Vireaux를 포함하는 아르망송Armançon 골짜기의 교구들은 토네르Tonnerre의 남동쪽 대략 10km 거리에 위치해 있었는데, 16세기부터는 파리와 직접적으로 연계되어 보모, 정원사, 하인, 하녀, 와인 운송업자들을 공급했다. 와인 운송업자 중 몇몇은 파리에서 카바레 주인으로 자리 잡기도 했다. 세례식이나 결혼식은 파리에서 하기도 하고, 그들의 고장인 토네루아Tonnerrois에서 하기도 했다.[104]

사람들의 이동과 교류

마을과 읍 그리고 도시 간에는 사람들의 교류가 이루어졌다. 셀 수 없이 많은 이동이 있었다. 프로방스의 사례를 보면, 농민보다는 장인들이, 여자보다는 남자들이, 마을의 유력자보다는 가난한 사람들이 여행이나 도망, '유랑'에 몸을 맡기는 일이 더 많았다. 방랑자들 가운데 도중에 멈추어 정착하거나 그 자리에서 결혼하는 경우도 있었는데, 이는 마을 시스템의 내부가 다시 새로워지고 환기되는 기회였다. 필자는 호기심 많은 유년 시절을 상파뉴Champagne와 바루아Barrois 사이에 위치한 작은 마을에서 보냈다. 1914년경 그 마을에는 200명의 주민들 가운데 9명의 '장인'이 있었는데, 그들 중 목수, 대장장이, 마구제조인, 제빵기술자 등 4명은 타 지역 출신이었고, 수레나 바퀴를 만드는 장인, 방앗간 주인, 여인숙 주인, 2명의 식료품상 등 5명은 그 마을 출신이었다. 농업 부문에서는 농작물 재배에 고용된 사람들이 바뀌곤 했다. 필자는 이들 중 2명의 출신을 알고 있다.

이와 반대로, 돌아다니는 상인과 장인들이 마을로 들어오는 경우도 있었다. 1914~1920년 사이에 뫼즈의 어떤 마을 중심·광장에는 2명의 정육점 주인이 있었는데, 한 명은 토요일 아침에, 다른 한 명은 일요일 아침에 영업을 했다. 왜냐하면 그날은 사람들이 고기를 먹는 유일한 날이었기 때문이다. 포토푀pot-au-feu(역주: 고기와 야채를 삶은 스튜) 재료를 사러 온 고객 중 특히 여성 고객들은 여유롭게 수다를 떨면서 잘난 체를 하며 사회적 지위를 자랑했다. 어쨌든 고기를 소비한다는 것은 집안이 넉넉하다는 것을 반영하는 것이 아니겠는가? 청과 상인, 칼 가는 사람, 주석도금공, 새고기 파는 사람, 우유와 달걀을 모으는 사람들은 그 누구보다도 마을에서의 삶에 더 잘 동화되었고, 수다스럽게 서로의 소식을 물었다. 20세기 초에 뫼즈 지방의 르비니쉬르오르냉Revigny-sur-Ornain에서 '상인들'은 토끼의 가죽을 수집하는 사람이었지만 "고철, 오래된 매트리스, 쓸 수 없는 화덕과 냄비, 짝이 안 맞는 장작 받침쇠, 고장 난 핀셋, 구멍 뚫린 프라이팬, 쪼개진 삽"도 함께 수집했다.[105]

이러한 현상은 어느 지역이든 마찬가지였다. 제2제정 당시 디우아Diois의 알프스 산지에 위치한 노니에르Nonières 마을의 사례를 살펴보자면, "숟가락과 포크는 주석을 입힌 철로 만들어졌는데 광택이 오래가지 않아 정기적으로 주석도금공estamaïre이 찾아와서 천막을 치고 그 안에 큰 냄비를 설치하고 주석을 녹였다. 이 냄비에서 예전과 같이 반짝거리는 식기를 꺼내는 광경을 보고 마을 아이들은 놀라움을 금치 못했다"[106]. 필자의 친구들 중 하나는 모르방 마을에서 어린 시절을 보냈는데, 1914년 전까지 주석도금공은 "검고 털이 많아서 곰과 같이 생겼고, 불카누스(로마신화의 인물)와도 같은 모습이었던 것으로 기억한다. 그는 언제나 너무 오래 입어 마모되고 여기저기 수선하고 구멍 뚫린 옷을 걸치고 있었다. 그는 술을 조금만 마셨고, 절대 씻지도 않았으며, 옷이 그를 버릴 때까지 입고 있는 옷을 벗지 않아 염소보다도 더 심한 냄새가 났다". 하지만 그는 매우 성실했다. "그는 나에게 닦아 낸 포크와 숟가락들을 보여 주면서 말했었다. 두고 봐, 이것들은 은으로 만든 것보다 더 아름다워질 거야."[107]

지난날 프랑슈콩테Franche-Comté에서 삼을 빗질하는 직업pignard보다 더 유명한 떠돌이가 있었을까? "생산지에서 삼을 침적시킨 후, 대마의 껍질을 벗기고 방망이질을 했다." 이런 공정 과정의 마지막 단계에서 마무리 작업은 빗질하는 사람들에게 맡겨진다. "이 가난한 사부아 사람들은 종종 아이들의 조롱을 받으며 마을에 도착했고, 마을 사람들로부터는 불신을 받았다. 3명으로 조를 짜서 개별 농장의 삼 일을 맡는다. 작은 마을에서는 한 조로도 족했다. 사람들은 그들에게 보잘것없는 보수를 주었다. 예컨대 1812년의 경우, 삼실 뭉치의 킬로그램당 식사가 포함되면 15상팀centime을 받고, 식사가 포함되지 않으면 20상팀의 보수를 받았다. 며칠 안에 마을의 삼은 공들여 다듬어진다. 그들은 어깨에 공구를 매고 이웃 마을로 간다."[108] 또 다른 유랑 직업으로는 두더지 사냥꾼과 땅꾼이 있었다.[109] 그 밖에 알프스, 피레네, 마시프상트랄 등의 지역에서는 '이동하는' 행상인들이 있었는데, 이러한 직종의 존재는 그렇게 오래된 과거가 아니다. 그러나 이러한 광경은 오늘날 완전히 사라졌을까? 오늘날에도 리무쟁 남쪽에 위치한 페리고르 베르Périgord vert의 작은 마을에는 "매일 아침 우유 판매상의 긴 경적 소리가 울린다. 이건 또 무슨 나팔 소리냐고? 월요일 오후 4시에 울리는 소리는 식료품 상인의 것이었다. 그리고 수요일 오후 3시에는 빵장수의 소리가 들려왔다"[110].

여기서는 건초 말리기, 농작물 수확, 포도 수확, 겨울철의 타작 일에 동원되는 일시적인 일꾼들까지 열거하는 데 비중을 두지는 않고자 한다. 이렇게 오트잘프Hautes-Alpes의 '갑Gap 지역의 사람들'은 프로방스의 평야로 갔다. 그들은 그곳에서 너무 일찍 와인의 맛을 보았다. '소크soques'라고 불리던 디우아Diois 사람들은 고도에 따라 추수 시기에 차이가 있는 것을 이용해 이 지역에서 다른 지역으로 이동하면서 추수 작업을 했다. "우리는 밤에 걷고, 새벽에 도착하여 새로운 일을 얻었다." 우리는 잠자고 있는 마을들을 지나가면서 노래를 불렀다.[111] 현재 오트사부아에 위치한 작은 마을 비리Viry의 주임신부의 묘사에 의하면, 1845년 여전히 품팔이 일꾼 "무리"들이 수확 시기에 맞추어 도착했고, "무리"의 선두에는 "위탁자들의 모든 낫을 지고 가는" 한 사람이 있었으며, 그들은 상투적인 수확의 노래를 쉬지 않고 반복해서 불렀다. 이에 맞추어, "술집들은 교회와 국가의 법을 어기며 하루종일 문을 열었다". 좋은 풍습에 불길한 날들![112] 이렇게 마시프상트랄에 거주하는 품팔이 일꾼들은 항상 그들을 애타게 기다리는 랑그도크 지방의 곡물과 포도원으로 내려온다. 비바레Vivarais 지방에 속해 있던 프라델Pradel의 영주인 올리비에 드 세르Olivier de Serres(1539~1619)는 추수꾼들의 도움 없이 무엇을 할 수 있었을까? "그가 기록하기를, 최고의 관리자이신 하느님, 신의 섭리로 마시프상트랄의 추운 산간 지방에서 평야와 따뜻한 고장으로 밀을 추수하기 위해 많은 사람들을 내려오게 한다. 이 불쌍한 사람들은 생계를 유지할 만큼의 충분한 일이 없었기 때문에 겨울 동안의 생계를 위해 돈을 벌어야만 했다."[113] 마지막 사례는, 19세기에 모르방 지방에서 소가 끌던 수레의 일종인 '갈바셰galvacher'를 갖고 일하던 사람들에 관한 내용이다. 그들은 3월에 이웃 고장으로 가서 11월이 되어서야 동물과 수레를 끌고 돌아온다. 오늘날 전통 축제에서는 과거 그들의 출발 의식을 "작업복 또는 파란색 작업복에 나막신과 둥근 모자를 쓰고" 재현하고 있다. 음악은 중세의 현악기인 교현금으로 연주되고, 전통 무용인 '브랑늘branle'을 볼 수 있는 좋은 기회이다.[114]

더 놀랄 만한 일은 오트잘프에 있는 브리앙소네Briançonnais의 이주자들 가운데, 교사들이 이동할 때에는 "필기용 깃털 펜을 꽂은 모자를 쓰고 산을 내려온다"[115]. 필자는 사람들이 잘 알지도 못하면서 지어낸 유랑인, 떠돌이 집시들, '보헤미안'에 대한 이야기는 더 이상 하지 않으려 한다.

이와 같이 모든 마을들은 외부 세계를 향해 개방해야 할 필요가 있었다. 1787년과 1788년에 한 여행자는 바스오베르뉴Basse-Auvergne에서 오래 머물렀던 적이 있다.[116] 평범한 마을 옆에 위치해 있던 티에르Thiers 마을 부근에서, 이 여행자는 "동족으로부터 뻗어 나와 형성된" 이상한 촌락들을 만났다. 그들은 그들끼리 결혼했고, 재산도 공동으로 소유했으며, 그들만의 법과 관습이 있었다. 그들은 우두머리를 두고 공화제와 같은 체제를 형성했다. 모든 개인들은 평등했다. 12세기에 세워진 피농Pinon의 촌락은 4개 가구에 19명의 사람들이 있었다. 공동체에 의해 선출된 장 혹은 우두머리는 모든 것을 관리하고, 사고팔고, 돈을 받았다. 여자들을 통솔하는 여자들의 장 또한 선출되었다. 여자들의 장은 결코 남자들의 우두머리와 같은 가구에서 선출되지 않았다. 재산은 절대 나누지 않았다. 그들은 "3쌍의 황소와 암소 30마리, 그리고 80마리의 양"을 소유하고 있었다. 천, 가구, 옷, 신발은 공동체에서 자체적으로 만들어졌다. 그들의 유일한 구매품은 철과 소금이었다. 이러한 놀라운 자급자족의 공동체 역시 결코 완전한 자치는 아니었다. 소금에 대한 간접세와 각종 세금을 지불해야만 하지 않았을까? 아주 제한적이었더라도 외부를 향한 개방은 불가피했다. 부족한 소금과 철을 구입하기 위해서라도.[117]

왕정 말기 오베르뉴 지방에서 이민자들에 의한 지역 특성화

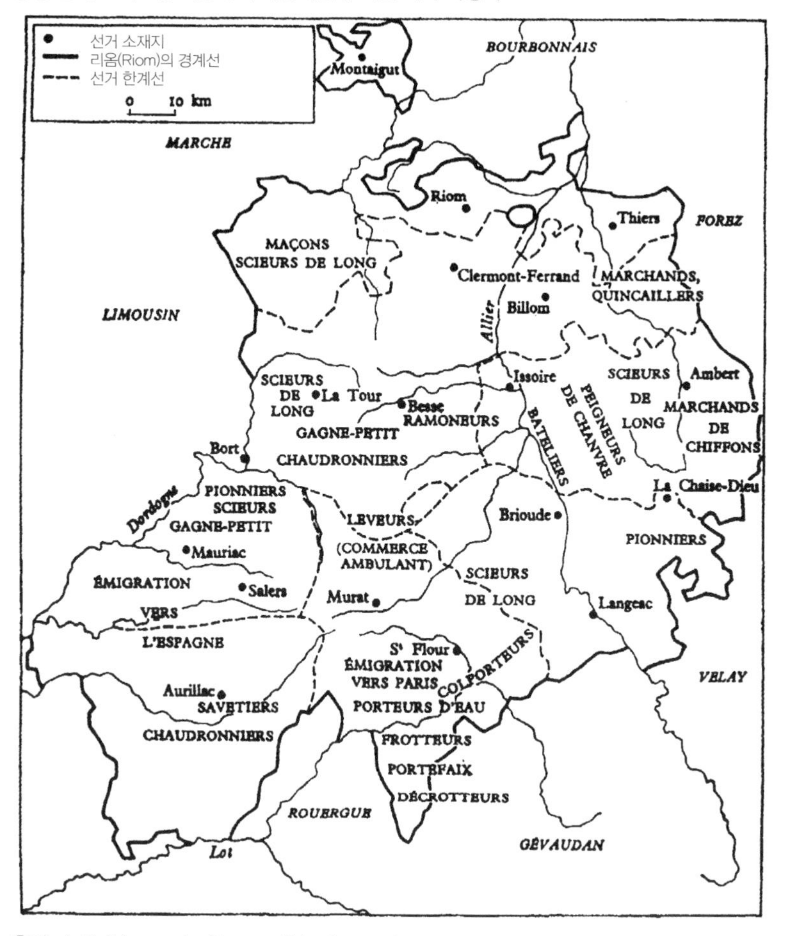

출처: A. Poitrineau, *in: Revue d'histoire moderne et contemporaine*, 1962, IX.

II.
행정 체계 설명하기: 읍(bourg)

마을을 벗어나면 읍bourg이 나오는데, 이는 큰 규모의 마을village과 작은 규모의 도시ville에 해당되는 것으로 마을에서 도시로 이어지는 첫 번째 상위 행정 체계라 할 수 있다. 농촌사회에서 읍은 그 자체로 외부 세계 전체를 의미한다. 행정, 사법, 상업 등 의심의 여지 없이 "거대한 상거래 조직이 동맥 또는 정맥을 따라 뻗어 나간 것처럼 궁극적으로" 읍을 통해 외딴 지역까지 미쳤고, "적은 양의 조잡한 상품의 판매보다는 활기를 불어넣고 활성화시키는 역할을 했다"[118].

여기에는 아주 오래된 역사가 있다. 조르주 뒤비Georges Duby의 기록에 의하면,[119] 10세기부터 이미 읍, 마을 또는 촌락이 구별되었다. "예컨대 마코네Mâconnais 지방에서는 하위 사법 관할구역이 하위 지역의 권력자에 의해 대신 이행되었다. 하위 사법 관할구역은 오래된 마을 또는 읍 주변의 큰 도로나 얕은 하천을 끼고 있는 약 열네댓 개의 촌락을 모은 것으로, 반경 4km(1lieue) 이내에 해당된다. 반나절이면 중심 소재지에 가서 소송을 제기하거나 재판을 마치고 집으로 돌아올 수 있는 거리였다. 이러한 캉통canton은 하나의 자연적 단위로서 물길, 숲, 산등성이 또는 그보다 분명하게 시골 사람들의 통행을 방해하는 자연물에 의해 경계가 정해진다. 사실 이는 인구밀집 지역을 형성하는 원인이 되었다. 오늘날의 고고학적 발굴을 통해 당시의 중심 소재지가 가장 오래된 주거 구역이며 종교적 중심지였다는 것을 보여 준다. 제단에 새겨진 고대의 종교적 언어가 그것을 증명해 준다." 그러나 이러한 구획 단위는 화폐를 사용하지 않았던 오랜 과거에 시장의 역할이 적었던 것을 고려하더라도, 시장에서 이루어지는 각종 교환을 생각하지 않고는 본질을 파악하기 어렵다.

하나의 모델로서의 읍

읍은 그 주변에 시장과 여러 가지 서비스를 이용하려는 마을과 촌락이 없었다면 존재하지 않았을 것이다. 인근 마을들과는 떼려야 뗄 수 없는 상보적 관계에 있었으며, "매개적 삶으로부터 부와 존재 이유를 찾았다. 또한 그러한 매개적 속성에 의해서만 번영하고 성장할 수 있었다. 읍은 일반적으로 여러 통행로가 겹치는 교차로에 형성되었으며, 가장 빈번하게는 계곡의 입구 또는 출구에 자리 잡았다. 거의 예외 없이 이러한 읍은 상이한 산물을 생산하는 두 지역의 경계 부근에 형성되었는데, 이는 두 지역 주민들의 노동의 결실을 교환할 수 있는 장을 제공했다. 읍의 기능은 한마디로 지역시장이었다. 이는 여러 마을들이 공동으로 이용하는 일종의 '도매시장'인 셈이다. 읍은 장이 열리는 기간에는 활기가 있고, 장이 서지 않는 기간에는 조용한 간헐적 공간이었다. 읍의 중심가에는 여인숙이 즐비했고, 장이 서는 기간이 되면 장을 보러 온 손님, 음식을 파는 상인, 법률가들"**120**, 유흥업자, 고리대금업자, 일수꾼, 능수능란한 말 매매상 등 왁자지껄 떠드는 소리가 그치지 않았다.

읍 또는 작은 도시는 각종 축제와 의식 행사를 진행하는 장소이기도 했다. 1583년 5월 바르쉬르센Bar-sur-Seine의 인근 사람들은 끔찍한 가뭄을 겪어야 했다. 인근 마을들은 원조를 청하기 위해 도시까지 행진을 벌였다. 마지막에는 예외 없이 무질서한 소란이 뒤섞였다. 어느 연대기 저자의 기록을 보면, "솔직히 말해 하얀색 옷을 입고 행렬에 참여했던 여자들은 대부분 하녀들이었는데, 주로 저녁에 길을 떠났고, 밀밭 사이에서 서로 부둥켜안고 음탕한 짓을 벌이곤 했다"[121]. 장이 서는 날의 오락도 마찬가지 방식으로 끝나곤 했다.

읍은 본질적으로 지배하는 위치에 있었다. 읍은 상업적 서비스가 필요한 농촌 마을 위에 군림했다. 농촌 마을이 없으면 읍은 존재할 수 없다. 5~10km 반경 안에 있는 작은 마을들은 읍의 영향권에 종속되어 있었다. 읍이 지배하던 최대 면적은 한 농부가 걸어서, 말을 타고, 수레를 끌고 마을에서 읍으로, 읍에서 마을로 하루에 왕복할 수 있는 거리로 제한된다. 공화력 5년 여섯 번째 달 1일(대략 1797년 2월 20일)에 새로 만들어진 루아르 데파르트망의 인구조사에 따르면, 생생포리앵Saint-Symphorien이라는 작은 소재지에 사는 "12세 이상의 인구"는 1,936명인 것으로 조사되었다. 이 소재지 주변으로는 노Naux(주민 462명), 푸르노Fournaux(445명), 방드랑주Vendranges(275명), 생프리스트라로슈Saint-Priest-la-Roche(323명)와 같은 4개의 마을이 있었다.[122] 1850년경 알프스 산지에 자리 잡은 오디우아Haut-Diois의 주도였던 샤티용Châtillon이라는 아주 작은 도시는 6,600명의 주민을 관할하는 소재지였다. 소재지의 관할권에 속해 있던 10개의 마을은 다음과 같다. 즉 본발Bonneval, 불Boulc, 샤티용, 크르예Creyers, 글랑다주Glandage, 뤼라크루아오트Lus-la-Croix-Haute, 망글롱Menglon, 라벨에페리에Ravel-et-Ferriers, 생로망Saint-Roman, 트레슈뉘Treschenu이다. 이 작은 소재지에는 우체국, 세무서, 경찰서, 법원이 하나씩 있었고, 공증인 몇 명, 의사 한 명이 살고 있었다. 일주일에 한 번 큰 장이 열렸고, 작은 상설시장은 여럿 있었으며, 축제가 자주 열렸고, 소매상과 장인들이 적지 않았다. "물론 식료품 가게, 빵집, 카페, 정육점, 마차 제조업자, 통 제조업자, 양복점도 있었다."[123] 앙주Anjou 지역에는 뒤르탈Durtal이라는 소재지가 인근의 7개 마을을 관할하는 기능을 담당하고 있었다. 오늘날 뒤르탈의 인구(1962년) 현황을 보면, 주변 지역에서 뒤르탈의 영향력을 가늠해 볼 수 있다. 뒤르탈의 인구는 3,102명, 인근 마을인 바라세Baracé의 인구는 420명, 도메레Daumeray는 1,106명, 에트리셰Etriché는 887명, 윌레Huillé는 526명, 몽티녜Montigné는 397명, 모란Morannes은 1,694명, 레 레리Les Rairies는 810명이다.[124]

읍과 인근 마을의 이러한 예속관계의 사례는 수도 없이 많다. 읍과 주변의 작은 마을들 간의 우열 체계는 단지 사회적·경제적 우위만을 나타내는 것이 아니라 공공질서에서도 첫 번째 단계가 되었다. 예컨대 왕정체제하에 기본적인 법체제, 적어도 헌병제도는 끊임없이 재편되곤 했는데, 도시의 경우에 법기구는 복잡했고, 유지를 위해 필요한 자원도 막대했다. 법률가, 변호사, 검사, 각종 법무사들은 실질적 수요보다 그 수가 늘어났다. 이와 반대로 작은 마을에서는 영주들이 법관의 역할을 하곤 했다. 때로는 도시에 법률가들의 수가 점차 많아짐에 따라 판단이 충돌하여 불화를 초래하는 일도 빈번하게 발생했다.

각각의 읍은 지역 상황의 변화에 따라 그 영향권이 달라졌다. 중세에 보주-알자스 지역의 영주 관할 소재지였던 탄Thann도 법적 지배력의 범위를 넓혀나갔다. 1344년에는 비외탄Vieux-Thann, 에르벤하임Erbenheim, 아파슈르바Aspach-le-Bas, 아파슈르오Aspach-le-Haut의 마을들이 탄의 영향력 아래에 들어갔고, 1361년에는 로드랑Roderen, 라메르스마트Rammersmatt, 오첸빌레Otzen-willer, 라임바흐Leimbach 마을까지 관할구역이 확장되었다. 1497년 탄은 가축방목권을 세르네Cernay, 슈타인바흐Steinbach, 비텔샤임Wittelsheim, 뤼테바슈Lutterbach, 레낭그Reiningue, 슈바이우즈Schweighhouse, 에른빌레Ernwiller, 미셸바흐Michelbach, 비츠빌레Bitschwiller까지 확장시킬 수 있었다. 그리고 그 영역은 벨포르Belfort, 로우Lauw, 상타임Sentheim, 구벤하임Guewenheim, 세벤Sewen까지 계속해서 확장되었다. 이러한 과정에서 탄은 경쟁 관계에 있던 생아마랭Saint-Amarin과 단마리Dannemarie 같은 두 개의 읍을 제거하는 데 성공한다. 이러한 탄의 번영은 그 도시의 역동성과 쉬지 않고 이루어진 건설 덕분이었다. 예컨대 1518년에는 성당과 새로운 병원이 건축되었고, 1519년에는 시장이 들어섰으며, 1550년경에는 새로운 시청이 건축되었다. 또한 큰 상금이 걸린 화승총 경기가 이 도시의 주관으로 열리게 되었다.[125] 그렇다면 탄은 읍과 도시 사이의 모호한 경계를 뛰어넘었던 것일까? 여러 자료를 참조한다 하더라도 읍과 도시의 구분이 때로는 어렵다는 것은 말할 필요도 없다. 이러한 이유로 페캉Fécamp, 엘뵈프Elbeuf는 읍의 상태로 남았고,[126] 로안Roanne 역시 마찬가지였다.[127]

읍의 역할을 수행하기 위해서는 대부분의 경우 어떤 문서나 그것을 암시해 주는 정도면 충분했다. 묄랑Meulan은 센강 하류의 다리를 관리하는 역할을 담당했고, 손Saône강 유역에 자리 잡은 그레Gray는 뱃길을 제공하는 기능을 담당했으며, 로리앙Lorient으로부터 30km쯤 떨어져 있었던 오레Auray는 인구밀집 지역으로 경치가 좋고 고풍스러운 분위기를 간직하고 있었다. 이곳은 이전에 "19개의 교구에 영향력을 행사하던 국왕의 대관소가 있던 책임 소재지였다". 1720년 3월 6일에 작성된 한 문서에 따르면,[128] "바르쉬르오브Bar-sur-Aube는 도시 자체로는 고려할 만한 기능이 별로 없었는데, 샹파뉴 지역에서 가장 영향력 있는 선거구 중 하나였다. 인근 농부들은 곡식과 다른 농작물을 팔기 위해 이곳을 찾았다". 현재의 아베롱 데파르트망에 해당하는 생트아프리크Sainte-Affrique는 10개가량의 코뮌들로 둘러싸여 있었는데, 18세기에 수많은 개신교 상인과 노동자들이 이곳을 떠났음에도 여전히 큰 규모의 직물 산업을 유지하고 있었다.

읍인지 아닌지를 알아보는 간단한 방법은 의사 또는 공증인을 한 명이라도 만날 수 있는가, 또는 많은 농부들이 왕래하는 시장이 있는가를 확인하면 된다. 20세기 초 쥐라산맥에 위치한 루즈몽Rougemont에서는 시장이 여전히 굉장한 이벤트로 남아 있었다. 노점상들은 새벽부터 광장에 수레를 끌고 와서 정육점 옆에 판매대를 설치했다. 돼지고기 상인들은 지역 상인 중 유일하게 실외에 판매대를 두었다. 읍을 향해 이동하는 "마차에는 각양각색의 승객들이 있었고, 사륜마차, 이륜마차 등 다양한 종류의 마차와 수레들이 줄을 지었다. 그 사이로 무거운 장바구니를 든 여인들이 걸어가곤 했다". "검은색 옷을 입고 하얀색 모자를 쓴 시골 사람들은 달걀, 버터, 닭, 토끼, 채소 등 농장의 수확물을 팔기 위해 피나무 아래에 자리를 잡았다." 광장에는 물건을 사러 나온 수많은 손님들로 술렁였다. 파랑, 빨강, 초록의 천으로 덮인 판매대 위에는 쇠스랑, 갈퀴, 낫, 가정용품, 그릇, 천, 사탕, 빵, 소시지, 햄 같은 각종 물건들이 진열되어 있었다. 장날이면 마약상, 접골사, 이를 뽑는 사람도 어김없이 나타났다.[129]

오늘날에도 마찬가지라고 할 수 있는데, 시장은 읍의 주요 기능이었고, 읍의 '경계' 안에 포함되는 인구 규모는 증가하여 1만~2만 명 수준에 이르렀다.[130] 이러한 인구 규모는 중세의 대도시에 해당하는데, 이 문제에 대해서는 뒤에서 다시 논의하고자 한다. 11,612명의 인구를 갖는 압트Apt의 예를 살펴보자. 압트는 이웃하는 두 도시 카바이용Cavaillon(인구수 21,530명)과 카르팡트라Carpentras(인구수 25,463명)와는 각각 31km와 48km 떨어진 거리에 위치하고 있는데, 과거에 읍이 지녔던 모든 기능을 갖고 있다. 페이란Peyrane 출신의 한 역사가와 함께 토요일 아침 장이 서는 압트로 가 보자. 이곳에서는 이미 400년 전부터 시장이 열렸다. "도시의 모든 광장은 상품 진열대로 꽉 차 있었다. 거리와 상점마다 인파로 북적거려 혹시 주변 마을 주민들이 전부 이곳에 몰려든 것이 아닐까 하는 의심마저 들 정도였다. 병원의 대기실마저 꽉 찼다. 약국의 약은 쉴 새 없이 팔려 나갔고, 약을 사기 위해서는 15~20명씩 대기하고 있는 긴 줄을 서야 했다. 변호사 사무소도 상황은 마찬가지였다. 공증인들은 카페에서 손님을 만났는데, 그 카페에는 시장과 그의 보좌관들도 들락거렸다. 카페마다 다양한 직업을 가진 사람들이 약속된 만남을 가졌다." 광장 여기저기에는 "농부들이 토끼, 개똥지빠귀, 오일, 라벤더 꿀, 밀랍" 또는 송로버섯, 과일, 채소를 팔았다. 이곳은 과거의 시장이기도 하고, 오늘날의 시장이기도 하다.[131]

1790년의 공드르쿠르/뫼즈와 그에 속한 마을들: 직업에 관한 증언

이론적 체계로부터 현실로 돌아오기 위해 문서에 기록된 하나의 사례를 살펴보자. 필자는 어느 날 오트루Haute-Loue에 관한 샤퓌R. Chapuis의 놀라운 연구 성과를 접하면서 쥐라 고원에 위치한 한 아름다운 계곡을 주목하게 되었다. 이 계곡은 브장송Besançon에서 퐁탈리에Pontarlier까지 이어져 있고, 오르낭Ornans의 한 작고 예쁜 도시를 휘감고 있었다. 하지만 포도밭, 공장, 각종 매매(특히 소금 매매) 등의 교역(1800년 이후로 오르낭에서는 연간 24회의 장이 열렸고, 매달 첫째, 셋 째 화요일에 장이 섰다)은 루Loue 계곡을 매우 예외적인 장소로 만들었다. 루 계곡에 관해서는 뒤에서 다시 논하고자 한다. 필자의 주목을 끈 또 다른 사례는 오손Auxonne이라는 작은 도시이다. 이 도시는 손강 유역의 군사 요새에 위치하며, 오랫동안 부르고뉴 공국과 백작령 사이 작은 자치 지역의 중심부에 있었다. 이 곳은 왕이 요구하는 조세에 끝까지 저항하며 특권을 유지했던 지방이다. 징세를 피하기 위해 "경작되지 않는 땅"이 많이 남아 있었다.[132] 그러나 이것은 매우 드문 경우에 해당된다. 필자는 젝스Gex 지역에 대해서도 관심을 가졌었지만, 제네바 사람들은 재산가였으므로 그들의 상황은 경제적·사회적 요인과 뒤섞여 있었다. 결국 필자는 이보다는 덜 탁월하고 다소 평범한 사례를 선택했는데, 결과적으로 일반화하기가 좀 더 용이할 것으로 보인다. 바로 1790년에 데파르트망이 될 당시 뫼즈Meuse의 공드르쿠르Gondrecourt 캉통canton인데, 불확실한 경계를 이루면서도 고유한 특색을 지닌 전형적인 작은 고장들인 오르누아Ornois, 블루아Blois, 부아드Voide, 보Vaux, 발라주Vallage, 바시니Bassigny에 관해서도 살펴볼 수 있게 해 준다.

뫼즈의 남쪽에 자리 잡고 있는 공드르쿠르는 가난한 마을들로 둘러싸인 하나의 소재지이다. 고원지대에 위치해 있어 기온이 낮은 편이다. 이 데파르트망에서 가장 고지대에 위치한 뷔송 다망티Buisson d'Amanty는 해발 423m에 위치한다. 18세기 말 포도 재배는 우들랭쿠르Houdelaincourt, 생주아르Saint-Joire, 공드르쿠르에서 16km 떨어진 트레브레Tréveray에서부터 가능했다. 즉 포도 재배는 도시의 북쪽 경계선을 지나야만 가능했다. 북쪽 경계선을 지나면 오르낭 계곡선을 따라 내리막길이 이어졌고, 기후도 온화해졌다. 리니Ligny는 해발 220m에, 바르르뒤크Bar-le-Duc는 184m에 위치하고 있다.

볼품없고 평범한 이 도시는 상이한 성질을 가진 두 개의 석회질 고원이 만나는 지점에 위치한다. 동쪽으로는 뫼즈 고원(뫼즈의 경사면)이 있고, 북쪽과 서쪽으로는 바루아Barrois 고원(바르의 경사면)이 있다. 이 두 고원의 불완전한 접합으로 고원 사이에는 점토질 또는 이회암질의 침체된 공간이 만들어졌다. 공드르쿠르를 비롯한 인근의 마을은 바로 이러한 위치에 옹기종기 자리 잡고 있다. 왜냐하면 이 지대가 두꺼운 석회질 사이로 물이 스며들어 샘물, 우물, 시냇물, 그리고 강이 만들어지는 곳이기 때문이다. 시냇물은 그 경계가 막혀 점차 호수가 되었는데, 여기서는 방앗간의 물레방아를 돌릴 수가 있었다. 뤼메빌앙오르누아Luméville-en-Ornois의 방앗간은 1261년부터 존재했다.[133] 같은 석회암지대라 할지라도 다양한 토질의 땅이 만들어진다. 18세기 초에 이곳에서 가까운 습한 샹파뉴 지방에는 아직도 목조나 흙집에 짚과 갈대로 지붕을 엮은 가옥들이 많았는데,[134] 이러한 지역에서 살던 사람들이 돌로 만들어진 마을에 왔다면 무척 놀랐을 것이다.

거대한 석회질 덩어리는 도처에서 나지막한 언덕의 형태로 나타난다. 그리고 그 언덕 꼭대기에는 너도밤나무 숲, 소사나무 숲, 떡갈나무 숲이 자리 잡고 있다. 그러나 덤불숲은 없고, 서쪽은 동쪽보다도 덜 우거졌다. 뫼즈 고원은 강을 향해 점차적으로 높아지고, 숲은 거의 땅 전체를 덮어 그 속에 들어간 사람은 오늘날에도 여전히 길을 잃게 마련이다. 숲과 저지대 사이에는 종종 자갈이 많은 경사진 땅이 있어서 경작지로 이용되었다. 쟁기로 땅을 갈면서 나온 자갈을 표면 위에 쌓아 두면 말 그대로 하얀 땅으로 바뀐다. 이러한 땅에서 밭을 갈기 위해서는 쟁기에 4마리, 6마리, 때로는 10마리의 말을 매어야 가능하다. 어쨌든 돌을 제거하려는 노력은 헛수고인 것 같다. 어차피 다음번에 밭을 갈 때에도 새로운 돌들은 여전히 올라올 테니까 말이다. 결과는 분명하다. 초원은 마을과 같은 높이에 조성되는 반면, 곡식을 재배하는 밭은 경사면에 위치해야 한다. 수확기에는 밀과 귀리단으로 가득 찬 사륜 수레가 요란한 기계음을 내며 마을 쪽으로 내려가는데, 이 수레를 끄는 말의 속도를 조절하려면 계속해서 고삐를 당겨야만 한다.

이곳의 땅은 특별히 비옥한 것도 아니다. 삼포식 농업으로 100헥타르의 땅에서 경작이 가능한 면적은 절반 정도이며, 이 중 10분의 1 정도는 미개간지로 남고, 3분의 1은 숲으로 남으며, 그 나머지는 정원과 초원으로 남는다. 그러나 1730년부터 이 땅 위에 진실로 축복이 임하였다. 즉 가까운 로렌 지역처럼 다른 곳보다 감자 재배가 빨리 시작되었다.

요컨대 이 지역의 삶은 쉽지는 않았으나 그런대로 유지되었다. 1796년에는 6,903명이었던 인구가 1803년에는 8,263명이 되었고, 1851년에는 11,668명에 이른다. 그 이후로는 점차 감소 추세를 보이고 있다. 1796년의 인구조사[135]는 유출 인구(징병 253명, 사망 133명)뿐만 아니라 인구구성에 관한 정보도 포함된다. 예컨대 성인 남자 1,605명, 성인 여자 1,629명, 미성년 남자 1,589명, 미성년 여자 1,515명이다. 또한 가축수에 관한 정보도 있는데, 황소, 암소, 송아지가 모두 3,680마리, 말과 암말이 1,633마리, 양이 7,181마리, 염소가 625마리였고, 당나귀와 노새는 없었으며, 돼지는 939마리였다. 목축 기술은 그다지 좋지 않았다. 말과 수소는 덩치가 너무 작아 암소가 쟁기를 끌었다. 양은 크기는 작았으나 식용 고기로는 맛이 좋았다. 돼지는 시장에서 구입했다. 밀 생산은 1인당 3퀸틀 quintal(역주: 영국과 미국에서 주로 곡물의 무게를 잴 때 쓰는 단위로, 1퀸틀은 약 50.8kg에 해당한다. 프랑스의 경우 1퀸틀은 48.95kg에 해당한다)에 가까웠다.

뫼즈의 나머지 지역들처럼, 이 도시에도 금속산업이 있었기 때문에 광산, 높은 용광로(18세기에는 6~7m가량의 높이였다)와 제련소가 있었고, 광석을 제련하는 풍차가 있었다. 그러나 이러한 산업은 계속해서 돌아갈 수 없었다. 왜냐하면 용광로에 쓰일 막대한 양의 연료가 필요했고, 여름철에는 일손도 부족했으며, 풍차를 돌릴 물도 부족했기 때문이다. 어떤 식으로든 물을 확보해서 겨울철 이외의 계절에도 산업활동을 유지하려 하면, 이번에는 범람하는 물로 인해 농사를 망치게 되었던 것이다. 철광석과 광물은 모자라지 않았지만 나무가 부족했는데, 이것이 철강산업의 큰 문제였다. 100kg의 철을 제련하려면 100스테르 stère(역주: 1m³에 해당)의 장작이 필요했다. 운이 좋아 나무가 풍부했다 하더라도 그것을 운반하는 것도 문제였다. 서쪽의 바루아 고원과 동쪽의 뫼즈 방향으로 뻗어 있는 고원에서 삼림 채취가 이루어졌다. 숲 한가운데 자리 잡고 있는 부통오Vouthon-Haut에는 숙련된 '벌목꾼들'이 있었다. 두 고원이 만나는 지점의 함몰된 땅에는 오르낭 골짜기를 따라 작은 물줄기가 이어지는 곳이 있는데, 여기에 용광로와 풍차를 이용해야 하는 철강제련소들이 자리 잡았다.

전체적으로 보면 로렌처럼 숲이 많고, 로렌 지방의 사투리를 쓰며, 이 지방의 마을 형태를 받아들였다. 가옥의 형태 또한 로렌의 집들처럼 넓고 육중하게 연결된 주택의 형태(창고, 마구간, 주거지)를 취하고 있었다. 건물 뒤에 정원이 있는 집은 드물었지만, 전면에는 큰길로 이어지는 터가 있어 각종 수레, 쟁기, 쇠스랑, 퇴비더미로 가득했다. 곳간에는 바퀴가 달린 큰 문이 달려 있는데, 이 문은 수시로 열렸다 닫히곤 했다. 지붕은 흔히 로마식이라고 불리는 동그란 기와였는데, 이로 인해 오늘날에도 이러한 로렌의 유산인 기와지붕을 로마식 건축으로 생각할 뻔했다.

1803년 공드르쿠르의 인구는 1,139명이었는데, 1851년에는 1,692명이었다. 공드르쿠르가 영향력을 행사할 수 있는 마을들은 더 번창한 몇몇 읍과 작은 도시들에 의해 제한되었다. 즉 북서쪽에는 리니앙바루아Ligny-en-Barrois(공드르쿠르와 같은 해에 조사된 인구가 각각 2,800명, 3,234명)가 있었고, 북쪽으로는 부아Void가 있었다. 부아에는 공드르쿠르와 비슷한 수준의 인구가 살고 있었고, 과거에

공드르쿠르 지역과 캉통

카시니 지도(18세기 말), 원의 크기는 마을의 인구수에 비례한다.

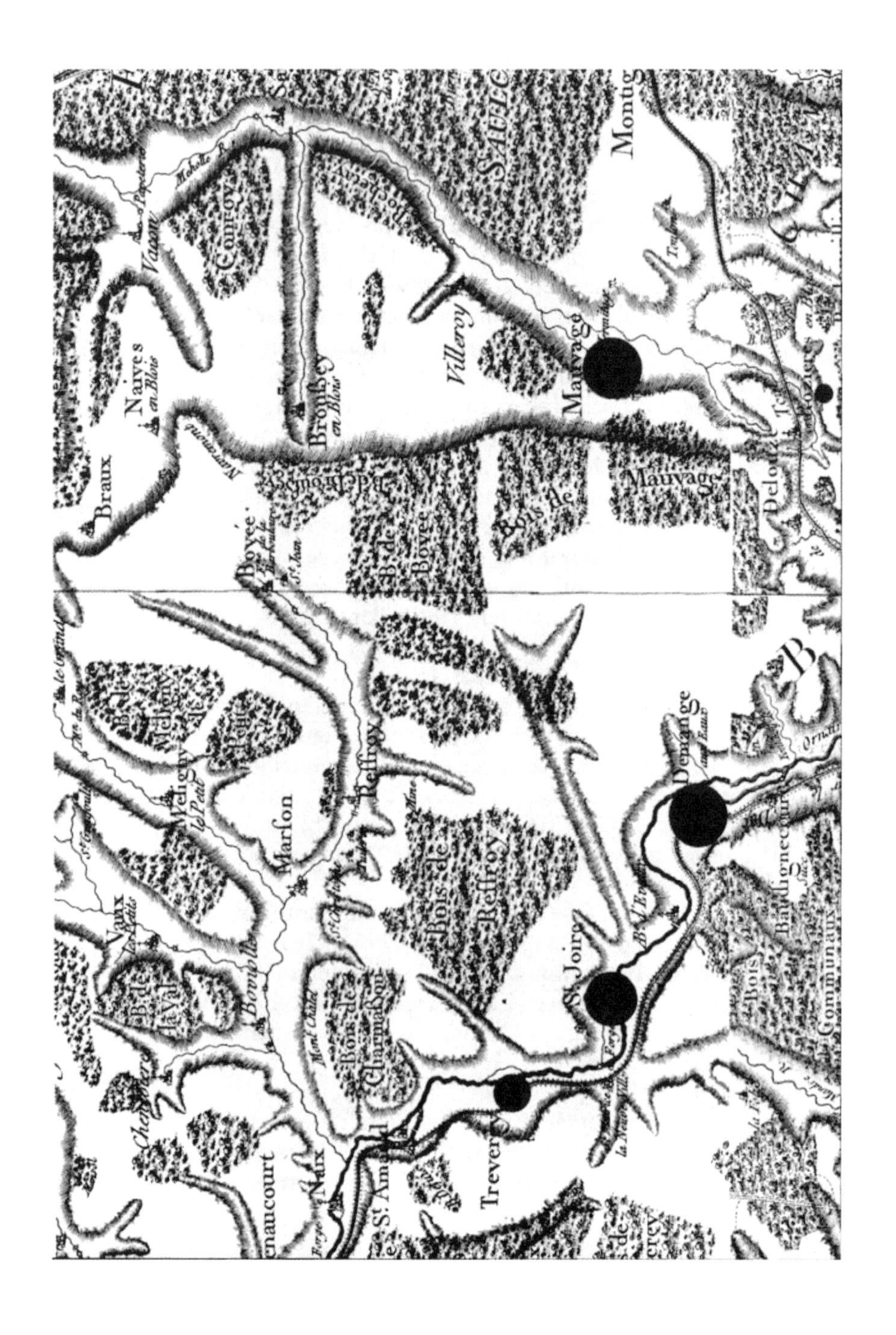

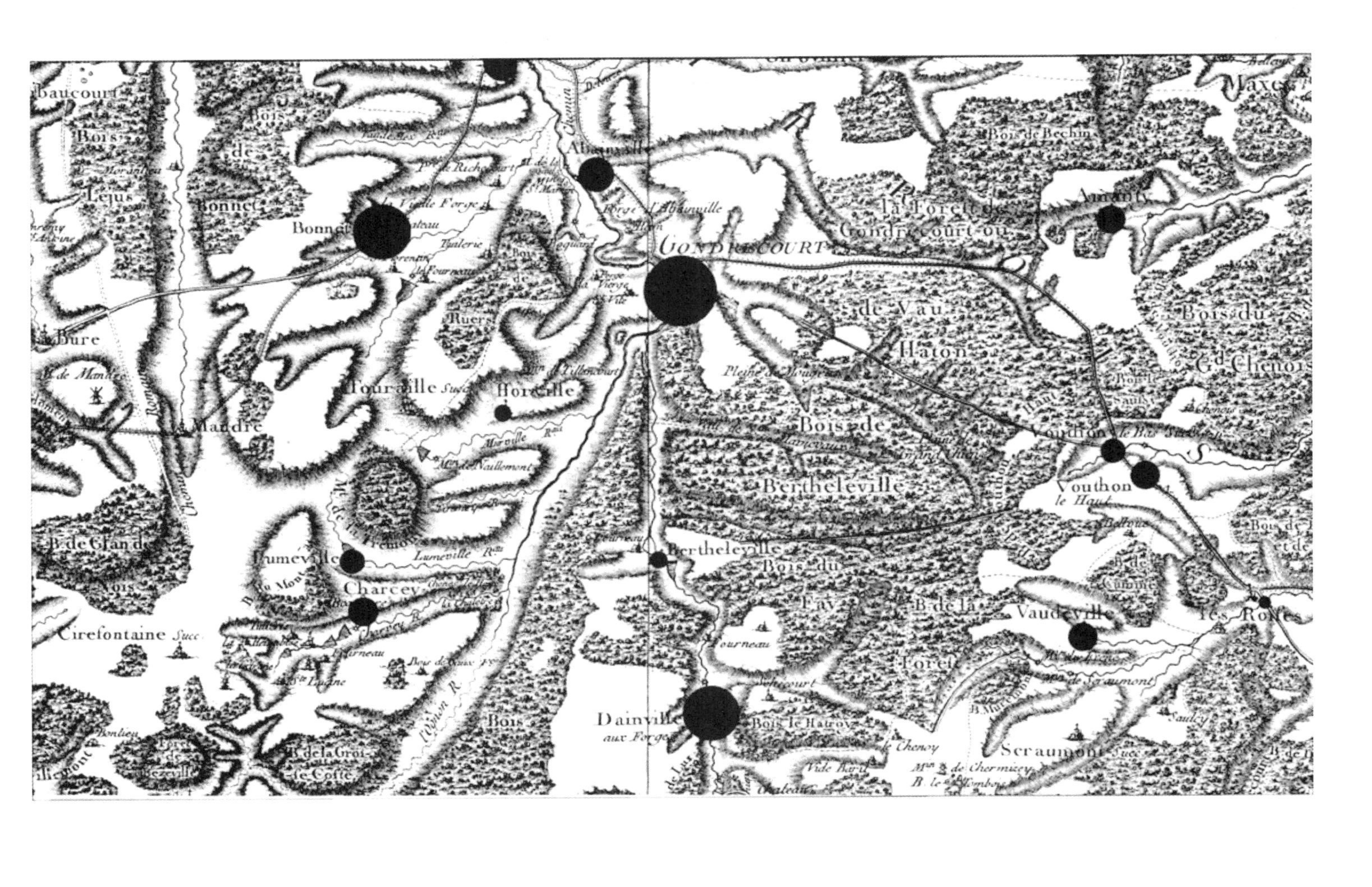

Bonnet
Lejus
Bure
Mandre
Tourailles Succ.
Horville
Ruers
Abainville
Forge d'Abainville
Gondrecourt
La Forêt de Gondrecourt ou
Amanty
Bois de Bechin
Bois du Gd. Chenois
de Vau
Haton
Bois de
Bertheleville
Vouthon le Haut
Vouthon le Bas
Les Roises
Vaudeville
B. de la Forêt
Bois du Fay
Fourneau
Dainville aux Forges
Bois le Hatoy
Seraumont Succ.
Saulcy
Chenoy
Vide Bart
Mont de Naillemont
Lumeville
Charcey
B. de Glande
Cirefontaine Succ.
B. de la Groix de Coste
Bonlieu
Baucourt
Grand Chemin
Ognon R.

는 뫼즈 지역의 항구 역할을 했었다. 뫼즈 지역에는 또한 리니앙바루아와 비슷한 크기의 도시 보쿨뢰르Vaucouleurs가 있었고, 뇌샤토Neufchâteau의 인구는 1788년에 3,380명에 이르렀다. 강줄기가 공드르쿠르를 완전히 벗어나 있었기 때문에 제국은 부통오 또는 레 루아즈Les Roises를 넘어 확장될 수 없었다.

서쪽과 남쪽 방향으로는 몽티에르Montiers(1803년 인구 1,257명)가 작은 솔Saulx강 유역에 자리 잡고 있었는데, 솔강은 오르냉Ornain강보다 경사가 급한 하천이다. 마른Marne강에는 주앵빌Joinville(1788년경 인구 2,210명)이 있었고, 마른강으로 합류하는 로뇽Rognon강 유역에는 앙들로Andelot가 있었다. 앙들로를 언급한 이유는 왕정 말기에 공드르쿠르의 일부가 앙들로의 재판 관할구역에 편입되는 일이 생겼기 때문이다. 그 외에는 쇼몽Chaumont의 대관소에 귀속되었다.

공드르쿠르는 뫼즈 지역의 도시들 중 면적이 가장 넓은 도시(341km²)였던 반면, 인구밀도는 가장 낮았다. 1803년경에 이 도시의 인구밀도는 1km²당 24명이었다. 이웃 도시들의 경우 부아의 면적은 274km², 인구밀도는 1km²당 37명이었고, 몽티에르쉬르솔Montiers-sur-Saulx의 면적은 199km², 인구밀도는 1km²당 29명이었다. 여기서 도출할 수 있는 원리는 인구밀도가 낮을수록 읍과 인근 마을 사이의 관계 면적은 넓어진다는 것이다. 즉 읍의 영향권이 넓어진다는 것은 그 영향권에 속한 마을 시장의 존재를 설명해 주는 것이 틀림없다. 여기서 마을이란 보네Bonnet, 트레브레Tréveray, 드망주오조Demange-aux-Eaux를 가리키며, 필자가 잘못 알고 있는 것이 아니라면, 이들 마을의 시장은 공드르쿠르의 연간 4회 시장에 더해 추가적인 시장의 역할을 담당했을 것이다.

농촌지역에 활력을 불어넣는 동력으로서 한 읍의 역량을 보여 주는 가장 확실한 지표는 무엇보다도 읍의 인구와 주변부 인구와의 관계일 것이다. 1803년경으로 거슬러 올라가 우리가 읍의 인구수에 1이라는 가치를 부여한다면 바르르뒤크Bar-le-Duc 주변 인구에는 최소치인 1.37의 가치를 부여할 수 있고, 당빌레Damvillers의 주변부 인구에는 최대치인 11.47의 가치를 부여할 수 있다. 이

로렌의 로마식 도로와 전통적으로 지붕을 덮는 재료인 지중해식 기와

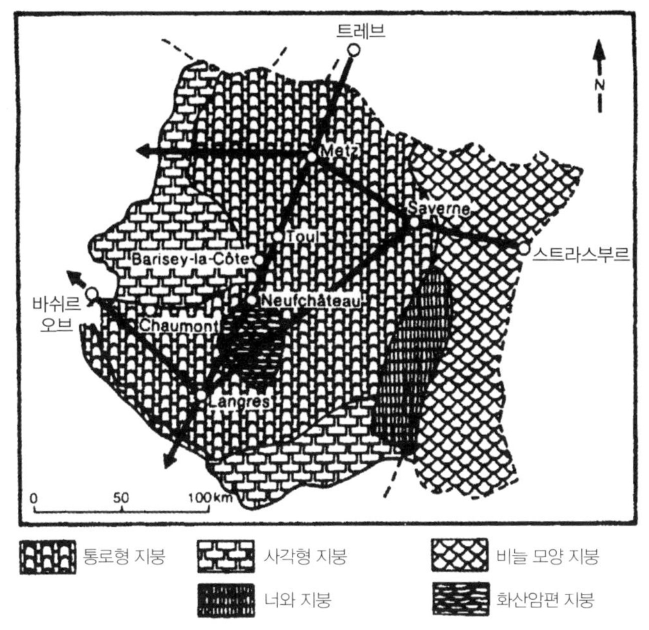

출처: J. R. Pitte, *op. cit.*

분류에서 공드르쿠르의 주변부 인구에 6.95의 가치를 부여할 수 있는데, 이 수치는 당빌레보다 적다. 비뇔레아통샤텔Vigneulles-lès-Hattonchâtel은 11, 댕쉬르뫼즈Dain-sur-Meuse는 9.44, 수일리Souilly는 8.34, 부아Void는 8.32, 몽포콩앙아르곤Montfaucon-en-Argonne에는 7.8의 가치를 부여할 수 있다. 이러한 숫자들은 물론 해석에 따라 그 의미가 다르겠지만(캉통은 편의를 위한 구분일 뿐 이상적인 구획이 아니다), 그렇다 하더라도 이들은 분명한 의미를 전달한다. 이러한 숫자들은 적어도 중심지와 주변부 사이의 밀접한 상관관계와 역할 분담, 그리고 캉통으로 제한된 경계를 넘어 도시의 영향력이 외부에까지 미치고 있음을 입증해 준다. 그러한 분명한 사례가 바로 바르르뒤크(1.3), 베르됭Verdun(1.45)이며, 생미엘Saint-Mihiel(2.75)이다. 이러한 상관관계는 농촌 마을과 읍의 구분이 모호하다는 것을 뜻하며, 당빌레 또는 비뇔레아통샤텔은 단지 규모가 큰 마을일 뿐이다.

결국 6.95에 해당하는 공드르쿠르는 그다지 나쁜 사례가 아니다. 이 도시의 사회적·직업적 인구구성은 안정적이며, 인근 마을들도 그러하다. 의회의 지침에 따라[136] 1790년 5월에 다양한 시 또는 '공동체'에서 작성된 이러한 자료는 우리에게 경제활동인구에 관한 거의 완벽한 정보를 제공한다. 직업을 가진 25세 이상의 성인 남자 인구는 모두 빠짐없이 자료에 나타나 있는데, 사실 원칙대로라면 활동적인 시민이란 선거권을 가진 자로 임대인 또는 임차인으로서 3일 노동분, 즉 3리브르만큼의 세금을 납부하는 이들만 포함되었어야 한다. 그런데 3리브르라는 숫자 자체도 매우 낮은 것이었고, 게다가 시는 이러한 지침 자체를 완전히 망각한 듯하다. 왜냐하면 목록에는 길거리에서 구걸해 살아가는 이들까지 포함시켰을 뿐만 아니라, 심지어는 몇몇 과부들조차 포함하고 있다. 전체적으로 숫자가 나타내는 논리는 분명하다. 8,263명의 주민 가운데(1803년의 통계) 1790년의 목록에는 활동인구가 1,715명으로 나타났는데, 이것은 전체 인구의 20.7%에 해당하며 이는 통상 가구수와 유사하다.

이러한 목록들이 말하고 있는 것은 무엇일까? 예컨대 공드르쿠르에 빵장수가 단 한 명이라면 이것은 놀라운 일일까? 마을 주민들은 대부분 자기 손으로 빵을 구웠다. 1789년 이후 모든 가정에는 오븐과 빵을 반죽하고 숙성시키는 데 필요한 기구가 있었다. 또 다른 예를 살펴보자. 모바주Mauvages라고 하는 큰 마을의 정육점을 제외하면 공드르쿠르에는 다른 정육점이 없었고, 제대로 된 정육점 상인을 만나려면 리니앙바루아Ligny-en-Barrois 또는 바르르뒤크까지 가야 했다. 참고로 리니에는 5개의 정육점이 있었고, 바르르뒤크에는 14개나 있었다. 술집과 여인숙도 좀처럼 쉽게 찾을 수 없었다. 총 18개가 있었지만, 24개 구역 중에 단 7개 지역에만 있을 뿐이었다. 예컨대 공드르쿠르에 여인숙이 둘, 보네Bonnet에 여인숙 하나, 술집이 둘 있었고, 당빌오포르주Dainville-aux-Forges에는 술집이 셋, 드망주오조Demange-aux-Eaux에는 여인숙 하나에 술집이 셋, 로지에르앙블루아Rosières-en-Blois에는 술집이 셋 있었다. 184~185쪽의 지도를 보면 술집은 마을 변두리에만 자리 잡고 있음을 알 수 있다. 이 지역은 음주 문화에 그다지 개방적이지 않았다. 포도주도 고기도 자주 먹는 편이 아니었으며, 향신료 가게는 단 한 군데도 없었다.

의원도 없었다. 의원을 만나려면 리니Ligny까지는 가야 했는데, 이곳에는 외과의가 2명 있었다. 또는 바르Bar에 가면 의원이 3명, 외과의가 4명 있었다. 이들 지역에는 외과의 역할을 하는 이발사들이 있었고, 이 역시 수가 많지는 않았다. 총 7명의 이발사가 있었는데, 둘은 공드르쿠르에, 둘은 모바주Mauvages에, 한 명은 샤르세Charcey(현재의 Chassey)에, 한 명은 보네Bonnet에, 또 다른 한 명은 부통오Vouthon-Haut에 있었다. 그러나 목록에는 나오지 않지만 산파들은 곳곳에 적지 않게 있었으며, 예전부터 출생증명서에 산파에 관한 정보가 기록되어 있었다.

교사에 관한 실태는 그리 열악하지 않았다. 24개 구역에 11명의 교사가 있었다. 물론 당시에 성직자들이 교사의 역할을 담당하지 않았더라면 교사 11명이란 아주 적은 수일 것이다. 이 지역에서 문맹 퇴치는 오래전의 일이다. 뤼메빌Luméville처럼 작고 보잘것없는 마을에도 1689년부터 교사가 살았다는 기록을 찾아볼 수 있는데, 이 자료는 교사의 결혼을 계기로 작성된 것이다.[137] 18세기에 주민등록을 하려면 증인의 서명이 필요했고, 세례를 받는 아기의 대부나 대모가 증인인 경우가 많았다. 남자들은 거의 대부분이 서명을 할 줄 알았으나, 여자들은 대개 서명을 할 줄 몰랐다.

우리는 우리의 목록에서 '부르주아'에 관한 정보는 별도로 다루지 않으려 한다. 임대수익을 얻는 사람으로 총 11명이 거론되어 있고, 그중 다섯은 공드르쿠르에 살았다. 마찬가지로 생루이Saint-Louis 시기에 기사의 성을 갖고 있던 사람이 5명 있었으며, 그중 넷은 공드르쿠르에 살았다.

늘 반복적인 분류는 농민들 가운데 경제적으로 여유가 있는 농부들과 겨우 몇 로팽lopin의 땅이 있다 하더라도 남의 밭일을 거들어야 생계를 유지할 수 있었던 인부에 관한 것이다. 즉 지역의 경제활동인구 1,715명 중에 491명은 자기 땅을 경작하는 자가 농부였으며, 478명은 고용된 인부였다. 이들 두 농부의 구분은, 필자가 보기에는 자가 농부의 빈약함을 보여 준다. 메스Metz 주변에는[138] 자가 농부 한 사람에 인부 2명이 있었다. 사회계층으로 보면 빈곤층인데, 어쨌든 이들은 늘 존재했다. 농촌사회는 도시만큼이나 정의롭지 못했다. 모든 마을에는 으레 "마을의 수탉"들이 있었다.

마을의 중요성을 가늠하는 또 다른 수단은 세 가지 산업 분야를 살펴보는 것이다. 1차 산업 중 가장 중요한 것은 농업이다. 2차 산업을 이끄는 중요한 직업은 장인들이었다. 서비스업으로는 변호사, 상인, 교사, 성직자, 임대수익자 등과 같이 육체노동을 하지 않는 모든 직업군은 여기에 포함시켰다.

공드르쿠르에서 첫 번째 산업인 농업에 종사하는 인구는 전체 인구의 33.18%였다. 이 읍에서 농업은 중요한 토대였다는 사실을 알 수 있다. 2차 산업 종사자인 장인들은 전체 인구의 46.28%, 3차 산업에 해당하는 사람들은 전체 인구의 20.52%였다. 이러한 수치는 인근 마을들의 수치와 비교하면 분명해진다. 예컨대 인근 마을에서 농업 종사자는 전체 인구의 62.07%, 장인은 26.84%, 서비스업 종사자는 11.08%였다. 여기서 마지막 서비스업 종사자의 수는 애매모호한 사례까지 포함시킨 관대한 수치이다. 근본적으로 인근 마을과 비교해 볼 때 소재지의 농업 종사자 수는 그 비중이 상대적으로 제한적인 반면, 장인들의 수는 부풀려 있으며, 서비스 분야의 비중은 상대적으로 그 규모가 중요하다는 사실이다. 여기에서 도출할 수 있는 결론은 공간의 구성은 언제나 그 자체로 위계와 불평등을 초래하기 마련이라는 것이다. 마르크스Marx는 도시와 농촌의 빈부격차와 갈등에서 가장 오래된 계급투쟁의 사례를 보았다. 탁월한 통찰력이다.

이러한 비대칭은 읍뿐 아니라 크고 작은 도시로 갈수록 더욱 심화된다. 비교를 위해 요약하자면, 공드르쿠르 지역의 그래프에서 리니앙바루아와 바르

공드르쿠르와 그 캉통의 인구

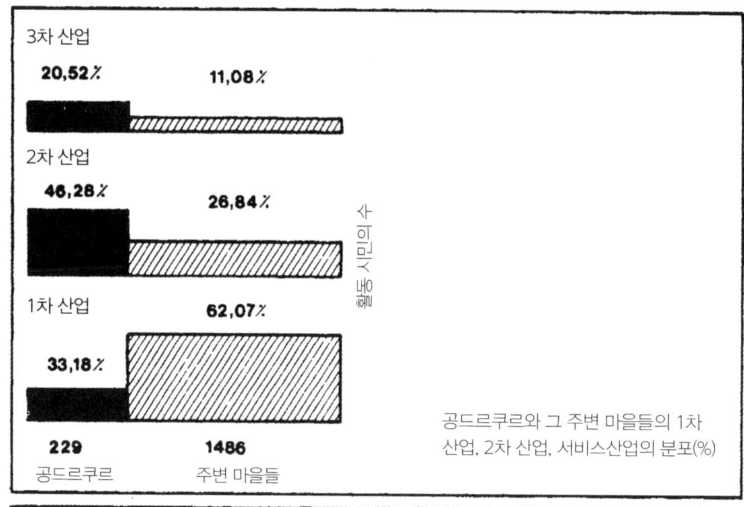

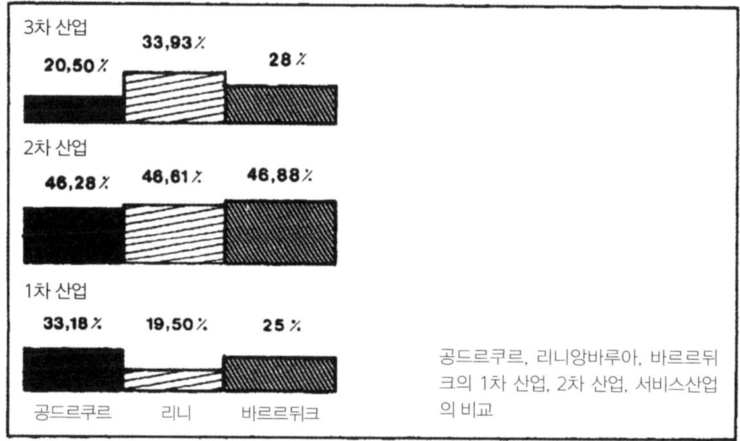

1차 산업, 2차 산업, 서비스산업의 분포

르뒤크의 각 산업 분야별 비중은 다음과 같다. 즉 우선 리니의 경우 19.44%, 46.61%, 33.93%, 바르르뒤크의 경우는 25.06%, 46.88%, 28.05%이다. 농업이 리니보다 바르르뒤크에서 훨씬 큰 비중을 차지한다는 사실은 놀랍다. 하지만 경사진 땅에 위치한 바르Bar 지역의 343개의 포도밭을 떠올리면 쉽게 납득이 된다.

이러한 모든 내용에서 필자에게 특히 인상적이었던 것은 지역의 필요를 충족시켜 주었던 수공업의 비중이다. 공드르쿠르, 리니, 바르에는 전체 인구의 절반 가까운 숫자가 수공업에 종사했던 것으로 나타난다. 인근 마을의 상황을 보면 놀랍다. 마을 주민 가운데 4명 중 한 명은 장인이었는데, 그들은 작은 밭을 경작하는 일과 병행했을 것이다. 장인들의 세부적인 직업 유형을 보면 더욱 놀랍다. 예컨대 구두제조공, 수레제조공, 석공, 석조건축자, 직물공, 운송업자, 벌목꾼, 정련공, 못제조공, 마구제조업자[139], 말을 타고 이동하는 우편배달부, 도보로 이동하는 우편배달부 등이 있었다.

어쩌다 보니 공드르쿠르의 고유한 역사는 옆으로 제쳐두었지만, 이는 순서에 문제가 있을 뿐 필자의 의도와는 별다른 차이가 없다. 마을 같은 분위기의 이 작은 도시에 바젤Bâle–랭스Reims, 쇼몽Chaumont–베르됭Verdun으로 향하는 도로들이 교차하면서 본격적으로 개발되었다. 도시의 방어력에도 불구하고, 14세기와 15세기에 두 번이나 점령을 당해 모든 것이 불에 타 잿더미가 된 일도 있었다. 불행하게도 이 도시는 위협적인 세력들이 충돌하는 경계 부근에 위치해 있는데, 한쪽에는 샹파뉴가 1285년부터 프랑스 왕국의 영토가 되었고, 다른 한쪽에는 바르 공작의 영토가(여기에서 바루아 지역의 일부만은 1302년부터 프랑스령이 되었다), 또 다른 쪽에는 로렌 공작의 영토가 있었다. 따라서 공드르쿠르는 이 도시를 종속시키려 하는 여러 주인을 모셔야 했고, 따라서 조공을 바치고 세금을 내야만 했다. 그중에서도 랑그르Langres에 자리 잡은 프랑스 국왕의 조세 징수 관리들은 가장 까다로웠다. 이런 혼란한 상황에서도 몇 가지 장점은 있었다. 예컨대 귀족의 관점에서 공드르쿠르에는 샹파뉴의 관습을 따라야 하는 규칙이 있었다. "모태가 귀족을 만든다."라는 말이 있는데, 만약 평민 아버지와 귀족 어머니 사이에서 태어났다면 귀족의 자격을 요구할 수 있었다. 그리고 증명만 할 수 있다면 바르 공작은 평민 아버지로부터 물려받은 유산의 3분의 1을 요구하지 않고 귀족 자격을 부여했다. 이것은 바르 지역의 관습이자 원칙이었으므로 공드르쿠르에서는 유산과 관련해서는 예외가 있었다.140

공드르쿠르는 강한 도시였지만, 위상은 그리 높지 않았다. 공드르쿠르 내부는 두 지역으로 나뉘는데, 하나는 고지대에 위치한 폐쇄적인 환경으로 성벽과 탑이 있었다. 다른 하나는 저지대에 위치해 활기가 있었고, 물을 찾기가 용이했으며, 언제나 상인들로 북적거렸다. 금요일마다 서는 장과 여러 시장을 통해 이득을 볼 수 있었고, 이 지역의 농부들은 성문지기의 통제를 받는 고지대 농부나 주민들보다 쉽게 가축을 방목할 수 있었다. 공드르쿠르를 요지로 만든 것은 성벽이 아니다. 어차피 사방의 적들은 숲에 숨어서 들키지 않고도 도시를 정탐할 수 있기 때문이다. 1635년141 리슐리외Richelieu가 오스트리아 왕가를 상대로 전투를 벌였을 때, 프랑스 왕국령 바루아 지역의 수비를 위해 프랑스 군대를 지휘하고 있었던 앙굴렘Angoulême 공작은 공드르쿠르에 일부 군대를 따로 배치하는 전략을 세웠다. 왜냐하면 "이곳은 교차 지점이었기 때문이다". 루이 14세가 국경 수비를 간소화하기 위해 성벽을 무너뜨렸을 때 이 도시의 위상과 기능에는 아무런 영향을 미치지 않았다. 현재는 "뾰족한 지붕에 탑 하나"만 남아 있는데,142 공드르쿠르르샤토Gondrecourt-le-Château라는 이름과는 걸맞지 않는다. 한 자료에 따르면,143 지역의 사법기관은 29개 마을을 관할하고 있었고, 이곳의 성직자는(리니Ligny의 성당에 소속되어 있었고, 툴Toul의 주교 권한 아래에 있었다) 25개 교구를 책임지고 있었다.144 아주 먼 옛날 이 도시에는 로마양식과 고딕양식의 교회가 있었는데, 여기에는 몇몇 인사들의 묘지가 있었다. 그중에는 프랑수아 1세 시절에 있었던 1525년의 파비아Pavia 전투와 1528년의 나폴리Naples 공성전에 참전했던 군인의 묘지도 있었다. 공드르쿠르는 한때 지역의 소재지로 기능했었는데, 1790년 시의 행정구역이 재정비될 때 성 프란체스코회 수도사들의 교회가 남아 있는 것이 발견되었다. 그러나 도시에 남아 있던 갖가지 흔적(나병환자 수용소, 병원, 1700년에도 유지되었던 높은 수준의 직물산업)은 이 작은 도시의 하찮은 위상을 격상시켜 줄 수 없었다. 게다가 이것들은 이 읍이 지배하는 빈곤한 마을들과의 관계에서만 일정 부분의 활기를 불어넣는 데 의미가 있는 것뿐이었다.

III.
행정 체계 설명하기: 도시(villes)

이제 마지막 단계인 도시에 관해 살펴보고자 한다. 마치 상위 부분이 시스템 전체를 설명하는 것처럼 도시를 살펴본다고 해서 모든 것이 명확하게 밝혀질 것으로 상상해서는 안 된다. 사실 도시의 수만큼이나 도시의 역할 또한 있었던 것은 아닐까? 읍과 겨우 구별되는 작은 도시도 매우 많았다. 읍과 마찬가지로 도시는 산업혁명 이후로도 상당히 오랫동안 인류의 가장 주된 생산활동인 농업을 중심으로 한 농촌의 삶과 밀접하게 연결되어 있었다.

도시 시스템의 유형에서 우선시되는 문제는 도시적인 측면과 그렇지 않은 것을 구분하는 것이다. 프랑스에서 말하는 위대한 세기(역주: 루이 14세가 권좌에 있었던 17세기)인 1690년에 사전을 편찬한 퓌레티에르Furetière에 의하면, 도시ville는 다음과 같이 간단하게 정의될 수 있다. 도시라는 명칭은 성벽에 의해 외부와 분리되었을 때 붙여진다. 성벽은 외부 지역과 도시를 구별 짓고, 도시를 독립된 공간으로 만든다. 즉 도시의 독립성과 정체성에 관련된 문제이다. 그러나 성벽이 없는 도시들도 있었고, 그와는 반대로 성벽으로 둘러싸여 있었지만 도시로 분류할 수 없는 곳도 있었다. 1672년 이 여행자는 와인으로 유명한 부르고뉴 지방의 도시 뉘Nuits를 거쳐 갈 일이 있었는데, 그는 다음과 같이 기록하고 있다. "뉘는 도시로 불릴 수 있다. 왜냐하면 성벽과 성벽 주위의 외호 그리고 도개교가 있는 성문이 있으며, 성내에는 대관소(국왕이 파견하는 대관의 관할지역)가 있기 때문이다. 그러나 도시 안에 있는 것이라고는 통 제조공들의 상점이 가득 들어차 있는 커다란 도로가 있을 뿐인데, 도시 주변 지역에서 생산되는 막대한 양의 포도주가 이곳에 모이기 때문이다."[145] 게다가 이 작은 도시는 19세기가 되어서야 겨우 2,000명의 인구를 초과하게 되었고, 코트도르Côte-d'Or 지방의 통계에 따르면 도시의 둘레는 "400m"에 불과했다![146]

다른 한편, 도시로 분류되지 못한 성벽이 있는 마을의 수 또한 상당히 많았다. 나르본Narbonne 지역의 마을이나 카네Canet의 마을과 읍, 생나제르Saint-Nazaire와 생발리에Saint-Vallier는 성벽 주위에 외호를 가지고 있어 이중의 장벽으로 외부와 분리된 지역들이다. 역시 나르본 지역의 지네스타스Ginestas 또한 오래된 외호를 가지고 있었는데, 이것은 결국 말이 물을 마시는 웅덩이가 되고 말았다.[147] 말할 필요도 없이 참나무 숲으로 유명한 루브레Rouvray도 16세기까지는 단순한 마을이었는데, 그럼에도 성벽과 외호로 둘러싸여 있었다.[148]

통계학자들은 도시와 도시가 아닌 단순 주거밀집 지역agglomération을 밀집된 인구수에 따라 구분하는 경향이 있다. 밀집된 인구가 2,000명 이상일 때는 도시로 분류되고, 그 이하는 마을과 읍으로 분류된다. 그러나 이러한 기준은 시대에 따라 크게 달라진다. 이와 관련된 내용은 이후에 다시 논하고자 한다.[149]

도시란 무엇인가?

성곽이나 인구수보다 도시의 특성을 더 명확하게 보여 주는 것은 제한된 공간 내에서 사람들을 밀집시키면서 도시 활동을 집중시키는 방식이다. "이 좁은 땅에 이렇게 많은 사람이 살다니!" 이는 앙주 구다르Ange Goudar가 이미 18세기에

했던 말이다.[150] 과밀화로 인해 차가 다닐 수 없는 비좁은 길은 통행의 불편을 야기했고, 사람이 거주하는 건물들은 점점 높아졌다. 특히 성곽은 인구 증가가 계속될 수 없도록 가로막는 조건이 되었다.

물론 성벽은 이동이 가능하고, 극장의 무대장치처럼 옮겨지기도 했다. 성벽이 제거된 후에 도시에는 많은 여유 공간이 생겼다. 이러한 여유 공간에는 정원, 과수원, 경작지, 사격장과 같은 시설이 자리 잡았고, 이어서 도로와 집들이 도심의 공간을 채웠다. 하지만 18세기에 성벽을 제거한 리모주Limoges, 캉Caen, 렌Rennes과 같은 도시들은 도시 공간의 밀도가 더 높아졌다. 그렇다면 모두가 모이고 모든 결정이 이루어지는 도심이 너무 확장되는 것이 편리하고 바람직한 것일까? 결국 도시는 좁은 범위 내에서 보다 효과적으로 인구를 밀집시키는 것을 기본으로 삼았고, 도심 내에 각종 상업 시설, 시장, 주거지, 장인, 주민들을 계속해서 밀집시켜야만 했다.

하지만 무엇보다도 먼저 선행되어야 하는 것은 도시의 통제력이다. 이를 위해서는 영향력을 행사하는 공간을 제대로 파악하고, 공간을 통제하는 것이다.

공화력 4년 5월(즉 1796년 1월 21일부터 2월 19일까지) 카르팡트라Carpentras는 보클뤼즈 데파르트망의 지방재판소를 아비뇽Avignon이 아닌 자신의 지역에 두어 도시로의 승격을 시도한다. "연중 편리하고 지속적으로 이용 가능한 도로의 중요성을 강조했다. 당시 카르팡트라에는 아비뇽, 압트Apt, 오랑주Orange, 발레아Valréas로 이어지는 큰 도로들이 있었다." 또한 보클뤼즈 데파르트망의 한가운데에 위치해서 "아비뇽, 압트, 오랑주가 제공할 수 없는 지리적 이점이 있었다". 따라서 "위치상의 이점, 매주 정기적으로 서는 장, 많은 외부인들의 유입으로 인해 이웃 지방 주민들과의 교류도 활발했다."[151]

지리적 위치의 혜택을 누린 도시는 카르팡트라만이 아니었다. 파리 북서쪽의 망트라졸리Mantes-la-Jolie 인근의 보니에르Bonnières는 인구 600~700명의 마을에 불과했지만, 1738년에는 파리와 루앙Rouen을 잇는 새로운 왕립 도로가 건설되고, 1753년에는 파리에서 캉을 잇는 도로가 건설되면서 명성을 얻게 된다. 이 마을을 끼고 두 도로가 교차한 덕분에 이곳에는 상업 중심지가 형성될 수 있었던 것이다. 그렇다고 해서 이 마을이 즉시 도시로 탈바꿈되었던 것은 아니다.[152] 도시로 인정받기 위해서는 해당 지역에 도로가 교차해야 하고, 도시 건설에 필요한 여러 요건을 충족시켜야 한다.

사실 도시의 범주에 속하는 모든 도시들은 도심지역 주변으로 어느 정도는 큰 읍들이 둘러싸고 있는 형태를 띠며, 읍을 통해 작은 마을들과 간접적으로 연결되어 있다. 도시가 처음 나타났을 때 볼 수 있었던 이와 같은 단순한 기하학적 이미지는 안타깝게도 도시의 성장과 함께 매우 복잡한 양상을 보이고 있다.

게다가 크고 작은 각각의 도시는 주변의 마을로부터 도시에 필요한 생산물을 시장을 통해 공급받는다. "툴롱Toulon은 채소와 과일을 주변 지역의 생산자들로부터 매일 공급받았는데, 당나귀와 노새가 끄는 식료품 수레는 생산지로부터 한두 시간이면 툴롱 시장에 도착했다."[153] 14세기 말 타라스콩Tarascon에서는 상당한 양의 농산물을 생산했는데, 모든 경작지는 사람들의 손으로 직접 개간한 땅이었다.[154] 이 작은 도시는 론강 유역에 위치하는 이점을 갖고 있으면서 북쪽의 언덕 지대와 남쪽으로는 알피유Alpilles와 경계를 이루어 강물이 범람하는 위험으로부터 보호받을 수 있었다. 이 도시는 다음과 같이 두 구역으로 나누어진다. 즉 제방 사이에 위치하면서 도시의 성벽으로 둘러싸인 저지대에는 정원과 좁은 과수원이 들어서 있었다. 그리고 제방을 벗어나면 두 번째 구역이 나오는데, 여기는 초원지대 그리고 밭과 황무지가 있고, 언덕에는 촘촘하게 식재된 포도밭이 자리 잡고 있었다.

도시는 스스로의 의지와 관계없이 너무나도 쉽게 그들을 둘러싸고 있는 마을에 영향을 미친다. 예컨대 도시는 생산활동의 방향을 설정해 주기도 하고, 때로는 위기에 처한 사람들을 보호하는 은신처가 되었다. 도시로 이주한 사람들은 다시 자신들의 마을로 되돌아가지 않고 도시의 삶에 적응하곤 했다. 알자스 지방의 도시 콜마르Colmar나 게빌레Guebwiller[155] 주변의 마을들 역시 14세기에 접어들면서 모두 도시지역에 동화되었다가 점차 사라졌는데, 이는 엑상프로방스Aix-en-Provence[156]와 같은 다른 지역에서도 빈번하게 일어난 일이었다. 이처럼 도시 주변의 마을들은 도시에 동화되는 경향이 강하게 나타난다.

도시의 성벽과 맞닿아 있는 농업지역에서는 채소와 과일을 재배했고, 여러 겹으로 도시를 감싸며 형성된 구역 중 첫 번째 구역에 해당한다. 첫 번째 구역은 일종의 식민지 초기의 소박한 수준에 견주어 볼 수 있다. 도시는 막대한 양의 생산물을 공급받고 영향력을 미치는 여러 지역을 갖고 있었는데, 일반적으로 도시를 구심점으로 연속적으로 형성되어 있었다. 예컨대 외곽 지역은 도심을 중심으로 유제품과 채소, 곡식, 포도밭, 목축, 삼림 등을 생산하는 지역으로 분화되었다. 이와 같은 생산망은 시장 중계소 그리고 도시 중계소와 연결되어 있었다. 에카르트 슈레머Eckart Schremmer의 표현을 빌리자면, "도심의 시장에서는 도시와 농촌 간의 교역뿐만 아니라 도시와 도시 간의 교역도 이루어진다"[157]. 그리고 오래전부터 이런 주제를 연구해 온 루돌프 아프케Rudolf Häpke는 15세기 브뤼주Bruges의 번영기에 네덜란드의 도시 연결망에 관해 논하면서 "도시 군도archipel de villes"[158]라는 표현을 사용하기도 했다.

도시의 통제와 확장은 경제적인 부문에만 국한되지 않고 정치, 행정, 종교, 문화 등 사회 전반에 걸쳐 큰 영향을 끼쳤다. 프랑스 왕국의 도시들은 각 도시의 권리와 자유를 되찾기 위해 영주의 권력과 국왕의 권력에 맞서기 시작했으며, 영주들과 왕이 누렸던 특권을 하나둘씩 쟁취해 나감에 따라 정부와 연계된 기관들이 설치되기 시작했다. 예컨대 도시의 크기에 따라 또는 시민들의 끈질긴 투쟁 덕분에 재판소, 대관소, 의회를 갖추게 되었다. 종교 시설, 주교, 총회, 수도원, 대학 등을 유치한 도시들의 이점 또한 생각해 볼 수 있다. 발랑스Valence에서 몇 킬로미터 떨어져 있는 이제르Isère강 연안에는 로망Romans이라는 도피네 지방의 작은 마을이 있는데, 잠시 이 지역의 역사에 대해 몇 줄 언급하고자 한다. "발랑스에는 대학이, 그르노블Grenoble에는 도피네 지방의 재정 및 행정 전반을 담당하는 회계 법원과 의회가, 비엔Vienne에는 대주교관이 있었고, 많은 소송인과 청원인들이 모여드는 행정기관과 법원이 생겼다. 이들 도시에는 또한 많은 학생들이 모여들었다. 이에 비해 로망은 상대적으로 아무런 혜택을 누리지 못했다. 따라서 이 도시는 공업과 상업을 발전시키기 위해 부단한 노력을 기울였다. 사실 로망의 행정관들은 윔베르 2세Humbert II가 생마르셀랭Saint-Marcellin에 설치한 대관소를 바비에누아Bas-Viennois로 옮겨 달라는 청원서를 여러 차례에 걸쳐 제출했지만 받아들여지지 않았다."**159** 사실 이와 같이 도시들 간에 주요 기관을 유치하기 위해 교섭을 하는 것은 아주 예외적인 일이었다. 로망으로서는 유감스러운 일이었다! 사법 및 행정 분야는 실직을 모르는 중요한 산업이었기 때문에 도시 입장에서 보면 도시의 생계를 도울 수 있는 이러한 기관 중 하나를 잃는 것은 거의 재앙에 가까운 일이었다. 한 예로 낭시Nancy의 경우 1670~1697년까지 프랑스의 통치를 받는 동안 대관소를 상실했다. 주민들의 말에 따르면, "치명적인 타격을 받은 도시는 가난에 허덕이게 되었고, 불행하지 않은 사람이 적었으며, 부르주아들은 모두 어딘가 다른 곳으로 떠났다"**160**.

도시에서 가장 멀리 떨어진 곳까지 영향력을 행사하기 위해 가장 우선적으로 필요한 것이 있다면 그것은 인력의 공급이 아니었을까? 그렇다, "인간은 세상에서 가장 이동이 많고 사방으로 뻗어 나가는 존재이다."**161** 그리고 도시는 마치 밤에 물고기를 유인하기 위해 낚시꾼이 사용하는 등불과도 같은 것이다. 도시는 주변 지역의 농민들에게 유혹적인 존재였다. 도시로 이주한 사람들의 출신지를 표시한 분포도만큼 이것을 잘 보여 주는 것은 없다. 새롭게 수혈되는 피 없이 도시의 인구는 감소할 수밖에 없었다. 도시에서 출생인구는 사망인구보다 적었기 때문에 스스로 채워 나가는 것은 매우 어려운 일이었다. 18세기를 포함해 크고 작은 모든 도시들은 일종의 '양로원'이었다.

일반적으로 새로 이주해 온 사람들의 출신지는 이 도시 변두리 지역으로부터 시작하여 광범위하게 분포되어 있었다. 18세기에 엑상프로방스로 이주한 사람들의 분포도는 프랑스의 중대한 문제점을 보여 준다. 자료에 따르면 이주민들은 대부분 장인이며, 종종 그들의 출신 지역에 따라 전문화된 분야에 차이가 있었는데, "노동시장에서 강력한 독점 권력을 행사할 정도였다". 즉 "브르타뉴 출신의 토공들은 페리괴Périgueux에서 그러했듯이 툴루즈Toulouse에서도 쉽게 일자리를 얻었으며, 론강 유역의 도시 뱃사공의 절반 이상은 오론Haut-Rhône 지방 출신이었고, 석회 가마공의 대다수는 브레스Bresse 사람들이었다. 또한 도축업자의 대부분은 오베르뉴 출신이었다."[162] 18세기 파리에는 노르망디 출신의 목수, 리무쟁 출신의 석공, 부르고뉴 출신의 보모, 사부아 출신의 굴뚝청소부, 오베르뉴 출신의 물장수 등 외지 출신 노동자들이 다수 거주하고 있었다. 도시의 규모에 따라 다소 차이는 있었지만, 대부분의 도시는 아무리 작은 곳이라도 거의 비슷한 양상을 보여 준다. 예컨대 현재의 오트사부아Haute-Savoie에 해당하는 18세기 본빌Bonneville에는 디종Dijon 출신의 의사들이 많았으며, 두 명의 하사관 중 한 명은 부르봉Bourbons 사람이었고, 또 다른 한 명은 니에브르Nièvre 사람이었다. 노르망디 출신의 제빵사, 도피네 출신의 구두제조공, 그리고 날품팔이 농민들은 대부분 카르카손Carcassonne, 페리고르Périgord, 사부아 출신의 이주민이었다. 이보다 더 구체적인 설명을 어디서 찾을 수 있을까?[163]

도시는 이처럼 외부로부터 유입된 장인과 노동자들을 수용하는 한편, 재산과 야망을 갖고 도시로 오는 상인계층의 이주를 반겼다. 부유한 상인계층은 후에 도시의 부르주아 계층을 형성하게 된다. 13세기에 메스에서는 이러한 이주민들을 부유층 이주민으로 따로 구분했다.[164]

앙드레 피아티에André Piatier에 의하면, 도시와 도시 간의 상업 거래는 활발했으며, 상당히 넓은 지역에까지 무역망이 형성되어 있었다. 이는 프랑스 전역은 물론 그보다 훨씬 먼 서아시아 지역, 발트해, 아프리카 대륙, 신대륙까지 이

18세기 엑상프로방스로 이주한 사람들의 분포도

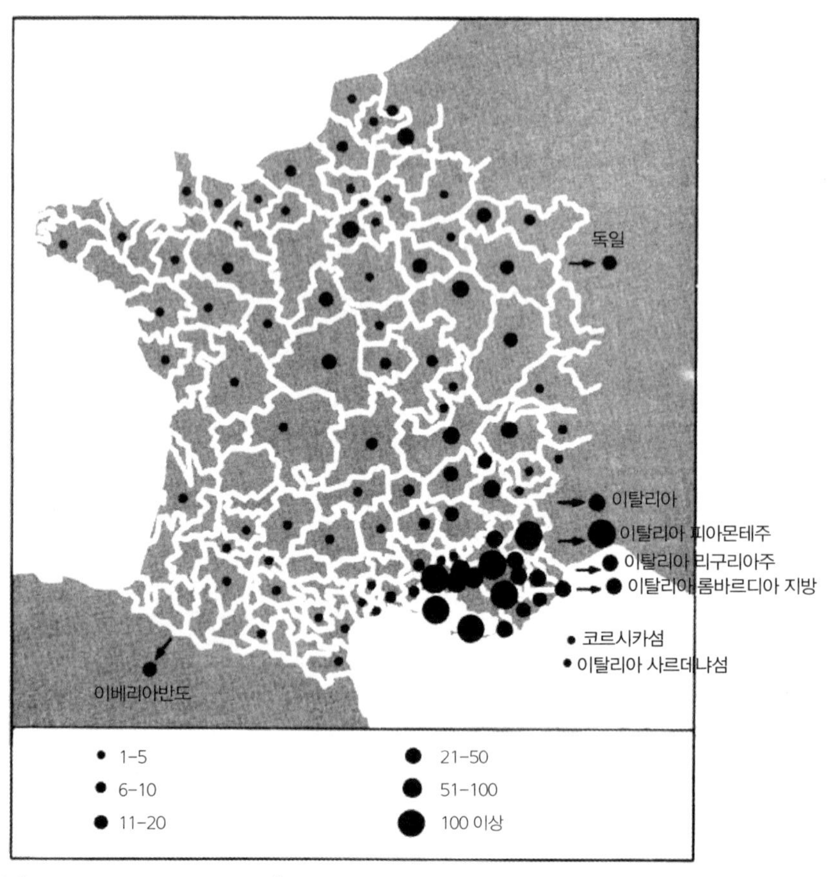

출처: "Histoire de la France urbaine", sous la direction de G. Duby, III.

르고 있었다. 15세기 말에는 극동아시아 지역까지 무역로가 열렸다. 204쪽의 도식은 18세기 루앙Rouen과 마르세유Marseille와 교역했던 지역들이 프랑스 전역에 얼마나 분포되어 있었는지, 그리고 당시의 문제점이 무엇이었는지를 보여주고 있다. 도식을 통해 파악할 수 있는 내용은 교역지역이 넓게 분포되어 있었음에도 프랑스 영토 내에서 고르게 나타나지 않았다는 것이다. 이 시기만 해도 프랑스 국내시장은 아직 통일성과 연대 의식을 갖추지 못했던 것으로 보인다.

베르사유(Versailles)에서 결혼한 남성의 출신지(1682~1689)

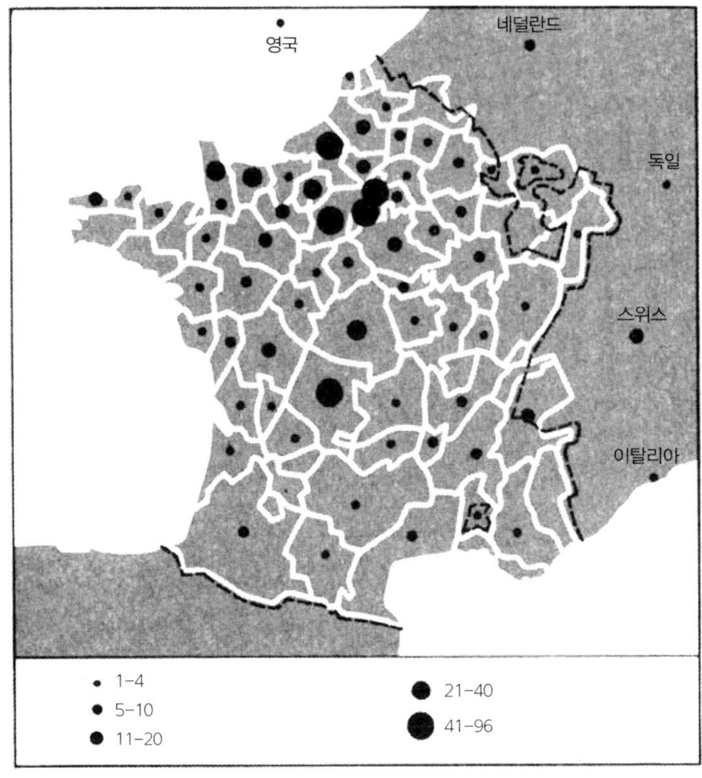

도시의 야심찬 건축 프로젝트의 공사 현장은 먼 지역의 노동자들을 끌어모았다.
출처: "Histoire de la France urbaine", sous la direction de G. Duby, III.

국내시장의 통일성을 구축하기에는 프랑스 영토의 크기가 큰 걸림돌이 될 수밖에 없었고, 이를 해결하기 위해 운송 수단의 개발과 도시나 읍을 대신할 만한 수많은 임시 장의 설치를 비롯해서 시장을 확장시키기 위한 많은 노력이 있었다. 도시에 설치된 시장은 지역 간 교역을 활성화시키는 역할을 담당했다. 하지만 18세기 샹파뉴Champagne, 귀브레Guibray, 보케르Beaucaire 지역에서 활성화되었던 대규모 장터는 프랑스 영토의 극히 일부분에 지나지 않았다. 프랑스 정부로서는 프랑스의 영토가 지나치게 넓었던 것이다. 막강한 자본력을 가진 대

지역별로 격차가 큰 프랑스의 교역 상황: 마르세유와 루앙을 사례로

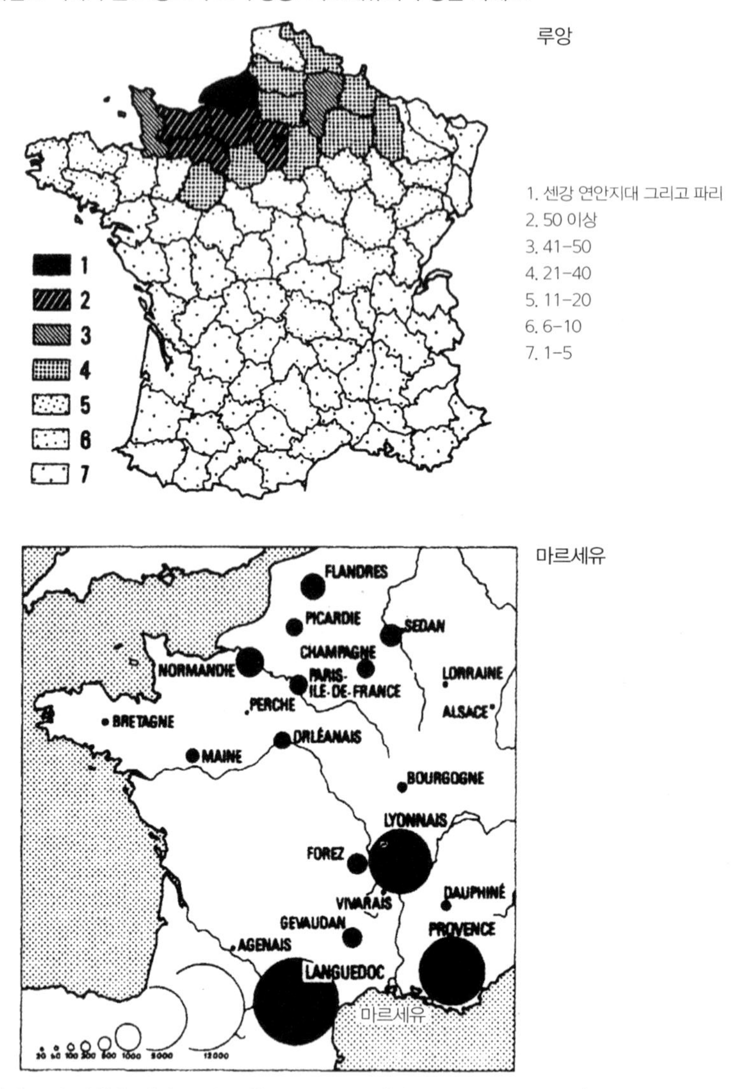

루앙의 교역 상황은 피에르 다르델(Pierre Dardel)에 의해 재현된 것이다(in: *Annales de Normandie*, 1954). 1740~1790년까지의 조사 보고서를 참조했다. 각 데파르트망의 경계가 현재와는 다르지만, 그래프상의 편의를 위한 것이다. 두 번째 마르세유(Charles Carrière, *Les Négociants marseillais*, 1973, II, p.583)에 관한 지도는 내부 교역량을 수치로 표현한 것이다.

도시들도 마찬가지였다. 이러한 대도시들은 흥미롭게도 프랑스 왕국의 극히 일부에 지나지 않았는데, 이에 관한 보다 구체적인 내용은 이후에 다루고자 한다.

간단한 사례들

도시를 이해하는 데 있어 도시들 간의 공통된 특성이나 차이점을 이야기하는 것보다 실제적이고 구체적인 사례를 소개하는 것이 훨씬 더 효과적이지 않을까? 가장 간단한 사례를 보기 위해 우선 비교적 그 중요성이 크지 않고, 성장의 동력이 상대적으로 적었던 도시부터 살펴보자. 그러나 한눈에 이해할 수 있는 정말 간단한 도시의 사례가 있을지 의심스럽다. 도시라는 거대하고 총체적인 대상은 도시로 유입되는 다양한 요소와 다른 지역으로 전달되는 요소들이 서로 맞물려 균형을 맞추어 가는 과정 속에서 형성된다. 그리고 이러한 균형은 늘 새롭게 변화하는 요소들로 인해 안정되지 않고 끝없이 흐트러진다. 도시가 외부에 의존하는 방식과 외부와 교류하거나 지배하기 위해 내부를 변형하는 방식은 간단하지 않으며, 그러한 비밀은 일반적으로 읽어 내기가 쉽지 않다.

여러 사례들을 다루는 과정에서 문제를 설명하려는 첫 단계이자 일종의 모델에 지나지 않는 이론적 개요는 확인하게 되거나 파기되기 마련이다. 그러나 하나의 모델은 그 자신만으로는 결코 충분하지 않다. 그 모델이 현실의 문제를 설명하는 데 적합한지 여부를 알아보기 위해서는 현실의 상황 속으로 내몰아야 한다. 그렇게 해서 적합한 모델과 그렇지 않은 것을 취사선택해야 한다.

중요한 점은 의심의 여지 없이 도시를 마을과 읍 사이에만 위치시키는 것이 아니라 다른 도시들과의 관계까지 살펴보아야 하고, 각 도시들의 특징이 되게 하는 국지적·지역적·국제적 '논리'를 명확하게 해야 한다. 국제적인 틀에서 보면, 거대한 세계의 역사 속에서 도시들은 끊임없이 재조직되고, 다른 도시에게 추월당하기도 하며, 자기 자신의 고유한 운명이 어떻게 될지도 전혀 모르는 상황에 처하게 된다.

위에서 살펴본 도식을 검증하고 더욱 복잡한 양상을 살펴보기 위해서는 도시의 내부만을 들여다보는 것을 피하고, 내부와 외부를 동시에 조망하려는 인식을 갖추어야 한다. 이와 같은 이중적인 관점은 경솔하고 성급하게 도시를 정의내리는 것을 경계하도록 하며, 함부로 판단하지 않게 한다.

브장송과 지역적 우위의 문제

지역이 가진 지리적 조건에 의해 도시의 운명이 흑과 백으로 확연히 갈라진 곳이 있다. 몇몇 도시들은 간단한 조사만으로도 이와 같은 맥락을 명확하게 파악할 수 있는데, 그 대표적인 사례가 바로 브장송Besançon이다.

도시를 휘감아 흐르는 사행천인 두Doubs강은 내륙의 도시를 보호해 주는 역할을 한다. 사행천은 강의 본류와 다시 연결되기 때문에 내륙지역을 섬과 같이 완벽하게 보호한다고 볼 수는 없지만, 208쪽의 그림에서 볼 수 있듯이, 내륙지역으로 열려 있는 측면은 해발고도 360m의 낮은 산악지대로 가로막혀 있다. 100여m에 달하는 사행천의 띠와 함께 이어진 산악지대는 도시를 완전히 감싼다. 이러한 산악지대에는 갈리아인들이 건축한 성벽과 요새가 존재했을 것으로 생각되며, 후에 보방Vauban이 이를 보완했다. 요컨대 이 지역은 하천이 성벽과 연결되어 강력한 요새로 구축되어 있다. 이는 고대부터 오랜 세월에 걸친 지리적 변화로 완성된 결과이다. 신생대 제3기 시대l'époque pliocène에 보주포레누아르Vosges-Forêt Noire 협곡의 중앙부가 붕괴될 때까지 라인강은 지금의 두Doubs 계곡 안쪽으로 흘렀지만, 협곡이 붕괴되면서 쥐라Jura 지방으로 흐르던 물길은 이곳을 뒤로하고 유로가 변경된다. 두강보다 유속이 훨씬 세어진 라인강은 쥐라 지역을 톱으로 자르듯 나누어 놓았으며, 브장송 지역의 굴곡을 변화시켰다. 브장송의 성채는 이같이 나누어진 지역들 중 북쪽의 리보트Rivotte 산협과 남쪽의 타라뇨즈Tarragnoz 산협 중앙부의 꼭대기에 세워졌다.

이처럼 자연조건에 의해 완벽하게 보호를 받게 된 이곳에 일찌감치 도시가

리옹(Lyon)으로의 이주(1529~1563)

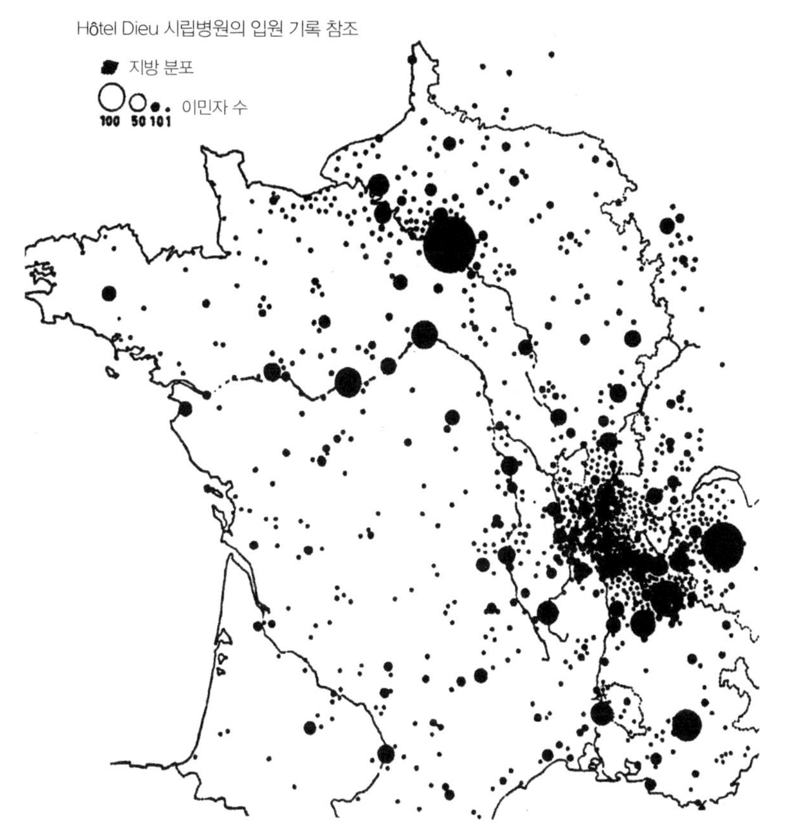

유럽의 재정 수도였던 리옹에는 프랑스 전역에서뿐 아니라 나폴리를 포함한 이탈리아, 제네바, 베른, 쾰른, 뮌헨, 네덜란드 그리고 이베리아반도의 도시에서 이주민들이 도착했다.

지도 출처: Pierre Chaunu et Richard Gascon, *Histoire économique et sociale de la France*, tome I/1 1977.

형성되기 시작한 것은 전혀 놀라운 일이 아니다. 브장송은 독립한 갈리아 민족 중의 하나였던 세콴족Séquanes의 수도였으며, 이들은 쥐라를 벗어나 오늘날의 스위스 일부 지역에 정착한 헬베티족Helvètes과 교류를 했는데, 두강과 손강 너머에 정착한 에뒤앵족Eduens과는 적대관계에 있었다. 카이사르는 그의 갈리아 전기에서 이 도시의 지정학적 중요성을 강조한 바 있다.

브장송의 지세와 도시 환경

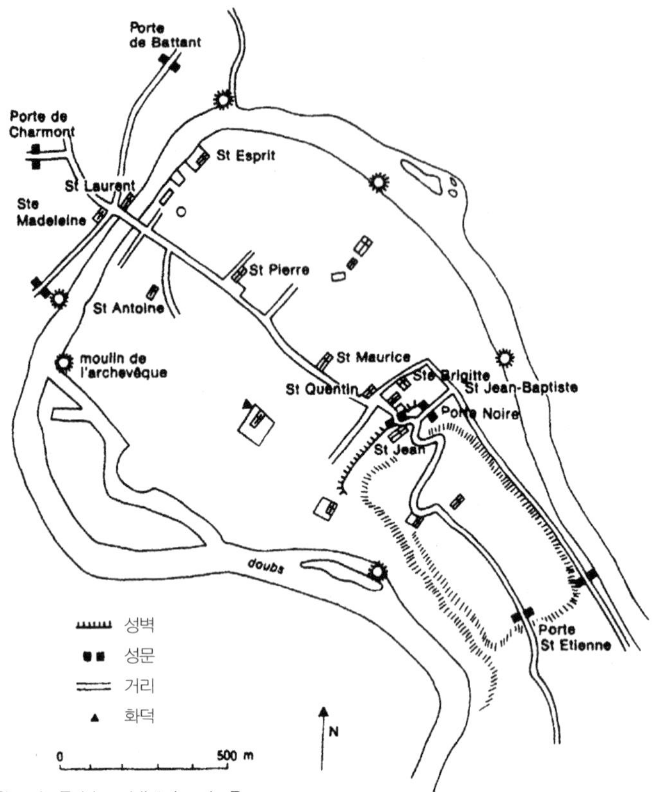

출처: Claude Fohlen, *Histoire de Besançon*.

로마 시대에 중요한 지방의 수도였던 Vesontio(브장송)에는 두 가지 도로가 교차하여 통과했다. 로잔Lausanne과 레만Léman 호수까지 이르는 첫 번째 도로는 루Loue 계곡과 긴 퐁탈리에Pontarlier 산협을 지나 쥐라에까지 이어졌으며, 샬롱Chalon의 손강을 빠져나와 쥐라의 가장자리 지역을 통해 브장송에 이르는 두 번째 도로는 몽벨리아르Montbéliard, 벨포르Belfort, 라인강, 고대 로마제국의 국경지대limes를 거쳐 메이앙스Meyence까지 이어진다. 두 번째 도로는 고대 로마 군대**165**가 라인강 일대로 진입하는 통로로 사용되었으며, 리옹–샬롱Chalon–랑그르Langres–트레브Trêves로 이어지는 주된 교통축 중의 하나였다. 브장송은 이러한 교통상의 이점을 살려 이탈리아의 캄파니아Campanie와 라티움Latium산 포도주를 수입하기도 했다.[166] 즉 구불구불한 두강의 유적지에는 고대의 깨진 화병 조각들이 많이 발견된다. 그러나 로마의 원형경기장, 포럼, 검은 문Porte Noire(역주: 갈리아 로마 시대에 브장송에 세워진 개선문)과 현재 브장송 최고의 번화가인 Grand Rue(대로)에 해당하는 도로cardo 이외에는 로마 식민지 시대의 브장송에 대해 알려진 것이 거의 없다. 또한 갈리아의 다른 지역들과 마찬가지로 2세기 이후부터 어떻게 기독교가 '이주 노예들, 군인들, 상인들'을 통해 브장송에 뿌리내리게 되었는지에 대해서도 알지 못한다.[167]

또한 이 도시가 어떻게 야만인들의 빈번한 침략을 견뎌 냈는지, 그 이후 메로빙거 왕조 시대와 카롤링거 왕조 시대를 어떻게 보냈는지에 대해서도 구체적으로 알려진 것이 없다. 충분한 부를 축적할 수 있었던 브장송에는 일찍부터 여러 시장과 교회가 들어섰다. 7세기에는 생테티엔Saint-Etienne, 생모리스Saint-Maurice, 생폴Saint-Paul, 생피에르Saint-Pierre 성당이 생겼고, 11세기에는 생탕드레Saint-André, 노트르담드쥐사무티에Notre-Dame-de-Jussa-Moutier, 생뱅상Saint-Vincent 성당이 건축되었다. 여러 성당 건축물과 함께 성장한 브장송은 대주교가 통치하는 도시로의 격상을 눈앞에 두게 되었는데, 이는 브장송 시민들에게 매우 중차대한 사안이었다. 마침내 1041년 지방 교구의 책임자였던 브장송 대주교는 신성로마제국의 황제로부터 도시 영지 내에 거주하는 시민들에 대한 통치권을 양도받게 된다.

주교도시로서 황제의 통치권으로부터 자유로워진 브장송은 11세기부터 13세기까지 서구 최초의 근대화 움직임에 동참한다. 수많은 신생 도시들이 생겨나고, 구도시들 중 다수가 번영기를 맞았던 1290년에 브장송은 교회와의 충돌 없이 대주교 권한의 절반 이상을 도시에 이양시키는 데 성공한다. 바로 그해에 브장송은 루돌프 1세Rodolphe I로부터 제국의 자유도시로 인정한다는 합의를 받아 냄으로써 대주교의 권한으로부터 점차적으로 해방되었다. 따라서 브장송은 일종의 공화국체제로 돌입하여 도시의 자치정부는 세금 책정권, 법제정권, 치안권, 동맹조약 체결권을 갖게 되었고, 1534년부터는 화폐를 발행하기에 이른다.

그러나 이 같은 성공은 곧이어 고난으로 이어졌다. 브장송은 콩테Comté 지방에서 종교적 수도로서의 역할을 담당해 왔음에도 불구하고, 정치적·행정적 측면에서는 지방 내 다른 도시와 분리되어 있었기 때문에 인근 도시들로서는 몹시 거슬리는 이방인 같은 존재였다. 1574년 프루아사르 드 브루아시아Froissart de Broissia 의장은 브장송을 가리켜 "눈엣가시"라는 표현을 사용하기도 했다.[168] 결국 프랑슈콩테Franche-Comté 지방의 수도 자리는 브장송의 경쟁 도시인 돌Dole로 돌아갔다. 돌은 인구 규모 면에서는 브장송에 미치지 못했지만, 교통의 요충지로서 장점을 지니고 있었다. 그렇다 하더라도 지방의 외곽에 위치한 돌을 수도로 정한 결정은 분명 상식에 벗어난 것이었다. 1422년 돌에는 지방의회가 들어섰고, 대학도 설립되면서 이 도시는 급속도로 성장하기 시작했다. 16세기의 역사학자 로이 골뤼Loys Gollut가 말하는 돌의 모습은 다음과 같다. "이 도시는 가장 아름다운 다리와 탑을 가지고 있다. 가장 아름다운 교회의 종탑과 가장 아름다운 젊은 학생들 그리고 평화롭게 학식을 연마하는 저 많은 사람들을 보라."[169] 아마도 콩테 사람들은 다른 어느 도시보다도 돌에서 그들의 고향뻘인 부르고뉴에 대한 향수를 많이 느꼈던 것 같다.[170] 황제의 도시 브장송이 누렸던 많은 혜택은 점차 줄어들게 되었다.

브장송은 같은 지방에서 가장 많은 인구를 보유한 도시이다. 1300~1350년 무렵에 '주변 지역'을 포함한 이 도시의 인구는 8,000~9,000명이었는데, 이는 당시 매우 규모가 큰 대도시의 인구에 준하는 수준이었다. 하지만 당시에 브장송은 어떻게 이처럼 많은 사람들을 도시로 유입시킬 수 있었던 것일까? 도시 내 성직자, 대주교 관할법원, 교회 소유의 부동산은 확실히 고정적인 수입을 가져다주었고, 도시의 부르주아들은 이웃 도시의 땅을 소유하고 있었다. 이 같은 금리 수입은 모두 브장송에 일찍부터 안정적인 수입을 보장해 주었다.

방적공, 직조공, 목수, 구두제조공, 마구 상인과 마구제조공, 기와제조공, 칼제조공, 철물공 등 도시 내 장인들은 다양했고 그 수도 많았다. 하지만 15세기에 흰색 천을 생산하여 아비뇽과 마르세유로 수출했던 것을 제외하면, 도시의 모든 장인들은 지역 내 소비만을 위해 일했다. 제빵사, 정육업자, 선술집 주인들은 시장에 진출하기 시작했고, 두강 우측 하안에는 (브장송에 흡수된) 바탕Battant 구역으로 가는 다리가 있는데, 이 다리의 양편에는 많은 손님으로 북적대는 소매점이 줄지어 들어섰다. 13세기 샹파뉴의 국제적 수준의 시장으로 유입되는 많은 화물들이 브장송의 루Loue 계곡과 주뉴Jougne 도로를 통해 운송되었는데, 이로 인해 도시는 샹파뉴와 이탈리아 간 교역의 중계소와 같은 역할을 했다. 브장송에는 많은 도매상인과 환전상들이 생겨났고, 외국 상인들 역시 도시 안에 정착하기 시작했다. 그러나 번영을 누렸던 샹파뉴 시장은 14세기 초부터 하향세를 타기 시작했는데, 이는 결국 브장송에도 큰 영향을 미쳤다.

이처럼 외부의 요인도 있었지만, 브장송은 1349년 8월과 9월에 발생한 흑사병으로 심각한 위기를 맞게 된다. 영주의 권한이 마을에 미치는 것처럼, 브장송에 의존하면서 식량을 공급하던 도시 주변의 넓은 인접 지역에서 생존에 필요한 해결책을 찾는다. 이 지역은 석회암 언덕지대에 위치해 있는데, 이는 16세기의 한 역사학자의 설명을 통해서도 알 수 있다. "이곳의 거의 모든 땅은 바위로 이루어져 있으며, 일부 토양층을 제외하고는 서로 이어진 몇몇 암반지대로 덮여 있다."**171** 이처럼 척박한 토양에서 재배할 수 있는 유일한 산물은 포도였다. 이곳에서는 양질의 와인이 생산되었는데, '언덕의 어느 위치에서 생산되는지'에 따라 품질이 달라졌다. 포도밭 외에도 북쪽에 위치한 생페르죄Saint-Ferjeux와 티유루아Tilleroyes의 몇몇 경작지에서는 밀이 생산되었고, 약간의 목축업도 가능했다. 도시가 관리하던 넓은 면적의 샤이유Chailluz 숲은 도시에 필요한 목재를 공급해 주었고, 두강을 통해 운송되었다.

도시의 부를 유지시켜 주는 데 "근간이 되었던 진정한 산업"[172]은 결국 와인이었다. 매년 도시의 행정기관이 결정하는 포도 수확기가 되면, 새로운 와인 생산과 통에 담는 작업으로 소란스러웠다. 두강으로 둘러싸인 도심에도 상당한 규모의 정원과 과수원이 있었는데, 이곳에서 가장 많이 재배되었던 것 역시 포도였다. 특히 도시에서 적어도 3분의 1의 땅에 해당하는 "성직자 구역"[173]에 있던 방앗간들은 하나를 제외하고는 모두 두강의 물을 이용해 돌아갔다.

중세의 모든 도시들이 그러했듯이, 브장송에서도 주요 산업은 농업이었다. 장이 열리면 도심의 길은 집에서 사육된 가축들로 북새통을 이루었다. 당시에는 가금류, 양, 돼지를 기르지 않는 집이 단 한 곳도 없었다. 6월에서 9월 사이의 여름에는 돼지를 집에서 사육하는 것을 금했기 때문에, 이 기간 동안에 가축은 모두 샤이유 숲에 위치한 사육장에 보내졌다. 당시 집약적으로 포도를 재배하는 사람들의 수는 포화 상태에 이르러 도시인구의 절반에서 4분의 3가량이 모두 포도 재배에 종사하는 상황이었다.

도시를 전반적으로 살펴볼 때, 브장송에서 취약했던 것은 밀과 육류의 생산이었다. 이러한 문제를 해결하기 위해 오쥐라Haut-Jura에 위치한 대규모의 목축 시설을 이용하기 시작했다. 안정된 밀 공급을 위해서는 해결해야 할 복잡한 문제가 있었다. 브장송 지역에 밀을 공급해 주고 있었던 그레Gray 지방은 손강을 통해 대량의 밀을 리옹, 스위스 산간지역에도 공급하고 있었는데, 이들 지역이 수확 전에 대량의 밀을 구입해 버리면 브장송으로 공급되는 밀이 턱없이 모자라는 문제가 발생했다. 결국 알자스와 같은 더 먼 지방으로 가서 밀을 구해야만 했다. 1513년 브장송은 굶주림에 대비하여 밀 창고를 확보했는데, 그 결과 효율적이고 안정적인 밀 수급이 가능하게 되었다.[174]

1300년 무렵의 브장송은 자기 영토 내에서만 영향력을 행사하고 있었다. 물론 이는 도시 주변의 마을과 촌락을 포함한 넓은 의미의 영토를 말한다. 다른 모든 도시들도 상황은 비슷했다. 툴루즈는 성벽 부근의 포도 재배를 철저하게 관리했으며, 이러한 상황은 파리도 마찬가지였다. 대도시 외곽지역은 물론 차이는 있겠지만, 마을의 가장자리를 따라 조성된 작은 농지와 과수원에 흡사하지 않을까? 교외지역은 중개인이나 읍의 관여 없이 땅의 소유권을 갖고 있던 부르주아들이 직접 관리하고 있었다.

반면, 놀라운 것은 브장송의 도시 영향권에 있었던 외곽지역의 범위는 좁았고, 도시의 영향력을 확장하는 데 역할을 할 만한 읍이나 작은 도시는 많지 않았다. 사실 브장송은 돌, 그레, 브줄Vesoul, 살랭, 퐁탈리에Pontarlier, 롱르소니에Lons-le-Saunier와 같은 지역과는 불완전하게 연결되어 있었다. 브장송과 각 지역을 연결하는 도로들은 쥐라 산지의 험준한 지형을 통과해야 하는 어려움이 있었고, 곳곳에는 웅덩이와 늪지대, 그리고 도로의 상태가 아주 나빴다. 남쪽 지역에는 극심한 '교통체증'이 빈번하게 발생했는데, 이곳은 프랑스 동부에서 가장 큰 숲인 쇼Chaux 숲이 있는 지역으로 참나무와 자작나무가 빽빽이 들어차 있었다. 19세기까지 매년 5~6만 마리의 가축들이 숲지대로 들어왔는데, 이 숲은 브레스Bresse의 저지대를 통과하는 라인강에 의해 자갈이 마모되어 형성되었다. 두강은 매우 협소하여 거의 운항이 불가능했다. 따라서 '나브naves 사람들'의 작은 배나 버려진 장작을 띄우는 정도로 이용되었다.

운항이 가능한 운하도 없고, 변변한 육상도로도 갖추지 못한 브장송은 이처럼 외부로의 확장 가능성이 제한적이었다. 따라서 도시의 내부 공간에 편리한 시설을 갖추고 살아가는 것에 만족해야 했다.

도시는 계속해서 변화를 겪으며 번영과 쇠락을 이어 갔지만, 여전히 외부와 단절된 채 자력으로 살아가야만 했다. 15세기에 심각한 고립 상태에 빠진 브장송은 힘겨운 시간을 보내야 했다. 반면, 16세기에는 뜻밖의 번영을 맞이하며 앞으로 나아가는 한 세기를 보낸다. 1477년 부르고뉴 지방의 상속 문제로 공작령과 백작령의 두 지역으로 나뉘었는데, 공작령은 후에 프랑스 왕국에 복속되었고, 백작령은 1506년에 합스부르크 왕국에 할양되었다. 백작령에 살았던 프랑슈콩테 사람들은 이제 새로운 주인인 카를 5세Karl V를 맞이해야만 했다. 1519년 카를 5세는 황제의 자리에 올랐고, 그의 아들인 필리프 2세Philippe II는 1555년에 스페인의 국왕이 된다. 따라서 이 지역은 결과적으로 '스페인의 영토'가 된 것이나 다름없었다. 이 지방 출신인 페르노 드 그랑벨Perrenot de Granvelle과 그의 아들인 그랑벨 추기경cardinal Granvelle은 신성로마제국 황제의 명으로 한때 '태양이 지지 않는' 제국의 영토인 프랑슈콩테 지방을 다스리게 된다.

16세기에 번영기를 맞이한 브장송은 다시 예기치 못한 상황을 만나는데, 1535년 제노바 공화국의 상인 은행가들이 이 도시에 정착하기 시작한 것이다.[175] 이들은 연이어 어려움을 겪은 직후였다. 말하자면 1528년 프랑스 국왕의 명령에 의해 리옹에서 추방된 이 은행가들은 사부아 공국으로 망명하여 샹베리Chambéry에 거주했으나, 또다시 사부아 공작에 의해 추방되어 1535년에는 롱르소니에에서 어렵게 왕의 허가를 받아 시장을 열게 된다. 마침내 이들은 황제의 인가를 받아 브장송시에 거주할 수 있는 권리를 얻게 된다. 1535년 부활절을 시작으로 이들은 30여 년간에 걸쳐 브장송에서 그들의 시장을 열게 된다. 도대체 그들의 무기는 무엇이었을까? 그들은 당시 유럽 경제의 중심지였던 리옹 인근에 머물 수 있었다. 브장송에 정착한 이후 그들은 중개인을 통해 은밀하게 사업을 계속할 수 있었다. 1560~1570년대에 리옹의 쇠퇴로 이들은 더 큰 자유를 손에 넣을 수 있었을 것으로 생각된다. 어쨌든 1568년 시 관계자들과의 갈등으로 브장송을 떠나게 된 제노바의 은행가들은 잠시 폴리니Poligny에 거주했다가 다시 샹베리로 이주한다. 1579년 그들은 다시 이탈리아 피아첸차Plaisance에 정착하여 비센조네 시장ferie di Bisenzone을 개척했는데, 이곳은 유럽의 재정과 경제를 주도하는 중심지로 부상한다.

우연한 기회에 브장송은 당시 최고의 경제력을 가졌던 집단을 이 도시에 유치하게 되었는데, 이는 도시에 큰 유익이 되었다. 마치 마술사의 주문에 걸린 것처럼 그랑벨 궁palais Granvelle, 시청, 몽마랭Montmarin과 봉발로Bonvalot 저택들이 세워졌다. 또한 몽펠리에Montpellier, 퐁트누아앙보주Fontenoy-en-Vôge, 뤽쇠이Luxeuil, 롱르소니에로부터 많은 부자들이 브장송으로 이주했다.[176]

그럼에도 이어지는 17세기는 또다시 '고난의 세기'가 된다. 전쟁, 페스트, 기근이 차례로 브장송을 엄습했다. 재정적 한계에 봉착한 스페인은 지방과 도시들을 차례로 포기하기 시작했다. 반면, 프랑스 왕국의 영토 확장은 순항을 이어 갔다. 예컨대 엑스라샤펠Aix-la-Chapelle 평화조약이 체결된 1668년에 프랑스는 그들이 점령한 프랑슈콩테 지방을 또다시 스페인 측에 반환해야 했다. 프랑스군은 조력자들을 버리고 많은 분노와 원한을 남긴 채 퇴각하고 만다. 하지만 6년 뒤 프랑스는 또다시 영토 확장을 시도했고, 결국 뜻하는 바를 이루고야 만다. 1674년 5월 루이 14세와 함께한 당지앵 공작duc d'Enghien의 군대는 브장송 앞에 집결했고, 저항하는 도시를 향해 2만 발의 포격을 가했다. 5월 15일 브장송은 도시가 더 이상 피폐하게 되는 것을 막기 위해 프랑스군에 항복하고 만다.[177]

그 시절에는 어디서나 벌어졌던 흔한 비극이었지만, 브장송과 같이 시민들이 상당한 자유를 누리던 도시가 근대국가에 무릎을 꿇게 된 것은 안타까운 일이 아닐 수 없다. 유럽 전역의 도시들이 약탈을 당했다! 몇 해 뒤인 1681년 9월 29일에는 스트라스부르 역시 루이 14세의 군대에 점령당했다. 브장송에 닥친 진짜 비극은 콩테 지역에 프랑스식 행정 체계가 들어선 것이었다. 농민들은 게릴라를 결성하여 싸우기 시작했다. 얼마간 시민들은 희망과 두려움 속에서 스페인령으로 회복되기를 희망했다. 특히 1675년 신성로마제국의 군대가 일시적으로 알자스 지방을 점령했을 때 기대는 다시 커졌다. 하지만 프랑스 쪽의 위기는 지나가고, 프랑스식 행정은 체계적으로 자리를 잡아 가며 심지어 거친 방법을 동원하기도 했다. 루이 14세의 군주제는 정교한 기계처럼 작동했다.[178]

여기서 우리가 주목해야 하는 것은 브장송이 직면한 새로운 상황에 맞추어 도시 스스로가 되찾은 균형이 무엇인가 하는 점이다. 브장송은 이중으로 병합이 되었다. 즉 프랑스 왕국의 통치를 받을 뿐 아니라 프랑슈콩테의 통치 역시 받게 되었지만, 사실상 이 지방에 쉽게 동화되지는 않았다. 1664년 스페인은 브장송 주변의 100개 마을을 양도할 것을 신성로마제국과 합의했다. 하지만 유럽의 영토분쟁이 한창이었던 시기였기에 이러한 협약 문서는 큰 의미가 없었다. 1678년 네이메헌 평화협정La paix de Nimègue으로 공식적으로 프랑스령이 된 이후 또 다른 국면을 맞게 된다.

프랑스 군주체제하에서 브장송은 지방의 수도 역할을 담당하게 되었는데, 지금까지 돌에 있었던 의회가 브장송으로 이전되면서 여러 기관들이 생겨났다. 즉 상급재판소, 대관소, 그 외에 화폐, 수자원, 숲, 영사재판과 관련된 여러 사법기관이 들어서게 되었다. 게다가 대학, 경리국, 지방관, 주둔군 기지가 도시 안에 설치되었다. 군주체제가 지방을 정비하는 과정에서 브장송을 선택한 것은 프랑슈콩테 지방에서 가장 많은 인구와 경제적 우위권을 가진 이유도 있었지만, 무엇보다 군사적 방어에 유리했기 때문이다. 여기에서 브장송의 천연적인 요새와 같은 방어적인 이점을 다시 언급하지 않을 수 없다.

브장송은 새로운 정치적 국면에서 이점을 차지할 수 있었지만, 이를 결코 프랑스 왕국의 호의적인 태도의 결과라고 볼 수는 없는데, 이내 점령지에 대한 재정적 착취와 복종이 요구되었던 것이다. 브장송에 의회가 생기게 된 것은 30만 리브르에 해당하는 분담금을 지불했기 때문이며, 이를 통해 단순히 정부의 호의 때문만은 아니라는 것을 알 수 있다. 1692년에는 강력한 반대에도 불구하고 루이 14세 치하의 정부는 브장송에 매관매직을 도입한다.

프랑스의 통치가 시작된 이후 실질적인 변화는 브장송의 구시가지에 법관과 정부 관료들이 이주한 것인데, 500여 명의 정부 관료와 이들의 가족을 포함하면 대략 2,000명에 달했을 것이다. "도시에서 유일하게 이들보다 더 수가 많은 것은 포도를 재배하는 사람들뿐일 것이다."[179] 지방의회의 구성원은 도시의 상류층이 되었고, 무위도식하는 계층으로 부러움을 샀다. 의회는 지방의 권리와 이익을 대표하기 위해 존재하는 것임에도 자신들의 특권에만 관심을 보이며 공익에 반하는 행위를 서슴지 않았고, 결국 콩테 지방정부는 더 이상 모이지 않게 되었다. 이와 같이 기생하는 관행이 판을 치는 상황에서 도시는 정체되었다.

어쨌든 브장송은 도시 역사상 처음으로 지방의 실제적인 수도로서의 위엄을 갖게 되었고, 도시를 둘러싼 읍과 작은 도시들에 대한 영향력을 확보하여 중심 도시로서의 역량을 키워 나갈 수 있었다. 이와 같은 변화는 오랜 시간에 걸쳐 진행되었는데, 이러한 과정을 설명해 줄 만한 기록도 남아 있다. 예컨대 1735년 "브장송은 결코 상업도시가 아니며, 부유한 도시도 아니다. 도시의 상업은 매우 빈약했고, 시민들이 소비하는 품목은 각종 의복과 식료품, 그리고 일부 상품 정도로 제한되었다. 그들은 필요한 것은 지방의 상인이나 장터의 행상인에게서 구입한다". 1747년의 상황도 크게 다르지 않았다. 1765년 사바리Savary가 기록한『상업과 무역에 관한 사전Dictionnaire de commerce』에는 그레Gray에 관해, 최초로 손강에 화물선을 운행하는 도시로 콩테 지방에서는 상업활동이 가장 활발한 곳으로 묘사되어 있다. 하지만 1785년 모든 것이 바뀌었는데, 이는 브장송의 상업활동에 관한 보고서에 나타나 있다. "25개 정도의 상가에 제법 많은 사람들이 종사하고 있었고," 도매업을 하고 있는 곳도 두세 군데 있다. "이들은 프랑스 왕국으로부터 대량의 상품을 사들여 작은 도시들의 소매업자에게 나누어 판매하는 방식을 취하고 있다." 이와 같이 브장송은 도시 주변의 읍과 작은 도시들에 물건을 재공급하는 유통의 중심지가 되었다. 또한 브장송이 어음교환 활동의 중심지였다는 추가적인 기록도 있다. "자금을 필요로 하는 대부분의 지방 도시들은 직간접적으로 브장송을 찾았고,"**180** 유럽 전체로 보면, 작은 규모이긴 하지만 스트라스부르, 바젤, 프랑크푸르트, 네덜란드, 영국의 은행들과도 관계를 맺고 있었다. 브장송은 산업 분야에서도 큰 도전에 성공했는데, 특히 양말류 제조업은 이 도시의 주요 산업으로 자리 잡았다.

18세기 전반 동안에 유럽 경제의 성장과 부의 축척을 이야기하지 않고서는 브장송의 이 같은 발전을 제대로 이해할 수 없을 것이다. 또한 도로교통 시설이 개선되었기 때문인데, 이것은 프랑스 군주체제가 콩테 지방에 제공한 가장 큰 혜택이었다. 1740년 8월 8일자 행정 문서는 당시 이 지방의 도로 상황에 대한 구체적인 정보를 제공해 주고 있다. "75,000투아즈toise(역주: 옛 길이 단위로 1.949m에 해당)의 도로가 정비되어 이제는 말의 속보 주행이 가능한 상태가 되었다. 도로는 산간지대와 늪지대 곳곳에 걸쳐 정비되었는데, 정비되기 전에는 모두가 전전긍긍하며 지날 수밖에 없었고, 그나마도 일 년 중 통행이 가능한 기간은 몇 달밖에 되지 않았다."[181] 18세기 중반에 들어서면서 브장송에도 정기적인 우편마차가 다니기 시작했다. 디종을 오가는 우편마차는 매일 운행되었으며, 드디어 파리와의 서신교환도 가능해졌다. 낭시Nancy, 벨포르Belfort, 스트라스부르, 바젤과는 일주일에 한 번꼴로 정기적인 서신교환이 가능해졌다.

또 한 가지 알아두어야 할 것은 '외국처럼 여겨지던' 프랑슈콩테 지방의 특수한 상황이다. 프랑슈콩테의 영토는 수많은 세관들로 이어진 경계선으로 둘러싸여 있었는데, 이는 스위스의 여러 주에 대해서도, 프랑스 왕국의 다른 지역에 대해서도 마찬가지였다. 이는 완전한 지방분권화를 가능하게 하는 동시에 지방 전체가 상업적 침체를 극복하기 어렵게 만들었다. "그 대신 브장송을 중심으로"[182] 규모가 작은 일종의 국내시장은 가능하게 되었다.

지방 시장의 여건은 매우 열악했다. 1710년 15,000km^2 면적의 프랑슈콩테 지방의 전체 인구는 340,720명이었으며, 각 도시별 인구는 브장송이 11,520명, 살랭Salins은 5,663명, 돌Dole은 4,115명, 그레Gray는 3,982명, 아르부아Arbois는 3,340명, 폴리니Poligny는 3,320명, 몽베리아르Montbéliard는 2,540명, 퐁탈리에Pontarlier는 2,664명, 브줄Vesoul은 2,225명, 롱르소니에Lons-le-Saunier는 1,922명, 생클로드Saint-Claude는 1,745명, 오르낭Ornans은 1,632명, 봄레담Baume-les-Dames은 990명, 오르즐레Orgelet는 532명, 캥제Quingey는 470명으로 집계되었다.[183] 도시로 규정하는 최소 인구 조건을 2,000명으로 본다면, 프랑슈콩테의 도시 비율은 11.5%로 매우 저조한 수준이었다. 결국 이 지방은 경제가 활성화되기 어렵다는 결론이 내려진다. 그러나 18세기 말에 이 지역의 인구는 450,000명으로 증가했다. 이는 32% 증가한 것인데, 그중에서도 브장송은 75.6%의 인구증가율을 기록한다(1788년 20,228명). 같은 시기에 다른 지역의 인구는 살랭이 6,630명, 돌이 7,774명, 그레가 4,784명, 아르부아가 5,902명, 퐁탈리에가 3,042명, 롱르소니에가 6,500명, 생클로드가 3,640명, 브줄이 5,200명, 봄레담이 2,080명, 오르즐레가 1,274명, 캥제가 1,846명이었다.[184] 문서상에 몽베리아르, 폴리니, 오르낭 등의 인구는 기록되지 않았다. 다른 도시의 인구도 증가했는데, 이들 도시 중에는 브장송의 인구증가율 못지않은 수치를 기록한 곳도 있다. 브장송은 모든 지역에서 동일하게 영향력을 행사하지 못했는데, 항상 그러하듯 쥐라 북부 지방보다는 쥐라 중앙부에서 더 큰 힘을 발휘할 수 있었다. 지방의회와 다수 상인들은 그 지역의 경작지, 제철소, 용광로, 제지소 등을 소유했다. 반면, 살랭과 퐁탈리에로 이어지는 쥐라 남부 지역은 그 영향력에서 완전히 벗어나 있었다.

18세기 후반 이 지역의 뒤늦은 발전에 따른 브장송의 영향은 사실 자발적이라기보다는 외부로부터 주어진 것으로 볼 수 있는데, 이것이 얼마나 일시적이었는가를 보아도 알 수 있을 것이다. 더욱이 브장송은 프랑스대혁명 시기에 지방의회, 지방관, 여러 종교시설을 모두 잃어버리게 되는 등 이 도시로서는 치명적이었다.

1793년에 스위스 장인들로부터 시작된 시계제조업이 시장에 진출하기 시작했지만, 초기에는 많은 어려움에 직면했고, 일정 궤도에 오르기까지는 많은 시간이 소요되었다. 1810년 이후 그리고 7월 왕정 이후 여러 분야에서 재기를 시도했다. 상업 활성화를 위해 론강과 라인강의 운하 정비사업과 새로운 도로 건설에도 불구하고, 남부 프랑스의 와인이 북부 지역으로 진출하게 되면서 프랑슈콩테 지방의 와인 생산은 점차적으로 감소하는 추세에 있었다. 또한 주요 군사기지가 이 지역에 유치되었지만, 브장송은 프랑스의 타 지역에 비해 침체되어 갔다. 1801년에는 프랑스 주요 도시 가운데 18번째로 규모가 컸던 브장송이 1851년에는 25번째 도시로 쇠락했다. 생트뵈브Sainte-Beuve[185]는 "증오스러울 만큼 많은 공무원들"이란 표현을 썼다. 발자크Balzac 또한 당시의 사회를 다음과 같이 묘사했다. "그 어떤 도시도 발전에 관해 이토록 들으려 하지 않고 말하려 하지도 않는 곳은 없을 것이다."[186]

사실 브장송은 계속해서 운이 따르지 않았다. 도시의 가장 큰 단점은 교통상의 접근성이 떨어지는 것이었는데, 철도교통이 발전할 무렵에 브장송의 상황은 더욱 심각했다. 브장송은 1840년부터 철도를 유치하려고 고민했으나 이러한 노력은 항상 물거품으로 돌아가고, 기회는 디종과 돌로 넘어가고 말았다. 발로르브Vallorbe 노선과 생플롱Simplon 노선이 새로이 건설되었는데, 이 선로들은 파리에서 시작하여 스위스, 이탈리아, 발칸반도 지역까지 연결되는 주요 철도선과 연결된다. 하지만 철도교통 초기에 브장송은 외부 세계와 연결되는 모든 철도노선에서 제외되었다. 1960년이 되어서도 파리와 브장송을 오가는 직행열차는 하루에 한 대밖에 없었다.

철도 유치에 실패한 것이 이 도시를 침체시킨 결정적 요인 중 하나였다. 제2차 세계대전 이후 브장송은 전례 없는 성장을 거두어 1960년의 도시인구는 10만 명을 기록하지만, 그럼에도 강력한 상업 중심지로 거듭나지 못했다. 오래전부터 낭시, 뮐루즈Mulhouse, 디종, 리옹과 같은 주변의 대도시처럼 성장하지 못한 것은 불편한 철도교통, 기복이 많은 도로, 고속도로의 부재가 원인이었다. 지역 내에서도 행정적 영역의 우위권을 확보하기 위해 경쟁 도시들과 경합해야 하는 불리한 상황이 이어졌다. 1956~1958년에 제작된 이 지역의 전화망 체계 지도가 이러한 사실을 보여 주고 있다.[187] 물리적 거리와 행정적 우위에도 불구하고, "브장송은 더 이상 돌이나 그레와의 관계에서 디종보다 영향력 있는 도시라고 볼 수 없게 되었고, 생클로드와의 관계에서도 리옹보다 영향력이 떨어졌

브장송 주변의 전화연결망(1956~1958)

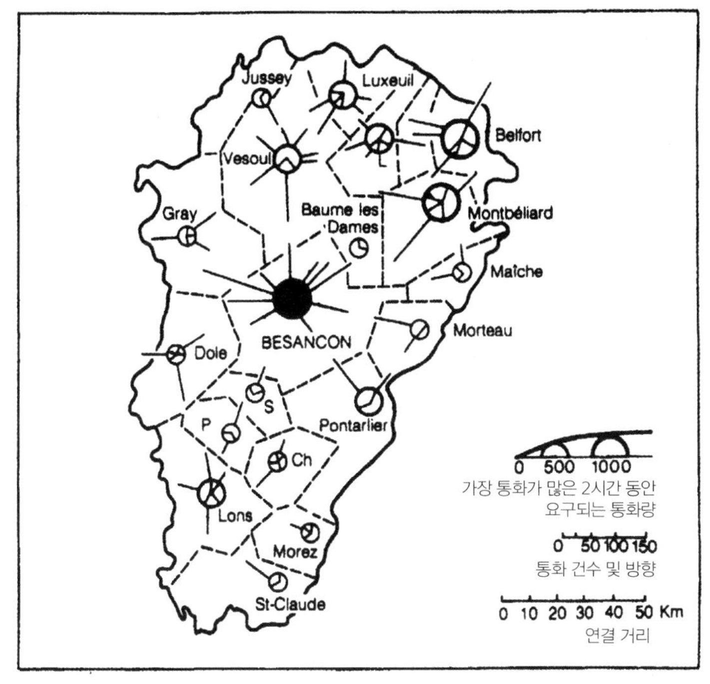

출처: *Histoire de Besançon, op. cit.*

으며, 뤽쇠이와의 관계에서도 낭시보다 가까운 도시가 아니었다".

결국 브장송이라는 도시의 역사를 통해 우리가 얻을 수 있는 교훈은 무엇인가? 당대 도시의 전형을 보여 준 '안내자indicateur'로서 충분한 가치가 있는 것일까? 우리는 이 도시를 통해 평범하지만 매우 중요한 사실을 배울 수 있다. 도시는 일종의 커다란 읍처럼 자신의 영토에서 스스로 살 수 있고 살아가야만 한다. 브장송은 복잡한 외부적 상황에 따라 임의적인 방식으로 도시 내부의 폐쇄된 삶으로부터 벗어나게 되었다.

교통의 요충지, 로아네

브장송을 출발해 손강 지역 일대를 통과하고 나면, 대도시 리옹이 나타난다. 여기서 타라르Tarare 방면으로 86km를 더 가면 로안Roanne에 이른다. 여기는 이미 마시프상트랄Massif Central 지방의 일부로 두Doubs강 유역과 쥐라 산간지역과는 전혀 다른 경관이 펼쳐진다. 멋진 풍경을 자랑하는 작지만 활기찬 이곳은 우리가 두 번째로 살펴볼 도시이다. 이 지역을 둘러싼 복잡한 상황은 몇 가지 문제를 제기하게 하지만, 앞서 살펴본 브장송과 비교하면 훨씬 단순하다. 사실 로안은 15세기 말이 되어서야 뒤늦게 도시로 인정받게 된다. 이 도시의 부는 루아르강을 통행하는 운송업과 밀접하게 연관되어 있다. 이 도시 또한 외부의 상황으로부터 영향을 받는 것으로 볼 수 있다.

로아네Roannais는 프랑스에 100여 개 정도 있는 작은 지방 중 하나였던 옛 포레Forez 지방의 북부에 위치하고 있다. 포레는 이 지역 출신자 또는 이곳을 선택한 사람들로부터 후한 평가를 받곤 했다. 예컨대 오노레 뒤르페Honoré d'Urfé의 소설 『아스트레L'Astrée』(1610~1627)는 이곳을 배경으로 하는데, 그의 소설에 등장하는 포레는 지상낙원으로 묘사되어 있다. 약간 지나친 면이 없지 않아 있지만, 마치 예전에 루아르강과 리뇽Lignon강을 통해 먼 지역까지 거슬러 올라가던 연어가 이곳에서 매일 잡힌다고 말하는 것과 같다.

로아네는 한 면이 30km, 다른 한 면이 50km에 이르는 작은 평야지대에 위치하는데, 예전에는 늪지대로 덮여 있었다. 오노레 뒤르페 역시 이 지역을 "큰 물웅덩이"[188]로 묘사한 바 있다. 수천 헥타르에 달하는 천연 연못과 여러 인공 저수지[189]에는 많은 물고기가 살고 있었는데, 예민한 땅 주인들은 늘 밀렵꾼 단속에 열을 올렸다. 저수지가 "범람"하는 시기가 되면 밀렵꾼들은 복수라도 하듯 물고기를 낚았다.[190] 저수지 외에도 하천과 개울 그리고 유속이 빠르고 거친 루아르강이 있다. 한여름에 뜨거운 태양이 내리쬐는 시기가 되면, 루아르강의 "거의 모든 구역은 헤엄치지 않고" 건널 수 있는 상태가 되지만,[191] 이 시기가 지나면 곧바로 강물의 수심은 2~3m가 되는데, 때로는 5m까지 오른다. 1790년 11월 12일 루아르강의 최고 수심은 7m를 경신했다.[192] 거대한 각력암은 평원과 주로 강이 흐르는 지역의 지층을 형성하고 있다. 루아르강에는 때때로 모래톱과 섬이 생기는데, 보통 폭은 1.5km보다 크다. 5km에 달하는 드시즈Decize는 하중도에 세워진 도시이다.[193] 그리고 사람들은 자연환경에 인간의 흔적을 남긴다. 예컨대 쟁기질을 하면서 생기는 흙이 밭고랑에 모이는 것처럼, 추수 후에 배수로를 파내면서 나오는 흙 또한 경작지의 끝에 쌓아 경작지의 영역을 표시한다. 이렇게 하면 배수로는 물받이나 저수조로 변하고 물을 저장할 수 있다.[194]

로안은 오랫동안 성과 "성당을 중심으로 밀집되어 있던" 마을이었다. 마을은 강의 왼편 하안단구에 수면보다 10~15m 위에 자리 잡고 있었다. 강은 수심이 깊고 유속이 빨라 위험했고, "나무로 만들어진" 다리는 너무나도 쉽게 물살에 휩쓸려 가서 사람들은 다리를 강물에 던지다시피 했다. 로안은 1854년[195]이 되어서야 돌로 된 다리를 가질 수 있게 되었던 반면, 드시즈와 느베르Nevers는 매우 이른 시기부터 돌다리를 갖고 있었다.[196] 하지만 1687년 드시즈에 있던 "프랑스에서 가장 아름다운 두 개의 다리" 중 하나가 붕괴됨에 따라 도선(나룻배)이 다리를 대체했고, 또 다른 다리는 아치 하나를 잃게 된다.[197] 강물은 자주 변덕을 부려 사람들은 종종 걸어서 강을 건너야 했다. 공작령이었던 로안 마을의 행정관은 익사한 시신들이 제방 부근에서 발견될 때마다 언제나 똑같은 내용의 행정 조서를 통해 이를 알렸다. 가축떼를 이끌고 루아르강을 건너다 변을 당한 사람들의 시신은 그 가축을 통해 신원을 확인할 수 있었지만, 대개의 경우는 시체의 신원확인이 불가능했다.[198]

이처럼 로안 전역에 분포하고 있던 강과 지류들은 육상지역들과의 통행을 원활하지 못하게 하는 장벽과도 같았다. 예컨대 오베르뉴Auvergne 지방에서와 같이 소가 끄는 수레의 모습은 좀처럼 찾아보기 힘들었으며, 가축과 사람들이 '등짐으로 짐을 나르는' 방식이 대부분이었다.

밀, 호밀, 보리, 귀리와 같은 곡물생산량은 지역 내 소비량에도 미치지 못해 로안 사람들은 언제나 불안정한 곡식 수급에 시달렸다.[199] 평야지대의 작은 도시에는 대지주들도 함께 거주하고 있었는데, 가난한 소작인들[200]의 도움과 희생에도 불구하고 척박한 토질로 인해 농산물의 수확량은 매우 빈약했다.[201] 비옥한 일부 충적토를 제외하고는 대개 모래나 점토질로 구성되어 있었는데, 사람들은 점토를 채취하여 벽돌 공장에 원료를 공급해 수입원으로 삼았다. 따라서 그곳에는 단지 풀들만 무성했다! 옛 격언이 주는 교훈이 떠오른다. "만일 당신의 땅이 당신에게 먹을 것을 주고 있다면 절대 땅을 갈아엎는다는 배은망덕한 생각은 하지 말라."[202]

게다가 이 지역의 평야는 척박하고 사람이 살기에는 좋지 않은 환경이었다. 인구밀도가 높지 않다는 것은 마을로서는 가장 큰 결점이 아닐 수 없었다. 또한 4월경부터 시작해서 가을철까지 유행하는 "간헐적인 열병에 농부들은 항상 노출되어 있었다"[203]. 3년에 한 번씩 저수지의 물을 끌어다가 경작지에 물을 대었는데, 18세기 말에 그러했던 것처럼, 이것을 '공기를 더럽히는' 원인으로 보아야 할까? 어쨌든 무더운 여름철이 되면 언제나 말라리아가 창궐했고, 이 지역에 거주하는 부자들은 이웃 산간지역으로 피신을 하곤 했다.

로아네 지방의 삼면은 인근 고산지대로 둘러싸여 있다. 예컨대 동쪽에는 최고 1,012m 높이의 보졸레Beaujolais 산지가 위치하고, 서쪽으로는 1,165m의 마들렌Madeleine 산지가, 남쪽으로는 500~600m 높이의 뇔리즈Neulise 고원지대가 자리 잡고 있는데, 루아르강은 이곳을 가로질러 200m 깊이의 협곡을 길게 만들어 놓았다. 최근 들어 강수량을 조절할 수 있는 댐 건설이 결정되었지만, 불필요한 시설이 될 것임이 자명하다.[204] 이 고원지대는 로안을 포레 지방의 도시인 푀르Feurs와 몽브리종Montbrison으로부터 분리시키고 있다. 자동차를 타고 푀르를 지나 북쪽으로 가다 보면 갑자기 경사진 길이 나타나는데, 속도를 줄이라는 다양한 언어로 된 표지판이 보인다. 로안의 북쪽 지역은 "샤롤레브리오네Charollais-Brionnais의 언덕을 지나면 이그랑드Iguerande와 생보네 드 크레이

Saint-Bonnet de Cray로 향하게 되는데"205, 도로는 별다른 지형적 장애 없이 부르보네Bourbonnais 지방까지 연결된다.

동쪽과 서쪽의 두 산악지대는 로안의 지형적 특징을 대변한다. 산악지대에 거주하는 사람들은 대부분 날품팔이하는 농민이었는데, 이들은 겨울이 되면 농경지대로 내려와 소작인들과 함께 경작지의 도랑을 파며 일손을 도왔다. 이들은 주로 산간지역에서 양을 치고 포도를 재배하는 동시에 다양한 지역으로 이동해 노동력을 제공했는데, 이는 부족한 일손을 도와 평야지역의 경제적 균형을 유지시키는 데 도움을 주었다. 하지만 산간지역의 주민들은 거칠고, 조그만 땅을 소유하면서 다른 주민들과는 동떨어져 살고 있었다. 프랑스대혁명기에 그들은 광적으로 지역 성직자들에게 의존했던 반면, 프랑스 제국의 징병제에는 단호하게 저항했다. 누가 감히 고산지대에 위치한 "접근하기 어려운 은둔지"206까지 찾아가서 프랑스 제국에 복종하지 않는 성직자나 탈영한 농민들을 끌고 갈 수 있었겠는가?

마들렌 산지와 보졸레 산지 사이에는 서로 구별되는 차이가 있는데, 그것은 로안과 인접해 있는 보졸레산 지역에서는 어떤 포도밭도 발견할 수 없다는 점이다. 보졸레의 포도나무들은 손강을 바라보는 동쪽의 경사가 심한 비탈면에서 재배되었다. 반대편 로안 쪽의 능선은 단계적으로 낮아지는 계단식 비탈면이어서 로안이 겨우 보였는데, 이는 구름 때문이기도 하다. 이곳은 무성한 산사나무 울타리로 둘러싸인 초지와 숲이 지배적이었다. 오랫동안 목초지가 많았고, 토질 또한 그리 좋지 않았던 이 능선지대는 결국 농경지가 아닌 목초지로 활용되었다. 19세기에 이곳 앙플뢰퓌Amplepuis와 파니시에르Panissières 일대에 대규모 섬유산업단지가 조성된 것도 이 같은 지형 조건 때문이 아니었을까? 그렇지 않다면 리옹 지역과의 뛰어난 연계성에 근거한 지리적 조건 때문이었을까?

마들렌 산지의 거친 산세는 서쪽의 지평선 일대에서 잘 보이는데, 이때 마들렌산은 전혀 다른 모습으로 보인다. 상당히 급격한 경사면을 이루고 있는 마들렌산의 능선으로부터 평야 쪽으로 흐르는 작은 하천은 물살이 빠르고 거칠어서 충적토를 운반하는 데 적합하며, 루아르강을 보졸레산 방향으로 흐르게 한다. 즉 로안 평야를 흐르는 강의 양측 면은 약간 비대칭 구조를 띠는데, 마을은 서쪽 지역에 자리 잡고 있다. 마들렌산으로부터 흐르는 짧은 강줄기는 좁은 협곡으로 이어져 있어 원활한 육로를 확보하는 데 어려움이 있다. 오래전 "산적들"[207]은 이런 길을 가로막고 약탈을 일삼았다.

좋은 일조량을 보유할 수 있었던 해발 400m까지의 산악지대는 양질의 비옥한 땅이 형성되어 있어 포도나무를 촘촘하게 심어 집약적인 포도 재배가 가능했다. 예컨대 이곳에는 르네종Renaison, 생로맹라모트Saint-Romain-la-Motte, 생제르맹레스피나스Saint-Germain-Lespinasse, 생포르주Saint-Forgeux와 같이 와인 생산지로서 제법 명성을 얻고 있던 마을들이 있었다. 노아이Noailly에서는 '가랑보garambeau'라는 이름의 '잘 익은 산딸기 빛깔'을 가진 와인이 생산되었으며, 푸이레노냉Pouilly-les-Nonnains에서는 '부드럽고 좋은 과일향'을 가진 백포도주가 생산되었다. 이 와인들의 맛과 특성을 품평하던 17세기 신부님의 모습을 상상해 본다.[208] 최고의 와인을 선택하려면, "파리와 리옹 사이를 (물론 로안을 지나) 왕복하는 우편마차 배달원에게 의뢰해 볼 수 있는데, 이들은 포도주에 항상 취해 있었고, 그 맛을 누구보다 잘 알기 때문에" 이보다 더 좋은 중재인은 없을 것이다.

18세기 큰 읍이었던 르네종은 로아네 지방에서 생산되는 포도주를 판매하는 주된 시장으로 상당량의 포도주를 파리 지역으로 수출했다. "파리에서는 아르메종산 포도주vin d'Armaison라는 명칭으로 알려져 있었는데, 공식적인 기록에 의하면 이는 색이 진한 앙주Anjou산 백포도주들과 그 밖의 다른 지역의 백포도주를 물들이기 위해 많이 사용되었다고 한다. 품질은 보통이었지만, 이처럼 잘 가공하여 좋은 포도주로 유통되었다."[209] 사실 파리 사람들은 로안 지방의 포도주보다는 보졸레산을 더 선호했으며, 1720년경부터 상업화되어 대량으로 유통되고 있었다.[210] 포도주 수출은 지역경제에 적지 않은 영향을 미쳤고, 19세기 중반까지 지속적인 포도주 개발을 추진한 결과로 1809년의 포도주 생산량은 130,000헥토리터의 두 배가 되었다.[211] 브장송을 비롯한 다른 지역들과 마찬가지로 "철도교통의 등장은 이 지방 포도주 산업에 치명적인 위기를 가져다주었다". 왜냐하면 남부 지방 포도주의 시장 경쟁력을 따라가지 못했기 때문이다.[212] 로안의 포도 재배는 비록 축소되었지만, 오늘날까지도 사라지지 않고 남아 있다.

로아네 지방의 포도 재배는 일정한 고도를 벗어나지 않는 특성이 있다. 포도밭 위로는 높게 자란 참나무, 너도밤나무, 밤나무로 우거진 숲들이 자리 잡고 있는데, 오늘날에는 점차 경제성이 좋은 수종으로 대체되고 있다. 그보다 더 높은 산지에는 나무가 자라지 않는 산 정상부인데, 보주Vosges 지방에서는 이러한 곳을 방목지로 이용한다. 넓은 초원에는 "골풀들이 무성하게 자라고, 물웅덩이가 많이 있어서", "여기저기 조성된 습지에는 방목장의 암소들이 무릎까지 진흙탕에 빠져 있는 모습을 볼 수 있다"[213].

오늘날 이 지역에서는 너도밤나무로 만들던 나막신도 사라지고, 나무 땔감도 점점 사용하지 않게 되었으며, 지역 내의 포도 경작지 역시 절반으로 줄어들어 산간지역의 농민인구 감소에 큰 영향을 미쳤다. 이에 따라 더 이상 사람이 살지 않는 촌락이 점차적으로 늘어나고 있다. 평야지대에는 근대화된 농업과 산업 활동이 도입되었다. 오늘날 평야지대를 지나는 사람이 보면 이곳은 '가축들이 풀을 뜯는 방목장', 배수로를 정비하여 위생적이고 나무가 있는 전원 마을로 기억될 것이다. 마을의 집들은 사면으로 지붕이 씌워져 있으며, 흙에 짚을 짓이겨 바른 벽과 인근 지역에서 채취한 노란색 돌로 만든 창틀과 문틀이 끼워져 있었다.

오늘날의 로아네 지방뿐만 아니라 과거의 이 지역 전체를 이해하기 위해서는 지역 내적인 관점에서 바라보는 것만으로는 충분하지 않으며, 프랑스라는 전체 공간에서 이 지역이 갖는 의미를 살펴보아야 한다. 서로 보완적인 프랑스의 북부와 남부 지방은 루아르강을 중심으로 나누어졌고, 그 경계에 있었던 로아네 지방은 뒤늦게 소통이 가능해짐에 따라 그 지역만의 특별한 혜택을 누릴 수 있게 되었다. 로안의 도심을 포함한 로아네의 북부 지역은 북부 지방의 방언을 구사했던 반면, 남쪽 지역은 남부 지방의 방언을 구사할 수 있었던 것은 이 지역만의 특징이라 할 수 있다!

프랑스의 남부와 북부는 상업적 교류뿐 아니라 사람들 간의 소통과 문화적인 교류가 활발하게 이루어지고 있었는데, 이는 이미 오래전에 만들어진 두 개의 길이 있어 가능했다. 첫 번째는 론강과 손강을 잇는 론-손Rhône-Saône 루트이다. 이 물길은 우선 론강을 따라 아를Arles, 아비뇽Avignon, 오랑주Orange를 거쳐 리옹까지 이르며, 여기서 론강은 1190년 이전에 만들어진 기요티에르Guillotière 다리를 통과하여 손강 계곡의 운하로 합류한다. 이 물길은 이어서 라인강 유역의 지방, 샹파뉴, 파리에까지 이른다. 두 번째는 알리에Allier 계곡을 통하는 길인데, 에그모르트Aigues-Mortes 또는 몽펠리에Montpellier에서 출발하는 상인들은 님Nîme, 알레Alès, 르 퓌Le Puy, 몽페랑Montferrand을 지나 계속해서 북쪽으로 갈 수 있었다.

14세기에 접어들면서 북부 루아르강에 추가적인 길이 생겨 세 번째 물길이 열리게 된다. 이 길 역시 르 퓌에서 시작해 포레Forez 지방과 생제르망라발Saint-Germain-Laval을 거쳐 느베르Nevers로 이어지는데, 로안은 지나지 않았다.

남북으로 뻗어 나가는 축들은 프랑스의 서부 지방인 오베르뉴로 갈 수 있는 서쪽 방향의 길들과도 연결되어 있으며, 손 계곡을 통해 동쪽으로 갈 수 있는 길도 열어 준다.

길과 도시는 하나로 연결되어 있다. 14세기에 여러 길들이 정비되고 활기를 띠면서 그때까지 별로 관심을 받지 못하던 로안과 같은 지역이 도시로 다시 태어나기 시작했다. 이러한 도시들은 대개 성곽 안에 모여 살던 작은 공동체였으며, 수도원이 중심이 된 도시는 드물었다. 그리고 그들은 별다른 어려움 없이 도시의 자치권을 얻을 수 있었다. 당시의 도시들은 1,000~3,000명의 인구를 보유하고 있었는데, 도시에는 성벽이 있는 곳도 있고 없는 곳도 있었으며, 도시 내에서는 시장을 만들어 운영했다. 빌레스트Villerest, 생아옹르샤텔Saint-Haon-le-Châtel, 생제르망라발Saint-Germain-Laval, 세르비에르Cervières, 생쥐스탕슈발레Saint-Just-en-Chevalet, 크로제Crozet, 네롱드Néronde와 같은 도시들이 그 대표적인 사례인데, 그 가운데서도 루아르강의 우측 하안에 있던 샤를리유Charlieu는 가장 일찍부터 도심에 활기가 띠었다. 샤를리유는 리옹과 파리를 잇는 '프랑스의 주된 교통축'과 교차하고 있었고, 벨빌Belleville과 비슷한 고도에서 루아르강과 손강을 가로로 연결하는 지점에 위치하고 있었다. 브리오네Brionnais의 가장자리 구역에는 소규모의 인구밀집 지대가 형성되어 있었다. 여기에는 로마네스크 양식의 성당이 있었는데, 상당히 오랫동안 보존되어 당시 이 도시의 화려했던 번영기를 확인시켜 주고 있다. 이는 이미 오래전에 파괴된 12세기 수도원의 정문 안쪽의 복도만 보아도 알 수 있다.

교통의 요지에 위치한 로안

규모가 작은 도시 중 하나인 로안은 14세기 무렵까지는 인구가 400명이 채 되지 않는 작은 마을이었다. 백년전쟁이 끝나고 15세기 말에 이르러서야 로안은 비로소 발전하기 시작한다. 그렇다면 그때까지 로안은 성장을 위한 중요한 기회를 잡지 못했던 것일까? 뇔리즈Neulise의 고원지대를 가로질러 빌레스트의 좁은 길을 빠져나오면 나타나는 로안은 루아르강을 끼고 있어 "배를 이용한 화물 운송"**214**이 가능한 지점에 위치했다. 샤를 7세Charles VII의 재무장관이었던 자크 쾨르Jacques Cœur(1395~1456)는 로안의 이러한 장점을 잘 이용할 줄 알았다. 즉 로아네 지방의 영주이기도 했던 그는 이 지역의 철광, 구리, 방연석에 관심이 많았고, 루아르강 하안에 위치하고 있던 로안의 위치상의 장점은 그의 관

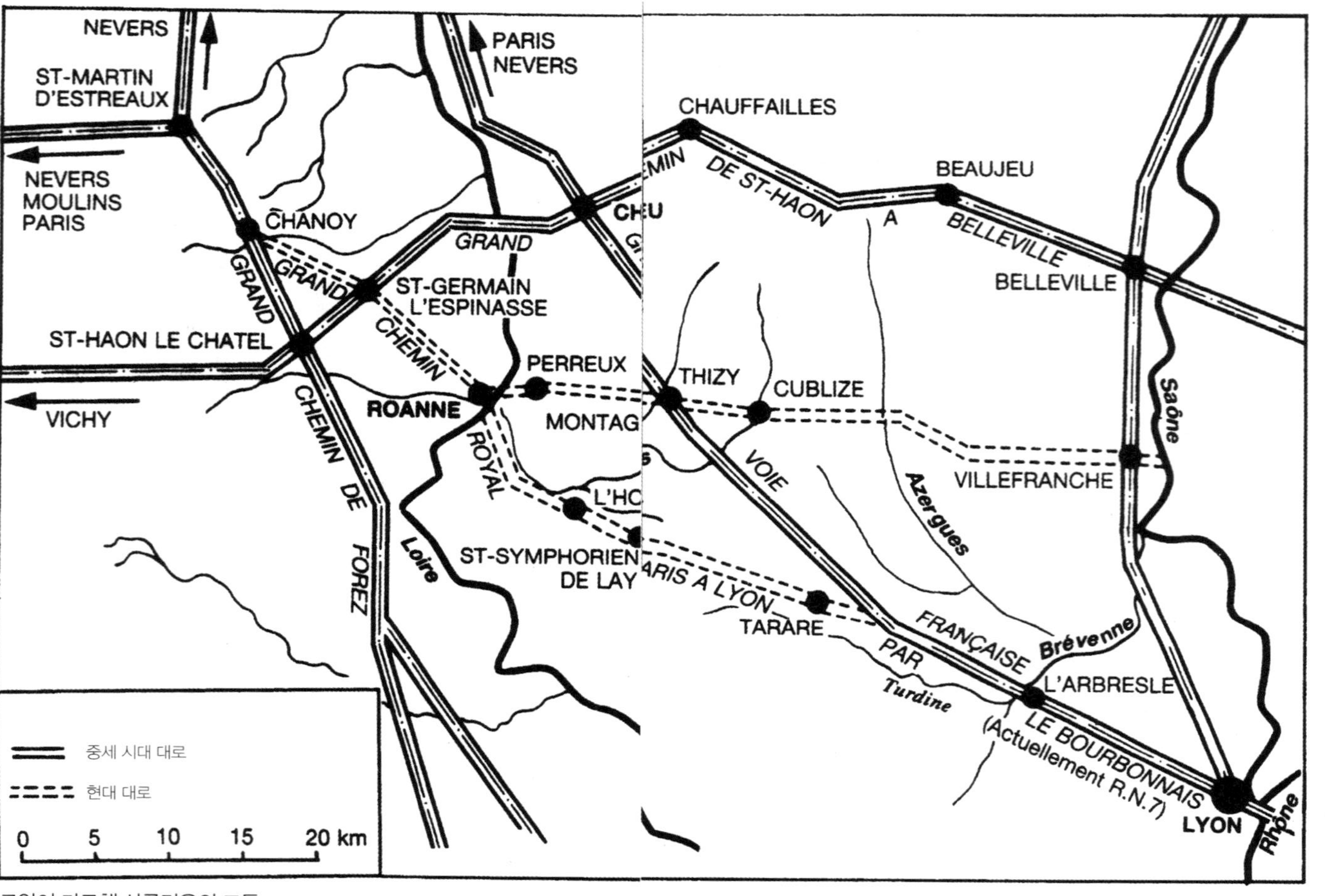

로안이 가로챈 샤를리유의 교통

심을 사로잡기에 충분했다. 로안에서 채취한 광물들은 루아르강을 통해 베리Berry, 오를레앙Orléans, 투렌Touraine의 제철소로 직접 보내졌다. 그의 명령으로 베리에 거주하고 있던 상당수의 조선소 목수와 선원들이 로안으로 파견되었다. 이들은 거칠고 싸움을 좋아했던 선조 뱃사공의 성향을 그대로 물려받은 사람들로, 로안에 와서 이 도시의 역사에 중요한 역할을 담당하게 된다.[215] 하지만 앞서 언급한 자크 쾨르와 관련된 일화는 좀 더 많은 부연 설명이 필요하다.

로안의 '발전'은 사실 좀 더 시간이 흐른 뒤에야 본격적으로 이루어지는데, 이것은 지금부터 살펴볼 두 가지 원인으로부터 비롯된다.

첫 번째 주된 원인은 리옹과 파리를 잇는 수운, 즉 론강, 루아르강, 센강을 연결하는 장거리 운하 정비사업이 매우 더딘 속도로 진행되었기 때문이다. 로안은 프랑스 경제를 이끌어 가는 가장 중요한 두 도시를 연결하는 운하 개발 속도에 맞추어 성장해 나갔다. 수 세기 전부터 파리는 중앙집권적 권력의 중심지였으며, 리옹은 1463년 루이 11세에 의해 상업활동의 특권을 부여받으며 성장한 근대적 대도시이다. 하지만 거의 두 세기가 지난 1642년에 브리아르Briare 운하가 개통되어서야 파리와 리옹 간 구간이 거의 완벽하게 연결되었다. 이 운하는 루아르강과 센강 사이의 육로를 통해 짐을 실어 나르거나 짐수레로 화물을 운송해야 했던 수운의 단절 구간을 없애 주었다.

두 번째 원인은 보졸레산을 통과하여 손강과 루아르강을 연결하는 합류점이 로안에 있었는데, 이러한 위치에 있던 로안으로서는 좋은 기회가 되었다. 게다가 어떤 이유도 로안의 의지와는 전혀 관계가 없었다. 15세기까지 손강을 통해 보주Beaujeu의 하항인 벨빌Belleville로 들어오는 화물들은 고갯길을 통해 샤를리유로 운반되었다. 하지만 15세기 빌프랑슈Villefranche가 보주를 대신해 보졸레 지방의 중심지가 되었고, 손강과 루아르강을 연결하는 다리 역할을 하게 되었다. 따라서 새로운 길을 개척했고, 이 길은 로안으로 향하게 되었다. 얼마 후 리옹을 통과하는 교통은 느베르Nevers와 파리로 바로 통하는 오래된 도로인 '그랑드 부아 프랑세즈Grande Voie Française'를 지나지 않고 로안 항까지 직접 들어올 수 있게 되었다. 이는 1449년에 타라르Tarare를 지나는 도로가 정비되었기 때문에 가능한 일이었다.[216]

오늘날의 7번 국도(RN 7)와 거의 동일한 코스로 지나가는 랭스Rhins 지역의 골짜기, 튀르딘Turdine 골짜기, 소바주Sauvages 고갯길, 그리고 루아르강과 론강의 분수계를 지나면서 과거에 이곳을 통과하면서 겪었을 어려움을 상상하기란 쉽지 않다.[217] 17세기에 스트라스부르 출신의 여행객이었던 엘리 브라켄호퍼Elie Brackenhoffer가 남긴 글을 보면, "이 도로를 통행하는 것이 고된 이유는 사실 고도 때문이 아니라 심하게 굴곡진 도로를 한없이 오르락내리락해야 하기 때문이다". 그와 같은 시기에 퐁텐Fontaine의 후작이자 로마 주재 프랑스 대사가 6마리의 백마가 끄는 "유리창이 달린 마차를 타고" 여행 중이었는데, 백마들은 타라르를 지나 고갯길로 접어들자마자 진흙탕으로 엉망이 되어 버렸다. 결국 "이곳을 벗어나기 위해 소 8마리가 마차를 끌어야만 했다". 이는 1644년의 일이었지만, 18세기 전반에 걸쳐 이루어진 도로 개발에도 불구하고 프랑스대혁명이 일어나기 직전까지 타라르의 '고갯길'을 지나기 위해서는 소에게 마차를 끌게 해야만 했다![218] 이는 론강과 루아르강을 오고 갔던 화물 운송이 얼마나 고된 일이었는지를 잘 알려 주는 대목이다. 이것은 거의 모험에 가까운 일이었다.

그렇다면 루아르강을 통해 운송하는 일은 고갯길을 넘었던 것과 같이 고되지는 않았을까? 모래톱, 수풀지대, 부유물, 충적토층과 같은 장애물들이 가득했던 야생 상태의 루아르강에 많은 배들이 떠다니던 과거와 비교해 오늘날에는 제방 시설로 고요해진 루아르강을 보면 놀라지 않을 수 없다. 한 역사학자는 루아르강에 대해 사실상 "배가 운행하기 불가능한 곳"이라고까지 말했다.[219] 또한 프랑수아 빌라수아François Billacois는 다음과 같이 결론지었다. "루아르강에서의 활발한 운송업은 자연환경에 적응한 것이라기보다는 인간의 의지가 더 표출된 것이다." 이보다 더 적절한 표현이 있을까?

18세기 중엽 로안의 시가지

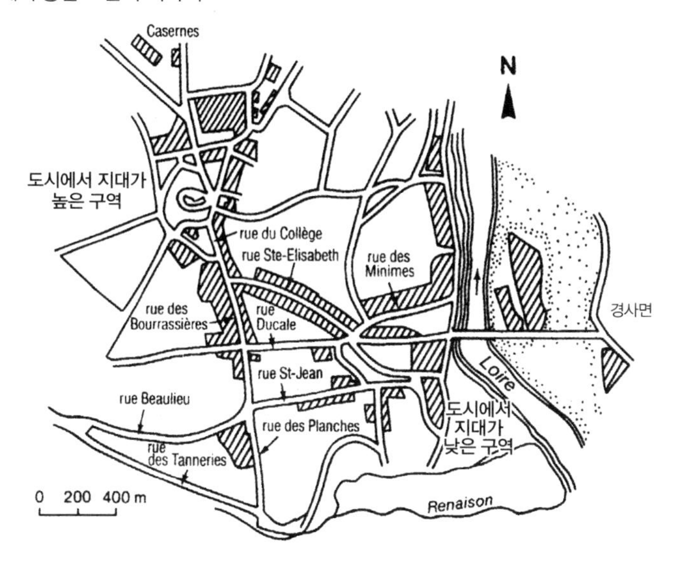

육로와 운하를 통해 프랑스 남부와 북부 지방 간에 오고 갔던 교역품 중 상당 부분이 북부 루아르 지방을 거쳐 거래되었다는 사실은 매우 의미심장하다. 철물, 군사용 무기, 각종 직물, 남부 프랑스에서 생산된 수예 제품들, 아몬드, 개암 열매, 기름, 무화과, 올리브, 레몬, 포도, 코르크 마개, 각종 술과 치즈가 담긴 술통과 치즈통 등 갖가지 화물은 론강을 통해 운반되었다. 면직류를 포함한 근동 지역의 생산품뿐만 아니라 이탈리아에서 생산된 상품도 있었다. 또한 리옹은 상품을 보관하고 있다가 필요로 하는 곳에 다시 운송하는 집하장 시설을 갖추게 되는데, 아미앵Amiens의 고급 직물은 손강, 루아르강, 그리고 로안을 거쳐 리옹으로 보내져 다른 상품들과 마찬가지로 루아르강의 운하를 통해 다시 재분배되지 않았던가?220 게다가 오베르뉴 지방 생산품은 알리에Allier 지역을 통해 유통되었다. 예컨대 아프르몽Apremont과 볼비크Volvic의 돌, 맷돌, 벽돌, 기와, 17세기 낭트를 통해 스페인 지역까지 수출되었던 티에르Thiers와 앙베르Ambert의 종이, 밀짚, 포도주, 목재, 과일, 숯, 부르보네Bourbonnais에서 생산되는 석탄,

비시Vichy의 생수와 같은 상품은 17세기부터 파리 사람들에게 큰 인기를 끌었던 물건들이다.[221]

반면, 북부 지방에서 남부 지방으로 운송되는 화물량은 미미해서 돌아오는 배에는 염료, 숯, 통에 담긴 청어, 직물, 설탕, 아메리카 대륙의 커피 원두 등과 같은 제품들이 실렸을 뿐이다. 대서양의 소금은 운하를 통해 알리에 지역까지 운송되었다. 그리고 여기저기 흉년이 들 때마다 밀과 같은 무거운 화물이 필연적으로 운송되어야만 했다. 로아네 지역은 매년 곡식 생산량이 부족했기 때문에 루아르 운하를 통해 푸아투Poitou, 보스Beauce, 오베르뉴 지방까지 식량을 구하러 가야 했는데, 그것도 모자랄 때에는 대서양의 항구지역에까지 가야 했다. 1652년의 흉년으로 식량난이 발생했을 때, "1653년 1월에 얼어붙은 루아르강이 녹자마자 식량을 공급해 주기 위한 배들이 밀, 호밀, 콩, 잠두, 배, 잼을 가득 싣고 루아르강의 모든 포구에 정박했는데, 오를레앙에서부터 로안까지 이르렀고, 심지어 어떤 이들에 의하면 폴란드 왕국에서 온 배도 있었던 것으로 전한다"[222]. 1529년, 1531년, 1543년은 리옹에 식량이 부족했던 시기였는데, 이때에는 보스에서 생산된 밀이 로안 포구에 도착한 후 짐수레에 실려 리옹으로 운송되었다.[223] 1709년에는 전국적인 기근이 발생했는데, 당시에도 곡식을 실은 운송선들은 줄지어 오를레앙을 출발하여 같은 여정을 통해 도피네 지역의 군대 주둔지에까지 식량을 보급해 주었다.[224]

다른 한편, 근동 지방에서 생산된 밀이 마르세유까지 운송될 수 있게 되자, 이 지역의 밀은 로안을 통해 파리 지역까지 공급되기 시작했는데, 이는 1710년의 일이다. 이는 리옹과 로안을 연결하는 육로를 통해 운송되는 화물량을 측정해 볼 수 있는 좋은 기회이다.[225] 이를 위해 가장 좋은 방법은 구체적인 수치를 제공하는 문서를 다시 재구성하는 것인데, 어린 학생들을 위한 초등학교 산수 문제에 함정을 만들어 놓는 것처럼 세심한 주의를 기울여 지시에 따를 필요가 있다. 다음의 문장은 과거의 모습을 유추할 수 있게 해 주는 고문서상의 기록인데,

루아르강의 거대한 짐배

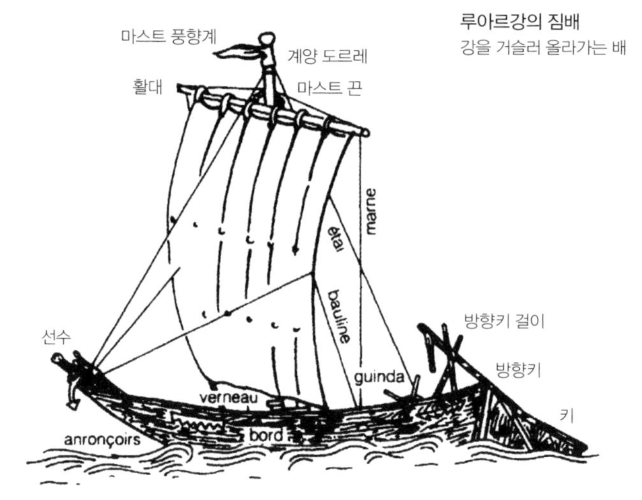

돛, 고정된 방향키(piautre), 배의 앞과 뒤의 양옆에 있는 톱니 모양의 나무판으로 배를 빠르게 조정할 수 있도록 노를 두게 되어 있다(arronçoirs), 돛대의 밧줄을 감을 수 있도록 하는 장치(guinda, cabestan).

출처: G. Biton, *Bateaux de Loire*, 1972–1976.

이에 대한 보다 명확한 이해를 위해 대괄호 안에 부연 설명을 추가했다.

"리옹 부근 산악지대[서쪽 지역]의 교구들[마을에 해당하는]에는 대략 600명 정도의 소 목축업자들이 일주일에 한 번 정도 타라르[도로를 벗어난 지역]를 방문한다. 리옹에서 화물을 싣고 출발해 타라르에 도착해 하역 작업[그들의 일은 화물을 옮겨 싣는 일이었다]을 한 뒤 리옹으로 다시 되돌아오는 데에는 총 6일이 소요되었으며, 7일째인 일요일에는 휴식 시간을 가졌다. 리옹에서는 매일 100명의 목축업자들[100대의 짐수레를 의미하는]이 짐수레 한 대마다 보통 8퀸틀quintal의 화물을 싣고 떠났다.[226] 수레 100대의 하루 운송량인 800퀸틀의 무게는 374세티에setier(역주: 곡식 또는 액체의 용량을 재는 단위)에 해당했으며, 1세티에는 230리브르 정도의 가격이었다. 마찬가지로 600명의 목축업자들이 매일 타라르에서부터 생시포리앙St-Siphorien, 그리고 로안까지 화물을 운송했다.

리옹에서 로안까지 매주 2,244세티에, 즉 187뮈muid(역주: 부피 단위)의 화물이 운송되었다. 그리고 벨빌Belleville에서 푸이쉬르루아르Pouilly-sur-Loire의 도로를 통해 하루에 운송되는 화물량은 150세티에 정도였는데, 이는 일주일에 900세티에, 뮈로 환산하면 75뮈에 해당한다. 즉 전체 운송량은 187+75인 262뮈이다. 하지만 일요일뿐만이 아니라 축제 기간에도 일을 하지 않았던 목축업자들을 생각한다면 총 운송량은 계산한 양보다 적은 250뮈 정도로 보아야 할 것이다."

문서상의 기록을 하나하나 꼼꼼하게 읽다 보면 농부들이 규칙적으로 화물 운송을 겸했고, 사용된 짐수레의 수가 지나치게 많았던 것을 확인할 수 있다. 소가 끄는 1,800대의 짐수레 속도는 매우 느렸다. 하루에 14km를 이동했는데, 7km마다 수레를 끄는 소를 교체해야 했으며, 1km를 가는데 1대당 50m 간격으로 교체를 했기 때문에 20대 정도의 짐수레가 험한 산을 오르락내리락해야 했다! 오늘날의 자가용 운전자들은 도로에 가득한 화물차들을 만날 때마다 추월해야 하는 부담으로 인해 얼마나 많은 불평을 하는가! 과거에 사륜마차를 타고 이곳을 통과해야 했던 여행객과 마부들은 어떠했겠는가?

기록에 의하면, 파리의 측정법으로 계측했을 때 리옹과 로안 사이에 운반된 밀의 양은 일주일에 187뮈에 달했다. 운송량이 저조한 시기를 고려하여 이를 180뮈로 계산한다 하더라도, 일 년에 9,360뮈라는 숫자의 총 운송량이 도출된다. 1뮈가 18헥토리터hectolitre에 해당하므로, 총 운송량을 헥토리터로 환산하면 168,480헥토리터가 된다. 이는 대략 140,400퀸틀 또는 14,000톤에 달하는 무게이다. 물론 이는 도로에 아무런 이상이 없고 짐수레가 최대로 운영되었을 때를 가정한 수치이다. 앞서 살펴본 문서의 첫 줄에는 파리의 측정법으로 계측했을 때 3,200뮈의 화물이 프랑스 남부 지방에 있었지만, 이 화물들이 수도 지역까지 모두 도착하는 데에는 수 개월이 소요되었으며, 흉년이 든 해에 사람들은 필요한 물품이 도착하기를 목이 빠지게 기다려야 했다는 내용이 기록되어 있다. 안타깝게도 리옹과 루아르강을 연결하는 "육로의 취약함 때문에 파리

지역으로 매주 들어가야 하는 화물 운송량을 확보하는 것은 매우 힘든 일이었다"[227]. 두 개의 도로를 병행해서 이용했음에도, 매주 250뮈의 화물만이 파리로 운송되었던 것이다.

연간 14,000톤이라는 교역량은 계산상의 수치일 뿐이다. 왜냐하면 운송되는 화물이 모두 밀과 동일한 무게와 부피를 갖는 것도 아니고, 도로도 항상 최적의 상황이었다고는 할 수 없기 때문이다. 하지만 이는 우리가 흔히 말하는 병목현상 때문이지 결코 불가능한 일은 아니었다. 사실 14,000톤이라는 무게에 놀랄 필요는 없는데, 이 무게의 화물을 바다에서 운행하는 화물 운송선에 적재할 경우 6~7척이면 충분하다. 18세기에 도로 정비 기술의 혁신이 일어나기 전까지 육로는 굴곡이 많아 화물 운송의 어려운 상황은 계속되었다. 도로 정비 기술의 발전은 화물 운송량의 증대를 가져왔을까? 이 또한 추측해 볼 수 있는데, 18세기의 전쟁 시기에 프로방스와 랑그도크 지방은 영국이 장악하고 있는 바닷길을 이용하기보다는 육로를 이용해 로안과 파리 사이의 교역을 지속했다.[228] 증기기관차는 1831년에 도입되었는데, 그 이전인 1823~1828년의 기간 동안에 사설 업체의 주도하에 생테티엔Saint-Etienne과 리옹을 연결하고, 앙드레지외Andrézieux를 거점으로 생테티엔과 로안을 연결하는 프랑스 역사상 첫 번째 철도노선 공사가 이루어진 것은 우연이었을까? 1826년에 이 사설 업체는 첫 번째 철도노선의 건설에 투자한 주주들에게 이렇게 설명할 수밖에 없지 않았겠는가? "철로가 개설되면 가져올 수 있는 가장 큰 이익은 누구나 오랫동안 염원해 왔던 루아르강과 론강을 연결하는 가장 확실한 통로를 가질 수 있게 될 것입니다."[229]

이러한 역사적인 사실들을 통해 우리는 루아르강 '운하'에 대한 이해도를 높일 수 있다. 바닥이 평평한 수천 척의 배들이 루아르강을 지나다녔는데, 이는 뱃사공들의 두려움의 대상이었던 바위나 나무에 충돌하거나 위험한 모래톱에 배가 '좌초'될 위험을 피하기 위해서였다. 언제 어디서 바닥면에 배를 부딪힐지 몰랐기 때문에 경고 표시도 안전을 보장하지 못했다. 루아르강의 몇몇 지점에서는 강폭이 넓어지기도 하고, 두 갈래로 나뉘기도 했으며, 섬지대를 형성하기도 했는데, "이와 같이 강에서는 어떤 곳에 무슨 문제가 있는지 전혀 그 흔적을 발견할 수가 없다"230. 이러한 지역에서는 작은 배가 여러 대의 배들을 앞서가며 개암나무나 딱총나무로 만든 기다란 장대로 바닥을 찔러 확인하면서 길을 안내했다.

루아르강의 배들은 대개 전나무로 만들어졌는데, 강물의 흐름을 따라가는 하행선으로만 운행되었다. 오트루아르Haute-Loire의 생랑베르Saint-Rambert에서 건조된 배들은 사핀sapine, 사피니에르sapinière 또는 살람바르드salambarde라고 불렸고, 알리에Allier 지역에서 온 배들은 오베르냐트auvergnate라는 이름을 갖고 있었다. 배가 강 하류에 도착하면 승선원들은 육로를 통해 로안으로 돌아왔고, 배들은 대개 '해체'되어 땔감으로 사용되거나, 『1809년의 루아르 지역 통계연감』을 통해 알 수 있듯이, "목공소에서 사용할 수 있는 크기로 잘려 팔렸다". 배를 다시 운반해 오는 비용은 한 척당 400~500리브르의 비용이 들었는데, 출발할 때 한 척당 300~500리브르에 구입했고, 파리에서 배를 팔면 100리브르는 받을 수 있었다. 배들의 "판매는 대개 12척 단위로 이루어졌고, 두 척씩 포개진 상태로 운송되었는데", 일반적으로 급하게 만들어졌기 때문에 견고하지 않아 여러 차례 사용하는 것은 불가능했다.231 반면, 강의 상류와 하류를 왕복해서 운행했던 배의 수명은 10여 년에 달했는데, 이러한 배는 참나무로 정성스럽게 만들어졌다. 가바르gabare라는 이름의 배는 매우 오래전부터 사용되어 왔으며, 가보리오gaboriot, 카뮈즈camuse, 셰니에르chénière라고도 불렸다. 18세기 말이 되어서야 오늘날의 샬랑chaland(역주: 거룻배)이라는 이름이 널리 통용된다. 이 화물 운송선의 길이는 9~15m였고, 커다란 돛이 있었으며, 일반적으로 강을 거슬러 올라갈 때에는 3척이나 5척 또는 6척씩 서로 묶인 상태로 움직였다. 선단의 가장 앞에 위치한 배만 방향타를 갖고 있었고 돛을 최대한 높이 끌어올렸으며, 뒤에 따라오는 배들은 순차적으로 낮추어 달았는데 이는 바람의 힘을 최대한 이용하기 위해서였다. 선단의 마지막은 5~6m 길이의 뗏목들이 연결되어 운행되었는데, 이는 마치 여러 객차로 구성된 기차의 모습과 같았다.[232] 하지만 1709년 9월 14일에는 강한 돌풍으로 인해 "선단 끝에 따라오던 2척의 뗏목이 바로 앞의 배를 가격해 배가 침몰하는 사고가 발생하기도 했다"[233].

배를 운항하는 것은 언제나 위험한 일이었는데, 강수량이 증가하는 겨울철뿐 아니라 여름철의 몇 주간은 알리에강과 마찬가지로 루아르강도 강물의 수위가 낮아져 하행선 운항도 불가능했다. 쉬지 않고 작업을 해야 하는 고된 일상과 늘 비좁은 배 위에서 생활하던 뱃사공들[234]은 배 위에 실린 볏단 위에 누워 휴식을 취해야만 했다. 유일한 휴식 시간은 밤이 되기 전에 배를 정박하고 육지에 내리는 때였다. 운항을 마친 뱃사공들은 가벼운 마음으로 걸어서 복귀해야 했는데, 긴장이 풀린 탓에 흥청망청 돈을 탕진해 버리기도 했다.

기본적으로 뱃사공들은 루아르강의 하행선을 운항했지만, 그들 중 100여 척은 강의 상류에서 운항했다. 매년 수천 명의 뱃사공들이 루아르강과 알리에강의 상류에서 하류지역으로 운행했고, 약 50여 명의 뱃사공만이 루아르강의 하류에서 로안 지역으로 배를 몰았다. 1789년에 지리학자 뒬로르J.-A. Dulaure[235]는 기록을 통해, "낭트나 루아르 접경 도시로부터 화물을 가득 싣고 출발한 '거대한' 돛을 단 배들이 로안 포구로 들어왔고, 짐수레로 옮겨 실린 화물은 리옹까지 육로를 통해 운반되었다."라고 알려 주고 있다. 하지만 이러한 운항은 돛으로 나아가는 것 이외에 말과 같은 동물을 동원하여 끌어당겨서 이동하는 경우도 있었기 때문에 매우 더디게 진행되었으며, 적절한 바람이 불기를 기다리며 자주 멈춰서 기다려야만 했다. "신대륙의 식민지에서 생산품을 싣고 온 배들은 아메리카에서 프랑스까지 바다를 건너는 데 걸린 시간보다 강을 따라 400km(100lieues)를 올라가는 데 더 많은 시간을 보내야 했는데", 이는 배를 손상시킬 위험이 상당히 높다고 오를레앙에 사는 생송Sinson이라는 사람이 지적한 바 있다. 그는 또한 론강과 같이 루아르강에서도 예인 작업에 동물을 동원해야 한다고 주장했는데, 생송의 주장에 대해 어느 논문에서는 불가능한 일이라고 반박하기도 했다. 루아르강 하안에는 매우 극복하기 힘든 장애물들이 있었기 때문에 예인 작업에 말과 같은 동물을 동원할 수 없었는데, 여기서 장애물이란 강의 하안을 따라 분포하는 제방으로서 때로는 높이가 5~6m인 경우도 있었다. 경사로는 충분하지 않았고, 폭이 좁아 위험할 뿐 아니라 말의 통행은 불가능했다.[236]

추수가 끝나고 겨울이 다가오면 루아르강 주변의 농부들도 운송업을 했다. 그들 중 일부는 부족한 뱃사공의 자리를 대신하기도 했지만, 뱃사공들의 세계는 구체제하의 좁은 사회처럼 매우 폐쇄적이었다. 또한 그들은 시골 농민을 향해 "비르부즈virebouse", "샤스피chassepie", "퀴테뢰culterreux"와 같이 농민을 비하하는 말로 욕을 퍼붓기도 했는데, 이에 대해 농민들은 뱃사공을 빗대어 "페퇴péteux", "피 드 갈론fi de galorne", "시외르 당 로chieurs dans l'eau"와 같은 욕설로 되갚아 주었다.[237] 이러한 상황을 하층민 간의 계층 갈등으로 보아야 할까? 아니면 단순한 욕설 대결로 보아야 할까?

어쨌든 뱃사공들의 폭력적인 모습은 로안의 재판소[238]에 등록된 수많은 고소장만 보아도 알 수 있다. 구타, 상해, 모욕과 같은 경범죄가 대부분이었지만, '뱃사람'들의 문제가 지방재판소에서 차지하는 비중은 컸다. 또한 이들은 공권력에 저항하기도 했는데, 문서에 의하면[239] "힘에는 힘으로 대항했다". 더구나 그들은 "타락했고, 믿을 수 없으며, 비양심적인 사람들"이었는데, 이는 스트라스부르 사람인 엘리 브라켄호퍼Elie Brackenhoffer에게 일어난 일을 통해서도 확인할 수 있다. 배를 타고 출발하기에 앞서 우두머리 뱃사공으로부터 배에 실을 음식과 포도주 그리고 중간 정박지들에 대한 구체적인 사항을 정확하게 확인해야 했는데, 그렇게 하지 않았던 여행객은 뱃사공들에게 사기와 협박을 당했다. 게다가 그는 뱃삯은 반드시 목적지에 도착해서 지불해야 한다는 법 또한 알지 못했다. 엘리 브라켄호퍼는 로안 상공회의소의 고문으로 임명되었고, 그전 해에 루이 13세를 실어 나른 이 뱃사공의 우두머리는 다음과 같은 판결을 받았다. "뱃사공들에게서 그 어떤 잘못도 발견할 수 없었고, 그들의 태도는 합법적이고 적법했다."240

로안을 지나는 여행객들은 파리 지역으로 빨리 가기를 원해서가 아니라, 말이나 마차를 타고 갈 때의 피곤함을 피하기 위해서였다. 1737년 리옹에서 파리까지 운행하는 우편마차의 경우 여행에 5일이 소요되었던 반면, '나룻배'로는 로안에서 오를레앙까지 기상이 양호하면 단 3일밖에 걸리지 않았다.241 뱃사공들은 그들의 필요에 따라 '카반cabane'이라 불리는 선실을 만들어 여행객의 안락함을 더해 주었는데, 카반이라는 이름은 다리 위에 세워져 있는 조그만 통제소를 '카빈cabine'이라 불렀던 것으로부터 비롯되었다. 어쨌든 권력가들은 이러한 교통수단을 무시하지 않았다. 1447년 앙주Anjou 지방을 다스리던 르네René 왕242은 자신의 영지인 프로방스 지방으로 가기 위해 앙제Angers에서부터 로안까지 강을 거슬러 오르고 있었는데, "각기 화려한 장식과 깃발로 뒤덮인 긴 선단 무리에는 그를 추종하는 제후와 귀부인들이 타고 있었고, 배에는 각종 융단, 식기류, 여행용 궤들이 실려 있었다". 1481년 "그의 유해를 실은 배는 다시 루아르강을 통해 로안에서 퐁드세Ponts-de-Cé를 거쳐 그의 도시인 앙제로 되돌아갔다"243. 1476년에는 루이 11세가 퓌Puy에서부터 루아르강을 여행했으며, 1482년에는 프랑수아 드 폴François de Paule, 1490년에는 샤를 8세, 1498년에는 루이 12세가 각각 루아르강을 통해 여행을 한 바 있다.244 1539년에는 살뤼스Saluces의 후작이 그의 여행에 즐거움을 더하기 위해 "바이올린 악사들"245과 함께 배에 오르기도 했다. 1584년 여름 앙리 3세와 카트린 드 메디시스Catherine de Médicis는 루아르강을 따라 여행했고, 1599년에는 사부아의 샤를에마뉘엘Charles-Emmanuel246이, 1601년 1월에는 사부아 공국과의 전쟁을 포기한 앙리 4세가 다시 루아르강을 통해 파리로 돌아갔다. 그 밖에도 루이 13세와 리슐리외Richelieu 그리고 세비녜 부인Madame de Sévigné 등이 루아르강을 통해 여행했다.

18세기에는 여객 운송과 화물 운송 모두 크게 성장했다. 한편, 파리 지역에서의 포도주 소비량은 지속적으로 증가하여 로안과 보졸레 지역까지 포도주의 공급지가 되면서 파리 지역으로 운송된 포도주는 연간 3만~5만 헥토리터에 달했다. 파리로 운송되는 포도주가 모두 로안 포구를 통해서만 운송된 것은 아니었다. 보졸레와 부르고뉴산 포도주 중 일부는 푸이수샤를리유Pouilly-sous-Charlieu, 드시즈Decize, 디구앙Digoin의 포구를 통해서도 운송되었다. 이외에도 루아르강 하안에 위치한 마을이나 읍을 통해서도 파리 지역으로 포도주를 운송했다. 하지만 가장 많은 양의 포도주가 운송되었던 곳은 역시 로안이었다.

1728년에는 뇔리즈Neulise의 고원을 통과해 루아르강의 깊숙한 골짜기인 생랑베르Saint-Rambert까지 배가 들어갈 수 있는 구간이 확장되면서 로안의 운송업은 두 번째 호황기를 맞이하게 된다. 1572년부터 대두되기 시작했던 확장 공사는 피에르 드 라가르데트Pierre de Lagardette의 지휘하에 진행된 오랜 사업이었다. 그의 사후에도 조합은 강의 수로를 변경하는 데 필요한 막대한 자금을 지원했다. 그들은 물의 흐름에 방해가 되는 제분소를 사들이고 이용 가능한 수로를 양보받을 수 있도록 12개 정도의 제분소와 협의했으며, 배의 출입에 위험 요소가 될 수 있는 바위와 나무 일체를 제거했다. 전반적으로 이와 같은 토목공사는 시간도 오래 소요되고 매우 까다롭고 위험한 일이었다. 공사를 허가하는 최종 법안은 1702년 5월 2일에 결정되었고, "실질적인 공사는 1725년이 되어서야 본격적으로 착수되었다"[247]. 원칙적으로 공사의 주최측은 수로 연장 공사를 생랑베르보다 상류 지역인 모니스트롤Monistrol까지 진행하기를 원했지만, 피에르 드 라가르데트는 여러 가지 이유를 들어 이 구간에 대한 공사를 포기했다. 그 결과 공사를 주관하는 사람들로부터 강한 반발이 일어났고, 사업가들의 거친 압박도 더해졌다. 생랑베르의 배를 제조하던 격분한 목수들은 모니스트롤에서

두 척의 배를 만들어 강을 따라 내려오는 시도를 했는데, 그중 한 척은 강의 거친 물살에 휩쓸려 떠내려갔지만, 다른 한 척은 1756년 5월 14일 생랑베르 포구에 무사히 도착했다. 사실 상당한 손실이 있었지만, 운하 건설이 가능하다는 것을 보여 준 중요한 시도이기도 했다.

본래의 주제로 다시 되돌아가자. 로안의 상류 지역인 생랑베르까지 운항로를 확장했던 것에는 적어도 두 가지 목적이 있었다. 첫 번째는 생랑베르를 에워싸고 있던 미개발 숲지대를 활용하여 이 작은 포구를 배를 만드는 목수들의 중심지로 변모시키고자 했는데, 얼마 지나지 않아 이곳은 루아르강에서 운항되는 배들의 건조를 거의 독점하게 된다. 한 해에 최소 1,000척의 배가 만들어졌고, 그 이후에도 건조되는 선박의 수는 증가했다. 필자의 계산이 맞다면, 프랑스대혁명 바로 직전까지 1,500척의 배가 건조되었다. 또한 젊은 역사학자 드니 루야Denis Luya의 기록에 따르면, 1822년경에는 2,800척의 배가 건조되었다.[248] 배들은 비워진 상태나 나무 또는 석탄이 실린 상태로 로안 포구로 향했다. 생테티엔Saint-Etienne의 석탄은 짐수레나 가축의 등에 실려 생랑베르의 작은 포구인 생쥐스트Saint-Just로 옮겨졌다. 화물이 적재되어 있든 그렇지 않든 간에 생랑베르에서 로안까지 배를 운행하기 위해서는 운하 확장공사를 맡았던 회사에 40리브르의 통행료를 지불해야만 했다. 회사는 강을 가로질러 강 양안에 말뚝을 박고 쇠사슬을 연결해 배의 운항을 통제했다.

최대 15톤의 석탄을 실은 '전나무'로 만들어진 운반선이 도착하면, 추가적으로 20톤까지 적재를 했다. 이와 같은 화물 운송량의 증대는 로안 지역에 경제적 번영을 가져왔고, 점차 시간이 흐르면서 약 4만 톤이라는 막대한 양의 포도주와 석탄이 2,000척 이상의 배들을 통해 운송되었다.[249] 즉 무연탄은 세브르Sèvres에 있는 공장에서 제조되어 브리아르Briare 운하를 통해 파리 지역까지 운송되었다.

자본주의와 봉건주의

로안의 눈부신 번영을 말할 때, 18세기와 19세기 초의 로안을 빼놓을 수 없다. 로안은 매우 작은 도시였다. 1800년 당시의 인구는 6,992명에 불과했으며, 이 도시의 경계부에 있던 파리니Parigny에 거주하던 인구는 단 810명뿐이었다.[250] 도시를 구분하는 성벽도 없었다. 물론 이와 같은 건축물이 도시를 평가하는 절대적 기준은 아니다. 한편, 1789년 뒬로르J.-A. Dulaure는 다음과 같이 기록하고 있다.[251] "로안은 도시로서의 자격을 가지고 있지 않다. 오늘날의 로안은 그저 읍일 뿐이고, 덧붙여 말하자면 프랑스에서 가장 아름다운 읍이다."

분명한 것은 로안이 국가의 주된 교통로에 위치하고 있었지만, 큰 교역의 중심지로 자리를 잡지는 못했다. 다른 모든 도시들과 마찬가지로 로안 역시 여러 직종에 종사하는 사람들이 있었고, 변호사, 의사, 그 외에도 다양한 종류의 상인이 있었다. 도시에는 도매상도 거주하고 있었는데, 이들의 사망 후 장부를 살펴보면 그 부를 파악할 수 있다. 1700년경 10여 명의 중개상들은 리옹 지역의 공장으로부터 상품을 가져다 파리 지역에 파는 중계 사업을 했다.[252] 이처럼 도시에는 부유한 상류층 시민들이 있었지만, 그들은 자신만의 영역에서 살아가고 있었다. 1657년부터 영사의 권한 이외에 시의원에 해당하는 직위가 왕명에 의해 생겨나서 매매되었는데, 부자들은 관심을 보이지 않았다. 이 때문에 로안의 도시행정에 문제가 있었던 것일까? 이러한 이유로 도로는 정비되지 않은 채 진흙투성이였고, 항상 보수 중이었던 것일까? 그렇지 않다면 로안은 당시 프랑스의 다른 모든 도시들이 그랬던 것과 같은 상태에 있었던 것일까?

역사가들의 관심은 자연스럽게 운송업 분야로 향했다. 원래 로안의 중심부에는 부와 자본주의적 혁신이 집중되었어야 하지 않을까? 그러나 도시의 중심부에서조차 눈부신 성공은 나타나지 않았다. 비약적인 발전은 배를 건조하던 목공소의 밀집구역과 뱃사공들의 사회에서 집중적으로 일어났는데, 그들은 필수적인 자본을 확충할 수 있었다. 운송업자는 여러 척의 배를 소유하고 뱃사공에게 배를 맡겼으며, 조선 기술자는 장인들과 함께 배를 건조하는 일을 담당했다. 18세기의 급변기에 운송회사는 그럭저럭 사업을 유지했는데, 베리라바르Berry-Labarre 일가와 같이 운송업을 기반으로 성장한 자본가들도 있었다. 그들은 배와 함께 여러 조선소를 소유하고 있었는데, 1765년에는 피에르 베리라바르Pierre Berry-Labarre와 몇몇 동업자들이 생랑베르와 로안을 오가며 거의 "모든 상업활동을 주무르고" 있었다.[253] 그런데 이곳의 상업활동이라는 것이 일반적인 매매를 포괄하는 것이었을까, 아니면 석탄 운송만을 의미하는 것이었을까?

모든 경우에서 독점은 중요한 의미를 갖는다. 하지만 권력과 성공은 증오와 반격을 불러일으킨다. 1752년 9월 25일 조선 기술자들이 석탄을 실은 수송선들을 빼앗아 스스로 파리 지역으로 석탄을 공급하는 일이 벌어졌다. 사소한 분쟁이었지만 중요한 사건이었다.[254] 강적들과 맞닥뜨리게 된 베리라바르 일가의 사업에 문제가 발생하기 시작한 것이다. 통계가 없더라도, 운송업계의 자본은 적은 규모였다는 인상을 지울 수가 없다. 사실 프랑스의 구체제하에서 운송업은 결코 크게 재미를 보았던 분야는 아니다.[255] 만일 예외적인 부의 창출이 가능하다면 아마도 다른 영역에서 찾아야 할 것이다.

피에르 드 라가르데트는 잘 알려져 있던 사람은 아니었지만, 선박 운송업자와는 달리 전형적인 자본가였다. 처음부터 그의 회사는 50만 리브르라는 막대한 자금을 투자하여 설립되었는데, 이 자본금은 많은 투자자들로부터 지원받은 것이었다. 1792년에 회사가 문을 닫자 40명의 투자자들이 몰려들었다. 매년 루아르강의 운하를 유지 보수하는 데 사용된 금액은 4,000리브르를 초과했으며, 통행료를 징수하기 위해서는 제법 많은 인력이 필요했다. 운하의 통행료를 통해 매년 거두어들인 수익은 평균 5만 리브르 정도였는데, 몇 년간 운하 공사에 쏟아부었던 비용을 고려했을 때 수익률은 그리 좋은 편이 아니었다. 어림잡아 계산해 보더라도 당시의 수익률은 대략 8%에 지나지 않았다. 하지만 우리는 물밑에서 벌어지고 있는 사업상의 여러 '비밀들'을 알지 못한다. 몇몇 문서를 통해

로안의 직업-사회 변천사

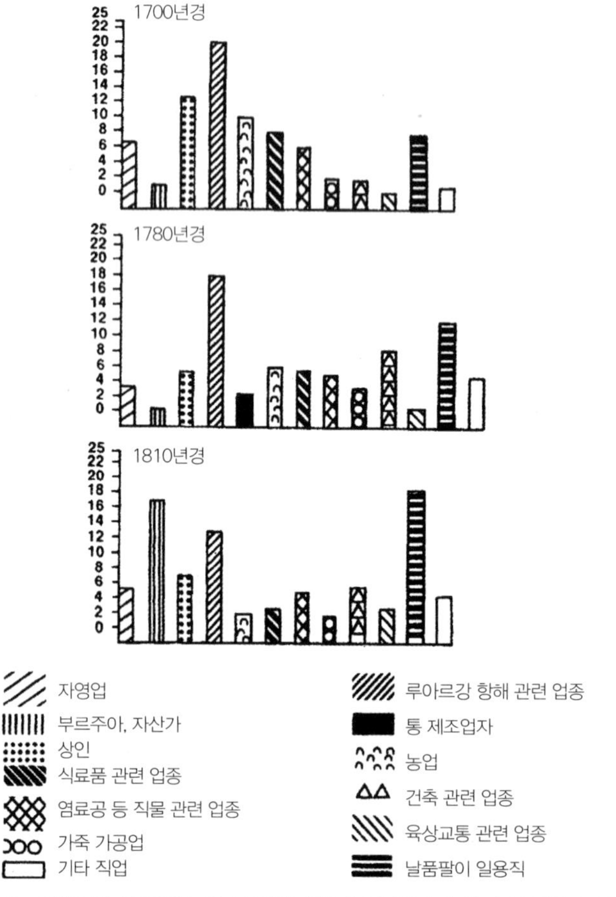

경제성장이라는 일반적인 상황에서 서비스업의 성장과 부르주아의 증가, 급격한 농업인구의 감소, 육상교통의 지속적인 발전과 뱃사공의 상대적인 감소, 장인의 증가(특히 건축업) 그리고 1810년에는 가장 중요한 사회계층으로서 일용직 노동자의 급격한 증가를 볼 수 있는데, 이러한 상황은 부의 성장 앞에 놓인 일반 대중의 프롤레타리아화를 의미한다.

우리는 1765년 11월 '리옹 지방 장관의 직무대리인'으로 임명된 베르농Vernon이 '새로운 항해la nouvelle navigation'라는 운송회사의 당사자 중 한 명이라는 것을 알 수 있는데, 이는 곧 그가 다른 투자자들과 마찬가지로 수익금에 대한 권리를 갖고 있다는 것을 의미한다. 그리고 보다 구체적인 부분까지 살펴보면, 피에르 드 라가르데트 역시 단순히 통행료 수익만을 바라고 사업을 추진한 것이 아니었다는 것을 알 수 있다. 즉 그는 생테티엔에서 석탄을 사들여 로안 포구로 가져왔는데, 이는 생테티엔 주변 8km(2lieues) 이내 광산에서 생산되는 모든 석탄은 그곳에서 관리한다는 규칙을 어기는 행위였던 것이다.[256]

앞에서 살펴본 바와 같이, '새로운 항해'라는 이름의 운송회사는 다양한 영역까지 사업을 확장했고, 순조로운 성장을 이어 갔다. 모니스트롤과 생랑베르 사이를 연결하는 운하 공사에는 많은 비용이 소요될 뿐 아니라 위험성 또한 컸음에도, 라가르데트와 그의 동업자들은 별다른 걱정을 하지 않았다. 그들의 강력한 힘을 증명한 사건이 있다면 바로 피에르 드 리바Pierre de Rivas와의 경쟁에서 승리를 거둔 일일 것이다.[257] 과거 브르타뉴 지방 광산업의 투자자였던 그는 수입이 크게 줄어들자 루아르 지방의 피르미니Firminy에 정착하여 모니스트롤의 석탄 개발에 뛰어들었던 것이다. 여기서 '새로운 항해'라는 운송회사와 갈등을 빚게 되어 리바는 이 문제를 왕의 자문위원회에 상정하게 되는데, 상대 회사의 불법적인 사업 운영을 고발했지만 여러 차례의 공방 끝에 판결은 라가르데트 측에 유리하게 내려졌다.

리바는 석탄과 숲의 주요 자원 그리고 모니스트롤 지역에 관한 폭넓은 개발계획을 세우고 있었으며, 50여 년간의 오랜 개발로 황폐해진 생랑베르 지역의 숲을 대체할 수 있는 방안에 대해서도 제시하고 있었다. 또한 왕실 해군에 필요한 대형 목재를 낭트 지역까지 강물에 띄워 보내는 방식으로 공급하는 기지를 발휘했다. 하지만 리바의 끈질긴 노력과 사업가 정신에도 불구하고, 그의 의견은 관철되지 못했다. 석탄이 풍부했던 피르미니에는 증기펌프로 가동되는 그의 채굴 기계가 있었는데, 이는 영국의 기술자 뉴커먼Newcomen[258] 모델로 사용이 간편하고 우수한 장비였다. 이 모든 것들은 1759년에 있었던 일이다.

1679년에 푀이야드Feuillade 공작이 설립하고[259] 직접 운영했던 선박 운송회사에 관한 이야기를 빼놓을 수는 없지 않을까? 이 회사는 로안에서 낭트, 그리고 파리까지의 구간에서 사업을 했다. 이 운송 선단이 운행을 독점하지는 않았지만, 이 분야에서는 가장 선두를 달렸다. 따라서 이 회사의 배가 일주일에 두 번 로안을 떠날 때면 배에는 여객과 화물로 가득 채워졌다. 이 회사는 야심찬 계획과 아이디어로 다른 경쟁자들을 따돌렸지만, 그럼에도 불구하고 피해를 본 다른 운송업자들의 공격과 불만이 커져서 결국 1697년에 사업을 접게 된다. 하지만 1736년에 루아르강의 브리아르Briare 운하의 소유주였던 알렉상드르 이봉Alexandre Yvon에 의해 운행이 재개된다. 그는 또한 몽타르지Montargis와 느무르Nemours 지역의 운송 선단 소유주들과도 경쟁 관계에 있었다. 당시 브리아르 운하, 오를레앙 운하, 루앙Loing 운하와 관련된 이러한 수운 운송사업의 치열했던 경쟁이 우리의 관심사는 아니지만, 알렉상드르 이봉이라는 사람이 운영하던 사업체의 영향력을 잘 보여 주는 사례라 할 수 있다.

18세기에 접어들면서 등장한 근대 자본주의는 로안과 로아네 지역 사람들의 생활에 전반적으로 큰 영향을 미쳤다. 로안의 시민들은 대개 과거의 방식에 머무르기를 원했는데, 이는 1666년 로안 지역의 공작이 된 푀이야드 공작의 태도만 살펴보아도 알 수 있다. 로안의 영주가 된 그는 도시의 여러 소유권과 조세권 그리고 이에 따르는 모든 혜택을 독점하게 되었고, 자신의 권한을 최대한 행사했다. 그는 이러한 특권을 누리는 데 그치지 않고, 지난날 오랫동안 추락했던 과거 영주의 권한을 회복시키고자 했다. 그는 자신의 소유였던 로안 포구와 루아르강의 운하를 사용하는 통행료(5,350리브르)를 부과했으며, 도시의 시장에서 밀을 사고파는 모든 거래활동에 대해 세금을 부과했다. 그리고 대관소의 재판권, 감옥에 대한 운영권을 가져왔으며, 성당에 헌금하는 십일조의 4분의 1을 세금으로 징수했다. 도시에서는 다른 포도주 제조업자보다 한 달 먼저 자신이 소유하고 있는 포도주를 판매했으며, 모든 시민들은 영주가 소유한 제분소에서만 곡식을 빻아야 했다. 로안에서 4km(1lieue) 떨어진 곳에는 영주의 부아시Boisy 성이 있었는데, 주변의 토지와 소작지 그리고 물고기를 잡을 수 있는 7~8개의 연못은 모두 그의 소유였다. 포도를 재배하는 사람들이 수확한 포도를 짓이기기 위해 사용하는 압착기 역시 봉건영주의 소유였다. 이러한 모든 것들은 봉건영주가 소유한 끝이 없는 재산목록의 일부에 불과한데, 공작이나 그의 수행원들이 재산목록을 요구할 때에는 자세한 내역을 알 수 있었다. 1705~1706년에 그들은 도시의 위탁판매업자들과 갈등 상황에 놓여 있었는데, 제분소에 대한 특권을 강화하기 위해 영주는 여러 제분소를 사들였다. 일련의 이러한 조치들은 로안의 당시 상황을 잘 보여 준다. 봉건주의는 자본주의와 양립할 수는 없었던 것인가?[260]

도시 안의 도시

절대왕정 말기에 로안과 같은 작은 도시의 직업별 인구를 보여 주는 도식(246쪽 참조)은 당대 사회의 변화상을 보여 주는 적절한 지표가 된다.[261] 이러한 인구구조를 산업별로 1차 산업, 2차 산업, 서비스업으로 분류하면, 13.5%, 54%, 20.5%와 같은 비율을 얻을 수 있다. 이들을 모두 합해도 100%에 모자라기 때문에 이 통계는 완벽한 조사는 아니었다. 그렇다 하더라도 이러한 수치들은 당시 도시의 인구구조를 잘 보여 준다.

1. 관료층과 법관은 '서비스업' 종사자들 가운데 가장 상류층에 속했고, 상인과 숙박업자들의 비율은 전체의 7%에 불과했다.
2. 가장 많은 비중을 차지하고 있는 장인들은 전체 인구의 54%에 해당했으며, 그들 중 19%가 운하 운송업에 종사하는 사람들이었다.
3. 날품팔이 노동자들은 1차 산업에 주로 유입되었는데, 농업과 포도 재배를 하는 사람들의 비율은 7%에 불과했다. 이를 통해 우리는 당시 로안이 농업 중심의 도시가 아니었다는 것을 알 수 있는데, 이는 큰 문제가 될 만한 상황이었다. 도시로서의 개발이 늦어졌기 때문이었을까? 아니면 도시의 특성상 수상 및 육상 운송업에 끊임없이 많은 인력이 필요했기 때문이었을

까? 땅을 소유하고 있던 특권층은 도시 주변에 있던 토지의 이점을 적극적으로 활용하려 했다. 로안은 인근 농촌에 투자하는 것을 포기하는 뮐루즈 Mulhouse와 같은 도시는 아니었다.

4. 마지막으로, 프랑스대혁명이 일어나기 바로 전 시기에 로안의 도심지역은 직업별로 거주 구역이 구분되는 특수성을 보이고 있었다. 장인, 일용직 노동자들은 대개 도시 북부의 막사 주변과 도시의 남서부 경계, 루아르강 주변과 포구 인근에 거주했고, 특권층은 지대가 높은 성 주변과 지대가 낮은 루아르강 주변 사이에 살고 있었다. 상인과 중개업자 그리고 수상 운송업자들은 로안의 섬지대에 주로 거주하고 있었다. 이와 같이 직업에 따른 도시 내부의 거주 구역은 점차 분화되어 형성되었다.[262]

19세기와 20세기의 로안

지금까지 로안과 로아네 지역의 과거 거주민들의 활동에 대해 간략하게 살펴보았다. 특히 도시와 농촌 간의 균형에 대해 좀 더 구체적으로 살펴볼 필요가 있다. 많은 자료들 가운데 한 가지 문서는 연구에 상당한 진전을 가능하게 해 준다. 하지만 지금 단계에서 꼭 필요한 것일까?

로안이 처했던 특수한 상황을 이해하기 위해서는 강을 통한 선박 운송업[263]이 사라지게 된 시점, 즉 루아르강의 운하가 완공되었던 1838년 이후의 로안과 그 주변 지역의 변화 양상을 살펴볼 필요가 있다. 이 운하는 오랜 기간 로안과 외부 지역의 교류에 중요한 역할을 담당했는데, 1858년 이후 철도를 통해 프랑스 전역을 운행하는 기차가 로안 지역까지 들어오게 되면서 오늘날 운하의 이용은 지속적으로 감소하고 있다.[264]

이러한 변화는 로안에 전반적인 발전을 가져다주었고 소통의 중요한 교차점이 되었는데, 이는 생테티엔과 론강을 연결하는 지보르Givors 운하(1761년)와 디구앙Digoin과 손강을 연결하는 상트르Centre 운하(1784~1790년)가 개통되었을 때의 상황과 흡사하다. 도시의 인구는 급증했다. 오늘날 로안은 10만 명 이상의 인구수를 보유하고 있는데, 이는 1800년 인구의 10배에 해당하는 규모이다. 19세기의 로안은 자신의 영역 안에서 도시의 영향력을 행사하고 있었다. 하지만 이는 제한적이었는데, 생테티엔, 리옹, 마콩Mâcon, 물랭Moulins, 비시Vichy, 클레르몽페랑Clermont-Ferrand과 같은 경쟁 도시들이 반경 60km 이내에 인접해 있었기 때문이다. 매우 제한적인 영토 안에 갇혀 있긴 했지만, 19세기 농촌의 산업이 활기를 띠면서 여러 곳에 작업장이 생겨났다. 저렴한 인건비를 바탕으로 한 이 지역의 노동력 시장은 리옹의 자본가나 면직물 및 견직물 생산자들에게 노동력을 공급해 주었으며, 로아네 지방의 작은 회사에도 필요한 인력을 공급하고 있었다. 더구나 이 지역의 노동자들은 뛰어난 기술을 보유하고 있었다. 수세기 전부터 프랑스의 다른 모든 마을과 마찬가지로 로안의 농민들 역시 삼을 재배하지 않았던가? 여름이 되면 평야지대에 "심한 악취"가 풍겼는데, "이때가 되면 삼을 침적시키고 다시 말리는 작업을 했기 때문이다"[265]. 마에서 목화로 그 대상이 바뀌었지만, 18세기부터 시작된 직물 생산은 다음 세기까지 계속 이어져 섬세한 손재주에는 변함이 없었다.

지금까지 소개한 것은 고전적인 산업의 형태로 13세기의 피렌체와 토스카나Toscane의 섬유산업과 흡사하다.[266] 산업혁명 이전의 섬유산업은 매우 고된 작업이었다. 근로자의 건강과 체력 유지를 위해서는 식료품 공급이 용이한 시장과 인접한 위치에 작업장을 마련하는 것이 중요했다. '고용주들'은 도시 근로자들의 소요로 인한 작업 중단에 대한 걱정이 많았기 때문에 작업장을 한곳에 집중시키려 하지 않았고, 기계화에도 큰 관심이 없었다. 전기가 보급되기 시작하면서 에너지를 확보한 공장들은 더 넓은 지역으로 분산되기 시작했다. 섬유산업 전반이 근대화되기까지는 시간이 좀 걸렸다. 섬유산업 경기의 활성화는 로안 지역 전체에 활기를 불어넣었다. 1871년 뮐루즈가 독일에 병합되자 로안은 선명한 색의 '체크무늬' 면직물을 생산하는 중심지로 부상하게 되었고,

1870~1890년에 로안의 면직물산업은 전성기를 맞이하게 된다. 그러나 1929년에는 갑작스러운 경제불황에 직면한다. 편물로 제작되는 양품류 제조업이 섬유산업 분야에 새롭게 등장하자, 로안은 이를 신속히 수용하여 트루아Troyes 다음가는 프랑스 제2의 편물 생산지로 거듭나게 되었다.

1955년이 되어서야 산업 근대화에 따른 구조적인 경기침체가 로안에 들이닥쳤다. 이로 인해 과거 로안을 지탱해 주던 경제 주축들이 무너지게 되었고, 도시는 혼란에 빠졌다. 그러나 로안은 그동안의 행정적인 우위를 잘 활용하여 3차 산업 분야에서 비약적인 발전을 이루었으며, 금속산업을 도시와 인근 지역에 유치시켰는데, 바로 이러한 노력이 전반적인 경제위기로부터 도시를 지탱하게 해 주는 원동력이 되었다. 오늘날 프랑스를 포함하여 전 세계에 만연한 전반적인 위기의식은 로안의 경제적·사회적·정치적 영역뿐만 아니라 정신적인 측면에서도 상당한 영향을 미치고 있다. 미래의 상황은 아무도 알 수 없다. 그러나 문제는 벌써 드러나고 있다.

그중에서도 가장 중대한 문제는 14세기에 이미 시작되어 끊임없이 대두되어 온 교통 문제였다. 앞서 언급했듯이, 프랑스의 북부 지방과 남부 지방을 연결하는 3개의 도로는 서로 경쟁 관계에 있었다. 클레르몽페랑Clermont-Ferrand을 통해 알리에Allier 지역에 이르는 도로와 로안과 타라르Tarare를 지나 부르보네Bourbonnais와 리옹 방면을 연결하는 도로(루아르 도로), 그리고 론강과 손강을 통한 하안 교통이 바로 이들인데, 세 번째 물길은 20세기에 들어와 앞선 다른 교통로들에 비해 이용이 더욱 증가하여 지속적인 발전을 거듭하게 된다. 낭트와 리옹, 클레르몽페랑을 지나 보르도와 리옹을 연결하는 두 도로의 미래는 아직도 불확실하다. 우리는 로안의 미래를 예측할 수는 없지만, 적어도 로안과 그 주변 지역의 생명력을 한 번 더 믿고 맡겨야 하지 않겠는가?

산업과 상업의 두 마리 토끼를 잡은 도시, 라발

로안은 스스로의 운명에 맡겨 두기로 하고, 마시프상트랄Massif Central의 다른 쪽에 위치한 브리브라가야르드Brive-la-Gaillarde에 대해 논하고자 한다. 또한 튈Tulle과 위셀Ussel도 함께 다루고자 하는데, 브리브가 1층에 해당한다면, 튈은 '작은 숲'으로 이루어진 2층이라 볼 수 있고, 꼭대기 층인 밀바슈Millevaches 고원지대에 위셀이 자리 잡고 있는 형국이다. 이 지역에 관한 심도 깊은 논의는 생략하고자 한다. 브리브라가야르드는 그 이름에서 알 수 있듯이, 특별히 문제 삼을 만한 부분이 없을 만큼 견고하고 확실하게 자리 잡은 안정적인 도시이다. 이 도시는 이중으로 설계된 성곽을 통해 안전하게 보호되었고, 별다른 노력 없이도 여러 이점을 갖고 있었다. 예컨대 외부 지역과 연결된 도로를 확보하고 있었고, 18세기에 이미 5,000마리의 가축을 수용할 수 있는 대규모 시장들을 구비하고 있었다. 또한 비옥한 토양을 소유하고 있던 도시의 귀족과 부르주아들은 안정적인 수익을 보장받고 있었다. 그러나 동일한 업종에 종사하는 사람들의 결속으로 불편을 겪기도 했다.

지금부터 살펴볼 라발Laval은 바멘Bas-Maine(역주: 과거 멘 지방의 서쪽 지역) 지방을 흐르는 마옌Mayenne강 우측 하안의 고지대에 위치한 도시이다. 마옌 강물은 "아름답고 빛깔이 어두우며"**267** 수심이 깊다. 오래된 다리가 강의 양안을 연결하고 있는데, 이 다리는 고성과 새로 지어진 성채에서 바라다보인다. 유적이 가득한 옛 도시는 역사가로 하여금 중세와 근대의 예술적 개념을 상기시켜 주고, 이러한 유적에 눈을 돌리게 한다. 어쨌든 라발은 프랑스의 옛 도시이다. 이탈리아의 옛 도시들이 대개 도시로서의 화려함과 아름다움을 가지고 있었던 반면, 프랑스의 경우에는 도시를 둘러싸고 있는 농촌의 특수성을 반영하는 등 주변 환경에 함께 녹아 있는 도시의 양상을 보인다. 과거 프랑스에서 도시는 언제나 농촌 마을로부터 시작되었다.

강의 좁은 하안 분지의 중앙에 위치하고 있었던 라발은 17세기의 인구가 1만

명[268]을 유지하고 있던 부유한 도시였다. 주변 지역과는 달리 라발에는 일부 석회질지대가 분포하고 있어 일찍부터 석회가마를 운영할 수 있었다.

라발은 구체제하에서 염세 면제권을 갖고 있던 옛 브르타뉴 지방의 경계지역에 위치하고 있었는데, 이로 인해 브르타뉴 지방과 인접한 지역에서는 소금 밀수입이 수 세기 동안 성행하게 되었다. "나무와 연못으로 단절되고 덤불숲"이 많은 지역, "서양호랑가시나무와 금작화가 서식하는 잡목림 구역은 몇 걸음만 걸어가도 사람의 자취를 감출 수 있었고, 이끼가 깔린 지면은 사람의 발자국 소리까지 차단해 주었기 때문에 밀거래 장소로는 최적의 환경이었다". 소금 밀수업자들의 왕국이었던 이 잡목림 구역은 방데 전쟁guerre vendéenne이 벌어졌던 시기에 왕당과 반란군들의 왕국이기도 했다. 하지만 이곳이 "노르망디와 브르타뉴 지방 사이에서 고립된 섬과 같은 지역"이었다 하더라도 랑디비Landivy의 작은 교구를 맡고 있던 주임신부[269]마저 어떻게 이와 같은 밀수입을 모른 척하고 있었단 말인가? 분명한 것은 라발이라는 도시가 위법행위[270]를 하는 자들과 특별한 관계를 유지하지는 않았다 하더라도, 도시의 경계를 맡고 있던 군병력과 경비병들은 거의 예외 없이 이들과 밀거래를 하고 있었다. 군인과 심지어 명예로운 장교들조차도 부당한 소금 거래를 통한 이익에 양심을 저버리지 않았던가? 여러 차례에 걸친 왕의 명령과 중노동형에 해당하는 처벌법 개정(1682년)[271]에도 불구하고 밀수는 계속되었다. 1693년에 12건의 조서는 20~70명의 소수로 구성된 기병대가 "브르타뉴 지방의 밀매된 소금을 찾으러 가기 위해 농민들의 말을 강탈하고, 조세청의 관리들이 소금 밀매업자로 보인다는 이유로 행인들에게 횡포를 부렸다."라는 사실을 기록하고 있다.[272]

이와 같은 문제를 일으키지 않았다 하더라도, 숙소와 보급품을 지원해야 했던 지역민으로서는 군의 주둔이 악몽과도 같은 일이었다. 1693년 5월 6개 기마부대의 도착은 라발과 도시 주변 지역민을 긴장시켰다. 식욕이 왕성한 병사와 말들을 먹일 빵과 사료 그리고 귀리를 어떻게 공급할 수 있단 말인가? 지역민들의 봉기를 염려했던 미로메닐Miromesnil 지방관은 프랑스 왕에게 말 사료 수급에 어려움을 겪고 있는 교구들에 분담금을 줄 것을 요청하는 한편, 위급한 경우에는 "루아르강의 운하를 통해" 귀리를 지원받는 방법 또한 검토했다. 밀은 지역민들에게 늘 부족한 자원이었는데, "가장 큰 걱정거리"는 한 달 평균 1,000가마니의 밀가루를 소비하는 지역 내 9개 주둔 병력을 위한 식량 수급의 문제였다. 지방관은 "도시와 인근 마을의 곡식 창고를 열게 했고, 가능한 모든 방법을 통해 사고를 예방하기 위해 애썼다". 하지만 며칠 뒤에 결국 말썽은 일어났고, 지방관의 명령하에 식량은 몰수되었다.273

식량 문제로 인해 지역민들의 감정은 격화되어 갔다. 강으로 가로막혀 있고, 지면이 울퉁불퉁한 이 넓은 고장의 토질은 일반적으로 차갑고 메마른 편이었다. "대부분의 농경지는 12년 동안 겨우 네다섯 번만 경작이 가능했다. 즉 7년이라는 긴 휴작기 동안 금작화만이 가뜩 피어 있었는데, 사람들은 이렇게 하면 땅이 다시 비옥해질 것이라 믿었다. 밀의 작황은 매우 좋지 않아 잘 준비된 경작지에서도 1에 대한 수확량은 3~5에 불과했다. 그래서 밀보다는 메밀 재배를 더 선호했으며, 30, 60, 심지어 100의 소출이 가능했다. 메밀은 밀이나 호밀 재배가 힘든 지역에서 주된 식량 공급원이 되었고, 생산량이 점차적으로 줄어드는 밀과 호밀의 가격은 큰 폭으로 상승했다."274 "프랑스대혁명기의 공안위원회 보고서를 보면, 일반적으로 연간 4분의 1에서 3분의 1의 경작지에 씨를 뿌릴 수 있었는데, 오늘날은 노동력의 부족으로 4분의 1 미만의 농지밖에 이용할 수 없다."275 물론 이 지역의 생산물에는 밤도 포함되어 있지만, 수확량이 늘 안정적이지 못했다. 루아르강과 멘Maine강 그리고 마옌강을 통해 낭트의 밀을 들여오는 방법도 있었다. 라발 지역에서 포도는 극히 소량만이 생산되고 있었기에 고려할 만한 대상이 아니었다. 15세기부터 사과를 가지고 시드르cidre를 생산할 수 있게 되었는데, 이는 하층민만 마시는 음료는 아니었다. 하지만 1741년276과 같은 흉작기에는 시드르의 가격이 포도주 가격과 거의 비슷하게 상승하여 도시의 시립병원Hôtel-Dieu에서는 가난한 사람들에게 시드르를 제공하기보다는 물을 탄 포도주를 주는 경우가 많았다. 물론 라발에도 가까운 앙주나 오를레앙에서 공급되는 질 좋은 포도주가 있었는데, 도시의 일 년 포도주 소비량은 2,000피프pipe(1피프는 4~5헥토리터), 즉 8,000~1만 헥토리터에 해당했다. 당시 라발의 전체 인구는 1만 명이었는데, 물과 시드르도 함께 소비하는 도시 거주민 1만 명이 1만 헥토리터의 포도주를 소비했다는 것은 상당한 수준이라고 볼 수 있다.

목축업의 경우, 양은 거의 없었지만 뿔이 달린 가축과 지역의 고유종인 작은 말을 주로 사육했다. 경작지마다 보통 4마리의 소 또는 4마리의 작은 말들이 밭을 가는 데 동원되었다. 산토끼, 붉은 자고, 산비둘기, 뜸부기, 메추라기, 멧도요 등과 같은 사냥감은 풍부했다.

18세기 동안 이곳의 농촌 상황은 거의 개선되지 않았다. 프랑스 공화력 3년, 감자는 "아직 초기 단계여서 정원이나 가장 토질이 좋은 경작지 또는 퇴비를 잘 준 토양에서만 재배되고 있었으며, 수확된 감자를 식용으로 사용하는 경우는 매우 드문 일이었다". 인공 목초지 조성 또한 미비한 수준에 있었는데, 20여 년 전에 비해 3배나 확장된 규모를 가지고 있었지만, 비료가 부족하여 인공 목초지는 '개간된' 비옥한 땅에서만 시도되었다. 지역에서 생산량이 넉넉했던 품목은 단지 아마와 목재뿐이었다. 결국 "시드르를 생산하는 사과와 배는 이 지역의 주된 부가 농산물이었다."[277]

전반적으로 농업생산 규모는 매우 열악했다. 농민들은 대개 소작인이었으며, "대부분의 경작지는 소유주가 따로 있었기에 농민들은 수확량의 절반만 가질 수 있었고, 나머지 절반은 도시에 거주하는 땅 소유주들에게 지불해야 했다"[278].

결론적으로 라발의 땅은 도시로서의 라발에 번영을 가져다줄 수 없었다. 렌Rennes, 앙제Angers, 르망Le Mans 그리고 더 멀리는 파리나 오를레앙으로, 마옌과 캉Caen으로, 지대가 높고 험한 페르슈Perche 지방을 통해 알랑송Alençon으로 가는 여러 도로가 라발에서 교차하지 않았던가? 그러나 이러한 도로들 중 양호한 도로는 단 하나도 없었다. 르망-라발-렌을 연결하는 대로는 1772년이 되어서야 개통되었고, 농촌 마을을 연결하는 지역의 도로는 최악의 상태였는데, "서쪽 지방에서는 바멘Bas-Maine이 가장 심각하게 고립되어 있었다"[279]. 1772년 이전에는 세비녜 부인을 비롯한 여러 여행객들이 이미 앙제와 낭트를 통해 이곳을 방문했었다. "당시의 교통수단은 말과 사람의 등에 업혀 가는 정도였다."[280] 그리고 마옌강의 배들은 라발을 지나 더 먼 지역까지 운행했다. 그러나 이 도시의 하류 지역에는 총 22개의 수문과 여러 제분소가 있었는데, 이러한 시설들은 수로의 통행을 방해했을 뿐만 아니라, 이들 중에는 고장난 수문도 상당수 있었다.[281]

로안과 마찬가지로 이 도시 역시 반경 70km 내외의 범위에 주요 도시들이 인접하고 있다. 인구 143,000명의 앙제는 라발과 73km 떨어져 있으며, 인구 155,000명의 르망은 75km, 인구 205,000명의 렌은 72km 거리에 위치해 있는데, 오늘날 라발의 인구는 54,500명에 불과하다.

생각해 보면 오늘날 이 도시의 중요성을 보고 놀라지 않을 사람이 누가 있겠는가? 라발은 지역의 도청 소재지로서 기능하고 있으며, 다양한 산업 시설을 유치하고 토지를 비옥하게 바꾸어 지역 내에서도 높은 수준의 목축업을 하는 도시로 성장했다. 하지만 라발은 17세기부터 여러 성과를 내며 도시로의 탈바꿈을 시작하지 않았던가?

무엇이 이처럼 이른 시기에 변화를 견인했던 것인가? 먼저, 17세기부터 라발은 매주 화요일, 목요일, 토요일에 시장을 정기적으로 열었으며, 일 년에 5번 이상의 대규모 장터를 열었다. 이는 가난한 지역민들을 라발 안으로 모여들게 한 가장 큰 요인이었다. 여기에 더해 라발과 연관되어 문을 연 장터의 횟수는 21회에 달했다.[282] 예컨대 "발레Ballée 읍에서 4번, 그레앙부아르Grez-en-Boire

에서 2번, 수제Sougé에서 3번, 몽테쉬르Montésurs에서 8번, 코세Cossé에서 4번"의 장이 열렸다. 19세기 초에 라발의 행정구역은 과거 초기 도심의 크기와는 비교도 되지 않을 정도로 성장했고, 라발 전체 지역에서는 67번의 장이 열렸다.[283] '거대 장터'는 라발과 주변 지역 간의 교역의 장을 마련해 주었는데, 소나 말과 같이 지역민이 직접 기른 가축들이 사고팔렸다. 이와 같은 상업활동은 라발이라는 도시를 건강하고 균형 있게 만들어 주었으며, 같은 시기에 정부로부터 허가[284]를 받아 '성 베네딕트 수도원' 건물과 땅을 장터 공간으로 사용할 수 있게 되었다. 이렇게 라발은 주변 지역에 대해 우위를 점할 수 있었고, 1831년에 도시의 인구는 15,830명에 달했으며, 이 도시에 속한 캉통의 인구는 24,669명, 아롱디스망arrondissement(역주: 프랑스의 행정구역으로 시, 군에 해당)의 인구는 114,577명이었다. 아롱디스망 인구의 13.8%는 도심에 살고 있었다.

라발은 무엇보다도 장거리 무역을 중심으로 한 산업 덕분에 번영했는데, 이는 주변 농촌 마을의 경제적 어려움으로 인해 반대로 더욱 성장할 수 있었다. 어느 역사학자의 기록[285]에 의하면, "그들의 가난이 제조업을 지탱하고 있다. 일이 필요했던 가난한 주민들은 낮은 임금에도 노동력을 제공했다". 농촌산업은 농민들의 부족한 수입을 보충해 주었는데, 이는 결코 라발만의 문제는 아니었다.

라발 지역의 농촌산업은 아주 오래전 직물제조업으로부터 비롯되었는데, 정확한 시점은 알 수 없지만 1298년경으로 추정된다. 이는 라발의 9대째 영주, 기 드 라발Guy de Laval의 부인인 베아트릭스 드 가브르Béatrix de Gavre가 데려온 플랑드르 출신의 노동자들에 의해 시작되었다.[286] 섬유산업은 매우 적절한 시기에 시작되었다. 바멘 지방에서는 이전부터 아마포와 마를 생산하고 있었던 반면, 모직물은 생산량도 충분하지 않고 아주 거칠어서 엉성한 조직의 섬유밖에 생산할 수 없었다.

사실 라발의 직물산업은 17세기에만 번창했다고 볼 수 있다. 초기에는 매우 활기를 띠었으며, 수천 명의 방직공들이 직업을 갖게 되었고, 상인들은 빠른 시간 내에 수익을 내기 시작했다. 유럽의 산업이 스페인령 아메리카와 앤틸리스Antilles 제도 지역에 시장을 개척하면서 성장은 가속화되었다. 라발의 직물은 트루아Troyes, 보베Beauvais, 캉Caen, 리옹Lyon, 루앙Rouen 등지로 팔렸고, 그곳에서 표백 공정을 거친 대다수의 제품들은 신대륙으로 수출되었다. 라발의 도매상들은 아메리카 지역으로 직접 상품을 보냈는데, 행상이나 짐수레를 통해 국제항이 있는 생말로 또는 낭트로 보내졌다. 당시 아메리카 대륙으로 수출되는 모든 상품들은 스페인의 카디스Cadix를 거쳐 운송되었다. 생말로, 낭트 지역에서 돌아오는 짐수레에는 목재, 널판지, 철이 실려 운반되었는데, 바멘 지방에는 상당수의 대장간과 제철소가 자리 잡고 있었다. 라발의 직물산업은 이 도시로 하여금 제철업 분야의 시장을 개척할 수 있게 해 주었다.

18세기 중반에 "매년 라발의 도매시장에서는 20,000~25,000개의 아마포가 판매되었다. 각 원단의 길이는 최소 100온aune(역주: 과거에 사용되었던 길이를 재는 단위, 1aune=1,188m)이었고, 흰색 원단에 못지않게 재킷과 안감을 만드는 데 사용되는 회색 원단도 팔렸다. 흰색 원단은 1온당 26솔sol부터 100솔까지 가격대가 형성되어 있었으며, 회색 원단의 판매 가격은 1온당 20솔에서 50솔까지 거래되었다. 라발에서 원단 도매업을 하는 가게는 총 25개소에 이르렀다. 최근에 라발에서도 숄레Cholet처럼 면으로 된 손수건을 생산하기 시작했는데, 품질 면에서는 라발의 제품이 더 뛰어났다"[287]. 라발에서 생산된 면직물의 양을 현재의 단위로 환산하면, 200만~250만 m에 달하며, 미터당 평균 3리브르의 가격으로 판매되었으니, 총 판매량은 600만~700만 리브르가 된다. 프랑스의 또 다른 섬유도시 중 하나인 르망의 모직물 제품과는 달리, 라발의 원단 제품은 지속적인 성장을 이루었는데, 이러한 성장세는 프랑스대혁명기까지 계속되었다.[288]

이 도시의 눈부신 성장은 도심뿐만 아니라 도시 주변의 여러 마을과 읍에도 영향을 주었고, 1732년에는 새로운 도매시장이 가스트Gast에 문을 열었다. 매주 토요일이면 원단 제조업자들은 어깨에 원단을 지고 시장을 찾아왔다. 매대를 가득 채운 구매자들은 상품을 펼쳐 놓고 유심히 살펴본 뒤 구매한 원단을 '세탁업자'들에게 보냈다. 상당수의 세탁업자는 도시 인근 마옌강의 왼쪽 또는 주안Jouanne강을 따라 형성된 초원에 터를 잡고 있었는데, 그들은 직물을 "놀랄 만큼 희게" 변화시켰다.[289] 그들을 고용하고 있던 사람들은 원단 도매상이었는데, 이들은 자신들의 몫으로 원단을 사서 표백 후 다시 판매해 이윤을 남기고 있었다. 게다가 이들은 프랑스 다른 도시의 상인과 거래를 하면서 6~8%의 중개 수수료를 받기도 했다.[290]

라발 지역에서 원단을 표백하는 가공작업이 이루어졌듯이, 축융 가공과 모직물 염색 가공을 필요로 하는 원단들은 각기 다른 도시로 보내졌다. 이러한 모든 과정은 원단 상인들에 의해 주도적으로 관리되었고, 마지막 공정까지 최대한의 이윤을 창출할 수 있게 해 주었다. 라발의 도매상은 프랑스 대도시에 거주하는 도매상과 관계를 맺고 있었고, 위험부담을 감수하면서까지 해상교역을 통한 시장 확대를 꿈꾸었다. 그들은 사업을 확장하기 위해 자신들의 가족과 친척을 바욘Bayonne, 카디스Cadix, 포르생트마리Port-Sainte-Marie, 리스본Lisbonne(1755년의 지진으로 30만 리브르의 손실을 감수해야 했다),[291] 캐나다Canada, 마르티니크Martinique, 생도맹그Saint-Domingue, 기니Guinée[292]와 같이 멀리 떨어진 교역지까지 파견했다. 그들은 여럿이 협력하여 수출 상품과 상당한 액수의 현금을 함께 보내야 하는 위험부담을 공유했다. 생말로Saint-Malo에서 출항한 상선들은 스페인 왕위계승전쟁 때에도, 1711년[293] 뒤게트루앵Duguay-Trouin의 토벌대가 리우데자네이루Rio de Janeiro에 파견되었을 때에도 아메리카 대륙의 섬이나 남쪽 해상에서 교역을 했다. 그들은 또한 인도에 있는 프랑스 회사의 주식을 사기도 했고, 미시시피Mississippi 지역의 회사에 무모하게 투자하기도 했다. 때때로 이로 인해 파산으로 이어지기도 했지만, 늘 조심스러운 투자를 해 온 그들에게 이는 매우 드문 경우였다.

프랑스와 유럽의 도매상은 자본가로서 사회적으로도 높은 지위를 획득했는데, 이들과 별반 다를 바 없는 라발의 도매상을 다루기 위해 많은 페이지를 할애할 필요가 있을까? 도매상들은 가정과 사업장을 구분하지 않았다. 그들의 아내는 농촌지역에서 생산된 제품을 도시에 있는 상점에 보관했다. 장이 열리는 날이 되면 소작인들은 지시에 따라 밀, 호밀, 메밀, 소금에 절인 고기, 과일, 땔감 등으로 창고와 광을 가득 채웠다. 그들은 일찍부터 관직을 사고 가격에 관계없이 영주의 땅을 사들였다.[294] 돈은 그들에게 많은 기회를 주었고, 그들의 아들과 딸들은 귀족사회에 진입할 수 있었다.

하지만 라발의 도매업자들은 다른 도시의 도매업자와는 달리 귀족 신분을 획득하는 것과는 상관없이 상인으로서의 자부심이 매우 강했다. 르 클레르Le Clerc, 마레스트Marest, 귀테Guittet, 베르세Berset, 들라포르트Delaporte, 뷔송Busson, 뒤슈맹Duchemin, 르뉘송Renusson, 피쇼Pichot 등은 모두 라발 지역에서 유명한 도매상 가문이었다. 피쇼는 그라브리Graverie에서, 귀테는 울르리Houllerie에서, 베르세는 쿠펠리에르Coupellière에서 각각 잘 알려져 있었다. 부계 중심의 이들 가족은 도산의 위기에 처하면 보증을 서서 가문의 명예를 지키는 등 서로 간에 많은 노력과 헌신을 아끼지 않았다. 구도심의 오래된 가옥에 거주했던 부유한 상인들은 18세기에 접어들면서 다른 사람들처럼 보다 안락한 생활을 위해 '근대식' 주택으로 개량했지만, 이들은 대개 수수한 옷차림에 적은 수의 하인들[295]과 함께 검소하게 생활했다. 18세기 말 라발에서 진료를 하던 한 의사는 다음과 같이 말했다. 부자건 가난한 사람이건 간에, 라발의 시민들은 양배추와 파를 넣은 수프와 소량의 고기를 섭취하는 검소한 식습관을 갖고 있었다. 반면, 부자들에게 있어 '시드르'는 일상적인 음료였지만, 가난한 사람들에게는 "특별한 날에만 마실 수 있는 음료"였다. 라발의 시민들에게 포도주와 함께하는 만찬은 "잔치 음식"에 해당되었다.[296]

소수의 도매상들은 도시를 움직이는 주요 권력층이 되어 갔다. 그들은 도시와 주변 농촌지역의 경제활동 전반을 조직하고 운영할 수 있는 중요한 지위를 가지게 되었고, 큰 사회적 격차를 이용하여 자신의 사업에 유리하도록 이끌었다. 17세기 말에 한 관찰자는 라발의 상업활동에 대해 다음과 같이 말했다.**297** "라발의 경제는 3계층의 사람들에 의해 움직이고 있었다." 즉 30여 명의 도매상인과 500여 명의 직물 생산업자는 실을 사서 남에게 일을 맡겼는데, 5,000명 이상의 직조공이 바로 그들이었으며, "가장 재산이 많은 경우에도 가구를 포함하여 전 재산이 100리브르를 넘지 않았다". 사실상 이러한 계층 구분은 모든 상황에 적용될 수 있었다. 원칙적으로 라발에서는 그 어떤 조합의 규율도 직물업자와 직조공의 수를 제한하지 않았는데, 누구든지 도매시장에서 자신들이 팔고자 하는 것을 팔 수 있는 자유가 있었다. 그럼에도 이들 사회에서는 일종의 종속관계가 존재했다. 부유한 직물업자의 경우 여러 업종의 노동자들을 거느리고 있었고, 대개 작업에 필요한 재료를 먼저 현금으로 구매한 뒤 노동자들이 만든 제품을 판매했다. 반면, 작업장에서 한두 명의 동료와 함께 일하는 소규모의 경우에는 원자재를 구입하기 위한 자금을 마련하기 위해 빠른 시일 내에 판매해야 하는 어려움이 있었는데, 이 때문에 원단 상인들에게 헐값에 넘기는 경우가 많았다. "사람들은 이러한 원단 상인들을 종양이라 불렀다. 왜냐하면 어려운 직물업자를 더욱 곤궁하게 만든다는 이유에서였다." 방직공의 경우에는 자기 소유의 방직 설비를 가지고 가족 구성원들과 함께 일하는 행복한 경우에서부터 급여제로 노동력을 제공하는 방직공들, 그리고 대개의 경우는 농업활동을 하면서 파트타임으로 방직 일을 하는 노동자들이 있었다. 멘Maine에서는 모든 마을의 농민들이 농업과 가내수공업을 병행하고 있었다. 이와 같은 상황에서 1732년에 새로 만들어진 도매시장에서 행해진 의례적인 판매 방식에 방직공들은 항의를 하며 변화를 요구했으나 결과는 처음부터 정해져 있지 않았을까? 라발의 코코니에르Coconnière 지역에서 일어난 일은 다른 지역에서도 발생했는데, 농촌 또는 도시 주변에 기반을 둔 산업혁명 이전의 수공업은 도시의 제한된 상인들에게 산발적으로 불만을 표시했다. 이와 같은 현상은 랭스Reims, 루앙Rouen, 아미앵Amiens 그리고 라발 주변의 르망Le Mans에서도 발생했는데, 이 도시에서는 17세기 후반에 가벼운 모직산업이 정착했다.

빈곤한 농촌의 중심에 있었던 라발은 장거리 교역이 창출하는 이익에 따라 조직화되고 성장한 도시의 좋은 사례이다. 원단 제조업자들이 가장 좋은 실을 판매하는 것으로 정평이난 크라온Craon 시장에서 아마를 구입하는 데 사용했던 현금은 과연 누가 제공해 주었던 것일까?[298] 장거리 교역의 특성상 돈의 회수가 늦어져 기다리는 동안 필요한 자금을 제공해 준 사람은 누구였을까? 세탁업자가 요구하는 자금을 대준 사람은 누구였단 말인가? 불경기로 인해 생산이 잠시 멈추면 가장 많은 피해를 보았던 사람들은 실직 상태가 된 제조업자들이었다.

라발의 산업은 18세기 말까지 번영했다. 멀리 떨어져 있는 경쟁 도시로 인해 위기를 맞이했는데, 폴란드의 아마실로 짠 실레지Silésie 원단은 바멘보다 더 낮은 임금을 받는 직조공에 의해 제조되어 인건비 측면에서 상당한 경쟁력을 갖고 있었다. 프랑스대혁명과 신대륙과의 교역 중단 그리고 방데 전쟁으로 이어진 프랑스 내의 정세는 라발의 산업 분야에 치명적인 영향을 미치게 된다. 라발이라는 도시의 첫 번째 번영은 이렇게 점점 시들어 가고 있었다.

한 가지 도시 모델을 제시하는 캉

캉Caen이라는 도시는 중요하지만, 두 번째 범주로 분류되는 도시에 불과하다. 파리, 루앙, 낭트, 보르도, 마르세유, 리옹, 릴Lille, 스트라스부르, 툴루즈 등과 같은 도시들은 오래전부터 이 도시를 능가했었다. 1695년 캉의 인구는 26,500명으로 당시로서는 결코 적다고 볼 수 없었는데, 1753년에는 32,000명이 되었다. 이보다 3년 전에는 도시 공간을 확장하기 위해 성곽을 해체했다. 1775년에는 40,858명으로 증가했지만, 프랑스대혁명 직후인 1793년에는 34,996명으로 감

소하게 되었다.[299]

비옥한 땅의 중심에 위치한 캉은 풍요로운 삶을 영위했으며, 장인들도 많이 있었고, 몇몇 산업 분야에서는 두각을 나타냈다. 연안지대로 흐르는 오른Orne 강 하구에서 15km 떨어진 곳에는 항구가 있는데, 이곳에서는 여전히 조수 간만의 차를 느낄 수 있으며, 작은 오동Odon강과의 합류 지점이기도 하다. 하지만 17세기에는 오른강이 진흙으로 메워지자 해안도시로서의 캉의 모습은 사라졌고, 최고 만조기 때에만 200톤급 선박들의 모습을 볼 수 있었다. 평상시에는 30~50톤급의 거룻배들이 입출항했으며, 이들은 센강 하류 지역까지 운행했다.[300] 1857년 오른강의 운하가 개통되면서 캉은 해안도시로서의 모습을 되찾게 되었다.[301]

아직까지도 비교적 작은 규모의 도시인 캉은 이러한 이유로 일반적인 도시화의 과정과 역사를 설명해 줄 수 있는 가장 적절한 사례라 할 수 있다. 이러한 구체적인 사항에 관해서는 장클로드 페로Jean-Claude Perrot[302]가 면밀하게 기록했다. 연구의 대상이 되는 18세기는 과거 수 세기에 걸쳐 내려온 전 근대적 특성이 잔존하는 가운데, 새로운 선택을 해야만 했던 도시의 갈등이 잘 드러나는 시기였다. 또한 발전의 속도가 늦어 당시 도시의 변천사와 삶에 대한 관찰이 훨씬 용이하다. 그래서 이번에 다루는 내용의 제목을 '한 가지 도시 모델을 제시하는 캉'으로 정하게 된 것이다.

캉은 튀넨Thünen의 공간경제학에서 언급하고 있는 동심원 개념과 같이 도시를 둘러싸고 있는 경제 구역들을 형성하며 성장한 전형적인 예이다. 이와 같은 도시 외곽 공간의 구분은 도심지의 소비와 관련하여 필요한 물자를 보충할 수 있도록 조직되었으며, 당시에는 교통의 제약으로 인해 무엇보다도 접근성이 중요했다. 물론 소비 측면에서 캉은 파리에 비견될 바는 아니지만, 노르망디 남부의 수도로서 여러 겹의 동심원을 보유하고 있었다.[303]

'채소를 재배하는 공간'으로 활용되었던 첫 번째 구역에는 정원이 있고, 도시 내부의 초지 또한 조성되어 있다. 첫 번째 구역은 전체 도시뿐 아니라 5,000헥타르 이상의 도시밀집 지역으로부터 적어도 6km(1.5lieues) 떨어진 12개의 코뮌까지 영향을 미친다. 도심에 있는 시장들과의 인접성을 장점으로 하는 이 구역은 좁은 면적의 소유지로 세분되어 있었는데, 이곳의 농민들은 큰 어려움 없이 살 수 있었다. 이 첫 번째 구역에서 가장 많이 경작되었던 농작물은 밀이었는데, 이는 도시에서 소비하는 채소의 소비량이 매우 적었기 때문이다. 예컨대 당시의 채소 소비량은 5,000kg, 우유의 소비량은 2,000*l* 정도였다. 우유는 다른 음식을 보충하는 식품 또는 약국에서 약을 제조하는 데 사용되었다. 따라서 튀넨의 이론에 따르면 이 첫 번째 구역에는 채소와 유제품만이 생산되어야 함에도 불구하고, 캉의 사례에서는 가장 많이 소비되는 밀이 재배되었던 것이다.

두 번째 구역은 66,700헥타르에 달하는 넓은 면적과 충적토의 비옥한 토양을 가진 캉의 드넓은 농촌지역에 해당된다. 거의 밀만 재배하는 이 구역은 서쪽의 설Seulle강, 동쪽의 디브Dives강, 북쪽의 영불해협과 남쪽의 생글레Cinglais 숲지대 사이에 형성되어 있다. 이 구역의 밀은 삼포식 농법으로 재배되었으며, 재배 과정에서는 말을 이용했다. 동프롱테Domfrontais와 같이 남서쪽의 작은 숲지대에서는 보리와 호밀 그리고 메밀이 재배되었다. 중심부로부터 멀리 떨어진 외곽지대에는 거대한 방목지와 협소한 숲지대가 자리 잡고 있다.

캉에서 밀 보급은 상당히 안정적으로 유지되었으며, 늘 초과 생산량을 기록했다. 흉작을 기록한 해에도 결코 부족한 적이 없었기 때문에 당시 대부분의 유럽 도시들이 갖고 있던 비상 곡식 창고와 같은 제반 관리 시설은 필요하지 않았다. 1771년의 경우 평균 밀 소비량은 하루 1인 기준으로 대략 535g이 소비되었는데, 이를 도시 전체로 보면 연간 81,000퀸틀에 달한다. 일주일 단위로 서는 11개의 시골장은 총 131개의 코뮌에서 돌아가며 열렸는데, 이러한 경제활동은 일상적으로 도시로 향하는 짐수레와 마차의 이동을 촉진시켰다. 식량 수급 **304**에 있어서는 1725년, 1752년, 1789년, 1790년을 제외하고는 대체로 안정적

칸의 영역

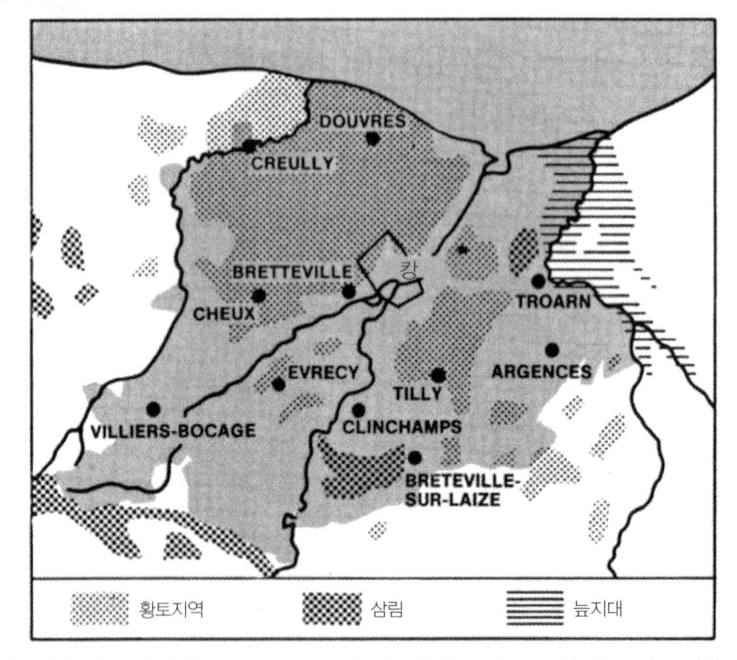

칸은 영불해협, 설강과 디브강 사이에 위치한다. 대부분의 토지에는 밀이 재배되었고, 남서쪽에는 작은 숲이 있으며, 남쪽과 오른강 동쪽에는 넓은 숲지대가 형성되어 있다.
출처: J.-C. Perrot, *Genèse d'une ville moderne. Caen au XVIIIe siècle*.

이었다.305 하지만 식량이 부족했던 시기에도 영불해협을 통해 영국과 네덜란드의 밀을 수입하고 있던 르아브르Le Havre 항을 통해 손쉽게 식량을 구매할 수 있었다. 18세기에는 종자 개량 덕택에 식량 수급에 안정과 균형을 이룰 수 있었다. 1740년과 1775년에 칸에서 생산된 밀의 상태를 비교했을 때 같은 부피당 밀의 무게는 10%나 증가했으며, 도시 내 7개의 제분소에서는 경제성이 향상된 제분기를 도입함에 따라 밀가루의 생산량 또한 증가하여 도시에서 소비하는 밀가루의 절반에 해당하는 양을 이들이 생산할 수 있게 되었다. 물론 모든 사람들이 흰 빵을 먹을 수는 없었지만, 적어도 주식이 되는 통밀빵을 먹을 수 있게 되었고 빵 수급 또한 안정되었다.

식료품 역시 안정적으로 공급되고 있었다. 일 년 평균 육류 소비량을 1인당 30kg으로 본다면, 이는 디브강 유역의 습한 지역을 제외하고 곡식을 주로 생산하는 캉의 '농촌'에서 직접 공급할 수 있는 육류 공급량을 초과하는 수준이었다. 하지만 좀 더 멀리 떨어진 숲지대 마을에서는 쇠고기와 양고기뿐만 아니라, 비록 양은 적지만 돼지고기도 생산되어 도시로 공급되고 있었다. 인접한 바닷가로부터 생선을 공급받았고, 오른강에서는 연어, 청어, 장어가 잡혔다.

마찬가지로 아르장스Argences 언덕에 조성된 "빈약한 포도밭"을 제외하고는[306] 포도밭은 없었지만, 대신에 상당량의 시드르가 생산되었다. 시드르는 포도주를 대신해 왔고, 앞선 수 세기 동안 맥주와 갈리아족의 맥주, 그리고 배술 등과 같은 전통주를 대체해 왔다. 1733년 도시의 술집 주인들은 1,005개의 포도주 통과 42,916개의 시드르 통을 주문했는데, 포도주에 비해 시드르는 40배나 더 많이 소비되었다.[307] 이와 같이 시드르의 소비량이 많다 보니 도시로 향하는 길에는 시드르 통을 실은 4륜 또는 2륜의 짐수레들—무거운 짐을 실어 나르는 짐수레들은 도로 상태를 더 나빠지게 하는 주범이기도 했다—이 늘 오갔는데, 비싼 운송비를 감당하기 어려웠던 오주Auge 지역에서는 시드르를 증류주로 만드는 법을 터득하여 보급했다. 1713년[308]에는 칼바도스calvados가 개발되었고, 짐수레보다 비싼 가축의 등짐을 통해 운반되었지만, 가격 면에서 운송비의 부담을 감당할 수 있었다. 이는 캉의 주류 소비량을 급증시킨 결정적 요인이 되었다.

대개의 도시들이 포도주와 밀 가격에 민감했던 반면, 캉에서는 시드르와 밀 가격에 민감했는데, 두 품목의 가격은 반대로 변동되었다. 예컨대 1772년에는 시드르의 원료인 사과가 흉작이 들자 캉의 지방장관은 "그해의 곡물 소비량에 영향을 미칠 것으로 예상했다. 이는 일반적으로 음료 소비량이 줄어들면 음식물 섭취량이 늘어났기 때문이었다". 1778년에도 역시 "시드르 생산량이 급감하여 곡물 가격을 유지했다"[309]. 1779년과 1781년에는 이와 반대되는 상황이 벌어지기도 했다.

더 이상 식품과 음료에 관해 언급할 필요 없이 앞서 살펴본 로안과 라발을 포함한 다른 많은 도시들과 비교했을 때 캉은 식량 보급에서는 상당한 이점을 가지고 있었다.

대부분의 도시들과 마찬가지로 캉 역시 일상에 필요한 물건을 조달하기 위해 적지 않은 수의 장인과 상인이 활동하고 있었다. 장인의 경우, 다른 지역처럼 동업조합에 가입되어 활동하는 이들과 독립적으로 활동하는 이들로 구분되었다. 일부 장인은 일반적인 상품을 만들었고, 또 다른 장인은 부유층을 위한 '고급스럽고 사치스러운' 제품을 만들었는데, 유행이 바뀌면 어려운 상황에 처하기도 했다.

캉에 관해 말할 때 가장 흥미로운 것 중의 하나는 산업혁명기 이전에 도시에 만들어진 산업 시설과 그러한 활동들이다. 18세기에 캉의 섬유산업은 고급 원단과 일반 원단, 양품류, 직물, 레이스 생산이라는 네 번의 연이은 변화의 물결 속에서 성장해 왔다. 여기에서 '변화의 물결'이라고 표현한 이유는 각각의 새로운 산업이 더해지는 형식이 아니라 대체했다는 것을 보여 주기 위해서이다. 산업이라는 것은 성장할 때가 있으면 쇠퇴할 때도 있고, 사양기에 접어들어 퇴출되기 마련이다. 하지만 캉의 경우에는 도시의 거대한 제조업의 발전을 멈추게 할 만한 특별한 이유가 없지 않았던가?

과거에 산업화는 크게 두 가지 상황에 부합하는 경우였다. 첫째, 식량 생산에 여유가 있는 지역을 중심으로 산업 시설들이 들어섰는데, 이는 노동력을 손쉽게 활용할 수 있었기 때문이다. 장클로드 페로Jean-Claude Perrot**310**에 따르면, "과거의 산업 시설들이 '농촌지역'을 중심으로 형성되었던 것은 산업혁명기에 광산지역을 중심으로 산업 시설이 집중된 것과 같은 이치였다". 두 번째 상황은 거의 정반대로, 식량 생산에 비해 상대적으로 인구가 많아 값싼 노동력을 제공받을 수 있는 지역에서 산업이 발전하는 경우였다. 로안, 라발, 노르망디 지방의 보카주Bocage, 특히 빌디외레푸알Villedieu-les-Poêles과 같은 구리산업의 중심지가 그러한 예이다.311

캉은 앞서 언급한 첫 번째 경우에 해당된다. 이것은 산업화에 유리한 상황이었을까? 어쨌든 캉은 산업화에 어려움을 겪었는데, 다른 몇몇 도시들의 경우처럼 국가의 지나친 조세부담으로 인한 것도 아니었고, 동업조합의 고집스러운 저항 때문도 아니었다. 더구나 산업활동에 필요한 자본이 충분히 확보되지 않았던 것도 아니었다. 캉의 산업발전을 가로막았던 것은 바로 도시 주변 농촌의 경제적 부유함 못지않은 사회적인 이유에서였다. 장클로드 페로가 지적한 바에 따르면, "캉 주변 농촌의 부유함 덕택에 노르망디 지방의 농가들은 산업화의 시녀가 되는 것으로부터 벗어날 수 있었다"312.

무엇보다도 캉은 풍부하고 저렴한 원자재 공급에 어려움을 겪었다. 삼은 아주 소량만 생산되었으며, 품질 또한 형편없었다. 레이스 제조에 필요한 실은 네덜란드나 피카르디Picardie 지방에서 수입했다. 양모 역시 품질과 가격 면에서 경쟁력이 떨어져 영국의 양모를 수입할 수밖에 없었다. 남부 노르망디 전역이 이러한 상황에 처해 있었는데, 상대적으로 덜 비옥한 북부 노르망디 지역의 루앙Rouen과 다른 인근 도시들은 산업화에 훨씬 적극적이었다.

다른 한편으로 캉 주변 지역은 1km^{2}당 70~80명, 특정 지역은 100명 정도로 많은 인구가 거주하고 있었는데, 일부 주민들은 도심으로 유입되기도 했으나 대부분은 풍요로운 농촌에 머무르며 농사를 지었다. 따라서 루이 14세 집권 말기부터 도시의 인력 시장은 점차 어려움을 겪게 되었다. 1764년 제조업을 관리하던 감독관은 다음과 같이 진술했다. "너무나도 오랫동안 갈망했던 노동력을 얻을 수만 있다면 무엇을 못하겠는가!"313 여유로운 생활을 하고 있던 농민들은 굳이 부업을 하지 않았고, 높은 임금을 보장해 주는 경우에만 받아들였다. 1715년부터 1724년까지 왕립제조업 장인의 4분의 3은 실을 짜는 직공들의 부족으로 작업을 중단해야만 했다. 1766년에는 농촌의 방직공들이 "과거와는 비교도 되지 않을 정도로 비싼 보수를 받게 되면서 일을 수락했다"[314].

농촌지역 사람들이 부를 창출하는 또 다른 방식은 도심지역에 투자하는 것이었다. 무엇보다도 가장 많은 자본은 토지(약 40%), 건물, 임대업(그중에서도 땅 임대를 선호했다)에 투자했다. 상업 분야에서는 0.5%라는 극히 미미한 자본만이 투자되었다. 기업가와 상인들은 소득 중 40%만 그들의 사업 분야에 투자하고, 나머지 대부분은 부동산과 임대업에 자금을 쏟아부었다. 그들은 사업상의 어려움이 발생하면 우선적으로 임대 수익을 포기하고, 가능한 한 부동산 관련 자금은 건드리지 않았다.[315]

이러한 모든 것들은 경제적인 이유 때문이었다. 물론 토지와 임대 수익은 풍요로운 농촌에 더 많은 이익을 보장해 주었는데, 산업혁명 이전까지 산업은 큰 이익을 가져다주는 분야는 아니었다. 라발에서 본 것처럼, 산업은 도매업을 겸하면서 유통 부문에 제품을 공급할 때에만 부를 축적할 수 있었는데, 원거리 교역은 손실의 위험이 높았다. 한편, 토지 수익으로 편안하게 살고자 하는 생각이 보편화되면서 불확실한 모험을 감수해야 하는 투자는 점점 꺼리게 되었다.

캉의 사례가 그러했듯이, 토지와 임대 수익이 지배적인 관심사가 되면서 도시는 점점 침체되었다. 이를 두고 장클로드 페로는 "지역의 동면 현상hibernation régionale"[316]이라 지적했는데, 직설적이지만 적절한 표현이라 생각한다. 캉은 새로운 시도나 필요성에 개방적이지 못했다. 일부 자산가들은 광산에 투자를 했다. 그리고 일부 변호사와 왕실의 관료들은 새로운 시각으로 경제를 바라보기 시작했지만, 이렇다 할 결과를 얻지는 못했다. 생산물을 통해 직접적으로 이윤을 얻을 수 있는 직물 분야조차 변화에 더디게 반응했다. 1750년 이후 기술혁신을 통해 프랑스 전국에서 공식적으로 직물산업을 육성했는데, 이때에도 캉은 그러한 변화에 주의를 기울이지 않았다. 이는 이웃 도시인 루앙과는 매우 비교되는 일이다. 루앙은 영국에서 일어나는 갖가지 혁신에 늘 민감하게 반응하곤 했다. 심지어 영국의 산업기술을 도용하는 것조차 마다하지 않았다. 그에 비해 캉은 늘 50년 정도 뒤처졌다. 캉의 상인들은 캉과 귀브레Guibray의 큰 시장에서 중개상을 통해서만 외부인과 교류했을 뿐이다. 프랑스 국내에서도 그들의 활동 영역은 드물게 브르타뉴, 노르망디, 파리 지역을 벗어났는데, 동부 지방과 남부 지방까지는 전혀 영향을 미치지 못했다. 드물지만 일부 개인들이 해양산업 분야의 합자회사에 자본을 투자하는 경우가 있었을 뿐이다. 프랑스에서 오랫동안 이어졌던 무역에 대한 투자 열풍이 캉에 불기 시작한 것은 18세기 말의 일이다. 1781년에 발행된 『해양 무역의 이점les avantages du commerce maritime』이라는 출판물을 보면, 아프리카 노예무역선으로 재산을 불린 캉의 부르주아 르 바니에Le Vanier가 1775년에 고티에Gaultier 은행의 파산을 언급한 바 있는데, 이 은행은 캉에서 유일한 기업은행이었다. 이 은행은 어쩌다 4%에 달하는 이자 대출 사업을 제대로 활용하지 못했던 것일까? 선장은 "나는 이러한 소극적인 태도를 이해할 수가 없다"며 분통을 터뜨렸다. 10 또는 12척의 선박을 운행하는 것만으로는 그의 욕구를 채우기에 부족했던 것일까?[317]

어떻게 하면 평화롭고 안정적인 관습에 젖어 "유리한 상황에서 발생하는 수익"에만 집착하고 있던 도시를 흔들어 깨울 수 있을까?[318] 비외생테티엔Vieux-Saint-Etienne이나 남자 수도원Abbaye aux Hommes 또는 여자 수도원Abbaye aux Femmes의 높은 탑에서 바라다보이는 지평선을 넘지 않으면서 자신의 토지만을 이용하여 잘사는 것에 만족한다면 중농주의자들의 지혜를 과시할 수도 있지 않을까? 도시의 영향력이 동쪽의 디브Dives강을 넘지 못한다는 사실은 걱정거리가 아니었을 것이다. 이 작은 하천을 건너면 시대의 흐름을 따라간 루앙이 그 매력을 뽐내고 있었던 것이다. 루앙은 진짜 도시가 되어 있었다. 고층 건물들이 들어서고 부가 축적되었으며, 그들의 관심은 외부 세계로 확장되고 있었다.

불행하게도 캉은 자기 집에서만 너무나도 편안해했다. 어려움 때문에 고민할 일도, 모험을 무릅쓰고 도전해야 할 아무런 이유도 없었다는 것이 그들에게 닥칠 불행의 원인이었다.

대도시의 위상

1787~1789년에 시행된 지방 감독관의 조사[319]에는 도시인구에 대한 통계가 포함되어 있다. 프랑스의 주요 12개 대도시에 관한 인구통계는 다음과 같다. 1) 파리 524,186명(과소평가된 듯하다), 2) 리옹 138,684명, 3) 보르도 82,602명, 4) 마르세유 76,222명, 5) 낭트 64,994명, 6) 루앙 64,922명, 7) 릴 62,818명, 8) 툴루즈 55,068명, 9) 님 48,360명, 10) 메스 46,332명, 11) 베르사유 44,200명, 12) 스트라스부르 41,502명. 그 밖에도 3만 명 이상의 인구를 보유한 도시들 중에는 오를레앙 35,594명, 브레스트 33,852명, 몽펠리에 33,202명, 투르 31,772명, 트루아 30,706명, 랭스 30,602명 등이 있다. 여기서 보르도의 인구가 도시 규모에 비해 월등히 많다는 사실을 알 수 있다. 그 당시에 보르도는 마르세유를 능가하는 번영을 누렸다. 하지만 이것은 하나의 부차적인 사실이었을 뿐이다.

만약 이러한 통계를 프랑스 전체 인구(아마도 2900만 정도일 것이다)와 대조한다면 프랑스의 도시 규모는 영국이나 네덜란드에 비해 대단히 보잘것없는 수준이었다. 파리는 전체 인구의 50분의 1~60분의 1을 차지할 뿐이었다. 12개 주요 도시는 1,249,890명의 인구를 보유하고 있었는데, 이는 프랑스 전체 인구의 23분의 1에 해당한다. 오늘날 파리와 파리 근교의 인구가 전체 인구의 5분의 1을 차지하고 있는 것과 비교하면 그 규모가 어떠했는가를 알 수 있을 것이다.

결과적으로 이러한 대도시들은 다른 수백 개의 소도시와 읍들이 차지할 수 있는 많은 자리를 남겨 놓은 셈이다. 또한 당시 프랑스의 도시화가 얼마나 미완의 상태였는지를 보여 주는 증거라 할 수 있다.

하지만 앙드레 피아티에André Piatier가 "도시 중의 도시villes-villes"라고 부른 12개의 주요 도시들은 어떻게 이 작은 나라에서 그러한 위치를 차지할 수 있었을까? 이들 가운데 루앙, 낭트, 보르도, 마르세유와 같은 4개 도시는 항구에 위치한다. 또한 리옹, 스트라스부르, 메스, 릴과 같은 4개 도시는 국경지대에 위치한다. 바다와 가깝기는 하지만 그렇다고 해양도시라고 할 수 없는 님Nîmes은 제외시켜 두고자 한다. 그리고 파리, 툴루즈, 베르사유와 같은 나머지 3개 도시는 내륙에 위치한다. 여기서 베르사유는 목록에서 삭제하고자 한다. 왜냐하면 이 도시는 사실상 파리에 속하는 것으로 보아야 하기 때문이다. 수도를 맞대고 있으면서 마치 일종의 지점처럼 이 도시의 모든 것은 파리와 연결되어 있었을 것이다. 베르사유 도로에는 파리를 오가는 수많은 임대 마차들의 빠른 행렬이 줄지어 있었을 것이다.

모든 것을 고려할 때 연안과 내륙의 국경지대에 위치한 도시들이 일찍부터 두각을 나타냈다는 것을 알 수 있다. 12개 주요 도시들 중 9개 도시에는 12개 도시 인구의 절반이 모여 살았다(626,436명). 경계지역의 이들 도시는 프랑스이면서 동시에 프랑스의 밖과 연결되어 있었다. 예컨대 루앙, 낭트, 보르도는 발트해, 북해, 영불해협, 대서양, 아메리카(캐나다, 앤틸리스 제도, 포르투갈과 스페인령 아메리카), 극동아시아와 연결되어 있었다. 님은 랑그도크의 경계선에 위치하면서 그 경계를 넘어서 있었다. 마르세유는 해적도시로 불렸고, 내해의 도시였다. 리옹은 독일과 스위스와의 교류 중심지로 오랫동안 마치 이탈리아의 '밀라노Milano'와 같은 성격의 도시로서 부를 축적할 수 있었다. 릴Lille은 플랑드르, 네덜란드, 영국과 같이 17세기 이래 유럽에서 가장 진보적인 지역으로 간주되는 곳들과 연결되어 있었다. 만약 스트라스부르가 목록의 가장 하단에 위치한다면 그것은 루이 14세가 1681년에 국제도시인 스트라스부르를 병합하면서 한 지역의 수도로 삼았고, 이후로 프랑스령 알자스 지역에 흡수되었기 때문이다. 이때 독일은 암스테르담을 향해 적극적으로 문호를 개방하고, 스트라스부르보다는 리옹이나 이탈리아와 교류했다. 독일의 자본은 스위스 바젤에서 빠져나간 것처럼 스트라스부르에서도 빠져나갔다. 메스는 독일과 네덜란드와 교류를 했지만, 무엇보다 중요한 '군사 요충지'였다. 프랑스는 이 도시를 통해 늘 말썽을 일으키는 라인란트Rheinland 지역(독일, 프랑스, 룩셈부르크, 벨기에, 네덜란드 사이의 국경으로부터 라인강에 이르는 지역)을 감시했다. 메스에 관해서는 뒤에서 더 자세히 다

루고자 한다.[320]

파리를 제외하고, 내륙에 위치한 유일한 대도시는 툴루즈이다. 물론 두 도시는 비교 대상이 될 수 없을 정도로 차이가 나지만, 프랑스 영토의 내륙에 위치한다는 공통점을 생각해 보면 그 나름대로의 논리를 갖는다. 파리 분지와 아키텐Aquitaine 분지는 프랑스에서 가장 넓은 양대 퇴적분지가 아니었던가? 툴루즈는 마시프상트랄, 지중해, 피레네 산지, 스페인, 대서양을 맞대고 있어 지리적으로 유리한 위치에 자리 잡고 있다. 비옥한 곡창지대에 가까워서 지역민들은 균형 잡힌 삶을 영위할 수 있었다. 비록 이점만 있는 것은 아니지만, 가론강은 센강과 비교될 수 있다. 수 세기 동안 툴루즈는 랑그도크의 복합적인 문화를 지배했다. 역사는 툴루즈의 편에서 유리하게 흘러갔다. 이 지역의 언어는 일드프랑스 지역의 언어처럼 해양지역으로나 론강을 넘어 광대한 영토를 차지할 수 있지 않았을까? 툴루즈는 파리와 비교될 수는 있지만, 그만큼은 성공하지 못했다. 오늘날 툴루즈는 60만 인구와 거대한 산업으로 과거에 이루지 못한 야망을 실현하려는 것처럼 보이지 않는가?

이러한 생각은 다소 엉뚱하게 들릴지도 모르겠으나, 북부 프랑스와 남부 프랑스라는 양대 프랑스의 공존이라는 핵심과 만나는 부분이 있지 않을까? 프랑스의 역사가 그 무게중심을 찾을 수 있었을지도 모를 오를레앙이나 랭스와 같은 북쪽의 경쟁자를 숨겨 놓은 것처럼, 파리는 멀리서 이 제비꽃의 도시의 영향력을 약하게 하고 제거한 것은 아니었을까?

그러나 북부와 남부 외에도 또 다른 두 개의 프랑스가 있지 않은가? 내륙의 프랑스와 경계에 위치한 프랑스는 끊임없이 갈등을 빚으며 대립해 오지 않았던가? 프랑스가 내륙도시와 외곽 국경도시 사이의 반복되는 대립을 보여 준 유일한 사례는 아니다. 국경도시들은 덜 불안해하며, 바깥 세계의 흐름에 자신의 운명을 맡겨 두었을 것이다. 즉 모스크바와 상트페테르부르크, 마드리드와 세르비아 또는 카디스, 베를린과 함부르크, 빈과 트리에스테 등이 비슷한 사례를 보여 준다.

프랑스에서 영토의 외곽에 위치한 해양지대는 매우 반체제적이었다. 마르세유는 역사가 깊고 개인적인 번영으로 활기가 넘쳤으며, 같은 이익을 추구하는 강력한 그룹이 형성되어 아무도 좌지우지 못하게 그들의 자유를 지켰다. 마르세유가 프랑스라는 국가의 한 지방으로 인식된 것은 훨씬 나중의 일이다. 이 시절에 마르세유 주민은 그들을 프랑스인이라고 말하는 것조차 거부했다. 루앙, 낭트, 보르도(프롱드Fronde의 난과 지롱드 시절을 제외하면)는 마르세유보다는 순응적인 도시들이었다. 그러나 이들의 염려, 관심, 호기심, 삶의 공간은 파리 주민들과는 전혀 다른 내용을 담고 있었고, 프랑스의 다른 내륙지역과도 공통점이 없었다.

파리의 유일한 경쟁 도시—물론 이것을 의식하는 사람은 드물었지만—는 리옹이었다. 1706년 2월 10일 리옹의 시장은 다음과 같이 말한 바 있다.[321] "두 번째, 어쩌면 프랑스 왕국에서 가장 중요한 도시일 수도 있다." 큰 장이 열리는 도시이며, 현금거래와 신용거래가 활발한 도시이고, 독일, 스위스 등지의 사업가들이 왕래하는 도시였다. 이 도시에서는 다양한 사업들이 활기를 띠어 오랫동안 왕국의 금융과 자본의 중심이 되기에 충분했다. 또한 파리와는 거리가 있었기 때문에 경계의 대상이 되지도 않았고, 파리 사람들의 심기를 거스를 일도 없었다. 그러나 18세기 말 파리에 주식시장이 활성화되고 거대한 사업장들이 확장되면서 사정은 달라졌고, 존 로John Law 재정검사관 시절(1720년경)에는 프랑스 전국의 자본흐름의 통제가 강화되었다. 리옹은 파리와 대립했는데, 이는 어쨌든 내륙도시 간의 대립이었다. 파리와 루앙 또는 낭트 사이에 예컨대 내륙도시와 해양도시 간의 진정한 경쟁이 존재하지 않았다는 것은 한 나라에 있어(또는 독특한 바람을 갖고 바라보는 역사가에게) 얼마나 큰 불행인가! 역사는 프랑스에게 그러한 조건을 허락하지 않았다.

파리는 다른 도시들과 같은 도시였나?

경제학자나 지리학자 또는 작가들이 말하는 것과는 달리, 필자는 '도시 중의 도시'가 그의 공간, 도시의 원리, 평범한 도시의 운명에서 벗어나 있다고 생각하지 않는다. 한 도시가 다른 도시들보다 더 성장하여 점점 대도시와 연계되어도 단지 외면적으로만 일반적인 맥락—도시, 읍, 마을—에서 벗어나 있을 뿐이다. 오늘날 개개의 도시들은 직접적인 방식으로 외부 세계와 소통하고 외부의 소식에 귀를 기울이며 세상의 흐름을 따른다. 하지만 오늘날에도 그들은 원하는 방식대로 살아가기 위해 뿌리와 떨어질 수는 없다. 과거의 파리는 언제나 당시 사람들에게 괴물 같은 도시였음에도 어떻게 과거 도시화의 일반적인 규칙에서 벗어나지 않았는지를 본다면, 우리는 이러한 사실을 더 잘 이해할 수 있을 것이다. 파리가 상이한 도로들이 만나는 교차점에 위치한다는 사실, 물길이 파리에 유리하게 흐른다는 점, 이러한 단순한 사실은 가장 기본적인 지도만 보아도 뚜렷하게 알 수 있다. 즉 욘Yonne강에 떠다니는 나무, 나무통을 잔뜩 실은 선박, 급물살로 언제 어떻게 될지 모르는 변덕스러운 마른Marne강(배는 충돌 없이 다리기둥 사이로 지나갈 수 있을까?), 규칙적인 우아즈Oise강과 센강은 뱀처럼 구불구불하고 느리지만, 어쨌든 바다에까지 흘러간다. 필자는 사람들이 뭐라고 말하든, 리옹이 론강과 손강이 만나는 지점에 위치해 있는 것이 어떤 이점이 있었는지 잘 모르겠다.

모든 도시가 그러하듯이, 파리도 도로와 도로가 만나는 교차점에 위치해 있다. 즉 남-북의 축(과거에 생자크 거리와 생마르탱 거리)과 동-서의 축은 '강의 오른쪽 지역'에 혜택을 주었는데, 생토노레Saint-Honoré 길에 의해 더욱 뚜렷하게 구분되었다. 나중에 두 새로운 축은 처음의 두 축보다 두 배로 확장된다. 예컨대 한편에는 생미셸Saint-Michel 대로와 세바스토폴Sébastopol 대로가 있고, 다른 한편에는 1800년부터 만들어진 긴 리볼리Rivoli 길이 이들을 직각으로 자른다. 오래된 축과 새로운 축 주변에 오늘날에도 과거 파리의 많은 건축물들이 옛 모습을 간직하고 있다. 이러한 건축물들은 이른 시기에 파리가 어떤 힘을 가지고 있었는지를 말해 준다.

이러한 운명 속에서 정부는 신중한 장인이었고, 모든 것을 허용하는 친절한 요정이었다. 특권을 누리는 특별한 도시 파리에서 돈은 유통되고 축적되고 가능한 한 많은 용도로 사용되었으며, 사치스럽게 지출되었다. 왕국의 모든 돈이 파리의 성공을 만들고 기생을 가능하게 했다. 유럽의 환전꾼들은 이러한 계몽주의 시대에 베네치아에서 그러하듯이 파리를 통해야만 쉽게 현금을 얻을 수 있다는 사실을 알고 있었다.[322]

이러한 풍족한 돈과 지나친 의존 현상은 프랑스 전체에서 보면 최고의 수준이었다. 어찌 보면 모든 도시는 돈의 우월성으로 그 가치가 매겨지고, 도시에서의 삶은 다른 지역보다 늘 비싸기 마련이다. 1800년대에 가난했던 도시 샤토루Châteauroux에서조차 당시 그 도시의 물가는 인근 지역에서 가장 높은 수준이었다.[323]

파리는 다른 도시처럼 또는 다른 도시보다 더욱 다양한 이주자들이 몰리는 도시였다. 걸인, 방랑자, 가난뱅이들은 죄다 파리로 몰려들었다. 아무도 이들의 유입을 막을 수는 없었다. 파리 경찰들이 난폭하게 진압한다 하더라도 이들을 제어하기에는 경찰의 수가 턱없이 모자랐고, 종종 범죄의 소굴이 되고 마는 거지들의 무리를 제어할 힘이 없어 늘 골머리를 앓았다. 이는 끔찍한 파리 역사의 일부이며, 프랑스 전체의 역사라 해도 지나치지 않을 것이다.[324]

파리는 다른 모든 도시들처럼 자신과의 싸움을 계속해 나갔고, 가장 명확한 결과는 도시의 행정구역을 세분화하는 것이었다. 이로써 공간의 위계질서가 점점 뚜렷해졌다. 생마르셀Saint-Marcel 지대와 생탕투안Saint-Antoine 수공업지대에는 빈민이 대거 모여 살고 있었다. 생탕투안 구역은 제1제정 시대 말까지 옛날 방식의 상업자본주의의 통제 아래 전통적인 수공업이 주를 이루었다.[325] 정부가 비대해지는 속도와 함께 파리는 비정상적으로 성장해 갔다. 18세기 파리는 건설이 한창 진행되어 엄청난 변화를 가져왔다. 부유한 사람들을 위해 서쪽 지역이 개발되면서 무게중심은 천천히 서쪽으로 옮겨 갔고, 우측 하안처럼 센강의 남쪽에는 새로 조성된 동네가 자리 잡았다. "이 동네에는 공간적 여유가 있었고, 다양한 직업을 가진 사람들이 살고 있었다. 1737~1740년 이후에는 대형 하수도 복개 공사로 인해 센강에 악취가 진동함에 따라 도시화는 파리의 북서부, 룰Roule과 몽소Monceau 방향으로 확장되었다. 자본가들은 대로뿐 아니라 프로방스Provence 길, 아르투아Artois 길, 쇼샤Chauchat 길, 테부Taitbout 길, 라보르드Laborde 길을 만드는 일에도 투자했다. 강의 왼쪽, 강둑, 앵발리드Invalides, 군사학교는 그로카이유Gros-Caillou와 그르넬Grenelle 지역으로 점차 도심을 확장해 나가도록 만들었다."[326]

귀족들이 자리 잡은 서쪽 구역의 맞은편인 동쪽의 빈민가도 확장되고 있었다. 이 구역에는 끊임없이 몰려드는 이주자들의 흐름이 멈추지 않았다. 이주민은 출신지별로 나뉘었고, 그들만의 공동체가 생겨났다. 예컨대 "생마르셀 구역에는 부르고뉴 사람들이 정착했는데, 생빅토르Saint-Victor 길, 오를레앙Orléans 길, 강둑을 따라 자리 잡았다. 그들은 거기서 로렌 출신, 샹파뉴 출신, 노르망디 출신의 사람들을 만날 수 있었다. 리무쟁 사람들은 생자크 거리와 모베르Maubert 광장을 선호했고, 오베르뉴 사람들은 무프타르Mouffetard 길과 루르신Lourcine 길에 진을 쳤다. 그들은 이 구역에서 피카르디Picardie 출신, 플랑드르 출신, 도피네 출신 사람들과 함께 살았다."[327] 이러한 구역들은 마치 파리 안에 위치한 마을들과 같았다. 각각의 동네에서 '지방'을 발견할 수 있었다. 1960~1970년의 대대적인 도시 건축 이전에 파리의 어떤 길은 브르타뉴 또는 오베르뉴 또는 사부아 등지의 이주민의 근거지가 되었다. 오늘날에도 그러한 흔적은 완전히 지워지지 않고 남아 있다.

근교의 농촌이나 먼 시골 지역도 대도시의 영향권으로부터 벗어날 수 없다. 왜냐하면 대도시가 그 지역 일대의 가치평가를 좌우하기 때문이다. 몽트뢰이

Montreuil시와 이곳 목축업자들이 축적한 부나 로맹빌Romainville, 쉬렌Suresnes, 이브리Ivry 포도밭의 번영은 이러한 맥락에서 설명된다. 1704년 2월의 어느 날 밤, 20명가량의 무장군인들이 생미셸 구역의 세관에서 도망치는 사건이 발생했다. 각자는 작은 포도주 통을 등에 지고 있었다. 이 사건의 소송문에 의하면, "생마르셀 구역과 생자크 구역의 술집에서는 이러한 방식으로 빌쥐프Villejuif에서 생산되는 대량의 포도주를 밤에 밀반입했다"**328**. 그러나 토질과 위치만 좋다면 파리 주변의 어디가 포도주 생산을 마다했는가? 이러한 도심형 포도밭은 프랑스에서 가장 규모가 큰 포도 재배지이다. 어쨌든 이곳은 1헥타르당 가장 높은 수준의 수익을 제공했다. 1817년의 통계에 따르면, 이곳의 포도주는 부르고뉴, 샹파뉴 또는 보르도의 최고급 포도주보다도 더 높은 수익을 낸 것으로 드러났다. 이러한 내용은 다음 장에서 다시 논하고자 한다. 도시는 이러한 비정상적인 상황을 발생시키는 요인이 되었다. 세금을 내지 않은 막대한 양의 질 나쁜 포도주들은 저렴한 가격으로 교외의 무수한 선술집에서 판매되었다.

파리로 향하는 여행객이라면 누구든지 파리에 가까워지면서 점진적으로 바뀌는 풍경을 눈치챌 수 있을 것이다. 1656년 12월 두 명의 네덜란드인들은 보몽쉬르우아즈Beaumont-sur-Oise에서 출발하여 파리로 향했다. "우리는 이 작은 도시를 벗어나자마자 파리로 가는 길에 즐비한 아름다운 주택들을 보며 파리에 가까워지고 있음을 알 수 있었다. 우리가 통과한 마을들은 지금까지 본 것 중에 크고 잘 지어진 건축물로 가득했다. 우리는 파리 인근 마을을 '젖줄'이라고 불렀다. 왜냐하면 바로 이러한 변두리 마을들로부터 생활에 필요한 물품을 공급받기 때문이다."**329** 튀넨Thünen의 이론을 잘 설명해 주는 글이다! 마찬가지로 1790~1792년경 혁명의 기운에 휩싸여 있는 파리 주변을 조심스럽게 둘러본 여행자는 라 빌레트La Villette를 보며 감탄해 마지않는다. "파리 경계와 맞닿아 있는 작은 마을일 뿐이었지만, 지방의 웬만한 도시보다 활기가 넘치고 인구밀도도 높았다."**330**

이러한 모든 것은 파리라는 중심부와 얼마나 밀접하게 연결되어 있느냐에 달려 있었다. 살기 위해 그리고 식량 조달을 위해 수도는 주변 농촌들을 조직해야만 했다. 기 푸르캥Guy Fourquin에 따르면,**331** "말을 타고 하루를 가야 다다르는 40~50km 반경 지역은 백년전쟁 이전 세기부터 파리의 경제적 지배가 두드러졌다". 매우 이른 시기부터 파리의 종교적 권력체계는 파리 근교까지 뻗어 있었고, 인근의 성과 저택은 대부분 파리 시민들의 소유인 경우가 많았다. 게다가 부르주아들에게 파리 근교의 토지는 소득의 원천이자 사회적 위상을 높여 주는 더할 나위 없는 투자 대상이었다. 17세기에 이러한 투자가 성행하면서 파리 근교에는 거대한 농장들이 조성되었다. 이 점에서 모든 대도시의 상황은 비슷했을 것이다.

다른 대도시와 다른 파리만의 차이점이 있다면 그것은 왕실의 각종 사치를 추종하는 사회의 비정상적인 수요를 들 수 있다. 1700년경 파리는 막대한 양의 포도주, "채소, 풍부한 목초지"를 곁에 두고도 만족하지 못했다. "무화과, 석류, 오렌지, 레몬, 약용작물, 각종 꽃 등을 생산해야만 했다. 파리 근교 원예업자들은 겨울에도 아스파라거스, 아티초크, 상추 등 다른 지역에서는 여름에만 자라는 식물을 재배했다."**332** 이 시대에 온실재배는 이미 정착되어 있었다. 당시에 온실—예를 들어, 마레Marais 지구는 17세기에 귀족들의 주거지로 탈바꿈하기 전까지—은 새로운 작물을 재배하는 장소였다.

파리 외곽의 경계를 넘자마자 들과 밭, 과수원, 마을, 농부들을 볼 수 있다. 1830년 7월 29일 훗날 루이필리프Louis-Philippe가 되는 오를레앙 공작duc d'Orléans은 튀일리Tuileries 궁이 혁명군에 점령당했다는 소식을 듣고 피신하기 위해 "에메스Heymès와 함께 뇌이Neuilly를 떠나 랭시Raincy로 향한다. 일행은 논밭을 가로질러**333** 한밤중에 랭시에 도착한다." 다음날 아침 그에게 권좌를 제안하기 위해 찾아나선 의회 대표들은 뇌이에서 그를 발견하지 못했고, 랭시까지 가서 그를 모셔 와야 했다.**334** 장바티스트 세Jean-Baptiste Say 또는 미

중세 말 파리의 몇몇 식료품 공급 경로

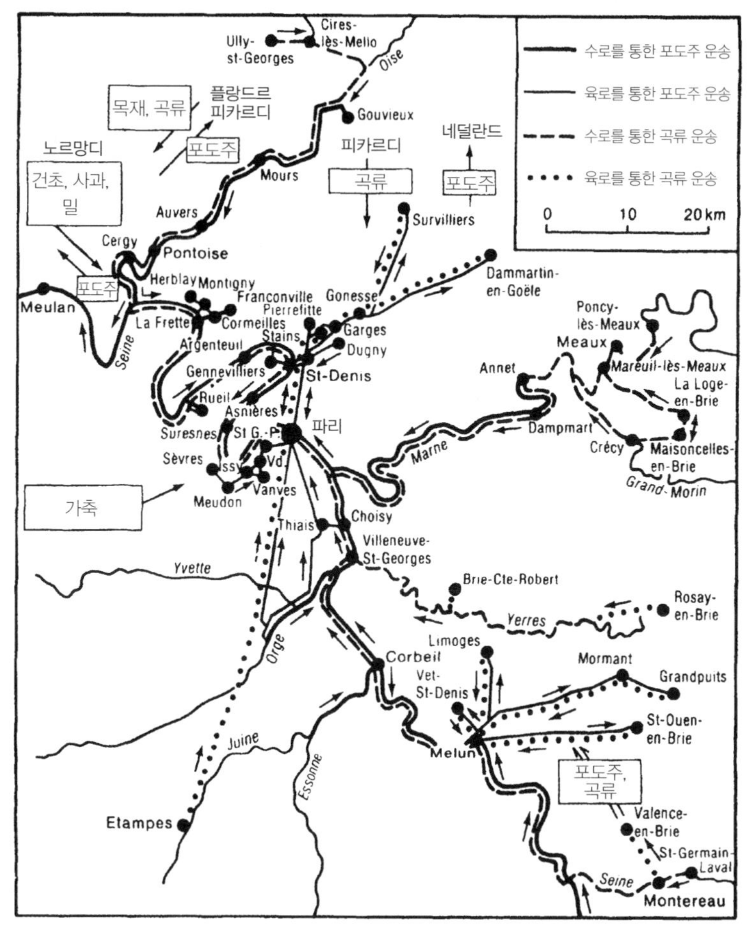

이 지도는 파리에 포도주와 곡물을 공급하는 데 있어 강과 포구가 주된 역할을 하고 있었음을 잘 보여 주고 있다. 육로는 가능한 가까운 지점에서 수로와 합류한다.

지도출처: R. Fossier, *Le Moyen Age, III*, 1981.

슐레Michelet도 여행 중에 이 경계를 넘어갔고, 드넓은 논밭과 농부들을 만나곤 했다. 1815년 5월 연합군이 위협적인 기세로 파리를 공격했을 때 외곽의 주민들은 도시로 몰려들었는데, 다수의 피난민은 농부들이었다. 부아뉴Boigne 백작 부인과 그의 모친은 마차를 타고 저택을 빠져나왔는데, 수도를 둘러싼 외곽 도로가 "파리 인근의 주민들로 가득 차 있는 것을 발견했다. 그녀는 암소, 양 등과 뒤섞인 채 짐가방을 들고 걸었다. 걷는 수밖에 다른 방법은 없었다. 귀족 부인은 모욕적인 상황을 피할 방법이 없었다"[335]. 1870년에도 아마 비슷한 광경이 펼쳐졌을 것이다. 아샤르Achard라는 한 의사의 기록에 따르면, "독일군이 가까이 오자 많은 파리 시민들이 도시를 떠났다. 반면, 파리 근교의 주민들은 수레와 가축을 이끌고 시내로 몰려들었다. 이렇게 피난 나온 시골 사람들은 대로변에 사람이 살지 않는 새 집에서 지내기 시작했다"[336]. 나폴레옹 3세 시절에 파리 개조사업을 주도했던 오스만Georges-Eugène Haussmann 남작은 결코 이러한 상황을 예상치 못했을 것이다!

이러한 기록을 통해 도시의 시장에 일용 식품을 공급하던 튀넨 이론의 첫 번째 구역을 어렵지 않게 알아볼 수 있을 것이다. 도시 인구밀집 지역의 크기에 비례하여 이러한 구역은 더 넓어진다.

하지만 불규칙한 도시에서 곡식, 육류, 숲 등과 같은 지대들의 원은 어떻게 그려질까? 다른 지역처럼 여기서는 읍의 시장권la couronne des bourgs-marchés이 하나의 도시권을 형성하게 될 것이다.

미간행된 18세기의 이 자료[337]는 퐁투아즈Pontoise, 망트Mantes, 몽포르Montfort, 드뢰Dreux, 믈룅Melun, 느무르Nemours, 모Meaux, 로제앙브리Rozay-en-Brie, 쿨로미에Coulommiers, 프로뱅Provins, 노장Nogent, 몽트로Montereau, 상스Sens, 주아니Joigny, 생플로랑탱Saint-Florentin 등을 지나는 확장된 변두리 중 일부를 보여 준다. 이러한 변두리의 도시들은 파리에 목재, 짚, 가축, 목탄, 귀리, 인력, 그리고 무엇보다 밀을 공급하는 각자의 기능과 역할이 있었다. 파리 도시권의 끝자락(경계)에 이르기 위해서는 오를레앙Orléans, 트루아Troyes, 샬롱쉬르마른Châlons-sur-Marne, 랭스Reims, 콩피에뉴Compiègne, 아미앵Amiens, 루앙Rouen, 샤르트르Chartres가 있는 곳까지 훨씬 더 멀리 나가야 한다. 예컨대 비트리르프랑수아Vitry-le-François는 바루아Barrois와 로렌Lorraine에서 온 밀 거래 중심지로 이곳에 도착한 밀은 마른강의 배를 통해 파리로 운반되었다. 좀 더 멀리, 좀 더 가까이, 경계는 때에 따라 다양하게 정해졌고, 파리의 영향력은 감소하거나 사라졌다. 다만, 고기를 얻기 위해 기르는 동물이나 짐을 실어 나르기 위해 기르는 동물들은 스스로 걸을 수 있는 이상적인 상품이었기에 예외로 한다.

파리와 주변 지역과의 상관관계에 대해서는 종교전쟁(1562~1598) 말기에 파리의 근거지에 관한 이야기까지 이어진다. 왜냐하면 이러한 '2차적인' 도시들은 수도의 불행한 사건이나 수도 기능의 마비를 틈타 그들의 이익을 도모할 수 있었기 때문이다. 이러한 외곽 도시들은 일자리를 잃은 장인, 상인, 위험에 처한 부르주아에게 은신처를 제공했다. 또한 파리로 유입되는 인구의 대부분, 특히 하인이나 하녀의 상당수는 외곽지역에서 들어온 이주민이 아니었던가? 수도로 가는 길목에서 두 도시는 휴게소 역할을 했다. 예컨대 서쪽으로는 베르사유가 있고, 동쪽으로는 트루아가 있었다. 후자는 로렌, 부르고뉴, 샹파뉴 출신 이주민들의 휴식처가 되었다.

파리의 물질적인 절대권력은 파리 분지, 영불해협, 루아르강, 피카르디, 로렌, 노르망디 사이에서 주로 행사되었다는 것에 주목하라. 파리는 이들 도시가 자유로웠다면 누렸을지도 모르는 성장을 억압하면서 이러한 광대한 지역을 사실상 지배했다.

그렇다고 파리의 영향력이 모든 면에서 이러한 광대한 지역을 지배했다는 뜻은 아니다. 단지 물질적인 측면에서 파리의 지배력이 막강했을 뿐이다. 하지만 수도의 정치적·문화적 영향력도 점차 그 경계를 넓혀 가게 되었다. 수 세기에 걸쳐 파리는 프랑스 전체의 운명을 만들어 가고, 뒤흔들고, 변화시키고, 저지하기를 반복했다.

오늘날의 마을, 읍, 도시

지금까지 필자는 옛 프랑스에 대해 고찰하면서 프랑스와 유럽 국가들 간에 존재했던 긴밀하고 기본적인 연결 관계를 충분히 보여 주었다고 믿는다. 이러한 연결 관계가 없었다면, 프랑스는 물론이고 유럽의 어떤 국가도 지금과 같은 일관성이나 견고함을 갖추지 못했을 것이다. 마을village—읍bourg—도시ville의 체계는 로마제국 말기를 지나 백년전쟁의 재앙 속에서도 흔들리지 않았다. 필자가 보기에 이러한 체계는 1939년부터 시작된 가장 변화가 컸던 반세기 동안에도 여전히 유효했으며, 장 푸라스티에Jean Fourastié의 '영광의 30년(1945~1975)' 동안에도 여전히 엄청난 속도로 돌아갔다.

이러한 사실을 증명하기 위해 앙드레 피아티에André Piatier와 그의 연구팀이 도출한 내용을 살펴보고자 한다. 그들은 오늘의 프랑스 '영토 구조'를 연구하면서 하나의 데파르트망을—이를테면 루아레Loiret—오를레앙, 몽타르지Montargis, 피티비에Pithiviers, 지앙Gien 등과 같은 매력적인 도시 구역으로 나누었다. 이러한 구역들에는 자체적으로 생산되는 산물, 용역, 중개상, 상인, 상점, 공증인, 변호사, 의사들이 있었다. 이러한 공간들은 부분적으로 겹치기도 하고 경계 부근에서 갈등을 빚기도 하며, "관계의 강도에 따라 도시 간의 위계질서"가 형성된다. 또한 "교환 체계"에 따라 인구밀집 지역 사이에는 "기능적 위계"도 존재했다. 여기서 지배적이었던 도시로는 오를레앙이 있고, 지배적이었던 촌락으로는 피티비에가 있다.[338]

도시와 도시 사이의 갈등은 필자가 설명한 모델과 크게 다르지 않다. 즉 도시 간의 갈등은 그 모델을 더욱 역동적으로 만들며, 기존 모델에 문제제기를 하면서 모델을 변형시킨다. 그러나 체계는 계속해서 존재한다. 어쨌든 모든 것이 현재 파리가 비대해지는 경우를 설명하고 있지 않은가? 파리는 먼 경계 지점에서 어느 한 도시의 희생을 감수하면서 다른 한 도시의 확장을 도왔다. 이를테면 오를레앙보다는 투르Tours를, 앙제Angers보다는 르망Le Mans을 선택했던 것이다.[339] 영향권은 이런 방식으로 변형될 수 있지만, 그러한 기본 형태는 유지되었다.

이러한 도식이 보여 주는 변화는 도시 수준에서만 해당되는 것은 아니다. 최근 몇 년 동안 농촌사회도 많은 어려움을 겪었다. 사실 프랑스의 농경사회는 루이 14세 시절부터 푸앵카레Poincaré 시절까지보다 1945년부터 1975년 사이에 더욱 큰 변화가 있었다. 필자의 고향 또한 다른 수천 개의 마을처럼 순식간에 변했다. 즉 말 대신 트랙터로, 밀밭은 목초지로 바뀌었다. 부유한 농부를 위해 일하던 가난한 농부는 사라졌다. 거의 절반에 가까운 인구가 사라졌다. 그러나 사슬고리가 느슨해진다고 해도 지역과 지역 사이의 연결 관계는 유지된다. 어떤 체계가 확장될 때 유사한 또 다른 체계가 자리를 잡는다.

이 주제에 관해서는 1980년에 출간된 앙리 망드라Henri Mendras의 책 『지혜와 무질서La sagesse et le désordre』에서 결정적인 근거를 찾았다. 이 책의 저자는 프랑스를 균형 잡힌 나라로, 자신의 위치와 문제들 그리고 변화의 필요성을 바로 인식하는 나라라는 긍정적 이미지로 소개하고자 했다. 또한 영국의 피터 윌스Peter Wills의 다음과 같은 말을 인용하여 "France is more equal than she thinks"**340**, "프랑스는 그 자신이 생각하는 것 이상으로 공정한 나라"임을 말하고자 했다. 필자도 이 말에는 동의하지만, 그의 책을 참조한 것은 이 말 때문이 아니라 구체적인 자료를 바탕으로 연구하는 사회학자의 책이었기 때문이다. 그의 관점에 의하면, 프랑스가 겪은 변화가 무엇이었든지 간에 프랑스의 농촌사회는 스스로를 당당하게 방어하며 시대마다 다른 요구에 맞추어 적응하는 데 성공했다. 1945년부터 1980년까지 프랑스 인구는 4200만에서 5300만 명으로 비약적으로 증가한다. 하지만 이러한 인구 증가는 무엇보다도 도시인구의 증가였다. "지난 세기의 안경을 가지고 현재 사회를 관찰해서는 안 된다."**341** 인구 2,000명만 넘으면 도시로 분류되었고, 그 이하는 읍이나 마을로 분류되었던 과거의 기준은 더 이상 의미가 없다. 이러한 기준은 이미 구시대의 유물이 아니었던가?

오늘날에는 도시가 되기 위한 요건이 훨씬 높다. 10,000~15,000명 아니면 그보다도 더 높을 것이다. 하지만 인구 15,000명 이상의 도시는 이미 1946년에 프랑스 전체 인구의 56%에 해당했고, 1975년에는 58%에 달했다. 농촌인구(인구 15,000명 이하)는 1946년에 전체 인구의 44%에, 1975년에는 42%에 해당한다. 이는 전체적인 수로 보면 덜 증가한 것은 아니다. 앙리 망드라의 결론은 다음과 같다. "결과적으로 그 유명한 '프랑스의 사막화'[342]는 존재하지 않으며, 이전에도 존재한 적이 없다. 우리의 농촌인구는 20세기 말에 이르러 2200만에 달했는데, 이는 18세기 말과 거의 유사한 수치이며, 19세기의 급격한 인구 증가 이후에도 유지되어 온 수준이다. 작은 도시들을 중심으로 한 '고장pays'이라는 영토의 사슬 체계는 거의 모든 지역에서 변하지 않았다. 농촌 마을의 인구는 감소했지만, 대신에 작은 도시(또는 새로운 형태의 읍)의 인구 증가로 이어졌다."[343] 농촌 마을들은 항상 그 자리에서 땅을 일구었다. 과거보다는 생산적으로 트랙터가 인력이나 말의 쟁기를 대신하게 되었다.

따라서 공간의 균형이나 조직화는 미셸 로슈포르Michel Rochefort의 말처럼, "공간을 규정하는 단위는 도시가 아니라 도시가 속한 전체 조직이다"[344]. 만약 매개 공간이 비대해지거나 읍의 중요성이 커지면 "산업(거대 산업과 현대식 농업)은 새로운 서비스산업을 창출했고"[345], 여기서 새로운 서비스산업이라는 것은 과거보다 더 발전된 형태를 의미한다. 마을과 도시-읍은 과거에 그랬듯이, 오늘날에도 일종의 협력관계에 있다. 읍은 "각각의 농촌 마을이 혼자서 감당할 수 없는 기능을 수행한다"[346]. "3차 산업은 상업 또는 각종 용역(숙박, 건강, 금융, 통신, 행정 등)을 의미하는데, 3차 산업 종사자들은 이러한 단위를 견고하게 연결하는 역할을 한다."[347]

앙드레 피아티에는 더 나아가, "서비스산업은 2차 산업보다 더 오래전에 존재했다. 도시를 만든 것은 바로 이러한 서비스산업이다. 가능한 한 최대한 오랜 과거로 거슬러 올라간다 하더라도, 도시는 언제나 만남과 교환의 중심에 있었다. 도시는 협업의 지점처럼 등장했고, 주변 환경과 어울려 살아가는 모든 이들을 위한 관계의 지점처럼 등장했다"348. 아주 오래전에 나타난 3차 산업 종사자들에 관한 앙드레 피아티에의 생각은 바로 필자가 말하고자 했던 것과 같은 것이다. 3차 산업과 함께 우리는 또 하나의 위계 구조를 발견하지 않았던가? 도시의 도구로서 서비스산업은 도시의 우월성을 보장하는 기구이면서 도시의 존재 이유였다. 읍도 오랜 과거에는 활발한 서비스산업을 기반으로 나타났다. 현재의 상황은 과거의 현실이 발전된 양상일 뿐이다. 모든 것은 매우 논리적으로 이루어졌다. 즉 자급자족 단계를 제외하면 어떤 이들은 명령을 내리고, 또 다른 이들은 이 명령을 따르지 않고는 존재할 수 없었다.

제3장

무엇이 오늘의 프랑스를 있게 했을까? 지리적 조건?

무슨 이런 엉뚱한 질문이 있는가라고 생각할 수도 있겠지만, 이것은 비달 드 라 블라슈Vidal de la Blache가 제기했던 다음과 같은 의문을 다시 한 번 상기시킨 것뿐이다. "프랑스는 지리적인 존재인가?"[1] 이것은 의문의 여지 없이 지리적 결정론의 모호한 문제를 다시 환기시키고자 하는 것이리라. 그렇더라도 필자가 생각하기에는 아직도 여전히 논쟁의 여지가 있다고 본다.

물론 오래전부터 지리학자들은 이러한 문제에 대해 기권을 선언하곤 했다. 즉 그들에게 있어 결정적인 요소는 대지나 자연 또는 환경이 아니라, 그것은 역사이거나 사람이었던 것이다. 다시 말하면, 결국 인간은 그들 자신의 포로가 된다. 왜냐하면 드물게 의식하지만, 회고적인 결정론에서 말하는 것처럼 오래전에 그 땅에 뿌리를 내리고 환경과 더불어 살아온 사람들의 행위, 사건, 기술, 전통의 상속인이거나 계승자이기 때문이다.

개인적으로 필자는 항상 멀리 떨어진 기원의 엄청난 무게를 확신하고 두려워한다. 그것들은 우리를 짓누른다. 그렇다고 모든 것을 과거 프랑스의 복잡한 생성 과정으로 돌려야 한다는 것은 아니다. 더도 말고 덜도 말고 프랑스를 지리와 공간으로부터 끌어내야 할 것이다. 그리고 그것은 터무니없는 것이 될 것이다. 프랑스는 경이로운 역사가 축적된 국가이지만, 이러한 역사는 특정한 장소에서만 이루어졌고 다른 장소에서는 일어나지 않았다. 프랑스가 유럽 국가들의 이음새 역할을 하고 있다는 특별하고 흥미로운 위상과, 유럽이 프랑스를 싸고 있다는 사실 등 이 모든 것은 각자의 역할을 잘 보여 준다. 프랑스를 바라보며 비달은 다음과 같이 진술했다. "한 민족의 역사는 그들이 살고 있는 영토로부터 떼어 놓을 수 없다. 하나의 영토는 에너지가 축적된 저장소이고 자연이 씨앗을 뿌리지만 그것을 사용하는 사람에 달려 있다는 생각으로부터 출발해야 한다."[2]

이러한 표현은 비달의 주의 깊은 생각을 정의하기 위해 뤼시앵 페브르Lucien Febvre가 제안한 '가능론possibilisme'과 결을 같이한다.[3] 가능한 하나의 프랑스나 가능한 다수의 프랑스든 간에 이러한 표현들은 필자의 마음에 든다. 하지만 우리가 그러한 것들을 파악할 수 있을까? 그렇지 않으면 결국 오늘날의 지리학자들처럼 필자는 부득이 프랑스의 영토적 기원과 현재 프랑스의 단일화를 단지 역사적 관점에서만 설명해야 하는 것일까? 필자가 선택한 세 가지 주제를 통해 이러한 고민을 이어 갈 것이다. 다른 10여 가지 주제들 가운데 선택한 이 세 가지에 대해 굳이 더 언급할 필요가 있을까?

Ⅰ.
프랑스라는 '지협'의 역할을 과장하지 말라

과거에 프랑스 지리학자들은 어찌 되었든 간에 프랑스 자체를 하나의 '지협'으로 해석하려는 움직임을 보이기도 했는데, 이 장에서는 그러한 상황을 첫 번째 주제로 다루고자 한다. 유럽은 좁은 대륙인가—대륙이 아니면, 거대한 아시아의 뾰족한 가장자리 또는 '곶'인가?—, 유럽은 서쪽으로 갈수록 좁아지는 형세를 하고 있고, 북쪽은 여러 바다와 연안지대로 이어져 있으며, 남쪽은 지중해에 면해 있다. 다수의 지협들은 경도선을 따라 서로 이어져 있으며, 역사 및 기후와 함께 그들 간의 차이점을 점차 부각시켜 왔다. 예컨대 흑해와 발트해 사이에 위치한 '러시아 지협', 아드리아해 또는 제노바만에서 함부르크 또는 네덜란드까지 이어지는 '독일 지협' 그리고 '프랑스 지협'은 사실상 두 개가 있는데, 1666~1681년 남부 프랑스의 운하 개발로 노루즈Naurouze 고개를 통해 이어진 지중해와 대서양, 게다가 론-손Rhône-Saône강과 센Seine강 또는 라인Rhin강을 추가할 수 있다. 유럽의 지협 중 프랑스의 지협이 가장 짧다. 러시아 지협은 그 길이가 1,200km이며, 알프스 지역을 포함해야 하는 독일 지협은 1,000km이고, 프랑스의 지협들은 "센강 어귀와 론강의 삼각주 지역 사이의 700km 길이의 지협이 있고, 가스코뉴Gascogne만에서 리옹Lion만 사이에 400km 구간의 지협이 있다. 프랑스의 지협은 그 어떤 산간지역도 포함하지 않는 특징이 있다"4. 에른스트 쿠르티우스Ernst Curtius는 다음과 같은 말을 한 바 있다. "프랑스에서 북부 지방 사람들은 지중해에 대한 향수를 만족시킬 수 있는데", 이곳은 "독일과 달리 지중해의 바닷가 마을에 가기 위해 알프스를 넘어야 할 필요가 없다"5.

프랑스의 영토상 이점을 이용하여 북부 지방과 남부 지방 그리고 대양과 지중해를 근접시키는 생각을 모리스 르 라누Maurice Le Lannou6는 반쯤 심각한 어조로 "지협에 대한 편협한" 시각이라고 말했다. 창의성의 본질은 프랑스라는 공간을 어떻게 정의하느냐에 달려 있는 것이 아닐까?

프랑스의 두 지협 중 하나만 유럽의 지협이라고 할 수 있다. 오래전 로마 시대부터 사용되었던 노루즈 고갯길은 가론강을 통해 내해와 대서양을 연결하고 있다. 하지만 16세기 무렵에 피렌체 지중해 방향으로 영국의 양모를 운반하기 위한 지름길로 이용되었던 시기(로마 시대에 만들어진 또 다른 길이 라로셸La Rochelle에서 카오르Cahors를 지나 님Nîmes까지 연결되어 있었는데, 이 길이 더 자주 이용되었다)7를 제외하고는 국제적으로 큰 중요성을 갖지 못했다. 또한 확실한 것은 아니지만, 16세기에는 파란색 염료인 툴루즈의 대청(식물)이 유행하면서 해외에서 들여오던 인디고(남색) 염료 수입을 대체했을 것으로 보인다.

론강을 따라 이어진 길이 더 중요했다면, 그것은 편리함 때문이 아니라—두 개의 지협 중 가장 길다—지중해 지역과 북유럽 지역을 연결하고 있었기 때문일 것이다. 지중해는 북유럽과 만나고, 북유럽은 지중해와 만난다는 것은 서로 전혀 다른 자연환경 간의 조우를 의미하는 것이다. 선사 시대부터 언제나 그러했다. 중세 시대에 만들어진 첫 번째 유럽 경제의 주된 양극인 이탈리아 북부와 네덜란드를 연결할 때 이 중요성은 더 커질 것이다. 이들 양극 간에 '전류'가 흐름으로써 프랑스 남부의 도로들이 중요하게 되었고, 이렇게 다양한 이점은 론강의 골짜기에서 손강, 루아르Loire강, 센강과 그 지류들(욘Yonne강, 오브Aube강, 마른Marne강, 우아즈Oise강), 그리고 모젤Moselle강과 라인강의 물길을 따라 이어졌다.

수로로 연결이 불가능한 지역은 자동차나 짐수레로 왕래를 했다. 리옹Lyon에서부터 마시프상트랄Massif Central을 돌아 루아르강 유역까지, 코트도르Côte d'Or로부터 디종Dijon을 넘어 손강과 센강 사이까지, 부르고뉴Bourgogne의 관문을 지나 손강에서 라인강 일대까지의 지역이 이에 해당한다.

모든 수로와 육로를 통해 프랑스의 전 지역을 연결하는 하나의 거대한 그물망이 형성되었다. 로마제국의 모든 길은 갈리아의 생산물을 운송하는 '식민 지배'의 착취 수단으로서 중요하게 여겨졌다. 당시 로마 군대는 걱정거리인 게르마니아를 막으러 라인강 경계지역부터 독일의 트리어Trier 또는 쾰른Cologne까지 가기 위해 또는 불로뉴Boulogne를 지나 서기 85년경부터 지배를 받고 있던 영국에 가기 위해 동쪽 길을 가장 중요하게 생각했다.

폴 비달 드 라 블라슈Paul Vidal de la Blache는 프랑스 전 지역을 통해 이 협로의 중요성을 처음으로 강조한 사람들 중 하나였다. "아주 오래전부터 지중해와 북해 간의 접근이 주는 영향은 프랑스 영토 위에 그 형태를 만들어 갔다. 이 영향은 지리적으로 표현되었고, 도로 건설과 먼 지역들 간의 관계망을 형성하여 증가하게 되었다. 프로방스Provence에서 출발해 영국과 플랑드르에 이르는 프랑스의 상업 축은 뛰어난 안정성을 보여 준다. 바로 이 축 위에 중세 시대의 주요 시장들이 일정한 간격을 두고 보케르Beaucaire, 리옹, 샬롱Chalon**8**, 트루아Troyes, 파리Paris, 아라스Arras, 투루Thourout**9**, 브뤼주Bruges에 형성되었다. 이것은 정치적인 단위를 형성하기 위해 만든 추상적인 선에 가까운 것으로 '순환로'라 불린다. 예컨대 이탈리아는 아피아 가도Via Appia와 플라미니아 가도Via Flaminia가 만들어져 가장자리 지역까지 연결되면서 정치적인 조직의 형태를 보이기 시작했다. 영국의 주요 도로들을 살펴보면 런던에서 세번Severn강, 와

틀링 스트리트Watling Street로 이어지는 길이 영국의 축이었다."[10]

이 짧은 글은 론강-손강-센강(또는 라인강)으로 이어지는 주된 연결축 안에서 프랑스가 어떻게 발생하게 되었는지를 제시한다. 이러한 상황 속에서 첫 번째로 문제제기를 할 대상은 바로 론강 자신이다. 바로 론강으로부터 가능한 하나의 프랑스를 조명해 볼 수 있는 길이 열리는 것이다.

1850년 이전의 론강

원시적인 모습 그대로 격렬하게 흐르는 강, "길들일 수 없는 강"이라고 표현했던 보방Vauban의 증언처럼 "괴상할 정도로 불규칙한"[11] 모습을 한 강이 바로 론Le Rhône강이다. 그러나 이러한 모습은 론강의 과거 이미지일 뿐이다. 기술적·경제적 요구, 거대한 사업의 실행은 론강을 길들이고 변화시켜 오늘날에는 조용히 흐르는 강이 되었다.

옛날 알프스에서 흘러내리는 차가운 눈과 얼음 섞인 물은 론강과 만나 매우 빠르게 흘렀는데, 흐르는 물속에는 방대한 양의 모래와 진흙 그리고 자갈 등이 뒤섞여 있었다. 둥근 조약돌은 사람이나 동물들이 지나가는 시골길이나 론강 유역의 시가지에서 흔하게 발견되었다. 1892년 다리와 도로 건설 기술자였던 샤를 랑테리크Charles Lenthéric는 다음과 같이 증언한다. "강물 위를 고요하게 떠가는 배에서 면밀한 관찰자는 물속에서 일어나는 모든 움직임을 보지는 못해도 적어도 들을 수는 있었다. 표면의 찰랑거리는 물소리 외에 무엇인가가 끊임없이 부딪치는 소리가 들렸는데, 놀랍게도 강바닥에 있던 수백만 개의 조약돌들이 서로 부딪치며 구르는 소리였다."[12]

이런 상황에서 론강이 침식작용을 일으키는 훌륭한 도구라는 사실에 아무도 놀라지 않을 것이다. 구불구불한 강의 바깥쪽은 침식이 일어나 수심이 깊어지는[13] 반면, 안쪽에는 수심이 얕아졌다. 따라서 강의 양쪽에는 수심이 깊은 곳과 얕은 곳이 존재한다. 자갈과 모래가 쌓여 높아진 강바닥은 둑처럼 되어 매번 배가 좌초할 위험이 있었다. 유량이 매우 적은 시기에는 강물이 충분히 강바닥을 덮지 못해 배를 운항할 수 없는 기간이 일 년에 약 70일 정도 되었다. 반대로 유량이 충분한 시기에는 배들이 매우 빠르게 운행되었다. 90km에 달하는 투르농Tournon과 퐁생테스프리Pont-Saint-Esprit 사이의 좁은 구간을 지나는 배들은 화살처럼 빠르게 지나다녔다. 배들은 이 구간을 지날 때 다리의 교각 사이를 아슬아슬하게 지나가는 위험을 감수해야만 했다. 많은 세월이 흐른 뒤에 등장한 증기선도 유속이 빠른 이 구간을 쉽게 지나가지 못하고 예인선도 사용할 수 없어 배들을 연결해서 이 어려운 구간을 통과해야만 했다.[14] 또 다른 어려움은 맹렬한 북풍이 좁은 계곡지대에 들이닥치는 것이었는데, 이러한 바람이 거세게 불어닥치면 무엇을 할 수 있겠는가? 강 가운데에 있는 하중도에 대피하는 것밖에는 다른 수가 없었는데, 다행히 론강에는 이런 섬들이 많았다. 그렇지 않으면 강 연안에 배를 단단히 묶고 북풍이 멈추기를 기다려야 했다.

그럼에도 이 위험한 하천은 수세기 전부터 배들로 가득 찼다. 로마 시대 전부터 작은 배들과 운송선(scaphoe, naves onerarioe)들이 론강을 이용했고, 금석문을 통해 수많은 뱃사공의 조합이 있었음을 알 수 있다. 론강의 지류인 손강은 물론 아르데슈Ardèche강, 뒤랑스Durance강, 이제르Isère강에도 수세기 전부터 자체적으로 운영되는 운수업자들이 있었다.

이러한 운송 수단은 19세기 중엽까지 그리고 거의 오늘날까지도 큰 변화 없이 유지되었다. 1829년 증기선이 막 등장하기 시작하던 시기에도 전통적인 운송 수단은 여전히 명맥을 유지하고 있었다. 결과적으로 1850년까지 론강은 다양한 이름과 크기의 전통적인 형태의 배들이 끊임없이 운행되며 회화적인 풍경을 연출했다. 예컨대 페넬pénelle(말을 운송하던 배), 세셀Seyssel 지방의 이름에서 유래된 시슬랑드cyslande 또는 sisselande, 그리고 리뉴rignes, 사핀sapine 또는 사부아야르드savoyarde와 같은 배들은 그 길이가 70m에 달했다. 그 밖에 슈나르chenard 또는 셴chêne은 손강에서 제작되었으며, 주로 보리를 수송하던 배였다. 루아르강의 배들에 비해 론강의 배들은 대개 큰 편이었다. 게다가 여객 수송을 목적으로 하는 선박은 '물위의 차'라 할 수 있는데, 길이는 단지 10여 m 정도이며, 탑승객들은 역마차와 비슷하게 배치된 긴 의자에 앉았다. '쾌속정'이라 불리던 또 다른 여객선은 더 작았는데 노를 저어 운행했던 반면, 큰 배들의 경우는 "강물의 흐름을 따라 떠내려가는 방식으로 운행되었다". 여객 수송을 위한 작은 배들은 바르케트barquette라고도 불렸으며, 250퀸틀까지 화물을 실을 수 있었다. 강을 거슬러 운행하는 경우, "아를Arles에서 리옹까지는 7~8일, 아비뇽Avignon에서 리옹까지는 6일 정도가 소요되었다. 화물을 수송하는 큰 배는 론강에서 적재하는 데 한 달 정도 걸렸고, 아를에서 리옹까지 가는 데 한 달 정도가 소요되었다". 반대로 강물의 흐름을 따라 운행하는 경우에는 리옹에서 아비뇽까지 가는 데 단 이틀이면 되었다. 하지만 이러한 경우에도 여름철과 겨울철의 여행에는 큰 차이가 있었다.**15**

강을 거슬러 올라가는 것보다 강물의 흐름을 타고 내려가는 것이 빠르기는 했지만, 당시의 이러한 여행은 대단히 위험했다. 모든 여행객들은 이를 두려워했다. 1320년 이탈리아의 시인 프란체스코 페트라르카Francesco Petrarca(1304~1374)는 리옹의 포구에 이르기 전에 보케르Beaucaire의 시장으로 향하는 배들로 가득한 것을 보고 푸르비에르Fourvières의 교회를 방문하여 성모 마리아의 가호를 빌었다.

그래도 속도는 매우 중요했다. "1704년 5월 리옹에서 아비뇽으로 가는 배를 탄 한 여행객은 론강의 유속이 매우 빨랐다고 전했다. 랑그도크Languedoc와 프로방스Provence로 가길 원하는 여행객들에게 상당히 편리하고"**16**, 물론 이탈리아로 여행할 때에도 해당되는 이야기이다. 하지만 사고도 종종 발생했다. 1673년에는 세비녜 후작 부인madame de Sévigné이 난파 사고를 당했고, 1784년 겨울에 수심이 낮아진 강을 여행하던 영국의 크라독 부인madame Cradock이 모래톱에 좌초되는 사고를 당해 간신히 구조되었다. 결국 그녀는 리옹에서 비엔

Vienne까지 가는 데 하루 이상이 걸렸고, 배를 모래톱에서 빼내는 데 32마리의 말이 동원되었다.[17] 1799년 가을에 마르보Marbot 장군은 이탈리아에 있는 군대와 합류하기 위해 배를 타고 이동하던 중이었는데, 수심이 낮은 지역을 지나면서 몇 번이나 좌초의 위기를 겪었지만 다행히도 무사히 빠져나왔다. 하지만 퐁생테스프리Pont-Saint-Esprit에서 강한 북풍을 만났다. 함께 동승했던 장군의 아들은 다음과 같이 증언하고 있다. "뱃사람들은 육지 쪽으로 배를 돌릴 수 없었다. 그들은 분별력을 잃고, 격렬한 파도와 바람이 배를 다리 쪽으로 밀고 있는데 일은 하지 않고 기도만 하고 있었다! 우리가 타고 있는 배는 다리의 교각과 충돌하기 직전이었고, 아버지와 우리 모두는 갈고리가 달린 막대기를 앞으로 향해 충격을 완화하려 했다. 충돌로 인한 충격은 우리를 바닥에 주저앉게 만들 만큼 컸지만, 다행히도 충격의 영향으로 배의 방향이 바뀌었고 거의 기적처럼 다리 밑을 빠져나왔다."[18]

강을 거슬러 올라갈 때는 강물의 흐름을 타고 여행할 때와 같은 위험은 없다. 하지만 얼마나 고된 여행이었겠는가! "당시에 뱃사공의 일만큼 고된 직업이 또 어디에 있었겠는가!"[19] 4~5척, 때로는 더 많은 배들이 서로 묶인 채 무리 지어 운행되었다. 맨 앞에 있는 배는 좀 더 매끄러운 곡선 형태로 일종의 지휘관의 배와 같았다. 배의 후미에는 선실이 있어 뱃사공들이 모여 휴식하거나 숙식을 할 수 있었다. 한편, 일반적으로 강의 왼쪽에 배를 끌어 주는 예인 육로가 갖추어져 있었고, 멍에가 씌워진 50여 필의 말들이 준비되어 있었다. 밧줄로 묶어 28마리는 앞에 연결되었고, 20여 마리는 뒤에 연결되었다. "얼마나 멋진 말들인가! 이보다 더 크고 강한 말들은 찾아보기 힘들 것이다."[20] 19세기 초 무렵 강가에는 6,000마리의 말들이 있었다고 한다. 리옹의 뮐라티에르Mulatière[21]에는 말들이 쉴 수 있는 커다란 마구간 시설이 있었는데, 이는 일종의 역마제도와 흡사했다. 작업을 마친 말들은 새로운 예인 작업을 위해 페넬pénelle선에 태워져 다시 남쪽으로 보내졌는데, 이는 물위에 떠 있는 마구간과 같았다.

이러한 예인 작업을 하던 '육지의 항해사들'은 언제나 고된 일과를 견뎌야만 했다. 출발하기 전에는 말들의 상태를 점검하고 필요하면 말발굽을 교체하는 일을 해야 했고, 말들을 4마리씩 밧줄에 연결하는 일, 선두 배의 통솔자 지시에 따라 말을 끌고 가는 일, '돛대에 연결된 긴 밧줄'을 팽팽하게 잡아당기는 일, 장애물에 밧줄이 걸리지 않게 하는 일, 그 밖에 하천 유역의 '빽빽한 버드나무'에 밧줄이 엉키지 않게 하는 일도 그들의 일과 중 하나였다. 어떤 구간에서는 1km 가량 밧줄이 풀리기도 했다. 한편, 뱃사공들 사이에서 '원숭이 산'이라 불리던 동제르Donzère에서 말들은 강보다 60m 높은 언덕을 힘겹게 오르며 배를 끌어야만 했고, 배들은 매우 더딘 속도로 움직였다. 그뿐만이 아니라 경우에 따라서는 예인 육로가 끊어져 강의 이편에서 저편으로 예인 육로의 위치를 바꾸어야 하는 일도 빈번했다. 말을 반대편 강가로 옮기기 위해서는 '부제르bougère'라는 이름의 특별한 배가 동원되었다. 이러한 작업 중에는 배들을 강의 반대편으로 이동시켜야 하는 일도 포함되어 있었다. 1764년 5월 2일에는 강을 내려가며 보리를 수송 중이던 셴chêne배가 반대편 강가로 예인 위치를 바꾸던 선단의 뱃머리와 충돌하여 강물에 가라앉는 사고가 발생했다.[22] 때로는 선단이 급류에 휘말리기도 했는데, 이럴 때에는 선단에 연결된 말들이 강물에 빠지지 않도록 신속하게 예인 밧줄을 잘라야만 했다.

뱃사공들은 배를 떠나는 일이 거의 없었다. 때로는 배가 부서지기도 했고, 바론Bas-Rhône의 포구에 도착하자마자 팔리기도 했지만, 그들은 루아르강 또는 알리에Allier강에서처럼 론강 가를 걸어서 올 필요가 없었다. 1811년 3,000~3,500명가량의 뱃사공들이 있었다.[23] 대부분의 뱃사공은 강 유역 인근 지역 출신이었는데, 바닷가 지역에 전통적인 뱃사람들의 구역이 형성되어 있는 것처럼 하천 인근에도 이들의 구역이 형성되었다. 지보르Givors, 로셰 드 콩드리외Rocher de Condrieu, 세리에르Serrières, 앙당스Andance, 부르생앙데올Bourg-Saint-Andéol의 마을은 "뼛속까지 강물이 흐르는 거친 사나이들이 가업을 계승하고 있는 곳들이다"[24]. 거침없고 강한 성격의 그들은 친족들 간에 서로의 자금을 연합하여 한 척 또는 여러 척의 배를 소유하고 있었다. 그들은 링 모양의 금 귀고리를 하고 있었으며, 긴 머리를 땋아 늘어뜨렸다. 강 유역에 사는 인근 마을 주민과는 전혀 다른 그들만의 언어가 존재했다. 또한 12월 6일 생 니콜라Saint Nicolas는 그들만의 축제였다. 뱃사공들에게는 그들만의 음식도 있었다. 예컨대 강에서 잡은 온갖 종류의 생선을 토막 낸 뒤 코트뒤론Côte-du-Rhône 지방의 적포도주와 함께 냄비에 넣어 강한 불에 끓이는 그들 "뱃사공"만의 요리가 있었다. 그들은 강가를 따라 들어선 선술집의 주된 손님이었다[25].

뱃사공들의 수만큼이나 육지에서 뱃일과 관련된 일을 하는 인부들이 있었다. 하역 인부, 막노동꾼, 짐꾼, 그리고 세셀Seyssel, 리옹, 베르네종Vernaison, 지보르Givors, 비엔, 콩드리외Condrieu, 앙당스에는 배를 건조하는 기술자들이 있었다. 손강 일대에서 셴chêne을 제작하는 기술자들은 여기에 포함시키지 않았다. 또한 아르브Arve강, 이제르Isère강 또는 뒤랑스Durance강에서 오는 거대한 뗏목(길이 60~80m, 폭 14~15m)을 운행하는 뱃사공들도 포함시키지 않았는데, 이들도 예외적이었기 때문이다. 사실 이 지역의 강은 매우 거칠어서 목재를 떠내려 보내는 것은 불가능하다.[26]

요컨대 당시에 강물 위를 오가던 운수업은 많은 어려움과 위험이 따르는 일이었음에도, 거대한 운항 시스템은 막중한 일들을 충분히 담당해 내고 있었다.

그러나 센강이나 루아르강의 경우와는 달리 론강의 운항 체계는 이 강의 지류들로 확대되지는 못했다. 론강 지류에서의 운항술은 아직 서툴렀거나, 론강에서 사용되는 배와 같은 종류의 배들을 지류에서는 사용할 수 없었다.

손강만이 그나마 예외적이었다. 갑자기 불어난 강물이 범람하여 강을 따라 형성된 넓은 초원을 뒤덮어 버리기도 하고, 얼음층이 녹으면서 엄청나게 불어난 강물이 다리를 끊어 버리고, 선박을 침몰시키기도 하고, 짐배를 부수고, 집들을 쓸어 가는 등 해마다 이러한 현상이 반복되는 지역이지만[27], 포르쉬르손Portsur-Saône부터는 물도 풍부하고 잔잔하여 운항이 용이했다. 그러나 이들 두 강의 연결은 쉽지 않았다. 배를 자주 바꿔 타야 할 뿐 아니라, 리옹에는 강변까지 집들이 들어차서 선박을 끌 수 있는 예인로가 부족했기 때문이다. 이러한 상황에서 특수한 방식으로 예인 작업을 전문으로 하는 운송조합도 생겨났다. 이들은 배를 강 상류로 끌어올리기 위해 다리에 예인용 밧줄을 묶어 작업했다. 배를 끄는 사람들은 자신들이 끄는 배 위에서 작업을 했다. 허용되는 범위 내에서 많은 요구를 했는데, 이들의 힘은 존중되었고 변덕과 요구를 받아들여야 했다.

과거의 규모에서 보면 손강과 론강의 교통량은 엄청난 것이었는데, 론강의 경우 루아르강의 4배에 가까운 규모였으며, "샴쌍둥이"인 라인강과 비교될 만한 수준이었다.[28] 하지만 운항 체계는 불완전했고, 론강과 손강의 흐름은 남북 방향의 같은 선상에 뻗어 있었다. 리옹을 지나 론강의 상류 지점에 이르면 제네바 방향으로 오른쪽으로 비스듬하게 꺾이는데 세셀까지만 운항할 수 있었기 때문에 뒤랑스강이나 이제르강에서 운항되는 배로 짐을 옮겨야만 했다. 하지만 많은 짐이나 여객을 옮기기 위해서는 다른 운송 수단이 필요하지 않았을까? 론강, 마시프상트랄, 랑그도크, 프로방스, 도피네, 사부아, 리오네, 심지어 쥐라까지 갈 수 있는 각종 짐수레, 짐을 실어 나르는 동물들, 마차와 같은 다른 수단을 상상해 볼 수 있다. 어느 짐수레꾼의 모습은 다음과 같다. "한 손에는 고삐를 쥐고, 다른 손에는 채찍을 쥔 짐수레꾼들은 바람을 막아 주는 외투와 파란색 허름한 상의 그리고 부드러운 재질의 짧은 바지를 입고 있었으며, 장화를 신고 다양한 색깔의 모자를 쓰고 있었다."[29] 짐과 여객을 후배지로 옮겨 다른 배로 갈아탈 수 있게 해 주었던 짐수레꾼들은 이렇게 론강 운송 시스템의 중요한 부분을 차지하고 있었다.

19세기 초엽에는 하천 운수업의 운항 체계가 매우 높은 수준까지 발전했다. 상행선과 하행선을 합쳐 약 40만[30]~50만[31] 톤에 달하는 화물들이 운송되었는데, 상행선은 하행선에 비해 운송량이 4배가 적었다. 하나의 화물선이 평균 40

톤을 수송했다고 가정할 때, 1년에 1만 번을 이동해야 하는데 이는 별로 이익이 되지 못한다. 발랑스의 운항사무국이 집계한 바에 따르면, "1809년 4월 1일부터 1810년 3월 30일까지 화물을 적재한 2,250척의 배와 화물을 싣지 않은 150척의 배가 하행선으로 운항했으며, 화물을 실은 1,468척의 배와 일부 텅 빈 배들이 상행선으로 운항했다."라고 한다.[32] 따라서 모든 계산은 상당히 임의적이라 볼 수 있다. 육로를 통한 운송의 경우 수상 운송에 비해 매우 작은 비중을 차지하지만, 그래도 예상보다는 더 많았을 것으로 생각된다.[33]

양방향으로 교통량은 점차 확대되었다. 론강은 규모가 큰 보케르Beaucaire의 시장에서 거래되는 모든 종류의 물품을 북부 지방으로 실어 날랐다. 아를은 지중해 지방의 물품을 실은 운송선의 중계지 역할을 했다. 그리고 무게는 가볍지만 비싼 물품들은 론강 유역의 다양한 도시로 보내졌다. 사실 모든 종류의 물건이 론강의 배를 통해 운송되었는데, 그렇게 수송된 물품 중에는 정말 상상하기 어려운 물건들도 포함되었다. 예컨대 벨쿠르Bellecour 광장에 세워질 루이 14세의 동상도 있었다. 이 동상은 파리에서 르아브르Le Havre와 지브롤터Gibraltar를 거쳐 지중해로, 다시 리옹까지 운송되었는데,[34] 펄라티에르에서 난파 사고를 당해 물에 빠진 것을 다시 건졌다고 한다! 또한 1816년에는 시칠리아 왕의 딸인 마리카롤린Marie-Caroline이 베리Berry 공작과 결혼하면서 예물로 준비한 혼수품과 가구도 론강을 통해 운송되었다.

수상 운송의 가장 주된 역할은 역시 무거운 물품들의 운반이었다. 예컨대 철재, 석재, 벽돌, 기와와 같은 물건과 중세 시대부터 주된 화물이었던 밀, 포도주, 소금 등이다. 밀을 실은 배들은 수확량과 소비량의 변동에 따라 강을 오르락내리락했다. 다른 지역과 마찬가지로 밀 소비는 지역 생산에 먼저 의존했지만, 필요한 양을 지역 간에 보충하는 것은 흔히 있는 일이었다. 외국으로부터 밀을 수입하는 것은 프랑스 국내의 여러 가지 변수로 인해 자국 내 밀 생산량이 부족할 때만 이루어졌다. 알다시피 이러한 상황은 끊이지 않았다. 포도주의 경우, 각 도시들은 오래전부터 인근 포도밭에서 생산된 포도주에 만족해 왔다. 그러나 소비의 증가와 함께 18세기에는 질 좋은 포도주를 생산하는 지역의 포도주 유통량이 증대했다. 소금은 절대적인 필수품이었기 때문에 거대 자본회사와 국가의 주된 관심의 대상이었다. 페케Peccais 또는 생트마리드라메르Saintes-Maries-de-la-Mer의 넓은 염전에는 소금을 싣는 배들이 줄을 서 있었고, 강을 따라 이어진 소금 창고에 저장했다. 일부 배들은 론강에서 운항할 수 있는 마지막 구간인 세셀까지 올라갔다. 세셀은 강에 의해 둘로 나누어졌는데, 프랑스 쪽에는 이미 언급한 소나무 판자와 널판지로 '시슬랑드sisselande'라는 대형 선박을 제조하는 공업지대가 있었다. 사부아 쪽에는 세관과 중요한 창고가 있었는데, 여기서 마차로 르공플Regonfle을 지나 레만Léman 호수의 제네바 포구까지 소금을 싣고 갔다.

소금 거래는 규칙적인 운송을 정착시키는 데 기여했다. 1701년 7월 몇몇 사업가들은 리옹과 세셀 구간을 일주일에 세 번 출발하는 여객 사업을 구상했는데, "많은 비용을 지불하고 빈 배로 올라가는 것"[35]을 피할 수 있는 방법을 찾았다. 그들은 무엇을 요구했는가? "결국 페케에서 세셀까지 7,000~8,000미노minot(역주: 예전에 곡식, 소금 등을 잴 때 사용하던 단위)[36]의 소금을 운반하기로 결정했다.

여객(화물)수송업, 무역업, 환적업, 상품보관업 등이 론강을 따라 생겨났다. 이는 위험한 강으로부터 가능한 한 안전한 지역에 들어선 도시들에 번영과 활기를 불어넣어 주었다. 또한 시대적 상황이 이러한 도시들의 눈부신 성장을 도왔다. 로마 시대 갈리아의 번영 속에서 오랫동안 살아남은 도시가 아를이고, 아비뇽은 오랫동안 기독교의 중심지로서 영향력이 절정에 달해 있었다. 주변 도시들도 두 도시의 후광으로 빛났지만, 프랑스대혁명 전야에는 두 도시의 그늘에 다른 도시들이 가려졌다. 남쪽에 있는 보케르의 시장은 적어도 1315년까지 거슬러 올라가고 소문을 통해 상인과 소비자, 방문객의 수가 10만 명에 이르렀다. 북쪽의 리옹에는 거대한 규모의 시장들이 있었고, 상업의 중심지이자 금융의 중심지였다. 비록 성공하지는 못했지만, 리옹은 프랑스 왕국 전체에 그 영향력을 행사하고자 했으며, 유럽 경제라는 불완전한 오케스트라의 불협화음과 싸우려는 시도도 했다.

지협과 프랑스의 단일성

글의 서두에서 제기한 지협의 문제로 다시 돌아와야 할 것 같다. 론강과 손강을 따라 형성된 도시, 지역, 건물들은 프랑스의 삶에 활기를 불어넣는 데 큰 역할을 해 왔다. 다음은 앙리 페스케Henri Fesquet의 글이다. "부르고뉴 지방에는 어떤 이유에서 그렇게 많은 사원, 기도원, 수도원이 지어졌고 그토록 소중한가? 이러한 질문에 대한 답을 얻기 위해서는 부르고뉴의 역사, 지리적 조건들이 충분히 고찰되어야 한다. 하지만 하나 더 살펴보아야 할 것이 있는데, 그것은 부르고뉴가 가지고 있는 훌륭한 자연환경이 끼친 영향에 대해서이다."[37] 프랑슈콩테, 리오네, 도피네, 랑그도크, 프로방스 지역에서 보듯 발전된 교통망은 도시 성장의 중요한 요소이다. 모든 길을 따라 역사는 뿌리를 내리고 성장한다.

그러나 비달 드 라 블라슈Vidal de la Blache의 제의처럼 다음과 같이 결론 내릴 수 있을까? 이러한 이동과 가속화, 지중해를 향해 강을 내려가고 천천히 강을 거슬러 올라가고, 지중해 지역의 북부 지방과의 교류에 대한 욕망, 이 모든 집중과 분산이 프랑스의 문화와 정치를 통합하는 데 결정적인 역할을 했는가? 하물며 그것을 기다려 왔다. 하지만 이러한 상황에서 역사는 무엇을 말하는가?

반론의 여지 없이 로마 시대에도 지협은 탯줄과도 같은 프랑스의 중심축이었다. 그러나 이것은 제국을 위해, 대로를 위해, 도시와 모젤강과 라인강을 따라 로마에 의해 형성되고 번영한 시골과 도시를 위해서였다. 이렇듯 지협은 갈리아의 경계와도 같은 역할을 했다. 한편, 리옹은 로마 시대 이동과 교역의 중심지였는데, 시잘팽Cisalpine(역주: 알프스 남쪽)과 지중해 그리고 갈리아 서부 및 북부와 연결되어 있었으며, 라인강 국경지대로 가기 위해 로마 군대가 거쳐야 할 관문이었다. 그러면 리옹은 착취에 용이한 식민지 수도가 아니었던가?[38]

이러한 상황은 12~13세기에 샹파뉴Champagne와 브리Brie에서 활기를 띠었던 시장들을 살펴보면 더 명확히 알 수 있다. 베니스의 상선Galera de mercato은 바다를 통해 에그모르트Aigues-Mortes에, 아스티Asti의 운송업자는 알프스의 좁은 길을 통해 이르렀다. 론강을 중심으로 한 축은 절반 정도만 이용되었다. 이 축은 프랑스 왕국의 경계에 위치했는데, '네 개의 강' 즉 에스코Escaut강, 뫼즈Meuse강, 손강, 론강이 왕국의 동쪽 경계를 이루었다. 뱃사공들에게 론강의 우측은 프랑스 왕국의 영역이었고vira de riaume, 론강의 좌측은 신성로마제국의 영역으로vira de pire 오래전부터 강에 접해 있었다.[39] 프랑스의 입장에서 보면, 강의 왼편에 견고한 구조물이 만들어지지 않았던 것은 기적과도 같은 일이었다.

1271년 랑그도크 통합, 1311년 3월 13일 필리프 르 벨Philippe le Bel의 리옹 통합[40], 1349년 도피네 통합, 1481~1483년까지 프로방스와 마르세유 통합, 1601년 브레스Bresse 통합, 1648년 알자스 통합, 1678년 프랑슈콩테 통합, 1766년 로렌 통합, 1790년 아비뇽 통합, 1793년 몽벨리아르Montbéliard 통합, 1860년 사부아와 니스Nice 통합에 이르기까지 아주 오랜 세월 동안 힘겹게 프랑스의 남쪽과 동쪽의 국경선을 확장하면서 론강은 프랑스 영토에 포함되었다.

1481년부터 1483년까지의 영토 확장은 단호했다. 프로방스와 마르세유의 주인이 된 프랑스의 왕은 지중해 연안지역의 이권을 획득하는 기쁨을 맛보게 된 것이다. 앞서 생루이Saint-Louis는 에그모르트를 점령하여 도시를 건설한 후 이곳을 거점으로 1248년 이집트까지 진출했으며, 1270년에는 오늘날의 튀니지까지 이르렀다. 그의 첫 번째 지중해 진출은 러시아 표트르 1세의 발트해 진출 상황과 비교했을 때 그만큼 오랫동안 지속적이지 못했다. 게다가 에그모르트는 항구로서 그리 좋은 조건은 아니었다. 1248년 이집트 원정(6번째 십자군원정) 전날 생루이 왕의 수많은 함대는 이 작은 도시를 떠났는데, 이곳은 두터운 모래사장으로 바다와 분리되어 있었을 뿐 아니라 경계에는 넓은 못들이 마치 내해처럼 있어 끝없이 연결된 수로를 지나야만 이곳을 빠져나갈 수 있었다. 스페인의 아라곤의 공격을 막기 위해 건설된 화려한 성벽은 생루이 왕의 사후에 그의 아들 필리프 르 아르디Philippe le Hardi에 의해 완공되었다. 항구로서도 조건이 좋지 못했고, 왕국의 지원에도 불구하고 상업지구로서도 초라하여 인근의 몽펠리에, 님, 마르세유에 밀렸다. 1248년 주앙빌Joinville은 심각한 고민 끝에 마르세유에서 배에 올라 키프로스에서 왕을 영접했다.[41]

따라서 손강과 론강을 따라 연결된 멋진 길이 프랑스에서 제 역할을 담당하게 된 것은 뒤늦은 일이다. 지리학자 피에르 구루Pierre Gourou는 "옛 게르만 제국의 로타링기아Lotharingia 왕국(수도는 로렌)이 오랜 전통과 활기 있는 문명을 갖고 있던 손강과 론강의 축에 해당되는 지역들(부르고뉴, 리옹, 발랑스)을 황폐하게 만들었다."라고 지적하면서, "여기에는 '지리'는 없고 단지 역사만 존재한다."라고 부연했다".[42] 이렇게 오래전에 있었던 사건을 고발하는 것은 이 지역에 이러한 침체기가 있었음을 상기시키기 위해서이다. 843년 베르됭 조약으로 루이 르 데보네르Louis le Débonnaire의 장남인 로테르Lothaire는 중프랑크 왕국의 왕이 되었으며, 이후 신성로마제국은 론 지역까지 확장되었다.

여기서 중요한 사실은 론강이 일찍이 중세 유럽 시기에 이미 하나의 국경지역이 되었다는 것이다. 그렇다면 수 세기에 걸쳐 거의 프랑스 외부 공간에 있었던 프랑스 지협은 국가적인 사명을 가질 수 있을 것인가? 교황청이 세워진 아비뇽의 번영기인 14세기를 살펴보자. 14세기의 아비뇽은 인본주의가 시작된 수도로서, 보편적인 가치를 중시하는 도시로서, 프랑스적이라기보다는 오히려 유럽적인 성격의 도시였다. 마찬가지로 16세기에 리옹의 시장들이 번창할 무렵에 리옹은 이탈리아 상업의 중계지로서의 역할을 하고 있었으며, 당시 리옹은 이미 유럽의 한 도시였다.

리옹 주변에 건설된 고대 로마의 가도

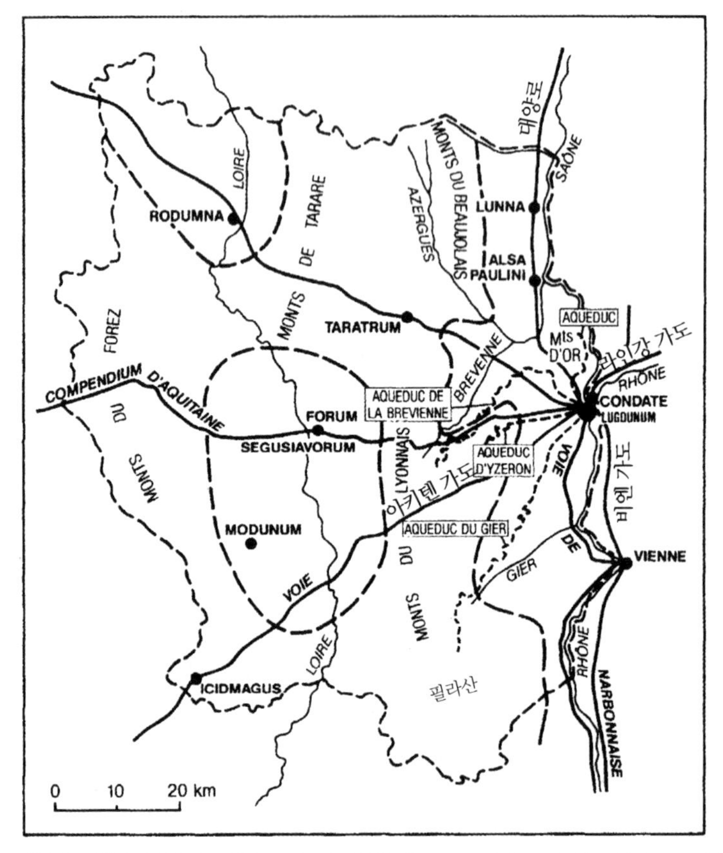

로마제국의 정치적·상업적 관점이 고려되어 리옹은 대로들이 지나는 교통의 요충지로 성장했는데, 라인강, 시잘팽, 지중해, 그리고 갈리아 서부 및 북부와 연결되어 있었다.

지도출처: *Histoire de Lyon et du Lyonnais*, publiée sous la direction de André Latreille, 1975.

그렇다면 론강이 프랑스적 사명을 갖는 데 실패한 것이라고 말할 수 있는 것인가? 아니면 오히려 프랑스가 일찍부터 교통이 발달한 론강 유역에 대한 주도권을 놓쳤다고 보는 것이 맞는 말인가?

또 다른 요소로서 우리가 지금까지 살펴본 프랑스의 지협은 유럽의 유일한 지협이 아니었고, 로마 시대나 샹파뉴 시장이 번성했던 시기를 제외하면 항상 그렇게 이용이 잦았던 곳도 아니었다. 13세기 말부터 유럽 경제의 거대한 통로는 여러 도시를 연결하는 독일의 지협이었다. 예컨대 남쪽으로는 제노바 Genova, 밀라노, 피렌체, 베네치아와 연결되어 있었고, 중앙으로는 아우크스부르크Augsbourg, 바젤, 스트라스부르, 뉘른베르크Nuremberg, 프랑크푸르트, 쾰른과 같은 도시들이 분포하고 있었다. 이들 도시는 독일의 은과 구리 광산 덕분에 활기를 띠었다. 북해 쪽에는 브뤼주, 앙베르, 함부르크Hambourg 그리고 런던과 같은 도시들이 있었다. 알프스 지역의 경우, 운송을 돕는 활동적인 마을 사람들은 겨울철에 눈썰매를 이용하여 산악지대의 장애 요소를 극복할 수 있게 해 주었고, 교역량 증가에 큰 역할을 해 주었다.43

제노바는 오랜 역사를 자랑하며 일찍부터 싹튼 자본주의의 중심축이었고, 베네치아는 동방무역의 중심지로 알프스를 통해 독일과 연결되었던 반면, 마르세유는 풍부한 활동성과 에너지에도 불구하고 당시로서는 전혀 역량을 발휘하지 못했다.

잠시 이탈리아, 독일, 네덜란드, 영국의 견고한 도시들에 관해 생각해 보자. 이들 '도시 중의 도시'는 서로 손을 잡고 연합했으며, '유럽 경제의 척추'라 불렸다. 이들 도시는 초기 자본주의 또는 자본주의 유럽의 핵심적인 지역으로, 각 도시들은 도로를 통해 서로 간에 유기적으로 연결되어 있었다. 만일 이탈리아와 독일이 정치적으로 통일을 이루는 데 오랜 시간을 지체했다면, 이는 일찍부터 자율적이고 부유할 뿐 아니라 그들의 자유를 지키려는 도시들 때문이었다. 프랑스는 유럽의 이러한 비약적인 발전과 약간 동떨어진 감이 있었다. 왜냐하면 프랑스를 통과하는 지협이 랑그도크나 마르세유 또는 프로방스의 항구도시들의 역량을 충분히 펼칠 수 있게 해 주지 못했기 때문이다. 하지만 이탈리아 도시들의 의지와 관심만 있었다면, 효율적인 경제적 연계를 맺는 좋은 출발점이 될 수도 있었다.

독일 지협의 우위와 13세기 말(1298년)과 14세기 초에 지브롤터를 경유하여[44] 바닷길을 통한 지중해와 북해 지역 간의 연결은 프랑스를 활발한 교역과 막 첫발을 내딛기 시작했던 근대 자본주의로부터 고립시켰다. 일반적으로 역사적인 설명을 통해 이러한 상황이 잘 밝혀지지 않았기 때문에 이를 다시 조명해 볼 필요가 있다. 그리고 이것은 그 무엇보다도 중요한 작업이 될 것이다. 걱정하고 동요했음에도 프랑스는 유럽 자본주의의 특혜를 받는 지리적 범위에 들어가지 못했다. 이것은 프랑스의 실수인가? '선천적인' 부적격 때문이었을까? 아니면 유럽의 자본주의는 프랑스에 무관심했거나, 더 나쁘게 말해 그것을 명확하게 표명하기도 전에 배제되었던 것인가?

국경 하천으로서의 론강

결국 다니엘 포셰Daniel Faucher의 말처럼, 론강은 지역을 분리시키는 경계선이었고, "적"에게는 장애물이었다.[45] 이러한 상황은 급류 지역의 위험요소와 예측할 수 없는 강의 특성, 그리고 사람과 역사의 우연성에 의해 설명된다. 일반적으로 강은 공간을 분리시키기보다는 지역과 지역을 이어 주는 매개로서 이야기된다. 강은 사람들을 관심에 따라 또는 호기심에 이끌려 한쪽 유역에서 다른 쪽 유역으로 갈 수 있게 해 준다. 하지만 론강의 경우에는 그렇지 않았다.

물론 언제든지 론강을 건널 수 있다. 그러나 그러기 위해서는 강 양안의 서로 마주 보는 마을들 간에 사전 협의가 있어야 하며, 강을 건널 수 있게 해 주는 다리, 배 그리고 밧줄을 사용하는 나룻배들을 함께 유지하고 보수해야 했다.[46] 18세기에 카시니Cassini가 제작한 지도에는 제네바에서 바다까지 이르는 강 위에 약 15개 정도의 다리가 표기되어 있었는데, 강을 사이에 두고 강의 양쪽에는 지보르Givors와 샤스Chasse, 비엔Vienne과 생트콜롬브Sainte-Colombe, 앙당스Andance와 앙당세트Andancette, 투르농Tournon과 탱레르미타주Tain-l'Hermitage, 발랑스Valence와 생파레Saint-Paray, 아비뇽Avignon과 빌뇌브레아비뇽Villeneuve-lès-Avignon, 타라스콩Tarascon과 보케르Beaucaire, 아를Arles과 트랭크타유Trinquetaille 등의 도시들이 분포되어 있었다.[47] 강의 오른쪽에는 프랑스 왕국의 도시들이 있었고, 강의 왼쪽에는 신성로마제국의 도시들이 자리 잡고 있었으며, 마주하고 있는 다른 도시에 비해 지배적인 위치에 있었다. 이러한 도시 간의 연계는 경제적 필요에 의해 이루어졌으며, 강의 양안에 있는 상인과 강 인근 주민들 간의 교류는 강의 상류 또는 하류 지역들을 왕래하는 것보다 중요했다는 것을 암시한다.

하지만 강의 양안 간에는 정치적으로 자유로운 왕래가 용인되지 않았다. 물론 정치적인 또는 행정적인 편리함을 위해 강의 양쪽 지역이 연결된 곳도 있었다. 센강과 루아르강의 연안지역이 그러했는데, 적어도 루아르강의 연안지역만 살펴보아도 니베르네Nivernais, 오를레아네Orléanais, 투렌Touraine, 앙주Anjou, 브르타뉴Bretagne 지역을 연결하는 다리가 된 것을 알 수 있다.[48] 이와는 반대로 라인강과 론강 그리고 손강은 하천 방벽의 역할을 했다. 프로방스 지방, 콩타브네상Comtat-Venaissin, 아주 작은 공국이었던 오랑주Orange, 랑그도크, 비바레Vivarais, 리오네Lyonnais 지역 사람들은 론강을 자유롭게 왕래하지 못했다. 1601년 리옹 협정에 의해 사부아 공국이 소유하고 있던 젝스Gex 평야와 뷔게Bugey 그리고 브레스 지방이 프랑스 왕국으로 넘어간 이후 사부아 지방도 손강을 왕래하지 못했다. 부르고뉴 역시 느긋하게 흐르는 강 위를 이제 겨우 도로들이 넘기 시작했다.

1707년 토리노에서의 대패 이후 테세Tessé 총사령관은 도피네 지방에서 연합군의 선두에 서서 부대를 이끌었는데, 그는 사부아 지역으로부터 적군의 공격을 두려워했다. 그러나 랑그도크 지방은 침략당하지 않을 것이라고 안심했다. 그 이유는 "론강은 사람들이 쉽게 넘어올 수 있는 강이 아니기 때문이다"[49]. 수운교통의 생동감 넘치는 측면과는 달리, 사실 론강은 '천혜의' 경계로 끊어져 어긋난 단층면 사이의 요새이다. 하천을 통해 어떠한 국가도 침범하지 못한다. 프로방스 왕국은 오래전에 강의 오른편 유역의 비바레 지역을 가졌지만, 이러한 관계는 일시적이었다. 게다가 론강은 서로 다른 국가들 사이를 흐르고 있지 않았던가? 필자는 알프스 지역에서 퐁생테스프리Pont-Saint-Esprit를 지나 마시프상트랄Massif Central을 자주 방문하지만 오늘날에도 여전히 강렬한 인상을 받지 않는가? 강의 양안 어느 곳을 가도 포도밭뿐이었지만, 모든 지역은 늘 새로운 풍경을 보여 주었다.

대립이 계속되다가 상황이 바뀌어 프랑스의 왕이 강의 양쪽을 모두 차지했을 때에도 사람들은 여전히 "상처난 두 입술"[50]과 같은 약간 과장된 표현으로 이 지역을 이야기하곤 했다. 강의 이쪽 편에 거주하는 주민들은 반대편에 거주하는 주민들과 대립하고 다투었다. 공존은 평화롭지 못했다. 서로 마주하는 마을과 마을, 도시와 도시 간에 "용서가 없었던 것"[51]은 아니며, 일부 마을들은 조화롭게 공존하기 시작했지만 각종 분쟁과 원한, 소송은 언제나 일어나는 관례였다.

론강 자체의 소유권에 관련된 분쟁은 일어나서도, 일어날 수도 없는 사안이었다. 프랑스의 왕은 오래전부터 론강과 관련된 모든 재산에 대한 소유권을 주장해 왔다. 1380년 프로방스의 백작이 되기도 한참 전에 프랑스 왕은 "론강의 모든 섬과 랑그도크의 다른 모든 하천은 프랑스 왕국의 왕권과 왕실의 권리에 따라 그에게 예속된다."라는 선언문을 공표했다[52]. 프로방스의 소유권이 프랑스 왕국으로 예속되기 몇 해 전이었던 1474년에 루이 11세 역시 국왕의 공개장을 통해 "론강과 이에 관련된 모든 재산은 국왕의 소유이다."라고 선포했다.[53]

론강의 소유권에 대한 이러한 법적인 선언은 프랑스 왕국의 구속력으로 단단하게 결속되었는데, 이는 1734년에 쓰여진 글에도 잘 드러나 있다. "교황의 아비뇽 유수 기간 중 아비뇽의 범죄자들이 론강의 배 안에 은신하면 론강은 교황청의 관리들에게도 치외법권 지역이었기 때문에 더 이상 추적할 수 없었다." 또한 "론강이 범람하여 아비뇽 시내의 퓌스트리Fusterie라는 길까지 이르렀을 때 포구 관리인은 강의 소유권을 알리는 프랑스 왕국의 현판을 강의 포구와 선착

론강의 섬들

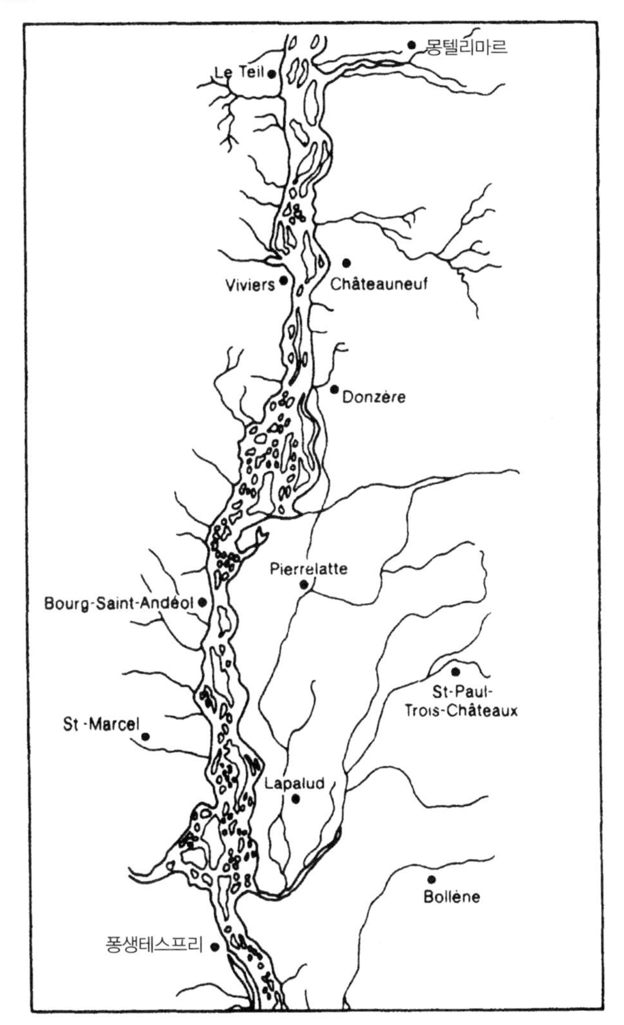

18세기 말에 제작된 카시니의 지도에는 몽텔리마르와 퐁생테스프리 사이의 구간에 셀 수 없을 정도로 많은 섬들이 표현되어 있는데, 이러한 섬들은 강을 따라 운항하는 배들에게 많은 장애 요소 가운데 하나로 인식되었다.

장에 세우도록 명령받았다"**54**.

그럼에도 론강 유역의 토지를 갖고 있던 다양한 소유자들은 총 80개의 통행

보방의 보고서에 실린 론강의 하천 작업도(1686)

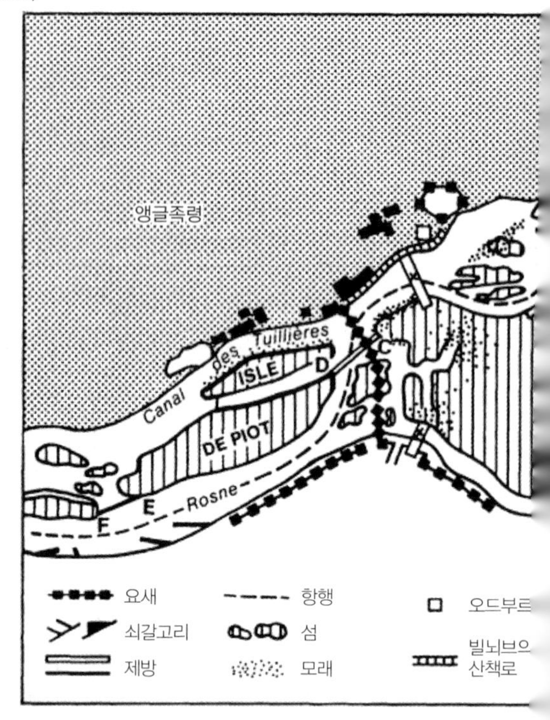

물의 흐름을 따라 배가 다니는 수로는 점선으로 표시되었다. 교황령의 아비뇽(강의 왼쪽)을 지나 프랑스령인 빌뇌브(강의 오른쪽) 쪽으로 배들을 원활하게 운항하기 위한 것이다. 이를 위해서는 다음과 같은 공사가 필요했다.

1. 물의 흐름을 변경시켜야 한다. a/b[바르탈라스(Bartalasse)섬을 둘러싼 론강의 물줄기가 나뉘어 물의 양이 적어지는 것을 막음], c/d[바르탈라스섬과 피오(Piot)섬 사이], e/f에 제방을 설치한다. 삼각형 모양의 표시는 유로변경 공사를 나타내는데, 강물이 강의 오른쪽으로 흐르도록 하기 위함이다. 생피에르(Saint-Pierre) 통로와 튀에르(Tuillères) 통로를 확장한다. 공사가 막 시작되었지만, 강둑이 침식되거나 강 한가운데에 모래톱이 형성되는 것과 같은 예상치 못한 돌

료 징수소를 만들어 운영하고 있었는데, 이를 막을 방법은 없었다. 앙드레 알릭스André Allix**55**의 기록과는 달리, 론강은 자유로운 왕래와 교역이 가능했던 중립적인 지역이 아니었다.

지방과 지방 사이에서도 강은 소유권과 관련된 분쟁을 일으키는 소재였다. 1760년경 랑그도크와 프로방스 사이에 분쟁이 있었는데, 치열한 역사적·법적

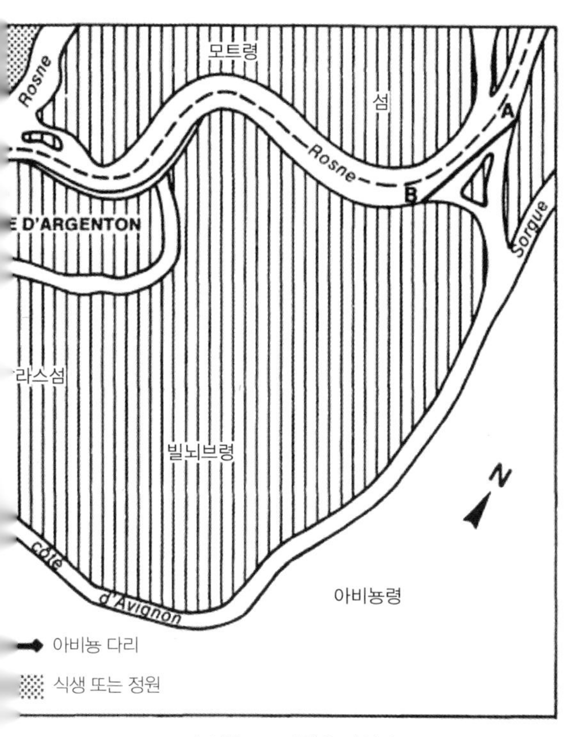

발 상황으로 난항을 겪었다.

2. 빌뇌브 연안 쪽에 예인 도로를 만든다. 아비뇽 다리와 오드부르(Audebourg) 집 사이에 만들어졌다(예전에는 강에 침수되곤 했다). 생탕드레(Saint-André) 요새를 지탱하는 높은 바위에 적어도 5m(15개의 발 길이) 폭의 예인 도로를 만드는 문제가 남아 있었다. 이 공사 자체가 어려운 작업일 뿐 아니라 20여 m[10투아즈(toise), 역주: 1투아즈는 1.949m]의 벽을 후퇴하기 위해 요새의 끝자락을 무너뜨려야 하는 어려움이 있었다. 바르탈라스섬이 명백하게 아비뇽의 영지 쪽에 붙어 있는 것을 보면 프랑스 왕국의 행정 당국에 있어 섬(îsle)이라는 단어는 무엇을 의미하는가에 대한 의문이 있었다.

공방이 오고 가는 동안 역사학자들조차 어찌할 바를 몰랐다.[56] 결국 왕실자문위원회가 이 소송의 중재 역할을 맡게 되었는데, 각 지방의 대표들이 소송을 진행하고 있었지만 사실상 론강과 관련된 모든 것은 프랑스 왕실의 소유가 아니었던가? 이러한 사안을 파악하기 위해서는 섬들, '모래톱, 사주, 습지, 충적토'와 같은 론강의 끊임없는 퇴적활동의 결과로 만들어지는 지형의 변화, "강에 버려진 배 또는 불안정한 뗏목과 같은 물위에 떠다니는 섬"[57]에 대해서도 이해하고 있어야 한다. 그렇다면 이러한 분쟁의 목적은 무엇인가? 이 토지들은 일부 불모지를 제외하면 대부분은 비옥해서 밀을 심으면 10~15배의 소출을 보았다.[58] 그리고 무엇보다 사람들이 규칙적으로 거주하는 토지에 대해서는 세금이 엄격하게 관리되었다. 따라서 누가 프로방스와 랑그도크의 농민들에게 세금을 징수해야 하는가? 이것이 분쟁의 핵심이었던 것이다. 이러한 긴 글에서 필자는 '강을 건너는 것과 관련해서는' 단 한 차례의 기록을 발견했는데, 빌뇌브레아비뇽Villeneuve-lès-Avignon의 뱃사공들에 관한 것이었다. 아비뇽의 위치에서 그들만이 유일하게 강의 양쪽 유역을 오고 갈 수 있는 권리가 있었다.

왕실자문위원회가 랑그도크에 호의적으로 판결을 내림으로써 강의 왼쪽 유역까지 권리를 행사할 수 있는 법적 근거가 마련되었으며, 적어도 신성로마제국의 점토질 땅의 경계까지 넓힐 수 있게 되었다. 의심의 여지 없이 프랑스 왕국의 판결은 프로방스보다 2세기 먼저 프랑스에 병합된 랑그도크 지역을 우선적으로 생각한 것이라 볼 수 있다. 따라서 툴루즈 의회는 론강과 관련된 강 유역과 섬의 소유권 분쟁에서 이러한 우선권을 인정하게 되었다.

론강을 둘러싼 보다 중요한 또 다른 분쟁은 국가와 국가 간의 분쟁이었는데, 이는 국립문서보관소의 보관함 속에 잠자고 있던 1686년 3월 22일자 보방의 보고서Mémoire ou avis de Monsieur de Vauban에 잘 기록되어 있다.[59] 그의 논지는 312쪽에 수록된 지도 범례에 잘 나타나 있다. 론강의 물줄기는 둘로 나뉘어 빌뇌브레아비뇽의 가파른 연안을 흐르는데, 맞은편에 위치한 교황의 도시이자 경쟁 관계에 있는 외국 도시 아비뇽의 포구를 제치고, 이러한 강의 흐름을 이용하여 상행선과 하행선의 운항을 원활하게 하는 것이다. 그러나 강물의 흐름을 바꾸는 것은 쉬운 일이 아니었으며, 이러한 시도는 결국 실패로 돌아갔다. 더구나 보방은 그것을 거의 예견했다. 즉 "생탕드레Saint-André 바위의 아랫부분은 빌뇌브 쪽의 예인도로가 지나가는 곳들 중 하나인데, 아직 작업이 거의 진행되지 않았다." 하지만 사람들은 가능한 한 많은 물을 빌뇌브 쪽으로 끌어오기 위해 여러 차례의 유로변경 공사를 진행했다. 보고서에는 다음과 같은 기록이 있는데, "론강과 섬들은 모두 프랑스 왕의 소유이므로 유로변경 공사가 백작령의 경계만 넘지 않는다면 교황청의 관리들은 아무런 이의를 제기할 수 없을 것이고, 론강은 빌뇌브레아비뇽 앞으로 흐를 수 있게 될 것이다"[60]. 이 글은 다시 한 번 강물과 섬들이 왕의 것임을 확인해 주고 있다. 교황청에는 백작령의 강 연안지대만 남겨 두었다.

보방의 보고서에는 아비뇽 다리에 관한 몇 가지 정보가 남아 있다. "다리의 폭은 12개의 발 길이, 길이는 500투아즈toise였는데, 커다란 화물을 실은 짐수레가 지날 수 없었다. 이는 이런 종류의 건축물에 있어 가장 큰 결점 중 하나이다." 또한 보다 북쪽에 위치한 생테스프리Saint-Esprit 다리에 대한 글도 있다. "길이는 400투아즈, 폭은 14개의 발 길이 … 그러나 다리의 중간에 있는 낡은 아치가 간신히 버티고 있었다." 이 다리 역시 같은 문제가 있었다. 다리를 건너는 마차들은 화물을 내려 뗏목에 옮겨 실어야만 했다. 화물은 하역 인부들에 의해 옮겨졌고 강 저편에서 다시 마차에 실렸다.[61] 어떠한 방식으로든 론강을 건너는 것은 쉬운 일이 아니었다.

리옹의 운명

리옹Lyon의 운명은 론강보다 훨씬 더 복잡하다. 모든 도시는 언제나 복잡한 존재이지만, 리옹은 그중에서도 더 복잡한 역사를 가지고 있다. 갑작스런 도시의 변화와 부의 축적, 독창성, 그리고 이 도시만의 독특한 모습은 역사학자들에게 강한 인상을 준다. 한 세기 한 세기마다 리옹이라는 도시는 전혀 다른 새로운 도시가 되어 왔다. 이는 도시 스스로의 변화라기보다는 어떠한 외부적 강요에 의한 변화였고, 리옹은 끊임없이 새로운 것을 추구하게 되었다. 이렇듯 프랑스의 역사에서 풀기 어려운 문제를 가지고 있는 도시가 바로 리옹이다. 하지만 리옹은 동시에 문제를 풀 수 있는 핵심적인 단서가 될 수도 있을 것이다.

리옹은 활기차고 강인한 모습을 갖고 있는 동시에 비밀스럽고 불편한 측면도 있으며, 역사적으로는 매우 특수한 변화와 혼란을 겪었다.[62] 리옹은 프랑스에 완전히 동화되어 생사고락을 함께했다. 론강 유역의 도시로서 인접 지역과 먼 지역의 도시와 관계를 유지했는데, 리옹과 함께하는 도시들은 이 도시를 보완해 주는 역할을 했다. 따라서 리옹에 이쪽으로, 그렇지 않으면 저쪽으로 기울어지곤 했다. 최근 한 지리학자는 "마시프상트랄 지역이 론강 유역보다 리옹의 영향력을 더 많이 받는다는 모순적인 사실을 발견했다"[63]. 피에르 에스티엔Pierre Estienne은 과거와 현재의 리옹에 대한 손강-론강 축의 중요성을 과소평가하고 있다고 볼 수 있다. 이에 대해서는 잠시 후에 다시 논하고자 한다.

경계를 쉽게 그릴 수 없을 뿐 아니라 매 순간 다양한 색상으로 변하는 도시의 독특한 특성은, 사실 그의 노력에도 불구하고 도시를 쉽게 이해할 수 없는 관찰자에게는 놀라움, 망설임, 그리고 짜증스러운 일이기도 하다. 물론 관찰자는 도시 공간을 로컬, 지역, 국가라는 '논리'에 따라 통상적인 방식으로 설명할 준비를 한다. 그리고 매번 설명할 준비가 되면 어느새 이 상황에 부합했던 도시는 사라지고 좀 더 복잡한 양상을 띠게 된다.

분명한 것은 리옹은 일상을 인근 지역인 리오네Lyonnais와 함께 살아왔다는 것이다. 리옹의 부르주아들은 그곳의 땅과 포도밭, 농가들을 소유했다. 하지만 이 지역의 규모는 이웃한 대도시와는 비교될 수 없는 수준이었다. 리오네 지역은 리옹의 성장을 늦추게 하는 요인이 되었다. 이곳과 툴루즈 주변의 농촌 마을 그리고 일드프랑스의 마을들 사이에는 얼마나 많은 차이가 있는가! 어떠한 비교도 가능하지 않다.

지역에 관한 '논리'는 오히려 당황스럽고 어떠한 결론에도 도달하지 않는다. 16세기 이래로 리옹은 다시 이 지방의 강력하고 건강한 수도가 되었다. 오늘날 리옹의 영향력과 주도권은 거리가 꽤 떨어진 도시들에까지 이른다. 예컨대 로안Roanne, 디종Dijon, 샬롱쉬르손Chalon-sur-Saône, 브장송Besançon, 대대로 경쟁 도시인 제네바Genève, 그르노블Grenoble, 생테티엔Saint-Etienne 그리고 과거의 비엔Vienne과 오늘날의 발랑스Valence 등과 같은 도시들이 그러한 사례이다. 하지만 이러한 현상을 분명하게 이해하기 위해서는 앞 장에서 살펴본 리옹과 조력자인 동시에 경쟁자인 이러한 도시들 간에 형성된 상업과 금융 관계에 대한 앙드레 피아티에André Piatier의 연구처럼 세밀한 연구가 이루어져야 한다.

국가적 논리에 대해 말하자면 예외적인 사례가 규칙을 확인시켜 주는 것처럼, 필자는 오히려 적대적이고 부정적인 사례들을 발견한다. 프랑스의 경제와 정치는 리옹이라는 중심축을, 그의 영향력을 지지하지 않았다.

간단히 말하면, 프랑스의 경제는 결국 손강-론강 지협을 벗어나 파리 방향으로 우회했다고 볼 수 있다. 프랑스의 경제는 직선으로 파리-리옹을 연결하는 옛 부르보네Bourbonais 도로(지금의 RN 7)를 중심으로 성장했다. 게다가 파리로부터 리옹으로 들어오는 교통은 론강을 내버려두고 이탈리아의 토리노와 밀라노로 향한다. 샹베리Chambéry를 지나 해발 2,100m의 세니Cenis산의 쉬운 길을 넘으면, 알프스산맥을 통과하는 유일한 대로인 모리엔Maurienne 계곡에 이른다. 요컨대 도로는 대각선으로 리옹을 통과하지만, 론강 축은 그저 지나가기만 한다. 그리고 국가적인 차원에서 보면 강력한 두 거대도시가 동시에 지배할 만한 공간이 없었다. 파리는 수도로서 리옹을 능가했고, 자연적으로 국가 운영의 막대한 자금은 파리로 모이게 되었다.

그렇지만 리옹은 경제적인 측면에서 매우 오랫동안 수도보다 앞섰다. 론강 유역의 도시로서 리옹은 시장의 번영을 통해 사실상 유리한 조건에서 시작했다. 16세기에 리옹의 도매상과 은행은 파리의 소매상을 근심하게 만들었다. 하지만 17세기에 접어들면서 프랑스의 경제성장이 둔화됨에 따라 시장들의 화려한 시대는 막을 내린다. 그 후 18세기에는 파리를 중심으로 경제가 다시 활기를 띠기 시작했고, 리옹의 금융 주도권은 서서히 수도인 파리로 이전되었다. 이러한 모든 과정은 계몽주의 시대의 마지막까지 이어진다. 때로는 정당한 방법으로, 때로는 부당한 방법으로 모든 기득권과 우선권이 리옹의 경쟁 도시였던 파리로 옮겨졌다. 19세기에 접어들어 양 도시 간의 경쟁 관계는 더욱 치열해졌다. 오늘날 리옹의 자본은 끝없이 독식하는 파리에 의해 잠식되었다. 1983년 파리를 포함한 지방에 생긴 '제2의 시장second marché'과 리옹에서 새로운 몇몇 기업들의 상장은 리옹의 주식시장에 활력을 불어넣었다. 그렇다면 이러한 시도가 프랑스의 경제 구도를 다시 바꿀 수 있을까? 아직은 답할 수 있는 시점이 아니다. 리옹의 산업은 아직 경쟁력을 갖추지 못하고 있다. 수도권에 집중된 자본이 프랑스의 지방 도시에 분산되었을 때 실제로 효율적으로 작동할지 여부에 달려 있다고 본다.[64]

이러한 상황은 리옹의 운명을 더 잘 이해할 수 있게 해 준다고 생각된다. 리옹의 비극은 이 도시가 번영할 수 있는 조건을 국제적인 큰 '논리'에서만 찾을 수 있는 것으로부터 비롯된다. 외부의 조력자가 필요했고, 리옹을 돕는 요정들은 해외에 있었다.

과거 로마제국이 소수의 갈리아인들이 모여 살던 중립지역에 건설한 도시가 바로 리옹이다. 이렇게 건설된 새로운 도시는 알프스 너머 로마제국의 부를 위한 갈리아 지역의 '식민지' 착취의 중심지가 되었다.[65]

역사는 결코 다시 시작될 수 없는데, 이미 지나간 경험이 다시 되풀이되지 않는다는 측면에서 평등이라는 저울은 모두에게 적용된다. 그러나 15세기 말과 16세기 리옹의 이례적인 번영은 유사한 방법과 과정으로 이루어졌다. 1420년부터 존재했던 리옹 시장은 루이 11세의 비호와 제네바 시장에 대한 철폐정책(1462~1464)[66]에 따라 국제적인 규모의 시장으로 탄생되었다. 1467년 무렵 이탈리아의 메디치 가문이 리옹에 정착하게 되었고, 16세기에는 상당히 번창했다. 리옹은 수 세기 전에 샹파뉴 시장이 그러했듯이, 유럽 경제의 지배적인 중심지가 되었다. 그러나 이러한 리옹의 거침없는 번영이 가져다주는 부와 혜택은 이탈리아의 피렌체, 루카, 제노바 지역의 은행가들에게 돌아갔다. 이렇게 그들은 리옹을 통해 프랑스를 착취했고, 상업에서 초과이윤을 얻었다. 오래전 갈리아 지역을 착취했던 로마인들의 수법과 동일하지 않았던가? "리샤르 가스콩Richard Gascon은 외국의 우위는 엄청났다고 쓰면서, 프랑스에서 상업활동을 통해 얻은 이윤에 대한 이탈리아 은행, 자본가들의 독점권에 관해 집중적으로 설명하고 있다. 은행 조직이 발전함에 따라 지속적으로 그 역할이 감소한 중개업을 제외하고는 프랑스인들에게 남겨진 일은 없었다."**67** 루이 부르주아Louis Bourgeois는 16세기 전반기(1491~1551)의 리옹에 관해 쓴 그의 책의 한 장의 제목을 "국가 안의 국가: 피렌체국Un Etat dans l'Etat: la nation florentine"이라고 명명했다.**68** 프랑스 리옹에 살았던 유럽 최고의 상인 가문인 구아다니Guadagni는 피렌체 출신이었는데, 프랑스에서는 가다뉴Gadagne라 불렸다. 80개 가문이 넘지 않는 범위 내에서 이탈리아인들은 막강한 이민자 집단을 형성하여 모여 살았고, 지역 사람들과의 관계를 피하기 위해 그들끼리만 결혼을 했다. 이러한 모습은 시대를 초월하여 자본주의에서 흔히 찾아볼 수 있는 전형적인 특징이다.

프랑스와 프랑스의 왕들은 리옹 사람들과 리옹에 거주하는 외국인의 재산에서 비롯된 리옹의 막대한 부에 매료되었다. 모든 것이 가능했던 론강 유역의 중심 도시인 리옹은 16세기에는 프랑스 왕국의 수도가 될 수도 있었을 것이다. 알프스 너머로 영향력을 확장하려는 프랑스의 정치는 이탈리아와의 전쟁에서 그 힘을 소진했는데, 리옹에는 사람들과 전쟁에 필요한 물자, 대포에 사용되는 각종 부품들, 그리고 군자금이 모였다. 따라서 리옹은 도시에 이익을 가져다주는 전쟁을 지지했다. 또한 모든 것이 연결되어 있어 리옹은 르네상스의 황홀함도 경험했는데, 리옹은 파리만큼 문화적으로 화려한 수도가 될 수도 있었다. 그렇게 모든 것은 리옹을 향해 열려 있었다. 이탈리아에 가장 친화적이었던 프랑수아 1세François Ier 때에는 프랑스의 역사 중 리옹이 가장 주목받았던 시기였다. 1538년 프랑수아 1세는 카를 5세와의 회담을 위해 론강을 통해 에그모르트

Aigues-Mortes를 방문했는데, 이때 그는 리옹의 승격에 대해 생각했을까? 리옹을 지나면서 프랑수아 1세는 또 한 번 이 도시에 매료되었다. 이와는 별개로 왕세자가 정구 경기 후 갑작스럽게 병에 걸리는 일이 있었다. 여행은 다시 남쪽 방향을 향해 재개되었지만, 젊은 왕세자의 건강이 악화되어 투르농Tournon으로 데려가야 했고, 안타깝게도 그는 8월 10일 그곳에서 숨을 거두었다. 브랑톰Brantôme은 "아름다운 젊은 영혼과의 이별"이라고 표현했다.69

이 불길한 사건을 계기로 리옹은 이 도시에게 돌아갈 영광을 얻지 못한 것은 아닐까? 리옹이 수도로 승격되기 위해서는 공식적인 결정보다는 그것을 강요해야 했다. 하지만 리옹은 게임에서 졌는데, 또 다른 이유로는 잘못된 결정을 들 수 있다. 지중해와 이탈리아 지역에서 벌어지는 전쟁에 관심을 기울이고 있던 유럽 국가들은 16세기 중반에 이르러 북쪽과 대서양 지역으로 그 관심을 돌리게 된다. 카토캉브레지Cateau-Cambrésis 조약(1559년) 체결로 프랑스와 스페인 사이의 전쟁은 끝이 나고, 리옹은 쇠퇴하게 된다. 알프스 너머 프랑스의 이권을 포기하는 조건으로 체결된 이 평화협정은 프랑스 귀족 군인들의 거센 반발 속에서 이루어졌다. 앙리 2세Henri II는 1536년부터 프랑스령이었던 피에몬테Piémont와 사부아Savoie 지역을 포기해야만 했다. 프랑스의 국경은 동쪽의 넓은 지역이 잘려 나가 리옹 부근까지 좁혀졌다. 토리노 또는 밀라노에까지 프랑스의 영향력이 미쳤을 것을 상상해 보자. 리옹은 유럽 전체의 부가 집중되는 중심지로서 자리매김하고 있었을 것이다. 아마도 산 너머의 정복자가 발루아 왕조인지 합스부르크 왕가인지 모를 정도로 오랫동안 이 도시의 번영은 유지되었을 것이다.

1557년 갑작스런 은행의 파산과 함께 이미 예고되었던 리옹의 쇠락은 빠른 속도로 가시화되었다. 하지만 오랜 세월 축적되어 온 도시의 재화와 금융은 도시를 한순간에 파멸시키지 않았다. 이 도시는 유럽에서 서서히 그의 위상을 잃고 있었지만, 프랑스가 있었다. 17세기 유럽의 경제 침체기에 리옹은 프랑스의 주요 자산을 관리해 주었다. 당시 자본은 3개월에 원금의 2% 금리를 보장해 주는 리옹으로 모여들었다. 게다가 모든 차용증서는 의무적으로 '금화'로만 지불해야 했다. 이러한 활동은 단기투자를 끌어들였는데, 사실 당시에는 이윤을 위한 금융활동이 금지되었던 시기였다. 리옹의 중개상들은 회계장부에 단순히 채무, 채권 관계를 기입하면서 상업활동을 이어 갔다. 이것이 그들의 일상이 되었고, 자본을 운용하여 이윤을 얻는 상황을 맞이했다.

하지만 당시의 리옹은 상인들의 공간이었을 뿐만 아니라 생산활동의 중심이기도 했다. 리옹의 산업활동은 금융활동의 축소로 인해 위축된 도시의 경쟁력을 보강해 주는 역할을 했다. 어쨌든 이러한 리옹의 제조활동은 전체 유럽 시장에서 이 도시의 존재를 유지시켜 주었다. 리옹은 일찍이 사치산업의 하나인 견직물산업을 선택했다. 그리고 이러한 분야의 산업은 당시에는 상당히 유망했다. 이렇게 견직물산업이 커짐에 따라 끊임없이 그 분야의 숙련공과 잡부를 모집해야 했다. 견직물산업을 둘러싼 노동자들의 삶의 현실은 이 도시의 깊숙한 측면까지 볼 수 있게 해 준다.[70] 당시 리옹의 견직물산업은 알프스 인근 지역과 마시프상트랄 지역까지 이르는 주변의 가난한 지역에서 필요한 인력을 공급하지 않았을까?

리옹의 견직물 업자들은 프랑스와 유럽 국가의 귀족계급 소비자를 확보하기 위해 상당한 노력을 기울였다. 그들은 매년 변하는 유럽의 의복 문화의 유행을 리옹의 견직물산업이 이끌 수 있도록 화려하고 새로운 옷감을 끊임없이 소비자에게 선보이기 위해 애를 썼다. 우선, 생산품을 외국으로 수출하는 데 필요한 제반 시설을 확충할 필요가 있었다. 이를 위해 리옹은 외국 상인들과의 교류, 시장, 물자 보급, 명주실을 수입하는 수입업자, 무역중개인, 귀금속과 화폐를 확충해야 했다. 리옹의 견직물 업자들은 다른 유럽 도시의 경쟁자들과의 관계를 염두에 두고 행동했다. 그들은 토리노의 견직물 생산, 취리히zürich의 크레이프 견직물(1707년) 생산을 주시하고 있었다. 당시 이탈리아에서는 리옹에서 생산되는 견직물 샘플을 가져다가 완벽하게 모방했는데, 이에 대한 유일한 대응책은 모방 제품이 시장에 나올 때는 이미 유행에 뒤처지도록 신제품 개발에 속도를 내어 시장에서의 우위를 유지하는 것이었다. 이러한 상황에서 리옹의 견직물 사업가들은 전문적인 디자인 팀을 구성했다.[71] 1705년 5월에 왕실은 6개월 동안 부르고뉴 공작 아들의 죽음을 애도하도록 지시했는데, 이는 리옹의 견직물 업자들을 곤란하게 만들었다. 이들은 창고에 있는 견직물을 팔 수 없게 되었다. "6개월이라는 애도 기간은 견직물의 유행 주기보다 길었기 때문에 모든 견직물은 창고에 남아 막대한 손해를 볼 수밖에 없게 되었다." 정상적인 상황에서는 다른 유럽 국가들로의 수출이 가능했지만, 전쟁 시에는 모든 것이 불가능했다! 해외로의 수출 역시 쉽지 않았는데, 이는 "유럽 내 다른 국가들은 개혁파교회의 도움을 받아 리옹의 견직물 제조 공장을 모방했기 때문이다"[72]. 1706년 비록 실패로 돌아갔지만, 프랑스 군대는 이탈리아 토리노를 점령하기 위한 작전을 펼쳤다. 이때 상인들은 리옹에서 데려간 장인들로 견직물 생산을 하는 아틀리에를 폐쇄할 것을 요구했다.

결국 리옹에서 프랑스의 영향력은 절반 이상 축소되고, 이 도시의 경제 상황은 외국의 의존을 불가피하게 만들었다. 그 후 리옹에 다시 기회가 찾아왔다. 프랑스 제1제정과 대륙봉쇄령으로 리옹은 유럽 육상교통의 요충지로 부상하고 그 영향력은 확대되었다. 리옹은 흥미롭게도 다시 유럽의 교차로에 위치하게 되는데, 알프스, 지중해, 라인강 방면, 스위스의 여러 지방, 독일, 네덜란드로 향하는 도로와 연결되었다. 그러나 1814~1815년 프랑스 제1제국은 몰락하게 된다. 이는 리옹의 재기에 먹구름이 되었고, 독자적인 도시로서의 역량을 갖추지 못한 채 또다시 연약한 모습으로 돌아가게 된다. 1830년대에 이르러 등장한 증기선은 일찍부터 라인강에서 운항되었는데, 이러한 독일의 교통 상황은 리옹의 역할을 한층 축소시켰다.

필자는 이쯤에서 리옹의 중요한 역사를 뒤로하고 이 장의 본래 주제인 프랑스의 형성과 기원으로 돌아가고자 한다. 필자는 적어도 다양한 측면에서 동시에 일어나는 여러 활동을 통해 리옹의 과거를 명확하게 비추어 보았다고 생각한다. 리옹의 운명은 필요와 선택에 의한 다양한 활동 사이에서 균형을 잘 잡아가는 것이다. 필자의 판단이 틀리지 않는다면, 리옹이라는 도시가 건강하게 발전하기 위해서는 프랑스보다 더 큰 무대가 필요했다. 인구와 교역, 생산방식이 집중되는 론강 유역은 리옹을 배제하는 것처럼 보이지 않는다. 다행스럽게도 리옹의 강인한 생명력, 거대한 산업은 이 도시를 살아남을 수 있게 해 주었고, 기다릴 수 있게 해 주었다. 그리고 오늘날의 리옹 역시 기다리는 상황 속에 있지 않은가? 장 라바스Jean Labasse**73**에 의하면(1982년), 리옹이 새로운 국제도시로 거듭나기 위해서는 스스로 고립될 위험이 있는 론알프스Rhône-Alpes 지방을 뛰어넘는 능력이 필요한데, 그것이 지금의 리옹에게 가능할까? 또한 파리는 리옹을 그에게 종속된 제2의 도시로서 존재하길 요구하고 있다.

오늘날의 강: 론강으로부터 라인강까지

오늘날 우리는 한 세기 전에 증기선의 등장으로 혁명적인 발전을 이룬 것처럼 론강의 완전한 운항 체제의 변화를 눈앞에 두고 있다. 1980년 3월 19일 리옹과 바다 사이를 흐르는 론강의 정비 사업이 완성되어 보그리Vaugris 댐에 물을 저장할 수 있게 되었을 때, 많은 언론들은 원시적인 강이 길들여지기 시작했다며 크게 보도한 바 있다.

이 공사는 1948년에 제니시아Génissiat에 첫 댐을 건설하면서 시작되어 32년간 지속되었다. 총 18개의 댐, 13개의 전력발전소, 13개의 수문과 64개의 터빈 엔진이 건설되었다. 이처럼 경이로운 사업도 과거 론강의 모습을 더 이상 볼 수 없게 된 사실을 위로해 줄 수는 없었다. 그렇더라도 솔직하게 말하면 대공사가 완성된 후의 론강 역시 그 나름대로 아름다웠다.

300km에 달하는 쭉 뻗은 고속도로와 같은 수로 위에 최신의 현대적인 운

항 시스템이 마련되었다. 3,000마력의 예인선과 길이 80m, 흘수선 3m 이상의 2,000톤급 바지선이 운행되었으며, 작은 배들은 바다로부터 바로 진입했다. 이렇게 길들여진 강은 인간을 위해 이용되었다. 이것은 시작에 불과했다. 리옹에서 제네바에 이르는 론강 상류에 수력발전소 건설 계획안이 통과되었고, 예상대로 진행된다면 5년 안에 완공될 것이다. 또한 잔잔하게 흐르는 손강을 통해 마르세유와 독일의 라인강 유역을 연결하는 운하 개발도 계획하고 있는데, 몇몇 장애물만 해결하면 된다. 예를 들어, 마콩Mâcon의 주민들이 애정을 갖고 있는 생로랑Saint-Laurent 다리의 아치는 수위가 높아지면 배들이 통과할 수 없었다. 론강과 라인강을 연결하는 대규모 운하 공사는 생생포리앵Saint-Symphorien 구간을 시작으로 모든 구간에서 재개되었다. 사실 지금까지는 좁은 폭과 많은 수문들 때문에 거의 이용되지 못했다.

결국 이 거대한 공사는 마르세유를 스위스와 남부 독일의 새로운 출구 중 하나로 만들 것이고, 북해의 커다란 항구도시인 함부르크Hamburg, 로테르담Rotterdam, 앙베르Anvers, 루앙Rouen, 르아브르Le Havre와 유사한 수준으로 성장시킬 수도 있다. 게다가 론강 유역의 산업 발전을 촉진시킬 수 있는 교두보로서의 역할도 가능해졌다. 요컨대 '지역적인' 영향력을 발휘할 것으로 예견된다. 론강 유역의 발전시설들이 생산하는 전력만 해도 130억 kW에 달하는 어마어마한 양이 아니었던가? 하지만 다음과 같은 과제들이 아직 남아 있다.

1. 폭이 넓은 론강의 수로는 리옹과 아를에서 4km 떨어진 푸르크Fourques 사이의 280km를 지나간다. 많은 배들이 상행선과 하행선으로 이 지역을 운행한다. 1979년의 통계에 의하면 7,356척의 배들이 운행했으며, 평균 463톤의 화물을 운반한 것으로 나타난다. 강을 따라 올라갈 때는 평균 589톤을, 내려올 때는 평균 243톤을 운송했다. 전체 운송량은 3,402,014톤이며, 그중 1,879,174톤은 석유제품이다. 1980년의 전체 화물 운송량은 조금 늘

어난 3,554,527톤이었고, 1981년에는 400만 톤을 넘길 것으로 보인다(3분기까지의 통계를 바탕으로 4분기를 계산했을 경우). 화물 운송량 측면에서 진전은 있었지만 아직도 적은 양이다. 전 세계에서 가장 큰 규모의 항구를 가진 로테르담의 경우, 1979년에는 교역량이 3억 톤, 1981년에는 2억 5000만 톤이었고, 매년 하천을 운항하는 배는 25만 척에 이른다! 그리고 "2억 5000만 톤의 화물 중 1억 2270만 톤이 하천을 운행하는 수송선과 바지선들의 운송 화물량이다."[74]

그렇다면 왜 이렇게 론강은 상대적으로 초라해진 것일까? 포Fos와 바젤Bâle을 연결하는 5000만 톤급의 송유관, 또는 도로와 철도 같은 다른 종류의 교통수단 때문인가? 파리-리옹-지중해를 연결하는 철도교통은 눈부신 성과를 이루었고, TGV는 파리와 몽펠리에Montpellier를 5시간 만에 연결한다. 따라서 지중해 지역과 수도의 접근성은 아주 좋아졌다. 반면, 론강의 운하는 이와 같은 성공이 허락되지 않았다. 연간 약 1억 톤에 달하는 마르세유의 교역량은 론강의 운하를 거의 이용하지 않았고, 리옹 역시 도로나 철도를 이용한 교역에 익숙해져 있었다. 특히 론강 골짜기는 독일 제품들을 끊임없이 실어 나를 수 있는 거대한 로테르담이 아니다.

사실 오늘날의 론강 운하를 이용하는 400만 톤의 운송량은 모두가 장거리 교역에 해당하지는 않는다. 연안 항해 또는 부분적인 구간만을 여행하는 것이 많은 부분을 차지했는데, 론강 유역의 주민들에게는 상당히 유용했다. 하지만 장거리 교역 없이는 기술적 측면에서 이윤이 발생하기 어려운 한계가 있었다. 그렇다면 운하 건설을 계획대로 추진하는 것이 유일한 대안일까? 론강 운하의 교역량이 유아기 상태를 벗어날 수 있을까? 아니면 불필요한 투자만 늘어나는 결과를 초래하는 것은 아닐까?

2. 당면한 많은 어려움에도 불구하고 론강 상류 지역의 수력발전 시설 건설 계획이나 론-라인 지역을 연결하는 대운하 건설 계획들이 실현되었다고 가정해 보자.[75] 하지만 필자가 중요하게 생각하는 론강의 지류 공사, 부르고뉴의 운하 또는 상트르Centre 지역의 오래된 운하와 브리아르Briare의 운하들을 통한 손강과 센강의 연결 공사는 그 어떤 곳에도 언급되어 있지 않다. 가장 현대적인 운하를 수도권 지역까지 연결하는 것이 합리적인 방법이라 생각된다. 또한 론강의 수로가 프랑스의 경제를 활성화시키는 일에 우선적으로 이용되는 대신에, 프랑스 영토의 주변부로 남아 유럽을 연결하는 통로로만 이용되는 것이 아닐지 염려스럽다. 영국, 독일, 벨기에, 네덜란드의 운송업자들은 프랑스의 고속도로를 그들의 국가와 스페인 또는 이탈리아를 연결하는 중간 도로로 이용하고 있지만, 이 도로들은 무엇보다도 프랑스 국내의 교역에 이용되고 있다. 론강의 시설이 프랑스 자신을 위해 이용되어야 한다는 필자의 생각은 잘못된 것일까? 필자는 반드시 프랑스를 중앙집권화해야 한다는 생각에 동의하지 않는다. 또한 프랑스가 유럽에 대해 개방하는 것에 대해서도 반대하지 않는다. 하지만 프랑스의 영토가 유럽 전체를 연결하는 하나의 커다란 통로와 같은 교역의 요충지로 해석되는 것에 만족해서는 안 되며, 더 많은 가능성에 관해 고민해야 한다. 유감스럽게도 이러한 계획을 세우는 사람들의 시각은 다른 것 같아 보인다. 무엇보다도 투자에 필요한 막대한 자금의 부담이 크다. 또한 진정한 위기는 프랑스의 지속적인 수상교통량의 감소일 것이다.

현재 론강의 운하를 통한 교역의 규모는 매우 실망스러운 수준이다. 그러나 이는 여러 운하들이 아직 하나의 거대한 운하로 거듭나지 못하고 있기 때문은 아닌가? 1982년 9월 수운협회의 대표인 자크 플레셰Jacques Fléchet가 로테르담을 방문했을 때 한 말이다. "프랑스의 운하는 유럽의 운하와 연결되어야 한

20세기 론강 정비

댐, 수문공장, 화력발전소 및 원자력발전소

다. 중요한 거점으로 이용되는 라인강과 모젤강의 프랑스 쪽 항구들만으로는 충분하지 못하다. 센강과 론강은 유럽과 하나로 연결되어야 한다. 하천교통이라는 측면에서 마르세유, 르 아브르, 루앙, 파리 그리고 뒹케르크Dunkerque는 이제 지역의 항구로만 머무를 수 없고 유럽의 항구로 거듭나야 한다. 더 나아가 그들의 경쟁 상대가 될 수 있는 북부 유럽의 항구도시와 같은 장점을 갖추어야 한다. 즉 내륙으로 수천 킬로미터 들어간 운하들을 갖추어 도래하는 2000년의 시대를 준비해야 한다."[76] 센, 파리, 루앙, 르 아브르를 론, 리옹, 마르세유와 연결해서 바라보아야 한다는 시각을 가진 사람이 필자 혼자만은 아니었다.

3. 지금까지 론강의 기적을 이룰 수 있는 성공의 조건에 대해 논했다. 서두르지 말고 때를 기다려 위기를 극복해야 한다. 지리학자들은 이를 비관적인 시각으로 비판한다. 피에르 에스티엔Pierre Estienne은 단 한번도 '프랑스의 지협'에 대해 언급하지 않았고, 론-라인강을 "찢겨지고 불연속적으로 형성된" 축, 라인, 통로, 복도로만 표현했다. 또한 우리는 비달 드 라 블라슈의 안일한 생각과도 거리가 있다. 필자는 "프랑스가 형성될 때 론강의 축은 가장자리에서 경계의 역할을 했었다."라는 논문을 지지하는데, 이러한 비관주의적 시각이 이를 지탱하고 있다. 피에르 에스티엔은 이러한 생각을 더 발전시켰는데, 그가 맞는 것일까? 필자는 그의 생각이 틀렸기를 바란다. 그는 다음과 같이 썼다. "론강과 라인강을 운하로 연결하여 론-라인 지방을 하나로 만드는 것은 신화이며, 이를 지지하는 것은 거짓 선동이라는 결론을 내려야 할 것인가?"[77] 필자는 프랑스의 미래가 이러한 시각과 반대가 되기를 희망한다.

II.
파리, 일드프랑스, 그리고 파리 분지는 어디에 있나?

필자는 프랑스의 지협이 다양한 영역에서 중요한 역할을 해 왔다는 사실을 부정하지 않는다. 그중에서도 특히 선사 시대부터 지협은 다양한 문화를 널리 전파시키는 막중한 역할을 감당해 왔다. 오늘날 지협은 프랑스의 가장 큰 교역의 축이다. 다만 필자는 과거에 이야기된 것처럼 프랑스의 지협이 프랑스의 단일화에 결정적인 역할을 담당했다고 생각하지는 않는다.

가장 좋은 예를 들면, 이러한 단일화는 다른 지역인 솜Somme과 루아르Loire 지역 사이에서 그 기원을 찾을 수 있다. 파리를 중심으로 좁은 일드프랑스île-de-France를 넘어 오를레앙Orléans 또는 루앙Rouen을 포함하는 큰 원을 그리며, 독특한 프랑스가 형성된 것이다. 그리고 여기에는 오를레아네Orléanais, 샹파뉴Champagne, 피카르디Picardie, 노르망디Normandie의 일부 지역이 포함된다. 의심할 여지 없이 이 중심지로부터 모든 것이 시작되었다. 프랑스의 단일화는 '중심지로부터 뻗어 나가는 방사선 구조'로 되어 있다. 미슐레Michelet는 그의 저널Journal에서 다음과 같이 언급하고 있다. "프랑스의 중심은 이 나라에서 가장 덜 독창적인 지역인데 나머지 모든 지역을 적응시켰다. 이 중심 부분은 가장 프랑스적인 성격을 갖는다. 가장 혼합된 정체성, 평평한 지형, 단조로운 자연환경이 이 사회의 정신을 이끌고 있다. 일드프랑스가 프랑스를 적응하게 만들었다."[78] 1789년 프랑스대혁명 전까지 "파리 주변에 자리 잡고 있던 오래된 지방들만이 자신들을 프랑스의 일부로 간주했다"[79]는 것과 왕정은 1664년 콜베르Colbert에 의해 통합된 5대 징세 영토Cinq Grosses Fermes에서 타 지역보다 더 자유롭게 행동할 수 있었다는 이야기는 모두 사실이다. 그러나 필자는 이 지역들의 복종이 '사회적' 정신에 기대고 있다고는 생각하지 않는다. 또한 우아즈Oise의 주변 지역이나 루아르 지방이 단조롭다는 이야기 또한 믿지 않는다.

어쨌든 이들 지역이 프랑스라는 국가를 탄생시킨 것은 사실이다. 프랑시스 위레Francis Huré는 다음과 같이 말했다. "왕성한 식욕을 가진 파리를 중심으로 일드프랑스라는 왕국의 세포는 어떠한 희생을 치르더라도 '육각형의 프랑스'라는 유전적인 프로그램을 완성하려고 했다."[80] 모두가 알다시피, 이 계획은 결국 난폭한 비대칭이라는 결과를 초래했다.

이러한 계획에 대해 회의적인 시각으로밖에 바라볼 수 없는데, 과정은 생각처럼 간단하지 않았다. 장기적인 어떤 계산도 실제로 적용되지 못했다. 우연과 감추어진 저력에 의해 계획들은 조금씩 실행되어 갔다. 11세기 후반 무렵(1072년) 파리의 발전을 위해 노트르담 대성당의 공사가 시작되면서 모두가 참여하게 되었다. 파리는 이미 거대한 도시가 되었고, 곧 유럽에서 가장 많은 인구가 모여 사는 도시로 변화하게 되었다.

선행되는 문제가 우리의 길을 가로막는다. 이 거대한 원심력에 의한 움직임 속에서 모든 것이 중심지, 도시 또는 중심 지역으로부터 시작되었다. 또는 이 두 가지에 의해 시작되었다. 그러면 중심 지역인 파리 분지를 먼저 살펴보도록 하겠다.

파리 분지가 갖는 우선권

파리 분지는 프랑스 전체 국토 면적의 4분의 1 이상을 차지하는 프랑스에서 가장 넓고 비옥한 평야지대이며, 다양한 지역이다. 하지만 미슐레는 경제적인 면은 염두에 두지 않고, 이 지역의 자연환경에 대해 다음과 같이 말했다. "샹파뉴와 일드프랑스의 획일적인 농촌들, 석회암과 나무로 만들어진 도시들은 지루함과 불편함을 느끼게 한다."**81**

파리 분지의 많은 부분을 차지하는 일드프랑스Généralité de Paris(역주: 1542년 당시 오늘날의 일드프랑스에 해당하는 행정구역)는 17세기에 다음과 같이 묘사되었다. "이곳의 모든 땅은 무언가를 위해 사용되었으며, 쓸모없는 땅은 하나도 없었다. 밀이나 다른 곡물의 씨앗이 자라지 않는 땅은 포도주를 생산하는 지역으로 사용되었으며, 곡물 재배와 포도주 생산에도 사용될 수 없었던 땅은 과수원이나 방목장으로 사용되었다. 숲이 있는 지역에서는 목재나 호두와 같은 나무 열매들을 생산했다."**82** 다비티Davity(1625년)에 따르면, "파리 인근 지방에는 밀, 포도주, 유제품, 건초, 과일과 목초, 물 등 어느 하나도 부족한 것이 없는데, 이러한 것들이 파리에 공급되어 도시를 풍요롭게 만든다"**83**. 그리고 우리는 오랫동안 이렇게 말할 수 있을 것이다.

지리학자들은 이러한 찬사를 아주 제한적으로 받아들일 것이다. 하지만 루아르강과 마시프상트랄 사이의 루아르 남쪽 지역에 대해서는 상대적으로 혜택을 받지 못한 곳이라고 말하면서, 파리 인근 지역의 지층을 구성하고 있는 석회암 지대에 관해서는 다음과 같이 긍정적으로 말한다. 즉 석회질 지층은 많은 양의 비를 흡수할 수 있어 고인물로 인한 경작지의 피해를 최소화하고, 가뭄 시에는 지층 밑의 물이 모세관현상에 의해 지표면으로 올라와 식물들이 말라죽는 것을 막아 준다. 게다가 보스Beauce, 브리Brie, 수아소네Soissonnais 등과 같은 지역은 점토질 지층으로 이상적인 경작지를 형성하고 있는데, 이러한 농경에 유리한 조건으로 인해 선사 시대에 유럽에서 처음으로 농경인구가 정착한 지역이기도

하다.[84]

지리학자들의 이 모든 설명은 사실이지만, 결론을 내리기에는 부족함이 있다. 프랑스 전체와 비교해 볼 때, 파리 분지의 인구밀도는 높다. 우리는 이러한 인구밀집 현상을 설명해야 하는데, 결과만 보고 원인은 아직 밝히지 못했다.

이와 같은 인구밀집 현상은 로마령 갈리아가 무너지던 시기에도 이미 존재했었다. 일드프랑스 지역에는 다른 지역보다 훨씬 오랫동안 로마 문화가 남아 있었고, 로마 최후의 갈리아 총독이었던 시아그리우스Syagrius가 487년 클로비스Clovis에게 패하게 될 때까지 존재했다. 로마 문화의 영향력이 한 세기 동안이나 더 남아 있었던 사실이 인구밀집에 영향을 주었을 수도 있다.[85]

후일 카롤링거 왕조의 '초국가적인' 모험을 뒷받침해 준 것은 일드프랑스와 그 주변 지방의 많은 인구였다. 오랫동안 이 왕조는 그들의 힘의 원천인 이 지역의 단일성이 깨지고 나누어지지 않도록 노력했다. 동J. Dhont은 837년 이 지역의 분리가 그들의 힘의 원천을 고갈시켰다고 주장했는데, 이는 지나친 주장이다.

예리하고 뛰어난 에드워드 폭스Edward W. Fox의 논문은 충분히 언급할 가치가 있다. 그는 샤를 마르텔Charles Martel의 시대였던 732년 푸아티에Poitiers 전투에서 아랍의 군대를 막아 낸 것은 프랑크 왕국 기병대였다는 몇몇 역사학자의 입장을 옹호하고 있다. 이 시기에 북부 지방에서는 볏이 없고 바퀴가 달린 무거운 쟁기를 이용하여 밀, 귀리, 그리고 휴경을 반복하는 3년 윤작이 정착되어 가고 있었다. 또한 무거운 무기를 갖춘 기마병들이 말에 오를 때 없어서는 안 되는 등자가 널리 퍼지기 시작한 시기이기도 하다. 따라서 "카롤링거 왕가는 두 가지 새로운 도구 덕분에 강력한 기병대를 보유할 수 있게 되었고, 귀리 재배를 통해 많은 말을 먹일 수 있게 되었다"[86]. 그리고 "강한 말들 덕분에 프랑크 왕국의 기병대는 로마제국의 전술을 압도할 수 있었다"[87].

따라서 카롤링거 왕조는 귀리를 생산하고 말을 사육하는 북부 지방을 중요하게 여겼을 것이다. 앙리 피렌Henri Pirenne의 오래되고 일방적인 설명은 무시해도 될 것 같다! 이슬람 세력이 서구의 세력을 일시적으로 지중해 지방에서 쫓아낸 것이 아니라, 그들 스스로 "서유럽에서 가장 비옥한 경작지를 찾아 북부 지방으로 향했던 것이다. 오늘날에도 전 세계에서 단위면적당 가장 많은 양의 밀을 생산하고 있다". 결과적으로 이러한 모든 것은 "센강과 템스강 연안의 새로운 경작지대를 얻기 위해서였으며, 이곳에서는 새로운 쟁기가 사용되었다"**88**.

이러한 주장들은 그 나름의 무게를 갖는다. 누가 중기병대의 중요성을 무시하겠는가? 중기병대는 매우 오랜 기간 유럽 전쟁사에서 중요한 부분을 차지했다. 윌리엄 닐William H. Mc Neill은 달리는 기마병의 창끝에 모인 강력한 힘을 "1940년대 중장갑 전차 부대에 비교했는데 제한된 수의 기마병들이 전투의 판도를 바꾸어 놓을 수 있다고까지 이야기한다"**89**.

루아르강과 센강 그리고 솜 지역으로 돌아가서 이러한 변화가 언제쯤 일어났는지 살펴보아야 하며, 샤를 마르텔 시대보다 앞서 시작된 북부 지방의 윤작의 정확한 기원에 대해서도 관심을 기울여야 한다.

다시 말하면, 설명은 이미 모든 것이 일정 궤도에 오르고 나서부터 시작된다. 농경문화의 발전과 농업인구의 증가는 결과라는 것을 알 수 있는데, 그 기원에 대해서는 충분히 설명하지 않는다.

그런데 프랑스와 같이 오랜 역사를 가진 국가의 인구밀집 문제는 전통적인 역사학의 한계를 넘어 아주 오래된 과거를 회고적으로 살펴보지 않으면 설명될 수 없다. 최근 선사 시대에 대한 연구의 진전으로 수천 년 전의 모습이 조금씩 명확해지고 있는데, 모든 것은 수천 년의 시차를 두고 서로 연관되어 있다.

역사 시대 이전부터 유럽에서 인구가 확산되어 가는 거대한 흐름 중 지금의 프랑스 지역을 지나는 흐름은 크게 두 갈래가 있었다. 하나는 지중해 연안에서부터 뻗어 나오는 흐름이었고, 다른 하나는 유럽의 중앙으로부터 유입되는 인구의 흐름이다. 현재로서는 두 번째 입장을 고려할 필요가 있다. 즉 중부 유럽에서부터 출발한 인구의 흐름이 파리 분지 방향으로 유입되어 미래의 북부 프랑스France d'oïl를 형성한 것으로 보인다. 선사 시대의 중부 유럽 지역은 거대한 "농민의 대륙"이었는데, "예니세이Iénissei강으로부터 피니스테르Finistère주에 이르기까지"**90** 언어 흔적을 통해 그러한 상황을 추적할 수 있다. 이들의 이주 동선은 거대한 영토의 동쪽에서 서쪽으로 조금씩 그려졌으며, 기존의 정착민들과 함께 동화되기도 하고 그들을 이끌기도 하면서, 소를 기르는 목축업과 곡물을 재배하는 농업과 같은 차별화된 문화를 지속적으로 정착시켜 나갔다. 기원전 4,000년 전부터 파리 분지의 일부 지역에 거주하기 시작했던 사람들은 점차 마을을 중심으로 주변의 농경지를 확대시키는 효율적인 농경문화를 정착시켰다. 개방된 파리 평원지대의 좋은 자연환경으로 인해 이곳에는 일찍부터 인구가 밀집되었다. 동쪽으로부터 지속적으로 유입되는 인구와 기원전 1,000년 동안 켈트족의 진출로 파리 분지 일대에는 인구가 급속도로 증가했다. 평원의 개방된 형태의 경작지들은 "중세 평야지역의 윤작법"**91**의 출현을 미리 알리는 것이었다. 프랑스의 시초라고 할 수 있는 갈리아인의 삶이 바로 이러한 농경문화 속에서 형성되었던 것이다.

이러한 선사 시대의 역사는 우리에게 한 가지 사실을 깨닫게 해 준다. 그것은 바로 최초의 지역적 통합이 정착 생활을 가능하게 하는 농업과 목축업으로부터 비롯되었다는 사실을 말이다. 아주 그럴듯한 설명이 아닌가?

그런데 왜 파리인가?

그렇다면 왜 프랑스라는 국가 건설의 중심이 파리의 센강 가운데에 있는 시테Cité섬에서 시작되었던 것일까? 파리와 마찬가지로 비옥한 지대에 위치하면서 강 위에 섬이 있는 믈룅Melun과 같은 도시는 왜 프랑스의 행정 중심지가 될 수 없었을까? 상리스Senlis, 랭스Reims, 오를레앙Orléans과 같은 도시들 중 하나가 프랑스의 정치 중심지로 정해질 수는 없었던 것일까? 루아르강은 프랑스의 통합에서 센강에 비견될 만큼 중요한 강이며, 하행선뿐만 아니라 상행선 또한 서풍의 도움을 받아 배의 운항이 매우 효율적이다. 하지만 오를레앙의 북쪽에는 숲지대가 있고, 남쪽의 솔로뉴Sologne에는 물이 고여 있어 고립되어 있다.

그렇다면 루앙Rouen은 어떠한가? 미슐레는 다음과 같이 말하고 있다. "파리, 루앙, 르 아브르(1517년 프랑수아 1세에 의해 건설되었다)는 센강이라는 커다란 물길을 끼고 형성된 하나의 도시와 다름없다."[92] 우리의 상상대로 역사를 다시 쓰면 프랑스의 수도를 영불해협과 가까운 루앙으로 정한다 하더라도 전혀 이상할 것이 없다. 루앙은 일찍이 대도시로 성장하여 번영을 누렸지만, 언젠가는 강의 끝자락에 위치한 지리적 한계에 부딪혔을 것이다. 하지만 템스강에 위치한 영국의 수도 런던의 사례가 이와 유사하다고 볼 수 있다. 즉 "프랑스의 수도가 지금의 파리여야만 하는 이유는 어디에도 없다."[93]

수도를 정하는 이 경쟁에서 어떤 다른 도시가 선택되었을 수도 있지 않을까? 하지만 "파리가 의도적으로 선택되지 않았다고 해도 실제로 수도로서 파리의 지형적 조건은 매우 훌륭하다"[94]. 센강의 넓은 수로를 포함하여 욘Yonne, 마른Marne, 우아즈Oise와 같은 센강의 여러 지류들과 연결되는 파리의 지리적 접근성은 분명 많은 장점을 가지고 있다. 인접 지역에서 생산된 밀, 목재, 포도주, 뗏목에 가득 실려 운반되는 건초, 물에 띄워진 장작더미는 강을 따라 파리의 부두까지 들어온다.

그러나 프랑스의 수도 파리의 단점은 대륙적 특성이 강하다는 것이다. 프랑스 내륙의 깊숙한 곳에 위치한 파리의 지리적 조건은 프랑스를 경영하는 수도로서의 입지를 갖추는 데 결격사유로 작용했다. 프랑스가 이 선택을 받아들인 것은 적어도 대륙과 연결되려는 욕망이 잠재된 것일 수도 있다.

비록 프랑스의 수도가 근대 세계의 운명을 주도할 바다와 인접하지는 않았지만, 프랑스는 이를 극복할 만한 다수의 항구도시를 갖고 있었다. 또한 이러한 항구도시에는 어떤 일이라도 능히 해낼 수 있는 뱃사람들과 빈민층의 인구가 대거 거주하고 있었다. 피에르 보노Pierre Bonnaud는 다음과 같이 지적하고 있다. "대규모 식민지정책을 수행할 만한 막대한 규모의 노동력이 존재했으며, 이는 영국보다도 훨씬 많은 수였다. 프랑스인들은 이주에 별다른 관심을 보이지 않았다는 사실에 반대하지 않을 것이다. 하지만 왕정은 지원자들뿐만 아니라 법적인 이유로 강제이주하는 것조차 주저하지 않았으며, 제한적인 '운송 수단'에도 전혀 굽히지 않았다."95 그렇다, 프랑스 왕정은 이처럼 내륙인의 시각을 갖고 있었던 것이다.

프랑스가 꿈꿀 수 있는 또 다른 운명을 개척하기 위해서는 지난날의 역사를 되돌아볼 필요가 있다. 1831년 8월에 미슐레는 그의 저널에서 다음과 같은 생각을 피력했다. "북쪽의 부둣가에 위치한 르 아브르 … 고요한 대서양과 맞닿은 이 도시는 남쪽의 노르망디에서 바라볼 때 그리 웅장하지 않은 모습의 해안도시이다. 대서양이 영국의 바다라는 사실은 나를 슬프게 한다. 이렇게 광활한 자유의 공간이 다른 나라의 것이라니 … 노르망디 지방에 흩어져 있는 셀 수 없을 만큼 많은 교회들을 통해 프랑스의 진정한 모습을 서부 지방에서 찾아볼 수 있다. 11~13세기 영국은 여러 차례에 걸쳐 침략을 당했는데, 당시에는 프랑스의 전력이 우세했다."96 이에 대해 사실 필자는 많은 의구심을 가지고 있다. 또한 대서양이 자유를 상징한다는 생각에도 동의하지 않는다. 대서양은 부와 연결되었고, 따라서 불평등의 바다이다. 하지만 그러한 점은 중요하지 않다. 필자가 말하고 싶은 것은 프랑스가 꿈꿀 수 있는 또 다른 가능성에 대한 것이다. 프랑스는 이제 파리 분지에 편중된 관심을 북서쪽으로 돌려, 파리도 아니고 오를레앙도 아닌 루앙에 초점을 맞추어 그 야심을 실천하는 행동 중심지로 바꾸어 가야 한다. 프랑스의 지난날의 역사에 대해 의문을 제기하고, 지금까지 소외되어 왔던 연안지역으로 눈을 돌려야 한다. 그렇다면 보방Vauban이 말한 바와 같이, 거대한 '괴물'을 연상시키는 파리가 이 모든 책임을 져야 하는 것일까? 그렇기도 하고 아니기도 하다. 왜냐하면 파리는 원인이기도 하지만, 결과이기도 하기 때문이다.

분명한 것은 프랑스의 패권을 쥐고 있는 파리 분지를 중심으로 형성된 북부 프랑스France d'oïl 지역이 프랑스를 불균형하게 만들었고, 비극적인 비대칭 국가가 되게 했다는 것이다. 그렇다면 루앙이나 리옹 또는 툴루즈가 중심이었다면 프랑스의 오늘은 달라졌을까? 모든 국가 단위는 상부구조를 갖고 있으며 다른 지방들과 그물망처럼 서로 연결되어 있다. 지금 손에 들고 있는 그물은 가운데 부분만 촘촘하고 전체적으로 균등하게 짜여진 그물망이 아니다. 지구상에서 비대칭적이지 않고 균등하게 짜여진 그물망을 가지고 있는 나라가 하나라도 있을지 궁금하다.

필자는 그렇게 생각하지 않지만, 국가를 벗어나 지역 단위에서만 사는 것이 가능한지 알고 싶다. 모든 지역은 자율적인 존재들이며, 일정 기간 동안은 지배적이다. 하지만 필자는 국가들의 일정한 논리를 믿는다.

III. 본질적인 검증: 국경

정주한다는 것은 존재의 시작을 의미한다. 오늘날과 같은 체계화된 국경이 있기 이전부터 프랑스를 구분하는 경계는 존재했으며, 프랑스는 이러한 경계를 통해 그들이 정주할 공간을 확보하고 있었다. 대대로 이어받은 영토와 정복을 반복하여 과거의 교통수단을 기준으로 했을 때 거대한 공간을 자신들의 영역으로 확보했다. 이러한 관점에서 프랑스는 오랫동안 광대한 지역에 정치적 영향력을 행사하는 '괴물' 또는 '대륙'과 같은 존재였으며, 마치 하나의 제국과도 같았다.[97] 프랑스의 지방들을 불편하게 만든 지역통합 정책은 프랑스 외부에 존재하는 위험요소보다도 내부의 위험에 대처해야 하는 정치적 상황을 만들었다. 이러한 모든 상황을 유지하기 위해서는 엄청난 노력과 인내가 필요했고, 각각의 위험요소에 대한 감시 체계가 요구되었다. 1756년에 앙주 구다르Ange Goudar는 루이 14세가 벌인 전쟁들에 관해 다음과 같이 말하고 있다. "영토 정복 후 프랑스는 요새 국가가 되었고, 이를 지키기 위해서는 많은 수비대가 필요했다. 프랑스 왕국의 경계는 넓어졌고 군사요충지도 증가하게 되었다. 따라서 전시와 평상시의 차이가 없어졌는데, 새로운 정복을 이유로 모집되는 군사의 수는 계속해서 증가했고, 전쟁이 끝난 후에도 그만큼의 수비대가 필요했다."[98]

에너지를 소모하고 "많은 예산이 투입된"[99] 국경은 프랑스의 역사를 집어삼켰다. 앙주 구다르가 기록한 1756년은 7년전쟁이 시작되는 해였다. "프랑스 상비군의 수는 유럽의 다른 국가들과 비교가 되지 않았다. 정부는 이러한 군사 행정 조직에 지나치게 많은 재정을 쏟아부었던 것이다. 네덜란드와 영국의 연합군 수는 4만 명을 넘지 않았던 것에 반해, 프랑스는 평화가 유지되던 시기에도 15만 명의 병력을 유지하고 있었다. 이는 영국과 네덜란드의 병력과 비교해 볼 때 11만 명이나 더 많은 수치이다."[100] 이러한 통계는 과장된 것이 아니다. 1661년 루이 14세의 집권기에 보병의 수만 "218,000명이었는데, 그중 26,000명은 수비대였다"[101]. 물론 군사의 수는 상황에 따라 유동적이었다. 이러한 정규군의 수에 농부들 중 군인으로 동원된 사병, 공병, 민병대도 있었고, 밀이나 말과 같은 보급품을 조달하는 수송대도 있었다. 신병을 징집하고 병영 이탈을 막는 일을 맡았던 징집 담당관은 신병들에게 언제나 난폭한 존재였다. 또한 돈을 목적으로 지원한 용병들이 상황에 따라 운영되기도 했다. 이러한 모든 병력과 병사들의 장비, 무기, 말, 대포 등을 유지하기 위해서는 얼마나 막대한 자금이 투입되었을지 생각해 보라.

프랑스에 비해 네덜란드와 영국이 적은 군비를 지출한 데에는 이유가 있다. 영국은 바다가 보호해 주고 있었으며, 네덜란드의 작은 영토는 장막처럼 밀집된 요새들에 의해 효율적으로 보호되었다.[102] 하지만 프랑스의 경우는 마치 농부들이 땅에 굶주린 것처럼 계속된 정복 사업으로 넓어진 영토에 대해 막대한 비용을 지불해야만 했다.

경계와 국경, 그리고 고단한 삶

국경frontière이라는 단어는 '저항하는frontier/frontière'이란 의미의 형용사에서 파생된 용어로 일찍부터 그 용례가 발견된다. "1881~1902년에 발간된 프레데리크 고드프루아Frédéric Godefroy의 『옛 프랑스어 사전le Dictionnaire de l'ancienne langue française』에 수록된 14세기 초기의 기욤 기아르Guillaume Guiart의 문장을 보면, 'Li navré vuident les frontières'라는 표현이 있다. '부상자들은 후방으로 가기 위해 최전선을 포기했다.'라는 의미이다."[103] 이 단어는 필연적으로 두 적의 대치와 이 둘을 가르는 선을 상정하게 되었다.[104] 그 이후에 오랜 기간에 걸쳐 일련의 다른 용어들, 즉 fines(라틴어), fins, confins, mètes(라틴어로는 metae), bornes, termes, limitations…과의 경합 끝에 결국 'frontière'라는 단어가 국가 영토의 모든 외곽 경계선이라는 명사로 정착되었다.

사실 모든 국가는 개인들처럼 행동한다. 모든 야생동물이 자신의 영역을 지키려 하는 것처럼, 사람들 역시 자신의 영역을 지키고자 노력한다. 1673년 보방Vauban은 루부아Louvois에서 왕에게 글을 쓴다.[105] 북부 국경지대에는 당시 프랑스가 얼마 전에 획득한 영토들이 있었는데, 이 지역들은 스페인의 영토에 둘러싸여 고립되어 있었다. 이 지역을 보호하기 위해 보방은 북부 국경지대에 이중의 국경 수비 라인을 구축하는 전략인 '프레 카레pré carré' 정책을 왕에게 제안한다. "왕이시여, 저를 신뢰하신다면 이 정책을 모든 사람들에게 알려 반드시 실현될 수 있게 해 주십시오. 우리의 손으로 이곳을 지키는 것은 분명 의미 있는 일입니다." 경계를 설정하고 통제하여 자신의 영역을 만들어 가는 것은 모든 국가들이 자신의 안전을 확보하기 위해 항상 추구하는 것이다. 이제 막 인생의 첫발을 내딛는 젊은이들이나 온갖 어려움을 겪은 나이 든 세대 모두 외침을 막기 위해 중국의 만리장성과 같은 성곽을 원했다. 중국에 만리장성이 있었다면 프랑스에는 마지노선ligne Maginot이 있었는데, 마지노선의 불행한 운명은 프랑스의 역사에 커다란 오점으로 남았다. 이러한 실패는 성벽의 필요성에 대해 의문을 갖게 할 수 있다.

성벽을 구축하는 것은 단지 두렵고 불안해서 적의 침입을 막기 위한 단순한 예방책만은 아니다. 성벽은 국가의 부와 힘을 증명하며, 때로는 명성이 자자한 성벽도 존재한다. 성벽은 또한 단일화된 프랑스의 발전을 견인하고 강력해지는 국가의 힘을 보여 주었다. 그리고 보방 이전에도 루브르의 주탑을 축조했던 카페 왕조는 엡트Epte 계곡이나 센강 가의 성들, 그리고 가이야르Gaillard 성과 마주 보고 있는 라 로슈귀용La Roche-Guyon과 같은 성을 축조했다.

모든 행정 경계도 그렇지만 하물며 국경선은 한번 정해지면 영구적으로 지속되고, 국경선을 변경하는 것은 거의 불가능한 것처럼 보였다. 프랑스의 경우, 갈리아 로마 시대의 도시에 구획된 로마 교구의 경계들은 카롤링거 왕조 시대 이전부터 거의 1789년 프랑스대혁명의 시대까지 유지되었다.

국경들은 오랫동안 지속된다. 식민지 아메리카의 영토 분할은 당시 제국주의 국가였던 스페인의 마드리드와 포르투갈의 리스본에 의해 20세기 독립국가의 지도가 새로 그려지기 이전에 이미 획정되었다. 결국 신생독립국가들은 이미 모든 국경선이 정해진 영토 위에 자신들의 국가를 세운 셈이다. 이렇게 국경은 모순적인 측면을 보여 준다. 다른 예로, 아프리카 대륙의 신생독립국가들은 자신들의 요구와는 별개로 과거 식민지 시대에 이미 획정된 국경선 내에서 국가를 수립했던 것을 우리가 목격하지 않았던가. 이는 때로는 불이익과 지역 분쟁을 초래하지만, 알제리의 경우는 식민지 알제리에 의해 만들어진 아프리카 지역의 연결망이라든가 사하라 사막 그리고 석유를 차지하는 이점을 얻기도 했다.

이처럼 국경은 마치 자연적인 사건인 것처럼 역사 속에서 뿌리를 내리고, 그 공간에 동화되어 움직이기 어렵게 된다.

하지만 이러한 국경선이 확고하게 되기까지는 일정 세월이 필요하다. 필자는 사부아에 있는 집 주변에 캐나다산 포플러 나무를 심은 적이 있는데, 30여 년이 지나 무성하게 자란 포플러 나무들은 울타리처럼 변해 갔다. 국경을 정하는 데 있어 경계가 획정되고 제도화되기까지 30여 년이라는 시간은 사실 아무것도 아니다. 얄타 회담에서 유럽의 국경선이 획정된 지가 30년 남짓 지났는데, 보다 확실한 국경선으로 자리 잡기 위해서는 적어도 한 세기의 시간은 지나야 할 것이다.

베르됭 조약(843년)

843년 8월에 체결된 베르됭 조약traité de Verdun을 논하는 데 가장 중요한 점은 암흑의 시대가 수 세기 동안 지속되면서 이 조약의 각 조항의 유효성이 그대로 유지되거나 강화되었다는 것이다.

1,000년도 훨씬 이전에 루이 르 데보네르Louis le Débonnaire의 거대한 제국은 이 조약에 의해 그의 세 아들들에게 양도된다. 루이Louis에게는 지금의 독일 지역인 프랑크 왕국의 동쪽 지역이 주어졌고, 샤를 르 쇼브Charles le Chauve에게는 최초의 프랑스가 되는 프랑크 왕국의 서쪽 지역이 주어졌으며, 오늘날의 로렌 지방을 비롯하여 양 국가 사이의 지역은 맏아들인 로테르Lothaire에게 주어졌다. 로테르는 황제직을 부여받았으며, 북부의 수도인 엑스라샤펠Aix-la-Chapelle과 남부의 수도인 로마 및 두 수도를 연결하는 폭 200km, 길이 1,500km의 좁고 긴 형태의 영토를 받았다.

이 기괴한 형태의 '지협'과도 같았던 왕국은 알프스를 넘어 이탈리아의 베네벤토Bénévent 지역에까지 이르렀다. 로제 디옹Roger Dion**106**이 "전문가"라고 부르던 이 조약의 협상가들은 제국이라는 허상을 유지하기 위해 이러한 모습으로 영토를 그려 냈다. 독일왕 루이에게 마인츠와 라인강 왼쪽 연안의 일부 지역을 주었는데, 포도주 생산이 가능한 이 지역은 루이 왕으로서는 가장 이상적인 선물이었다!

이러한 일시적 상황에 의한 이유들은 베르됭 조약에서 체결된 조항이 어떻게 이토록 오랫동안 유지될 수 있었는지 설명해 주지 않는다. 이 조약의 결과로 프랑스의 동쪽은 론, 손, 뫼즈Meuse, 에스코Escaut와 같은 4개 강에 의해 국경선이 형성되었고, 수 세기에 걸쳐 바뀌지 않았다. (실제로 국경에 접해 있던 강은 에스코 강뿐이며, 그외의 강들은 일부가 지나거나 국경을 전혀 지나지 않는 경우도 있었다.) 로테르가 물려받은 중프랑크 왕국은 한 세기도 지속되지 못했다. 936년 곧 신성로마제국이 될 동프랑크 왕국에 의해 복속되었고, 이는 카롤링거 왕조의 말기와 초기의 카페 왕조에 비해 국력 면에서 우위에 있었다는 것을 보여 준다. 결국 이렇게 4개 강을 따라 형성된 프랑스의 동쪽 국경선은 '게르만'의 국경과 인접하게 된다.

그러나 대서양과 영불해협을 통한 영국의 침략으로부터 자유로울 수 없었음에도 불구하고, 프랑스 왕국의 국경은 그나마 안정된 편이었다. 게다가 경계선의 양쪽에는 소규모 봉건 영토로 세분화되어 있었다. 그럼에도 동쪽 국경선의 작은 움직임마저 피할 수는 없었다. 봉건영주 간의 소송과 분쟁, 전쟁의 위험 속에서도 지역 주민은 영주의 통치에 순응했으며, 국경선과 관련된 여러 문제에도 많은 관심을 보였다. 아르곤Argonne을 통과하는 작은 비엠Biesme강은 연안에 자리 잡은 몇몇 유리제조업 외에는 특이점이 없었지만, 베르됭 조약이 체결되면서 주목받게 된다. 왜냐하면 짧은 구간이 신성로마제국과 프랑스 왕국을 나누는 경계로서, 그리고 베르됭 교구와 샬롱쉬르마른Châlons-sur-Marne 교구를 가르는 경계로 선택되었기 때문이다. 1288년에 이 지방 주민들은 "강을 경계로 프랑스 왕국과 신성로마제국을 매우 명확히 구별하였다"[107]. 이처럼 국경선은 인근 지역의 주민들과 국경을 지나는 인근 국가의 주민들의 삶에 실질적인 영향을 미쳤다. 오늘날에도 비엠강은 마른Marne 지역과 뫼즈 지역을 나누는 경계로 인식되고 있으며, 베르됭 교구와 샬롱 교구를 구분하고 있다.

하지만 지금까지 살펴본 것은 국경선이 오랫동안 지속되는 이유를 설명하기보다는 결과를 확인하는 것에 불과하지 않은가? "베르됭 조약은 루이 르 피외Louis le Pieux(루이 르 데보네르)의 세 아들, 즉 서로 다른 세력 간의 이권 갈등을 해소하기 위한 타협안이었다. 재산 분배에 참여한 사람들은 무엇보다도 평등하

843년 베르됭 조약에 의한 카롤루스 제국의 분할

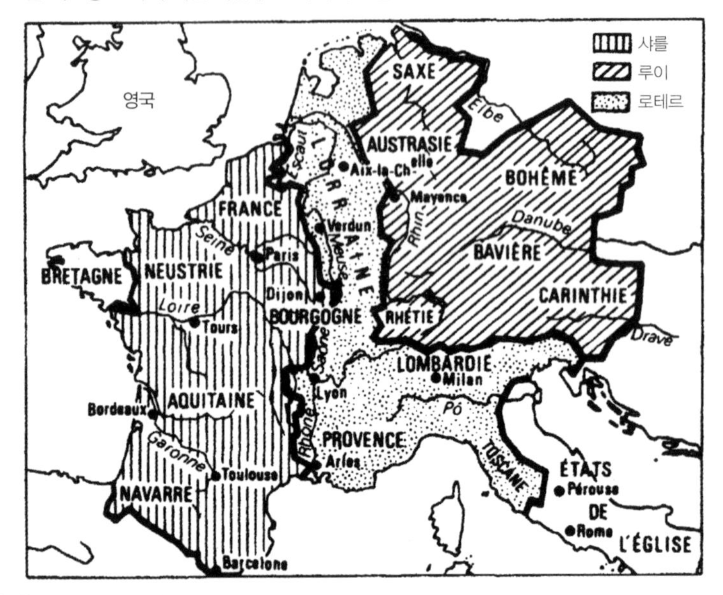

출처: G. Bertier de Sauvigny, *Histoire de France*.

게 나누기 위해 고민했을 것이다. 나누어진 영토들은 모두 강을 경계로 획정되었으며, 온전히 지리적인 차원에서 다루어졌다."**108** 필자는 이 같은 가스통 젤러Gaston Zeller와 로제 디옹의 의견에 동의한다. 하지만 이러한 경계에 의미가 있고 오랜 세월 지속되었다면, 9, 10세기에 이미 경계선을 따라 언어적인 차이가 생겨났기 때문이 아닐까? 또한 이 경계선은 10세기가 지난 오늘날에도 여전히 유효하지 않은가? 현지의 문화적인 현실을 통해 정치적인 면을 볼 수 있다. 전통적인 역사학에서 중요하게 여기는 스트라스부르Strasbourg 선언을 살펴보자. 이 선언은 842년 2월 14일에 베르됭 조약보다 18개월 앞서 공표되었다. 연합한 두 군대 앞에서 로테르의 두 형제는 동맹의 서약을 했는데, 샤를 르 쇼브는 '튜턴어tudesque(역주: 게르만어 형태)'를 구사했으며, 루이는 로망어roman를 사용했다. 이렇게 각 진영의 병사들은 자신들의 언어로 메시지를 전달받게 되었던 것이다. 이렇듯 로테르 영토의 양편에서 각기 다른 언어를 사용하는 두 개의 국가 공동체의 탄생을 예견할 수 있다. 물론 아직은 국적이라든가 확실한 언어적 경계를 말하기에는 너무 이르다. 하지만 센강의 발원지인 생제르망라푀이유Saint-Germain-la-Feuille에서는 센강을 이미 센강이라고 부르지 않았던가? 어찌되었든 간에 1914년 프랑스와 독일은 또다시 과거 로테르의 영토를 차지하기 위해 싸움을 벌인다.

국경이 정해졌던 주요 시기들: 1212, 1213, 1214, 1216년

이브 르누아르Yves Renouard는 그의 논문에서 국경지대의 경계가 그 이후 시대에 천천히 변화하는 양상에 대해 고찰하고 있다.[109] 그의 견해가 사실이라면, 서유럽의 정치적인 지도에서 국경선은 1212, 1213, 1214, 1216년에 결정된 것으로 볼 수 있다. 이 4년간 주요 국가들의 힘은 서서히 강해지고, 상황은 고착되어 갔다.

13세기에 들어서면서 유럽에서는 4개 강대국의 영토 확장이 위협적이었다. 예컨대 무와히드 왕조는 이슬람 문명을 바탕으로 북쪽으로 영토를 확장하고 있었으며, 북아프리카 일부와 스페인의 대부분을 차지하고 있었다. 플랜태저넷Plantagenets가의 앙주 제국은 영국과 아일랜드 영토의 일부, 프랑스의 브렐Bresle강 입구에서 스페인의 비다소아Bidassoa강 입구에 이르는 프랑스의 긴 연안지대를 차지하고 있었다. 옥시탕Occitan 제국은 프랑스의 툴루즈, 스페인의 사라고사Zaragoza, 그리고 바르셀로나Barcelona 사이의 협정을 통해 결집되어 프로방스 지방과 론강 지역에까지 영토 확장의 야심을 키워 갔다. 네번째로, 필리프 오귀스트Philippe Auguste가 승리함에 따라 강대국으로 변모한 프랑스 왕국은 가이야르Gaillard 성을 점령한 후, 1204년 6월 24일에는 어떤 저항도 없이 루앙에 들어간다. 그 후 이 정복자는 바다까지 손에 넣었을까?

그러나 강대국들은 하나둘씩 야망을 달성하지 못하고, 마치 달리는 사람이 팽팽한 줄에 발이 걸리는 것처럼 과거 국경선들의 망에 걸려 복잡하게 뒤얽히게 되었다. 몰락하는 것은 한순간이었다. 스페인을 지배하던 무와히드 왕조는 1212년 라스 나바스 데 톨로사Las Navas de Tolosa 전투에서 기독교인들의 군대에 패했다. 1213년 프랑스의 시몽 드 몽포르Simon de Montfort는 툴루즈 백작과 아라곤의 피에르 2세Pierre II를 뮈레Muret에서 물리치고 승리를 거둔다. 1214년 필리프 오귀스트는 잉글랜드의 존Jean sans Terre 군주가 이끌던 연합군에 맞서 부빈Bouvines 전투에서 승리를 거둔다. 이를 계기로 프랑스는 영토 확장의 전성기를 맞이했던 반면, 존 군주는 어려운 시기를 겪게 된다. 불만을 느낀 잉글랜드의 남작들은 마그나카르타Magna Carta(대헌장)를 통해 군주의 권한을 제한하는 법을 제정하고 절대군주의 독주에 제동을 걸기 시작했으나(1215년), 결국 이듬해 프랑스의 필리프 오귀스트 왕의 아들인 루이 8세Louis VIII에게 도움을 청한다. 루이 8세는 군대를 이끌고 영국에 상륙했는데, 그의 야심찬 계획은 결국 실패하게 된다. 잉글랜드의 존 군주가 죽자, 남작들은 그의 아들인 헨리 3세Henri III를 잉글랜드의 국왕으로 추대했고, 루이 8세는 결국 프랑스로 돌아오게 된다.

결국 모든 상황은 비슷하게 끝이 났으며, 오랫동안 유지되어 온 유럽 지역의 국경선들은 계속해서 그 효력을 유지하게 되었다. 의심의 여지 없이 13세기 초 또는 더 이전에 이미 유럽이라는 공간의 일관성이 형성되었고, 그 안에서 각 국가의 독자적인 정치가 행해지면서 발생하는 긴장 관계는 계속해서 유럽의 국경선을 견고하게 해 주었다. 독일의 역사학자인 발터 키네스트Walther Kienast**110**는 16세기에 말했던 것처럼 유럽 전체의 패권을 차지하려 했던 "보편적인 군주국가monarchie universelle"의 시도들이 모두 실패로 돌아간 것은 이미 오래전 유럽에 일종의 힘의 균형이 형성되었기 때문이라고 주장한다. 사실 국경선의 고착화는 각국의 권력이 집중되고 심화될 수 있는 조건이 되었다.

제국들의 실패는 유럽의 불안한 운명을 보여 주었다. 무엇보다도 1212년 라스 나바스 데 톨로사 전투는 기독교 문명이 스페인의 이슬람 문명 또는 다른 문명을 몰아내고 이베리아반도에 정착한(스페인이 이슬람 세력의 영향하에 있었을 때에도 기독교인들은 존재했다111) 중요한 사건으로 기록된다.

영국과 프랑스에 관한 논의에서 빼놓을 수 없는 것이 있다. 즉 헤이스팅스Hastings 전투(1066년)에서 노르만의 승리로 영국은 더 이상 섬나라가 아니었다. 1558년 프랑수아 드 기즈François de Guise 공작이 칼레Calais를 되찾으면서 영국은 다시 섬나라가 된다. 중세 때 적어도 프랑스와 영국의 지배층은 하나의 동일한 모험을 감행했다. 그 이름이 말해 주듯, 잉글랜드의 왕가인 플랜태저넷가는 프랑스 출신의 왕자들로 이루어졌다. 하지만 이들 왕자 간의 투쟁, 아키텐의 알리에노르Aliénor d'Aquitaine의 재혼, 영국 리처드 1세Ricard I의 근시안적인 영웅심리는 존왕만큼이나 커다란 오점을 남겼는데, 프랑스의 필리프 2세는 그 기회를 놓치지 않았다. 루앙을 되찾은 필리프 2세는 바다를 사이에 둔 플랜태저넷 제국을 둘로 나누었던 것이다. 영국은 후에 프랑스의 왕이 되는 루이를 쫓아냄으로써 프랑스를 영불해협의 건너편으로 몰아내는 데 성공한다. 이렇게 분리되어 독립적으로 살아가게 된 두 영토에는 점차적으로 서로 다른 문화가 자리 잡게 되었고, 영구적으로 지속될 서로 다른 두 국가의 탄생이 예고되었던 것이다.

기독교 문화권 밖으로의 영토 확장과 개종을 목적으로 한 이전의 십자군과 달리, 기독교 문화권 내에서 이단의 토벌을 위해 등장한 알비 십자군La croisade des Albigeois은 유럽 사회에 또 다른 복잡한 문제를 야기시켰다. 표면적으로는 모든 것이 정리되었다. 이단은 토벌되었고, 1271년 랑그도크 지방은 프랑스 왕국의 지배를 받게 되었다. 하지만 같은 문명 내에서 벌어진 이러한 전쟁으로 프랑스 남부 지역은 씻을 수 없는 상처를 입었고, 어떠한 해결책도 결코 완전할 수 없는 프랑스 역사에서 문제의 열쇠를 쥐게 되었다.

자연발생적 국경들

지금까지 살펴본 내용은 '자연발생적' 국경이라는 어려운 문제를 제기하는 데 도움을 줄 수 있을 것이다. 나중에 프랑스가 되는 고대 갈리아 지방은 라인강,

알프스, 지중해, 피레네, 대서양, 영불해협, 북해를 그 경계로 삼았다. 로마 시대에 이 국경들은 강화되었다. 갈리아 지방이라는 이 광대한 영토 안에서 메로빙거 왕조와 카롤링거 왕조가 일어났으며, 남부 지방과 피레네를 온전히 그들의 영토로 소유했다. 또한 알프스와 이탈리아(카롤루스 1세는 이탈리아 북부의 롬바르디아 지방을 정복했다), 라인강 유역을 장악했을 뿐 아니라, 9세기부터 노르망디 지역에서 침략과 약탈을 일삼았던 해적들을 몰아내고 긴 해안지대를 통치하게 된다. 요컨대 수 세기에 걸쳐 갈리아 지방은 스스로의 운명을 받아들이며 그곳에 거주했던 다양한 사람들의 문화와 조화를 이루면서 함께 살아갔다.

『프랑스의 역사*Histoire de France*』를 저술한 앙리 마르탱Henri Martin은 그의 책에서 다음과 같이 과감하게 표현했다. "새로운 프랑스, 옛 프랑스, 갈리아는 하나이며, 같은 정신을 가진 사람과 같다."**112** 그의 표현에 반박할 생각은 없지만, 필자라면 "같은 정신을 가진 사람"이라는 표현은 쓰지 않을 것이다. 그는 일련의 연속성과 릴레이 주자들처럼 지속적인 계승을 강조하고자 했다고 생각한다.

그러나 고대 갈리아의 자연발생적 국경을 회복하는 것이 프랑스의 팽창정책의 주된 방향이었으며, 이 나라의 지도자들이 반드시 회복해야 할 영토라는 사명을 갖고 시대와 시대를 거듭해서 전력을 다했을 것으로 생각해서는 안 된다. 프랑스의 왕들은 그들의 정치적 결정을 시대적 상황과 우연적인 정치적 운에 의존했다. 모든 영토 확장은 이를 정당화할 필요가 있었고 그 이유은 항상 달랐는데, 또 다른 영토 확장은 새로운 긴장을 야기했다.

사실을 말하자면, 고대 갈리아는 프랑스 역사의 기억 속에서 오랫동안 잊혀져 있었다. 중세 역사학자와 전기를 기술하는 사람들은 프랑스의 역사를 왕들의 연대기적 관점에서 다루고 있다. 1492년에 초판이 나온 이래로 1621년까지 여러 번 재발행된 니콜라 질Nicolas Gilles의 『매우 기독교적이며 절제된 호전성을 가진 갈리아의 매우 세련되고 광범위한 역사와 연대기Les très élégantes et copieuses annales et croniques des très chrétiens et très excellens modérateurs des belliqueuses Gaules』라는 책제목에 '갈리아'라는 용어가 포함되어 있긴 하지만, 사실상 이 책은 갈리아 지역이나 갈리아인의 문화가 아닌 프랑스 왕들의 역사와 기원 그리고 프리아모스Priamos, 헥토르Hektor, 프랑시옹Francion과 같은 프랑크족의 조상인 고대 트로이 영웅들의 신화를 다루고 있을 뿐이다!

그 당시의 프랑스인들은 "우리의 조상 갈리아인"이라는 개념이 없었다. "페르디낭 로Ferdinand Lot가 말하는 프랑스의 역사는 프랑시옹을 따르는 프랑크족의 유입으로부터 시작된다." "그들은 이전에 갈리아에 살고 있던 사람들은 누구인가라는 의문을 한 번도 던진 적이 없으며, 오히려 로마인이라고 답할 뿐이었다."[113] 1560년 에스티엔 파스키에Estienne Pasquier는 로마의 카이사르에 대해 연구하면서 처음으로 갈리아 지방과 그 주민들에 대한 지식을 갖게 되었다. 다소 과장을 하자면, 갈리아인들이 처음으로 '프랑스사'에 들어오게 된 것이다. 에스티엔 파스키에를 비롯한 그 시대의 몇몇 역사학자들의 노력의 결과로 역사 연구는 새로운 전환기를 맞이하는데, 특히 라 포펠리니에르La Popelinière는 더 이상 영웅적 신화에 대한 찬양이 아닌 문헌을 근거로 하는 새로운 역사 연구의 기반을 확립한다.[114] 프랑스 인본주의가 일구어 낸 업적으로 해석되는 이러한 새로운 역사 서술 방식은 불행하게도 얼마 지나지 않아 17세기에 '역풍'[115]을 맞고 다시 안개 속을 헤매게 된다. 즉 "1714년에 니콜라 프레레Nicolas Fréret라는 학자는 프랑크족이 게르만족의 일파였다는 역사적 관점을 밝혔다는 이유로 바스티유 감옥에 투옥된다!" 게다가 그는 프랑스의 역사·고고학 아카데미l'Académie des Inscriptions et Belles Lettres에서 발표를 했을 뿐이었다.[116]

이러한 상황에서 갈리아에 대한 연구가 뒷받침되지 못한다면, 그들의 자연발생적 국경을 어떻게 참고할 수 있겠는가? 프랑스대혁명 전에는 이에 대해 의문을 던지는 일도 없었고 사소한 증언들만 있었다. 마치 넓은 길 위에 몇 개의 자갈만이 굴러다니는 것처럼 말이다.

또한 1444년 영국과의 전쟁이 아직 끝나지 않은 상황에서 샤를 7세Charles VII와 그의 아들인 루이 11세Louis XI는 로테르 왕국의 재건을 꿈꾸고 있던 부르고뉴의 필리프 르 봉Philippe le Bon 공작의 팽창정책을 차단하고, 적의 군사들을 프랑스 밖으로 몰아내기 위해 로렌과 알자스 그리고 스위스의 바젤 지역까지 군사를 이끌고 갔다. 샤를 7세는 이번 기회에 오래전에 잃은 프랑스 왕국의 자연발생적 국경인 라인강 유역을 수복하여 "과거 프랑스 왕들의 소유였던 라인강 서쪽의 영토를 다시 찾고자 하였다"**117**. 당시의 시대 상황에 의하면, '과거' 프랑스 왕이란 영웅을 칭송하는 중세 전기와 노래의 주인공인 프랑크 왕국의 클로비스 1세Clovis I와 특히 카롤루스 대제Charlemagne를 일컫는데, 프랑스 왕들은 그들을 '선조'라고 여겼다. 루이 11세는 그의 마지막 통치 기간에 카롤루스 대제를 찬양하는 성일을 1월 28일로 제정하여 프랑스의 모든 도시에서 이를 기념하게 했다. 게다가 15세기부터 다음과 같은 특이한 예식이 시작되었다. "대관식이 행해질 때 새로운 프랑스 왕은 엑스라샤펠Aix-la-Chapelle에 선왕의 관을 덮고 있던 천을 보내어 카롤루스 대제의 무덤 위에 다시 펼쳐 덮는 예식을 거행했다."**118** 이러한 예식은 1774년 루이 15세Louis XV의 장례식까지 이어졌다. 가스파르 드 솔Gaspar de Saulx**119** 사령관은 그의 기록에서 1552년 프랑스 앙리 2세 Henri II의 라인강 방문이 세 주교령을 획득한 이후에야 가능하게 된 것을 후회스럽게 생각한다고 피력했다. 알자스와 로렌 지역에 대해서는 어떠한가? 클로비스 1세의 아들들 중 한 명에게 계승되었다가 후에 여러 차례에 걸쳐 프랑스 왕국이 소유했던 '아우스트라시아Austrasie 왕국의 회복'이 아니었던가? 이처럼 프랑스의 왕들은 이 지역에 대한 후계자를 자처할 때 고대 갈리아 지역의 자연발생적 국경들을 언급하기보다는 프랑크 왕국과 그 황제에 대한 위대한 기억에 의지하려 했다.

1558년까지도 빈약할 수밖에 없었던 프랑스의 자연발생적 국경선들과 그에 따른 영유권 주장은 1642년에 접어들면서 더욱 명확해지게 된다.

로렌 출신으로 잘 알려지지 않은 장 르 봉Jean Le Bon은 다음과 같은 기록을 남겼다. "파리가 라인강 물을 마시게 될 때, 모든 갈리아(새로운 갈리아인 프랑스를 지칭)의 경계가 정해지는 것이다."[120]

이렇게 분명해진 주장은 리슐리외Richelieu의 유언장에서도 발견된다. "장관으로서 나의 소임은 자연이 프랑스에 정해 준 경계를 다시 복원하는 것이다. 프랑스는 고대 갈리아로부터 해석되어야 하며, 옛 갈리아 지역을 프랑스가 새롭게 회복해야 한다." 이 문장의 모호함을 불평할 수는 없다. 이 유언장의 진위 여부를 파악할 수 없다는 것은 모두 잘 알고 있었으며, 게다가 이 문장은 라틴어를 번역한 것이었다. 추측건대 그의 유언의 일부가 리슐리외의 주변 사람들로부터 재구성되었다고 볼 수 있는데, 이는 어쨌든 프랑스 정치의 중심으로부터 나온 주장이었다. 그렇지만 1642년 이전까지는 이와 유사한 주장을 그 어디에서도 찾아볼 수 없었는데, 1642년 리슐리외의 유언을 빌려 한 이러한 주장을 다시 접하게 되는 것은 프랑스대혁명 시기가 되어서야 가능했다.

프랑스 왕국은 자연발생적 국경에 대한 주장을 펼치지 못하는 상황에서 여러 차례의 합병을 시도했는데, 그렇다면 프랑스는 어떻게 이 지역들에 대한 정당성을 주장했을까? 대부분의 경우 새로운 영토를 합병하는 것에 만족했고, 그에 대한 정당성을 충분히 피력하지 못했다. 그러나 예외가 규칙을 확인시켜 준다.

1601년에 사부아 공작으로부터 뷔제Bugey, 젝스Gex와 브레스Bresse 지방을 넘겨받은 프랑스 왕국의 앙리 4세는 그의 새로운 국민들에게 다음과 같이 선포했다. "프랑스어를 원래부터 사용하던 지방에 대한 소유권을 프랑스 왕이 갖는 것은 매우 합당하다. 스페인어를 사용하는 곳은 스페인에, 독일어를 사용하는 곳은 독일에 그리고 프랑스어를 사용하는 지방은 모두 나에게 속한 것이다."[121]

그러나 이러한 현명한 주장은(필자는 정당한 주장이라고는 생각하지 않지만) 지켜지지 않았고, 1674년 처음으로 프랑스 왕의 영토가 된 프랑슈콩테Franche-Comté 지방은 1678년의 네이메헌 조약에 의해 공식적으로 프랑스 왕국에 합병 되었다. 그리고 1766년에 스타니슬라스 레친스키Stanislas Leczinski 공작의 죽음과 함께 로렌 지방은 프랑스에 합병된다. 또한 1648년에 게르만 방언을 사용하는 지역이었던 알자스 지방을 점령한 것에 대해 프랑스 왕국은 어떤 정당성을 주장했는가? 사람들의 의견에 거의 관심이 없는 이러한 힘에 의한 점령에 대해 어떤 정당성도 주장하지 않았다. 1659년에는 피레네 조약으로 프랑스는 카탈루냐 지방의 일부인 루시용Roussillon과 세르다뉴Cerdagne를 차지하게 된다. 과거 국경에 대한 언급을 또 한 번 살펴보면, "과거 갈리아와 스페인을 나누고 있던 피레네산맥이 또다시 프랑스와 스페인을 나누게 된 것이다"[122]. 하지만 여기서 표현된 갈리아는 우연적이라고 볼 수 있다. 국경선을 확정하는 논의가 1660년 3~4월에 세레Céret와 같은 해 11월에 이비아Llivia에서 진행되었는데, 양측에서는 법적인 주장만 오고 갔을 뿐 갈리아에 대한 언급은 전혀 없었다.[123] 그 후 한 세기가 지난 1752년 폴미Paulmy 후작은 루시용 지역의 국경선을 시찰한 뒤 다음과 같은 기록을 남겼다. "1659년에 피레네산맥의 경계를 정했는데, 산의 경사면이 루시용의 안쪽을 바라보면 프랑스에 속하고, 반대편 경사면은 스페인의 영토이다. 물의 경계에 대해서는 알프스 산지의 경계 규칙을 따른다."[124] 이 감찰 일지는 사실을 단순화한 것이다.

결국 자연발생적 국경선에 대한 주장과 논의는 프랑스대혁명 시대에 접어들어서야 그 성과를 거두게 된다. 혁명 이전의 이성과 계몽의 시대에는 '자연'이라는 주제가 큰 관심의 대상이 아니었던가? 이처럼 혁명기에 자연발생적 국경선에 대한 주장은 결정적인 논거를 확립하게 된다. 1792년에 그레구아르Grégoire 신부는 다음과 같은 선언을 한다. "프랑스는 스스로 모든 것이 충족되는데, 왜냐하면 자연이 경계를 정해 주었으며 그 경계는 프랑스가 성장할 수 있게 보호해 주었다. 우리의 관심은 우리의 원칙과 일치한다." 1793년 1월 31일 프랑스대혁명의 지도자였던 당통Danton은 벨기에의 영토를 병합한 직후 이러한 주장을 반복한다. "프랑스의 경계는 자연에 의해 정해진다. 바다, 라인강, 알프스 산지,

피레네 산지 등과 같은 4가지 자연적 요소에 근거해서 프랑스의 국경이 결정된다."[125]

라인강 유역의 영토에 관해 독일인들은 프랑스보다 조금 늦게 영유권을 주장하기 시작했다. 1746년 프리드리히 2세Friedrich II는 프랑스인들에게는 다소 이상하게 들릴 다음과 같은 선언을 했다. "지도를 들고 보면 프랑스 왕국의 자연적인 경계가 라인강까지 이르는 것을 확인할 수 있는데, 라인강의 흐름이 일부러 독일과 프랑스를 나누기 위해 존재하는 것 같다."[126] 1813년이 되어서야 에른스트 모리츠 아른트Ernst Moritz Arndt는 그의 노래를 통해 독일의 주장을 알리기 시작한다. "Der Rhein, Deutschlands Strom aber nicht Deutschlands Grenze", 라인강은 독일의 강이지, 독일의 국경이 아니다.[127]

필자는 프랑스 정치가 자연발생적 국경이라는 근거를 바탕으로 정책의 방향을 설정했다고 보지는 않는다. 하지만 여러 기록과 논쟁, 행정 자료들과 같은 역사적 흔적 속에는 프랑스의 이러한 모습이 남겨져 있으며, 당시 프랑스의 영토 확장에 대한 유럽 국가들의 고민은 상당했다. 프랑스대혁명 이후 프랑스는 그들이 몰아낸 프랑스 왕국이 가지고 있던 국경과 영유권 주장에 대한 정치적 입장과 태도를 이어 갔다. 이를 지지했던 오귀스탱 티에리Augustin Thierry, 앙리 마르탱Henri Martin, 알베르 소렐Albert Sorel과 같은 역사학자들의 태도를 비난할 의도는 없다. 1552년에 이루어진 라인강 순찰 이후부터 프랑스는 동유럽에 빗장을 걸어 잠그는 것에 대해 많은 고민을 하게 된다.

바다는 서두른다고 잡히는 것도 아니고, 결코 길들여지는 법이 없다

프랑스에서 바다가 국경에 관한 연구의 대상으로서 진지하게 다루어졌던 경우는 거의 드물었다. 그렇다면 언제까지 육상의 영토에 대한 집착을 보일 것인가! 국경이라는 것이 공간의 단절을 의미한다면, 프랑스의 칼레Calais를 떠나 영국의 도버Douvres에 도착했을 때 한 국가의 경계를 떠나 또 다른 국가의 경계와 만난 것을 어느 누가 확실히 느끼지 않을 것인가? 비달 드 라 블라슈는 "인간은 육지 위에서 살아가는 존재"라고 정의 내린 바 있다.[128] 1831년에 영국의 유명한 여행가 찰스 다윈Charles Darwin은 "영국의 군함 비글Beagle호를 타고 세계일주를 했는데, 사람들이 바다로 나가는 것은 강제적이거나 달리 어쩔 도리가 없을 때일 것이라고 말했다"[129]. 하지만 바다는 언제나 존재했으며, 해안지역과 그곳에서 살아온 어부들과 배 또한 늘 바다와 함께했다. 그리고 바다에는 각국의 영해를 구분하는 일종의 국경선이 존재해 왔다. 프랑스의 역사에서 우리가 반드시 알아야 할 것은 사람들은 수 세기에 걸쳐 프랑스의 해안지역에서 무엇을 했는가에 관한 것이다.

프랑스의 영광스러운 역사와 함께했던 수많은 사건 가운데 영토 확장을 위한 모험은 많았지만, 바다로 진출했던 도전과 시도는 거의 전무했다. 양쪽 사이에는 불균형이 존재했고, 바다와 육지 사이에서 프랑스는 육지를 선택했다고 이미 언급한 바 있다. 1204년 필리프 오귀스트는 "프랑스인들은 바다에 대해서는 전혀 아는 바가 없다."라고 비판하며, 노르망디 정복을 계기로 이곳을 통한 해양로 확보의 중요성을 강조한 바 있다. 당시 프랑스는 영국의 플랜태저넷가로 인해 해양 진출이 거의 가로막힌 상황에 처해 있었다. 같은 해에 "제4차 십자군 원정대가 콘스탄티노플을 공격했을 때, 프랑스인들은 스스로 육지 전투에 비해 해양 전투는 많이 취약하다고 고백했다."라고 프랑스의 역사가 제오프루아 드 빌아르두앵Geoffroi de Villehardouin[130]은 기술했다.

프랑스는 1246년이 되어서야 내해인 지중해의 에그모르트Aigues-Mortes에 '바다로 향하는 창문' 또는 정박지를 갖게 되었다. 따라서 노르망디 지역을 제외하면, 당시의 프랑스는 풍부한 바다의 인력자원을 갖지 못했다. 바다에 대한 경험이 충분하지 못했던 프랑스는 14세기에 접어들어서도 고전을 면치 못했다. 백년전쟁 초기인 1340년 6월 24일에 프랑스는 슬로이스Écluse 해전에서 패하여 영국에 제해권을 빼앗기고, 이로 인해 프랑스를 영국에 열어 주게 된다. 하지만 1369년에는 상황이 반전되는데, 그 공은 샤를 5세Charles V 또는 베르트랑 뒤 게스클랭Bertrand du Guesclin이 아닌 곤경에 처한 게스클랭을 돕기 위해 출정한 스페인 카스티야 왕국의 엔리케 2세Enrique II의 군대에 돌려야 할 것이다. 이들은 1373년 라로셸La Rochelle의 항구에 정박해 있던 영국 함대를 공격해 대승을 거두게 된다. 이 전투에서의 승리를 통해 "푸아투Poitou, 생통주Saintonge, 앙구무아Angoumois 지역을 탈환한다"[131]. 같은 해 12월 샤를 5세의 임명을 받아 프랑스의 해군 제독이 된 장 드 비엔Jean de Vienne은 프랑스의 함대를 '근대적인' 군대로 탈바꿈시켜 브르타뉴 지방을 장악하고, 영국의 해안지대에 상륙을 시도해 런던을 공포에 떨게 하는 쾌거를 거둔다. 프랑스의 해군력은 스페인의 카스티야 왕국과 포르투갈의 도움을 받아서 점차 증강되었으며, 많은 해전에서 승리를 거두게 된다. 그러나 상황은 또다시 악화된다. 장 드 비엔은 그의 직책을 그만두고, 1396년 니코폴리스Nicopolis 전투에서 터키군에 의해 전사한다.

프랑스는 자신의 영토를 되찾고 1481~1482년 무렵에는 프로방스 지방과 마르세유를 획득하여 지중해까지 영역을 확장한다(랑그도크 지방은 1271년에 이미 프랑스 왕국의 영토가 되었다). 프랑스의 해군력은 한편에는 대서양, 영불해협, 북해 그리고 다른 한편에는 지중해로 나뉘어 양쪽을 관리하는 것이 쉽지 않았다. 대서양과 북해는 머지 않아 플류트선과 같은 범선들이 교역을 위해 활약하는 활동 무대가 되었고, 지중해는 옛 상선이나 갤리선(수송·전투용 범선)들이 이용하던 바닷길이었으나, 16세기 후반 이후로는 몇몇의 예를 제외하면 거의 그 역할이 미미해졌다.

당시 프랑스는 스페인과 마찬가지로 두 개의 해군 시설이 필요했다. 단지 스페인에 유리한 점이 있었다면, 스페인은 지브롤터 해협을 통해 대서양과 내해를 연결할 수 있었다. 1617년 나폴리의 총독이 된 오수나Osuna 공작은 이러한 장점을 잘 활용한 계획을 세웠고, 갤리언선은 지중해와 대서양에서 항해할 수 있게 되었다.[132] 이후 전열함은 갤리언선과 플류트선을 절충한 형태를 띠었으며 여러 지역에서 활약했다. 프랑스 해군은 양쪽 바다 사이의 전력 집중을 효율적으로 못하여 상황을 악화시켰다. 결국 1692년 라우그La Hougue 해전에서 프랑스의 투르빌Tourville 함대는 영국과 네덜란드 연합 함대에 대패하고 만다. "만약 지중해 연안의 툴롱Toulon 함대와 대서양의 브레스트Brest 함대가 투르빌 함대와 연합했다면, 프랑스는 80척 이상의 연합 함대를 갖추게 되었을 것이고, 영국과 네덜란드 연합 함대 99척과 맞서 대등한 격전을 벌였을 것이다."[133] 1805년 영국과의 전쟁을 위해 불로뉴쉬르메르Boulogne-sur-mer에 군사력을 집결시킨 프랑스의 나폴레옹 군대는 또다시 같은 이유로 패배하게 된다. 즉 전체 함대를 효율적으로 집결시킬 수 없었던 프랑스 해군은 구조적인 취약점을 드러냈던 것이다. 국가의 단호한 의지만이 엄청난 노력이 필요한 이러한 구조적인 문제를 해결할 수 있다. 그러나 프랑스 왕국은 이러한 노력을 거의 보이지 않았다. 리슐리외와 콜베르는 프랑스의 함대를 효율적으로 새롭게 개편하는 데 성공한 반면, 루이 14세와 루이 15세의 섭정을 지낸 오를레앙 공작 그리고 루이 15세는 그 중요성을 깨닫지 못했다. 1713년 위트레흐트Utrecht 조약이 체결된 후 1763년 파리 조약이 체결되기까지의 50년이라는 시간 동안, "프랑스의 해군은 클로드 조제프 베르네Claude Joseph Vernet의 그림 속에서만 존재했다"[134]. 뒤늦게 루이 16세 때가 되어서야 해양을 차지하기 위한 노력들이 시도되었지만(프랑스 역사학자 알랭 길렘Alain Guillerm에 의하면, 루이 16세의 진짜 취미는 자물쇠를 만드는 것이 아니라 해양 탐험이었다), 불행하게도 이미 때는 늦었다.

프랑스는 유럽 대륙 내의 전쟁에서는 매우 유리한 이점이 있는 반면, 해양에 관해서는 어려운 지정학적 조건을 가지고 있다. 얼핏 보면 프랑스는 자연과 역사가 제공하는 장점을 제대로 발전시키지 못한 것처럼 보인다. 피에르 구루Pierre Gourou는 프랑스가 갖고 있는 자연적 혜택을 다음과 같이 썼는데, "유럽 국가들 중에 프랑스와 같이 다양한 연안지역을 가진 나라는 없다. 게다가 넓은 해상로를 제공해 줄 수 있는 항구도시들은 얼마나 많이 있는가!"[135] 프랑스에 주어진 역사적·시대적 혜택들은 또 어떠한가? 프랑스는 노르망디, 브르타뉴, 아키텐, 랑그도크, 프로방스 지방을 얻음과 동시에, 오랫동안 바다와 함께 살아온 이 지역 사람들을 얻게 되었다. 장 드 비엔이 이끌었던 프랑스 함대는 카스티야 왕국과 포르투갈, 바스크의 함대와 함께했다. 16세기 유럽에서 바다를 누볐던 브르타뉴 공국이 1532년 프랑스에 병합되었지만, 이 모든 국가적 자산은 프랑스의 지정학적 불리함에 가로막혀 제대로 빛을 발하지 못했다!

사실 앞서 언급한 바와 같이, 프랑스의 바다가 둘로 나누어져 있는 것만이 프랑스가 해군력을 확보하지 못한 유일한 이유는 아니다. 주변국과의 전쟁을 해상에서만 치렀던 영국과는 달리, 프랑스는 끊임없이 벌어지는 전쟁을 육지에서 치러야 했다. 바다를 우선으로 하는 해양정책을 추진하기 위해서는 육지에서의 전쟁을 피하고, 군비를 해양정책에만 집중적으로 투자할 필요가 있었다. 프랑스의 해양정책과 관련된 모든 정치적 선택에는 명민한 통찰력이 요구되었으며, 운도 많이 따라 주어야 했고, 지속적인 행정력을 보장해 줄 수 있어야 했다. 그리고 전 유럽의 영토분쟁 지역에 뛰어드는 호전적인 영주들과 맞설 수 있어야 했다. 아주 흥미진진한 『외교사론Manuel historique de politique étrangère』을 집필한 에밀 부르주아Emile Bourgeois**136**는 그의 저서를 통해 육상과 해상을 둘러싼 정치적 갈등과 정책 보류가 어떻게 프랑스의 역사에 악영향을 주었는가에 관해 논하고 있다. 또한 1740년 늙은 플뢰리Fleury 추기경은 말년에 오스트리아 왕위 계승전쟁을 적극적으로 반대했지만, 결국 전쟁은 유럽 전역에 확산된다. 그러나 육지에서의 전투에 참전하지 않는 것은 프랑스에게는 마치 존재하지 않는 것과 같았다. 유럽은 프랑스에게 이러한 기회를 주었을까?

프랑스의 잠재적인 해양 군사력은 종종 제대로 사용되지 못하고, 부분적으로만 활용되어 왔다. 이렇게 늘 제대로 활용되지 못했던 프랑스의 해군들은 스스로 그만두고 다른 유럽 국가의 선박에 고용되기도 했는데, 이로 인해 프랑스 해군은 항상 인력 부족 현상을 겪어야 했다. 스페인, 몰타, 영국 또는 네덜란드의 배에서 활약하다 프랑스로 복귀한 병력은 프랑스의 해군에 활기를 불어넣어 주었다. "오랜 외국 생활과 기나긴 항해에 지쳐 있던 병사들은 고국의 부름에 남은 생애를 자국의 왕에게 충성할 수 있다는 자부심과 신에 대한 감사함으로 충만해 있었다."137 콜베르 시절 본국으로 귀국한 해군 병사의 수는 3만 명에 달했다. 물론 이 숫자는 당시 네덜란드 헤이그La Haye에 있던 프랑스 대사에 의해 과장된 것이라 볼 수도 있겠지만, 어쨌든 상당수의 군사들이 다시 제자리로 복귀했다.

프랑스 해군력의 문제는 단순히 육지에서의 전쟁에 대한 요구 때문만은 아니었다. 프랑스 삼부회의와 입헌의회의 의원이었던 피에르 빅토르 말루에Pierre Victor Malouet138는 1781년 11월 1일부터 7년간 툴롱의 해군기지에서 행정관으로 복무한 바 있는데, 그는 프랑스의 정치가 극복할 수 없었던 몇 가지 본질적인 장애 요소에 관해 의견을 표명했다. "콜베르 역시 프랑스가 소유하고 있는 훌륭한 해양 자산을 잘 활용할 수 있도록 도와줄 해군의 기본적인 기반 구축 이전에 막강한 해군력을 확보하는 일에만 지나치게 서두르고 있다는 점을 지적했다. 그는 수출 위주의 대규모 교역을 통한 자본집중으로 해군을 정비하고 지속적인 지원과 확충을 해야 한다고 주장했다. 제조업의 유치와 지원을 아끼지 않은 그의 노력이 이를 증명한다. 하지만 해상 교역을 위한 인력을 양성하자마자 이들은 전쟁에 차출되었고, 이러한 일시적인 노력은 결국 지속적인 지원 부족으로 해군력을 키우는 데 크게 도움을 주지 못했다. 반면, 프랑스에 비해 2세기가량 앞선 경쟁 국가들은 자립적인 해군력 구축을 위해 기본적인 제반 시설을 지원하고 강화했다." 결국 경제력의 차이라고 볼 수 있다. 그렇다면 왜 '자본주의'의 실패라고 말하지 않는가? 말루에는 다음과 같이 덧붙였다. "해상 교역은 절대적인 권력체계와 왕과 귀족의 사치와 끊임없이 발발하는 전쟁에 필요한 자금을 무거운 세금으로 확충하는 제도하에서는 번영할 수 없다. 투자가 가능한 자유로운 기업활동만이 거대한 자본가계급을 형성할 수 있다. 이들의 역할이 없으면 국내의 상품을 해외로 수출하는 상업활동은 불가능하다. 하지만 아직도 프랑스 의회를 포함한 사회 전반에서 이러한 경제와 기업의식을 찾아보기는 쉽지 않다. 대규모의 상업적 교류를 활성화시키기 위한 제도적 지원이야말로 프랑스의 강력한 해군력 구축의 기반을 완성하는 지름길이다."[139]

말루에의 이러한 지적은 정확하다. 조금 더 덧붙이자면, 프랑스는 유럽 제일의 경제 강국이 될 수 있었던 기회를 놓친 것이다. 상파뉴 시장이 유럽 대륙에서 교역의 중심적 역할을 수행했던 시대를 제외하면, 프랑스가 다시 유럽의 경제적 중심지가 된 적은 없었다. 프랑스는 이러한 경제적 주도권을 갖지 못했고, 모든 것이 부족한 것은 아니지만 본질적인 요소가 결핍되어 있었다. 즉 보다 활발한 상거래를 통한 초과이윤과 자본축적 그리고 해상 교역량 증대를 지속적으로 뒷받침해 줄 수 없었다. 리슐리외가 시행한 해양정책 가운데 긍정적인 부분을 논하면서 앙주 구다르Ange Goudar는 다음과 같이 썼다. "프랑스를 강력한 해상국가로 만드는 데에는 한 세기가 필요할 것이다."[140]

1761년 10월 26일 툴롱에서 쓰인 한 증언을 전하자면 다음과 같다. "만일 프랑스가 바다를 다스리지 못하게 된다면, 유럽의 다른 국가들로부터 두려움과 존중의 대상이 될 수 없을 것이다. 2만 명의 해군이 20만 명의 육군 병력보다 프랑스를 더 영광스럽게 할 것이다. 바다를 다스리는 국가가 모든 것을 다스리게 될 것이다."[141] 프랑스는 바로 이러한 능력을 제대로 갖추지 못했던 것이다.

Ⅳ.
조사와 연구는 유용한가?

회고적인 연구는 어려운 문제를 해결할 수 있는 실마리를 제공하기도 하며, 끝나지 않을 것 같은 복잡한 연구의 시간을 단축시켜 주기도 한다. 그 어떤 역사학자도 포괄적인 해결책을 제시하지 못했고, 방대한 프랑스 역사 전체를 아우르는 국경 문제가 바로 이 같은 경우에 해당된다고 볼 수 있다. 이러한 상황에서 비록 제한적이라고 하더라도 과거의 역사를 조명하는 작업은 반드시 필요한 일이다. 설령 이러한 과거사 연구가 국경 문제를 해결해 주지는 못한다고 해도, 이 모든 과정은 프랑스 국경지역의 삶의 모습을 면밀히 살펴볼 수 있는 기회가 된다. 이는 분명 교육적 가치가 있는 것이다.

사례 지역은 너무 많지만, 여기서는 두 지역만을 다루고자 한다. 먼저 살펴볼 메스Metz 지역을 통해서는 육지의 문제를 다룰 것이고, 두 번째 사례인 툴롱Toulon 지역을 통해서는 바다의 문제를 다루게 될 것이다. 이를 통해 프랑스라는 나라를 통치하고 지키는 일이 얼마나 무겁고 힘든 일인지를 충분히 이해할 수 있을 것이다. 대개 맹목적으로 일관되었던 정책은 언제나 예상치 못한 결과와 실망스러운 미래를 부르는 요인이 되었다.

북동부 지역과 동부 지역의 국경들

첫 번째로 메스를 선정한 이유는 무엇일까? 바다, 피레네산맥, 알프스산맥, 쥐라산맥과 같은 '자연적' 경계를 기준으로 획정된 대부분의 프랑스 국경은 인위적으로 획정된 국경들과는 다르게 인간의 부담을 덜어 준다. 1940년 갑작스런 프랑스 군대의 와해 상황에서도 알프스 지역의 국경은 안전하게 유지되었다.[142]

북해에서 라인강까지 이어지는 구간은 인위적인 방식으로 획정된 국경으로 자연의 보호를 받지 못하는 위험한 국경지대이다. 이렇게 획정된 국경은 정치가, 군인, 기술자들에 의해 또는 기타 여러 가지 역사적 요인에 의해 종종 변경되었다. 북동쪽으로 뻗어 나가는 라인강은 국경을 완성하는 것 같은 인상을 주지만 영불해협과는 어떤 공통점도 없었다. 이는 단지 피상적인 국경일 뿐이었다. 게다가 1648년부터 알자스 지역의 일부가 프랑스에 속하게 되었고, 스위스의 바젤에서 북해에 이르는 전 구간은 프랑스와 그 동맹국들이 라인강의 좌측 영토를 점령했을 때인 1795~1814년 그리고 1919~1930년[143]에만 프랑스의 정치적 영향력 아래에 있었다.

이렇게 획정된 프랑스의 북동부와 동부 지역의 국경은 공격적인 주변국들의 위험에 항상 노출되어 있어 언제나 유동적이며 변화무쌍한 모습을 보여 왔다. 주변국들은 프랑스의 영토를 침입하려면 방어에 취약한 이곳을 먼저 공격해야 한다는 것을 알고 있었다. 예컨대 1544년 카를 5세Karl V는 이를 처음으로 증명해 보였다. 룩셈부르크를 시작으로 생디지에Saint-Dizier 지역을 점령한 후 마른Marne 지역을 통해 모Meaux 지역까지 밀어붙였고, 심지어 파리의 관문까지 압박하기에 이른다. 이러한 침략의 시도는 이후 1557년, 1596년, 1636년, 1708년, 1814년, 1870년, 1914년, 1940년까지 계속 이어진다. 역사는 다시 반복되지 않는다고 말하지만, 이는 상상력의 부족으로 역사는 스스로의 습관을 갖는다.

19세기 이전까지 프랑스의 국경은 모두 이와 비슷한 상황에 처해 있었다. 과거의 국경을 근대화된 국경처럼 생각해서는 안 된다. 에르네스트 라비스Ernest Lavisse의 말처럼,[144] 국경선이 하나의 선으로 정비되어 양쪽 국가의 세관과 수비대에 의해 이중으로 "철저하게 통제"되기 시작한 것은 비교적 최근의 일이다. "루이 15세 때의 영토 협약을 살펴보면, 상당수의 월경지와 위요지가 인접한 국가 사이에 있었음을 알 수 있고, 국경선이라는 개념은 아직 존재하지 않았다."[145] 1771년 프랑스의 측량기술자였던 쇼샤르Chauchard와 졸리Jolly는 그랑프레Grandpré 장군의 명령에 따라 뒹케르크Dunkerque에서 알자스 북쪽의 랑도Landau에 이르는 지역의 국경선 지도를 제작한다. 이들의 지도에서 국경선의 폭은 약 12~16km(3~4lieues)로 표현되었다.[146]

지도에 표현된 선들은 굵게 그려졌으며 정확성이 떨어지는 문제가 있었는데, 이로 인한 결과는 상상해 볼 수 있을 것이다. 흔히 마을, 몇몇 마을들, 읍 또는 작은 도시로 형성된 월경지와 위요지는 상대편 국가의 영역 안에 존재하는 우리 측 지역으로 언제든지 진입이 가능한 열려 있는 취약지역이었다. 이러한 지역은 1678년 프랑스와 네덜란드, 스페인 간에 체결된 네이메헌 평화협정의 조항 제16조에 따라 국가 간의 자유무역이 허용되었다. 결과적으로 이러한 지역들은 늘 국가 간의 갈등과 분쟁 그리고 국지적인 전쟁의 한복판에 놓여 있었다. 1682년 11월 플랑드르 지방에 살고 있던 농민들은 국경지역의 프랑스 주민들이 "프랑스 왕국 내의 술집보다 술값이 저렴한 인근 스페인 마을의 주점에 가는 것을 금지해 주기를 원했지만, 이들은 이곳을 자주 이용했고 그 때문에 프랑스 국경 마을의 술집은 많은 손해를 보았다"[147]. 하지만 이 지역의 지방관이었던 드마드리Demadrys는 네이메헌 평화협정에 따라 이를 허용했다. 그렇지만 다시 전쟁이 발발하면서, 1689년 스페인은 자유로운 통행을 금지시킨다. 따라서 지방관은 왕의 명령이 내린다면 프랑스 쪽도 통행을 금지할 것이라고 설명

동부 지역들

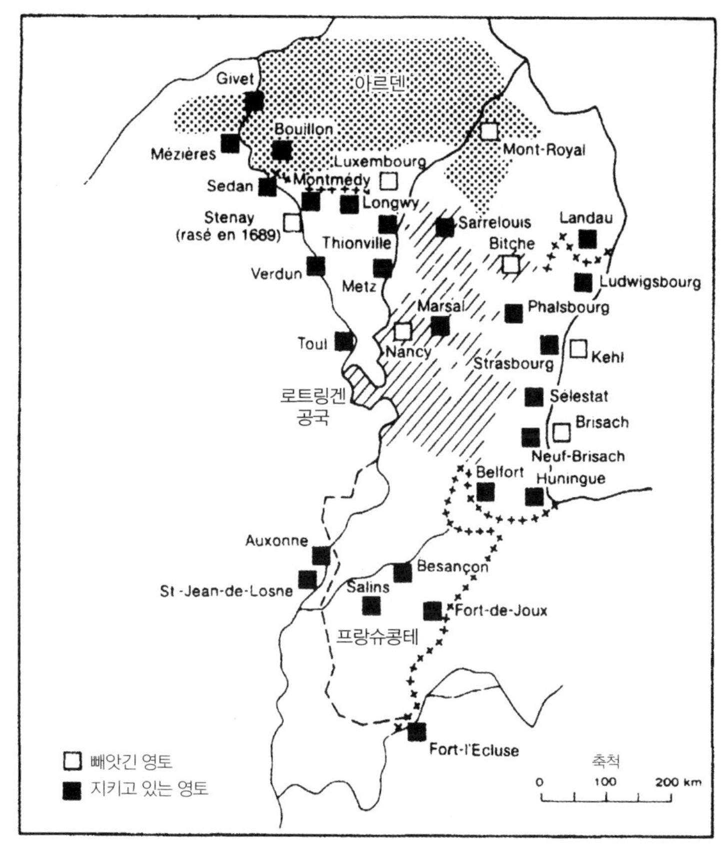

이 지도는 17~18세기의 끝없는 전쟁 중에 아르덴(Ardennes), 로렌(Lorraine), 알자스(Alsace), 프랑슈콩테(Franche-Comté) 등의 '민감한' 국경지역에서 빼앗긴 지역(흰색 사각형)과 지키고 있는 지역(검은색 사각형)을 보여 주고 있다.

출처: Le colonel Rocolle, *2000 ans de fortification française*, 1973.

했다.[148]

그렇다면 국경지역을 하나의 선으로 질서정연하게 정비해서 이와 같은 상황에서 벗어날 수는 없었던 것일까? 이러한 상황을 해결하지 않은 데에는 습관이라는 힘이 작용하고 있었기 때문이다. 거기에는 이처럼 불명확했던 프랑스의 동부와 북동부 국경지역을 마주하는 두 국가 간의 이해가 대립하고 있었고, 특히 이러한 국경지대의 소유권이 프랑스 왕국의 부유한 귀족들에게 있었기 때문이다. 프랑스 왕국은 이처럼 국경지역을 수많은 분쟁과 다툼을 일으키는 대상으로 만들었으며, 불분명한 국경선으로 인한 영유권 주장의 혼란을 가중시키는 법적 소송과 배상 문제는 끊임없이 이어졌다. 법률가들은 이런 좋은 기회를 놓치지 않았다. 변함없이 지속되는 상황은 일시적 술책이 반영된 그릇된 법적 조항들을 계속해서 만들어 내게 했고, 프랑스의 법적 공정성을 심각하게 손상시키는 결과를 낳았다. 역사학자인 넬리 지라르 달비생Nelly Girard d'Albissin은 다음과 같이 이야기한다. "프랑스의 정치가들은 문서로 된 모든 국경 조약보다 끝없는 팽창의 가능성을 열어 둔 봉건적인 정치제도를 선호했는데, 이는 합병법정chambres de réunion 시대에 절정에 달했다."**149** 1678년 네이메헌 평화조약이 체결되고 얼마 지나지 않아 상당한 국력 신장을 이룩한 프랑스는 1681년 스트라스부르Strasbourg의 영토를 병합한다. 어떤 이유에서건 평화협정 이후에 스트라스부르와 라인강 위의 다리를 갖는 것은 커다란 모험이었다. 1675년과 1676년에는 신성로마제국의 군대가 스트라스부르의 다리를 자유롭게 건널 수 있는 권리를 도시로부터 얻지 않았던가? 그들은 두 번이나 튀렌Turenne의 군대를 배후에서 공격할 수 있는 기회를 얻었던 것이다.

국경선이 어떻게 그려지든 간에 영토를 지키기 위해서는 막대한 자금이 필요했고, 확실한 경계를 보장할 수 없는 커다란 문제점 역시 있었다. 이탈리아 기술자들에 의해 16세기 초기에 고안된 보루, 기병, 반월보, 십자포화와 같은 근대화된 국경 수비 체계는 당시 유럽 국경 요새의 주요 지역에 배치되었다. 프랑스의 뛰어난 사령관이었던 보방Vauban(1633~1707)이 태어나기도 전에 보방의 시대는 시작되고 있었다.

북해에서 라인강까지 형성된 국경선은 크게 두 구역으로 나뉜다. 먼저, 됭케르크로부터 뫼즈Meuse, 지베Givet, 메지에르Mézières로 이어지는 흔히 '철옹성 같은 국경선'이라 명명되는 이곳의 대부분은 보방에 의해 건설되었거나 구상되었는데, 로콜C. Rocolle은 사령관을 기념하여 "르 프레 카레Le pré carré"[150]라고 불렀다. 사실 이처럼 훌륭한 국경 방어 시설 구축에는 프랑스 국왕의 역할도 포함되어야 한다. 다음의 지도에서 볼 수 있듯이, 이 지역의 국경선은 이중으로 설계되어 있다.[151] 이러한 이중 방어선의 남쪽에는 솜Somme강 연안의 오래된 요새로 구성된 세 번째 방어선이 있는데, 이는 프랑스 왕국의 이전 국경이었다. 이곳의 요새는 너무 오래되어 국경 수비의 역할을 감당하기 어려웠다. 하지만 1712년 드냉 전투bataille de Denain가 발생하기 바로 직전, 루이 14세는 빌라르Villars에게 프랑스에 남은 마지막 군대를 맡기면서 전쟁에서 패할 경우 솜강 후방으로 물러날 것을 지시했다. "이 강을 건너기가 매우 어렵다는 것을 알고 있다. 나는 페론Péronne이나 생캉탱Saint-Quentin에 가서 마지막 남은 모든 군대를 집결시켜 최후의 노력을 함께할 것이다. 모두와 함께 죽거나 함께 나라를 지켜낼 것이다. 적이 수도를 향해 진격하는 것을 용납하지 않을 것이다."[152]

이처럼 넓은 방어진은 고대 로마의 국경지대limes나 중국의 만리장성 또는 후에 프랑스에 건설되는 마지노선linge Maginot과 같이 하나로 길게 형성된 방어선은 아니었지만, 전략적인 방어 지점을 구축하여 외부의 침입을 차단하는 역할을 했다. 이러한 방어 체계를 구축하는 이유는 적들의 침입 속도를 늦추고 방해하기 위해서이다.

반면, 뫼즈강부터 라인강까지, 또는 메지에르부터 랑도Landau 사이에 형성된 국경지역에는 이처럼 방어 시설이 밀집되어 있지 않았다. 그러다가 상황이 바뀌어 프랑스는 몽메디Montmédy에서 라인강까지 이른바 '제2구역'으로 여겨지던 지역의 방어 체계를 강화했고, 마지노선이라고 불리는 이 방어선에 보방의 '프레 카레pré carré' 방어 구역은 포함되지 않았다. 이는 잘못된 결정이었으며, 1940년 프랑스는 이를 확인하게 된다.

사실 보방 시대에 뫼즈강과 라인강 사이의 국경은 역사적 · 정치적 · 전략적으로 취약했던 남쪽의 일부 지역을 제외하면 대부분의 지역이 자연환경으로부터

르 프레 카레(요새화된 도시들을 지나는 이중 라인)

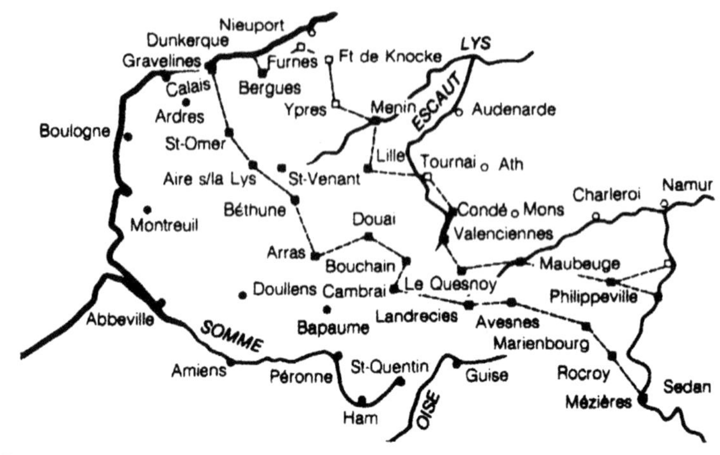

출처: Le colonel Rocolle, *2000 ans de fortification française*.

보호를 받을 수 있는 큰 이점을 가지고 있었다. 예컨대 지베Givet와 비치Bitche 사이에 있는 아르덴Ardenne 지역에는 오래된 암반으로 형성된 낮은 고원지대, 불모지, 늪지대가 많았고, 숲은 빈 공간이 드물 정도로 키가 작은 나무들로 빽빽하게 에워싸여 있었다. 룩셈부르크Luxembourg와 아를롱Arlon과 같은 몇몇 빈곤한 도시들**153**과 그보다 더 가난한 마을들이 이 지역의 전부였다. 메지에르-지베에서 룩셈부르크에 이르는 지역까지는 여전히 높은 밀도의 숲이 있어 대단히 견고한 자연 장벽이 되었다. 19세기와 특히 20세기에 진행된 대규모 벌목 작업은 이 지역에서 아직 시작되지 않았다. 1794년 5월에 주르당Jourdan은 아를롱을 떠나 아르덴 남부를 통과하여 북부의 군대와 합류해서 6월 26일 플뢰뤼스Fleurus 전투를 승리로 이끌었는데, 이 전투의 승리는 서유럽을 장악할 수 있는 결정적인 역할을 했다.

뫼즈강과 모젤강의 두 협곡을 지나는 것이 장애물을 통과하는 데 훨씬 수월하다(아르덴은 라인강 주변 구릉지의 서쪽에 위치하고 있고, 이곳을 통과하는 중북부 라인강의 계곡도 유사하다). 이러한 두 취약지대에 진지가 구축되는 것은 당연한 일이었을 것이다. 예컨대 뫼즈강 일대에는 베르됭Verdun, 스트네Stenay(1689년에 파괴), 메지에르, 부이용Bouillon, 지베에 진지가 구축되었고, 모젤강 일대에는 메스Metz, 티옹빌Thionville,[154] 몽루아얄Mont-Royal에 진지가 구축되었다. 그 외에도 모젤강의 지류인 시에르Chiers강과 사르Sarre강을 따라 형성된 방어 지점도 함께 고려한다면, 정말 취약한 지대는 라인강 유역의 자를루이Sarrelouis 또는 비치로부터 거의 랑도에 이르는 지역이 될 것이다. 프랑스는 이 지역을 통해 1792년과 1814년에 침략을 받은 적이 있다.

동부 국경지역은 군사요충지와 관계없이 항상 감시하에 있었는데, 프랑스의 방어지역은 보다 남쪽에 있는 로렌으로부터 위협을 당하기도 했다. 로렌은 원래 프랑스에 대해 독립적이었고 적대적이었으며 끊임없이 외부로부터 영향을 받았다. 샹파뉴, 부르고뉴, 프랑슈콩테, 알자스, 트레브Trèves와 룩셈부르크와 같은 광대한 정치 공간과 메스, 툴Toul, 베르됭과 같은 3개 주교구는 마치 바다 위에 떠 있는 열도와도 같은 곳이었다. "1707년 5월 3일 메스의 시의원들은 왕에게 거듭해서 설명하고 있었다. 우리는 지금 로렌의 한가운데에 있습니다. … 우리 지방은 3개월 동안 시민들을 먹여살릴 방법이 없습니다. 건물을 짓기 위해 사용되는 모든 목재와 밀, 생활에 필요한 모든 자원은 로렌으로부터 공급됩니다."[155] 로렌은 프랑스가 필요한 것을 제공하는 창고와 같은 곳으로 프랑스와 함께 공존해야 할 이웃이다. 하지만 잠시라도 주의를 기울이지 않으면 낭시Nancy까지 단숨에 점령할 수 있는 위협적인 대상이기도 하다. 최선의 방법은 프랑스인들이 로렌 지방을 차지해서 이 지역에 이주해야 하고, 군사요충지를 장악하고 세금을 부과하며, 지속적으로 새로운 관리를 임명하고, 신임 행정관들을 보내는 것이다. 로렌은 1633~1661년, 1670~1697년, 1702~1714년에 걸친 81년의 기간 중 67년을 프랑스의 통치를 받는다! 남쪽으로부터의 위험은 사라졌다.

왜 메스인가?

메스Metz가 전략적으로 중요하게 다루어졌던 이유는 국경으로서 상대적으로 취약하고 민감한 지역이었기 때문이다. 사람들은 루이 14세가 루브르궁이나 베르사유궁에만 항상 머물렀을 것으로 생각하지만, 사실 그는 여섯 번이나 메스를 방문했었다. 보방이 왕에게 했던 조언 중에는 다음과 같은 말이 있다. "다른 국경지역들은 해당 지역만을 방어하지만, 메스는 프랑스 전체를 방어한다."[156] 따라서 프랑스는 이 지역에 집중할 수밖에 없었다. "이 지역 전체를 요새화하는 일에 박차를 가하기 위해서는 많은 양의 흙과 석재를 준비하는 것이 필요하다." 튀렌Turenne 역시 확신에 차서 다음과 같이 말했다. "메스는 전투에서 패배했을 때 군대를 재조직하고 인접 지역을 도와주며 저지선의 배후에서 원활한 소통을 가능하게 해 줄 수 있는 요충지이다. 또한 메스는 혼자서도 신성로마제국 연합군의 위협적인 공격을 막아 낼 수 있는 유일한 지역이다."[157] 언젠가 신성로마제국은 팔라티나Palatinat와 룩셈부르크를 거쳐 알자스와 로렌 지방을 공격해 올 것이다.

연구에 가장 적합하다고 여겨지는 네덜란드와의 전쟁(1672년)으로부터 스페인 왕위계승전쟁 후반부(1714년)까지 기간 동안 메스는 직접적인 전쟁에서 벗어나 있었다. 비교적 안정적인 상황을 맞이했던 것은 1684년 룩셈부르크 같은 전략적 요충지를 확보하여 대비한 결과였으며, 1688년과 1689년에 팔라티나 지역의 농촌 마을과 도시들을 불태우는 잔혹한 전술을 편 때문이기도 했으나, 예상했던 모든 군사적 결과를 얻지는 못했다. 1702~1714년까지 벌어졌던 스페인 왕위계승전쟁은 루이 14세가 치른 전쟁 중에 가장 극적인 전쟁으로 기록된다. 당시 메스 지역은 주요 격전지에서 벗어나 있었다. 전쟁은 네덜란드와 보방의 '프레 카레' 지역, 그리고 라인강 동쪽 연안에서부터 바이에른주와 다뉴브Danube강에 이르는 지역에서 벌어졌으며, 이탈리아와 스페인 지역까지 확대되었다. 메스는 광범위하게 확대된 전쟁터로부터 멀어졌다. 때때로 신성로마제국의 '기마병'들의 공격으로 위협을 받기도 했는데, 이들은 조금씩 전진하여 메스에서 약 8~12km(2~3lieues) 떨어진 가까운 마을까지 도달했다. 이때 로렌의 일부는 적에게 협력했다.

'타타르 사막'의 영웅들처럼 멀리 떨어져 있는 적들을 주시하며 경계의 끈을 늦추지 않았던 메스보다, 1668년에 프랑스의 영토가 되어 보방의 계획대로 요새화된 이프르Ypres나 릴Lille과 같은 도시를 선택하는 것이 낫지 않았을까? 1708년 10월 23일 외젠Eugène 왕자에게 빼앗기게 된 릴은 결국 네덜란드의 통치를 받게 된다.[158] 그러나 연합군은 프레 카레의 또 다른 요새지역에서는 성공을 거두지 못했고, 1709년 9월 11일 말플라크Malplaquet 전투에서 막대한 병력을 잃어 파리를 향해 진격할 수 없게 되었는데, 아직도 강력했던 프랑스군에 의해 1712년 7월 12일 드냉에서 격퇴당한다. 이처럼 극적인 상황의 한복판에 놓여 있던 릴은 끈질긴 저항과 프랑스의 승리를 경험하게 된다. 하지만 더 정확하게 말하면, 두 번째 사례 지역인 툴롱처럼 릴은 전쟁을 야기하는 예외적인 조건을 가진 도시들 중 하나라고 볼 수 있다. 메스가 가진 장점은 진지 구축, 물자 보급, 병력 이동, 정찰활동과 같은 국경지대의 도시가 해야 할 일상적인 노력만 지속적으로 이어 가면 된다는 것이다. 이처럼 릴보다는 메스에 더 많은 장점이 있었다. 적어도 필자는 그렇게 믿는다.

느리게 진행되는 전쟁

메스는 "실험실이고, 저장소이다"[159]. 이 문장은 당시 메스가 화물 집산지, 도착점, 그리고 출발점이었던 동시에 주변 지역으로 통하는 모든 물자를 통제하고 제어하는 역할을 하고 있었던 상황을 설명해 주는 은유적 표현이다. 메스는 물자, 식량, 말, 마차, 화폐, 사람들이 끊임없이 유입되고 흩어지는 … 그런 역이다. 사람들의 이동과 병사들의 이동 문제는 가장 큰 이슈였다. 과거 메스는 끊임없이 사람들이 오고 가는 곳이었으며, 언제나 잠시 머물다 가는 병사들로 분주한 도시였다. "메스의 한 변호사가 기록한 '일상 모음집'[160]에는 1683년 11월 무렵 전투가 재개되기 전의 메스 상황이 잘 묘사되어 있다. 군대가 도착할 때면 도시의 어느 문으로 들어오는지를 알리는 경보가 메스에 울려 퍼진다. 타종 소리가 한 번 울리면 이는 생티에보Saint-Thiébault 문을 통해, 두 번의 타종 소리는 마젤Mazelle 문을 통해, 세 번의 타종 소리는 알망Allemands 문을 통해, 네 번의 타종 소리는 퐁티프루아Pontiffroy, 다섯 번의 타종 소리는 퐁 데 모르Pont des Morts로부터 병사들이 들어온다는 신호이다. 사람들은 보병 부대가 도착할 때면 대성당의 큰 종에 깃발이나 백색 등을 달기 시작했고, 기병대가 도착할 때면 붉은색 등을 달았다." 라 뮈트La Mutte라는 이름의 이 거대한 종[161]은 1605년부터 이 도시의 교회 종탑에 설치되어 사용되기 시작했다.

이들 중에 메스에 머무르지 않고 '통과하는' 부대는 긴급 상황에 따라 먼 플랑드르 지방이나 알자스 지방에 보내졌다. 메스 시민들은 그냥 통과하는 부대를 '머무르는 병사들'보다 선호했다. 해마다 찾아오는 '동계 병영' 시기가 되면 도시는 상당히 어수선해졌다. 전시나 평상시의 구분 없이 도시에는 언제나 병사와 기병대 그리고 군마들로 가득했는데, 각자는 자신들의 숙소를 찾아야만 했다.

겨울철에 이들을 맞이하기 위해 도시는 좁고 낮은 2,400채의 집을 제공했고, 이 가운데 2층으로 지어진 집은 40채도 안 되었다. 특권계층의 집은 병사의 숙소로 사용하는 데 면제를 받았기 때문에 많은 수의 병사들을 투숙시키기에는 한계가 있었다. 이러한 혼란은 메스만의 문제는 아니었으며, 부대가 주둔하는 지역의 도시들은 모두 같은 문제를 안고 있었다. "부대가 이동하는 모든 지역마다 투숙이 가능한 집들이 턱없이 부족하다."[162] 결국 한 집에 거주하는 병사의 수는 계속해서 늘어났다.

1693년 5월의 어느 보고서에 따르면, "이번 겨울 메스와 베르됭의 시민들의 집에는 적어도 6명의 병사와 기병대원이 체류하지 않은 집이 없었으며, 극히 가난한 시민의 집에도 3명의 병사들이 투숙하고 있었다"[163].

한 장인의 조그만 상점 안에 3명의 병사들이 투숙하고 있는 모습을 상상해 보라! 1691년에 생트크루아Sainte-Croix 교구의 극빈자 중의 극빈자인 무덤을 파는 인부들은 "겨울철에 군사들이 몰려드는 시기에는 그들이 거처하는 좁은 방조차도 포기해야 한다는 이야기를 할 정도였다"[164].

병사들을 거주시켜야 하는 의무로부터 면제된 특권층조차도 그들의 문을 열어 주지 않으면 안 될 상황이 되었다. 1707년 툴Toul의 대주교로부터 시작해, 모든 교회의 성직자들은 교회의 문을 열기 시작했다. 이는 고집스럽게 반대하는 사람들의 저항을 줄어들게 한 반면, 메스뿐 아니라 다른 도시에서는 병사들을 거주시켜야 하는 의무로부터 자유로웠던 행정관의 직위를 비싼 값을 주고 사던 사람들의 매매활동을 줄어들게 했다.

분명 시민들의 집에 거주하는 군사들은 주민에게 무례하고 폐를 끼칠 가능성이 많았다. 급료를 제대로 받지 못했기 때문에 위험한 존재이기도 했다. 이들은 도둑질을 일삼았고, 기회가 되면 숙박권 암거래[165], 불법 담배 판매, 소금 밀매[166] 등을 했는데, 프랑스 전역에서 이들을 막을 방법은 없었다. 부대는 엄격한 규율과 처벌로 이들을 통제하기 위해 많은 노력을 기울였지만, 이미 병사들은 제대로 지급되지 않는 '급료'와 형편없는 배식으로 인해 부대에 많은 불만을 가지고 있었다. 1710년에 메스 본진의 주둔군에 공급되었던 빵은 "과도한 가격"에 판매되고 있었으며, "보리와 귀리가 반반씩" 섞인 채 만들어졌다.[167]

1712년 1월 14일 메스의 군 행정관을 역임하는 생콩테스트Saint-Contest 후작이 저녁 식사를 할 무렵, "주둔군의 성난 병사 300명"이 도로와 마당에서 폭동을 일으켰던 것이다. 그들의 급료 지급이 늦어졌다는 것과 "그날 아침 도시의 모든 시장과 몇몇 상가에서 약탈 행위를 했다"는 소식을 들은 후작은 병사들을 향해 연설을 늘어놓았다. 하지만 병사들은 "한 손에는 칼을 들고, 돌과 얼음조각을 던지며 사람들이 나가는 것을 가로막았다". 다행히 상황은 곧 정리되었다. "소란한 소리를 듣고 달려온 주둔군의 몇몇 장교들이 폭동을 일으킨 병사들을

메스와 그 주변의 주둔군 상황

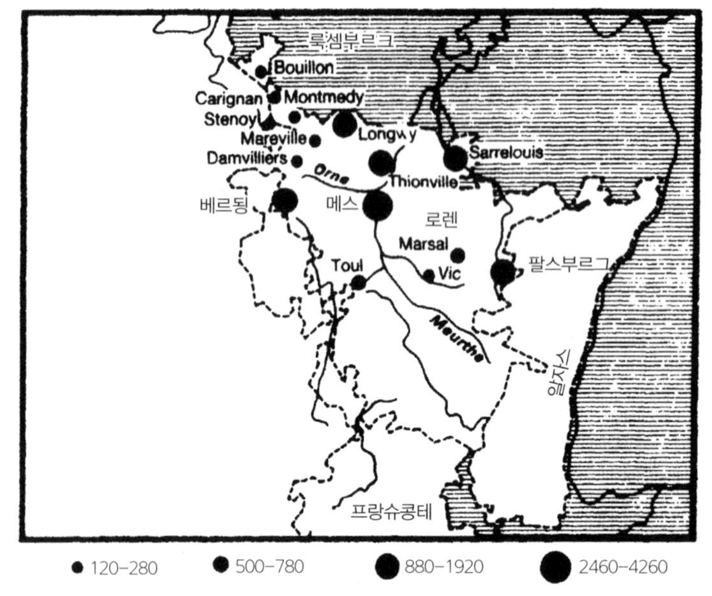

검은색 원은 각 도시에 주둔하고 있는 병사들의 비율을 보여 준다. 이러한 자료는 병사 1인의 1일분 식량을 근거로 산출된 것이다.

출처: G. DUBY, *Atlas historique*.

폭력으로 제압했다."**168**

평상시에도 시당국과 경찰들에 의해 야간 통행금지와 같은 체계적인 치안 관리가 이루어지고 있던 메스의 도시지역은 비교적 평화로웠다. 그러나 농촌지역의 상황은 달랐다. 특히 적과 접촉할 수 있는 작전지역 인근의 농촌 상황은 매우 불안정했으며, 모든 상황에 대비해야 했다. 메스의 군 행정관 역시 이러한 지역의 위험성을 잘 알고 있었다. "국경지역 내의 프랑스 마을들은 인접 국가의 약탈과 방화의 표적이 되는 것으로부터 자유롭지 못하다." 이들을 위한 유일한 대안은 일종의 보험처럼 상대편 국가에 돈을 지불하는 것이다. "사람들이 적에게 돈을 주는 것을 막았다고 생콩테스트 후작은 말했다. 하지만 그들은 이미 은밀하게 돈을 건넸고, 곧 다음번에도 주게 될 것이라는 것을 알았다. 그리고 그들 중 높은 지위에 있는 사람들조차도 자신들이 무엇을 할 수 있겠느냐고 반문하며, 마을에 약탈과 방화가 벌어지는 것을 보는 것보다 자신들은 적에게 돈을 지불하기를 원한다는 말을 서슴없이 했다."[169]

물론 프랑스 왕국의 군대 역시 다른 나라의 영토에서뿐 아니라 아군지역에서도 이들과 다르게 행동하지 않았다. 이처럼 군인과 농민 간의 갈등은 끊임없이 벌어졌으며, 이는 계급 간의 갈등이기도 했다. 대개는 군인들의 승리로 돌아갔지만, 가끔씩 농민들이 보복하는 일이 벌어지곤 했다. 로렌 지방의 '라 보주 la Vosge' 지역 농민들은 본래부터 호전적이었을까? 아니면 그렇게 변한 것일까? 부분적이기는 하지만 다음과 같은 자료는 당시의 상황을 알게 해 준다. "우리가 몹쓸 녀석들이라고 부르는 … 그들은 겨울철에 이동 중인 왕의 병사와 장교들까지 약탈했다. 체포된 사람들 중 일부는 벌을 받았으나, 그 수가 워낙 많아서 상당수는 사면 조치를 취했다."[170] 당시 농민들이 왜 집을 떠나 병사들을 뒤쫓게 되었는지 문서에는 기록되어 있지 않았다. 그들의 상황은 1688~1689년 프랑스 군대에 의해 참혹하게 파괴된 팔라티나 지역의 농민들과 같지 않았을까? "갈 곳을 잃은 농민들은 도네르스베르크Donnersberg[171] 일대의 약 28~32km(7~8lieues) 거리의 산악지대를 배회했는데, 이는 에베른부르크Ebernbourg[172]와 카이저슬라우테른Keysersloutre(현재 명칭 Kaiserslautern)[173]을 포함했다. 약 12~16km(3~4lieues)에 달하는 지역은 나무로 빼곡히 뒤덮여 매우 좁은 길을 통해서만 그곳으로 들어갈 수 있었는데, 농민들은 나무를 베어 내어 조금만 신호가 있어도 가축과 함께 이 길을 통해 피난길에 올랐다. 400~500명의 가난한 주민들은 7~8명씩 그룹을 지어 이곳을 나와 인근 마을로 먹을 것을 찾아나섰다."[174]

메스 역시 늘 긴장의 끈을 놓지 않았지만, 작은 농촌 마을처럼 직접적으로 모두가 동원되는 일은 없었다. 하지만 항상 주의를 기울여 주둔군의 상태를 파악해야 했다. 병사들의 군화와 내의 같은 물자는 부족했고, 또한 무기도 제대로 갖추어지지 않았다. 장교들은 나이가 지나치게 어렸으며, 부대는 이동할 준비가 전혀 되어 있지 않았다.[175] 1702년 8월 25일 로렌의 작은 마을인 마르살Marsal에 파견될 예정이었으나, "무기를 지급받은 병사가 200명에도 미치지 못했기 때문에 메스에 잠시 주둔하고 있었던 루에르그Rouergue 대대는 계속해서 도시에 머물러야만 했다". 같은 시기에 메스에 주둔하고 있던 포레Forez 대대 역시 "병사들의 체구가 너무 작고 약해서 문제가 있었다. 이 대대에서 쓸 만한 병사는 150명에 지나지 않았다"[176].

보수공사 중이거나 보완해야 하는 요새 및 진지 구축은 또 다른 걱정거리였다. 서둘러 경계 울타리를 만드는 작업이 계속되었고, 포병대의 사격 범위에 장애물이 없도록 정원이나 과수원의 과실나무들이 잘려 나갔다. 그리고 농민군이 동원되었는데, 이들은 하루에 5솔sol이라는 말도 안 되는 임금을 받고[177] 도시 안팎에서 곡괭이질과 삽질을 해야만 했다. 참고로, 당시에 말 한 필을 하루종일 빌리기 위해서는 25솔이 필요했다.[178] 농민군은 수확기를 노리는 적들을 대비해 일찌감치 밀을 수확하는 작업에도 동원되었다.[179] 또한 적군의 매복지대를 없애기 위해 숲길을 따라 있는 나무를 제거하는 일도 담당했다.

게다가 신병과 그들의 제복, 신입 의용대, 환자, 수감자들을 보살펴야 했다. 그 외에도 행정 업무, 물자 보급, 창고 관리, 호송, 급료 지불 등 군과 관계된 일은 많았다. 이처럼 빠르게 처리해야 하는 작은 업무들은 매일같이 넘쳐나고 반복되었다. 화승총의 도화선, 다리를 만드는 데 필요한 다량의 밧줄, 포탄, 룩셈부르크로부터 공급되는 화약 재료, 납을 실어 나르는 통 등과 같이 창고에서 물품을 관리하는 일도 끊임없이 이루어져야 하지 않았던가? 적은 인력과 물자로 어떻게 이 많은 일을 처리할 수 있었을까? 이 지역에 밧줄을 제조하는 사람들의 수는 매우 적었는데, 그들 또한 어떻게 많은 양의 수요를 채울 수 있었을까? 반면, 군화 제조에 관해서는 그리 큰 어려움이 없었다. 1706년 강철을 생산하기 위한 높은 화덕과 대장간이 메스에 세워졌는데, 대장장이의 망치질 소리에 메스 시민들의 거센 항의가 이어졌다. 이는 곧 대장간 시설들을 다른 곳으로 옮겨야 하는 문제로 이어졌다.[180]

메스가 갖는 한 가지 장점은 말이 풍부하다는 것이다. 로렌과 알자스 지방은 이 점에 관해서는 프랑스 왕국 전체에서도 가장 풍족했기 때문에 군용마, 승용마, 수레를 끄는 말은 항상 넉넉하게 공급되었다. 당시 메스에서는 군사적 필요에 따라 이탈리아 지역까지 말을 공급해 주고 있었다. 한 가지 큰 어려움이 있었다면 주둔 부대의 말을 먹이는 것과 이동 중인 부대의 말을 먹이는 것으로, 두 번째 경우에는 먹이를 보내는 장소가 문제였다. "1702년 5월 18일 메스의 군 행정관이 기록한 바에 따르면, 그의 부대는 곧 떠날 것이므로 가능한 한 은밀하게 싸고 많은 양의 귀리를 준비할 것을 요구했다."[181] 하지만 귀리 운송을 뫼즈강 쪽의 플랑드르에 주둔해 있는 왕실 부대에 보내야 할 것인지, 아니면 모젤강 쪽으로 운반해서 독일에 주둔해 있는 군대에 보내야 할 것인지를 파악해야 할 필요가 있었다. 주둔해 있는 기병대는 많은 양의 건초를 요구했고, 겨울철을 대비해 군인들이 머물 곳을 준비하듯 말을 위해 대규모의 사료를 비축해야만 했다.

물론 말의 사료를 줄이는 것이 병사들의 식량을 줄이는 것보다 더 어려운 일이었지만, 병사들을 위한 식량 역시 커다란 문젯거리였다. 모든 것이 어려웠다. 육류는 인근 지역에 시장이 없었던 탓에 프랑슈콩테, 로렌, 스위스로부터 구입했다.[182] 밀 구입은 1699년과 같이[183] 밀 수확량이 풍족했던 해에는 쉬웠지만, 일반적으로 뫼즈강 유역의 비옥한 지역에서도 밀 수확량이 풍족한 해는 드물었다. 밀 수확량이 없었던 1698년 가을에는 군대에 비축할 수 있는 식량이 없었다. 세르 레비Cerf Lévy와 아브라함 쇼브Abraham Schaub[184]로 대표되는 메스의 유태인 상인들은 프랑크푸르트에서 17,000가마니의 밀을 사들여 당시 메스의 군 행정관이었던 튀르고Turgot에게 구매를 제안했다. 밀의 가격은 가마니당 22리브르로 책정되어 전부 374,000리브르에 달했다. 베르사유궁의 허락을 기다리지 않고 위급한 상황에서 계약서에 서명해야 하는 일은 메스의 군 행정관으로서도 망설여질 수밖에 없는 일이었다. 결국 그는 결정을 내렸고, 1698년 10월 9일[185] 재무장관에게 다음과 같은 사항을 요청했다. "시민들과 병사의 생존과 관련된 급박한 사안이라 과감한 결정을 내린 것에 대해 폐하께서 윤허해 주시길 바랍니다." 사람들은 스스로를 보호하기에 급급한 선천적으로 신중한 지방관들의 행동을 보며, 당시 '지역'에 필요한 물자를 적시에 공급하기 위해 용기있게 행동한 튀르고의 예를 떠올릴 것이다. 물론 메스뿐만이 아니라 다른 지역에도 밀을 독점하려는 상인들은 늘 존재했지만, 왕의 관료들이 이들과 결탁하여 보호해 주었다. 그들은 현지의 관료보다 소비자에게 더 피해를 주었다.[186]

군수물자의 이동을 위해서는 운송 수단의 중요성을 간과할 수 없다. 부아Void, 코메르시Commercy, 베르됭Verdun에서 출발하는 수송선들이 모젤강 및 뫼즈강에서 운항되었다. 뫼즈강이 모젤강에 비해 더 많이 이용되었는데, 뫼즈강 쪽에는 많은 풍차가 돌고 있었다. 배들이 나뮈르Namur[187]나 리에주Liège를 통과할 때 수송되는 화물은 이러한 장애물에 의해 물에 젖었고, 이로 인해 운송된 밀에서 얻은 밀가루 상태가 자주 좋지 못했다.[188] 운송선뿐만 아니라 4개의 바퀴가 달린 로렌 지방의 짐수레들은 베르됭이나 메스 지역에 거점을 두고 인근 마을을 오가는 주요 운송 수단으로 이용되었으며, 각 마을마다 100여 개씩 징발되었다. 1675년 7월에는 1,500대의 메스 지역의 짐수레들이 750세티에setier의 밀을 사베른Saverne으로 운반했다. 20년이 지난 뒤에는 800대의 짐수레가 샹파뉴 지역에서 생산된 밀을 베르됭에서 메스로 운송했다.[189] 그 이듬해에는 각각 12가마니의 귀리를 실은 1,500대의 짐수레가 사베른에 들어왔다.[190] 프랑스가 잠시 본Bonn을 점령하고 있었을 때의 일이다. 1702년 1월 6일 메스를 떠난 70척의 운송선은 11일 화약, 납, 도구, 흙자루 4,000개, '프랑스 화승총의 규격'에 맞는 탄알 제작을 위한 거푸집을 본의 부대에 보급해 주었고, 메스와 본 사이를 왕복하는 데 운송선 한 척당 500리브르가 지급되었다. 며칠 뒤, "350대의 수레에 가득 실린"[191] 두 번째 보급품이 트레브Trèves의 인근 지역인 메르텐

Merten에 도착했다.

어쨌든 군에 운용되는 자금은 막대했다. 현금은 마차로 수송되었고, 이 돈은 '전쟁 비용'으로 사용되었다. 기록된 문서에 따르면, 현금 운송 마차 가운데 하나에는 다음과 같은 주머니들이 실려 있었는데, 10개 또는 20개의 주머니가 빠져 있었다. "금화 또는 은화로 1,000리브르가 들어 있는 40개의 주머니, 4솔짜리로 1,000리브르가량이 들어간 주머니 1개와 4솔짜리로 500리브르가량이 들어간 주머니 8개가 있었다."[192] 1663년부터 메스 조폐국Hôtel des Monnaies de Metz은 당시 도시에서만 사용되었던 화폐 주조를 멈추고 왕국에서 사용할 수 있는 통화를 만들었고, 병사들을 위한 적은 액수의 돈을 다량으로 유통시키기 시작했다. 스페인의 은화는 원료로 사용되기 위해 스트라스부르 조폐국과 메스 조폐국으로 보내졌다. 이는 당시 프랑스에서 유통되고 있던 다량의 외국 화폐, 특히 네덜란드 또는 스페인령 플랑드르의 에스칼랭escalin을 정리하기 위해 취해진 조치였다. 하지만 질 좋은 화폐 대신에 나쁜 화폐가 유통되는 결과를 가져왔고, 프랑스 왕국의 국경지대에서 유통되고 있던 금화들마저 독일과 네덜란드 공화국으로 빠져나가는 현상을 초래하게 된다. 1706년에는 생콩테스트Saint-Contest에게 메스 조폐국에서 5000만 에스칼랭을 주조할 것을 제의했다.[193] 물론 이외에도 정부에 의해 다량의 어음이 납품업자 또는 채권자에게 발행되었다. 군의 여러 비용은 실물화폐로 이들에게 지급하는 것이 바람직했으나, 현실은 그렇게 간단하지 않았고 군의 소비는 마치 결코 메울 수 없는 구멍과 같았다.

이러한 재정적 위기 상황에서 메스의 유태인 구역은 메스의 군 행정관에게 큰 힘이 되고 있었다. 1697년[194] 당시 메스에는 4,000~5,000명가량의 유태인들이 거주하고 있었으며, 1712년[195]에는 800채 이상의 유태인 소유의 집이 있었다. 일부 예외를 제외하고 유태인들은 밀과 가축의 유통에 뛰어난 능력을 보여 주며 메스의 상업적 활성화를 도왔다. 메스의 유태인들은 독일의 궁정 유태인Hofjuden과 같이 막대한 부와 사회적 지위를 갖게 되었다.[196] 그들의 요구 가운데 하나는 일반적으로 그들에게 허락되지 않았던 파리나 베르사유로 진출할 수 있는 기회를 얻는 것이었다. 이는 재무장관과 친분을 쌓아 영향력 있는 조력자를 통해 더 많은 경제적 이득을 얻기 위함이었다. 유태인들의 힘은 그들의 관계망에서 비롯되었다. 유태인들의 차용증서는 리옹, 암스테르담 또는 프랑크푸르트 같은 대도시에서 유용했다. 그러나 그들의 수가 점점 증가하면서 도시의 권력자들은 걱정하기 시작했다. 수도원들도 유태인의 주거지로 포위되고 있다고 불평했다.[197] 1702년 1월 사람들은 생콩테스트에게 "메스의 농촌지역에 앞으로 새로운 유태인들이 정착하는 것을 막는 조치"[198]를 취할 것을 요구하지 않았던가? 그는 답하기를, "그들을 지금 쫓아내는 것은 바람직하다고 생각하지 않는다. 화폐가 귀한 메스의 재정적 위기를 초래할 뿐이다. 하지만 이미 유태인의 수가 많기 때문에 앞으로는 그들의 정착을 막는 것이 현명한 대책이라 믿는다"[199].

전쟁에 대해서는?

앞서 말한 바와 같이, 이곳은 후방으로 전쟁은 여기에서 벌어지지 않았다. 하지만 '주교령'의 마을에서 몇 차례에 걸친 '기마병'들의 급습으로 인명 피해, 방화, 약탈이 발생했다. 따라서 엄중한 경계와 군사적 조치들이 필요했다. 그 어떤 상황도 발생할 수 있다는 전제하에 항상 위협과 맞서야 하는 삼엄한 분위기가 지속되었다. 프랑스가 점령하고 있던 트레브Trèves가 적의 수중에 들어가자, 크레키Créquy 총사령관은 프랑스군을 지원하기 위해 트레브로 향했다. 1675년 8월 11일 수비대의 배신으로 트레브는 독일군과 로렌군에게 점령당하고 만다. 닷새 후인 8월 16일 재빨리 도망친 일부 병사들은 벌써 메스 지역에 이르렀다. "인근 숲에 숨어 있던 농민들은 도망쳐 온 병사들의 옷가지를 훔쳤고, 이들은 셔츠만 입은 채 메스로 돌아왔다."[200] 곧이어 프랑스군의 항복이 선언되자, 다수의 사람들이 비참한 모습으로 메스로 들어오기 시작했다. 승리한 로렌과 독일은 프랑스의 기병대와 보병대 병사들의 무기만 빼앗아 되돌려 보내기로 한 항복문서의 조항을 지키지 않았다. "도시를 떠날 때 로렌 공작의 명령에 따라 패배한 프랑스군의 장교 및 병사들은 모든 의복이 벗겨진 채 9월 9일 월요일 처절한 모습으로 메스로 귀환했다. 병사들은 대부분 맨발에 상의 한 벌만 입은 상태였으며, 어떤 이들은 발가벗겨진 채 볏짚이나 자루, 낡은 누더기 천을 몸에 둘렀고, 다른 이들은 추위와 비를 피하기 위해 셔츠 위에 건초를 걸친 상태였다. 메스에 도착한 병사들에게는 성벽 부근에 있는 마구간이나 임시 숙소를 내주었다.[201] 트레브를 적에게 빼앗기고 돌아온 트레브의 수비대는 임무가 없어졌기 때문에 비트리Vitry에 가지 않고 메스에 머물렀다.[202] 임무에 복귀할 상황이 되는 병사들에게는 군복과 모자, 군화를 다시 지급했다."

이야기는 이렇게 우스꽝스러운 상태로 끝나지 않는다. 9월 18일 앞선 모험에서 생존한 병사들은 다시 군장비를 지급받고 새로이 점검을 받게 되었다. 그런데 이들 가운데에는 트레브를 적에게 넘겨주는 데 일조한 병사도 있었다. "40명의 기마병을 따로 모아 둔 후 제비뽑기를 했다. 검은 종이를 뽑은 5명의 불운한 병사들은 그 자리에서 목을 매고 죽게 되었다."[203]

지금의 시각으로 보면 매우 끔찍한 일이겠지만, 당시 메스의 상황에서는 일상적이고 평범한 사건이었을 뿐이다. 당시 메스는 전장에서 신속하게 처형되지 않고, 군법에 따라 판결을 받은 병사들을 받아들였다. 생트크루아Sainte-Croix 교구의 무덤 파는 인부의 증언에 따르면, "이 도시의 왕립 감옥에는 알자스, 라인 지역, 상브르Sambre, 뫼즈, 모젤 지역으로부터 모인 탈영병, 갤리선의 노 젓는 벌을 선고받은 죄수, 기타 다른 전쟁범죄자들로 늘 가득 차 있었다"[204]. 인부들은 매우 열악한 감옥에서 "전염병으로 죽은" 불쌍한 죄수들을 묻어 준 대가를 받지 못해 불평했다. 추위로 인해 감옥 안의 수감자들은 발이 동상에 걸리곤 했다. 1691년에 급수장이 설치되기 전까지는 오랫동안 사용하기 매우 힘들었던 우물을 통해서만 겨우 물 공급을 받았다.[205] 1695년 3월에는 대량의 건초를 쌓아 둔 창고에서 사고인지 방화인지 알 수 없는 화재가 발생했다.[206] 죄수들이 감옥을 떠날 수 있는 유일한 기회는 왕이 소유한 갤리선의 노 젓는 벌을 선고받을 때였다. 1691년 2월 2일[207]에는 탈영죄로 갤리선의 노 젓는 종신형을 선고받은 "체격 좋은" 젊은 수감자 60명에게 유형지로 옮겨지기 위해 "쇠사슬"이 채워졌다. 이들은 프랑스 전역에서 보낸 수감자인데, 그들 중 5명은 귀와 코가 잘리는 형벌과 인두형을 선고받았다.

메스는 불평을 해야 할까?

메스는 역사 속에서 평범하지 않은 도시였다. 국경지역이 안고 있는 여러 위험 요소와 함께 살아가야 함은 물론이고, 안보를 책임지는 무거운 중책을 감수해야 했다. 따라서 도시에는 늘 많은 군사들을 주둔시켜야 했고, 이로 인한 여러 가지 불편한 사항을 감내하고 살아가야만 했다. 도시 전체의 수입 규모는 약 10만 리브르[208]였으나, 지출이 언제나 수입을 초과하여 부채는 늘어만 갔다. 하지만 프랑스의 도시 중 부채가 없는 곳이 어디 있었겠는가? 반면, 진지 보수, 치안과 경찰 업무를 위해 사용되는 예산은 많은 일자리를 창출하기도 했다.

또한 메스 지역에 분배되는 프랑스 왕국의 막대한 예산은 지역 소상공인과 기업가 그리고 대금업자들을 위해 유용하게 사용되었고, 도살업자와 구두수선공과 같은 다양한 직업군이 도시 내에서 번창하기 시작한다. 이미 도시 안에는 8개의 서점이 있었는데 서적 상인 조직을 제외하고는 그 수가 적다고 여긴 반면,[209] 행정관리들은 서점이 늘어나는 것에 대해 부정적이었다. 왜냐하면 금서의 판매가 증가하는 것을 원하지 않았고, "메스시는 … 국경지역으로 개신교도 R.P.R.들[210]이 많이 거주하는 곳이었기 때문에 그 어떤 지역보다 이러한 서적에 대한 요구가 많았을 것이다". 매매계약이 급증하자, 메스는 8명의 왕립 공증인과 "아망amends"이라 불리던[211] 지역 공증인 38명을 고용했다. 스위스로부터의 대거 이민이 시작될 만큼 도시는 부유해졌다.[212] 이렇게 메스는 살 만한 도시에서 살기 좋은 도시로 변모하고 있었다.

메스에는 1632년에 생긴 의회의 구성원을 포함한 고위 공직자들로 구성된 특권계층이 존재했다. 부르주아와 고위 관리들은 인근 농촌지역의 포도 재배지로부터 많은 이윤을 창출했다. 메스는 타 지역에서 생산되는 포도주의 메스 시장으로의 진입을 배제하고, 이 지역에서 생산되는 포도주 시장을 보호하려 하지 않았던가?[213] 다음과 같은 이유를 제시하며 이를 옹호했다. "메스 인근은 언덕이 많고 사질 토양으로 포도를 재배하기에 적합하지만, 다른 농작물 재배는 거의 불가능하다. 대부분의 주민들은 포도를 재배하는 소작농이며, 부자는 포도밭을 많이 소유한 사람들이다. 이곳에서는 질 좋은 포도주가 생산되지 않으며, 이 지역 주민들이 주된 소비자이다. 이 포도주는 품질이 낮고 색상도 좋지 못하며, 쓴맛이 강해 다른 지방으로 유통시키기에는 경쟁력이 떨어진다." 메스 시장에서 부르고뉴 지방의 포도주가 판매되지 못하는 것에 대한 부르고뉴 지방 노조의 불만을 잠재우기 위해 이와 같이 말했다. 품질이 좋은 부르고뉴 지방 포도주의 유통을 허용하면 메스 와인업자들의 손실은 자명한 사실이었다. 보르도Bordeaux, 본Beaune, 마콩Mâcon, 비트리르프랑수아Vitry-le-François, 생디지에Saint-Dizier에서도 시행되고 있는 지역 포도주 보호정책을 메스가 못할 이유는 없지 않은가?[214] 게다가 메스에 주둔하고 있던 병사들과 기병대원의 입맛은 까다롭지 않았다. 포도 증류주가 메스와 로렌 일대에서 크게 발달한 것은 아마도 이들 덕분일 것이다.[215] 루이 14세의 집권 말기에 술이 없는 군의 주둔지를 상상할 수 있었을까?

메스 역시 다른 모든 도시들처럼 밀 수확이 좋지 못하고, 가격이 급등하면 도시 빈곤층이 늘어났다. 1699년에 도시가 집계한 "빈곤층의 수는 4,225명에 달했다"[216]. 그러나 루이 14세 시대에 외부에서 유입되는 걸인들을 제외하고라도, 가난하고 비참한 생활을 하는 빈곤층 문제로 고심하지 않았던 도시가 있었을까? 1676년부터 도시는 빈곤층 문제에 대비하기 시작했고, "가난한 사람들이 구걸하는 것을 막기로" 결정했다. "메스와 이 지방 출신의 빈민들"은 생니콜라 Saint-Nicolas 병원에서 "공동으로 식사"[217]를 하게 되었다. 반면, "외지에서 이주한 빈민들"은 구제금을 지원받고, "도시 안으로의 접근과 구걸이 통제되었는데, 이들을 돕거나 받아 주는 부르주아에게는 태형과 500리브르의 벌금이 부과되었다". 이는 일반적인 대책이었는데, 효과에 대해서는 의심해 볼 만하다. 17세기에 구걸을 하며 사는 극빈자의 수는 걷잡을 수 없이 증가하여 아무리 엄격하게 관리된 도시라고 해도 이들에 대해서는 달리 방도가 없었다.

메스에서 전쟁이란 도시의 성격상 피할 수 없는 현실이었으며 살아가는 방식이자 일상이었지만, 가장 치열했던 전쟁은 늘 메스 외곽지역에서 벌어졌다. 구체제 아래의 유럽에서 전쟁으로 인한 교역 중지는 없었으며, 심지어 적대관계에서도 경제활동은 유지되었다. 따라서 전쟁 중이든 평상시든 간에 메스 사람들의 일상은 언제나 동일했다. 루이 15세 시절 메스의 지방관을 역임한 벨 일 Belle Isle 총사령관의 '현명한' 정책 덕분에 메스의 시가지에는 넓은 광장과 새로운 건물이 들어섰고, 도시는 근대화되고 번영했다. 도시에는 막대한 예산이 지출되었다. 물론 루이 14세의 통치 마지막 기간에도 이미 상당한 예산은 사용되고 있었다!

두 번째 여행: 툴롱을 사수하라

바다에 면해 있는 프랑스에는 3개의 주요 거점이 존재한다. 대서양에 접한 브르타뉴 지방의 브레스트Brest, 보방에 의해 "모든 것이 기획"되었고, 북해를 향해 열린 창과 같은 뒹케르크Dunkerque[218], 그리고 지중해에 있는 유일한 프랑스 해군 전략의 중심지인 툴롱Toulon이 바로 그것이다. 이 책에서는 툴롱을 다루고자 한다. 특히 필자가 선택한 1707년의 여름[219]은 이 도시의 역사를 논하는 데 절대적으로 중요한 시점이다. 영국과 네덜란드 연합군 함대가 이에르Hyères섬을 기반으로 툴롱을 가로막고 있는 동안, '사부아 공국'의 군대는 이 도시의 방어를 뚫어 낼 확신을 갖고 약한 지역을 공략했다. 결국 프랑스는 육지와 바다에서 이중으로 위협을 받는 상황에 처하게 된다. 이번에는 마치 고전극의 비극을 서술하듯 보여 주려 한다. 공간은 툴롱이고, 사건이 재현되는 시간적 배경은 1707년 며칠간의 여름, 즉 7월 26일부터 8월 24일까지이다. 그러나 상황은 더 복잡했다. 영국의 런던, 네덜란드의 헤이그, 오스트리아의 빈, 이탈리아의 토리노와 맞서고 있는 전략적 요충지인 툴롱이 위태로워지는 것은 단지 프로방스 지방에 대한 위협만이 아닌 프랑스 전체에 대한 위협이었기 때문이다.

툴롱은 천연의 자연조건으로 도시에 이중 구조의 항구를 가능케 한다. 세페Sepet곶과 브룅Brun곶 사이에는 넓은 바다와 바로 연결된 큰 항구가 도시의 현관 같은 모양새로 자리 잡고 있고, 작은 항구를 중심으로 도시와 병기창이 건설되었는데, 이곳에는 두 개의 항구와 성벽으로 둘러싸인 두 개의 독이 있다. 여기에 항구 하나를 더 추가할 수 있는데, 도시의 동쪽에 있는 무리용Mourillon은 언제나 배를 수리하는 용도로 활용되었다.

프랑스 해군의 지속적인 지원을 받은 툴롱은 점차 발전되어 갔지만, 도시를 둘러싸고 있는 성벽에 가로막혀 공간 확장을 이루지 못한 채 예전의 모습 그대로였다. 1543년 프랑수아 1세는 주민들을 미리 이동시키고 툴롱을 바르바로사Barbarossa(붉은 수염)의 군대와 배에 내주었다. 1543년 9월 29일부터 1544년 3월 말까지[220] 100척 이상의 갤리선, 수많은 수송선과 수천 명의 병사들이 툴롱에 머물렀다. 당시 이 도시에는 겨우 수백 채의 집과 5,000명에 달하는 시민들이 거주하고 있었다.[221] 오래된 도시의 성벽은 더 이상 보호 기능을 하지 못하고 있었다.

1589년부터 드디어 옛 성벽은 허물어졌다. 이제 도시의 숨통이 트이게 되었을까? 잠시 동안은 그런 것처럼 보였다. 새롭게 정비된 성벽 주변에는 나무를 비롯한 여유 공간이 생겨났으나, 빈 공간은 금방 집들로 넘쳐났고 5~6개의 성곽 마을이 형성되었다. 나중에 보방의 제안에 따라 성벽은 다시 재정비되었으나 원래의 잘못된 구조를 바꿀 수는 없었다. 18세기 초에 이 도시의 길은 좁고 불편한 상태였으며, 막다른 길은 강도가 출몰하는 위험한 장소가 되었고, 시궁창과 하수구에서는 악취가 진동했다. 한 층에 방 한 칸 정도 들어갈 비좁은 집들은 마치 양초처럼 길게 증축되었고, 도로에 세워진 외부 기둥들로 지탱되었다. 전투장이라고 불리는 구역 이외에는 군대가 집결할 공간이 없었다. 적군이 침입했던 7월 25일, "코스트Costes의 함장인 보스Vausse 후작과 갤리선의 대위 그리말디Grimaldy 기사 사이에 대결이 벌어져 한 명은 심장이 베이고, 다른 한 명은 몸에 관통상을 입어 둘 다 사망했다. 둘은 서로 사촌지간이었다"[222]. 다른 곳에서 대결을 하기는 어려운 상황이었다.

이 도시의 인구는 기적과 같이 증가하여 1589년경에는 1만 명, 1668년경에는 2만 명, 프랑스대혁명 직전에는 3만 명에 이르렀다. 1707년 여름 주둔군의 3개 연대의 병사들은 병영 건물이 없어 툴롱 시민들의 집에 거처하게 되었는데, 신뢰성이 떨어지는 편지에 의하면,[223] 이때 도시 내 인구수는 6만 명에 육박했다고 한다. 이 가운데에는 겁이 많고 소리를 잘 지르는 많은 여성, 아이와 병사들 그리고 젊은 여자들, 도시에서 내쫓으려고 노력했으나 별다른 성과를 거두지 못하고 남아 있던 빈민들이 다수 있었다. 선원들과 육지에서 일하는 선원들은 마치 배가 충돌하는 것처럼 쉽게 주먹질을 했고, 명령에 잘 복종하지 않는 싸움꾼이었으나, 기회가 주어지면 용감함을 유감없이 보여 주었다.

도시 주변의 시골은 여행자들의 눈을 매혹시킬 만큼 아름다웠다. 여러 정원과 다양한 꽃, 올리브, 오렌지, 종려나무들과 포도밭 그리고 드넓은 밀밭이 펼쳐져 있는 시골 풍경은 마치 "낙원"과 같았다. 하지만 보방은 다음과 같이 썼다. 태양빛에 타들어 가는 듯한 산과 "민둥산", 그리고 이러한 산들은 "이 지역을 겹겹이 에워싸고 있다"[224]. 1707년 7~8월의 무더위 동안 라가Ragas의 수원지로부터 공급되는 도시의 식수는 사람과 말들에게 턱없이 부족했다. 다음은 툴롱의 수비대 중 한 명이 기록한 것으로 보이는 글이다. "내가 지금 싸우는 것은 적들만이 아니다. 식량을 위해서도 싸워야 한다."[225] 그리고 "예상치 못한 물 부족으로 나의 세 번째 전투가 시작되었다." 물론 성안에도 우물은 있었지만, 바닷물이 제대로 걸러지지 않아 소금기가 많았기 때문에 "사람과 말이 마시지 못하도록 통제하기 위해 보초병을 배치했다"[226]. 결론적으로 농촌지역의 자연환경은 아름다웠지만, 가난했고, 병사들을 먹일 수 있을 만큼 수확도 많지 않았다. 소극적인 지역 농민들에게서 프랑스 왕에 대한 충성심은 조금도 찾아볼 수 없었다. 게다가 부대에 사역병으로 동원되는 농민들은 "이틀이 지나면 모두 병영을 이탈했다. 시민군으로 동원된 농민도 마찬가지였는데, 이들은 무기도 소유하지 않은 채로 입영했다"[227].

툴롱에 주둔하는 부대의 수뇌부는 대개 프랑스 북부에서 파견된 인물들이었는데, 주민들은 멀리서 파견 나온 사람들의 말을 잘 들으려 하지 않았다. 7월 20일자의 다음 기록은 주목할 만한데, 이 글을 쓴 사람은 명령을 따르게 하는 능력이 없었던 것 같다. "나는 지금까지 이토록 국가에 복종하지 않는 국민들이 사는 지방을 본 적이 없다. 그들은 명령한 것의 4분의 1도 지키지 않는다."[228] 반면, 이 지방 사람인 그리냥Grignan의 나이 많은 백작은 프로방스 지방의 정부 보좌관 역할을 역임했는데, 툴롱 시민들과의 소통에 아무런 불편함이 없었다.

프로방스는 프랑스 영토 외곽에 있는 다른 지방들처럼 독립적인 성향을 갖고 있었다. 프랑스 왕국은 이를 극복하기 위해 노력해 왔다. 1481~1483년 사이에 프랑스 왕국은 프로방스 지방을 병합했지만, 두 세기가 지난 시점에서도 진정한 왕국의 일원이 되지 못했다. 특히 마르세유를 비롯해 아를Arles, 엑스Aix와 같은 지역은 각기 자신들만의 고유한 지역성을 갖고 있었다. 1707년 7월 사부아 공작이 툴롱에 대한 공격을 개시했을 때, 그는 프로방스 사람들의 협조를 기대했으나 그런 일은 없었다. 또한 이 지역 개신교도의 폭동이 일어나기를 바랐는데, 프로방스는 중립적인 태도와 소극적인 자세로 방관했다. 귀족과 성직자들은 선불리 움직이지 않았으며, 농민들 또한 마찬가지였다. 그러나 프랑스군 총

사령관 테세Tessé는 군사작전이 시작되기 전 그가 아직 도피네에 있었을 때, 왕에게 프로방스 시민들에게 맡겨서는 안 된다고 말하지 않았던가? 왜냐하면 그들이 왕에게 충성을 하려고 해도 화약과 소총이 없었기 때문이다.[229]

1706년 한 해 동안은 프로방스 지방에 좋지 않은 징후들이 있었다. 동방무역에 필요했던 '피아스터piastre(통화 단위)'가 더 이상 바다를 통해 마르세유로 직접 공급되지 않는 것에 대한 불만이 급격하게 고조되었다. "바욘Bayonne과 올레롱Oléron에서 보내진 통화는 보르도와 툴루즈를 거쳐 모두 리옹으로 들어갔고, 따라서 필요한 통화는 리옹에서 가져와야 했다."[230] 스페인 연안을 따라 이루어진 해군 작전으로 인해 지중해 길이 위험해졌다는 것을 의미하는 것이 아니겠는가? 하지만 프로방스 지방의 진짜 재난은 바로 겨울철 폭우와 홍수로 인한 재해였다. 론강이 크게 범람해 타라스콩Tarascon과 아를이 물에 잠겨 엄청난 손실을 야기했다. 아를 사람들은 강하게 불만을 토로했는데, 아를 지역만 도움이 필요한 것은 아니었다. 더욱이 이곳은 "병사들의 주거 면에서나 소금에 대한 간접세에 대해 많은"[231] 혜택을 받았다. 폭우로 인한 재해 피해는 전체적으로 상당했는데, "프로방스 지방에서 피해를 입지 않은 곳은 단 한 곳도 없었다". "농작물과 농경지"가 휩쓸려 갔고, "그나마 남겨진 농경지는 토사물로 인해 피해가 심각했다"[232].

1706년은 루이 14세의 프랑스군에 커다란 패배를 안겨 준 해였다. 스페인의 왕위계승전쟁은 프랑스 군대를 유럽 전역으로 흩어 놓았고, 연이은 패배로 전장은 프랑스 국경지역으로 좁혀졌다. 이미 1704년에 회흐슈타트Höchstaedt에서의 패배로 바이에른 지역을 빼앗긴 이후, 프랑스군은 라인강 이쪽 지역까지 퇴각해 있었다. 1705년에는 영국군과 필리프 5세의 경쟁자인 샤를 대공이 바르셀로나에 상륙했고, 카탈로니아Catalogne 지방민들이 봉기했다. 1706년 5월 23일 영국의 말버러Marlborough 공작의 군대는 벨기에 라미예Ramillies에서 프랑스군을 격파한 후, 스페인령 네덜란드를 차지하고 릴Lille과 뒹케르크가 있는 철웅성 같은 국경지대까지 이른다. 이로부터 얼마 후인 1706년 9월 7일 프랑스군을 이끌었던 푀이야드Feuillade 공작은 토리노에서 패배하여 결국 밀라노도 빠르게 함락되었고, 프랑스는 피에몬테 지방에서 물러나게 되었다. 반면, 스페인 일대의 전선에서는 1706년 8월 3일 베르위크Berwick 공작의 군대가 마드리드를 수복하면서 기울었던 전세가 다시 회복되기 시작했다.

늙은 왕의 군대는 더 이상 무적이 아니었고, "계속되는 전투에서 패배와 후퇴를 반복하게 되었다". 1707년 초 전세가 회복되기 바로 전에 1699년부터 프랑스의 재무장관이자 1701년부터는 국방장관이었던 미셸 드 샤밀라르Michel de Chamillart는 "더 이상 군사작전을 전개할 여력이 없다는 사실"을 보고해야만 했다.[233]

이탈리아로부터 빠져나와 알프스 산간지역까지 퇴각했던 프랑스군은 당시 프랑스가 점령하고 있었던 사부아Savoie 지역으로부터 니스Nice, 빌프랑슈Villefranche 그리고 앙티브Antibes에 이르는 지역에 머물러 있었다. 니스는 1703년 4월 프랑스에 의해 점령되었고, 1704년 1월에 성이 함락되었다. 프랑스는 알프스의 탕드Tende 능선이 보이는 니스 백국 전부를 점령하고 있었다.

1707년 1월 31일[234] 프랑스 왕은 알프스 지역의 주둔군을 지휘할 인물로 테세 사령관을 임명한다. 지브롤터(1705년)와 바르셀로나(1706년)에서 지휘관으로서 두 번이나 오점을 남긴 인물임에도 불구하고, 그는 다시 한 번 기회를 얻는다. 2월 28일에 그르노블Grenoble에서 온 사령관은 브리앙송Briançon에 지휘 본부를 꾸리게 된다.

다음에 이어지는 이야기에서 주로 다룰 테세 지휘관을 바라보는 생시몽Saint-Simon의 시각은 그렇게 좋지만은 않았다. 테세를 마치 돈키호테와 같은 허풍쟁이나 우스꽝스러운 인물로 묘사하고 있는데, 그의 편지는 왕을 웃게 만들 정도가 아니었던가? 생시몽은 이 점에 대해 전혀 관용을 베풀지 않았다. 그의 편지를 오랫동안 읽어 왔던 피에르 뒤부아Pierre Dubois는 전혀 다르게 평가했다. 엄격한 군인은 아니지만, 외교 수완이 있고 유머 감각이 넘치는 정감 있는 인물로 묘사했다. 그리고 그가 툴롱에 도착한 후 나쁜 소문으로 생긴 갈등과 생파테르 Saint-Pater 지휘관의 명령에 대한 불복종 문제가 모두 해소되었다.

테세 사령관이 브리앙송에 도착해 알프스 지역 전 주둔군을 지휘하기 시작했을 무렵, 이 지역의 방어를 위한 일관된 군사적인 전술은 존재하지 않았다. 적의 위협 앞에서 '전투 부대들' 또는 기병대의 위치를 계속해서 재배치하는 것이 전부였다. 적이 이동하면 아군도 이동하면서 위장전술을 병행해서 펼쳤다.

1707년 3월 23일 신성로마제국 황제와 맺은 밀라노 협약에 의해 적과의 합의하에 프랑스 군대는 북부 이탈리아에서 퇴각했고 병사들이 돌아오면서 주둔군 병력은 보충되었지만, 그래도 3만~4만 명을 넘지 않았다. 게다가 만성적인 병영 이탈로 어떤 연대에서는 정원의 절반이 부족한 상태가 되었다. 테세 사령관의 부관 중 하나였던 드 브로글리De Broglie는 1707년 7월 2일자 문서에 다음과 같이 기록하고 있다. "30여 명의 탈영병들**235**에게 치명적인 일격을 가했다. 어떠한 자비도 베풀지 않고 이렇게 엄중한 처벌을 내리자 14일이 지나도록 한 명의 병사도 병영을 이탈하지 않았다." 그러나 그 이후에는? 탈영은 모든 부대에서 지속적으로 발생하는 큰 문제였으며, 병영을 이탈한 병사들은 대개 다음과 같은 수순을 밟았다. 이들은 스위스를 거쳐 고향에 돌아와 혜택이 있으면 의용대에 지원했다. 결론적으로 말하면 낮은 급료, 음식, 전투 장비, 군화 부족과 같은 열악한 처우 문제로 이러한 악순환은 반복되었다.

신성로마제국의 외젠Eugéne 왕자의 도움으로 사부아 공국의 비토리오 아메데오 2세Victor-Amédée II의 군병력은 증강되었는데, 그 가운데에는 토리노의 패배로 인해 거의 강제적으로 참가하게 된 4,000명의 프랑스인도 포함되었다. 사부아 공국의 진지는 다음과 같이 셋으로 나누어졌다. 첫 번째 진지는 발레다오스타val d'Aoste, 프티 생베르나르Petit Saint-Bernard, 오트 타랑테즈haute Tarentaise와 연결되는 이브레Ivrée에 배치되었고, 두 번째는 피에몬테 지방의 알프스

산지의 끝자락으로 피네롤로Pignerol와 수사Suse와 같은 높이에 위치한 프랑스령의 조그만 산중턱 지대였다. 세 번째 진지는 니스, 프로방스 지방으로 향하는 길목이 되는 탕드 능선과 바르슬로네트Barcelonnette를 감시할 수 있는 지역으로 코니Coni와도 가까운 곳이다.

테세 사령관은 사부아, 도피네, 프로방스 지방을 동시에 감시해야 했다. 그는 적군의 움직임을 사전에 감지하고 곧 프랑스를 공격할 것이라 예측했다. 하지만 적군은 어느 지역을 공격할 것인가? 4월 말에 이탈리아의 정보원은 프로방스가 유력하다고 보고했다. 그는 이 정보를 믿지 않았지만 베르사유궁에 이 사실을 보고했고, 오히려 사부아 지방에 대한 감시를 계속하라는 명령이 떨어졌다! 남부 지방에 전운이 감돌기 시작했을 때 툴롱 사람들은 알프스 지역의 전 주둔군을 그들 쪽으로 배치해 달라고 졸랐다. 사령관은 다음과 같이 중얼거렸다. "프로방스, 랑그도크, 도피네, 사부아 지방 중에 툴롱만 사수해야 하는가!" 그리고 다음과 같이 덧붙였다. "내 소견에는 … 국왕은 다른 생각을 하고 있을 것이다."**236** 아마도 그럴 것이다. 아마도 베르사유에서는 사부아에 대해 걱정하고 있을 것이다.

1707년 여름 프랑스에서 누가 적국의 침략에 대한 염려로부터 자유로웠겠는가? 적군은 프랑스의 저항이 한계에 이르렀다고 생각했다. 그리고 루이 14세의 비밀스럽고, 고집스럽고, 비효율적인 협상안은 그들의 판단이 옳을 것이라는 확신을 주었다. 사실 프랑스는 저항하고 있는 상황이었다. 북해와 영불해협에서 적군과 맞서고 있던 됭케르크의 사략선들은 영국과 네덜란드 연합함대에게 커다란 피해를 입혔다. 영국 함대의 말버러 공작은 릴을 공격할지 됭케르크를 공격할지를 망설이고 있는 상황이었다. 이러한 상황에서 재빠르게 계획을 변경하여 프랑스의 취약한 방어지역인 먼 프로방스 지방으로 눈을 돌리기 시작했는데, 툴롱, 마르세유, 엑스, 랑그도크 지역의 방어는 허술할 것으로 여겨졌기 때문이다. 또한 적군은 세벤Cévenne 지역에서 개신교도들의 반란이 일어나기를 바랐는데, 1704년과 1705년 두 번에 걸쳐 프랑스의 빌라르Villars와 베르위크 Berwick 사령관에 의해 어렵게 진압된 적이 있었다. 적군이 개신교 반란군에게 보낸 무기가 보케르Beaucaire에서 프랑스군에 의해 압수되었다. 개신교 농민군의 수장이었던 카발리에Cavalier는 사부아 공국의 군과 함께했으며, 사부아 공작과 함께 식사를 하기도 했다.

이러한 모든 전략은 런던, 헤이그, 빈, 토리노에서 진행된 오랜 협상 끝에 만들어진 것이었다.[237] 그리고 사부아 공작은 외젠 왕자가 이끄는 군대의 지원을 받아 육지에서의 전투를 지휘했다. 야심 가득한 비토리오 아메데오 2세는 비밀리에 이 모든 전략을 구체화한 인물이다. 그러나 외젠 왕자와 사부아 공작은 그들의 움직임을 숨길 수 없었고, 테세 역시 알프스의 고지에서 적군의 동태를 상세히 감시할 수는 없었다. 정보는 산레모San Remo[238]와 제노바를 통해 프랑스에 알려졌다. 프로방스와 툴롱에 대한 적의 침략이 임박했음을 알리는 소식은 빠르게 전해져서 툴롱, 마르세유, 베르사유까지 8일, 때로는 4일 만에 전달되었다. 마침내 6월 15일 적군이 프로방스 침공을 준비하고 있는 사실이 베르사유궁에 알려졌다.[239] 이 소식에 베르사유에 머물던 툴롱 해군의 두 지휘관인 드 보브레De Vauvré와 랑주롱Langeron 후작은 각자 부대로 복귀하기 위해 출발했고, 6월 23일에야 프로방스에 도착했다.

7월 초 사부아 공국의 첫 번째 부대는 마침내 탕드 능선을 통과했고, 곧이어 적의 침입을 알리는 신호가 프로방스 전역에 퍼졌다. 4,000명 단위로 구성된 사부아군의 전열이 계속 이어졌고, 매번 5,000마리의 노새가 끄는 거대한 보급품 수레가 뒤를 따르고 있었다. 과연 테세 사령관이 결정을 내렸을까? 동일한 시각, 니스를 지휘하던 사이Sailly 후작은 7월 2일에 이 도시를 버리고, 5개 대대(대략 2,000명)의 병사들과 의용대와 함께 막 홍수로 넘쳐나기 시작한 바르Var강 후미에 포진했다. 하지만 적들이 이 작은 강을 넘는 것을 막을 수는 없었다. 같은 달 11일 적군은 급류에 많은 병사들을 잃었지만 결국 강을 건넜고, 12일에는 포병대가 지날 수 있게 다리를 만들었다.

하지만 니스를 점령한 사부아 공국의 비토리오 아메데오는 13일까지 계속해서 니스에 머무르고 있었다. 그는 왜 니스에서 시간을 낭비했을까? 그 이유는 니스 항으로 들어오는 영국과 네덜란드 함대를 기다리기 위해서였다. 생시몽의 보고서[240]는 다음과 같이 기록하고 있다. "사부아 공작은 함대를 찾아가 약속한 돈을 요구했는데, 영국군은 약속한 금액보다 적은 돈을 제시함에 따라 정해진 날짜보다 하루를 더 논쟁하느라 소비했다. 공작이 돈을 받지 못하면 움직이지 않을 기세를 보이자, 그들은 결국 100만 리브르[241]를 지불했다. 이렇게 그들이 허비한 하루는 프랑스에게 기회가 되었고, 21개 대대가 툴롱으로 이동하는 시간을 벌게 해 주었다."

이러한 설명은 그럴듯하지만, 정확하지는 않다. 7월 11일 이후 침략군은 지휘관의 존재 여부와 관계없이 진군했다. 이들 앞을 가로막는 프랑스군의 수는 너무나 적었다. 그러나 찌는 듯한 무더위와 식수 및 식량 부족으로 병사들은 고통스럽게 전진했다. 게다가 사부아 공작은 프로방스 사람들을 안심시키려는 듯 신중하게 행동했다. 그는 사부아군이 마치 프로방스를 프랑스의 굴레로부터 해방시켜 주기 위한 존재인 것처럼 소개했다. 그는 칸Cannes, 생트로페Saint-Tropez, 프레쥐스Fréjus, 그라스Grasse와 같은 도시와 우호적인 관계에서 병사들과 가축에게 필요한 식량과 사료를 지원받았다. 사부아군의 요청을 거절하는 도시는 단 한 곳도 없었다. 그들 중 프레쥐스 사람들은 지나칠 정도로 환대했다. 이 도시의 주교는 공작을 환대하는 차원에서 자신의 집에 머물게 했으며, "주교의 예복을 입고, 성수와 향을 성당 문 앞에 갖다 놓고 도시의 새로운 통치자를 찬양하는 '테 데움Te Deum'을 불렀다". 주교의 이러한 행동이 왜 이상할까? 후에 플뢰리Fleury의 추기경이 된 이 프레쥐스의 주교는 루이 15세의 가정교사가 되었고, 그의 어린 학생 덕분에 1726년부터 1740년까지 프랑스를 다스리기까지 했다. 주교의 어처구니없는 "적군과의 협력" 사건에 대해 생시몽은 "이 불쌍한 사람이 어쩌다 그런 실수를 저질렀는지, 어쩌면 적들을 속이기 위해서가 아닐까"[242]라고 평했다. 나중에 주교는 이 사건을 어떻게 넘겼을까? 이 일은 크게 문제가 되지 않았던 것 같다.

정복자였던 사부아군은 많은 시간을 허비했다. 테세 사령관의 기록에 따르면, "사부아 공작은 명령을 내리고, 약속을 이행하고, 프로방스 도시들로부터 먹을 것을 제공받았다. 그는 왕의 지방관보다 이 지방 사람들을 더 잘 다루었다. … 프로방스 사람들에게는 소총도 화약도 없었고, 맞서 싸울 힘도 부족했다. 그들은 왕에게 불충할 마음은 없었으나 적들에게 순종적이었고, 돈을 주는 대신 공간을 열어 주었다. 반면, 사부아 공작은 지금까지 강제하지 않는 것처럼 행동했다"[243]. 결국 7월 21일에야 사부아군의 선발대는 줄지어 툴롱 입성을 위한 마지막 관문인 퀴에르스Cuers에 이르렀다. 이들은 첫 부대에 불과했다. 해군은 숙영지에서 자고 있던 몇몇 병사들을 급습했다.[244] 24일이 되어 겨우 사부아군은 도시의 성벽 앞에 나타났다. 이들은 14일 만에 150km의 거리를 이동한 것인데, 물론 이것은 새로운 기록은 아니었다.[245]

한편, 툴롱에는 이미 지원 병력이 도착했다. 21일에는 11개 대대 또는 4,000명의 병력이 입성했으며, 22일 8개 대대, 23일 9개 대대, 25일 13개 대대 또는 14개 대대가 툴롱에 연이어 집결했다.[246] 22일에는 바르Var 연안지대에서 물러나 있던 사이 후작의 군대가 도착하여 도시 외곽의 올리브밭에 숙영지를 마련했다. 8월 7일에는 메다비Medavy 백작이 사부아로부터 6개 대대와 42개의 기마병과 용기병 중대[247]를 추가적으로 데려왔다. 이 부대는 생막시맹Saint-Maximin에 머물렀는데, 이로 인해 사부아의 부대와 보급품은 위협을 느끼지 않을 수 없었다. 부대의 이동속도 측면에서 보면 프랑스군이 우세했다. 테세 사령관은 말을 타고 쉴 새 없이 시스테롱Sisteron에서 툴롱을 거쳐 엑스로, 그리고 또 다시 시스테롱을 오가며 직접 부대의 이동을 지휘했다.

하지만 지원군이 도착하기 전부터 툴롱은 전쟁과 관련된 소문을 베르사유보다 심각하게 받아들이고, 적군의 대규모 공격에 대비해 육지와 해상에서 방어 전선을 구축하고 있었다. 프랑스의 해군과 육군의 관계는 별로 좋지 않았지만, 합동작전은 빠르게 진행되고 있었다. 양군 모두 3주 정도의 시간이 있었고, 그 기간 동안 열정적으로 작업에 임해 진지를 구축했다. 이때 그리냥Grignan 백작은 매우 중요한 역할을 담당했다. 그는 툴롱과 주변 마을 사람들의 마음을 얻었고, 민병대와 자원자들은 열정을 갖고 도시 방어에 임했다. 사제glacis(역주: 성곽 둘레에 침입하는 적들을 잘 볼 수 있도록 남겨진 경사진 언덕)에 방해가 되는 집들은 철거되었고, 성벽을 둘러싼 길이 완성되었으며, 병기고에서 가져온 200대의 대포를 성벽 위에 설치했다. 철포는 장전 시에 폭발할 위험이 커서 적의 포격으로 파손되는 것보다 장전 시에 폭발로 손실되는 경우가 더 많았다. 전투가 벌어지기 전에 가장 중요한 일은 진지를 강화하는 일인데, 도시 북쪽의 성벽과 파롱Faron산 사이의 고지대에 위치한 생트안Sainte-Anne이라는 작은 성당 주변에 대포를 설치했다. 포병대가 제대로 방어를 한다면, 적군의 포병대와 최전방 부대는 도시 쪽으로 들어오기가 더 어렵게 될 것이다.

이러한 모든 방어 태세가 갖추어지기 이전에 "툴롱의 방어는 허점투성이였다"[248]. 더 정확히 말하자면, 툴롱은 해상 방어 능력은 갖추어져 있었으나 육지 쪽의 방어는 거의 전무했고, 사부아 공작은 이 사실을 잘 알고 있었다. 따라서 툴롱에 도착하여 프랑스군의 방어 태세를 목격한 공작은 실망감을 감출 수 없었고, 사부아군의 사기를 떨어뜨리기에 충분했다.[249] 도시는 병사들로 넘쳤고, 여러 곳에 포진된 대포들, 해군의 무기고에는 각종 소총과 총검 그리고 화약이 가득했다. 그리고 빵, 소금에 절인 고기, 장교들만 배급받는 생고기, 포도주도 넉넉하게 저장되어 있는 등 부족한 것이 없었다. 유일하게 부족했던 것은 신발이었는데, 프로방스의 무더운 여름에 신발 정도는 없어도 되지 않을까? 어쨌든 프랑스 병사들의 영양상태는 좋았으며,[250] 시내에서는 포도주를 싸게 판매하여 병사들의 사기를 높여 주었다. 북 치는 사람은 플래절렛flageolet으로 악기를 교체했고, 이 피리 소리에 맞추어 매일 밤 사람들은 춤을 추었다.[251] 지휘관들의 심리적 상태도 좋아졌다. 테세 사령관은 사부아 공작이 바르 지역으로 되돌아갈 것이라고 일찍부터 확신했다.

사부아군은 광장 앞까지 도착하지 못하고, 8월 2일 아침이 되어서야 생트카트린Sainte-Catherine 성당의 위치에 도달했다.[252] 그렇지만 그들의 무거운 포는 아직 설치되지 못한 상태였다. 사실 사부아군은 도시의 동쪽에만 열을 지어 있었기 때문에 도시를 포위하고 있었던 것은 아니다.

한편, 영국과 네덜란드 함대는 7월 10일경에 이에르Hyères섬에 도착하여 함대를 정박한 뒤, 사부아군에게 식량과 포를 전달하기 위해 그들의 도착을 기다리고 있었다. 그러나 수일간 지속된 매서운 미스트랄로 인해 연합군 함대는 툴롱 앞바다에 진입할 수 없었다.

커다란 위협을 눈앞에 둔 툴롱의 해군은 경계 태세를 더욱 강화했다. 그들이 가장 염려했던 것은 적군의 함대와 육군이 동시에 합동작전을 전개하는 것이었다. 적의 함대가 툴롱 앞바다를 가로막고 있는 상황에서 적군의 포병대가 공격을 시작하면 항구에 정박 중인 선박들은 어떻게 보호할 수 있을 것인가? 배들이 바다로 나가기 위해 무장을 시키는 데는 많은 시간과 막대한 비용이 요구된다. 또한 병기고에 있는 막대한 보급품은 어떻게 지켜 낼 것인가? 프랑스 해군을 지휘하던 랑주롱 후작은 화를 잘 내고 불평을 잘하는 아주 고약한 성격의 인물이었다. 그는 다른 참모들의 의견을 따르기도 하고, 때로는 그들의 견해에 반해서 결정을 내렸다. 6월 23일 툴롱에 도착한 그는 도시를 방어할 수 없을 것이라고 믿었다. 따라서 그가 처음으로 시작한 일은 대포, 박격포, 선박 기구, 돛, 로프와 같은 군수품과 장비들을 가능한 한 빨리 다른 지역으로 옮기는 것이었다. 72척의 운송선에 실린 군수품은 아를로 옮겨졌다. 대포 부품과 밧줄은 물에 빠뜨렸다가 나중에 건져 낼 생각이었다. 포구를 방어하는 진지의 대포들은 사격 준비가 완료되었다. 적들이 툴롱에 다가오자 돛대를 제거한 배들을 그들의 손으로 먼저 침몰시켜 포염에 불타는 것을 막았는데, 그들이 가장 두려워했던 것은 배가 적의 손에 들어가는 것이었다. 7척의 갤리선을 지휘하는 루이Roye 후작은 이탈리아 해안에서 복귀하자마자 그의 반대에도 불구하고 다시 마르세유로 이동하라는 명령을 받는다. 툴롱 항에 있는 함대는 적들에게 손쉬운 표적이 될 수밖에 없기 때문에 어쩔 수 없는 선택이었지만, 프랑스군으로서는 막강한 화력을 보유한 주요 이동 방어 수단이 없어진 것이며, 갤리선의 노 젓는 죄수들의 인력도 활용할 수 없게 되었던 것이다. 방어와 관련된 모든 논의는 끝났다. 이 가운데 현명하고 유용한 결정에 대해 이야기하고자 한다. 툴롱 전투에서 가장 뛰어났던 결정들 가운데 하나는 총 90대의 함포를 보유한 2척의 1등 전열함**253**, 즉 토낭Tonnant호와 생필리프Saint-Philippe호를 배치한 것이다. 낡은 함대의 엄호를 받으며 무리용Mourillon 앞바다에 정박한 토낭호는 니스 해상로를 통해 동쪽으로부터 접근하는 적 함대와 툴롱 사이에 위치하여 적의 포탄을 막아 냈다. 함선의 선체는 단단한 나무로 갑옷처럼 입혀졌고, 밧줄을 이용하여 선체를 회전시켜 좌현의 함포를 발사한 후에 재장전하는 동안 우현의 함포를 발사할 수 있도록 했다. 생필리프호는 카스티냐크Castignac 위치의 서쪽 바다에 배치되었고, 필요에 따라 무리용 해안으로 이동할 수 있도록 했는데, 작전 수행 중에 생필리프호는 이동했다.

툴롱의 해상 방어 지도를 보면, 큰 항구의 입구가 되는 남쪽의 세페Sepet곶과 브랑Brun곶의 생트마르게리트Sainte-Marguerite 요새와 북쪽의 생루이Saint-Louis 요새에 포병대가 진지를 구축하고 있었는데, 이곳에서 강력한 적 함대와의 첫 번째 충돌이 발생했다. 그리고 적 함대는 곧바로 두 외부 진지를 점령하고 만다. 세페곶을 먼저 점령한 적군은 점령군을 남겨 두지 않고 곧이어 브랑곶을 공격했다. 8월 16일에 48명의 프랑스 해군이 방어하고 있던 생트마르게리트 성을 함락시킨 뒤, 100여 명의 프랑스군이 지키고 있던 생루이 요새에 대한 함포 사격을 가한다. 프랑스군의 저항은 18일까지 이어지다가, 바다를 통해 퇴각한

툴롱의 형세와 방어(1707년)

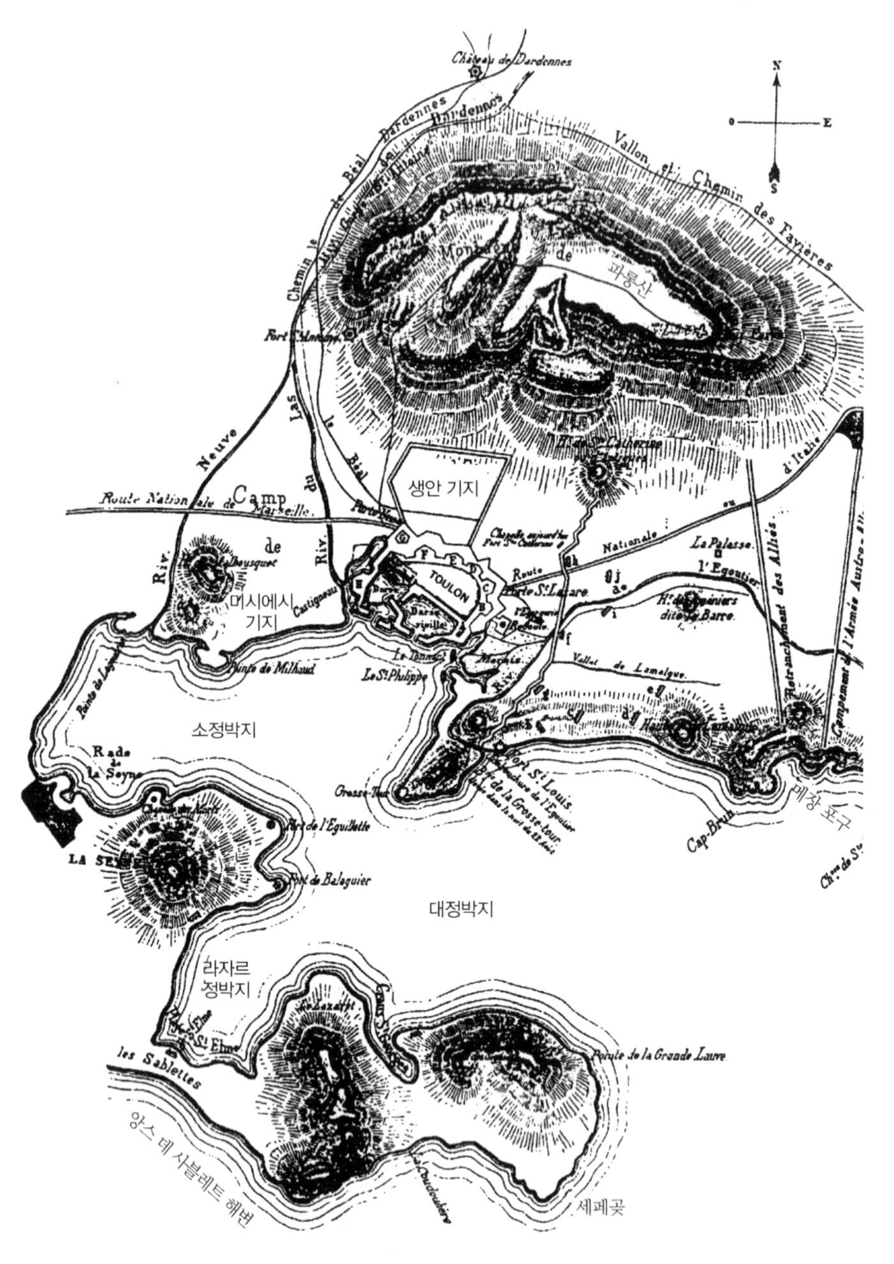

다. 적군은 이 전투에서 작은 성공을 이루어 냈다. 생트마르게리트 요새는 식수 부족으로 항복했다.254 툴롱의 심장부인 작은 항구로 진입하기 위해서는 루아얄 타워Royal Tour(또 다른 명칭은 Grosse Tour)를 제압해야 했는데, 이 오래된 요새는 보수되어 다수의 대포가 배치되어 있었다. 또한 이 요새를 마주 보고 있는 바다 건너편 남쪽의 발라귀에Balaguier 요새와 에귀에트Eguillette 요새도 점령해야만 했다. 하지만 영국과 네덜란드 함대로서는 매우 어려운 작전이었을 뿐 아니라 사부아 지상군의 패배로 사기마저 떨어져 있었다.

사부아군은 둘로 나뉘어 진군했다. 사부아군의 남쪽 진영은 말그Malgue 산악지대를 통해, 그리고 북쪽 진영은 생트카트린 위치에서 진군하고 있었으며, 툴롱에서 니스로 이어지는 도로는 이들에 의해 차단되었다. 8월 초 사부아군의 작전은 양군의 총격전, 포격 그리고 진지 구축을 위한 토목공사로 인해 크게 위축되었다. 엄중한 감시에도 불구하고 빈약한 배식과 고된 작업에 시달리던 사부아 병사들은 탈영하여 프랑스군에 투항했다. 수천에 달하는 탈영병 또는 '귀순병'들은 옷차림은 멀쩡했지만 굶주림에 허덕였다. 프랑스군은 이들을 호의적으로 받아 주었고, 몇 가지 질문을 한 후에 약간의 돈을 주어 마르세유로 보냈다. 진군하는 데 많은 시간을 지체하여 쉬운 기회를 놓친 사부아 군대는 심각한 사기 저하에 빠졌다. 이러한 상황에서 8월 15일 '동틀 녘' 무렵, 프랑스 방어군은 크루아 파롱Croix Faron과 생트카트린 사이에 배치되어 있던 적의 최전방을 공격하기 시작했다. 1,000여 명에 달하는 사부아 병사들이 죽거나 다치고 포로가 되었던 반면, 프랑스군의 사상자는 40여 명에 불과했다. 프랑스 군대는 14시간 만에 수복한 지점에서 퇴각했다. 이는 경고에 불과했다. 그러나 사부아군의 피해는 상당했고, 잃어버린 진지는 다시 회복하지 못했다. 다음날 사부아군의 포병대는 도시에 보복성 '포격'을 가한다. 포격으로 8채의 집이 파괴되었고, "툴롱의 주교는 그날 밤 자신의 침대에서 죽는 줄 알았다". 패닉 상태에 빠진 시민들은 도시를 빠져나갔다.

툴롱 진지 상세도(1707)

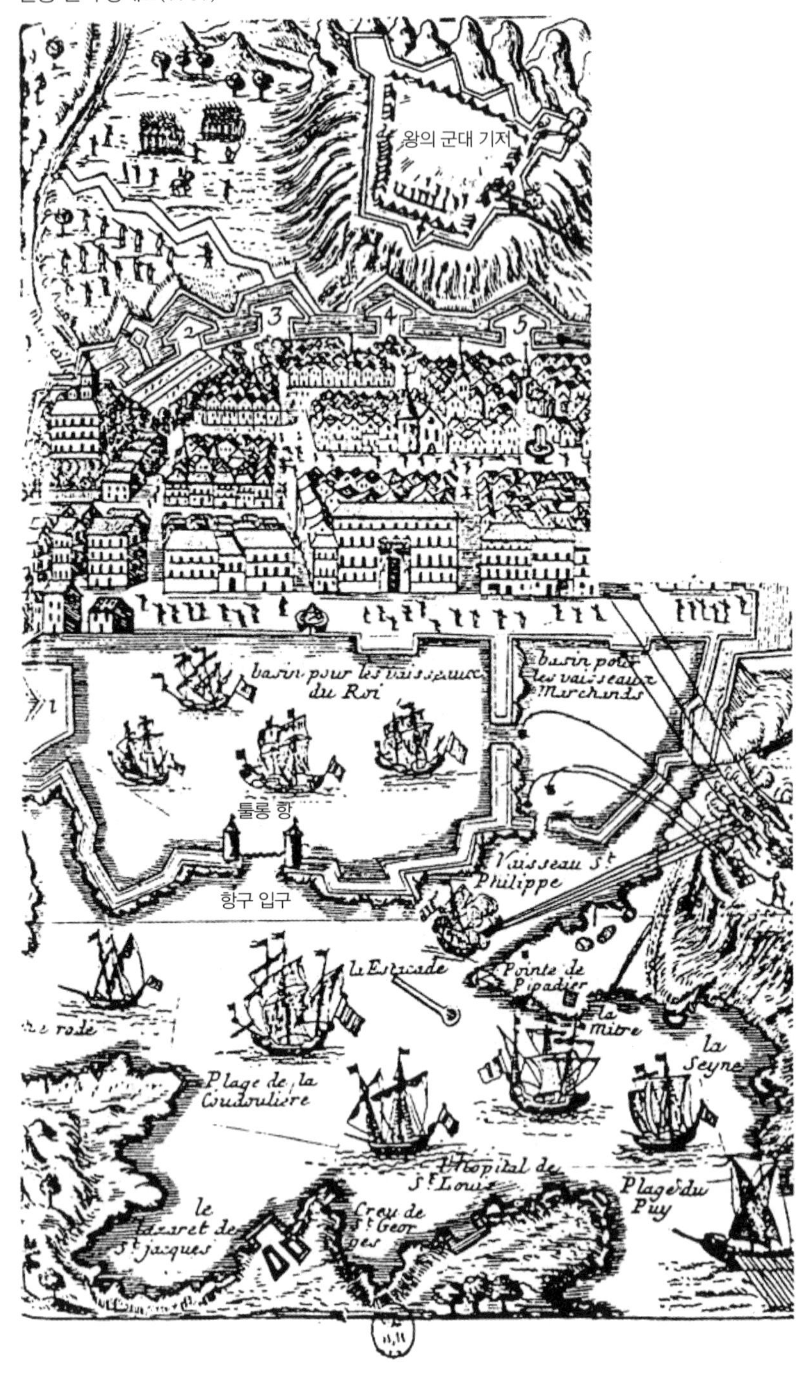

사실상 전투는 이렇게 끝이 났다. 19일부터 사부아군의 요청에 따라 포로 교환이 이루어졌는데, 이를 위해 프랑스군의 고위 장교들은 외젠 왕자와 대담을 가졌다. 대담이 끝난 후에는 사부아 공작이 이들을 '정중하게' 저녁 만찬에 초대했다. 만찬 중에는 양국의 작전에 관한 대화가 이어졌고, 툴롱 항을 방어했던 두 척의 '제로즘gerosmes'에 대한 이야기도 나왔다. 즉 토낭호와 생필리프호를 그렇게 불렀는데, 기록에는 왜 그렇게 불렀는지 이유를 밝히지는 않는다. 사부아 공작은 샹파뉴산 포도주를 대접하며 툴롱 주둔군을 이끌었던 프랑스 측의 드 보브레de Vauvré에게 미식가로 유명한 그의 포도주 맛에는 미치지 못할 것이라고 사과했다.[255] 전쟁의 지휘관들은 서로 간에 정중하게 예의를 갖추어 전쟁 마무리를 하지 않았던가? 이틀 후 사부아 공작은 전군에게 퇴각 명령을 내렸고, 가볍게 돌아가기 위해 그들의 동맹군인 영국과 네덜란드 함대에 짐과 포 그리고 부상자의 수송을 맡겼다.

적 함대는 마지막 일격을 가했는데, 그렇다고 명예로운 최후의 일전도 아니었다. 다음날 저녁 이미 출항한 다른 함대와 합류하기에 앞서 5척의 갤리선들은 21일 밤부터 22일 아침 5시까지 툴롱을 포격했다. 갤리선들의 포격은 '사부아 지상군'의 포격보다 훨씬 큰 피해를 입혔는데, 왜냐하면 이들은 생트루이 요새 바로 앞까지 접근하여 포격을 가했기 때문이다. 이 포격으로 오래된 두 척의 프랑스 함선에 불이 붙었고, 다른 함선으로 불이 옮겨붙는 것을 막기 위해 독으로 예인했다. 하지만 이 불빛은 적이 쉽게 목표물을 발견할 수 있게 해 주었고, 또 다른 두 척의 배가 포탄에 맞아 크게 부서졌다. 그중 디아망Diamant호에는 커다란 화재가 발생했는데, 다행히 불길은 진압되었다. "3분의 2의 포탄이 목표 지점에서 터지지 않고 공중에서 폭발했음에도 불구하고 많은 집들이 파괴되었다. 만일 그렇지 않았다면 피해는 훨씬 커졌을 것이다."

사부아 공작은 부상당한 병사들과 포를 연합군 함대에 맡겼기 때문에 좀 더 속도를 내어 철수할 수 있었다. '가까스로' 퇴각길에 오른 사부아군은 돌아가는 길에 프로방스 지방을 침략했다. 마을들은 약탈당하고 불에 탔으며, 도시는 돈을 빼앗기거나 황폐해졌다. 테세 사령관은 도망치는 사부아군을 추격했지만, 7~8시간 정도의 간격이 있어서 따라잡을 수가 없었다. 인력보다는 말과 마차가 더 부족한 상황이었고, 퇴각하는 적군은 뒤쫓는 프랑스군이 필요할 것으로 예상되는 식량이나 사료 등을 하나도 남기지 않고 지나갔다. 귀족, 의용대, 그리고 신부들이 조직한 농민군은 약탈하는 퇴각군에게 저항했다. "퇴각군에 대한 매복 기습공격과 총격전은 밤낮으로 이어졌다. 특히 적군이 에스테렐Esterel을 통과할 때에는 6,000~7,000명가량의 농민군으로부터 기습공격을 당해 많은 사상자가 발생했다. 농민군 또한 많은 사상자가 발생했으며, 사부아군은 생포한 농민군들의 목을 나무에 매달았다. 그렇지만 농민군은 이에 겁먹지 않고 추격을 계속했다."[256] 사부아의 침략군은 프로방스 원정을 통해 전체 병력의 절반을 잃게 되었다. 그 후 사부아 군대는 프로방스에서 한 것처럼 무자비하게 공작령의 니스 백국마저 약탈한 다음 탕드 능선을 따라 피에몬테 방면으로 사라졌다. 8월 26일에 사부아 공작은 깊은 한숨을 내쉬며 다음과 같이 말한다. "내가 어처구니없는 실수를 저질렀구나."

교훈이라면?

툴롱 전투는 프랑스의 승리라고 할 수 있을까? 아마도 그것은 지나친 해석일 것이다. 위기를 넘기기는 했지만, 상당한 대가를 치렀다. 사부아 공작은 20만 리브르 이상을 가져가지 못했고, 그보다는 엄청난 피폐와 참극을 경험했다. 의심의 여지 없이 끔찍한 전쟁 뒤에 평화가 찾아온 다른 모든 지역처럼 프로방스 사람들은 이 상처를 떠올릴 것이다. 프로방스 지방에는 다시 평온한 일상이 되돌아왔고, 다음 해부터 다른 지방들처럼 100만 리브르의 세금을 프랑스 왕에게 지불하도록 했을 때 이곳 사람들은 기꺼이 받아들였다. 이러한 그들의 의지에 대해 프로방스 지방의 정부 보좌관 역할을 하던 그리냥 백작은 "충성심"이라고 표현했다. 1709년에는 프로방스의 각 지역에 매서운 추위가 몰아쳐 수많은 올리브나무들이 죽었는데, 이는 사부아와의 전투가 있었던 1707년에 잘려 나간 올리브나무보다도 더 많았다.

한편, 툴롱 포위전에서 패배한 사람들은 보복을 준비하고 있었다. 테세 사령관의 군대는 알프스의 산길을 통해 그동안 비워 두었던 도피네와 사부아 지방으로 천천히 복귀했다. 이번에는 적군이 빠르게 움직이고 있었다. 외젠 왕자는 피에몬테 지방에서 출발해서 이 지방 중에 프랑스가 차지하고 있던 알프스 동쪽의 수사Suse를 기습공격했다. 수사의 요새는 오랫동안 버텼지만, 10월 3일에 결국 함락되었다. 프랑스는 알프스 너머 피에몬테 지방으로 진입할 수 있는 관문 하나를 잃게 된 것이다. 그렇더라도 아직은 피네롤로Pignerol와 페네스트렐레Fenestrelle가 남아 있었다. 수사를 잃어서인지, 아니면 중상모략을 일삼는 사람들의 고발 때문인지 몰라도 테세 사령관의 명성에 흠집이 나서 그는 결국 지휘권을 박탈당하지 않았던가?

프랑스에서 수사를 잃은 것은 그리 중대한 사안은 아니었다. 프랑스 해군에게 보다 중요하고 어려운 사안은 툴롱 포위전의 결과를 어떻게 평가해야 하느냐였다. 모든 일의 책임을 툴롱 해군의 지휘관이었던 랑주롱Langeron 후작에게 짊어지게 하는 것이 일반적인 흐름이었다. 필자는 이에 동의하지 않는데, 왜냐하면 루이 14세의 해군의 운명을 결정하는 것은 툴롱 전투가 아니었기 때문이다.

전쟁이 끝난 직후의 툴롱 항의 광경은 처참했다. "얼마 전까지 툴롱 항의 자랑이었던 함선들의 모습을 보라. 돛대는 부서지고, 일부 배들은 좌측 또는 우측으로 기울어져 있었으며, 또 다른 배들은 선두 또는 선미 부분이 처박혀 있어 과연 다시 항해가 가능할지 의심스러웠다." 물에서 인양된 배들의 상태를 보면 "얼마나 파손이 심했는지 알 수 있었다. 돛은 다 망가져 있었고, 물이 새는 곳은 수리하는 일이 쉽지 않아 배 전체가 썩는 것을 가속화했다"**257**.

랑주롱 후작이 함선들을 미리 침몰시킨 것은 불필요한 작전이었을까? 그러나 그 누가 포위전이 이렇게 빨리 끝날 줄 예상할 수 있었겠는가? 그는 도시가 오랫동안 포위되어 봉쇄될 것을 예상했다. 적들이 쉽게 항구에 진입하고, 지상 포병대가 독에 정박 중인 선박에게 대포를 발사할 것으로 상상했던 것이다. 이처럼 명백하게 예상되는 상황에서 그는 경험을 바탕으로 결정을 내렸을 뿐이다. 또한 도시가 포위될 때 길에 깔린 포석을 제거했는데, 이는 포탄으로 돌조각이 깨지면서 위험하게 되는 것을 막기 위해서였다. 바닥짐을 제거한 배들은 물에 잠겼지만, 밑바닥까지 잠기지는 않았다. 적의 퇴각이 결정되자마자 배들은 차례대로 인양되었다. 랑주롱 후작은 그의 편지에 함선들이 하나둘씩 수면 위로 올라오는 것을 마치 프랑스의 승리인 양 묘사했는데, 이는 자신의 결정을 정당화하려는 의도가 포함된 것으로 볼 수 있다.

1707년 8월 30일 퐁샤르트랭Pontchartrain 해군성 장관에게 쓴 보고 내용은 다음과 같다. "마르세유에서 보고된 바와 같이, 참혹한 형상을 하고 있던 함선 가운데 하나인 푸드루아양Foudroyant호의 물을 오늘 아침부터 빼기 시작했는데, 정오가 되기 전에 수면 위로 떠올랐습니다."258

9월 6일의 보고서 내용이다. 정직하지 못한 사람들은 "랑주롱 후작 자신이 프랑스 왕의 대형 함선들을 바닥까지 물속에 잠기게 했다고 합니다"259. 하지만 이는 사실이 아니다. "실제는 함선의 첫 번째 포가 있는 부분까지 물에 잠기게 했습니다. 만일 커다란 함선을 바닥까지 잠기게 했다면 수면 위로 끌어올리는데 4일이 소요될 것입니다."

9월 15일의 보고서에는, "푸드루아양호, 솔레이 루아얄Soleil Royal호, 트리옹팡Triomphant호, 아드미라블Admirable호의 물을 완전히 빼서 한 방울의 물도 남아 있지 않습니다". 테리블Terrible호와 앵트레피드Intrépide호도 수면 위로 올라왔다. 툴롱 전투의 두 영웅 중 하나인 생필리프Saint-Phillippe호는 침몰되지 않았으며, 또 다른 하나인 토낭Tonnant호는 수리가 끝났다. "하지만 국왕의 두 함선은 상태가 너무 좋지 않아 여름에 있을 작전에 사용하고 싶지 않습니다."[260] 10월 9일에는 "모든 작업은 마무리되었습니다"[261]. 마침내 '승리'했다.

이 모든 내용은 툴롱 해군이 훌륭한 함선들을 다시 갖게 되었다는 것을 의미하지 않는다. 그렇다면 툴롱 전투 이전에는 강력한 함대를 보유하고 있었던가? 이것이 의문이다. 툴롱 전투가 한창인 8월 11일[262] 아르눌Arnoul이 퐁샤르트랭에게 보낸 편지를 보면 이를 의심하게 한다. "모든 군대를 툴롱으로 집결하는 것보다 30~40척의 전함이 툴롱을 지키는 것이 더 효과적일 것이라는 당신의 의견은 합당합니다. 왜냐하면 사부아 공작은 툴롱 항에 20척의 전함만 있다고 믿고 공격을 계획했으며, 그의 부대에 필요한 양식의 일부와 포, 그리고 작전에 필요한 각종 장비를 수송해 오는 함대들로 충분히 대적할 수 있다고 생각했기 때문입니다. 하지만 툴롱 해군이 지금과 같은 상태라서 전력을 충분히 발휘할 수 없는 것과 이번에 거의 완전히 소실되어서 정말 유감입니다."

아르눌은 해군 소속이 아닌 감독관으로 브레스트Brest 항의 감독을 담당한 뒤 툴롱 항의 해군을 감독하고 있었다. 사실 그 때문에 방어 책임자들은 그와 거리를 두고 있었다. 그는 현명하고 침착했지만, 그리 자비로운 성격은 아니었다. 결론부터 말하자면, 그는 툴롱 해군의 실책보다는 베르사유 정부의 정책을 문제시했다. 프랑스 정부는 1692년의 라우그La Hougue 해전 이후 지나치게 많은 예산을 소모하는 해상 전투에 회의적인 태도를 갖고 있었으며, '해군' 전력보다는 '육군' 전력에 우선권을 두고 있었다. 프랑스 국왕은 어쩔 수 없이 이 같은 선택을 하지 않았겠는가? 어쩌면 해상에서 추격전은 열세에 놓인 쪽이 취할 수밖에 없는 방법일 것이다. 툴롱의 경우에는 인력이나 해군 병사, 병기창의 노동자들, 또는 대형 돛을 포함한 물품들이 부족한 것이 아니었다. 이러한 보급품은 이제르강과 론강의 수송선을 통해 공급되었다. 이들에게 부족했던 것은 돈과 신용이었으며, 자금이 없이는 전함들을 정비하고 무장할 수 없었다.[263]

전투가 끝난 후 툴롱의 재정 상황은 매우 어려웠으며, 도시의 경제활동 역시 크게 위축되었다. 갤리선의 노를 젓는 죄수들에 의해 물 빼는 작업을 마친 함선들은 항구에 정박되었다. 이후 이 함선들은 해체되었고, 나무들은 땔감으로 사용되었다. 의심의 여지 없이 유럽의 모든 항구에서는 폐기될 선박들을 물위나 항구의 후미진 구역에 방치해 두었다. 프랑스대혁명기 그리고 제정기에 일어났던 전쟁에서 프랑스 포로를 가득 실은 영국의 선박은 이러한 노후한 함선을 활용한 것이 아니었던가? 툴롱의 병기고는 비워져 할 일이 없어졌고, 실직한 노동자들이 넘쳐나는 끔찍한 상황이 되었다. 툴롱의 함선들은 프랑스의 동방무역이나 북아프리카 지역에서 곡식을 운반하는 선박들을 보호하기 위해 출항하곤 했다. 또한 툴롱에는 상업용 선박도 있었는데, 이는 프랑스 정부로부터 임대하여 자체적으로 무장을 했다. 여기에서 우리는 국가에서 관장하던 부문이 민간으로 전환되는 초기 형태를 발견할 수 있지 않은가? 1712년 3월 말에는 카사르Cassard의 인솔하에 3척의 전함, 3척의 프리깃, 2척의 대형 선박이 툴롱을 떠났다. 그는 프랑스에서 가장 능력 있는 해군 선장 중 하나였지만, 지나치게 엄격한 규율을 고집하는 인물이어서 승조원들에게는 가장 악명 높은 함장이었다. 이 작은 함대는 지브롤터를 통과해 카보베르데Cap Vert 군도의 포르투갈령 사오 티아고Sao Tiago섬을 공략하고 약탈했다. 이어서 카리브해의 마르티니크Martinique섬을 지나 네덜란드 식민지였던 수리남Surinam, 에세키보Essequibo, 베르비스Berbice 지역을 기습 약탈한 다음, 영국령이었던 몬트세랫Montserrat과 세인트크리스토프Saint-Christophe섬을 공격하여 무자비한 약탈을 행했다. 그리고 마침내 이들 함대는 툴롱으로 귀환했다.

하지만 이러한 약탈 전쟁은 항상 이익을 가져다준 것은 아니며, 그것에 큰 기대를 갖는 것은 좋지 않았다. 1708년에 영국은 스페인으로부터 메노르카Minorque섬과 마온Mahon 항을 빼앗았다. 지중해에서 겨울철을 지내기에 가장 확실한 항구였던 마온 항은 1705년 영국군이 바르셀로나에 상륙한 이후로 영국군의 위협을 받아 왔지만, 툴롱으로부터 보급품을 안정적으로 공급받고 있었기에 그들의 자유를 지킬 수 있었다. 하지만 이제부터는 영국 함대가 지중해에서 겨울을 보내기 위해 이 항구를 사용할 것이다. 이로 인해 1711년 영국군의 전함이 프랑스의 세트Sète를 약탈할 수 있었는데, 프랑스 해군이 저항하지 않은 것 이외에는 별다른 일은 없었다.

다음의 문서는 프랑스 해군이 저항하지 않은 사실에 대한 이유를 제공해 줄 수 있다. 1713년 3월 11일부터 한 달간 논의되어 4월 11일에 체결된 위트레흐트Utrecht 평화조약을 보면, 당시 툴롱 항에 정박 중이던 전함들의 목록이 포함되어 있다. 즉 32척의 1~4급 대형 전함에는 총 2,318개의 함포가 탑재되어 막강한 화력을 가지고 있었다. 하지만 선체는 모두 낡은 상태였다. 그중 가장 오래된 슈발 마랭Cheval Marin호는 1664년에 건조된 것으로 거의 50년에 가까운 운항 연수를 보유하고 있었다. 하지만 그 사이에 브레스트에서 수리를 받지 않았다면, 이 배는 물에 뜰 수 없었다. 또한 운항 연수가 20~29년의 함선은 22척이었으며, 5~19년의 운항 연수를 보유하고 있는 함선은 8척에 달했다. 콩케랑Conquérant호는 툴롱 포위전 이후 유일하게 재건조된(1712년) 2급 전열함으로 74개의 함포가 탑재되어 있었다. 총 6척의 함선은 더 이상 항해를 할 수 없어 해체를 기다리고 있었는데, 이들은 모두 톤수가 가장 큰 함선들로 평균 운항 연수는 20년이었다. 당시 함선들은 크기가 클수록 더 빨리 소모되어 운항 연수가 짧았다. 110문의 함포를 탑재한 가장 멋있는 전함이었던 루아얄 루이Royal Louis호[264]는 1692년에 건조되어 12년 후인 1704년에 재건조되었다.[265]

1713년의 자료를 제대로 이해했다면, 단지 7척만이 운항이 가능했다는 의미가 된다.[266]

전함에 관한 논의는 차치하고, 사실 가장 큰 문제는 프랑스 경제에 미친 전반적인 영향이었다. 모든 문제는 이로부터 비롯되었다. 18세기 초 프랑스 경제 상황은 몇몇 역사학자들이 지적했던 것처럼 악화되어 있었는가? 스페인 왕위계승전쟁의 마지막 시기에 프랑스의 국내 경제 상황은 이들의 주장보다 훨씬 활기를 띠었다. 마르세유와 프로방스 지방의 항구들 역시 안정되어 있었으며, 동방지역의 목화, 밀, 가죽과 북아프리카의 곡식과 가죽이 지중해를 통해 활발하게 유통되었다. 프랑스에 부족했던 것은 의지가 아니었을까? 루이 14세의 프랑스는 툴롱의 예가 보여 주는 것처럼 육군의 전력으로만 전쟁에서 우위를 점하려고 하면서 해군의 전력 강화를 등한시하는 잘못된 선택을 한 것은 아니었을까?

V.
공간과 역사: 맺는 말

툴롱 여행을 끝으로 우리가 문제를 제기했던 회고적인 방법으로 지리를 살펴보는 일을 마쳤다. 이 책의 첫 번째 장에서는 프랑스의 과거를 이해할 수 있는 몇 가지 틀을 제시했고, 프랑스의 다양성을 보여 주었다. 두 번째 장에서는 서로 다른 공간들을 이어 주는 시스템에 대해, 그리고 세 번째 장에서는 지리적 환경이 제시하는 단일화의 요소, 프랑스를 고립시키지 않고 다양한 지역과 연결하면서 둘러싸고 있는 국경의 역할과 교훈에 관해 다루었다.

다양성과 단일성의 끊임없는 대립에 대해서는 계속적으로 강조해 왔다. 영토의 변두리 지역에까지 그 영향력을 미칠 수 있는 단일한 프랑스를 건설하는 일은 오랜 시간을 필요로 하는 과정이었다. 변방지역들을 굴복시키고, 복종하게 하고, 동화하는 데는 오랜 훈련이 필요하지 않았던가? 또한 긴 국경선을 항상 방어하고 감시하고 전진할 수밖에 없지 않았던가? 육지와 바다에서 프랑스를 통합하려는 엄청난 노력이 지속적으로 전개되었다.

이러한 노력은 그 자체로 프랑스를 단일화하려는 방법으로 어떤 방식으로든 국경지역뿐만 아니라 전 국토를 하나로 통합하려는 것이다.

필자는 프랑스의 불완전한 해양정책에 대해 강조했다. 복잡한 정책들은 자주 한계에 직면했는데, 그럼에도 이러한 거대한 사업들은 계속되었다. 강은 해군에게 필요한 목재와 돛대를 수송해 주는 중요한 존재였으며, 모든 주물공장에서는 해군에 필요한 대포와 포탄을 제조했고, 군항에서는 전함을 건조했다. 콜베르Colbert 시대에 이르러서는 유럽에서 가장 뛰어난 영국의 전함과 대등한 수준에 이르게 되었다. 이로써 네덜란드 조선업의 우위는 끝났다! 물론 노르망디, 브르타뉴, 랑그도크, 프로방스와 같은 모든 해안 지방에서 해군은 꾸준히 병사를 모집하는 어려운 일을 감당해 왔다. 1632년 리슐리외가 집권할 당시 "해군은 강제로 징집"[267]하였으나, 이것만으로는 충분하지 못했다. 이는 네덜란드와 영국 해군도 마찬가지 상황으로 자국의 병사만으로는 그 수가 부족하여 때로는 외국에서 해병을 데려오곤 했다. 프랑스도 충분한 승조원을 구성하지 못하는 경우가 많았다. 이렇게 강제로 징집된 병사들 중에는 감시가 소홀한 틈을 타 도망을 치는 경우도 있었다.[268] 루이 16세 때에는 강의 운하에서 일하는 뱃사공들까지 징집하기도 했다. 갤리선의 노를 젓는 죄수들에게 툴롱으로 가는 것은 지옥의 유형지에 끌려가는 것이었다. 이는 죄수들을 처리하는 방식으로, 프랑스 해군의 전력 강화에 크게 도움이 되지 못했고, 지중해의 갤리선은 이미 시대에 뒤떨어져 있었다.

육군의 경우에는 이처럼 병력수에 대한 문제는 없었다. 풍부한 병력을 보유하고 있던 프랑스 육군은 충분히 병사들을 먹일 수 있었다. 왕정체제하에서는 베리Berry, 리무쟁Limousin, 오베르뉴Auvergne, 블레Velay, 부르보네Bourbonnais와 같이 아무리 멀리 떨어져 있는 지방 사람들이라도 징집 대상이 되었고, 군을 유지하는 데 필요한 물자를 공급해야만 했다. 매년 모든 지방에서는 이동하는 부대를 볼 수 있었고, 병사들과 기마병의 숙소 문제로 어려움을 겪었다. 이런 풍경은 겨울철에만 볼 수 있었던 것은 아니었다.

병사들은 국내 치안을 위해 징집된 것이 아니었다. 국내 치안 유지와 혼란을 막기 위해 투입되는 경우는 아주 드문 일이었다. 비록 군 지휘관이 병사들을 최대한 활용하는 것을 망설일지라도, 그들의 존재만으로도 도시와 지방을 안정시킬 수 있었다. 흔히 추구하던 목적을 벗어나기도 하고 지역을 황폐하게 할 위험도 있었지만, 병사들이 도착하면 지역의 질서를 위협하던 사람들은 신속하게 그곳을 떠났다. 군대의 유지와 이동은 안전을 보장하기도 했다. 프랑스는 유럽의 다른 정부와 미래의 국가들과 마찬가지로 전쟁하는 기계를 유지·관리해야만 한다.

이를 위해 자신의 영토에 속해 있는 모든 자원과 사람들을 활용해야만 한다. 브레스Bresse 연대, 앙구무아Angoumois 연대와 같이 모든 연대는 자기 지방의 이름을 갖고 있었다. 그러나 곧 각 부대는 해당 지방과의 실질적인 연관성이 사라졌는데, 이는 서로 다른 지역 출신의 병사들이 모집되어 같은 부대에 배치되었기 때문이다. 이와 동시에 서로 다른 언어를 사용하는 병사들이 한 병영에서 생활하면서 출신지의 문화적 배경과 단절되고 혼종성이 일어날 수밖에 없었다.[269]

절대왕정 시대의 행정 체계와 더불어 군대는 프랑스의 단일화를 형성하는 가장 효율적인 도구가 되었다. 19세기 초 무렵 대략적인 계산에 의하면, 매년 15만 명의 이민자, 이주 노동자, 계절 노동자들이 프랑스 국내를 이동하며 이러한 혼종화에 참여했다. 그러나 군의 경우에는 스페인 왕위계승전쟁 말기인 1709~1713년 동안 50만~100만 명[270]에 달하는 병사들이 이동했는데, 이는 공화력 2년(1793)의 국민 총동원에 필적할 만한 수치이다. 19세기와 20세기에 일어난 세계대전으로 프랑스군의 규모는 폭발적으로 커졌다.

프랑스의 단일화는 역사적으로 사회, 경제, 정치, 문화와 같은 모든 분야의 힘이 모여 이루어 낸 과업이었다. 일드프랑스île-de-France 지방의 언어가 중심이 된 프랑스어는 정치와 행정적인 도구로서의 역할을 하면서 프랑스의 통합에 기여했다. 다음에 이어지는 책에서는 오랜 시간에 걸쳐 하나의 프랑스가 되어 가는 긴 여정을 이해하기 위해 이러한 모든 사실들에 대한 문제제기를 시도하게 될 것이다.

주

서문

1. Jean-Paul Sartre, *Critique de la raison dialectique*, I, p.29.
2. Charles Péguy, *Avertissement aux* 《Petites garnisons. La France vue de Laval》.
3. Fernand Braudel, *La Méditerranée et le monde méditerranéen à l'époque de Philippe II*, 1949.
4. Hippolyte Taine, *Les Origines de la France contemporaine*, 1875.
5. Alexis de Tocqueville, *L'Ancien Régime et la Révolution Française*, 1856.
6. Jules Michelet, *Histoire de la France*, 1833-1867.
7. Ernest Lavisse, *Histoire de la France depuis les origines jusqu'à la Révolution*, 1903-1911.
8. Ernest Lavisse, *Louis XIV*, Tallandier, 1978.
9. *Histoire de la France*, Collection dirigée par Robert Philippe, 1970-1973.
10. Jacques Madaule, *Histoire de la France*, 3 vol., 1943, 1945, 1966.
11. Lucien Romier, *L'Ancienne France, des origines à la Révolution*, 1948.
12. Nicolas Iorga, *Histoire du peuple français*, 1919.
13. Ernst Robert Curtius, *Essai sur la France*, 1941.
14. Eugène Cavaignac, *Esquisse d'une histoire de France*, 1910.
15. Claude-Frédéric Lévy, lettre du 14 septembre 1981.
16. Jean-Paul Sartre, *Les Temps modernes*, oct 1957, p.681.
17. Pierre Goubert, *Beauvais et le Beauvaisis de 1600 à 1730*, 1960, p.359.
18. Paul Leuilliot, *L'Alsace au début du XIXe siècle*, III, 1960, p.340.
19. Jean Lestocquoy, *Histoire du patriotisme français des origines à nos jours*, 1968, p.14.
20. Jules Michelet, *Œuvres complètes*, IV, 1974, p.383.
21. Jacques Bloch- Morhange.
22. *Malet et Isaac*, Marabout, 1980, 4 vol.
23. Arnold Toynbee, *La Civilisation à l'épreuve*, 1951, p.75.
24. Roger Bastide, *Sociologie et psychanalyse*, 1972, p.162.
25. Théodore Zeldin, *Histoire des passions françaises, 1848-1945*, 5 vol.
26. Robert Fossaert, *La Société*, II. *Les Structures économiques*, 1977, p.447.
27. M. Bordeaux, 《Voies ouvertes à l'histoire des coutumes par l'hématologie géographique》, in: *Annales E.S.C.*, nov. déc. 1969, pp.1275-1286.

28. Marc Bloch, *Apologie pour l'histoire ou Métier d'historien*, 1949.
29. Cité par Emile Callot, *Ambiguités et antinomies de l'histoire et de sa philosophie*, 1962, p.121.
30. Paul Morand, *Venises*, 1971, p.101.
31. Edgar Quinet, Introduction à Johann G. von Herder, *Idées sur la philosophie de l'histoire de l'humanité*, I, 1827, p.7.
32. Théodore Zeldin, 《Français, vous êtes comme ça !》 *Paris-Match*, 30 mai 1980.
33. D. Landes et C. Fohlen, 《Formation du capital dans les premières étapes de l'industrialisation》, Introduction, in: *Deuxième Conférence internationale d'histoire économique*, 1962, p.565.
34. Jean-Paul Sartre, *Critique de la raison dialectique*, op. Cit., II, *Du groupe à l'histoire*, 1960, pp.557, 755.
35. Emile Durkheim, 《Sociologie et sciences sociales》, in: *De la méthode dans les sciences*, Paris, 1909.
36. Robert Fossaert, *La Société*. I. Une théorie générale, 1977, p.32.
37. Fernand Dumont, *Anthropologie*, 1981, p.17.
38. Raymond Rudorff, *Le Mythe de la France*, 1971.
39. Miguel de Unamuno, *L'Essence de l'Espagne*, 1923.
40. Angel Ganivet Garcia, *Obras completas*, I, *Granada la Bella, Idearium espanol*, 1943.
41. José Ortega y Gasset, *Espana invertebrada*, 1934.
42. Georges Gurvitch, *La Vocation actuelle de la sociologie*, 1963, I, p.73.
43. Ferdinand Lot, *La Gaule*, 1947, p.170.
44. Julien Gracq, *Lettrines*, 1974, II, p.71.
45. Jean-Paul Sartre, in: *Temps modernes*, sept. 1957, p.403, note 3.
46. J'ai emprunté cette belle expression à Michel Laran, sympathique et remarquable spécialiste de la Russie ancienne et moderne, disparu trop tôt ... mais je ne retrouve pas la référence de cette expression dans son oeuvre.
47. Joseph Chappey, *Histoire de la civilisation en Occident*, I, *La Crise de l'histoire et la mort de l'idée de civilisation*, 1958, p.38.
48. Peter Kriedte, Hans Medick, Jürgen Schlumbohm, Industrialisierung vor der Industrialisierung, 1977, p.21.

제1권. 공간과 역사

1. Marguerite Gonon, *Les Institutions et la société en Forez au XIVe siècle d'après les testaments*, 1960.
2. Maurice Berthe, *Le Comité de Bigorre, un milieu rural au bas Moyen Age*, 1976.
3. Roger Béteille, *La Vie quotidienne en Rouergue au XIXe siècle*, 1973.
4. Louis Merle, *La Métairie et l'évolution agraire de la Gâtine poitevine*, 1958.

5. Michel Belotte, *La Région de Bar-sur-Seine à la fin du Moyen Age, du début du XIIIe siècle au milieu du XVIe siècle*, 1973.
6. Lucien Febvre, 《Que la France se nomme diversité. A propos de quelques études jurassiennes》, in: *Annales E.S.C.*, 1946, pp.271-274.

제1장

1. René Musset, 《La géographie de l'histoire》, in: *Histoire de France*, p.p. Marcel Reinhard, 1954, I, p.36.
2. Jean-Robert Pitte, *Histoire du paysage français*, 1983, I, p.14.
3. Pierre Gascar, *La France*, 1971, p.11.
4. *Ibid.*, p.13.
5. Hervé Le Bras, Emmanuel Todd, *L'Invention de la France*, 1981, p.7.
6. A.N., F^10, 1c.
7. A.N., G^7 449, Poitiers, 23 novembre 1684.
8. Alain Croix, *La Bretagne aux XVIe et XVIIe siècles*, I, 1981, p.33.
9. E. Bogros, *A travers le Morvan*, 1878, p.108.
10. G. Duhem, 《Un petit village du Haut-Jura, Lamoura》 in: *A travers les villes du Jura*, 1963, p.541.
11. Mgr Lustiger, in: *Paris-Match*, 24 avril 1981, p.9.
12. L. Febvre, art. cit.
13. E. Weber, *op. cit.*
14. Dans le décret du 21 septembre 1792, il s'agit de la République une et indivisible, on peut avec un peu d'excès parler de la France une et indivisible.
15. Selon l'expression de Jean Fourastié, *Les Trente Glorieuses ou la Révolution invisible de 1946 à 1975*, 1979.
16. H. Le Bras et E. Todd, *op. cit.*, p.7.
17. Yves Florenne, *Le Monde*, 9 avril 1981.
18. Gean Giono, *Ennemonde et autres caractères*, 1968, p.8.
19. Henry Debraye, *Avec Stendhal sur les bords du Rhône*, 1944, p.86.
20. Pierre Aumoine et Charles Dangeau, *La France a cent ans... Sommes-nous nés en 1865?*, 1965, p.297.
21. Henri Spade, *Et pourquoi pas la patrie ?*, 1974, p.107.
22. Daniel Roche, *Le Peuple de Paris*, 1981, p.6.
23. André Marez, professeur au lycée de Perpignan, mort en 1978.
24. Lucien Febvre, *Philippe II et la Franche-Comté*, 1970, p.29.
25. Ernest Bénévent, 《La vieille économie provençale》, in: *Revue de géographie alpine*, 1938, p.533.
26. *Ibid.*, p.535.

27. Pierre Gourou, lettre du 27 juin 1978.

28. J. Chapelot, R. Fossier, *Le Village et la maison au Moyen Age*, 1980, p.161; à propos du village de Pélissane (Bouches-du-Rhône).

29. E. Bénévent, art. cit., p.542.

30. J. Giono, *Ennemonde*, *op. cit.*, p.14.

31. Frédéric Gaussen rend compte du livre d'Armand Frémont, *Paysans de Normandie*, 1981, in: *Le Monde*, 4 octobre 1981.

32. F. Gaussen, *ibid.*

33. Hervé Fillipetti, *Maisons paysannes de l'ancienne France*, 1979, p.79.

34. M. Berthe, *op. cit.*, p.43.

35. Pierre Francastel, *L'Humanisme roman*, 1942, p.26.

36. Ces pays décrits avec attention par Henri Vincenot, *La Vie quotidienne des paysans bourguignons au temps de Lamartine*, 1976.

37. Roland Barthe, *Michelet par lui-même*, 1954.

38. H. Fillipetti, *op. cit.*, II, p.10.

39. J. Gracq, *Lettrines*, *op. cit.*, II, p.35.

40. Henry de Rouvière, *Voyage du tour de la France*, 1713, pp.11-12.

41. H. Fillipetti, op. cit., p.84.

42. E. Meillet, 1963, p.157, cité par Muriel Jean-Bruhnes Delamarre, *Le Berger dans la France des villages*, 1970, p.213.

43. *Savart*, *savaret*, noms donnés dans les Ardennes et dans la Champagne pouilleuse aux terres élevées et incultes réservées presque exclusivement au pâturage des moutons et ne fournissant, surtout par suite du manque d'humidité, qu'une herbe peu abondante. *Holée*: criée. Certaines ventes ou locations annuelles de terres incultes se faisaient 《à la criée》, la limite de la portée de la voix servant de mesure du sol (G. Crouvezier, Petit Vocabulaire du langage champenois, 1975). Sur la transformation de la Champagne pouilleuse, le 《miracle champenois》, cf. L'ouvrage de Joseph Garnotel, L'Ascension d'une grande agriculture - Champagne pouilleuse - Champagne crayeuse, 1985.

44. Marcel Poète, *Une première manifestation d'union sacrée. Paris devant la menace étrangère en 1636*, 1916.

45. Jacqueline Bonnamour, *Le Morvan, la terre et les hommes. Essai de géographie agricole*, 1966, p.243.

46. Jacqueline Levainville, *Le Morvan, étude de géographie humaine*, 1909.

47. Ernest Renan, *Œuvres complètes*, 1960, IX, p.1344.

48. J. Giono, *Ennemonde...*, *op. cit.*, p.127.

49. Jean Anglade, *L'Auvergne et le Massif Central d'hier et de demain*, 1981, p.16.

50. L. Gachon, *La Vie rurale en France*, 1976, p.11.

51. Jean Anglade, *La Vie quotidienne dans le Massif Central*, 1971, p.37.

52. A. Leroux, *Le Massif Central*, I, 1898, p.XV.

53. Pierre Deffontaines, et Jean-François Gravier, 《La France》, in: *Géographie universelle Larousse*, p.p. Pierre Deffontaines et Muriel Jean-Brunhes Delamarre, I, 1959, p.129.
54. Albert Demangeon, *La France économique et humaine*, 1946, I, pp.81-107.
55. Désiré Pasquet, *Histoire politique et sociale du peuple américain. I, Des origines à 1825*, 1924, p.74.
56. Daniel Faucher, *L'Homme et le Rhône*, 1969, carte de la, p.49.
57. Arthur Young, *Voyages en France*, 1937, II, p.529. Le paliurus est un buisson épineux de Méditerrannée, de la famile des rhamnacées.
58. Jean Racine, Lettres d'Uzès, éd. de 1929, p.57.
59. J.-C. Masanelli, *Gaujac à l'époque de Louis XIV*, 1981, p.83.
60. Maximilien Sorre, *Les Fondements biologiques de la géographie humaine*, 1943, I, p.14.
61. Paul Vidal de la Blache, *Tableau de la géographie de la France*, 1913, p.226.
62. P. Vidal de la Blache, *ibid.*, p.131.
63. Marie-Hélène Jouan, 《Les originalités démographiques d'un bourg artisanal normand au XVIIIe siècle: Villedieu-les-poêles (1711-1790)》, in: *Annales de démographie historique*, 1969, pp.87-124.
64. F. Braudel, *Civilisation matérielle*, *op cit.*, II, p.278.
65. Abel Poitrineau, *La Vie rurale en Basse-Auvergne au XVIIIe siècle (1726-1789)*, 1965, rééd. 1979.
66. Henri Baud, Jean-Yves Mariotte, *Histoire des communes savoyardes. II. Le Faucigny*, 1980, pp.392-393.
67. Nicole Lemaitre, 《Ussel ou la difficulté de vivre: familles urbaines et rurales aux XVIIe et XVIIIe siècle》, in: *Entre faim et loup... Les problèmes de la vie et de l'émigration sur les hautes terres françaises au XVIIIe siècle*, 1976, pp.11 et 16.
68. Nicole Lemaitre, *Un horizon bloqué, Ussel et la montagne limousine aux XVIIe et XVIIe. siècles*, 1978, p.86.
69. Abel Chatelain, *Les Migrants temporaires en France de 1800 à 1914*, 1976, p.73.
70. Gustave Schelle, *Œuvres de Turgot et documents le concernant, II*, 1914, pp.4-5.
71. Fonds du docteur Morand, Bonne-sur-Ménoge (Haute-Savoie).
72. Alain Reynaud, Georges Cazes, *Les Mutations récentes de l'économie française. De la croissance à l'aménagement*, 1973, p.9.
73. A. Demangeon, *La France économique et humaine*, *op. cit.*, I, p.40.
74. Paul Etchemendy, *Les Paysans d'Espelette (Pays Basque) du XIXe siècle à nos jours*, 1981, p.21.
75. *Le Quotidien de Paris*, 3 février 1982.
76. Georges Gurvitch, *Déterminismes sociaux et liberté humaine. Vers l'étude sociologique des cheminements de la liberté*, 1955, *passim*.
77. Nicolas-Edme Rétif de la Bretonne, *La Vie de mon père*, 1779, p.143.
78. H. Taine, *Les Origines de la France contemporaine*, *op. cit.*, p.11.

79. A.N. G7 101; Murat, 26 mai 1683.

80. Pierre Goubert, *L'Ancien Régime*, 1969, I, p.110.

81. Voir *infra*, deuxième chapitre, le développement sur Gondre-court.

82. A.N., H 1515; Metz, 21 avril 1768: était indicatif du nombre de laboureurs et de manoeuvres qu'il y a dans les différents bourgs et villages du département des Trois Evêchés:

대리업무도시 Subdélégation	농부 Laboureurs	인부 Manouvriers
메스 Metz	789	3750
툴 Toul	1921	1924
베르됭 Verdun	1395	2679
세당 Sedan	429	1787
몽메디 Montmédy	836	1767
롱위 Longwy	145	442
티옹빌 Thionville	954	2706
사를루이 Sarrelouis	452	729
빅 Vic	1192	2707
사르부르그 Sarrebourg	448	1177
팔스부르그 Phalsbourg	91	236
계	8652	19904

83. Paul Vidal de la Blache, *La France de l'Est*, 1917, p.18: 《Les diverses statistiques tentées aux 17e et 18e siècles s'accordent à reconnaître qu'il [le nombre des manouvriers par rapport à celui des laboureurs] dépasse de beaucoup, de plus de la moitié certainement, celui des laboureurs fixés au sol3》

84. H. Taine, *op. cit.*, p.16.

85. Jules-Marie Richard, *La Vie privée dans une province de l'Ouest. Laval aux XVIIe et XVIIIe siècles*, 1922, pp 355 sq.

86. *Ibid.*, pp.4-5.

87. A.N., H 2933; Mémoire sur les péages, pp.9-20.

88. A.N. G7 449; 29 mai 1683.

89. A.N. G7 347, 29; 6 août 1695.

90. J.-M. Richard, *op. cit.*, pp.3-4.

91. A.N. G7 356.

92. Jacques Teneur, 《Les commerçants dunkerquois à la fin du XVIIIe siècle et les problèmes économiques de leur temps》, in: *Revue du Nord*, 1966, pp.18 sq.

93. Marcel Marion, *Dictionnaire des institutions de la France aux XVIIe et XVIIIe siècles*, 1923, p.296.

94. Henri Fréville, *L'Intendance de Bretagne (1689-1790), essai sur l'histoire d'une intendance en pays d'états au XVIIIe siècle*, 1953, I, p.95.

95. A.N. G^7 382; Metz, 29 août 1708.
96. A.N. F^{14} 158. Navigation du Rhône.
97. A. Poitrineau, *op. cit.*, p.38.
98. Jean Sigmann, *La Révolution de Maupeau en Bourgogne, 1771-1775*, D.E.S Dijon, 1935, dactyl., notamment p.30.
99. A.N. G^7 239; Grenoble, 31 juillet 1679.
100. Pierre Dubois, *Histoire de la campagne de 1707 dans le Sud-Est de la France*, dactyl., pp.28-29.
101. M. Marion, *op. cit.*, p.429.
102. Pour Lyon, F. Braudel, *Civ. mat.*, *op. cit.*, II p.418.
103. J. Hurstfield et H. G. Koenigsberger in: *The New Cambridge Modern History* III, *The Counter-Reformation and Price Revolution, 1559-1610*, 1968, pp.131 et 290.
104. J. Racine, *Lettres d'Uzès*, op. cit., p.3
105. *Documents de l'histoire du Languedoc*, 1969, p.239.
106. T. Zeldin, op. cit. II, *Orgueil et intelligence*, 1978, p.52.
107. Albert Thibaudet, *Les Princes lorrains*, 1924.
108. Alain Kimmel, Jacques Poujol, *Certaines idées de la France*, 1982, p.67.
109. Ernest Renan, *La Réforme intellectuelle et morale*, in: *Œuvres complètes*, I, 1947, p.349.
110. Stendhal, *Mémoires d'un touriste*, 1838, 1927. I, p.185.
111. H. Debraye, op. cit., p.V.
112. Vincent Van Gogh, *Lettres à son frère Théo*, 1956, pp.364, 374, 394, 403, 412, 393-394, 368.
113. F. Braudel, *Méditerranée...*, I, p.217.
114. A. d. S. Gênes, *Lettres Consoli*, 28; 20 juin-10 juillet 1673.
115. Philippe Martel, 《Les Occitans face à leur histoire: Mary-Lafon, le grand ancêtre》, in: *Amiras /Repères occitans*, I, janvier 1982, p.10.
116. H. Debraye, *op. cit.*, pp.39, 76, 77, 79.
117. Augustin Gazier, *Lettres à Grégoire sur les patois de la France (1790-1794)...*, 1880, p.292.
118. Michel de Certeau, Dominique Julia, Jacques Revel, *Une politique de la langue. La Révolution Française et les patois: l'enquête de Grégoire*, 1975, p.162.
119. A. Gazier, op, cit. p.128.
120. *Ibid.*, p.107.
121. *Ibid.*, pp.137-139.
122. *Ibid.*, p.222.
123. *Ibid.*, pp.213 et 224
124. *Ibid.*, pp.282 et 287.
125. *L'Encyclopédie*, article 《Patois》, XII, 1765, p.174.
126. Joachim Trotté de la Chétardie, 1636-1714, auteur d'un *Catéchisme de Bourges*, 1708.

127. M. De Certeau, D. Julia, J. Revel, *op. cit.*, p.163.
128. A. Gazier, *op. cit.*, p.57.
129. *Ibid.*, p.91.
130. *Ibid.*, p.90.
131. Abbé Antoine Albert, *Histoire géographique, natuelle, ecclésiastique et civile du diocèse d'Embrun*, 1783, I, p.93.
132. Louis Stouff, in: *Habiter la ville*, p.p. Maurice Garden et Yves Lequin, 1984, p.11.
133. *Ibid.*
134. A. Gazier, *op. cit.*, p.137.
135. Pierre Bonnaud, *Terres et langages. Peuples et régions, I,* 1981, p.44.
136. Robert Louis Stevenson, *Voyage avec un âne dans les Cévennes,* 1879, p.205.
137. P. Bonnaud, *op. cit.*, pp.2-4, 8, et 408 sq.
138. *Ibid.*, p.63.
139. Robert Specklin, 《Etudes sur les origines》, in: *Acta geographica*, 1982.
140. François Sigaut, 《Formes et évolution des techniques》, multigr., 70. p.
141. Jean-Louis Flandrin, *Familles, parenté, maison, sexualité dans l'ancienne société,* 1976, p.7.
142. H. Le Bras, E. Todd, *op. cit.*, pp.23-28.
143. *Ibid.*, pp.40-45.
144. *Ibid.*, pp.53-54.
145. Jean-Pierre Gutton, *Villages du Lyonnais sous la monarchie XVIe-XVIIIe siècles,* 1978, p.9.
146. H. Le Bras, E. Todd, *op. cit.*, pp.107-108.
147. Micheline Baulant, 《La famille en miettes: sur un aspect de la démographie du XVIIe siècle》, in: *Annales E.S.C.*, 1972, pp.959-968.
148. *Ibid.*, p.967.
149. Peter Laslett, *Un monde que nous avons perdu. Les structures sociales préindustrielles,* 1969, pp.26-27.
150. Alan Macfarlane, *The Origins of English Individualism. The Family Property and social Transition*, 1978, pp.138.
151. Ce que souligne fortement le dernier livre, encore manuscrit, d'Hervé Le Bras, Les Trois France. La grande famille patriarcale y est présentée comme la force essentielle opposée par le Midi à la puissance unificatrice du pouvoir central.
152. *Le Monde*, 24 mai 1981.
153. *Le Monde,* 24 mai 1981.
154. *Mémoires de Jean Maillefer, marchand bourgeois de Reims (1611-1668)*, 1890, p.15.
155. H. Le Bras, E. Todd, *op. cit.*, p.76.
156. Paul-Marie Duval, 《Archéologie et histoire de la Gaule》, in: *Annuaire du Collège de France*, 1967, p.453.
157. Karl Brandi, *Kaiser Karl V,* 1937, p.326.
158. *Ibid.*, pp.443-444.

159. Le 18 septembre 1544.
160. K. Brandi, *op. cit.*, p.448.
161. Marquise de la Tour du Pin, *Journal d'une femme de cinquante ans, II*, 1778-1815, 1923, p.339.
162. Léo Mouton, *Le Duc et le Roi: d'Epernon, Henri IV, Louis XIII*, 1924, pp.133 sq.
163. A. N., G^{7} 1691, 85.
164. René Héron de Villefosse, *Histoire des grandes routes de France*, 1975, p.185.
165. Marcellin de Marbot, *Mémoires*.
166. A.N., F^{10} 226, 23.
167. M. De Marbot, *op. cit.*, I, 1891, pp.45-56.
168. François Lebrun, op. cit., I, p.163 et II, pp.143-144.
169. Henriette Dussourd, *Les Hommes de la Loire*, 1985, p.89.
170. Stendhal, *Journal de voyage de Bordeaux à Valence en 1838*, p.3.
171. R. Héron de Villefosse, *op. cit.*, p.230.
172. Pierre de la Gorce, *Histoire du Second Empire, I*, 1894, p.223.
173. Francesco Fadini, *Caporetto dalla parte del vincitore*, 1974, p.449.
174. Roger Dion, 《La part de la géographie et celle de l'histoire dans l'explication de l'habitat rural du Bassin Parisien》, in: *Publications de la Société de géographie de Lille*, 1946, p.32.
175. François Mireur, *Etats Généraux de 1789*. 1889, p.118.
176. *Assemblée provinciale de l'Ile-de-France*, 1787, p.212.
177. Abbé A. Albert, *op. cit.*, pp.91-92.
178. A. Gazier, *op. cit.*, p.287.
179. Jean et Renée Nicolas, *La Vie quotidienne en Savoie aux* VIIe *et* VIIIe *siècles*, 1979, pp.91-92.
180. A. Gazier, *op. cit.*, p.287.
181. A. Demangeon, *op. cit.*, p.398.
182. Robert Muchembled, Culture populaire et culture des élites dans la France moderne (15e-18e siècles), 1978, p.54.
183. Robert Philippe, tome III, citation non retrouvée.
184. R. Muchembled, *op. cit.*, p.22.
185. Jacques Dupaquier, *La Population rurale du Bassin Parisien à l'époque de Louis 16*, 1979, p.204.
186. Nicolas-Edme Rétif de La Bretonne, Monsieur Nicolas, éd. 1959, pp.179-180.
187. Elena Fasano Guarini, 《Città soggette e contadi nel dominio fiorentino tra Quattro e Cinquecento: il caso pisano》, in: *Ricerche di storia moderna*, I, 1976, pp.1-94.
188. Giovanni Zeldin, référence égarée.
189. Sanche de Gramont, *Les Français, portrait d'un peuple*, 1970, p.454.
190. Marc Ferro, *La Grande Guerre*, 1914-1918, 1969, p.24.

191. Jules Michelet, note égarée.
192. François Bourricaud, *Le Bricolage idéologique. Essai sur les intellectuels et les passions démocratiques*, 1980, p.24.
193. Jean Guéhenno, *La Mort des autres*, 1968, pp.178 et 184.
194. Il s'agit d'Antoine de Bourbon.
195. François de La Noue, *Mémoires*, 1838, pp.593-594.
196. *Ibid.*, p.605.
197. Alexandre de Tilly, *Mémoires*, éd. de 1965, p.226.

제2장

1. Jean-Paul SARTRE, *Journal*, p.22.
2. P. BONNAUD, *op. cit.*, I, p.24.
3. Jean BUVAT, *Journal de la Régence*, 1865, II, p.287.
4. A.N., K 1219, n°62.
5. J. BUVAT, *op. cit.*, II, p.332.
6. *Cf.* F. BRAUDEL, *Civilisation matérielle, économique et capitalisme*, *op. cit.*, II, p.98.
7. Paul GAULTIER, *L'Ame française*, 1936, p.9.
8. André DELEAGE, *La Vie économique et sociale de la Bourgogne dans le Haut Moyen Age*, 1941, I, p.101.
9. Carl LAMPRECHT, *Etudes sur l'état économique de la France pendant la première partie du Moyen Age*, éd. fr., 1889.
10. J'entends par là, dans tout le présent texte, l'exploitation rurale réduite à un seul corps de bâtiments.
11. C. LAMPRECHT, *op. cit.*, p.9.
12. *Résultats statistiques du recensement de la population française*, 1891, pp.64 & 86.
13. Christian ZARKA, "Evolution de l'habitat champenois", in: *Actes du colloque de Châteauroux, Bouges-le-Château, Levroux*, 27-29 octobre 1978, p.p. Olivier BUCHSENSCHUTZ, 2e partie: *L'Evolution de l'habitat en Berry*, 1981, p.251.
14. P. BONNAUD, *op. cit.*, II, p.93.
15. Fernand BENOIT, *La Provence et le Comtat Venaissin*, 1949, p.41.
16. Marie TAY, *Une commune de l'ancienne France, monographie du village de Rognes*, 1985, p.5, et E. BARATIER, G. DUBY, E. HILDESHEIMER, *Atlas historique de Provence*, 1969, pp.78-79 et carte 230.
17. L. MERLE, *op. cit.*, pp.63 sq.
18. Paulette LECLERCQ, *Garéoult: un village de Provence dans la seconde moitié du XVIe siècle*, 1979.
19. André CHAMSON, *Castanet*, 1979, p.68.
20. A.N., Flc III; Finistère I.

21. A.N. F20 187; Mémoire sur la statistique du département du Finistère, 1789 et An 9.
22. Robert LATOUCHE, "Un aspect de la vie rurale dans le Maine au XIe et au XIIe siècle: l'établissement des bourgs", in: *Le Moyen Age*, 1937, n°1-2, p.21.
23. *Ibid.*, p.18, note 62.
24. *Ibid.*, p.17.
25. Roger DION, "La part de la géographie et celle de l'histoire dans l'habitat rural du Bassin Parisien", in: *Publications de la Société de géographie de Lille*, 1946, pp.49-50.
26. A. CROIX, I, p.23.
27. R. DION, art. cit., p.50.
28. A. CROIX, *op. cit.*, I, pp.147 et 153.
29. Aimé PERPILLOU, *Cartographie...*, p.93.
30. Alain CORBIN, *Archaisme et modernité en Limousin au XIXe siècle, 1845-1880*, 1975, I, p.247.
31. *Ibid.*, I, pp.287-300.
32. Emmanuel LE ROY LADURIE et André ZYSBERG, "Géographie des hagiotoponymes en France", in: *Annales*, 1983, pp.1304 sq.
33. Jean GUILAINE, *La France d'avant la France*, pp.36-42.
34. Pierre de SAINT-JACOB, "Etudes sur l'ancienne communauté rurale en Bourgogne. III: La banlieue du village", in: *Annales de Bourgogne*, XVIII, déc. 1946, p.239 note 2.
35. André PIATIER, *Radioscopie des communes de France. Ruralité et relations villes-campagnes. Une recherche pour l'action*, 1979, p.55.
36. Voir la remarquable communication de Noël COULET, "La survie des communautés d'habitants des villages disparus: l'exemple d'Aix et du pays d'Aix aux XIVe et XVe siècles", in: *Villes d'Europe*; colloque de Nice, 1969, in: *Annales de la Faculté des Lettres de Nice*, 1969, n°9-10, pp.81-91.
37. J.H. von THÜNEN, *Der isolierte Staat in Beziehung auf Landwirtschaft und Nationalökonomie*, 1826.
38. R. DION, art. cit., p.21.
39. Paul DUFOURNET, *Une communauté agraire sécrète et organise son territoire à Bassy (Province de Génevois, Haute-Savoie)*, 1975, p.422.
40. Albert DEMANGEON, *Géographie économique de la France*, I, p.192.
41. A.N., H 1514; 1787.
42. Blé de printemps et grains (orge, avoine, millet, etc) semés au mois de mars.
43. Ange GOUDAR, *Les Intérêts de la France mal entendus...*, I, 1756, p.90.
44. Lucien GACHON, *La Vie rurale en France*, 1967, p.58.
45. Michel ROUCHE, *L'Aquitaine des Wisigoths aux Arabes, 418-781. Naissance d'une région*, 1979, p.184.
46. P. DUFOURNET, *op. cit.*, p.72. Murger: pierrier. Teppe: terrain improductif par sa nature ou par le manque de culture.

47. J. CHAPELOT, R. FOSSIER, *op. cit.*, p.33.
48. A.D. Meuse, C 1480, I v°; 27 octobre 1789.
49. Il y en avait eu d'autres antérieurement, bien entendu. Ainsi, pour retenir un exemple, en 1652, entre les paroisses de Martigné et de Saint-Berthevin, dans la Mayenne actuelle.
50. Maurice AGULHON, *La Vie sociale en Provence intérieure au lendemain de la Révolution*, 1970, p.33.
51. A.N., G7 1649, 53.
52. J. BONNAMOUR, *op. cit.*, p.235.
53. Lucien GACHON, "France rurale d'aujourd'hui. I. Dans les massifs cristallins d'Auvergne. La ruine du paysage rural et ses causes", in: *Annales E.S.C.*, 1950, p.452.
54. L'Escandorgue, plateau volcanique, dans l'arrière-pays de Montpellier.
55. Référence égarée.
56. Abbé Alexandre TOLLEMER, *Journal manuscrit d'un sire de Gouberville et du Mesnil-au-Val, gentilhomme campagnard... Etude publiée dans le Journal de Valognes du 17 février 1870 au 20 mars 1872*, p.384.
57. A.N., MM 928.
58. J. ANGLADE, *L'Auvergne et le Massif Central...*, *op. cit.*, p.54.
59. A.N., G7 434.
60. *Mémoires des intendants sur l'état des généralités dressé pour l'instruction du duc de Bourgogne. I. Mémoire de la généralité de Paris*, p.p. A. M. de BOISLILE, 1881, p.VI, note 5, lettres des 29 juillet 1704, 1er et 22 mai 1706, et 13 juin 1707.
61. Marquis d'ARGENSON, *Journal et Mémoires*, 1864, VI, p.181.
62. A.N., H 1462; Versailles, 13 mars 1787.
63. F. MIREUR, *op. cit.*, p.79.
64. Cité par René DUMONT, *Nouveaux Voyages dans les campagnes françaises*, 1977, p.385.
65. François DORNIC, *L'industrie textile dans le Maine et ses débouchés internationaux (1650-1815)*, 1955, p.20.
66. Henri VINCENOT, *La Billebaude*, 1978, p.48.
67. Denis RICHET, *Une famille de robe: les Séguier avant le chancelier* (thèse manuscrite), p.91.
68. Sur la place du bois dans l'économie, voir F. BRAUDEL, *Civilisation matérielle...*, *op. cit.*, I, p.321 et note.
69. P. BONNAUD, *op. cit.*, I, p.51.
70. François JEANNIN, "L'industrie du verre en Argonne", in: *Patrimoine et culture en Lorraine*, p.p. Yves LEMOINE, 1980, p.84.
71. Donatien-Alphonse-François, marquis de SADE, *Justine, ou les malheurs de la vertu*, 1791.
72. A.N., G7 237; Châlons, 31 janvier 1715.
73. A.N., G7 432; 20 novembre 1704.

74. A.N., G7 501; Rouen, 6 juin 1712.
75. A.N., G7 419.
76. A.N., G7 433; juillet 1706.
77. A.N., MM 928, f° 15; 1698.
78. Marcel REINHARD, André ARMENGAUD, Jacques DUPAQUIER, *Histoire générale de la population mondiale*, 1960, p.268.
79. R. DION, art. cit., p.62.
80. André BURGUIERE, "Endogamia e comunità contadine sulla pratica matrimoniale a Romainville nel XVIII secolo", in: *Quaderni storici*, sept.-déc. 1976, pp.1073-1094.
81. Jean SUTTER, Léon TABAH, "Les notions d'isolat et de population minimum", in: *Population*, n° 3, juil.-sept. 1951, pp.486-489.
82. Michel-Hilaire CLEMENT-JANIN, *Sobriquets des villes et des villages de la Côte d'Or*, 1876, *passim*.
83. P.M. JONES, "Political Commitment and Rural Society in the Southern Massif Central", in: *European Studies Review*, 1980, pp.343-344.
84. A. CROIX, *La Bretagne aux XVIe et XVIIe siècles*, *op. cit.*, I, p.33.
85. Souvenir personnel, Luméville (Meuse), 1907.
86. Joseph CRESSOT, *Le Pain au lièvre*, 1973, p.113.
87. *Ibid.*, p.117.
88. Jacques-Joseph JUGE SAINT-MARTIN, *Changements survenus dans les moeurs des habitants de Limoges depuis une cinquantaine d'années...*, 1817, p.14.
89. Yves-Marie BERCÉ, *Histoire des croquants. Etudes des soulèvements populaires au XVIIe siècle dans le Sud-Ouest de la France*, 1974, p.297.
90. A. CORBIN, *op. cit.*, I, p.98.
91. André VAQUIER, *Ermont... I. Des origines à la Révolution française*, 1965, pp.144 sq.
92. Jean PETIT, *Un registre: un village, une époque... Contribution à l'histoire sociale et économique du monde rural au début du XXe siècle, 1980.*
93. A.N., F10 222.
94. F. BRAUDEL, *Civilisation matérielle*, III, p.240, note 13.
95. Abbé CHALAND, *Mémoires de Saint-Julien-Molin-Molette*, 1852, pp.5-6.
96. Emile COORNAERT, *Un centre industriel d'autrefois. La draperie-sayetterie d'Hondschoote (XIVe-XVIIIe siècle)*, 1930, p.249 note 2.
97. Pour Orgelet, *cf.*: A. CORBIN, *op. cit.*, I, p.298, note 136. Pour les Hautes-Pyrénées, *cf.*: Jean-Pierre POUSSOU, "Sur le rôle des transports terrestres au XVIIIe siècle", in: *Hommage à P. Wolff, Annales du Midi*, 1978, pp.407-408.
98. Richard GASCON, *Grand Commerce et vie urbaine au XVIe siècle. Lyon et ses marchands (environs de 1520-environs de 1580)*, 1971, I, pp.327-328.
99. Propos recueillis auprès de Michel Granjacques, de Saint-Nicolas(Haute-Savoie), né en 1896, qui fut lui-même barlotier, comme son père, Jean-Euchariste.

100. A.N., G7 377; Metz, 1er juillet 1695.

101. A.N., G7 1651; Soissons, 4 juin 1709.

102. Jean-Pierre FILIPPINI, *Les Conséquences économiques de la guerre de Succession d'Autriche*, thèse dactyl., pp.58-62.

103. Henri RAMEAU, *A l'orée des plateaux de la Haute-Saône, le village d'Andelarre*, 1974, pp.32-33.

104. Dominique DINET, "Quatre paroisses du Tonnerrois", in: *Annales de démographie historique*, 1969, pp.62-84.

105. Pierre GAXOTTE, *Mon village et moi*, 1968, p.129.

106. Séverine BEAUMIER, "Un homme, un village - les travaux et les jours dans le Haut-Diois au XIXe siècle", in: *Le Monde alpin et rhodanien*, 1978, pp.1-2.

107. Jean PETIT, *Le Chant de mon enfance*, dactylogramme, p.31.

108. R. CHAPUIS, "Une Vallée franc-comtoise: la Haute Loue", in: *Annales littéraires de l'Université de Besançon*, vol.23, 1958, pp.105-106.

109. Henri VINCENOT, *La Vie quotidienne des paysans bourguignons au temps de Lamartine*, 1976, pp.397-401.

110. Fernand DUPUY, *L'Albine*, 1977, p.11.

111. S. BEAUMIER, art. cit., p.41.

112. Jean-Pierre LAVERRIERE, *Un village entre la Révolution et l'Empire, Viry-en-Savoie (1792-1815)*, 1980, pp.23-24.

113. *Théâtre d'agriculture et ménage des champs*, 1675, p.113, cité par Michel LUTFALLA, *Aux origines de la pensée économique*, 1981, p.22.

114. *Les Mille Visages de la campagne française*, 3e éd. 1976, p.242.

115. Bernard BONNIN, "Les caractères des migrations dans les régions de montagne du Dauphiné aux XVIIe et XVIIIe siècles", in: *Entre faim et loup*, *op. cit.*, 1976, p.19.

116. Père Pierre-Jean-Baptiste LEGRAND D'AUSSY, *Voyage fait, en 1787 et 1788, dans la ci-devant Haute et Basse Auvergne*..., an III, I, pp.474-483.

117. Cet exemple est un rappel. N'imaginons pas trop vite que ce soit une exception. En fait, les familles ont été les premières cellules vivantes, les plus obstinées à vivre, à proliférer. Les frêcheries ont peuplé de vastes régions, s'y sont maintenues. Nous les retrouvons tardivement, mais il y a longtemps qu'elles existent. Dans les contrats notariaux de Ginestas (Paul CAYLA, *Essai sur la vie des populations rurales à Ginestas... au début du XVIe siècle(1519-1536)*, 1938, pp.12-13) se rencontrent, au début du XVIe siècle, des contrats d'effrayramentum (affrerissement), c'est-à-dire la "mise en commun entre deux familles de tous les biens, de tous les droits juridiques, de tous les travaux et de toutes les charges". Ceux que le sang n'unissait pas pouvaient ainsi devenir frères par contrat. Et, bien entendu, la pratique est antérieure au XVIe siècle.

118. Emmanuel LE ROY LADURIE, "Les masses profondes; la paysannerie", in: *Histoire économique et sociale de la France, I: De 1450 à 1660*, Second volume: *Paysannerie et*

croissance, p.p. Fernand BRAUDEL & Ernest LABROUSSE, 1977, p.669.
119. Georges DUBY, *La Société aux XIe et XIIe siècles dans la région mâconnaise*, 1971, p.99.
120. Lucien ROMIER, *Explication de notre temps*, 1925, p.41-42.
121. Jacques CARORGUY, *Mémoires 1582-1595*, 1880, p.3.
122. A.N., F 20 206.
123. S. BEAUMIER, art. cit., pp.121-122.
124. Claude CHÉREAU, *Huillé, une paroisse rurale angevine de 1600 à 1836*, s.d., I, p.2.
125. Marc DROUOT, *Thann à l'époque mazarine (1658-1789), histoire politique et administrative*, 1961, pp.8-9.
126. A.N., G7 501; 19 octobre 1711.
127. Voir *infra*.
128. A.N., G7 237.
129. Robert BICHET, *Un village comtois au début du siècle*, 1980, pp.130-132.
130. Voir *infra*.
131. Laurence WYLIE, *Un village du Vaucluse*, 1968, pp.30-31.
132. A.N. G7 158.
133. H. LEMOINE, *Département de la Meuse, géographie physique, économique, historique et administrative*, 1909, p.287.
134. Valentin JAMERAI-DUVAL, *Œuvres*, I, 1784, p.58 (automne 1709).
135. A.N., F20 119.
136. A.D. Meuse, L 343; 1790.
137. D'après le registre d'état civil, Luméville-en-Ornois - Archives départementales de la Meuse.
138. A.N., H 1515. Voir note 82 du premier chapitre.
139. Varcolier, warcollier: bourrelier ou sellier, F. GODEFROY, *Dictionnaire de l'ancienne langue française*, t. 8, 1895.
140. *Histoire des villes de France*, recueil, *op. cit.*
141. A.E., M. et D., France, 815.
142. Victor-Eugène ARDOUIN DUMAZET, *Voyages en France*, 2e série, 1906, p.270.
143. Référence égarée.
144. F. BENOIT de TOUL, *Pouillé, ecclésiastique du diocèse de Toul*, 1911, II, pp.265-284.
145. Alfred JOUVIN, *Le Voyageur d'Europe*, 1672, pp.31-32.
146. A.N., F20, 177, Statistique de la Côte-d'Or. Aujourd'hui, Nuits compte 21 700 habitants.
147. P. CAYLA, *op. cit.*, p.217.
148. Raymond BIERRY, *Rouvray. Un relais sur le grand chemin*, 448-1976, 1976, p.57.
149. Voir infra.
150. A. GOUDAR, *op. cit.*, p.37.

151. A.N., F 1c III Vaucluse, 9, 173 3; 7 pluviôse an IV.

152. Evelyn ACKERMAN, "The Commune of Bonnière-sur-Seine in the eighteenth centuries", in: *Annales de démographie historique*, 1977.

153. M. AGULHON, *op. cit.*, p.20.

154. Michel HÉBERT, *Tarascon au XIVe siècle*, 1979, pp.28-32.

155. Emmanuel LE ROY LADURIE, "La destruction du monde plein", in: *Histoire économique et sociale de la France*, 1977, p.499, *op. cit.*

156. Noël COULET, "Population et société à Pourrières, 1368-1430. Premier bilan d'une enquête", in: *Etudes rurales*, n°51, 1973, pp.86-111.

157. Eckart SCHREMMER, *Die Wirtschaft Bayerns*, 1970, p.21.

158. Rudolf HÄPKE, *Brügges Entwicklung zum mittelalterlichen Weltmarkt*, 1908, in: F. BRAUDEL, *Civilisation matérielle, Economie et Capitalisme*, *op. cit.*, t. I, p.444.

159. André LACROIX, *Romans et le Bourg de Péage*, 1897, p.296.

160. A.N. G7 415-416; Nancy, 9 mai 1693.

161. Jean-Marie DUNOYER, "7 milliards d'hommes pour l'an 2000", in: *Diagrammes 33*, nov. 1959, p.3.

162. Georges DUBY, *Histoire de la France urbaine*, 1980, II, p.478.

163. Henri BAUD, in: *Dictionnaire des communes savoyardes*, 1981, II, p.37.

164. Charles-Edmond PERRIN, article publié dans *Annales de la Société d'histoire et d'archéologie de Lorraine*, 37e année, t. 33, 1924.

165. *Histoire de Besançon*, p.p. Claude FOHLEN, 1964, I, p.145.

166. *Ibid.*, p.39.

167. P.-M. DUVAL, art. cit., p.453.

168. *Histoire de Besançon*, *op. cit.*, II, p.10.

169. Loys GOLLUT, *Les Mémoires historiques de la république séquanoise et des princes de la Franche-Comté de Bourgogne*, 1592, édit. Duvernoy, 1846, p.272.

170. Jean BRELOT, in: *Histoire de Besançon*, *op, cit.*, II, p.10.

171. L. GOLLUT, *op. cit.*, 1592, cité par Roland FIETIER, *Recherches sur la banlieue de Besançon*, 1973, p.39.

172. *Histoire de Besançon*, *op. cit.*, 1964, I, p.468; la citation provient d'édits municipaux qui datent du XVIe siècle.

173. 300 clos et jardins en tout, d'église ou de laïcs. J. BRELOT, in: *Histoire de Besançon*, *op. cit.*, I, p.585.

174. *Histoire de Besançon*, *op. cit.*, I, p.587.

175. Fernand BRAUDEL, *La Méditerranée...*, *op. cit.*, I, p.458.

176. *Histoire de Besançon*, *op. cit.*, I, pp.494-495.

177. *Ibid.*, II, pp.41-43.

178. Maurice GRESSET, "Les débuts du régime français en Franche-Compté (1674-1675)", in: *Provinces et états dans la France de l'Est*, Colloque de Besançon, 3 et 4 octobre 1977,

publié en 1979, pp.19-37.

179. Maurice GRESSET, *Le Monde judiciaire à Besançon de la conquête par Louis XIV à la Révolution française (1674-1789)*, 1975, p.1235.

180. *Histoire de Besançon, op. cit.*, II, pp.147-149.

181. A.N., KK 944.

182. *Histoire de Besançon, op. cit.*, II, p.147.

183. Marius POUCHENOT, *Le Budget communal de Besançon au début du XVIIIe siècle*, 1910, p.3.

184. A.N., D IV bis 47.

185. *Histoire de Besançon, op. cit.*, II, p.337.

186. *Ibid.*, p.299.

187. *Ibid.*, fig. 113, p.584.

188. Honoré d'URFÉ, Œuvres complètes.

189. *Annuaire statistique du département de la Loire*, 1809, p.187.

190. C'est ce qui arrive en 1705 à l'étang de Boisy, propriété du duc de Feuillade où l'on retrouve le poisson à sec. A.D. Loire, bailliage ducal de Roanne, B 460.

191. *Annuaire statistique du département de la Loire, op. cit.*, p.187.

192. *Ibid.*

193. Denis LUYA, *L'axe ligérien (Loire-Allier) dans les pays hauts, 1682-1858*, (thèse) 1980, p.46.

194. A.N., H 1510; vers 1788. Observations sur les deffauts de la culture employée dans la plaine de Forez.

195. D. LUYA, *op. cit.*, p.205.

196. Elie BRACKENHOFFER, *Voyage en France, 1643-1644*, p.p. Henry LERR, 1925, pp.141-142.

197. A.N., G7 406; 14 août 1687.

198. A.D. Loire, bailliage ducal de Roanne, B 455, 1704.

199. A.N., F 20 206; an IX.

200. Système dit du métayage ou du grangeage aux quatre grains, froment, seigle, orge, avoine.

201. F. TOMAS, "Problèmes de démographie historique. Le Forez au XVIIIe siècle", in: *Cahiers d'histoire*, 1968, p.395, n° 47.

202. Christophe EXTRAT, *Images et réalités de la vie coopérative agricole dans la Loire de 1945 à 1979*, dactylogramme, 1981, p.16.

203. F. TOMAS, art. cit. et *Annuaire statistique du département de la Loire*.

204. Le barrage de Villeret a été inauguré le 11 septembre 1982. Régis GUYOTAT, in: *Le Monde*, "La Loire apaisée", 11 septembre 1982.

205. Serge DONTENWILL, "Rapports ville-campagne et espace économique microrégional: Charlieu et son plat pays au XVIIIe siècle", in: *Villes et campagnes XVe-XXe*

siècle, 1977, p.162.

206. Marcel GONIVET, *Histoire de Roanne et de sa région*, III, 1975, p.131.

207. Bandolier, "voleur de campagne qui vole en troupes et avec armes à feu" (Dictionnaire de Furetière).

208. Chanoine REURE, "Le vin de Garambeau et la question des vins du Roannais au XVIIe siècle", in: *Bulletin de la Diana*, 1908, pp.5-6.

209. *Annuaire statistique du département de la Loire*, 1809, p.181.

210. *Mémoire de l'intendant de Lyon*, 1762, cité par Maurice LABOURÉ, *Roanne et le Roannais. Etudes historique*, 1957, p.466.

211. *Annuaire statistique du département de la Loire, op. cit.*

212. D. LUYA, *op. cit.*, p.91.

213. Marcel GONIVET, *Histoire de Roanne op. cit.*, I, p.21.

214. D. LUYA, *op. cit.*, p.14.

215. Paul BONNAUD, *Essai d'histoire locale. La navigation à Roanne*, 1944, p.27.

216. Etienne FOURNIAL, *Roanne au Moyen Age, essai d'histoire urbaine*, 1964, pp.70, 73 et carte p.72.

217. Albert DEMANGEON, *Géographie universelle* p.p. P. VIDAL. de la BLACHE et L. GALLOIS, t. VI *La France*; 2e partie: *France économique et humaine*, 1958, p.769.

218. E. BRACKENHOFFER, *op. cit.*, pp.137-138 & 138 n. 1.

219. M. LYONNET, *Gens du métier à Nevers à la fin de l'Ancien Régime*, 1941, p.367 cité par François BILLACOIS, "La batellerie de la Loire au XVIIe siècle", in: *Revue d'histoire moderne et contemporaine*, juillet-sept. 1964, p.67.

220. D. LUYA, *op. cit.*, p.75, note 35.

221. *Histoire de la navigation sur l'Allier en Bourbonnais*, 1983, *passin*, & pp.34-35.

222. M. LABOURÉ, *op. cit.*, p.354.

223. R. GASCON, *op. cit.*, I, p.140.

224. A.N., G7 1646, 373, 7 avril 1709.

225. A.N., G7 1647, 335, 11 juin 1710.

226. A Paris, la livre poids de marc: 2 marcs. La livre était considérée comme le double du marc et se divisait en 16 onces.

227. A.N., G7 1647.

228. D. LUYA, *op. cit.*, pp.280-281.

229. Thomas REGAZZOL, Jacques LEFEBVRE, *La domestication en mouvement*, 1981, pp.149 & 152-153.

230. Auguste MAHAUT, *L'idée de la Loire navigable combattue*, 1909, cité par Henriette DUSSOURD, *Les Hommes de Loire*, 1985, p.27.

231. G. BITON, *Bateaux de Loire*, 1972, pp.2 & 3.

232. H. DUSSOURD, *op. cit.*, pp.36 & 56-57; G. BITON, *op. cit.* p.5.

233. A.N., G7 1651, 336; 14 septembre 1709.

234. H. DUSSOURD, *op. cit.*, p.26.
235. J.A. DULAURE, *Description des principaux lieux de France*, 1789, t. 6, p.107.
236. A.N., F14, 1199 A; année 1761.
237. Jeanne et Camille FRAYSSE, *Les Mariniers de la Loire en Anjou - Le Thoureil*, 1978, p.47, cité par D. LUYA, *op cit.*, p.18, note 27.
238. A.D. Loire, bailliage ducal de Roanne.
239. A.N., F14 559; Nevers, 18 mai 1813.
240. E. BRACKENHOFFER, *op. cit.*, p.140.
241. G. LEFEBVRE, *Etudes orléanaises*, I, 1962, p.84.
242. René Ier le Bon, 1409-1480, duc de Bar, duc d'Anjou et comte de Provence, roi en titre du royaume de Naples, hérité de sa femme, qu'il essaya en vain de conquérir.
243. P. CHAUSSARD, *Marine de Loire et mariniers digoinais*, 1970, p.26.
244. M. GONINET, *op. cit.*, I, pp.181-182.
245. P. CHAUSSARD, *op. cit.*, p.27.
246. *Ibid.*
247. A.N., F14 1199 A.
248. D. LUYA, *op. cit.*, p.34.
249. *Ibid.*, p.223.
250. A.N., F20 243.
251. J.A. DULAURE, *op. cit.*, pp.106-107.
252. A.N., G7 360, 21; 8 juillet 1705.
253. A.N., F14, 1200; Moulins, 11 novembre 1765.
254. F. BRAUDEL, Civilisation matérielle, économie et capitalisme, *op. cit.*, II, 1979, p.317.
255. *Ibid.*, p.327.
256. D. LUYA, *op. cit.*, p.232.
257. A.N., F14 1200.
258. *Histoire générale des techniques*, pp.Maurice DAUMAS, t. 3; *L'Expansion du machinisme*, 1968, pp.30 sq, pp.68-69.
259. D. LUYA, *op. cit.*, p.237.
260. M. LABOURÉ, *op. cit.*, pp.377-378.
261. Serge DONTENWILL, "Roanne au dernier siècle de l'Ancien Régime. Aspects démographiques et sociaux", in: *Etudes foréziennes*, 1971, pp.49-73.
262. S. DONTENWILL, art. cit., p.72, note 61.
263. Jean-Pierre HOUSSEL, *Le Roannais et le Haut-Beaujolais*, 1978.
264. D. LUYA, *op. cit.*, p.11.
265. A.N., H 1510 , vers 1788.
266. F. BRAUDEL, Civil. matérielle, I.
267. P. VIDAL de la BLACHE, *Tableau de la géographie de la France*, *op. cit.*, p.324.

268. Référence égarée.

269. A.N., K 1516; 28 décembre 1788.

270. A la différence, si la documentation est juste, d'une ville comme Saumur; car, pour le sel de contrebande, la voie de la Loire est sans doute prioritaire.

271. A.N., G7 521; 1682.

272. A.N., G7 521; Mayenne, 19 et 29 novembre 1693; Saumur, 14 janvier 1693; Laval, 1er mars 1693.

273. A.N., G7 521; Laval, 24 mai et 3 juin 1693.

274. E. LAURAIN, "Le département de la Mayenne à la fin de l'an VIII", in: *Bulletin de la Commission historique et archéologique de la Mayenne*, 1938-1939, p.118.

275. A.N., F10 242.

276. J.-M. RICHARD, La Vie privée dans une province de l'Ouest. Laval aux XVIIe et XVIIIe siècle, *op. cit.*, p.126.

277. A.N., F10 242.

278. *Ibid.*

279. René MUSSET, *Le Bas-Maine*, 1917, pp.320-321.

280. *Ibid.*, p.323.

281. A.N., F14 1207, 234; 20 septembre 1769.

282. A.N., K 1252.

283. A.N., F12 1259 D.

284. A.N., F12 1259 D; 27 Brumaire an IX.

285. E. LAURAIN, art. cit., p.119.

286. J. SAVARY DES BRULONS, *Dictionnaire du commerce*, V, colonne 163.

287. *Ibid.*, col. 163, d'après le *Journal de commerce,* mars 1762, p.112.

288. F. DORNIC, *op. cit.*, pp.1-5.

289. J.-M. RICHARD, *op. cit.*, pp.289-290.

290. *Ibid.*, p.291.

291. *Ibid.*, p.301.

292. *Ibid.*, pp.295 sq.

293. *Ibid.*, p.298.

294. *Ibid.*, pp.301 sq.

295. *Ibid.*, pp.344 et 345, note 2.

296. *Ibid.*, p.114.

297. F. DORNIC, *op. cit.*, p.44

298. J.-M. RICHARD, *op. cit.*, p.289.

299. Jean-Claude PERROT, *Genèse d'une ville moderne, Caen au XVIIIe siècle*, 1975, I, p.145.

300. *Ibid.*, I, p.211.

301. A. DEMANGEON, *Géographie universelle*, pp.P. VIDAL de la BLACHE et L. GALLOIS, t. VI, *La France*, 2e partie, *France économique et humaine*, *op. cit.*, p.591.
302. *Op. cit.*
303. Pour les explications qui suivent, J.-C. PERROT, *op. cit.*, I, pp.181 sq.
304. *Ibid.*, I, pp.185 sq.
305. *Ibid.*, I, p.213.
306. *Ibid.*, I, p.216.
307. *Ibid.*, I, p.217.
308. *Ibid.*, I, pp.217-218, note 159.
309. *Ibid.*, I, p.219.
310. *Ibid.*, I, p.241.
311. M.-H.JOUAN, art. cit., pp.87-124.
312. J.-C. PERROT, *op. cit.*, I, p.358. Cette richesse a bel et bien détourné l'agriculture normande de se faire servante de l'industrie.
313. *Ibid.*, I, p.359, note 55.
314. *Ibid.*, I, p.360(suite de la note 55).
315. *Ibid.*, I, pp.360-366.
316. *Ibid.*, I, p.8.
317. *Ibid.*, I, pp.518-519.
318. *Ibid.*, II, p.948.
319. A.N., DIV bis 47.
320. Voir *infra*.
321. A.N. G7 360; 10 février 1706.
322. Andrea METRA, Il Mentore perfetto de'negozianti, 1977.
323. A.N., F20 198, 130; Châteauroux.
324. Christian ROMON, *Mendiants et vagabonds à Paris, d'après les archives des Commissaires du Châtelet (1700-1784)*, dactylogramme.
325. Raymonde MONNIER, *Le Faubourg Saint-Antoine, 1783-1815*, 1981, pp.195-201.
326. D. Roche, *op. cit.*, p.18.
327. *Ibid.*, p.31.
328. A.N., G7 432; 6 février 1704.
329. *Journal du voyage de deux Hollandais à Paris en 1656-1658*, p.p. A.P. FAUGERE, 1899, p.29.
330. *Voyages promenades aux environs de Paris avec Caroline Tullié*, n°29, 1790-1792.
331. Guy FOURQUIN, *Les Campagnes de la région parisienne à la fin du Moyen Age*, 1964, p.220.
332. A.M. de BOISLISLE, I, p.285.
333. Les italiques sont de moi.

334. Comte d'HÉRISSON, *Souvenirs intimes et notes du baron Mounier*, 1896, p.35.
335. *Mémoires* de la comtesse de BOIGNE, 1971, I. p.215.
336. Ch. ACHARD, *La Confession d'un vieil homme du siècle*, 1943, p.24.
337. A.N., K 1252.
338. André PIATIER, *Radioscopie des communes de France*, 1979, pp.23-25 & 253 sq.
339. P. BONNAUD, *passim*.
340. H. MENDRAS, *op. cit.*, p.37.
341. *Ibid.*, p.19.
342. Roger BÉTEILLE, *La France du vide*, 1981; J. GRAVIER, *Paris et le désert français*, 1re éd. 1947; 2e éd. 1972.
343. H. MENDRAS, *op. cit.*, pp.19-20.
344. Michel ROCHEFORT, cité par A. PIATIER, *op. cit.*, p.8.
345. A. PIATIER, *op. cit.*, p.6.
346. *Ibid.*, p.56.
347. *Ibid.*, p.6.
348. *Ibid.*

제3장

1. P. Vidal de la Blache, *Tableau de la géographie de la France*, *op. cit.*, p.7.
2. P. Vidal de la Blache, *op. cit.*, p.8.
3. Lucien Febvre, *La Terre et l'évolution humaine*, 1949, p.25.
4. Emmanuel de Martonne, 《La France physique》, in *Géographie universelle*, 1942, p.1.
5. E. R. Curtius, *op. cit.*, p.70, p.205.
6. Maurice Le Lannou, 《Les sols et les climats》, in *La France et les Français*, pp.Michel François, 1972, p.3.
7. Yves Renouqrd, *Etudes d'histoire médiévale*, 1968, II, pp.721-724.
8. Henri Dubois, *Les Foires de Chalon et le commerce dans la vallée de la Saône à la fin du Moyen Age (vers 1280 - vers 1430)*, 1976.
9. Thourout située en Belgique entre Gand et la mer.
10. P. Vidal de la Blache, *op. cit.*, p.52.
11. M. Pardé, cité par D. Faucher, *op. cit.*, p.64.
12. Charle Lentheric, *Le Rhône, histoire d'un fleuve*, 1892, II, p.505.
13. Mouille: Creux compris entre les bancs d'alluvions dans le lit d'une rivière.
14. Pierre Bayle, *Histoire de la navigation fluviale à Lyon et le long de sa Majesté la 《Vallée Impériale》*, 1980, p.35. La toue, nous l'avons vu à propos de la Loire, est une petite barque qui précède le bateau, en vérifiant les fonds.
15. A. N., G^7 359, vers 1701.

16. H. De Rouvière, *Voyage du Tour de la France, op. cit.*, pp.232-233.
17. D. Faucher, *op. cit.*, p.187.
18. Mémoires du général Marbot, op. cit., I, p.51.
19. Cécile Perroud, *Le Rhône de nos pères*, 1974, p.47.
20. *Ibid.*
21. P. Bayle, *op. cit.*, p.17.
22. C. Perroud, *op. cit.*, pp.50-51.
23. D. Faucher, *op. cit.*, p.189.
24. *Ibid.*, p.189.
25. C. Perroud, *op. cit.*, p.70.
26. D. Faucher, *op. cit.*, p.193.
27. A. N., référence égarée.
28. D. Faucher, *op. cit.*, p.190.
29. *Ibid.*, p.199.
30. *Ibid.*, p.197.
31. C. Lenthéric, *op. cit.*, p.512.
32. D. Faucher, *op. cit.*, p.196.
33. C. Lenthéric, *op. cit.*, p.512.
34. P. Bayle, *op. cit.*, p.17.
35. A. N. F^{12} 1512 B.
36. Le minot de sel est de cent livres pesant.
37. Henri Fesquet, *Le Monde*, 5 juin 1980.
38. P. Bonnaud, *op. cit.*, I, p.431.
39. C. Perroud, *op. cit.*, p.73.
40. D. Faucher, *op. cit.*, p.90.
41. C. Lenthéric, *Le Littoral d'Aigues Mortes au 13e et au 14e siècle*, 1870, pp.29-30.
42. Pierre Gourou, lettre, avril 1980.
43. F. Braudel, *Civ. Matérielle, op. cit.*, III, p.93, et *Méd, op. cit.*, I, pp.188-189.
44. Renée Doehaerd, 《Les galères génoises dans la Manche et la mer du Nord à la fin du 13e et au début du 14e siècle》, in *Bulletin de l'Institut historique belge de Rome*, 1938, pp.5-76.
45. D. Faucher, *op. cit.*, p.84.
46. Traille, cable goudronné qui sert à diriger le bac et à le protéger du courant.
47. Pierre Estienne, *La France. Les montagnes françaises et l'axe Rhône-Rhin*, 1978, p.189.
48. Abel Chatelain, 《Les fondements de la région historique》, in: *Revue de géographie de Lyon*, n° 1, 1955, p.45.
49. Pierre Dubois, *Histoire de la campagne de 1707 dans le Sud-Est de la France*, dactyl, p.67.
50. D. Faucher, *op. cit.*, p.184.
51. D. Faucher, *op. cit.*, p.178.

52. Lettres patentes de Charles VI, 1380, cité in: A. N. K 1219, 37, p.6.
53. D. Faucher, *op. cit.*, p.157.
54. De Basville, *Mémoires pour servir à l'histoire du Languedoc*, 1734, p.279.
55. André Allix, 《Le trafic en Dauphiné à la fin du Moyen Age》, in: *Revue de géographie alpine*, 1923, pp.373-408.
56. A. N., K 1219, n° 37.
57. A. N., K 1219, 37, p.27.
58. A. N. G^7 300.
59. *Ibid.*
60. *Ibid.* La Roche-Saint-André était à l'époque en bordure du Rhône.
61. D. Faucher, *op. cit.*, reprend le même thème p.199.
62. R. Gascon, *Grand Commerce et vie urbaine au 16e siècle, op. cit.*, à propos de la crise lyonnaise de 1575-1580, qui ne correspond ni à celle de Nantes, ni à celle de La Rochelle.
63. P. Estienne, *La France. Les montagnes françaises et l'axe Rhône-Rhin, op. cit.*, p.147.
64. Jean Labasse, 《Lyon, Ville internationale》 Rapport destiné à la Datar, 1982; Yves Leridon, 《Lyon, la place du second marché》, in: *Le Point*, 26 novembre 1984.
65. P. Bonnaud, *op. cit.*, I, pp.430-431.
66. Jean-François Bergier, *Les Foires de Genève et l'économie internationale de la Renaissance*, 1963, pp.369 et 374-387.
67. R. Gascon, *op. cit.*, pp.287-288.
68. Louis Bourgeois, *Quand la Cour de France vivait à Lyon (1491-1551)*, 1980, p.143.
69. L. Bourgeois, *op. cit.*, p.155.
70. Maurice Garden, *Lyon et les Lyonnais au 18e siècle*, 1975.
71. Carlo Poni, 《Compétition monopoliste, mode et capital: le marché international des tissus de soie au 18e siècle》, communication au colloque de Bellagio.
72. A. N. G^7 360, Anisson, député de Lyon, 5 mai 1705.
73. J. Labasse, art, cit., f. 20.
74. François Grosrichard, 《Rotterdame dans la bataille des conteneurs: la mer scellée au fleuve》, in: *Le Monde*, 23 sept. 1982, p.37.
75. Pour l'équipement hydroélectrique du Haut-Rhône, cf.: 《La polémique sur l'aménagement du Rhône: décision prochaine du gouvernement》, in: *Le Monde*, 28 août 1982, p.13; pour le projet de liaison Rhône-Rhin, cf.: Claude Régent 《Rhône-Alpes. Inquiétude au conseil régional: le canal mer du Nord-Méditerranée à tout petits pas》 in: *Le Monde*, 15 sept. 1982.
76. F. Grosrichard, art. Cité.
77. P. Estienne, *op. cit.*, p.148.
78. Jules Michelet, *Journal*, I, p.76; 28 avril 1830.
79. Théodore Zeldin, *Histoire des passions françaises*, 1978, II, p.8.
80. Francis Huré, *Le Monde*, 23 juillet 1980.

81. Cité par Lucien Febvre, *Michelet et la Renaissance*, ouvrage inédit, à paraître prochainement, p.131.
82. Papiers Florimond, A. N. K 1242, 1re liasse, in: A. M. de Boislisle (p.p.), *Mémoire de la généralité de Paris*, 1881, I, p.284.
83. Davity (1625), *Etats de l'Europe*, pp.64-65 et 81-82, cité par A. M. de Boislisle, op. cit., p.558.
84. R. Dion, 《La part du milieu...》, art. cité, p.9.
85. Michel Roblin, 《L'époque franque》, in: *Histoire de l'Ile-de-France et de Paris*, p.p. Michel Mollat, 1971, p.56.
86. Edouard W. Fox, *L'Autre France*, 1973, p.52.
87. Roger Dion, 《A propos du traité de Verdun, in: *Annales E. S. C.*, 1950, p.463.
88. E. W. Fox, *op. cit.*, p.52.
89. William H. Mc Neill, *Venice, the Hinge of Europe, 1081-1787*, 1974, p.1.
90. P. Bonnaud, *op. cit.*, II, p.28.
91. Jean Robert Pitte, *Histoire du paysage français*, I, pp.41-42 et 47-48.
92. J. Michelet, *Histoire de France, op. cit.*, IV, p.33.
93. Pierre Gourou, lettre, *1980 et Pour une géographie humaine*, 1973, p.290.
94. L. Musset, 《La géographie de l'histoire》 in: *Histoire de France*, p.p. Marcel Reinhard, I, 1954, p.32.
95. P. Bonnaud, *op. cit.*, I, p.438.
96. J. Michelet, *Journal*, op. cit., I, p.82.
97. Immanuel Wallerstein, *Le Système du monde du 15e siècle à nos jours*, I. Capitalisme et Economie-monde, 1450-1640, 1980, p.34.
98. A. Goudar, Les Intérêts de la France mal entendus, op. cit., III, pp.34.
99. *Ibid.*, p.35.
100. On appelle troupes réglées, celles qui sont entôlées en opposition à des milices de bourgeois et des communes, de paysans armés qui ne servent qu'en certaines occasions. A. Goudar, *op. cit.*, III, pp.72-73.
101. André Corvisier, *La France de Louis XIV, 1643-1715*, 1979, p.61.
102. G. Parker, *El Ejercito de Flandes y el camino espanol, 1576-1659*, 1976, pp.48-49, cité par F. Braudel, Civilisation matérielle, op. cit., III, p.170.
103. Lucien Febvre, 《Frontière》, in: *Bulletin du Centre International de Synthèse*, 1928, p.32.
104. *Ibid.*, pp.31 sq.
105. A. N. G 337, f° 65; cité par De Rochas, II, 89, in: Gaston Zeller, *L'Organisation défensive des frontières du Nord et de l'Est au XVIe siècle*, 1928, p.60.
106. R. Dion, 《A propos du traité de Verdun》, art. cit., p.462.
107. Bernard Guenée, 《Les limites》, in: *La France et les Français, op. cit.*, 1972, p.52.
108. Gaston Zeller, *La France et l'Allemagne depuis dix siècle*, 1932, p.6.
109. Yves Renouard, 《1212-1216. Comment les traits durables de l'Europe occidentale se

sont définis au début du XIIIe siècle》, in: *Annales de l'Université de Paris*, 1958, pp.5-21, reproduit dans: Yves Renouard, *Etudes d'histoire médiévale, op. cit.*, I, pp.77 sq.

110. Walther Kienast, *Die Anfänge des europaischen Staaten Systems im späteren Mittelalter, 1936, in: F. Braudel, Civilisation matérielle, op. cit.*, III, p.43, note 87.

111. Chrétiens d'Espagne qui conservèrent leur religion sous la domination musulmane.

112. Henri Martin, cité par Georges Lefebvre, *La Naissance de l'historiographie moderne*, 1971, p.186.

113. F. Lot, *La Gaule, op. cit.*, p.7.

114. A ce sujet, voir Georges Huppert, *L'Idée de l'histoire parfaite, trad. française*, 1972. Alors que ces lignes sont déjà à l'impression, je prends connaissance du beau livre de Colette Beaune, *Naissance de la nation France*, 1985, nous y reviendrons.

115. Le mot est de La Popelinière, cité par G. Huppert, *op. cit.*, p.177, note 2.

116. *Ibid.*, pp.78 et 91.

117. *Ordonnances des rois de France*, XIII, p.408, cité par Ernest Babelon, *Le Rhin dans l'histoire*, II, 1917, p.207.

118. G. Paris, *Histoire poétique de Charlemagne*, p.62, cité par E. Babelon, op. cit., II, p.219.

119. Cité par E. Babelon, *op. cit.*, p.240.

120. Jean Le Bon, *Adages*, 1577, cité par A. Benoit, *Notice sur Jean Le Bon*, 1879, p.LXVII.

121. Auguste Longnon, *La Formation de l'unité française*, 1922, p.325.

122. Bernard Guenée, art. cit. in: *La France et les Français*, op. cit., p.59.

123. Michel Aribaud, *Céret autrefois*, 1932, pp.119 sq.

124. Bibliothèque de l'Arsenal, manuscrit 4574, f° 205.

125. Abbé Grégoire, cité par Charles Rousseau, *Les Frontières de la France*, 1954, p.12.

126. Frédéric II, cité par Ch. Rousseau, *op. cit.*, p.10.

127. Ernst Moritz Arndt, cité par Ch. Rousseau, *op. cit.*, p.13.

128. P. Vidal de la Blache, cité par M. Sorre, *Les Fondements de la géographie humaine, II, op. cit.*, II, p.461.

129. Charles Darwin, cité par M. Sorre, *op. cit.*, II, p.461.

130. Geoffroi de Villehardouin, *La Conquête de Constantinople*, éd. de 1872, p.90, cité par Ch. de la Roncière, Histoire de la marine française, 1899, I, pp.2-3.

131. Noël Collet, 《Le malheur des temps 1348-1440》, in: Georges Duby, *Histoire de France, dynasties et révolutions de 1348 à 1852*, II, 1971, p.23.

132. Note égarée.

133. Alain Guillerm, *La Pierre et le Vent. Fortifications et marine en Occident*, 1985, p.166.

134. A. Guillerm, *op. cit.*

135. Pierre Gourou, lettre du 4 février 1982.

136. Emille Bourgeois, *Manuel de politique étrangère.*

137. Charles de la Roncière, *op. cit.*, pp.14-15; B. N., Fr 17 308, f° 21. Pour les 30,000 marins français rapatriés, cf. F. Braudel, Civ. mat., *op. cit.*, III, p.161.

138. Pierre-Victor Malouet, Mémoires publiées par son petit-fils, 1868, I, p.173.

139. *Ibid.*, pp.173-174.

140. A. Goudar, *op. cit.*, III, p.31.

141. A. N., Marine D^2 45. S'agit-il d'un certain Gagnier ? Je ne saurais en décider.

142. E. Plan, Eric Lefevre, *La Bataille des Alpes 10-25 juin 1940*, 1982.

143. Les armées alliées cessent d'occuper la rive gauche du Rhin le 30 juin 1930.

144. Ernest Lavisse, cité par C. Rousseau, *op. cit.*, p.7.

145. Camille Vallaux, Le Sol et l'Etat, 1911, p.364.

146. Nelly Girard d'Albissin, *Genèse de la frontière franco-belge. Les variations des limites septentrionales de la France de 1659 à 1789*, 1970, p.313.

147. A. N., G^7 269; Ypres, 3 novembre 1682.

148. A. N., G^7 269; Lille, 5 décembre 1689.

149. Nelly Girard d'Albissin, *op. cit.*, p.26.

150. Colonel Rocolle, 2,000 ans de fortification française, t. I, 1973, pp.214 sq.

151. *Ibid.*, II, croquis n° 134.

152. E. Lavisse, *Histoire de France, op. cit.*, VIII, 1, 1908, p.131.

153. A. N., G^7 377; 28 mars 1694.

154. Thionville, cédée à la France en 1659 par l'Espagne. Son célèbre pont couvert sur la Moselle, 1673.

155. A. N., G^7 381, Metz 3 mai 1707.

156. André Bellard, *Deux siècles de vie française, Metz, 1648-1848*, 1948, p.5.

157. *Ibid.*, p.6.

158. Louis Trénard, *Histoire de Lille*, II, 1981, p.420; Maurice Braure, *Lille et la Flandre wallonne au XVIIIe siècle*, 1932, pp.87 sq.

159. Archives de la Guerre, A 1 1583, Gauttier d'Aulnot, Metz, 17 décembre 1701.

160. J. Ancillon, *Recueil journalier de ce qui s'est passé de plus mémorable dans la cité de Metz, pays Messin, et aux environs depuis le mois de juin 1674 jusqu'à 1683 inclusivement*, éd. de 1866, II, p.138.

161. A. Bellard, *op. cit.*, p.31.

162. A. N., G^7 381; 15 juillet 1706.

163. A. N., G^7 376; mai 1693.

164. A. N., G^7 375; 7 septembre 1691.

165. A. N., G^7 378; 21 août 1697.

166. A. N., G^7 382; 22 novembre 1709.

167. Archives de la Guerre, A 1 2243, 147; 16 juillet 1710.

168. Archives de la Guerre, A 1 2395, 12; 14 janvier 1712.

169. Archives de la Guerre, A 1 1583, 116; 16 juin 1702.

170. Fonds Dubrowski, FR 14 4° f° 30 et 30 verso, 1698, B. Lénine Léningrad.

171. Groupe de montagnes du Palatinat.
172. Ebernburg, au sud de Bad Kreuznach.
173. Nom actuel: Kayserslautern, ville de Rhénanie-Palatinat.
174. Archives de la Guerre, A 1 967, 78; 22 janvier 1690.
175. Archives de la Guerre, A 1 469, 188; 13 octobre 1675.
176. Archives de la Guerre, A 1 1574, 143 et 146; 25 et 26 août 1702.
177. J. Ancillon, op. cit., II, pp.4, 10.
178. A. N., G^7 382; Metz, 21 juin 1710.
179. A. N., G^7 376; 25 février 1693.
180. Archives de la Guerre, A 1 1955, 16; 19 mars 1706.
181. Archives de la Guerre, A 1 1583 88; 18 mai 1702.
182. Archives de la Guerre, A 1 1583; 141, 1er juillet 1702.
183. A. N., G^7 379; 20 juillet 1699.
184. A. N., G^7 378; 31 octobre 1698.
185. A. N., G^7 378; 9 octobre 1698.
186. A. N., G^7 377; 13 décembre 1695.
187. 15 731 setiers de blé sont ainsi transportés durant le siège de Namur, A. N., G^7 376; 27 décembre 1692.
188. Archives de la Guerre, A 1 1583, 89; 22 mai 1702.
189. A. N., G^7 1633, 194; 7 mars 1694.
190. A. N., G^7 377; 27 juillet 1695.
191. Archives de la Guerre, A 1 1559, 104 bis; 11 janvier 1702; A. N., G^7 376, 383.
192. A. N., G^7 415-416; 20 mars 1692.
193. A. N., G^7 381. Saint-Contest n'est pas d'accord avec cette proposition.
194. A. N., G^7 378; 16 mars 1697.
195. Archives de la Guerre, A 1 2395 104, 16 juin 1712.
196. Juifs de Cour, financiers des princes allemands au XVIIIe siècle.
197. A. N., G^7 378; 16 mars 1697.
198. Archives de la Guerre, A 1 1583, 68; 14 avril 1702.
199. En 1670, à signaler un soi-disant meurtre rituel d'un enfant chrétien, assurément accusation fausse. J. Ancillon, op. cit., I, 63.
200. *Ibid.*, II, p.16.
201. L'étape est l'ensemble du logement et des vivres alloués aux troupes pour une journée de marche.
202. Vitry-le-François (Marne).
203. J. Ancillon, *op. cit.*, II, pp.19-20.
204. A. N., G^7 375; 7 septembre 1691.
205. A. N., G^7 375; 27 octobre 1691.

206. A. N., G^7 377; 18 mars 1695.
207. A. N., G^7 375; 2 février 1691.
208. A. N., G^7 376; 1693.
209. Archives de la Guerre, A 1 1955.
210. 《Religion prétendument réformée》.
211. A. N., G^7 375; 3 avril 1691.
212. A. N., G^7 382; 24 novembre 1708, 5 juillet 1709.
213. Ainsi Marange, A. N., G^7 377; 1691.
214. A. N., G^7 378; 26 octobre 1697.
215. A. N., G^7 377; 19 novembre 1696.
216. A. N., G^7 379; 3 janvier 1699.
217. J. Ancillon, *op. cit.*, II, pp.37-38.
218. A. Guillerm, *op. cit.*, p.152.
219. Cet ouvrage était déjà composé lorsque j'ai eu communication du manuscrit d'un ouvrage remarquable et très détaillé d'un érudit du Var, Pierre Dubois, *Histoire de la campagne de 1707 dans le Sud-Est de la France.* Je n'ai malheureusement pu utiliser cet ouvrage que pour ajouter ou rectifier quelques détails dans mon texte.
220. Octave Teissier, *Histoire des divers agrandissements et des fortifications de la ville de Toulon*, 1873, pp.12-14.
221. *Ibid.*, p.17.
222. Archives de la Guerre, A 1 2041, 271.
223. Archives de la Guerre, A 1 2041 235; 20 juillet 1707.
224. O. Teissier, *op. cit.*, p.146.
225. Allusion au procédé de terre brûlée, de destruction des récoltes sur pied avant l'arrivée de l'ennemi.
226. Archives de la Guerre, A 1 2042, 121.
227. *Ibid.*, A 1 2041 235; 20 juillet.
228. *Ibid.*
229. Pierre Dubois, *op. cit.*, dactyl, p.53.
230. A. N., G^7 469; 1er janvier 1706.
231. Archives de la Guerre, 15 mars 1706.
232. Archives de la Guerre, 26 mars 1706.
233. E. Lavisse, *Histoire de France*, *op. cit.*, VIII, pp.103 et 106.
234. *Mémoires et Lettres du Maréchal de Tessé*, II, 1806, p.235.
235. Arrêtés en Savoie, certains avec la collaboration rémunérée des paysans.
236. A. N., Marine B 3 150.
237. Archives de Turin, Materie Militari, 1707.
238. Port italien situé près de la frontière française.

239. Maréchal de Tessé, *op. cit.*, II, p.239.
240. Louis de Saint-Simon, *Mémoires (1702-1708)*, éd. Pléiade, 1969, II, pp.906-907.
241. De livres.
242. L. de Saint-Simon, *op. cit.*, II, p.907.
243. Archives de la Guerre, A 1 2041, 279; Aix, 26 juillet 1707.
244. Archives de la Guerre, A 1 2041; A. N., Marine, B 3 150.
245. Archives de la Guerre, A 1 2041, 266.
246. A. N., Marine, B 3 149.
247. Tessé, *op. cit.*, II, p.258.
248. L. de Saint-Simon, *op. cit.*, II, p.906.
249. Archives de la Guerre, A 1 2041, 233; 31 juillet 1707.
250. Archives de la Guerre, A 1 2042 49, 5 août 1707.
251. Archives de la Guerre, A 1 2042, 51; 4 août 1707.
252. Archives de la Guerre, A 1 2042, 14; 2 août 1707.
253. Rang: ancienne classification des vaisseaux d'après leur taille et leur armement.
254. P. Dubois, *op. cit.*, dactyl, p.193.
255. Archives de la Guerre, A 1 2042 170; 6 août 1707.
256. Archives de la Guerre, A 1 2042, 366; Grignan, Marseille, 31 août 1707.
257. V. Brun, *Guerres maritimes de la France: Port de Toulon, ses armements*, I, 1861, pp.125-126.
258. A. N., Marine B 3 149; 30 août 1707.
259. Archives de la Guerre, A 1 2042 6 septembre 1707.
260. Archives de la Guerre, *ibid.*, 20 octobre 1707.
261. Archives de la Guerre, *ibid.*, 9 octobre 1707.
262. Archives de la Guerre, A 1 2042 116 bis; 11 août 1707.
263. Pour deux mois en cette année 1707, 6 navires comptant 2,460 hommes d'équipage représentent une dépense prévue de 158,566 livres (soldes, 88,200, vivres, 70,366). A quoi il faut ajouter les frais de matériel.
264. A ne pas confondre avec cet autre Royal Louis construit à Toulon, en 1667, et qui avait été le premier vaisseau à porter 120 canons, Paul Maurel, *Histoire de Toulon*, 1943, p.102.
265. V. Brun, *op. cit.*, I, p.110.
266. *Ibid.*, I, pp.145-146.
267. La 《presse》, enrôlement forcé des matelots.
268. Moscou, Affaires étrangères anciennes, 93/6-497-34V°; Bordeaux, 27 août 1787.
269. André Corvisier, *L'Armée française de la fin du XVIIe siècle au ministère de Choiseul*, I, 1964, pp.241-242.
270. A. Corvisier, communication au Colloque de Prato, à paraître.